Emilio Tissato Nakan
Paulo Lício de Geus

SEGURANÇA DE REDES

EM AMBIENTES COOPERATIVOS

A Wang.
que possa ser útil
na pesquisa e no ensino;
Paulo

Editora Futura
2003

Coordenação: Vera Lúcia Quintanilha e José Antônio Rugeri (2ª edição)
Preparação: Solange Visconti
Diagramação: Luciana Cáceres
Capa: Fabio Xavier/Casa de Idéias
Revisão: Fernanda Figueiredo/Texto Digital
Revisão técnica: Archimedes Júnior
Impressão e acabamento: São Paulo, Brasil

Dados Internacionais de Catalogação na Publicação (CIP)
(Câmara Brasileira do Livro, SP, Brasil)

Geus, Paulo Lício de
Segurança de redes em ambientes cooperativos / Paulo Lício de Geus, Emilio Tissato Nakamura. — 2. ed. — São Paulo : Futura, 2003.

ISBN 85-7413-179-2

1. Redes de computadores - Medidas de segurança I. Nakamura, Emilio Tissato. II. Título.

03-5846 CDD-005.8

Índices para catálogo sistemático:

1. Ambientes cooperativos : Redes de computadores : Segurança : Processamento de dados 005.8
2. Redes de computadores : Segurança : Ambientes cooperativos : Processamento de dados 005.8
3. Segurança de redes de computadores : Ambientes cooperativos : Processamento de dados 005.8

1ª reimpressão, outubro de 2003

Editora Futura
Av. Raimundo Pereira de Magalhães, 3305
CEP 05145-200 — São Paulo — Brasil
e-mail: edfutura@siciliano.com.br

Dedicatória

Aos meus queridos pais, Mario e Rosa, pela grande dedicação, educação e formação que concederam a mim e a meus irmãos.

EMILIO TISSATO NAKAMURA

A Cris e Lis, por suportarem minha ausência (sacrificando meu tempo, em que poderia estar com elas). Ao Senhor Jesus, por me capacitar e por prover todas as necessidades para este trabalho.

PAULO LÍCIO DE GEUS

Agradecimentos

Muitos merecem nossos agradecimentos por colaborarem direta ou indiretamente, desde a troca de idéias até as revisões de texto, para a obtenção deste livro. Dentre os atuais membros do LAS estão: Fabrício Sérgio de Paula, Francisco José Candeias Figueiredo, Alessandro Augusto, Jansen Carlo Sena, Diego de Assis Monteiro Fernandes, Flávio de Souza Oliveira, Marcelo Abdalla dos Reis, Cleymone Ribeiro dos Santos, Edmar Roberto Santana de Rezende, Benedito Aparecido Cruz, João Porto de Albuquerque Pereira, Hugo Kawamorita de Souza, Guilherme César Soares Ruppert, Richard Maciel Costa, Celso André Locatelli de Almeida, Arthur Bispo de Castro, Daniel Pupim Kano, Daniel Cabrini Hauagge, Luciana Aparecida Carrolo, Thiago Mathias Netto de Oliveira, Giselli Panontini de Souza, Evandro Leme da Silva, Weber Simões Oliveira. Há outros do IC-Unicamp, dos quais não conseguirei me lembrar.

Nossos agradecimentos também vão para o pessoal da Open Communications Security, que trouxeram uma valiosa contribuição técnica para o aprimoramento do conteúdo: Prof. Routo Terada, Pedro Paulo Ferreira Bueno, Marcelo Barbosa Lima, Paulo André Sant'Anna Perez, Keyne Jorge Paiva, Edson Noboru Honda, Carina Guirau Hernandes, Luiz Gustavo Martins Arruda. Obrigado também a todos os membros do time da Open pelo apoio.

Agradecimentos especiais vão a José Luis Barboza, da Robert Bosch Ltda, por iniciar a cooperação com o IC-Unicamp, e a Marcelo Fiori da Open Communications Security, por incentivar a publicação do livro e ceder o tempo de Emilio para a revisão final.

E o meu (Emilio) agradecimento em particular vai para Grace, pelo amor e paciência demonstrados não somente durante a escrita do livro, mas sempre.

Para esta segunda edição, os agradecimentos vão para todos os leitores que contribuíram com idéias, informações e *feedbacks* sobre a primeira edição do livro, em especial Ana Maria Gomes do Valle e Helen Mary Murphy Peres Teixeira.

Os agradecimentos também vão para João Porto de Albuquerque Pereira, Pedro Paulo Ferreira Bueno, Sergio Luís Ribeiro e Marcelo Barbosa Lima, que contribuíram com materiais, idéias e conversas que aprimoraram o conteúdo do livro.

Obrigado também a Marcos Antonio Denega, que acreditou no nosso trabalho, e a todos aqueles com quem pudemos interagir e aprimorar nossos conhecimentos.

Sobre este livro

Este livro contém fundamentos sobre segurança de redes de computadores, e seu foco está centrado no tratamento de ambientes cooperativos. Nesse sentido, o leitor encontrará seções descrevendo um grande número de técnicas, tecnologias e conceitos.

Este não é um livro de receitas de segurança, pronto para a aplicação no dia-a-dia, muito menos um texto sobre *hacking*, que ensine técnicas de invasão ou negação de serviço. O leitor interessado encontrará melhores textos para tais objetivos.

Entretanto, o leitor que desejar um embasamento sobre segurança de redes encontrará cobertura para a maioria dos conceitos envolvidos e poderá até mesmo encontrar respostas prontas para muitas de suas dúvidas.

O texto é voltado para o profissional de segurança, onde quer que seja sua atuação. É também adequado para um curso de segurança, dada a abrangência de sua cobertura. Em essência, contém o material que eu, Paulo, apresento normalmente no curso de segurança de redes oferecido pelo IC-Unicamp na graduação, pós-graduação e extensão, mas há bastante material extra, tornando-o útil para cursos em tópicos mais específicos sobre segurança de redes.

Sumário

Apresentação

Este livro teve origem a partir da dissertação de mestrado de Emilio, durante seus estudos no Instituto de Computação da Unicamp. Emilio foi o aluno que, após minha (Paulo) apresentação de um tema de pesquisa a ser patrocinado por uma empresa local, procurou-me repetidas e insistentes vezes afirmando que ele era o aluno certo para o projeto. Sua determinação me impressionou a ponto de eu decidir escolhê-lo para o projeto, e como os leitores poderão comprovar, foi uma ótima escolha.

O conhecimento do ambiente computacional da Robert Bosch Ltda, composto na época por vários milhares de máquinas e mais de uma centena de servidores, sob uma administração única, colocou-nos perante um desafio. Como administrar segurança em rede tão vasta e com tantas interações com outras empresas, revendedores e funcionários em viagem? As soluções tradicionais na literatura de segurança só contemplavam cenários canônicos, resumidos praticamente a usuários internos da Internet e um Web *site*. Muitas propostas de *firewalls* e suas topologias são encontradas nos artigos e livros do meio, dentre eles até mesmo o ensino no curso de Segurança de Redes no IC-Unicamp, mas nenhuma tratava de uma possível cooperação com outra empresa *(joint-ventures)*.

Como várias outras empresas pioneiras no processo de informatização de suas relações comerciais (B2B, *business-to-business*), a Bosch tinha que desbravar áreas ainda não estudadas pela academia. Este em particular acabou se constituindo em um excelente caso para estudar o problema e propor soluções adequadas, devido à diversidade de interações a serem suportadas pela rede e seu aparato de segurança, especialmente o *firewall*. Esse processo durou pouco mais de dois anos e exigiu uma quantidade significativa de esforço, especialmente de Emilio, em razão da diversidade de tecnologias de segurança a serem dominadas para atingir seu objetivo.

PAULO LÍCIO DE GEUS
paulo@securitybase.net

Para esta segunda edição, diversas inserções foram feitas, as quais refletem os temas que estão sendo mais discutidos pela comunidade. Além da bagagem adquirida pelos trabalhos diretos envolvendo a segurança da informação, a contribuição dos leitores foi fundamental para a ampliação do livro. O que se pode perceber com o *feedback* é que a segurança é contínua e a percepção sobre o assunto muda de acordo com a experiência de cada um. É aí que reside o grande desafio de quem estuda e trabalha com segurança da informação: não se pode esquecer que a segurança envolve diferentes aspectos (de negócios, de processos, humanos, tecnológicos, jurídicos, culturais, sociais) e que o entendimento desse conjunto de aspectos é que estabelece o nível de segurança de uma organização.

Assim, entender os riscos envolvidos com cada situação e com cada ambiente é fundamental para que a proteção adequada possa ser estabelecida. Afinal de contas, não é possível reduzir riscos que não se conhece. Esta segunda edição inclui novas figuras e novas tabelas que visam facilitar o entendimento dos problemas e dos conceitos, técnicas e tecnologias que podem ser utilizadas para a proteção de um ambiente. Além disso, foram incluídos materiais extras sobre novos ataques, o funcionamento de novos *worms*, novas tecnologias de defesa, como os sistemas de prevenção de intrusão, e novos casos com incidentes de segurança no Brasil e no mundo.

Além disso, um capítulo novo foi incluído e trata de uma das tecnologias que mais causam impacto na vida das pessoas: as redes sem fio (*wireless*). Os aspectos de segurança do padrão IEEE 802.11, usado em WLANs, e do Bluetooth, usado em distâncias menores, são discutidos nesse novo capítulo.

O desejo foi manter o livro o mais atual possível, com o tratamento dos assuntos que fazem e que farão parte de qualquer organização, e que sejam importantes para cursos de segurança de redes. Para isso, procuramos compartilhar ao máximo as experiências adquiridas nesse período.

Boa Leitura !!!

EMILIO TISSATO NAKAMURA
emilio@securitybase.net

Prefácio

Computadores e redes podem mudar nossas vidas para melhor ou para pior. O mundo virtual tem as mesmas características do mundo real, e há tempos, os eventos de segurança, ataques e invasões a computadores deixaram de ser atividades solitárias e não destrutivas. Há muito mais envolvido nessas ações. Pensando nisso, é imperativa a preocupação em manter a segurança dos computadores e das redes que os conectam. Sob esse ponto de vista, e ao contrário da maneira passional que muitos textos utilizam, este livro trata dos aspectos de um modelo de segurança de uma forma íntegra e elegante. A visão da proteção dos computadores é feita diretamente, analisando o dilema com a devida objetividade. A abordagem é extremamente correta, deixando de lado o tratamento da velha batalha do 'bem contra o mal' e apresentando os eventos e as características de forma técnica e clara. O desenvolvimento é feito de tal maneira que os profissionais envolvidos com a administração dos sistemas, e de sua segurança, podem encontrar neste livro o conhecimento necessário para suas ações práticas diárias. Assim, esses agentes poderão estar preparados para defender suas instalações e, principalmente, entender a amplitude e as implicações de seus atos. Em resumo, este livro é uma boa opção para quem quer estar preparado.

Além desses aspectos, o texto fornece subsídios importantes para a educação e o preparo para a segurança e a convivência em um mundo interconectado. Um importante paralelo pode ser traçado com o que acontece fora dos computadores e das redes. Práticas e procedimentos de segurança devem fazer parte do dia-a-dia da sociedade digital, da mesma forma que as regras e práticas sociais, implícitas ou explícitas, nos remetem ao comportamento aceitável e correto na sociedade em que vivemos. Na medida em que as técnicas e as metodologias de segurança são abordadas de maneira objetiva e educativa, esta obra colabora na compreensão dessas ações, principalmente no que diz respeito à importância do estabelecimento de políticas de segurança dentro das instituições e corporações.

Este livro é fruto do trabalho e da ampla experiência do autor junto a um projeto de pesquisa no Instituto de Computação da UNICAMP — Universidade Estadual de Campinas, São Paulo. Esse projeto, orientado pelo prof. Dr. Paulo Lício de Geus — também um respeitadíssimo pesquisador da área de segurança computacional —, definiu um modelo de segurança de redes para ambientes cooperativos. Este livro transpõe para usuários e profissionais, iniciantes ou avançados em segurança, as conclusões e as metodologias desenvolvidas e abordadas naquele trabalho. Todos os importantes aspectos de segurança atuais são tratados, desde a definição do ambiente a ser protegido, passando pelas ferramentas de proteção e detecção de invasão, até, finalmente, o estabelecimento de sistemas cooperativos seguros. Com certeza, esta é uma obra esmerada e de fácil assimilação, que preenche a necessidade de um texto genuinamente nacional na área de segurança de computadores e redes, unindo o formalismo técnico correto com a atividade prática adequada, ambos dosados na medida certa.

ADRIANO MAURO CANSIAN
adriano@ieee.org

Este livro chega no momento em que sistemas distribuídos ganham em escala, assumindo proporções globais; onde a *Web* e suas aplicações disponíveis na Internet assumem importância e interesse sem precedentes. A Internet está se transformando na grande via para o comércio, indústria, ensino e para o próprio governo. Termos como *E-Business*, *E-Contracting*, *E-Government*, *E-Learning*, *E-Voting* são forjados na literatura internacional e tornam-se presentes no nosso cotidiano, dando forma a uma 'sociedade da informação'. As organizações melhoraram em eficiência e competitividade a partir do uso de novos paradigmas, envolvendo níveis de integração que podem ultrapassar suas fronteiras. Organizações cooperadas, por exemplo, passam a definir 'empresas virtuais' por meio da ligação de suas redes corporativas. Somado a tudo isso, temos ainda tecnologias emergentes, como a computação móvel, que ajudam a montar um cenário muito complexo sobre a rede mundial.

Entretanto, à medida que essa grande teia de redes locais, nacionais e de escala global vai sendo desenhada, a informação e os negócios tornam-se suscetíveis a novas ameaças, implicando em que a segurança assuma uma importância crítica nesses sistemas. Em anos recentes, um grande número de profissionais e organizações de padronização tem contribuído para o desenvolvimento de novas técnicas, padrões e programas nacionais de segurança. Apesar de todo esse esforço, é sempre difícil para um administrador de sistemas, um programador de aplicações ou um usuário final compreender todos os aspectos do problema da segurança, especialmente em sistemas de larga escala.

A segunda edição deste livro incorpora os mais recentes desenvolvimentos em termos de tecnologia e conhecimento sobre segurança em sistemas computacionais. Como a edição anterior, este livro é dirigido no sentido de fornecer, com muita propriedade, o conhecimento dos princípios e a prática sobre a segurança em sistemas computacionais. As informações são apresentadas de uma maneira clara, para permitir que seus leitores, mesmo que iniciantes, possam avaliar as técnicas e a necessidade de segurança nos sistemas atuais. Ao mesmo tempo, o conteúdo é abrangente o necessário para que possa ser utilizado como um livro-texto em cursos de graduação e pós-graduação. É um instrumento útil para profissionais que atuam na área.

O livro apresenta um retrato geral das vulnerabilidades e ameaças a que estão sujeitos os sistemas computacionais nesse contexto de integração. Descreve os elementos necessários para que redes cooperativas possam apresentar propriedades de segurança. Para tal, uma abordagem metodológica é usada na descrição de seus conteúdos. De início, os autores se concentram nos problemas de segurança. Na segunda parte, são apresentados conceitos, princípios básicos, técnicas e tecnologias de segurança. As técnicas apresentadas estão relacionadas com os problemas descritos na parte anterior. Por fim, os autores, fazendo uso de suas experiências, propõem um modelo de segurança para redes cooperativas. Esse modelo está fundamentado nas técnicas e tecnologias descritas na Parte II.

O professor Paulo Lício de Geus, coordenador e principal idealizador do projeto deste livro, possui uma consistente atuação na área. Foi, por muitos anos, administrador da rede da Unicamp, onde acumulou uma experiência prática muito sólida. Atualmente, Paulo Lício conduz o Laboratório de Administração e Segurança de Sistemas (LAS) do Instituto de Computação da Unicamp, sendo responsável por importantes pesquisas e trabalhos acadêmicos na área de segurança em sistemas computacionais. As contribuições e atuações em eventos científicos fazem do professor um membro respeitado da emergente comunidade acadêmica brasileira da área de segurança. Suas relevantes contribuições na área de segurança foram determinantes em suas participações, como perito, no episódio da pane do painel da Câmara no Congresso Nacional e na avaliação do sistema de votação eletrônica do Tribunal Superior Eleitoral.

Por fim, credito o sucesso deste livro ao excelente nível de seus conteúdos e ao reconhecimento do trabalho do professor Paulo Lício. São poucas as publicações de livros técnicos que conseguem os números de venda atingidos pela primeira edição. Portanto, também não tenho duvida sobre o êxito desta segunda edição.

JONI DA SILVA FRAGA
Professor Titular
DAS/UFSC

Parte I

Conceitos básicos de segurança

Esta seção inicia o leitor quanto aos problemas a serem tratados neste livro. As organizações de todos os tipos devem fazer parte do mundo virtual, que é a Internet: elas simplesmente não podem se dar ao luxo de não estar presentes nesse mundo, especialmente com as pressões da globalização. Ou será que é justamente a atual infra-estrutura de comunicação de dados que está incentivando e alimentando a globalização? Qualquer que seja a resposta, a Internet é indispensável, hoje, para qualquer organização.

Neste mundo virtual da Internet, muitos dos paradigmas, problemas e soluções do mundo real também se aplicam. Assim como no mundo real, onde existem propriedades privadas e organizações de comércio com dependências de acesso público (lojas), no mundo virtual existem máquinas de usuários (estações) e servidores de organizações, respectivamente. Assim como no mundo real, as propriedades e organizações virtuais necessitam de proteção e controle de acesso. Confiamos plenamente que você, leitor, não sai de casa sem se certificar de que as portas, janelas e o portão estejam trancados. Da mesma forma, uma loja na cidade é de acesso público, no sentido de qualquer pessoa poder entrar em suas dependências por ser potencialmente um cliente; porém, dependências internas da loja são vedadas a esses clientes em potencial.

Os mesmos critérios de segurança devem ser observados no mundo virtual, por meio de medidas estritas de segurança. Alguns paralelos interessantes são:

- ***Firewalls***: Equivalentes ao controle de acesso na loja real, por intermédio de porteiros, vigias, limites físicos e portas.

- **Política de segurança**: Equivalente ao modelo de conduta do cidadão visitante na loja e de procedimentos por parte dos funcionários para garantir o bom comportamento social dos visitantes e da integridade do patrimônio da loja.
- **Separação entre rede pública (servidores externos) e rede interna:** equivalente à separação entre a parte pública da loja, onde os visitantes circulam, e a parte privada, onde somente os funcionários transitam.

Entretanto, as pessoas e organizações no mundo virtual interagem de várias maneiras, e o modelo de segurança mencionado anteriormente se mostra insuficiente para tratar da complexidade das comunicações possíveis no mundo virtual, fruto dos avanços tecnológicos. Esse é o ambiente cooperativo a que nos referimos neste texto, e que será caracterizado nos próximos capítulos, assim como as ameaças a que tal ambiente está exposto. As redes sem fio (*wireless*) e seus riscos envolvidos também serão discutidos.

Capítulo 1

Introdução

A necessidade de segurança é um fato que vem transcendendo o limite da produtividade e da funcionalidade. Enquanto a velocidade e a eficiência em todos os processos de negócios significam uma vantagem competitiva, a falta de segurança nos meios que habilitam a velocidade e a eficiência pode resultar em grandes prejuízos e falta de novas oportunidades de negócios.

O mundo da segurança, seja pensando em violência urbana ou em *hackers*, é peculiar. Ele é marcado pela evolução contínua, no qual novos ataques têm como resposta novas formas de proteção, que levam ao desenvolvimento de novas técnicas de ataques, de maneira que um ciclo é formado. Não é por acaso que é no elo mais fraco da corrente que os ataques acontecem. De tempos em tempos os noticiários são compostos por alguns crimes 'da moda', que vêm e vão. Como resposta, o policiamento é incrementado, o que resulta na inibição daquele tipo de delito. Os criminosos passam então a praticar um novo tipo de crime, que acaba virando notícia. E o ciclo assim continua. Já foi comprovada uma forte ligação entre seqüestradores e ladrões de banco, por exemplo, na qual existe uma constante migração entre as modalidades de crimes, onde o policiamento é geralmente mais falho.

Esse mesmo comportamento pode ser observado no mundo da informação, de modo que também se deve ter em mente que a segurança deve ser contínua e evolutiva. Isso ocorre porque o arsenal de defesa usado pela organização pode funcionar contra determinados tipos de ataques; porém, pode ser falho contra novas técnicas desenvolvidas para driblar esse arsenal de defesa.

Alguns fatores podem ser considerados para que a preocupação com a segurança contínua seja justificada:

a) Entender a natureza dos ataques é fundamental: é preciso entender que muitos ataques são resultado da exploração de vulnerabilidades, as quais passam a existir devido a uma falha no projeto ou na implementação de um protocolo, aplicação, serviço ou sistema, ou ainda devido a erros de configuração e administração de recursos computacionais. Isso significa que uma falha pode ser corrigida, porém novos *bugs* sempre existirão;

b) Novas tecnologias trazem consigo novas vulnerabilidades: é preciso ter em mente que novas vulnerabilidades surgem diariamente. Como novas tecnologias e novos sistemas são sempre criados, é razoável considerar que novas vulnerabilidades sempre existirão e, portanto, novos ataques também serão sempre criados. As redes sem fio (*wireless*), por exemplo, trazem grandes benefícios para as organizações e os usuários, porém trazem também novas vulnerabilidades que podem colocar em risco os negócios da organização;

c) Novas formas de ataques são criadas: a própria história mostra uma evolução constante das técnicas usadas para ataques, que estão cada vez mais sofisticadas. A mistura de diferentes técnicas, o uso de tecnologia para cobrir vestígios a cooperação entre atacantes e a criatividade são fatores que tornam a defesa mais difícil do que o habitual;

d) Aumento da conectividade resulta em novas possibilidades de ataques: a facilidade de acesso traz como conseqüência o aumento de novos curiosos e também da possibilidade de disfarce que podem ser usados nos ataques. Além disso, novas tecnologias, principalmente os novos protocolos de comunicação móvel, alteram o paradigma de segurança. Um cenário onde os usuários de telefones celulares são alvos de ataques e usados como porta de entrada para ataques a uma rede corporativa, por exemplo, é completamente plausível;

e) Existência tanto de ataques direcionados quanto de ataques oportunísticos: apesar de a maioria dos ataques registrados ser oportunístico, os ataques direcionados também existem em grande número. Esses ataques direcionados podem ser considerados mais perigosos, pois, existindo a intenção de atacar, a estratégia pode ser cuidadosamente pensada e estudada, e executada de modo a explorar o elo mais fraco da organização. Esses são, geralmente, os ataques que resultam em maiores prejuízos, pois não são feitos de maneira aleatória, como ocorre com os ataques oportunísticos. Isso pode ser observado também pelo nível de agressividade dos ataques. Quanto mais agressivo é o ataque, maior é o nível de esforço dispensado em um ataque a um alvo específico. É interessante notar também que a agressividade de um ataque está relacionada com a severidade, ou seja, maiores perdas;

f) A defesa é mais complexa do que o ataque: para o *hacker*, basta que ele consiga explorar apenas um ponto de falha da organização. Caso uma determinada técnica não funcione, ele pode tentar explorar outras, até que seus objetivos sejam atingidos. Já para as organizações, a defesa é muito mais complexa, pois exige que todos os pontos sejam defendidos. O esquecimento de um único ponto faz com que os esforços dispensados na segurança dos outros pontos sejam em vão. Isso acaba se relacionando com uma das principais falácias do mundo corporativo: a falsa sensação de segurança. É interessante notar que, quando o profissional não conhece os riscos, ele tende a achar que tudo está seguro com o ambiente. Com isso, a organização passa, na realidade, a correr riscos ainda maiores, que é o resultado da negligência. Isso acontece com os *firewalls* ou com os antivírus, por exemplo, que não podem proteger a organização contra determinados tipos de ataques.

g) Aumento dos crimes digitais: o que não pode ser subestimado são os indícios de que os crimes digitais estão se tornando cada vez mais organizados. As comunidades criminosas contam, atualmente, com o respaldo da própria Internet, que permite que limites geográficos sejam transpostos, oferecendo possibilidades de novos tipos de ataques. Além disso, a legislação para crimes digitais ainda está na fase da infância em muitos países, o que acaba dificultando uma ação mais severa para a inibição dos crimes.

Dentre os fatos que demonstram o aumento da importância da segurança, pode-se destacar a rápida disseminação de vírus e *worms*, que são cada vez mais sofisticados. Utilizando técnicas que incluem a engenharia social, canais seguros de comunicação, exploração de vulnerabilidades e arquitetura distribuída, os ataques visam a contaminação e a disseminação rápida, além do uso das vítimas como origem de novos ataques. A evolução dos ataques aponta para o uso de técnicas ainda mais sofisticadas, como o uso de códigos polimórficos para a criação de vírus, *worms*, *backdoor* ou *exploits*, para dificultar sua detecção. Além disso, ferramentas que implementam mecanismos que dificultam a adoção da forense computacional também já estão sendo desenvolvidos. Os canais ocultos ou cobertos (*covert channels*) tendem a ser usados para os ataques, nos quais os controles são enviados por túneis criados com o uso de HTTPS ou o SSH, por exemplo. O uso de 'pontes' de ataques e mecanismos do TCP/IP para dificultar a detecção e investigação igualmente tende a ser cada vez mais utilizado. Ataques a infra-estruturas envolvendo roteamento ou DNS, por exemplo, também podem ser realizados.

Alguns incidentes mostram que os prejuízos com a falta de segurança podem ser grandes. O roubo de 5,6 milhões de números de cartões de crédito da Visa e da MasterCard de uma admistradora de cartões americana, em fevereiro de 2003 [JT 03], por exemplo, pode sugerir grandes problemas e inconvenientes para as vítimas. No Brasil, o roubo de mais de 152 mil senhas de acesso de grandes provedores de acesso, em março de 2003, resultou em quebra de privacidade e, em muitos casos, perdas bem maiores [REV 03]. No âmbito mundial, variações de *worms* como o Klez ainda continuam na ativa, mesmo passado mais de um ano desde seu surgimento. A primeira versão do Klez surgiu em novembro de 2001 e a versão mais perigosa, em maio de 2002; em março de 2003, o Klez era o *worm* mais ativo do mês [MES 03]. Em junho de 2002, um incidente de segurança envolvendo usuários de cinco dos maiores bancos e administradores de cartões de crédito do Brasil resultou em prejuízos calculados em R$ 100 mil [TER 02], mostrando que incidentes envolvendo instituições financeiras estão se tornando cada vez mais comuns, seja no Brasil ou em outros países.

Outros incidentes notórios podem ser lembrados, como o que envolveu o *worm* Nimda, em setembro de 2001. Um alto grau de evolução pôde ser observado no Nimda, que foi capaz de atacar tanto sistemas Web quanto sistemas de e-mail. Antes do aparecimento do Nimda, um outro *worm*, o Code Red (e sua variação Code Red II), vinha, e ainda vem, causando grandes prejuízos, não somente às organizações que sofreram o ataque, mas à Internet como um todo. Causando lentidão na rede, o Code Red resultou em prejuízos estimados em 2,6 bilhões de dólares nos Estados Unidos, em julho e agosto de 2001. Outro notório evento foi a exploração em larga escala de ferramentas para ataques coordenados e distribuídos, que afetaram e causaram grandes prejuízos, durante 2000, a *sites* como Amazon Books, Yahoo, CNN, eBay, UOL e ZipMail. Somaram-se ainda ataques a *sites* de comércio eletrônico, notadamente o roubo de informações sobre clientes da CDNow, até mesmo dos números de cartões de crédito. Casos de 'pichações' de *sites* Web também são um fato corriqueiro, demonstrando a rápida popularização dos ataques a sistemas de computadores.

Porém, os ataques que vêm causando os maiores problemas para as organizações são aqueles que acontecem a partir da sua própria rede, ou seja, os ataques internos. Somado a isso, está o fato de as conexões entre as redes das organizações alcançarem níveis de integração cada vez maiores. Os ambientes cooperativos, formados a partir de conexões entre organizações e filiais, fornecedores, parceiros comerciais, distribuidores, vendedores ou usuários móveis, resultam na necessidade de um novo tipo de abordagem quanto à segurança. Em oposição à idéia inicial, quando o objetivo era proteger a rede da organização isolando-a das redes públicas, nos ambientes cooperativos o objetivo é justamente o contrário: disponibilizar cada vez mais serviços e permitir a comunicação entre sistemas de diferentes organizações, de forma segura. A complexidade aumenta, pois agora a proteção deve ocorrer não somente contra os ataques vindos da rede pública, mas também contra aqueles que podem ser considerados internos, originados a partir de qualquer ponto do ambiente cooperativo.

É interessante observar que o crescimento da importância e até mesmo da dependência do papel da tecnologia nos negócios, somado ao aumento da facilidade de acesso e ao avanço das técnicas usadas para ataques e fraudes eletrônicos, resultam no aumento do número de incidentes de segurança, o que faz com que as organizações devam ser protegidas da melhor maneira possível. Afinal de contas, é o próprio negócio, em forma de bits e bytes, que está em jogo.

Assim, entender os problemas e as formas de resolvê-los torna-se imprescindível, principalmente porque não se pode proteger contra riscos que não se conhece. Este livro tem como principal objetivo apresentar os conceitos, as técnicas e as tecnologias de segurança que podem ser usados na proteção dos valores computacionais internos das organizações. Para isso, a formação de um ambiente cooperativo e as motivações para a implementação de uma segurança coerente serão discutidas. Os motivos que levam à adoção de determinada tecnologia também serão discutidos, bem como a integração das diversas tecnologias existentes, que é, de fato, o grande desafio das organizações.

Estrutura básica

O livro é dividido em três partes: a Parte I, composta pelos capítulos 2, 3, 4 e 5, faz a ambientação dos problemas que devem ser enfrentados pelas organizações; a Parte II, formada pelos capítulos de 6 a 11, apresenta as técnicas, conceitos e tecnologias que podem ser utilizadas na luta contra os problemas de segurança vistos na Parte I. Já a Parte III (capítulos 12 e 13) apresenta o modelo de segurança proposto pelos autores, no qual os recursos apresentados na Parte II são aplicados no ambiente cooperativo.

O Capítulo 2 faz a apresentação de um ambiente cooperativo e as necessidades de segurança são demonstradas no Capítulo 3. Os riscos que rondam as organizações, representados pelas técnicas de ataque mais utilizadas, são discutidos no Capítulo 4. O Capítulo 5 trata das redes sem fio, que possuem uma importância cada vez maior na vida das pessoas, porém trazem consigo novos riscos.

A política de segurança, os *firewalls*, os sistemas de detecção de intrusão, a criptografia, as redes privadas virtuais e a autenticação dos usuários são discutidos, respectivamente, nos capítulos 6, 7, 8, 9, 10 e 11. Já o Capítulo 12 discute as configurações que podem fazer parte de um ambiente cooperativo, enquanto o

Capítulo 13 discute os aspectos de segurança envolvidos nesse tipo de ambiente e o modelo de gestão de segurança proposto. Ele é composto pela arquitetura do *firewall* cooperativo, o modo de minimizar a complexidade das regras de filtragem e o modelo hierárquico de defesa. Este último é destinado a facilitar a compreensão dos problemas de segurança inerentes a esse tipo de ambiente, resultando assim em menos erros na definição da estratégia de segurança da organização. Ainda no Capítulo 13, o Modelo de Teias tem como objetivo auxiliar no gerenciamento da complexidade da segurança. O Capítulo 14 traz a conclusão do livro.

A seguir, o leitor encontrará um resumo mais detalhado de cada capítulo.

PARTE I – CONCEITOS BÁSICOS DE SEGURANÇA

Capítulo 1 – Introdução

Capítulo 2 – O ambiente cooperativo

Este capítulo mostra a dependência cada vez maior da informática e das telecomunicações para o sucesso das organizações, o que faz com que um novo ambiente de extrema importância surja no âmbito computacional: o ambiente cooperativo. Como conseqüência, diversos novos problemas passam a ocorrer nesse ambiente, principalmente com relação à segurança dos seus recursos. As triangulações, nas quais uma organização A acessa as informações de C, por intermédio de sua comunicação com a organização B, é apenas um desses problemas que devem ser tratados. A complexidade de conexões e a heterogeneidade do ambiente também devem ser considerados.

Capítulo 3 – A necessidade de segurança

Neste capítulo, cujo enfoque é a natureza da segurança, discute-se questões sobre investimentos em segurança e os seus mitos. Faz-se também uma análise sobre a influência das medidas de segurança nas funcionalidades dos sistemas e na produtividade dos usuários. A segurança é necessária, porém sua estratégia de implementação deve ser bem definida, medindo-se custos e benefícios, pois a segurança total não é possível. A análise dos riscos possui um papel fundamental nesse contexto.

Capítulo 4 – Os riscos que rondam as organizações

Este capítulo apresenta os riscos a que as organizações estão sujeitas. Os possíveis atacantes e os métodos, técnicas e ferramentas utilizados por eles são apresentados, mostrando que as preocupações com a segurança devem ser tratadas com a máxima atenção e cuidado, para que a continuidade dos negócios das organizações não seja afetada. É contra esses riscos que as organizações têm de lutar, principalmente através das técnicas, tecnologias e conceitos a serem discutidos na Parte II deste livro. Os riscos envolvem aspectos humanos, explorados pela engenharia social, e aspectos técnicos. Detalhes de alguns dos ataques mais conhecidos podem ser encontrados neste capítulo, incluindo análises de ferramentas de DDoS e de *worms* como o Nimda, o Code Red, o Klez, o Sapphire e o Deloder. Com o objetivo de ilustrar os passos utilizados pelos atacantes, os ataques foram agrupados em categorias que incluem a obtenção de informações sobre os sistemas alvo, passando por técnicas que incluem negação de serviço (*Denial of Service, DoS*), ataques ativos, ataques coordenados e ataques às aplicações e aos protocolos.

Capítulo 5 – Novas funcionalidades e riscos: redes sem fio

O uso de redes sem fio (*wireless*) vem aumentando substancialmente, resultando em um impacto significante na vida das pessoas. Seja em distâncias mais longas (telefones celulares), em distâncias médias (*Wireless LAN,* WLAN) ou em curtas distâncias (Bluetooth), as redes sem fio facilitam o dia-a-dia das pessoas; no entanto, trazem consigo novos riscos. Elas apresentam diferenças essenciais se comparadas às redes com fio, de modo que protocolos de segurança foram definidos para a proteção dos acessos sem fio, principalmente para a autenticação e proteção no nível de enlace. Este capítulo discute os aspectos de segurança existentes nas redes sem fio, em particular no padrão IEEE 802.11 e Bluetooth.

Parte II – Técnicas e tecnologias disponíveis para defesa

Capítulo 6 – Política de segurança

O objetivo deste capítulo é demonstrar a importância da política de segurança, discutindo pontos como seu planejamento, seus elementos, os pontos a serem tratados e os maiores obstáculos a serem vencidos, principalmente em sua implementação. Alguns pontos específicos que devem ser tratados pela política também são exemplificados, como os casos da política de senhas, do *firewall* e do acesso remoto. A discussão estende-se até a política de segurança em ambientes cooperativos, que possuem suas particularidades. Os bolsões de segurança característicos dos ambientes cooperativos são uma dessas particularidades.

Capítulo 7 – Firewall

Este capítulo trata de um dos principais componentes de um sistema de segurança o *firewall*, e tem como objetivo discutir a definição do termo *firewall*, que vem sofrendo modificações com o tempo, além de discutir a evolução que vem ocorrendo nesse importante componente de segurança. Os conceitos técnicos envolvidos, fundamentais para a escolha do melhor tipo de *firewall* para cada organização, são apresentados detalhadamente. As arquiteturas de um *firewall*, que influem substancialmente no nível de segurança, também são discutidas. Por fim, conclui-se que o *firewall* não pode ser a única linha de defesa para garantir a segurança de uma organização.

Capítulo 8 – Sistema de detecção de intrusão

O sistema de detecção de intrusão (*Intrusion Detection Systems* — IDS) constitui um componente de segurança essencial em um ambiente cooperativo. Neste capítulo serão discutidos os objetivos dos sistemas de detecção de intrusão e os tipos de sistemas que podem ser usadas para a proteção do ambiente. Os tipos de IDS e as metodologias de detecção utilizadas serão discutidos, bem como as limitações de cada abordagem. Sua localização na rede da organização influi diretamente nos resultados da detecção, de forma que ela é discutida no capítulo. Os sistemas que visam não apenas a detecção, mas também a prevenção dos ataques — sistemas de prevenção de intrusão (*Intrusion Prevention System* — IPS) — também são apresentados neste capítulo.

Capítulo 9 – A criptografia e a PKI

A criptografia é uma ciência que possui importância fundamental para a segurança, ao servir de base para diversas tecnologias e protocolos, tais como a *Secure Socket Layer* (SSL) e o *IP Security* (IPSec). Suas propriedades — sigilo, integridade, autenticação e não-repúdio — garantem o armazenamento, as comunicações e as transações seguras, essenciais no mundo atual. Este capítulo discute o papel da criptografia e os aspectos relacionados à sua segurança. A infra-estrutura de chaves públicas (*Public Key Infrastructure* — PKI), baseada na criptografia assimétrica, vem ganhando uma importância cada vez maior, principalmente nos ambientes cooperativos, e também será discutida neste capítulo.

Capítulo 10 – Redes privadas virtuais

As redes privadas virtuais (*Virtual Private Network* — VPN) possuem grande importância para as organizações, principalmente no seu aspecto econômico, ao permitir que as conexões físicas dedicadas de longa distância sejam substituídas pelas suas correspondentes a redes públicas, normalmente de curta distância. As VPNs permitem também a substituição das estruturas de conexões remotas, que podem ser eliminadas em função da utilização dos clientes e provedores VPN. Porém, essas vantagens requerem uma série de considerações com relação à segurança, pois as informações das organizações passam a trafegar por meio de uma rede pública. A criptografia associada a VPNs não é suficiente: este capítulo visa discutir a VPN e as implicações de segurança envolvidas, além dos principais protocolos disponíveis (L2TP, PPTP, IPSec) para a comunicação entre as organizações por intermédio de túneis virtuais.

Capítulo 11 – Autenticação

A autenticação é essencial para a segurança dos sistemas, ao validar a identificação dos usuários, concedendo-lhes a autorização para o acesso aos recursos. A autenticação pode ser realizada com base em alguma coisa que o usuário sabe, em alguma coisa que o usuário tem ou em alguma coisa que o usuário é, como será visto neste capítulo. O capítulo mostra também os pontos importantes a serem considerados no controle de acesso, que tem como base a autenticação dos usuários, e discute as vantagens e desvantagens do *Single Sign-On* (SSO), que tenta resolver um dos maiores problemas relacionados à autenticação — o mau uso das senhas.

Parte III – Modelo de segurança para um ambiente cooperativo

Capítulo 12 – As configurações de um ambiente cooperativo

Este capítulo apresenta os diversos cenários que representam as redes das organizações, cuja evolução (aumento dos números de conexões) leva à formação de ambientes cooperativos. Será visto que a complexidade aumenta a cada nova conexão, o que exige uma análise profunda das implicações envolvidas e das tecnologias necessárias que serão utilizadas na arquitetura de segurança da organização. Este capítulo analisa as diversas configurações de componentes importantes para a segurança da organização, como o *firewall*, a *Virtual Private Network* (VPN), o *Intrusion Detection System* (IDS) e a *Public Key Infrastructure* (PKI), de acordo com as necessidades que vão surgindo com a evolução das conexões. As discussões deste capítulo culminam com a arquitetura do *firewall* cooperativo, que é conceituado no próximo capítulo.

Capítulo 13 – O modelo de segurança para ambientes cooperativos

Este capítulo tem como objetivo apresentar um modelo de segurança para o ambiente cooperativo. Os aspectos envolvidos com o ambiente cooperativo são discutidos, e em seguida são demonstradas as dificuldades existentes na definição e implementação das regras de filtragem. A seguir, será apresentada uma abordagem para a manipulação da complexidade das regras de filtragem utilizando-se o *iptables*. A arquitetura do *firewall* cooperativo também é apresentada, culminando na definição de cinco níveis hierárquicos de defesa, que visam minimizar a complexidade e tornar mais simples a administração da segurança em um ambiente cooperativo. Uma discussão sobre o gerenciamento da complexidade da segurança também é realizada, com a apresentação do Modelo de Teias.

Capítulo 14 – Conclusão

Capítulo 2

O ambiente cooperativo

Este capítulo mostra a importância cada vez maior da tecnologia da informação para organizações de toda natureza. A dependência cada vez maior da informática e da telecomunicação para o sucesso das organizações tem como resultado o surgimento de um novo ambiente de extrema importância: o ambiente cooperativo. Como conseqüência, novos desafios passam a fazer parte do cotidiano de todos, principalmente com relação à segurança dos seus recursos.

2.1 A INFORMÁTICA COMO PARTE DOS NEGÓCIOS

O mundo moderno e globalizado faz com que as organizações busquem o mais alto nível de competitividade, no qual novos mercados são disputados vorazmente. O concorrente, agora, pode estar em qualquer parte do mundo e, para superá-lo, é necessário, mais do que nunca, fabricar produtos de qualidade, prestar bons serviços e manter um bom relacionamento com os clientes, sejam eles internos ou externos. Como reflexo, a busca de diferencial competitivo e de novos mercados faz com que as relações comerciais internacionais sejam cada vez mais necessárias e mais fortes, como pode ser visto, por exemplo, no Mercado Comum do Sul (Mercosul).

Nesse cenário, a competitividade global é ditada principalmente pela velocidade, qualidade e eficiência – seja das decisões, das implementações ou das comunicações. Dessa maneira, a infra-estrutura de telecomunicações, que permite a comunicação entre pessoas e recursos, deve ser bem projetada e bem dimensionada. Mais do que isso, o uso eficiente da tecnologia como meio de evolução dos negócios e de desenvolvimento de novas oportunidades é vital para a sobrevivência de qualquer organização.

O uso da tecnologia possui um sentido muito amplo, e deve-se tirar proveito das inovações tanto para a criação e desenvolvimento de produtos quanto para o estabelecimento de novos canais de relacionamento com os clientes. Um recente caso de sucesso no Brasil, referente ao uso da tecnologia para a expansão dos negócios, é o da rede Ponto Frio. A operação virtual da loja, que abrange o *site* na Internet e o telemarketing, vendeu mais do que qualquer uma das 350 lojas da rede em dezembro de 2002, atingindo somente nesse mês R$ 13 milhões [AGE 03]. Enquanto que a loja virtual Submarino, que surgiu na Internet, faturou R$ 130 milhões em 2002 [EXA 03], demonstrando a força das oportunidades criadas com o uso da tecnologia.

Vários outros casos de sucesso do uso da Internet para a realização de negócios podem ser vistos no Brasil. A Ford, por exemplo, movimentou, em 2001, mais de R$ 4 bilhões em transações com outras empresas — *Business-to-Business* (B2B). A General Motors atingiu mais de R$ 1 bilhão, em 2001, com a venda do veículo Celta no mercado direto com os consumidores — *Business-to-Consumer* (B2C) [EXA 02]. Em 2002, somente a General Motors vendeu 90 mil veículos pela Internet, com o mercado automobilístico brasileiro atingindo US$ 1,1 bilhão em vendas online [EXA 03]. Já os bancos Bradesco e Itaú totalizaram, cada um, mais de R$ 6 bilhões em transações eletrônicas em 2001 [EXA 02]. Outros números do mercado brasileiro podem ser vistos nas tabelas 2.1 (B2C), 2.2 (B2B) e 2.3 (Bancos e corretoras) [EXA 02].

Tabela 2.1 Números brasileiros do B2C de 2001. Fonte: Info100, da Revista *Info Exame*.

Os maiores do B2C no Brasil em 2001

Ordem	Empresa	Transações (R$ milhões)	Ramo de atividade
1	General Motors	1044,0	Automotivo
2	Mercado Livre	188,2	Leilão online
3	Carsale	90,5	Venda de carros
4	Americanas.com	71,4	Varejo
5	Submarino	71,1	Varejo
6	Ford	39,5	Automotivo
7	BuscaPé	38,3	Comparação de preços
8	Editora Abril	33,7	Comunicações
9	Decolar.com	33,0	Turismo
10	Farmácia em Casa	26,1	Farmacêutico

Tabela 2.2 Números brasileiros do B2B de 2001. Fonte: Info100, da Revista *Info Exame*.

Os maiores do B2B no Brasil em 2001

Ordem	Empresa	Transações (R$ milhões)	Ramo de atividades
1	Ford	4610,9	Automotivo
2	Mercado Eletrônico	2000,0	E-marketplace
3	Intel	1652,2	Computação
4	Genexis	1200,0	E-marketplace
5	Cisco	1196,4	Computação
6	Porto Seguro	780,3	Seguros
7	Grupo VR	600,0	Vale-refeição
8	Itaú Seguros	485,0	Seguros
9	Ticket Serviços	483,0	Serviços
10	VB Serviços	403,6	Vale-transporte

Tabela 2.3 Números brasileiros das transações de bancos e corretores de 2001. Fonte: Info100, da Revista *Info Exame*.

Os maiores bancos e corretores no Brasil em 2001

Ordem	Empresa	Transações (R$ milhões)	Ramo de atividade
1	Bradesco	6725,5	Banco
2	Itaú	6000,0	Banco
3	Unibanco	2800,0	Banco
4	Banco Real/ABN Amro	2250,4	Banco
5	BankBoston	1600,0	Banco
6	Santander	1496,2	Banco
7	Hedging-Griffo	241,0	Corretora
8	Socopa	104,1	Corretora
9	Souza Barros	60,0	Corretora
10	Banco1.net	9,6	Banco

Assim, a própria infra-estrutura de rede e a informática podem ser consideradas como duas das responsáveis pelo avanço da globalização. Em menor escala, essa infra-estrutura, no mínimo, contribuiu e possibilitou o avanço da globalização, andando ambas na mesma direção. Se antes a Revolução Industrial pôde ser vista, agora a Revolução Digital faz parte da vida de todos.

O papel da informática como parte do processo de negócios de qualquer organização pode ser verificado mais claramente pelo aumento dos investimentos realizados na área de Tecnologia da Informação. A pesquisa da Giga Information Group realizada no Brasil, por exemplo, mostrou que os investimentos em tecnologia da informação cresceram 5% em 2002, apesar das eleições e da retração do mercado mundial [ITW 02]. Outra pesquisa, realizada pela *International Data Corporation* (IDC), revelou em 2002 que 88% das 60 empresas da América Latina pesquisadas consideram a Internet uma importante ferramenta de negócios, tanto hoje como a curto e médio prazos [B2B 02].

Imagine uma falha em algum dos componentes da informática, que pode afetar negativamente os negócios da organização. No caso do comércio eletrônico, por exemplo, a indisponibilidade ou problemas em um *site* faz com que o usuário faça a compra no concorrente, pois bastam apenas alguns cliques no mouse para a mudança entre diferentes lojas virtuais.

2.2 AMBIENTES COOPERATIVOS

No mundo globalizado e de rápidos avanços tecnológicos, as oportunidades de negócios vêm e vão com a mesma rapidez desses avanços. Todos vivenciam uma época de grandes transformações tecnológicas, econômicas e mercadológicas. Grandes fusões estão acontecendo, implicando também na fusão de infra-estruturas de telecomunicações, o que pode resultar em sérios problemas relacionados à segurança.

Além das fusões entre as organizações, as parcerias estratégicas e as formas de comunicação avançam de tal modo que a infra-estrutura de rede — de vital importância para os negócios — passa a ser uma peça fundamental para todos. Esse contexto atual, de grandes transformações comerciais e mercadológicas, somado à importância cada vez maior do papel da Internet, faz com que um novo ambiente surja, no qual múltiplas organizações trocam informações por meio de uma rede integrada. Informações técnicas, comerciais e financeiras, necessárias para o bom andamento dos negócios, agora trafegam por essa rede que conecta matrizes de empresas com suas filiais, seus clientes, seus parceiros comerciais, seus distribuidores e todos os usuários móveis.

A complexidade dessa rede heterogênea atinge níveis consideráveis, o que implica em uma série de cuidados e medidas que devem ser tomados, principalmente com relação à proteção das informações que fazem parte dessa rede. Esse ambiente, em que a rápida e eficiente troca de informações entre matrizes, filiais, clientes, fornecedores, parceiros comerciais e usuários móveis é um fator determinante de sucesso, é chamado de ambiente cooperativo.

O ambiente cooperativo é caracterizado pela integração dos mais diversos sistemas de diferentes organizações, nos quais as partes envolvidas cooperam entre si, na busca de um objetivo comum: velocidade e eficiência nos processos e nas realizações de negócios, que representam os elementos-chave para o sucesso de qualquer tipo de organização. A formação de um ambiente cooperativo (Figura 2.1), com as evoluções que ocorrem nas conexões das organizações e suas respectivas implicações, pode ser vista com detalhes no Capítulo 12.

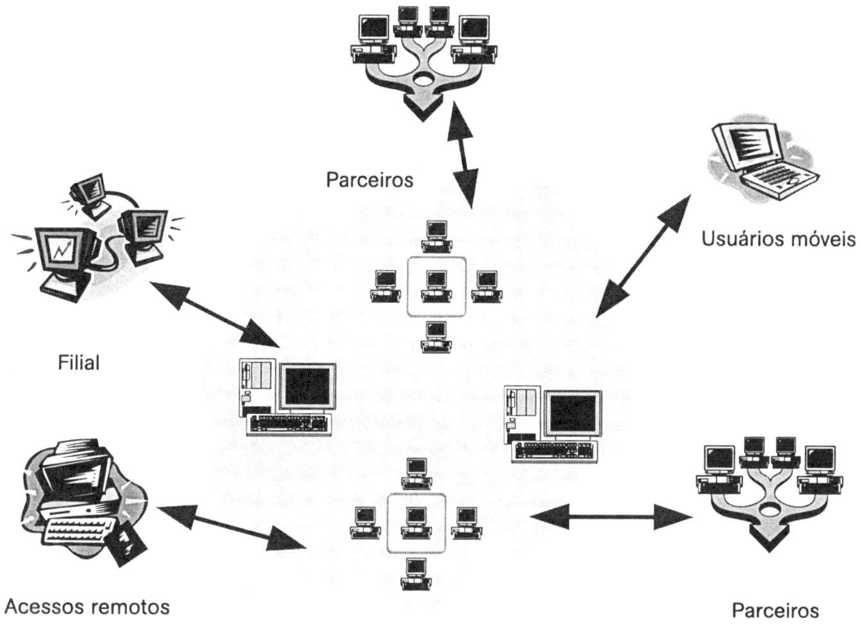

Figura 2.1 O ambiente cooperativo – diversidade de conexões.

2.3 Problemas nos ambientes cooperativos

A propriedade determinante dos ambientes cooperativos é a complexidade que envolve a comunicação entre diferentes tecnologias (cada organização utiliza a sua), diferentes usuários, diferentes culturas e diferentes políticas internas. O conjunto de protocolos da suíte TCP/IP e a Internet possibilitaram o avanço em direção aos ambientes cooperativos, ao tornar possíveis as conexões entre as diferentes organizações, de modo mais simples e mais barato que as conexões dedicadas. Porém, essa interligação teve como conseqüência uma enorme implicação quanto à proteção dos valores de cada organização.

Algumas situações que refletem o grau de complexidade existente nos ambientes cooperativos podem ser vistas quando são analisadas, por exemplo, as conexões entre três organizações (A, B e C). Como proteger os valores da organização A, evitando que um usuário da organização B acesse informações que pertencem somente à organização A?

Pode-se supor uma situação em que os usuários da organização B não podem acessar informações da organização A, porém os usuários da organização C podem fazê-lo. Como evitar que os usuários da organização B acessem informações da organização A, por meio da organização C? Como pode ser visto na Figura 2.2, isso constitui um caso típico de triangulação, na qual uma rede é utilizada como ponte para uma outra rede. Neste exemplo, usuários da organização B podem acessar as informações da organização A, o que é proibido, utilizando a estrutura da organização C como ponte.

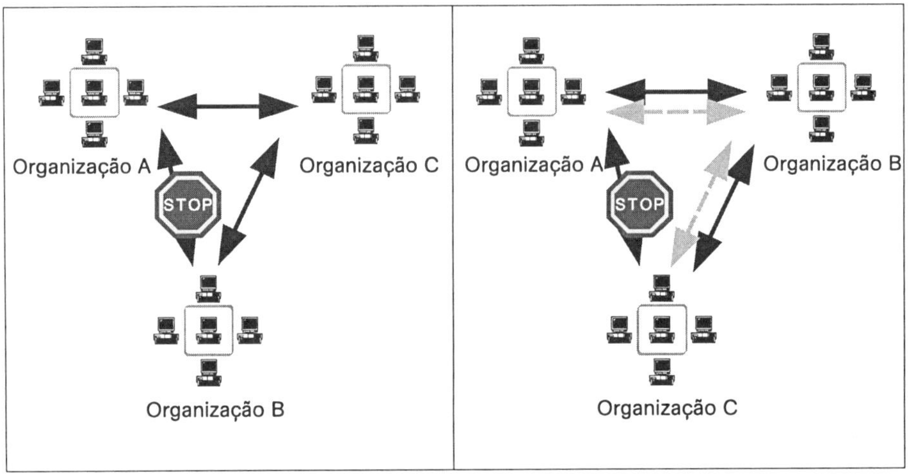

Figura 2.2 O perigo das triangulações.

Os problemas decorrentes dessa situação são gigantescos, pois a organização B pode ter acesso a informações confidenciais da organização A, sem que ela sequer tome conhecimento desse fato, pois o acesso ocorre por intermédio da organização C.

Além das triangulações, um outro problema que pode ocorrer em um ambiente cooperativo é o aumento da complexidade dos níveis de acesso. Isso pode ser visto em um exemplo no qual os usuários da organização A podem acessar todos os recursos da organização, enquanto os usuários da organização cooperada B podem acessar somente determinados recursos específicos, como, por exemplo, informações sobre produtos e o setor financeiro. Somado a isso, há o fato de que os usuários da Internet não podem acessar nenhum recurso da organização A, enquanto a organização C tem acesso irrestrito aos recursos da organização A. Essa situação demonstra o grande desafio de controlar os acessos em diferentes níveis, que pode se tornar mais complexo ainda, se diferentes usuários da organização B necessitam acessar diferentes recursos da organização A. Ainda nesse exemplo, pode-se ver novamente o problema da triangulação, de modo ainda mais crítico: os usuários da

Internet podem chegar à organização A, caso a organização B ou C tenha acesso à Internet (Figura 2.3).

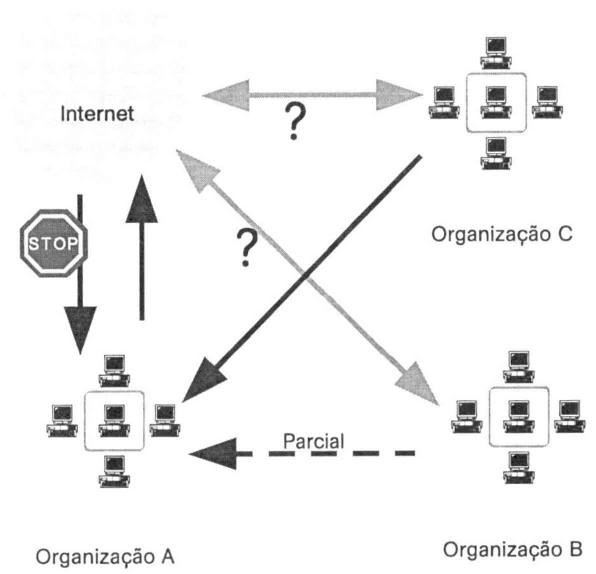

Figura 2.3 Os diferentes níveis de acesso somados ao perigo das triangulações.

A divisão entre os diferentes tipos de usuários, os desafios a serem enfrentados no ambiente cooperativo e a complexidade que envolve a segurança desses ambientes são analisados, com detalhes, no Capítulo 13.

2.4 Segurança em ambientes cooperativos

Os problemas a serem resolvidos nos ambientes cooperativos refletem fielmente a situação de muitas organizações atuais que buscam a vantagem competitiva por meio da necessária utilização da tecnologia. O ambiente cooperativo é complexo, e a segurança necessária a ser implementada é igualmente complexa, envolvendo aspectos de negócios, humanos, tecnológicos, processuais e jurídicos.

Este livro irá enfocar com maior ênfase os aspectos tecnológicos relacionados à segurança em ambientes cooperativos. Porém, isso não significa que eles tenham maior relevância com relação aos outros. Todos os aspectos são de extrema importância e devem ser considerados na implantação da segurança nos ambientes cooperativos.

De fato, a tecnologia faz parte de um pilar que inclui ainda os processos e as pessoas, que devem ser considerados para a elaboração de uma estratégia de segurança coerente, de acordo com os aspectos de negócios da organização, respeitando sempre os aspectos jurídicos. A segurança em ambientes cooperativos será o resultado do conjunto de esforços para entender o ambiente e as tecnologias, saber como utilizá-las e implementá-las de modo correto. O livro visa auxiliá-lo na busca da segurança, identificando os pontos da infra-estrutura de rede a serem protegidos, apontando os principais perigos existentes, discutindo tecnologias relacionadas à segurança e propondo um modelo de segurança que englobe técnicas, metodologias e tecnologias de segurança.

Embora haja uma grande variedade de tecnologias e técnicas de segurança, que serão apresentadas no decorrer do livro, o administrador de segurança passa por grandes dificuldades no sentido de saber o que fazer para proteger sua rede, ficando, muitas vezes, completamente 'perdido' quanto às ações a serem tomadas. O *firewall* cooperativo, o modo de definir as regras de filtragem e o modelo hierárquico de defesa visam justamente auxiliar no processo de proteção da rede, por meio da apresentação das técnicas, tecnologias e arquiteturas mais adequadas para cada situação, independentemente do produto a ser utilizado.

Algumas questões que serão discutidas neste livro são:

- Por que a segurança é tão importante em todas as organizações?
- Por que a segurança é um dos habilitadores de negócios em um ambiente cooperativo?
- Quais são os maiores riscos que rondam as organizações?
- Qual é a importância e a necessidade da educação dos usuários?
- Qual é a importância e a necessidade de uma política de segurança?
- Quais são as fronteiras entre as organizações no ambiente cooperativo?
- Como um *firewall* funciona, e quais as diferenças existentes entre eles?
- Quais são os maiores problemas envolvendo *firewalls* e o ambiente cooperativo?
- Como resolver os problemas de regras de filtragem, inerentes ao ambiente cooperativo?
- Como implementar e garantir um nível de hierarquia entre as comunicações das diversas organizações no ambiente cooperativo?
- Qual tecnologia utilizar para garantir a proteção dos valores da organização? *Firewall*, sistema de detecção de intrusão (*Intrusion Detection System*, IDS), criptografia, autenticação de dois fatores, biometria, *Single Sign-On* (SSO), infra-estrutura de chaves públicas (*Public Key Infrastructure*, PKI), *IP Security* (IPSec), rede privada virtual (*Virtual Private Network*, VPN)?
- Quais os aspectos de segurança que devem ser considerados em um ambiente sem fio (*wireless*)?

- Como integrar as diversas tecnologias disponíveis?
- Enfim, como garantir a segurança nesse ambiente cooperativo?

2.5 Conclusão

Este capítulo discutiu a importância da informática para os negócios de todas as organizações. A necessidade cada vez maior de conexões resulta em uma complexidade nas configurações de redes de todos os envolvidos. Com isso, é formado um ambiente cooperativo que traz consigo uma série de implicações de segurança, principalmente quanto aos limites entre as redes e aos perigos de triangulações. A formação de um ambiente cooperativo será mostarda com detalhes no Capítulo 12, na Parte III, que apresenta, ainda, a forma de trabalhar com as diferentes técnicas, tecnologias e conceitos de segurança.

A necessidade de segurança

Neste capítulo, no qual a segurança tem todo o enfoque, no qual serão discutidas questões sobre investimentos em segurança e os seus mitos, bem como a relação da segurança com os negócios, as funcionalidades, a produtividade e os riscos envolvidos. Também serão abordados os aspectos da segurança de redes e a impossibilidade de se ter uma rede totalmente segura.

3.1 A SEGURANÇA DE REDES

A informática é um instrumento cada vez mais utilizado pelo homem, o qual busca incessantemente realizar seus trabalhos de modo mais fácil, mais rápido, mais eficiente e mais competitivo, produzindo, assim, os melhores resultados. A rede é uma das principais tecnologias, permitindo conexões entre todos os seus elementos, que vão desde roteadores até servidores que hospedam o *site* Web da organização e o banco de dados dos clientes, passando ainda por sistemas financeiros e *Customer Relationship Management* (CRM). Esses recursos disponibilizados pela rede representam, na Era da Informação, até mesmo o próprio negócio das organizações. Isso faz com que sua flexibilidade e facilidade de uso resultem em maior produtividade e na possibilidade de criação de novos serviços e produtos, e conseqüentemente em maiores lucros para a organização.

A confiabilidade, integridade e disponibilidade dessa estrutura de rede passam, assim, a ser essenciais para o bom andamento das organizações, fazendo com que elas precisem ser protegidas. A proteção visa, sob esse ponto de vista, a manutenção do acesso às informações que estão sendo disponibilizadas para os usuários. Isso significa que toda informação deve chegar aos usuários de uma forma íntegra e confiável. Para que isso aconteça, todos os elementos de rede por onde a informação flui até chegar ao seu destino devem estar disponíveis, e devem também preservar a integridade das informações. O sigilo também pode ser importante; forma junto com a integridade e a disponibilidade formam as propriedades mais importantes para a segurança (Figura 3.1).

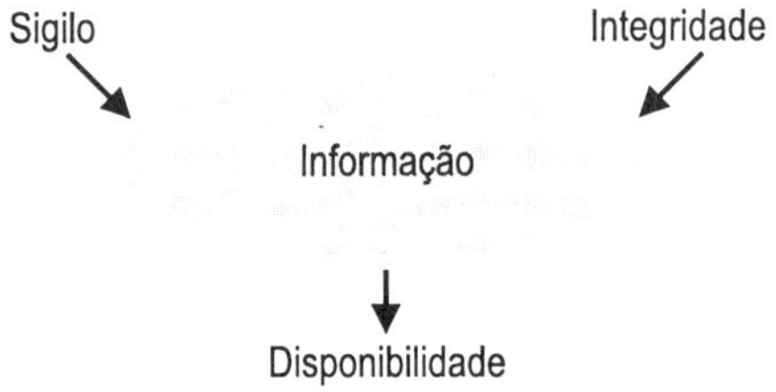

Figura 3.1 As propriedades mais importantes da segurança.

A segurança de redes, assim, é uma parte essencial para a proteção da informação, porém uma boa estratégia que deve ser levada em consideração são os aspectos humanos e processuais de uma organização. Isso é importante porque outros métodos de ataques, além dos tecnológicos, afetam os níveis de segurança de uma organização. Este livro, porém, manterá o enfoque nos aspectos tecnológicos da segurança, não significando, que esse seja o aspecto mais importante. A Figura 3.2 mostra os aspectos que devem ser considerados na proteção da informação, os quais incluem ainda os aspectos jurídicos e negócios de negócios que direcionam efetivamente a estratégia de segurança de cada tipo de organização.

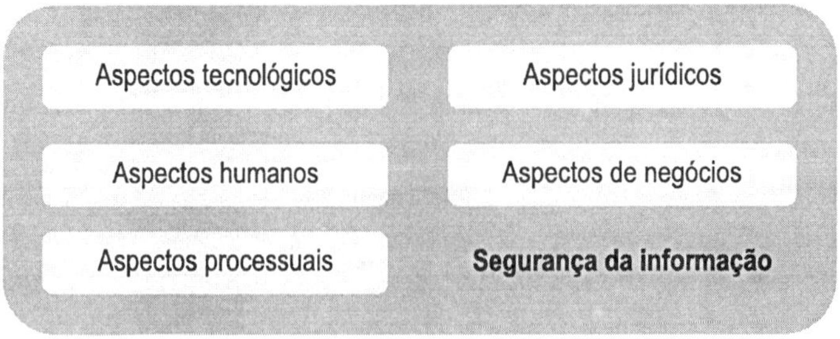

Figura 3.2 Os aspectos envolvidos na proteção da informação.

Assim, a segurança de redes, que pode prover grande parte da manutenção da disponibilidade, integridade e sigilo das informações, significa, na realidade, muito mais do que a proteção contra *hackers*, maus funcionários ou vírus. A segurança significa permitir que as organizações busquem seus lucros, os quais são conseguidos por meio de novas oportunidades de negócios, que são resultado da flexibilidade, facilidade e disponibilidade dos recursos de informática. Portanto, a segurança deve ser considerada não apenas uma proteção, mas o elemento habilitador dos negócios da organização. De fato, pesquisas indicam que os consumidores deixam de realizar negócios via Internet quando não confiam na segurança de um *site* [IDG 01].

A importância da segurança pode ser reforçada ainda mais quando se vê as novas oportunidades de negócios que surgem no mundo digital, condicionando seu sucesso à eficiência da estratégia de segurança. Em alguns casos, a falta de segurança é traduzida na negativa de ser usada uma novidade tecnológica. Algumas dessas oportunidades que podem ser exploradas são:

- ***E-marketing*:** Site Web.
- ***E-sales*:** Venda de produtos e serviços pela rede.
- ***E-service*:** Como as referências cruzadas de livros de interesse dos clientes, pela Amazon Books.
- ***E-support*:** Como a Federal Express, que informa a situação atual da carga, em tempo real.
- ***E-supply*:** Construção e integração da cadeia de fornecimento entre seus fornecedores e clientes.
- ***E-business*:** Relação de negócios entre parceiros de negócios.
- ***E-marketplace*:** Pontos de encontro virtuais entre compradores e fornecedores.
- ***E-engineering*:** Desenvolvimento de produtos de modo colaborativo.
- ***E-procurement*:** Relacionamento entre fornecedores e prestadores de serviços.
- ***E-government*:** Relacionamento entre o governo e os cidadãos.
- ***M-commerce*:** Comércio eletrônico via terminais móveis.

De fato, os números comprovam o grande crescimento dos negócios realizados via Internet no Brasil e no mundo. Segundo a pesquisa feita pela e-Consulting [EXA 03-2], o volume do comércio eletrônico brasileiro saltou de 2,1 bilhões de dólares em 2001 para 5,1 bilhões de dólares em 2002. No âmbito mundial, o número chegou a 1.167 bilhões de dólares em 2002. No Brasil, o volume de negócios *Business-to-Business* (B2B) passou de 1,6 bilhão de dólares em 2001 para 3,7 bilhões de dólares em 2002, enquanto o *Business-to-Consumer* (B2C) movimentou 1,42 bilhão de dólares em 2002, contra 0,5 bilhão de dólares em 2001. Já o *Business-to-Government* (B2G) brasileiro movimentou, em 2002, 1,2 bilhão de dólares [EXA 03-2]. Esses dados demonstram o crescimento cada vez maior do papel do comércio eletrônico para as organizações. A disponibilidade, o sigilo e a integridade das informações têm uma importância imensurável nesse cenário, que cresce cada vez mais.

Dessa maneira, a segurança deve ser vista como o elemento que permite que novas oportunidades sejam exploradas de forma concreta, de maneira que, sem ela, não existem negócios, pelo menos a longo prazo. Diversos tipos de ataques que comprometem a existência de negócios serão descritos no decorrer deste livro. A maior indicação de perigo está no fato de as pesquisas mostrarem um aumento no número de incidentes de segurança envolvendo a Internet. O CERT Coordination Center [CER 03], operado pela Carnegie Mellon University, comprova esse número, mostrando que em 2002 foram reportados 82.094 incidentes de segurança, que representam um volume 56% maior do que em 2001. O número de vulnerabilidades reportadas pelo CERT em 2002 também foi considerável, atingindo 4.129 vulnerabilidades em 2002, contra 2.437 em 2001, ou seja, um crescimento de quase 70%. A Figura 3.3 mostra a evolução do número de incidentes reportados ao CERT desde 1988, enquanto que a Figura 3.4 mostra a evolução das vulnerabilidades reportadas, desde 1995. No Brasil, o NBSO [NBSO 03], que constitui o Grupo de Resposta a Incidentes para a Internet Brasileira mantido pelo Comitê Gestor da Internet no Brasil, também observou um grande aumento do número incidentes reportados. Em 2001, foram reportados 12.301 incidentes, enquanto que em 2002 foram 25.092 incidentes reportados, o que representa um aumento de mais de 100%.

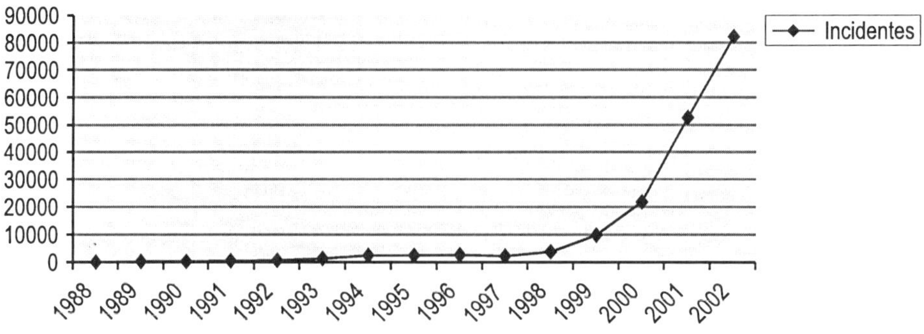

Figura 3.3 Crescimento dos incidentes reportados pelo CERT/CC, de 1988 a 2002.

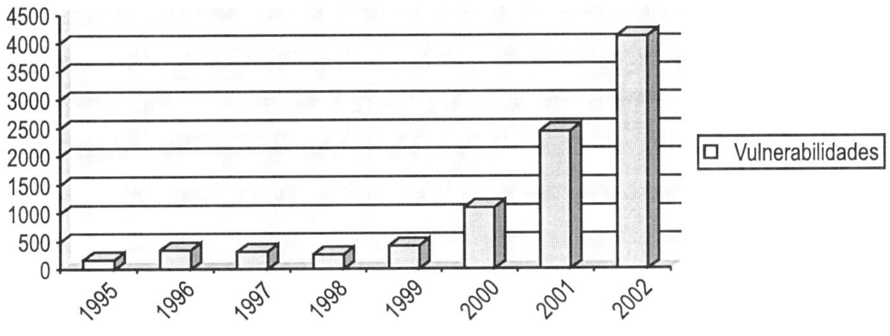

Figura 3.4 Crescimento das vulnerabilidades reportadas pelo CERT/CC, de 1995 a 2002.

3.2 Maior evolução, maior preocupação com a segurança

Nos tempos do mainframe, os aspectos de segurança eram simples, relacionados basicamente com o nome de usuário e sua senha [DID 98]. Atualmente, o alto grau de conectividade e a grande competitividade trouxeram, além dos seus grandes benefícios, outros tipos de problemas inerentes às novas tecnologias. Os avanços tecnológicos vêm resultando em grandes oportunidades de negócios, porém, quanto maior essa evolução, maiores as vulnerabilidades que aparecem e que devem ser tratadas com a sua devida atenção. Alguns culpam a própria indústria pelo aumento das vulnerabilidades, acusando-a de não estar dando a atenção necessária aos aspectos de segurança de seus produtos. De fato, muitas organizações estão mais interessadas em finalizar rapidamente os seus produtos para colocá-los no mercado antes de seus concorrentes. Isso acontece até mesmo na indústria de tecnologias de segurança, onde vários produtos já apresentaram falhas.

O que pode ser observado, porém, é que não é um fato isolado, mas sim um conjunto de fatores, que acaba acarretando o aumento das vulnerabilidades e a crescente preocupação com a proteção:

- A competitividade e a pressa no lançamento de novos produtos.
- O alto nível de conectividade.
- O aumento do número de potenciais atacantes.
- O avanço tecnológico, que resulta em novas vulnerabilidades intrínsecas.

- O aumento da interação entre organizações, resultando nos ambientes cooperativos.
- A integração entre diferentes tecnologias, que multiplica as vulnerabilidades.
- A Era da Informação, onde o conhecimento é o maior valor.
- A segurança representando a habilitação de negócios.

A evolução do mercado, da concorrência, dos negócios e da tecnologia continua comprovando a importância da segurança. Por exemplo, as redes sem fio (*wireless*), mostradas no Capítulo 5, trouxeram muitos benefícios para seus usuários, mas também muitas mudanças nos aspectos de segurança. Preocupações antes não tão fortes, como o acesso físico à rede, passaram a ser muito mais relevantes, motivando a criação de novos protocolos de segurança. Porém, no Capítulo 5 será mostrado que, mesmo esses protocolos, como o *Wired Equivalente Protocol* (WEP), usado no padrão *Institute of Electrical and Electronics Engineers* (IEEE) 802.11, possui falhas que possibilitam ataques. Outros fatos demonstram a relação entre a evolução tecnológica e os aspectos de segurança:

- O surgimento do conjunto de protocolos *Transmission Control Protocol/Internet Protocol* (TCP/IP) e o advento da Internet fizeram com que o alcance das invasões crescesse em proporções mundiais, uma vez que qualquer um pode atacar qualquer alvo.
- A criação de linguagens macro em aplicativos como o Word ou o Excel fez surgir uma nova geração de vírus, que se espalham com uma velocidade nunca antes vista (também por intermédio de e-mails), pois qualquer tipo de arquivo de dados pode estar infectado, e não mais somente os arquivos executáveis e os discos de inicialização.
- A Web e as linguagens criadas para a Internet, como o JavaScript ou o ActiveX, são de difícil controle e podem causar sérios problemas, caso contenham códigos maliciosos e sejam executados em uma rede interna.
- A sofisticação dos e-mails que passaram a interpretar diversos tipos de códigos e a executar diversos tipos de arquivos. Eles são explorados de forma bastante intensa pelos vírus, vermes (*worms*) e 'cavalos de Tróia', causando pânico e prejuízos para um grande número de organizações.
- O avanço nas pesquisas de clonagem pode resultar em mais problemas envolvendo a segurança, principalmente relativos à biometria (Capítulo 11), a qual vem sendo desenvolvida para minimizar problemas existentes nas tecnologias tradicionais de autenticação.

3.3 Segurança como parte dos negócios

Nas décadas de 70 e 80, a informática fazia parte da retaguarda dos negócios das organizações, nas quais o enfoque principal da segurança era o sigilo dos dados. Era a época dos mainframes, e a proteção era voltada para os dados. Entre as décadas de 80 e 90, com o surgimento dos ambientes de rede, a integridade passou a ser de suma importância, e a proteção era feita não tendo em mente os dados, mas sim as informações. A informática fazia parte da administração e da estratégia da organização. A partir da década de 90, o crescimento comercial das redes baseados em *Internet Protocol* (IP) fez com que o enfoque fosse mudado para a disponibilidade. A informática, agora, tornou-se essencial nos negócios, e o conhecimento é que deve ser protegido.

Pode-se definir os dados como um conjunto de bits armazenados, como nomes, endereços, datas de nascimento, números de cartões de crédito ou históricos financeiros. Um dado é considerado uma informação quando ele passa a ter um sentido, como as informações referentes a um cliente especial. O conhecimento é o conjunto de informações que agrega valor ao ser humano e à organização, valor este que resulta em uma vantagem competitiva, tão importante no mundo atual.

Neste mundo globalizado, onde as informações atravessam fronteiras com velocidade espantosa, a proteção do conhecimento é de vital importância para a sobrevivência das organizações. As dimensões dessa necessidade passam a influenciar diretamente os negócios. Uma falha, uma comunicação com informações falsas ou um roubo ou fraude de informações podem trazer graves conseqüências para a organização, como a perda de mercado, de negócios e, conseqüentemente, perdas financeiras. Desse modo, a proteção, não só das informações e de seu capital intelectual, mas também de todos os recursos envolvidos na infra-estrutura de rede, deve ser tratada com a devida importância. E como o conhecimento é o principal capital das organizações, protegê-lo significa proteger o seu próprio negócio. Assim, a segurança passa a fazer parte do processo de negócios das organizações.

O grande problema é que muitos processos de negócios não foram concebidos no contexto de um ambiente distribuído e de redes, e muitos outros foram desenvolvidos sem o enfoque na segurança, mas com a abordagem 'se funcionar, está ótimo'.

O resultado disso é uma aplicação de 'remendos' para os problemas de segurança, sem uma estratégia e uma arquitetura de segurança que protejam de fato a organização. Essa abordagem de 'remendos' é considerada melhor do que a inexistência de qualquer abordagem, porém ela cria um falso senso de segurança, que é muito perigoso, e muitas vezes pior do que não ter segurança alguma. De fato, a superficialidade e a utilização de técnicas parciais e incompletas pode aumentar a vulnerabilidade da organização. Sem um plano e uma arquitetura de segurança bem definidos, as tecnologias de segurança podem ser mal interpretadas e mal utilizadas — como o *firewall*, que, se for mal configurado e mal utilizado, não tem função nenhuma na rede. Aliás, achar que o *firewall* resolve os problemas de segurança é um dos grandes erros disseminados entre as organizações. Isso poderá ser visto ao longo da leitura deste livro.

A estreita relação entre a segurança e os negócios pode ser vista no seguinte exemplo: na medida em que as organizações migram para a Web, vendendo seus produtos diretamente ao consumidor, por meios eletrônicos, a segurança passa a ser o 'coração' dessa venda. A transmissão do número do cartão de crédito deve ser segura, os dados do consumidor devem ser protegidos e os dados do cartão de crédito recebidos devem ser muito bem armazenados. Assim, a segurança passa a ser, em um primeiro momento, o principal responsável pelo negócio, o elemento que permite que a venda realmente aconteça. Se, em outros tempos, o setor comercial era o responsável pelas decisões de vendas, hoje, no mundo eletrônico, o profissional de segurança tem um papel importante, influenciando diretamente nos negócios da organização. É ele o responsável pela definição e implementação da estratégia de segurança das transações eletrônicas e pelo armazenamento de todas as informações. O profissional de segurança passa, assim, de uma posição técnica obscura para a linha de frente dos negócios da organização.

Um caso que mostra claramente a forte ligação entre segurança e comércio eletrônico é o da loja virtual de CDs *CD Universe*. Após a base de dados dos clientes, que continha 300 mil números de cartões de crédito, ter sido roubada, sua reputação ficou seriamente comprometida, de modo que seus antigos clientes passaram a não confiar mais na loja [INT 00]. Um outro exemplo em que fica claro que a segurança tem uma forte ligação e grande influência nos negócios é o próprio ambiente cooperativo. O sucesso, muitas vezes, depende da comunicação segura entre matrizes, filiais, fornecedores, parceiros comerciais, distribuidores e clientes.

Assim, a segurança da informação e os negócios estão estritamente ligados. Hoje, o profissional de segurança está partindo para um trabalho mais orientado a essa nova realidade, na qual ele tem de ouvir as pessoas, de modo a entender e saber como aplicar as tecnologias de acordo com a organização, sua estratégia de negócios, suas necessidades e sua estratégia de segurança.

3.4 Como a segurança é vista hoje

Apesar de a segurança ser, atualmente, essencial para os negócios das organizações, a dificuldade em entender sua importância ainda é muito grande. Muitas vezes, a única segurança existente é a obscuridade. Criar redes sem proteção, achando que ninguém irá descobrir as brechas, configurar servidores particulares na organização para acesso doméstico ou o uso de chaves de criptografia no próprio código de um software são alguns maus exemplos que devem ser evitados. Essa obscuridade constitui um risco muito grande para a organização, pois, mais cedo ou mais tarde, alguém poderá descobrir que um grande tesouro está à sua completa disposição.

De fato, é apenas uma questão de tempo para que isso aconteça, causando grandes prejuízos, sejam eles financeiros, morais ou relacionados à reputação. E todos sabem que uma boa reputação pode demorar anos para ser construída, mas pode ser destruída em questão de instantes. É claro que esse aspecto depende da área de atuação da organização. Por exemplo, para um banco, um incidente de segurança, por menor que seja, fará com que seus clientes percam a confiança nos serviços prestados, e eles procurarão outros meios para movimentarem seus recursos financeiros. A grande questão, portanto, está na confiança. Os bancos trabalham com isso, de forma que o grande negócio deles tem como base a confiança obtida de seus clientes.

E é justamente nela que se baseia ou se basearão os negócios da maioria das organizações. Tudo isso como resultado da globalização da economia mundial e do aumento do número de conexões das organizações. Pode-se ver que a convergência para as redes é um processo natural, pois ela permite que os negócios sejam realizados de modo mais eficiente, dinâmico e produtivo, o que faz com que as relações entre as organizações e seus clientes, fornecedores, parceiros e funcionários dependam cada vez mais dessa estrutura. Portanto, os ambientes cooperativos são criados e crescem, desenvolvendo um novo modelo de negócios com base nas redes, e eles necessitam de um grande grau de confiança, para que funcionem de maneira adequada. Do mesmo modo que os bancos dependem da confiança que recebem de seus clientes, o mesmo ocorre com as demais organizações.

A organização que faz parte de um ambiente cooperativo deve entender que a segurança é essencial para o sucesso de seus negócios. Se nos bancos a relação de confiança existia entre a instituição e seus clientes, hoje, essa relação ocupa dimensões ainda maiores, na qual a confiança não deve existir apenas entre a organização e seus clientes, mas também entre a organização e seus fornecedores, parceiros, distribuidores e funcionários. Isso porque um incidente de segurança em um único ponto dessa rede pode comprometer todo o ambiente cooperativo.

Por exemplo, se em uma cadeia do processo de negócios, um fornecedor sofrer algum incidente de segurança, esse incidente pode alastrar-se por todos os outros pontos do ambiente cooperativo. Isso pode resultar em um rompimento das relações de confiança entre os pontos do ambiente cooperativo, pois a falha de um pode trazer prejuízos para todos.

A segurança ainda é um campo relativamente novo, e muitos ainda não conseguem enxergar sua importância, imaginando apenas que as soluções são caras e não trazem nenhum retorno financeiro. Apesar dessa visão estar evoluindo com o decorrer dos anos, ela faz com que os executivos prefiram aplicar seus recursos em novas soluções que possam trazer vantagens visíveis aos olhos de todos.

Esse é o maior desafio da segurança: uma solução de segurança é imensurável e não resulta em melhorias nas quais todos podem notar que alguma coisa foi feita. Pelo contrário, a segurança tem justamente o papel de evitar que alguém perceba que alguma coisa está errada. O fato é que ninguém percebe a existência da segurança, apenas a inexistência dela, quando um incidente acontece e resulta em prejuízos gigantescos. Sobre a segurança, ainda hoje se tem esse conceito de que ela é um artigo caro e dispensável, necessário somente quando algum ataque acontece e traz prejuízos à organização. Apesar dessa visão reativa, algumas organizações já vêem a segurança com outros olhos, passando a considerá-la como parte essencial do negócio. A formação de equipes dedicadas de segurança da informação é um indicativo desse fato. Nos Estados Unidos, 60% das empresas pesquisadas já possuem, pelo menos, uma pessoa dedicada ao assunto [WAR 03-2], enquanto no Brasil, 98% das empresas possuem, pelo menos, uma pessoa dedicada [MOD 02].

O que é realmente necessário é que o ambiente cooperativo seja analisado de acordo com sua importância e com os grandes benefícios que ele pode trazer à organização. É impossível que um ambiente cooperativo exista sem que as questões relacionadas à segurança sejam discutidas e solucionadas.

O grande ideal é que a segurança passe a ser um processo 'transparente' dentro das organizações, algo parecido com o que aconteceu com a qualidade. Todos começaram a buscar a qualidade em seus negócios, de tal forma que, hoje, quando qualquer serviço é prestado ou nem ao menos qualquer produto é vendido, estes devem ter qualidade, sem que isso seja sequer discutido. Não é mais uma questão de avaliar se é possível, mas sim de que é necessário ter qualidade. O mesmo caminho deverá ser seguido pela segurança. A questão não deve ser se existe ou não segurança, mas sim em que nível se encontra. Assim como a qualidade, ela deve ser considerada um pré-requisito do processo de negócios, pois se não existe a segurança, não existem os negócios. O princípio de que 'se funcionar, está bom', todos sabem adotar. Mas o conceito de que é preciso 'funcionar com segurança' será o grande diferencial entre as organizações boas e confiáveis e as más, que não receberão a confiança necessária para o seu sucesso e tenderão ao fracasso.

Seguir a idéia de que a segurança e o ambiente cooperativo devem andar juntos trará, além de bons negócios, grandes benefícios à economia global e também a garantia de sobrevivência.

3.5 Investimentos em segurança

Um dos principais obstáculos para a definição e implementação de mecanismos de segurança é o seu orçamento, comumente pequeno ou praticamente inexistente. Apesar disso estar mudando aos poucos, como poderá ser visto a seguir, o principal ponto a ser considerado é que, como foi visto no tópico anterior, os executivos geralmente não têm a visão necessária para enxergar a importância de uma boa estratégia de segurança.

Alguns executivos não se importam nem mesmo com a possível perda de credibilidade. Um caso recente aconteceu em fevereiro de 2003, com o fabricante de jogos eletrônicos Epic Games, Inc. Um pesquisador de segurança descobriu vulnerabilidades que atingiam vários jogos da Epic e enviou o alerta particularmente à empresa. Após 90 dias de tentativas em auxiliar a empresa a corrigir os problemas, e sem obter resposta coerente, o pesquisador divulgou o boletim de segurança. Somente após a divulgação pública é que a Epic finalmente agiu de uma forma coerente, como deveria ter acontecido desde o início [BUG 03].

Esse fato demonstra que, geralmente, a segurança é vista como um elemento supérfluo dentro das organizações, criando-se diversos mitos quanto ao assunto, os quais podem ser vistos na Seção 3.6. Como as próprias organizações têm orçamentos limitados, a segurança acaba ficando em segundo plano, geralmente vindo à tona apenas quando é extremamente necessária, ou seja, apenas quando a organização sofre algum incidente de segurança, como um ataque ao banco de dados ou a divulgação pública de material confidencial.

Essa visão reativa, com as decisões de segurança sendo tomadas apenas após um incidente, traz uma série de conseqüências negativas para a organização, principalmente no que se refere à perda de credibilidade e à resultante perda de mercado.

Isso acaba gerando um grande problema para os administradores de segurança, que acabam não tendo os recursos necessários para uma atuação de forma preventiva. É preciso fazer com que os executivos passem a considerar a segurança da organização como um elemento essencial para o seu sucesso neste mundo no qual as conexões fazem uma grande diferença no mercado. Esses executivos devem entender que a solução de segurança não gera gastos, mas é um investimento habilitador de seus negócios, é o ponto-chave dentro dessa estratégia.

Felizmente, isso começou a mudar, fruto da evolução natural do mercado e também dos recentes acontecimentos que fizeram com que o assunto ficasse em evidência até mesmo nos noticiários mais tradicionais. Um dos primeiros eventos que tiveram exposição na mídia foram os vírus Melissa e ExploreZip, que causaram problemas à diversas organizações em 1999. Segundo a Computer Economics [COM 03], os prejuízos nos Estados Unidos em 1999 foram de 12,1 bilhões de dólares, dos quais 1,2 bilhão de dólares foram referentes ao Melissa. Já o vírus I Love You, ou Love Bug, causou, em 2000, um prejuízo de 6,7 bilhões de dólares somente nos seus cinco primeiros dias. Em 2000, os prejuízos chegaram a 17,1 bilhões de dólares, ou seja, um crescimento de mais de 40% com relação ao ano anterior. Já em 2001, os prejuízos estimados foram de 13,2 bilhões de dólares [COM 03]. Já o Slammer Worm, que atingiu um grande número de sistemas no início de 2003, causou prejuízos entre 950 milhões de dólares e 1,2 bilhão de dólares em perda de produtividade, nos cinco primeiros dias de contaminação [LEM 03][mi2g 03]. Os prejuízos causados pelos principais vírus podem ser vistos na Tabela 3.1:

Tabela 3.1 Prejuízos causados pelos principais vírus. Fonte: Computer Economics e mi2g.

Ano	Vírus	Prejuízos (em milhões de dólares)
1999	Melissa	1 200
2000	I Love You	8 750
2001	Nimda	635
2001	Code Red (variações)	2 620
2001	Sircam	1 150
2002	Klez	9 mil

Um outro acontecimento que despertou o interesse da mídia internacional foram os ataques distribuídos de negação de serviço ocorridos em fevereiro de 2000, os quais tornaram inacessíveis grandes sites como Amazon, Yahoo, UOL, E-Bay, Zipmail, entre outros. Segundo a Yankee Group, os prejuízos mundiais baseados em perda de capitalização, perda de receita e custos com atualização de mecanismos de segurança foram de 1,2 bilhão de dólares [DAMI 00].

Porém, os piores incidentes que influenciaram o mercado de segurança foram os atentados terroristas de 11 de setembro de 2001. Com as imensuráveis perdas, muitas organizações perderam tudo, desde seu capital humano e intelectual até suas informações. Isso fez com que a prevenção passasse a ser vista com mais interesse do que acontecia normalmente.

Esse fato pode ser comprovado pelo crescente aumento dos investimentos com segurança. Nos Estados Unidos, uma pesquisa indicou que serão investidos, em média, 10,3% do orçamento de tecnologia da informação em 2003, o que significa um aumento de 9,5% com relação a 2002 [WAR 03]. Segundo a pesquisa, mais de 33% das organizações possuem reservados mais de 1 milhão de dólares para 2003, enquanto 36% possuem orçamento entre 101 mil dólares e 1 milhão de dólares [WAR 03].

Outra pesquisa, da Meta Group, mostra que, apesar da diminuição do orçamento corporativo mundial, a área de segurança continua aumentando seu orçamento. Em 2001, 33% das organizações gastaram mais de 5% de seu orçamento com segurança e, no final de 2003, cerca de 55% das empresas gastarão mais de 5% do orçamento com segurança [MUL 02]. No Brasil, 77% das organizações pesquisadas pretendiam aumentar seus investimentos com segurança no decorrer de 2002 e 2003, enquanto que 21% pretendiam manter os mesmos valores [MOD 02].

É interessante notar que, para as organizações, os investimentos em segurança são considerados cada vez mais estratégicos, de modo que existe uma tendência de que a segurança possua seu próprio orçamento, separado dos recursos destinados à tecnologia da informação. Em 2002, 20% das organizações americanas possuíam orçamento próprio, e em 2003 essa porcentagem crescerá para 25% [WAR 03]. Atualmente, o que pode ser observado também é que a segurança física tende a possuir seu próprio orçamento, o que de fato acontece em 71% das organizações [WAR 03]. No Brasil, foram apontados que 78% das organizações possuem orçamento específico para a área de segurança, normalmente junto com o orçamento da tecnologia; 33% das organizações reservam entre 1 e 5% do orçamento de tecnologia para a área de segurança, enquanto que 24% das organizações reservam entre 5 a 10% do orçamento de tecnologia [MOD 02].

Nos Estados Unidos, os principais três assuntos mais importantes que têm recebido investimentos são a tecnologia (93%), a política (57%) e o pessoal (39%). Já a porcentagem do orçamento de segurança alocada para a tecnologia atinge 36%, seguidos pelo pessoal (23%), consultoria (11%), política (9%), processos (9%), educação (8%) e outros (4%). As empresas americanas ainda necessitam de aumento dos investimentos em tecnologia (61%), educação (51%), pessoal (41%), processos (33%), política (28%), consultoria e terceirização (16%) e outros (2%) [WAR 03-1]. No Brasil, os três principais assuntos que estão nos planos de investimentos são a capacitação da equipe técnica (81%), política de segurança (76%) e análise de riscos (75%) [MOD 02].

As pesquisas nos Estados Unidos e no Brasil indicam uma tendência clara do aumento da importância dos assuntos relacionados à segurança da informação dentro das organizações, quer sejam em termos de orçamento quer em investimentos com capacitação.

Desconsiderando-se os números referentes às pesquisas, os valores relacionados à segurança são difíceis de ser quantificados, pois o que está em jogo são, além dos recursos considerados tangíveis (horas de trabalho para a recuperação, equipamentos, software), os recursos intangíveis (valor do conhecimento, 'quebra' de sigilo, imagem da organização). Além disso, os cálculos sempre são feitos com base em suposições, tais como: "Se o sistema for atingido, teremos $$$ de prejuízos, então, o melhor é investir $$$ para a proteção dos recursos da organização".

O enfoque, nesse caso, é a identificação dos valores estimados das informações da organização e também o cálculo e a avaliação dos impactos nos negócios em caso de um incidente. Essa abordagem permite entender exatamente o que ocorre se a organização sofre danos nessas informações.

Assim, uma análise de riscos e uma metodologia para quantificar e qualificar os níveis de segurança de cada recurso da organização são importantes. Elas auxiliam na criação da proposta e das justificativas de investimentos para a implantação de um sistema de segurança adequado.

Essa abordagem, porém, é baseada no método do medo, incerteza e dúvida (*Fear, Uncertainty and Doubt* — FUD), ou seja, na possibilidade de perda em caso de um incidente. Como a análise é feita na base do "Se a organização não investir $$$, os prejuízos serão de $$$", e não com base em fatos concretos, os projetos de segurança eram vistos com certa reticência pelos executivos. É interessante observar que o próprio ser humano tem dificuldade em atuar de forma preventiva. Porém, após os atentados terroristas de 11 de setembro, os executivos passaram a dar mais importância a todos os aspectos de segurança, desde os pessoais até os tecnológicos. Os incidentes demonstraram, da pior maneira possível, os grandes prejuízos que podem ser causados. Foram imensas as perdas de materiais, informações, equipamentos, capital intelectual e capital humano.

Assim, a maior quantidade possível de informação ajuda na tomada de decisões sobre os investimentos com segurança, e a medição do retorno em investimentos de segurança (*Return on Security Investiment* — ROSI) possui um papel importante nesse processo. Os principais benefícios indicados em uma pesquisa feita nos Estados Unidos foram a diminuição de brechas de segurança (75%), a redução de perdas financeiras (47%) e o aumento da satisfação dos clientes (29%) [WAR 03].

3.6 Mitos sobre segurança

Diversos mitos sobre segurança são utilizados pelos executivos para 'tapar os olhos' com relação ao assunto. É interessante observar que, conforme o conhecimento sobre o assunto, o qual é abrangente, vai aumentando, a preocupação e o conjunto de ações a serem tomados também aumenta — enquanto que para aqueles que não conhecem os riscos não existe a preocupação com a segurança, pois a visão mais limitada faz com que eles pensem que tudo está bem. Como explicar o fato de que 32% das empresas brasileiras não sabem informar se, ao menos, sofreram um incidente de segurança [MOD 02]? Nos Estados Unidos, essa porcentagem é de 12% [CSI 02].

De fato, é comprovado que não é possível proteger os recursos de riscos que não se conhece — se não se conhece os riscos, para que a proteção? Alguns dos mitos mais comuns são:

- 'Isso nunca acontecerá conosco'.
- 'Nunca fomos atacados, não precisamos de mais segurança'.
- 'Já estamos seguros com o *firewall*'.
- 'Utilizamos os melhores sistemas, então, eles devem ser seguros'.
- 'Não dá para gastar com segurança agora, deixa assim mesmo'.
- 'Utilizamos as últimas versões dos sistemas dos melhores fabricantes'.
- 'Nossos fornecedores irão nos avisar, caso alguma vulnerabilidade seja encontrada'.
- 'Ninguém vai descobrir essa 'brecha' em nossa segurança'.
- 'Tomamos todas as precauções, de modo que os testes não são necessários'.
- 'Vamos deixar funcionando e depois resolveremos os problemas de segurança'.
- 'Os problemas de segurança são de responsabilidade do departamento de TI'.
- 'Luís, depois de instalar o Word para a Cláudia, você pode instalar o *firewall*?'
- 'A companhia de TI que foi contratada irá cuidar da segurança'.
- 'O nosso parceiro é confiável, podemos liberar o acesso para ele'.
- 'Não precisamos nos preocupar com a segurança, pois segurança é um luxo para quem tem dinheiro'.

Possuir bons argumentos para derrubar esses mitos significa conhecer bem os riscos que a organização está correndo, levando em consideração toda a diversidade de seu ambiente e toda a interação existente com outros ambientes.

Com isso, o profissional de segurança deve ter uma visão peculiar, de certa forma até mesmo um modo de vida, com foco total na proteção do ambiente. A identificação de pontos de vulnerabilidades no ambiente depende muito dessa visão, que deve ser abrangente, crítica e completa.

3.7 Riscos e considerações quanto à segurança

Diversos aspectos devem ser levados em consideração quando uma rede passa a constituir uma parte importante da organização. Alguns dos riscos existentes e algumas considerações a serem feitas são:

- A falta de uma classificação das informações quanto ao seu valor e à sua confiabilidade, que serve de base para a definição de uma estratégia de segurança adequada. Isso resulta em um fator de risco para a organização, além de dificultar o dimensionamento das perdas resultantes de um ataque.
- O controle de acesso mal definido faz com que os usuários, que são autenticados no início da conexão, tenham acesso irrestrito a quaisquer partes da rede interna, até mesmo a partes do sistema que não são necessárias para a realização de suas tarefas.
- A dificuldade de controle do administrador sobre todos os sistemas da rede interna faz com que estes não possam ser considerados confiáveis. Os 'bugs' nos sistemas operacionais ou nos softwares utilizados por esses equipamentos podem abrir 'brechas' na rede interna, como pode ser visto na Seção 4.6.1.
- A Internet deve ser considerada um ambiente hostil e, portanto, não confiável. Assim, todos os seus usuários devem ser considerados não confiáveis e potenciais atacantes.
- As informações que trafegam pela rede estão sujeitas a serem capturadas.
- As senhas que trafegam pela rede estão sujeitas a serem capturadas.
- Os *e-mails* podem ser capturados, lidos, modificados e falsificados.
- Qualquer conexão entre a rede interna e qualquer outro ponto pode ser utilizada para ataques à rede interna.
- Os telefones podem ser grampeados e as informações que trafegam pela linha, seja por voz ou dados, gravadas.
- Os *firewalls* protegem contra acessos explicitamente proibidos, mas e quanto a ataques contra serviços legítimos?
- Quando se adota a 'segurança pela obscuridade', situação em que a organização pensa que sua rede nunca será invadida porque não é conhecida, os responsáveis 'torcem' para que o invasor não saiba dos problemas com segurança e dos valores disponíveis na rede interna. Até quando?
- Novas tecnologias significam novas vulnerabilidades.

- A interação entre diferentes ambientes resulta na multiplicação dos pontos vulneráveis.
- A segurança envolve aspectos de negócios, tecnológicos, humanos, processuais e jurídicos.
- A segurança é complexa.

Essas considerações mostram o quanto a segurança é abrangente e multidisciplinar. Cuidar de alguns pontos e negligenciar outros pode comprometer totalmente a organização, pois os incidentes sempre ocorrem no elo mais fraco da corrente, ou seja, no ponto mais vulnerável do ambiente.

Assim, uma estratégia de segurança baseada em um modelo, como o Modelo de Teias (Capítulo 13), passa a ser essencial para que todos os pontos sejam analisados. A Figura 3.5 mostra os pontos a serem analisados e defendidos para que a informação seja protegida adequadamente. É possível observar que todos os níveis devem ser considerados para que a informação, que é o maior bem da organização, seja protegida. Partindo do sistema operacional, devem ser avaliados e considerados, ainda, os serviços, os protocolos, as redes, as aplicações, os usuários e as instalações físicas envolvidas com a informação.

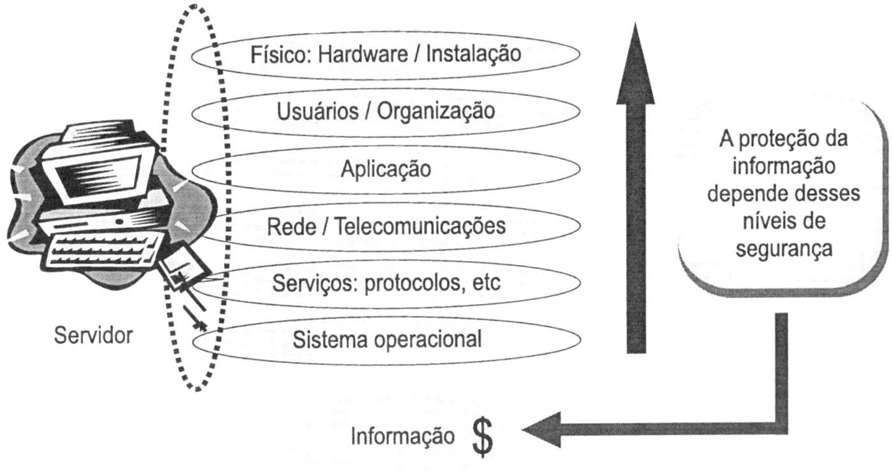

Figura 3.5 A abrangência da segurança e a complexidade da proteção da informação.

3.8 Segurança *versus* funcionalidades

Até pouco tempo atrás, as organizações implementavam suas redes apenas com o objetivo de prover funcionalidades que permitiam promover a evolução de seus processos organizacionais internos. A preocupação com a segurança praticamente não existia, pois o contato com o mundo exterior era limitado. Hoje, porém, o mundo exige que as redes das organizações sejam voltadas para o seu próprio negócio, com a formação de um ambiente cooperativo, requerendo, assim, a segurança. Uma característica que pode ser vista é que, em um primeiro momento, a falta de um planejamento em segurança pode parecer uma boa situação, pois tudo funciona adequadamente. No entanto, os problemas de segurança invariavelmente aparecem depois, o que pode resultar em custos estratosféricos para que sejam resolvidos, principalmente, em grandes ambientes.

A importância da segurança cresce ainda mais rapidamente, quando se leva em consideração o rápido aumento da complexidade das conexões, característico dos ambientes cooperativos. Um ponto fundamental, quando se discute o assunto, é que a segurança é inversamente proporcional às funcionalidades, ou seja, quanto maiores as funcionalidades, como serviços, aplicativos e demais facilidades, menor é a segurança desse ambiente. Isso pode ser explicado, porque a segurança pode ser comprometida pelos seguintes fatores:

- Exploração da vulnerabilidade em sistemas operacionais, aplicativos, protocolos e serviços.
- Exploração dos aspectos humanos das pessoas envolvidas.
- Falha no desenvolvimento e implementação da política de segurança.
- Falha na configuração de serviços e de sistemas de segurança.
- Desenvolvimento de ataques mais sofisticados.

Esses tópicos serão vistos com mais detalhes no Capítulo 4. Quando as vulnerabilidades que podem existir em sistemas operacionais, aplicativos, protocolos e serviços são analisadas, pode-se considerar que elas são resultantes de 'bugs', que são decorrentes de falhas em seu código, em seu projeto ou em sua configuração.

Assim, quanto maior for o número de sistemas, maior é a responsabilidade dos administradores e maior é a probabilidade de existência de 'bugs' que podem ser explorados. Um estudo da IDC propôs uma fórmula para determinar os pontos de vulnerabilidade de uma rede: o número de pontos de vulnerabilidade é igual ao número de recursos críticos da organização, multiplicado pelo número de usuários que têm acesso a esses recursos. Assim, se um servidor NT tem dez mil arquivos e cem usuários, existe um milhão de possíveis pontos de acesso vulneráveis. A previsão de todas as brechas é impraticável, principalmente porque o fator humano está envolvido, o que significa, por exemplo, que a escolha das senhas por cada um dos usuários influi diretamente no nível de segurança do ambiente [BRI 99B]. Além disso, existe ainda a complexidade, que aumenta com as interações, e o perigo das triangulações, que influem diretamente na segurança do ambiente.

O objetivo, portanto, é equilibrar a segurança com os riscos, minimizando os impactos que uma falha de segurança pode causar à organização. As obrigações dos administradores quanto à manutenção da segurança devem estar claramente definidas na política de segurança da organização. Ela especifica as responsabilidades do acompanhamento das novidades e dos boletins sobre os sistemas que estão sendo utilizados na organização, principalmente quanto a relatórios de segurança e instalação de *patches* de correção. Estes e outros pontos referentes à política de segurança serão discutidos no Capítulo 6.

3.9 Segurança *versus* produtividade

A administração da segurança de uma organização é uma tarefa complexa, na medida em que ela deve ser dimensionada, sem que a produtividade dos usuários seja afetada.

Geralmente, a segurança é antagônica à produtividade dos usuários, no sentido de que, como foi visto no tópico anterior, quanto maiores as funcionalidades, maiores as vulnerabilidades existentes. Isso leva os administradores a restringirem ao máximo os serviços que os usuários podem acessar, de modo a minimizar os riscos existentes.

O problema é que uma política de segurança muito restritiva geralmente afeta a produtividade do usuário. Por exemplo, se o FTP for bloqueado com o objetivo de prevenir a entrada de 'cavalos de Tróia', e o usuário necessita utilizar esse serviço para o seu trabalho, ele certamente buscará maneiras de 'driblar' essa restrição do *firewall*. O usuário poderá instalar um modem em seu equipamento ou tentar achar 'brechas' no bloqueio do *firewall*. Quando isso acontece, os objetivos não são alcançados, pois a segurança é comprometida pelas ações dos usuários, e sua produtividade é prejudicada, pois eles perdem tempo tentando encontrar maneiras de 'driblar' o *firewall*.

Por isso, é importante ter uma política de segurança bem definida e bem balanceada, tanto com relação aos serviços externos quanto aos serviços internos que os usuários, internos e externos, podem acessar. O objetivo é criar uma política que defina, de forma ideal, apenas os serviços realmente necessários. Outro ponto a ser considerado na definição desses serviços que serão permitidos é quanto a serviços como RealAudio, ICQ e sessões de bate-papo, que constituem um problema, pois comprometem o nível de produtividade da organização, além de consumir grande largura de banda da rede. Alguns deles, como o ICQ, ainda introduzem novas vulnerabilidades à rede interna da organização.

3.10 UMA REDE TOTALMENTE SEGURA

A segurança é complexa, envolvendo aspectos de negócios, processos humanos, jurídicos, tecnológicos, e outros. Portanto, afirmar que uma organização está 100% segura é, na realidade, um grande erro. Simplesmente não existe um modelo de segurança à prova de *hackers*. Será visto, no Capítulo 4, que os *hackers* podem atuar de diversas maneiras, e mesmo os próprios funcionários maliciosos podem fazer esse papel de *hacker* (*insiders*). Uma vez que a segurança envolve aspectos tecnológicos (o melhor sistema de autenticação), aspectos técnicos (um bom administrador de segurança), aspectos sociais (funcionários inescrupulosos que roubam informações confidenciais da própria organização), aspectos humanos (funcionários inocentes que sofrem com a engenharia social) e aspectos educacionais (funcionários que devem saber, pelo menos, como escolher senhas seguras), com toda essa complexidade, o objetivo das organizações deve ser tentar proteger ao máximo os recursos da organização e não tentar protegê-los totalmente.

Diversos aspectos contribuem para medir essa 'máxima proteção'. Entre eles, está: definir os recursos que devem ser protegidos, especificar quem irá administrar a segurança e, principalmente, determinar o valor que será utilizado como investimento em segurança.

No mínimo, essa segurança inclui uma política e procedimentos abrangentes, o controle dos usuários e a autenticação de todos os meios de acesso ao sistema, transações e comunicações. Inclui também a proteção dos dados, além do constante monitoramento e a evolução do nível de segurança geral. Outro ponto importante é que as novas técnicas e tecnologias devem ser utilizadas antes que os *hackers* as utilizem contra a organização.

A segurança de perímetro e a abordagem em camadas, nas quais vários mecanismos de segurança são adotados de forma encadeada, também são importantes. Dessa forma, as camadas de segurança funcionariam como os catafilos da cebola, que protegem o seu interior. Cada uma dessas camadas tem de ser transposta pelo *hacker* para que ele chegue ao seu objetivo, que é o acesso à informação. Quanto maior o número de camadas, maior a dificuldade de atacar o recurso.

Assim, a tentativa de estabelecer uma segurança total pode 'levar à loucura'; a segurança parcial, por definição, assume os riscos. As organizações, portanto, devem definir o nível de segurança, de acordo com suas necessidades, já assumindo esses riscos. Isso faz com que o plano de contingência seja um dos pontos essenciais dentro do esquema de segurança de uma organização.

O objetivo não é construir uma rede totalmente segura, mas sim um sistema altamente confiável, que seja capaz de anular os ataques mais casuais de *hackers* e também de tolerar acidentes, como a possibilidade de um tubarão romper os cabos de transmissão localizados no mar. As falhas benignas devem ser toleradas pelos sistemas. Essas vulnerabilidades devem ser colocadas em um lugar no qual não possam causar problemas. Uma rede nunca será totalmente segura, mas deve-se procurar meios de torná-la, no mínimo, mais confiável, como está descrito no artigo "*Trust in Cyberspace*" [KRO 99].

3.11 Conclusão

Com a rápida evolução que pode ser acompanhada no mundo dos negócios, no qual as conexões entre organizações significam vantagens competitivas, a segurança de redes passa a ser mais do que fundamental; ela passa a ser o habilitador dos negócios. Porém, captar investimentos para a implementação de uma estratégia de segurança envolve diversos desafios, nos quais os riscos e os mitos de segurança devem ser combatidos. As funcionalidades envolvidas com o andamento dos negócios, bem como a produtividade dos usuários, são afetadas com as medidas de segurança adotadas, de modo que elas devem ser bem avaliadas e estudadas para que não causem impactos significativos para os envolvidos. A segurança é necessária, porém sua estratégia de implementação deve ser bem definida, medindo-se custos e benefícios e assumindo-se riscos, pois a segurança total não é possível.

Os riscos que rondam as organizações

Este capítulo apresenta os riscos a que as organizações estão sujeitas. Aqui, são abordados os possíveis atacantes, os métodos, as técnicas e as ferramentas utilizadas por eles, mostrando que as preocupações com a segurança devem ser tratadas com o máximo de cuidado e atenção, para que a continuidade dos negócios das organizações não seja afetada. São contra esses riscos, que existem em todos os níveis, desde o físico até o de aplicação, que as organizações têm de lutar, principalmente por meio das técnicas, tecnologias e conceitos a serem discutidos na Parte II deste livro.

4.1 Os potenciais atacantes

O termo genérico para identificar quem realiza o ataque em um sistema computacional é *hacker*. Essa generalização, porém, tem diversas ramificações, pois os ataques aos sistemas apresentam objetivos diferentes e o seu sucesso depende do grau de segurança dos alvos e da conseqüente capacidade do *hacker* em atacá-los. Isso significa que os sistemas bem protegidos são mais difíceis de ser atacados, o que faz com que uma maior habilidade seja exigida para a concretização dos ataques.

Os *hackers*, por sua definição original, são aqueles que utilizam seus conhecimentos para invadir sistemas, não com o intuito de causar danos às vítimas, mas sim como um desafio às suas habilidades. Eles invadem os sistemas, capturam ou modificam arquivos para provar sua capacidade e depois compartilham suas proezas com seus colegas. Eles não têm a intenção de prejudicar, mas sim de apenas demonstrar que conhecimento é poder. Exímios programadores e conhecedores dos segredos que envolvem as redes e os computadores, eles geralmente não gostam de ser confundidos com *crackers*.

Com o advento da Internet, porém, os diversos ataques pelo mundo foram atribuídos a *hackers*, mas eles refutam essa idéia, dizendo que *hackers* não são *crackers*. Os *crackers* são elementos que invadem sistemas para roubar informações e causar danos às vítimas. O termo *crackers* também é uma denominação utilizada para aqueles que decifram códigos e destroem proteções de software.

Atualmente, no entanto, com o crescimento da Internet e a conseqüente facilidade em se obter informações e ferramentas para ataques, a definição de *hackers* mudou. A própria imprensa mundial tratou de modificar esse conceito. Agora, qualquer incidente de segurança é atribuído a *hackers*, em seu sentido genérico. A palavra *cracker* não é mais vista nas reportagens, a não ser como *cracker* de senhas, que é um software utilizado para descobrir senhas ou decifrar mensagens cifradas.

Diversos estudos sobre *hackers* foram realizados e o psicólogo canadense Marc Rogers chegou ao seguinte perfil do *hacker*: indivíduo obsessivo, de classe média, de cor branca, do sexo masculino, entre 12 e 28 anos, com pouca habilidade social e possível história de abuso físico e/ou social. Uma classificação dos diversos tipos de *hackers*, que serão discutidos a seguir, pode ser igual à seguinte [MOD 99]:

- ***Script kiddies*:** iniciantes.
- ***Cyberpunks*:** mais velhos, mas ainda anti-sociais.
- ***Insiders*:** empregados insatisfeitos.
- ***Coders*:** os que escrevem sobre suas 'proezas'.
- ***White hat*:** profissionais contratados.
- ***Black hat*:** *crackers*.
- ***Gray hat*:** *hackers* que vivem no limite entre o *white hat* e o *black hat*.

É importante lembrar, porém, que não são apenas os *hackers* que causam problemas de segurança nos sistemas. Os usuários, autorizados ou não, mesmo sem intenções malévolas, também podem causar danos ou negar serviços de redes, por meio de seus erros e de sua própria ignorância.

4.1.1 Script kiddies

Também conhecidos como *newbies*, os *script kiddies* trazem diversos problemas às organizações. Geralmente eles são inexperientes e novatos, que conseguem ferramentas, que podem ser encontradas prontas na Internet, e depois as utilizam sem entender o que estão fazendo. Devido à grande facilidade em se obter essas ferramentas, os *script kiddies* são considerados perigosos para um grande número de organizações, que são as que não têm uma política de segurança bem definida. De fato, sem uma política de segurança adequada, essas organizações sempre apresentam alguma 'brecha' de segurança pronta para ser explorada, principalmente as que são geradas pela falta de atualização de um *patch* do servidor. Isso é o suficiente para que os *script kiddies* executem as ferramentas encontradas na Internet contra seus servidores e causem estragos consideráveis.

É interessante notar que a própria disseminação da Internet fez com que os *script kiddies* nascessem e se tornassem os principais responsáveis pelo início da conscientização das organizações, que começaram a prestar mais atenção em seus problemas de segurança. São a imensa maioria dos *hackers* na Internet, e um grande número de incidentes de segurança é causado por eles. Seus limitados conhecimentos podem ser vistos em relatos nos quais servidores registravam tentativas de ataques em ambientes Windows, por meio da utilização de comandos específicos do UNIX. Outro exemplo é quando o ataque Unicode é executado, copiando-se uma linha de texto em um navegador da Internet para atacar um sistema.

4.1.2 Cyberpunks

Os *cyberpunks* são os *hackers* dos tempos românticos, aqueles que se dedicam às invasões de sistemas por puro divertimento e desafio. Eles têm extremo conhecimento e são obcecados pela privacidade de seus dados, o que faz com que todas as suas comunicações sejam protegidas pelo uso da criptografia. A preocupação principal é contra o governo, que, com o *Big Brother* (Grande Irmão), pode estar acessando as informações privadas dos cidadãos. Os *hackers* mais paranóicos, que acreditam em teorias da conspiração, tendem a virar *cyberpunks*.

Geralmente são eles que encontram novas vulnerabilidades em serviços, sistemas ou protocolos, prestando, assim, um favor às organizações, publicando as vulnerabilidades encontradas. Isso contribui para que a indústria de software corrija seus produtos e, melhor do que isso, também para que a indústria passe a desenvolvê-los com maior enfoque na segurança. Infelizmente, porém, a indústria ainda prefere corrigir seus produtos a adotar uma metodologia de desenvolvimento com enfoque na segurança. Isso pode ser verificado pelo grande número de vulnerabilidades que continuam aparecendo nos diversos sistemas.

4.1.3 Insiders

Os *insiders* são os maiores responsáveis pelos incidentes de segurança mais graves nas organizações. Apesar de as pesquisas mostrarem que o número de ataques partindo da Internet já é maior do que os ataques internos, os maiores prejuízos ainda são causados por incidentes internos. Segundo pesquisa do Computer Security Institute [CSI 02], a Internet é citada como ponto de ataque por 74% dos entrevistados (70% no ano anterior), enquanto 33% deles citam os sistemas internos (31% no ano anterior) e 12% mencionam os acessos remotos (18% no ano anterior).

Pela primeira vez, em 2001, a pesquisa mostrou que os *hackers* são citados como os maiores atacantes, em vez dos funcionários internos (81% contra 76%). Em 2002, o número de citações de *hackers* aumentou para 82%, enquanto o de funcionários internos passou para 75%. Outras fontes de ataques citadas foram os concorrentes (38%), governos estrangeiros (26%) e empresas estrangeiras (26%) [CSI 02]. Esses números demonstram o aumento da necessidade de proteção contra ataques vindos de *hackers*, porém a mesma pesquisa revela que o tipo de ataque que causa as maiores perdas financeiras é aquele que envolve o roubo de propriedade intelectual, que está relacionado a funcionários internos, concorrentes ou governos estrangeiros. Os prejuízos das empresas que responderam ao questionário da pesquisa foram de 170 milhões de dólares, um valor bem maior que os prejuízos com fraudes financeiras (115 milhões de dólares) e com abuso da rede interna (50 milhões de dólares), por exemplo. Como pode ser visto na Figura 4.1, os eventos internos representam perdas bem maiores que os eventos externos, como a invasão de sistemas (13 milhões de dólares) ou os ataques de negação de serviço (*Denial-of-Service*, DoS) (18 milhões de dólares) [CSI 01].

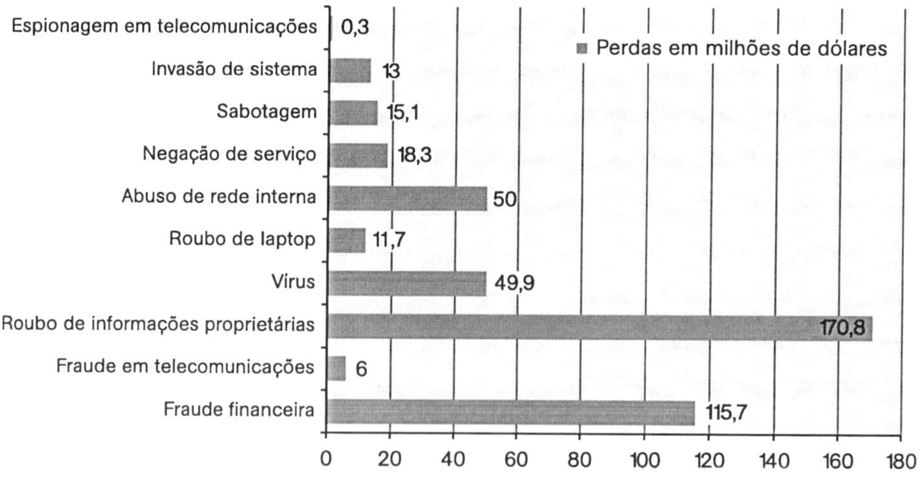

Figura 4.1 As perdas financeiras resultantes de ataques. Fonte: CSI/FBI 2002.

Assim, é grande a importância que deve ser dada aos ataques originados a partir da própria rede interna, feitos por funcionários, ex-funcionários ou pessoas que conseguem infiltrar-se nas organizações. Uma série de questões está envolvida com esse tema, desde a engenharia social até a relação do funcionário com o chefe, passando pelo suborno e pela espionagem industrial.

De acordo com a pesquisa da *American Society for Industrial Security* (ASIS), realizada em 1997, mais de 56% das 172 empresas pesquisadas sofreram tentativas de apropriação indevida de informações privadas e em um período de 17 meses, mais de 1.100 incidentes de roubo de propriedade intelectual foram documentados, resultando em prejuízos da ordem de 44 bilhões de dólares, o que é cinco vezes maior do que os valores da pesquisa do ano anterior [DEN 99].

Essas estimativas cresceram para cem bilhões de dólares em 1998; uma das razões para o aumento da espionagem industrial é que a economia, hoje, tem como base o conhecimento, de modo que a própria informação constitui um dos grandes fatores para a vantagem competitiva. Isso faz com que as conseqüências de um incidente envolvendo segurança sejam potencialmente desastrosas, influenciando até mesmo a própria sobrevivência da organização. De fato, o capital intelectual encabeça a economia atual e alguns exemplos de que a espionagem industrial é um fato podem ser vistos nos casos de roubos de projetos e fórmulas ocorridos em empresas como General Electrics, Kodak, Gilette e Schering-Plough [ULS 98].

Uma outra estimativa mostra que, somente nos Estados Unidos, as perdas representaram entre cem e 250 bilhões de dólares em 2000, envolvendo processos, pesquisa e desenvolvimento de manufaturas [NCIX 01].

A espionagem industrial é atribuída, geralmente, a *insiders*, e é considerada uma nova modalidade de crime organizado, assim como as máfias e os cartéis de drogas. Em um nível mais alto, o que se vê é o surgimento de organizações especializadas em espionagem industrial, pois o próprio governo de alguns países, como Japão, França e Israel, financiam esses trabalhos, institucionalizando essa prática. Na França, por exemplo, a agência de inteligência *Direction Generale de la Securite Extrieure* (DGSE) tem o trabalho facilitado, principalmente em hotéis, onde geralmente utilizam grampos telefônicos e câmeras escondidas. Com isso, segredos de executivos de organizações concorrentes correm o risco de ser roubados e revelados. As maiores empresas americanas avisam seus executivos sobre esses perigos [SEC 98-1].

Um caso envolvendo empresas de investimento mostra a importância da segurança contra a espionagem industrial e contra os ataques a sistemas de computadores, no competitivo mundo atual. A Reuters Holdings PLC e a Bloomberg LP eram concorrentes no mercado de investimentos, no qual o uso de computadores é essencial para a análise dos investimentos e das tendências do mercado. O sistema da Bloomberg era considerado melhor que o da Reuters, razão pela qual aumentava cada vez mais sua 'fatia' de mercado. Isso fez com que a Reuters fundasse a Reuters Analytics para o desenvolvimento de um software de análise competitivo. Em janeiro de 1998, a Reuters Analytics decidiu utilizar uma conduta diferente da habitual, ou seja, contratou 'consultores' para invadir os computadores da Bloomberg, o que resultou no acesso às informações que continham os códigos das operações e documentos descrevendo as funcionalidades do sistema. A Bloomberg não descobriu quais métodos foram utilizados para a invasão, porém, sabe-se que ex-funcionários da Bloomberg, que então trabalhavam na Reuters Analytics, estavam envolvidos nessa invasão [DEN 99].

No nível interno das organizações, os próprios funcionários são as maiores ameaças, pois têm o tempo e a liberdade necessários para procurar algo de seu interesse nas mesas das pessoas, ler memorandos confidenciais, copiar documentos, abusar da amizade de colegas e copiar facilmente uma grande base de dados, que pode valer milhões, em um disco de Zip, por exemplo. O fato mais marcante é que essas pessoas conhecem as operações, a cultura e os detalhes da organização, o que facilita muito a espionagem. A conseqüência disso é que eles sabem onde estão os segredos, quem são os concorrentes e, principalmente, como apagar seus rastros. Esses fatos fazem com que os *insiders* sejam difíceis de ser identificados e punidos.

A identificação dos *insiders* pode ser difícil, mas geralmente são funcionários descontentes com seu trabalho, que sentem que suas funções são subestimadas pelos seus chefes. Freqüentemente, eles são maltratados e querem mostrar seu real valor realizando alguma coisa para se sentirem importantes. Esse tipo de funcionário pode ser facilmente manipulado por concorrentes, que sabem como persuadir as pessoas que se encontram em uma posição não muito confortável dentro da organização.

Um outro tipo de *insider* é aquele que busca alguma atividade excitante para modificar sua rotina de trabalho. Os *insiders* são de extrema importância, pois a organização pode estar perdendo espaço, mercado e imagem para o concorrente, sem saber o real motivo disso. Será que não houve espionagem e roubo de algumas informações, que chegaram nas mãos dos concorrentes?

Um caso ocorrido em 2001, envolvendo a Lucent Technologies, representa bem a natureza dos crimes na Era da Informação. Dois chineses funcionários da Lucent roubaram o código-fonte do PathStar Access Server para usá-lo em produtos de sua própria empresa, a ComTriad, que tinha feito uma parceria com a Datang Telecom Technology Co., que tinha participação do governo chinês. Diversos e-mails do planejamento da transferência do código-fonte e da parceria entre as empresas das quais eles eram donos foram capturados pela empresa, e utilizados no processo criminal [DOJ 01].

Um outro caso de roubo de código-fonte envolveu a Cadence Design Systems Inc. e a Avant! Corp. Em 1991, a Cadence sofreu um roubo de código-fonte para os fundadores da Avant! A Cadence queria um bilhão de dólares em restituição, porém a indenização foi acertada em 265 milhões de dólares, pois a Avant! já tinha pago 195,4 milhões de dólares como restituição [ARE 02].

Um cuidado especial deve ser tomado com relação aos ex-funcionários, que são, muitas vezes, os elementos mais perigosos. Se um funcionário for demitido, ele pode querer vingança. Se ele sair da empresa sob bons termos, pode querer demonstrar seus conhecimentos e seu valor para o novo chefe, que pode ser um concorrente da empresa em que ele trabalhava anteriormente. Timothy Allen Lloyd, por exemplo, foi condenado a 41 meses de prisão pelo crime de instalar bomba lógica nos sistemas da Omega Engineering Corp., após sua demissão. O incidente causou dez milhões de dólares em prejuízos, referentes à remoção de programas de produção, à perda de vendas e à perda de futuros contratos. O crime aconteceu em 1996 e a sentença saiu em 2002. Lloyd trabalhava há 11 anos na organização [DOJ 02-1].

Funcionários terceirizados também podem constituir um grande risco, pois se por um lado podem não possuir acesso a informações confidenciais, por outro podem passar a estudar e a conhecer os procedimentos, os hábitos e os pontos fracos da organização, que podem então ser explorados posteriormente. Também é possível que os funcionários terceirizados aceitem subornos para efetuar a divulgação de informações consideradas confidenciais ou mesmo que subornem os funcionários da organização, com o objetivo de obter segredos industriais.

O controle do pessoal de segurança e de limpeza também é importante, pois, geralmente, eles têm acesso irrestrito a todos os locais, inclusive à sala de CPU. Como a sala de CPU deve ser limpa por alguém, a engenharia social pode ser utilizada para obter o acesso a áreas restritas.

Alguns outros exemplos, mostrados a seguir, comprovam os perigos que as organizações correm com os *insiders* [DEN 99]:

- Funcionários confiáveis: em março de 1999, um cientista nuclear americano, do Los Alamos National Laboratory, foi acusado de ter vendido segredos da tecnologia de armas nucleares para a China, desde 1980. Em outro caso, ocorrido em 1994, um funcionário do Ellery Systems, no Colorado, Estados Unidos, utilizou a Internet para transferir um software avaliado em um milhão de dólares para um concorrente na China.
- Funcionários subornados ou enganados: um espião alemão, Karl Hinrich Stohlze, seduziu uma funcionária de uma empresa de biotecnologia, situada em Boston, para conseguir informações confidenciais dessa empresa, o que incluía métodos de pesquisas de DNA e informações sobre o status dos projetos da companhia. A funcionária foi demitida, mas não foi processada. Apesar disso, o espião alemão continua trabalhando, desta vez na Europa.

- Funcionários antigos: em 1993, Jose Ignacio Lopez e mais sete outros funcionários deixaram a General Motors para se transferirem para a Volkswagen. Junto com eles foram levados dez mil documentos privativos da GM, o que incluía segredos sobre novos modelos de carros, futuras estratégias de vendas e listas de compras. Em 1996, Lopez foi processado e a GM foi indenizada em cem milhões de dólares.
- Funcionários insatisfeitos: nos Estados Unidos, um administrador de sistemas insatisfeito com seu salário e com seu bônus (ou a falta dele), implantou uma bomba lógica em mil dos 1 500 equipamentos da organização em 22 de fevereiro de 2002, e a ativou em 4 de março de 2002. Além disso, ele comprou ações (do tipo 'put option', nos Estados Unidos, na qual ele ganha quando o preço das ações cai) para lucrar com a perda do valor da organização, quando o incidente se tornasse público. Porém, o valor das ações não despencou, e ele não teve o lucro esperado com a operação. A bomba lógica removia arquivos dos mil sistemas, o que causou prejuízos de mais de três milhões de dólares para a vítima [DOJ 02].
- Por meio desses exemplos, pode-se verificar que a segurança é, muitas vezes, um problema social, e não apenas um problema tecnológico. Assim, eles demonstram também que os aspectos humanos, sociais e pessoais não podem ser esquecidos na definição da estratégia de segurança.
- Um ponto interessante é que, apesar de parecer uma prática antiética e extremamente ilegal, nem todas as maneiras de conseguir informações competitivas são contra a lei. A obtenção de informações de outras organizações constitui o trabalho de diversos profissionais, e existe até mesmo uma organização constituída desses profissionais, o *Society of Competitive Intelligence Professionals* (SCIP). O antigo CEO da IBM, Louis Gerstner, formou, em abril de 1998, 12 grupos de inteligência para a obtenção de informações privilegiadas, que são colocadas em um banco de dados central, o qual pode ser acessado pelos principais executivos da IBM. O trabalho desse tipo de profissionais está no limite entre o ético e o antiético e uma de suas regras é a de nunca mascarar sua verdadeira identidade [DEN 99].

4.1.4 Coders

Os *coders* são os *hackers* que resolveram compartilhar seus conhecimentos escrevendo livros ou proferindo palestras e seminários sobre suas proezas. Ministrar cursos também faz parte das atividades dos *coders*, que parecem ter sido influenciados pelo aspecto financeiro.

O caso de Kevin Mitnick é muito interessante. Após cumprir sua pena na prisão por suas atividades notórias envolvendo engenharia social e técnicas avançadas de apropriação de informações confidenciais de diversas empresas, ele passou a ser um dos *hackers* mais requisitados para proferir palestras sobre segurança das informações. Isso, porém, depois de conseguir uma aprovação formal para tal, pois ele estava proibido de utilizar computadores, procurar empregos como consultor técnico ou mesmo escrever sobre tecnologia, sem a devida aprovação. Apenas em 2001, ele readquiriu o direito de utilizar um telefone celular e passou a trabalhar em um seriado de televisão, no qual atua como um especialista em computadores que é membro da CIA [WAZ 01]. Atualmente, após vencer o período de observação, ele abriu uma empresa de consultoria e lançou um livro sobre engenharia social.

4.1.5 White hat

Os *white hats* são também conhecidos como *'hackers* do bem', *'hackers* éticos', samurais ou *sneakers*, que utilizam seus conhecimentos para descobrir vulnerabilidades nos sistemas e aplicar as correções necessárias, trabalhando de maneira profissional e legal dentro das organizações. Eles vêem a si próprios como guerreiros que protegem os sistemas das organizações que os contratam contra os *black hats* (Seção 4.1.6). Eles são os responsáveis pelos testes de invasões, em que simulam ataques para medir o nível de segurança da rede, e também pelas diversas análises de segurança necessárias para a proteção da informação em uma organização.

Uma série de considerações devem ser analisadas antes de serem contratados os serviços de um *white hat*, como definir os limites de uma simulação de ataque, a fim de evitar que dados confidenciais sejam expostos. Além disso, é recomendável deixar claro no contrato que as informações obtidas permanecerão em sigilo e também garantir que todas as correções sejam implementadas.

A utilização desses profissionais pode ser importante para a segurança de uma organização, porém, deve-se tomar muito cuidado com relação aos limites da utilização de seus serviços. Um *white hat* pode encontrar uma série de vulnerabilidades no sistema e querer cobrar para fazer as correções necessárias. Como novas vulnerabilidades vão sendo descobertas com o tempo, e já que as novas funcionalidades que vão sendo implantadas no ambiente computacional trazem consigo uma série de novas 'brechas', sempre é necessária uma nova análise de segurança, o que acaba gerando mais custos. A segurança, portanto, é um processo constante, de modo que o mais interessante talvez seja manter um administrador de segurança dentro da própria organização. Essa pode ser a solução mais plausível, pois, depois de uma consultoria, simulações, análises e correções, é sempre necessária uma adequação da política de segurança, fazendo com que os custos com a utilização de um *white hat* sejam sempre maiores que os previstos, como se formassem uma grande bola de neve.

Essa abordagem de utilizar um administrador de segurança interno, porém, pode representar riscos, caso ele não possua o conhecimento necessário para avaliar corretamente o nível de segurança dos sistemas. É importante lembrar que a segurança é multidisciplinar, compreende diversos aspectos diferentes, e geralmente as pessoas acham que estão seguras, caso não tenham o conhecimento necessário sobre o risco. Isso significa que não se pode proteger contra riscos que não se conhece, o que faz com que o conhecimento seja essencial para a proteção adequada.

4.1.6 Black hat

São também conhecidos como *full fledged* ou *crackers*. Esse grupo utiliza seus conhecimentos para invadir sistemas e roubar informações secretas das organizações. Geralmente, tentam vender as informações roubadas de novo à sua própria vítima, ameaçando a organização de divulgação das informações roubadas, caso o valor desejado não seja pago. Esse tipo de prática é conhecido como chantagem ou *blackmail* e a exposição pública das informações roubadas pode trazer conseqüências indesejáveis à vítima.

O *blackmail* foi utilizado, por exemplo, no caso da invasão do site de comércio eletrônico da CD Universe. Um *hacker* russo conseguiu invadir a base de dados do site, onde conseguiu capturar 300 mil números de cartões de crédito de seus clientes. Ele exigiu cem mil dólares para não divulgar esses números; porém, como não foi atendido, revelou publicamente os números de diversos clientes [INT 00]. Outro caso aconteceu com a Creditcards.com, quando um *hacker* roubou 55 mil números de cartões de crédito e exigiu 20 mil dólares para destruir os dados dos clientes e fornecer uma consultoria de segurança no site [SAN 00][SUL 00].

Em um caso mais recente envolvendo a loja virtual Webcertificate.com, o *hacker* roubou 350 mil números de cartões de crédito e exigiu 45 mil dólares para não tornar pública essa base de dados. Porém, a Webcertificate.com se negou a pagar a extorsão, alegando que não havia números de cartões de crédito na base de dados, somente números seriais referentes a cupons de presentes [SAN 01]. De qualquer modo, na base de dados constam informações pessoais de milhares de clientes da empresa, o que pode ter causado uma série de problemas a eles.

Além do *blackmail*, qualquer ação prejudicial que visa afetar negativamente e causar prejuízos às suas vítimas pode ser considerada de autoria de *black hats*.

4.1.7 Gray hat

Os *gray hats* são *black hats* que fazem o papel de *white hats*, a fim de trabalhar na área de segurança. Porém, diferentemente dos *white hats*, cuja formação tem sua base em conhecimentos profundos sobre a segurança, os *gray hats* têm conhecimento sobre atividades de *hacking*. Algumas organizações contratam *gray hats* para realizar análises de segurança, porém diversos incidentes já demonstraram que o nível de confiança necessário para a realização de trabalhos tão críticos e estratégicos não é alcançado por meio dessa abordagem. De fato, utilizar um *hacker* para cuidar da segurança pode ser perigoso, justamente devido à própria cultura dos *hackers*. Um exemplo disso foi a divulgação de resultados de análises de segurança realizados em bancos por um *gray hat*. Eventuais ataques contra uma organização, para que eles possam vender seus serviços, também fazem parte do 'cardápio' dos *gray hats*.

Um outro exemplo envolve uma agência governamental americana que contratou um *gray hacker* para cuidar da segurança interna. Quando o *hacker* finalizou o serviço, a agência descobriu que ele havia divulgado as vulnerabilidades encontradas na agência em sites de *hackers* e em *bulletin boards*. O pior é que muitas dessas vulnerabilidades não haviam sequer sido corrigidas [RAD 99].

Uma pesquisa do Computer Security Institute e do FBI [CSI 02] mostra claramente a preocupação existente quando se pergunta às organizações se elas consideram a possibilidade de contratar *gray hats* como consultores de segurança (Figura 4.2).

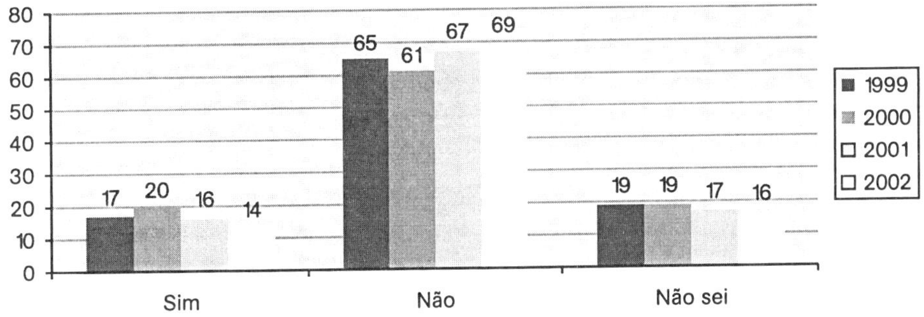

Figura 4.2 Pesquisa sobre a contratação de gray hats. Fonte: CSI/FBI 2002.

4.1.8 Cyberterroristas

O termo cyberterrorista é utilizado para definir os *hackers* que realizam seus ataques contra alvos selecionados cuidadosamente, com o objetivo de transmitir uma mensagem política ou religiosa (*hacktivism*) para derrubar a infra-estrutura de comunicações ou para obter informações que podem comprometer a segurança nacional de alguma nação. Os meios para que isso seja alcançado são: (1) um ataque semântico [VAL 01], que é conseqüência de uma 'pichação' de sites (*Web defacement*), quando a modificação de uma página do site pode disseminar informações falsas, além de mensagens políticas ou religiosas; (2) ataques sofisticados de negação de serviços distribuídos (*Distributed Denial-of-Service*, DDoS), que serão vistos com detalhes na Seção 4.8; (3) invasões a sistemas com o objetivo de obter informações confidenciais.

Esses tipos de ataques cibernéticos devem ser considerados com extrema importância, ainda mais em uma época de guerras, como a dos Estados Unidos contra o Afeganistão e o Iraque. É interessante notar que as estatísticas mostram que existe uma relação muito grande entre conflitos político-religiosos e ataques de *hackers*. Um exemplo é o grande aumento de sites modificados na Índia, que estava em conflito com o Paquistão, no Kashmir: em 1999, foram registrados 45 ataques contra sites indianos, em comparação com 133 ataques ocorridos em 2000 e 275 ataques realizados até agosto de 2001. Os *hackers* paquistaneses são notórios em casos de ataques semânticos, além de realizarem ataques sofisticados, como o que foi feito contra o Bhabha Atomic Research Center, quando foram roubados cinco megabytes de informações possivelmente confidenciais sobre pesquisa nuclear e outras áreas [VAL 01].

Um outro exemplo que mostra a conexão entre ataques físicos e cibernéticos pode ser visto no conflito entre israelenses e palestinos. Chamada até mesmo de *cyberjihad*, a conexão pode ser vista pelo aumento do número de incidentes de segurança em sites israelenses, quando um conflito físico acontece. Já ocorreram aumentos de até 1000% no número de ataques de *hackers*; por exemplo, quando bombas mataram quatro e feriram 69 israelenses, ou quando duas semanas de violência culminaram no ataque de um homem-bomba em um ponto de ônibus na periferia de TelAviv [VAL 01].

Já quando a Organização do Tratado do Atlântico Norte (OTAN) bombardeou Kosovo e Sérvia, aproximadamente cem servidores da OTAN espalhados pelo mundo sofreram ataques de DDoS (Seção 4.8) e também o bombardeio com milhares de e-mails contendo vírus [VAL 01].

Outro caso interessante foi resultado do conflito que envolveu a colisão entre um avião americano e um avião de guerra chinês, no dia 1º de abril de 2001. Além do grande número de pichações em sites e ataques de DDoS (cerca de 1 200 sites), incluindo vítimas como Casa Branca, Força Aérea Americana e Departamento de Energia, um grande número de *worms* (Seção 4.9.4), como Lion, Adore e Code Red, é suspeito de ter sua origem na China. O Code Red causou prejuízos estimados em 2,4 bilhões de dólares e sua origem parece ser uma universidade em Guangdong, China [VAL 01].

As invasões não autorizadas que resultam no 'vazamento' de informações confidenciais podem resultar em graves conseqüências, principalmente quando essas informações envolvem a segurança nacional. No caso conhecido como *Moonlight Maze*, a Rússia executou contra sistemas do governo norte-americano uma série de invasões que tiveram início em março de 1998 e duraram alguns anos. Apesar de autoridades negarem o fato, centenas de redes privadas do Pentágono, do Departamento de Energia, da NASA e de órgãos de defesa foram invadidas e há suspeita de que uma grande quantidade de pesquisas técnicas e documentos confidenciais foram obtidos pelos *hackers* [VAL 01].

Com os exemplos vistos nesta seção, pode-se observar que as ações terroristas têm uma conexão cada vez maior com o cyberterrorismo. Porém, mais do que essa conexão, o que deve ser considerado é que a tecnologia e as técnicas de ataques sofisticados podem ser utilizadas em conjunto com ações físicas de caráter terrorista. Os terroristas utilizam a criptografia e a estenografia para a troca de mensagens e o armazenamento de instruções e planos de ações, como foi descoberto no caso de Ramzi Yousef, que foi o responsável pelo primeiro atentado ao World Trade Center, em 1993. Ele tinha em seu notebook arquivos cifrados com detalhes sobre planos terroristas futuros, que incluíam a derrubada de 12 aviões no Oceano Pacífico [VAL 01].

Até mesmo a infra-estrutura de um país pode ser alvo de *hackers*. Além dos ataques de DDoS, que podem ser executados contra a infra-estrutura de comunicação, a simulação realizada pelo Pentágono, conhecida como *Elegible Receiver*, mostrou as vulnerabilidades da infra-estrutura de distribuição de energia dos Estados Unidos. O fato crítico é que essas vulnerabilidades foram exploradas realmente em junho de 2001, quando *hackers* chegaram até a rede do *California Independent Systems Operator* por meio de redes operadas pela *China Telecom*. Os *hackers* permaneceram nessa rede durante 17 dias [VAL 01].

4.2 Terminologias do mundo dos *hackers*

Os diversos tipos de atacantes podem causar desde simples transtornos até grandes prejuízos, pois até mesmo a segurança nacional pode ser colocada em risco, dependendo da situação. Algumas terminologias interessantes utilizadas no mundo dos *hackers* revelam suas atividades e seu modo de agir, e são relacionadas a seguir [RAD 99]:

- ***Carding:*** prática ilegal envolvendo fraudes com números de cartões de crédito, que são utilizados pelos *hackers* para fazer compras para si próprios e para seus amigos. O comércio eletrônico tornou-se um terreno de grande perigo, devido aos *cardings*, o que vem fazendo com que a segurança das transações eletrônicas com cartões de crédito tenha uma evolução natural, como é o caso do protocolo SET.

- ***Easter egg:*** uma mensagem, imagem ou som que o programador esconde em um software, como brincadeira. Geralmente deve-se seguir procedimentos para ativar essa parte do código de software.
- ***Media whore:*** na cultura *hacker*, quem deixa o mundo *underground* para ganhar a atenção da mídia é considerado traidor. Trata-se dos *hackers* que buscam a glória e a fama pessoal.
- ***Phreaking:*** é o *hacking* de sistemas telefônicos, geralmente com o objetivo de fazer ligações gratuitas ou para espionar ligações alheias.
- ***Suit:*** conforme a cultura dos *hackers*, os *suit* são 'os outros', ou seja, os funcionários de organizações que trabalham sempre bem-vestidos. Oficiais do governo são também chamados de *suits*.
- ***Tentacles:*** também conhecidos como *aliases*, são as identidades utilizadas pelos *hackers* para executar suas 'proezas' sem serem identificados.
- ***Trojan horse:*** os cavalos de Tróia são softwares legítimos que têm códigos escondidos e executam atividades não previstas. O usuário utiliza o software normalmente, mas ao mesmo tempo executa outras funções ilegais, como enviar mensagens e arquivos para o *hacker* ou abrir portas de entrada para futuras invasões (Seção 4.9.4).
- **Vírus:** programa que destrói dados ou sistemas de computador. Esses programas se replicam e são transferidos de um computador para outro (Seção 4.9.4).
- ***Worm:*** similar ao vírus, porém o *worm* tem a capacidade de auto-replicação, espalhando-se de uma rede para outra rapidamente. Diferente do vírus, o *worm* pode causar danos, sem a necessidade de ser ativado pelo usuário (Seção 4.9.4).
- ***War dialer:*** programa que varre números telefônicos em busca de modems ou aparelhos de fax, que são posteriormente utilizados como pontos de ataque (Seção 4.9.5).
- ***Warez:*** software pirata distribuído ilegalmente pela Internet.

4.3 OS PONTOS EXPLORADOS

As invasões aos sistemas podem ser executadas por meio da exploração de técnicas que podem ter como base a engenharia social ou invasões técnicas. A engenharia social é discutida com mais detalhes na Seção 4.5.1, enquanto as invasões técnicas são discutidas nas próximas seções. Essas invasões exploram deficiências na concepção, implementação, configuração ou no gerenciamento dos serviços e sistemas, e continuarão existindo na medida em que o mercado é centrado nas características dos produtos, e não na segurança. Esse comportamento adotado pelos fabricantes, de preferirem consertar falhas de segurança a construir sistemas conceitualmente seguros, é motivo de muitas controvérsias. Uma das razões disso é que, com o foco exclusivamente nas vendas, as empresas primam pela diminuição do tempo de desenvolvimento; isso faz com que o produto chegue antes ao mercado, mesmo que tenha falhas. Outra razão é que as metodologias de desenvolvimento de software seguro ainda não são difundidas o suficiente para a sua adoção.

É interessante notar que os ataques exploram 'brechas' existentes em qualquer um dos níveis relacionados à proteção da informação. Como pode ser visto na Figura 4.3, a proteção da informação depende da segurança em todos os níveis, que incluem: sistema operacional, serviços e protocolos, rede e telecomunicações, aplicação, usuários e organização, físico. Para o *hacker*, basta que ele explore apenas uma 'brecha' em um desses níveis, que o acesso à informação pode ser conseguido. Assim, a própria natureza faz com que o trabalho do *hacker* seja mais fácil, pois, para ele, basta encontrar apenas uma 'brecha', enquanto o profissional de segurança precisa encontrar e fechar todas as 'brechas' existentes. Assim, o *hacker* pode explorar vulnerabilidades no sistema operacional, por exemplo, bem como falhas na implementação de serviços como a Web. Além disso, ele pode explorar um funcionário desavisado ou tentar acessar fisicamente algum servidor importante.

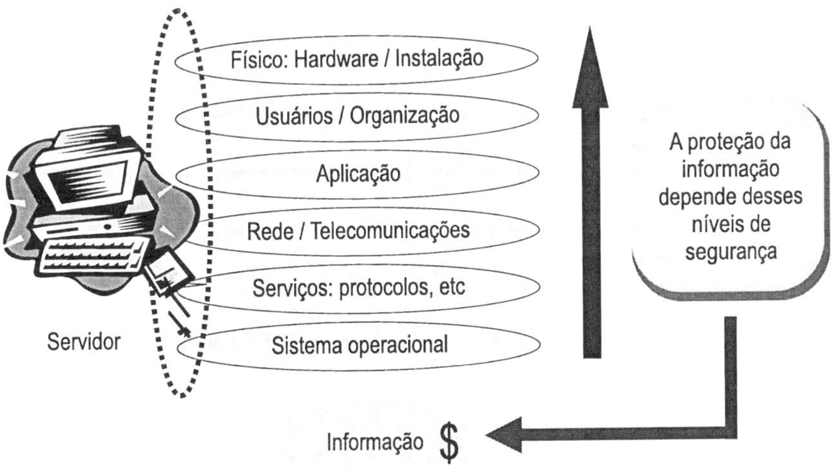

Figura 4.3 A abrangência da segurança e a complexidade da proteção da informação.

Os ataques técnicos podem explorar uma série de condições, nas quais estão incluídas as mostradas a seguir:

- Exploração de vulnerabilidades, que são resultantes de *bugs* na implementação ou no *design* de sistemas operacionais, serviços, aplicativos e protocolos. Protocolos como o *Internet Control Message Protocol* (ICMP) podem ser explorados em ataques como o *Smurf* e *ping-of-death*. O UDP pode ser explorado pelo *Fraggle*, enquanto o TCP pode sofrer ataques conhecidos como *SYN flood*, por exemplo. Esses e outros ataques serão discutidos com mais detalhes nas próximas seções.

- Utilização de senhas ineficientes que podem ser obtidas por meio da captura, utilizando-se a rede (*packet sniffing*). Mesmo quando as senhas são protegidas por criptografia, elas podem ser decifradas por meio de *cracking* e exploradas em ataques de força bruta ou em 'ataques replay' (*replay attack*).
- O mau uso de ferramentas legítimas que, em vez de serem empregadas para auxiliar no gerenciamento e na administração, são utilizadas pelos *hackers* para a obtenção de informações ilícitas, visando a realização de ataques. Alguns exemplos são (1) o comando *nbtstat* do Windows NT, que fornece informações que podem ser utilizadas para o início de um ataque contra usuários do sistema (identidade do controlador do domínio, nome de NetBIOS, nomes de usuários), (2) o *port scanning*, que é utilizado para identificar as portas ativas do sistema e, conseqüentemente, dos serviços providos por cada porta, e (3) o *packet sniffing*, utilizado normalmente para diagnosticar problemas de rede, que pode ser empregado para capturar pacotes que trafegam pela rede, em busca de informações como senhas, informações confidenciais e e-mails.
- Configuração, administração ou manutenção imprópria de sistemas, quando a complexidade na definição de rotas e regras de filtragem do *firewall*, por exemplo, pode introduzir novos pontos de ataque aos sistemas. Outros exemplos são (1) a utilização da configuração-padrão que é conhecida por todos, inclusive pelos *hackers*; (2) a administração 'preguiçosa', sem a utilização de senhas ou com o uso de senhas ineficiente; (3) a exploração da relação de confiança entre equipamentos, quando o *hacker* pode chegar ao alvo atacando primeiramente um outro sistema.
- Projeto do sistema ou capacidade de detecção ineficiente, como um sistema de detecção de intrusão (IDS Capítulo 8) que fornece informações falsas, erradas ou exageradas.

As defesas contra todas as possibilidades de ataques têm de ser consideradas primordiais para o bom andamento dos negócios de todas as organizações, principalmente porque, como já foi visto, a grande maioria dos *hackers* é de novatos; eles utilizam ferramentas e informações que já existem na Internet, sendo possível até mesmo adquirir CDs com uma interface GUI de fácil utilização, para a realização dos ataques.

Com isso, os ataques mais simples e mais comuns podem ser executados facilmente por uma grande gama de *script kiddies*, e as organizações devem ser capazes de se defender, no mínimo, contra essas tentativas básicas de ataque. Além disso, foi visto também que a espionagem industrial cresce a cada dia, principalmente porque o conhecimento é o bem que conduz as organizações ao sucesso. Cresce também o desenvolvimento e a utilização de técnicas de ataques mais sofisticadas, que representam o real perigo para as organizações.

Estar preparado adequadamente contra as tentativas de ataques é fundamental, principalmente porque o sucesso do *hacker* depende essencialmente do número e da variedade das tentativas de ataque, de maneira que o nível de segurança da organização será tão grande quanto os objetivos do invasor. Ou seja, se um *hacker* tiver como objetivo atacar uma rede, ele terá sucesso mais rapidamente se a rede dessa organização não tiver um nível de segurança adequado.

O fato é que a maioria dos ataques constitui uma 'briga de gato e rato', pois as ferramentas de defesa existentes protegem os sistemas somente contra os ataques já conhecidos. Ou seja, se por um lado os administradores de segurança procuram eliminar as falhas existentes, por outro lado os *hackers* vêm atualizando constantemente seu leque de técnicas de ataque, que podem não ser detectados pelos administradores e suas ferramentas de defesa.

Levando-se em consideração essa premissa, a organização deve estar preparada para situações nas quais um ataque pode realmente ser efetivado. O monitoramento constante, os planos de contingência, os planos de respostas a incidentes, a forense computacional e o entendimento da legislação sobre esses tipos de crime devem fazer parte de todas as organizações no mundo atual. Assim, o que deve se ter em mente é que a segurança é um processo evolutivo, uma constante luta do administrador de segurança contra os *hackers* e os usuários internos que buscam maneiras de utilizar recursos proibidos na rede, capazes até mesmo de causar transtornos por meio de seus erros.

4.4 O PLANEJAMENTO DE UM ATAQUE

As motivações para um ataque são diversas, variando de acordo com o tipo de *hacker*. Os *script kiddies*, por exemplo, motivados pela curiosidade, por experimento ou vontade de aprender, pela necessidade de colocar a vítima em maus lençóis ou simplesmente por diversão, podem realizar ataques mais simples, como a pichação de sites, também conhecida como *Web defacements*. Já os ataques mais sofisticados, que representam os maiores perigos para os negócios das organizações, são realizados pelos *insiders* e pelos *black hats*, que são motivados por dinheiro, fama, necessidades psicológicas ou emocionais, vingança, espionagem industrial ou curiosidade. Os cyberterroristas também representam um grande perigo, pois podem comprometer, como foi visto na Seção 4.1.8, a infra-estrutura de uma nação.

O primeiro passo para um ataque é a obtenção de informações sobre o sistema a ser atacado, o que pode ser feito por meio de diversas técnicas, que serão detalhadas na Seção 4.5. Após a obtenção das informações, o *hacker* pode atacar o sistema, por meio de uma das quatro maneiras a seguir:

- Monitorando a rede.
- Penetrando no sistema.
- Inserindo códigos prejudiciais ou informações falsas no sistema.
- Enviando uma 'enxurrada' de pacotes desnecessários ao sistema, comprometendo a disponibilidade do mesmo.

As conseqüências de um ataque bem-sucedido a uma organização podem ser variadas, mas são sempre negativas:

- Monitoramento não autorizado.
- Descoberta e 'vazamento' de informações confidenciais.
- Modificação não autorizada de servidores e da base de dados da organização.
- Negação ou corrupção de serviços.
- Fraude ou perdas financeiras.
- Imagem prejudicada, perda de confiança e de reputação.
- Trabalho extra para a recuperação dos recursos.
- Perda de negócios, clientes e oportunidades.

Um ponto importante é que, após a realização dos ataques, os *hackers* tentarão encobrir todos os procedimentos realizados por eles. Para isso, podem ser utilizadas técnicas como substituição ou remoção de arquivos de logs, troca de arquivos importantes do sistema para o mascaramento de suas atividades ou a formatação completa do sistema. Os sistemas de detecção de intrusão (IDS), que serão discutidos no Capítulo 8, têm, assim, uma grande importância para a defesa da organização. A forense computacional (Seção 8.11) também é de grande importância na investigação do ataque e na busca do responsável por ele.

4.5 Ataques para a obtenção de informações

Conhecer o terreno e coletar informações sobre o alvo, se possível, sem ser notado ou descoberto, é o primeiro passo para a realização de um ataque de sucesso. É pela obtenção dessas informações que o ataque pode ser bem planejado e executado. As seguintes técnicas e ferramentas, que serão discutidas nas próximas seções, podem ser utilizadas para a obtenção de informações relevantes para o ataque: *dumpster diving* ou *trashing*, engenharia social, ataques físicos, informações livres, *packet sniffing*, *port scanning*, *scanning* de vulnerabilidades e *firewalking*. O *IP Spoofing* pode ser considerado uma técnica auxiliar para outros métodos de obtenção de informações, como o *port scanning* ou o *scanning* de vulnerabilidades.

Apesar de essas técnicas estarem sendo discutidas do ponto de vista dos *hackers*, elas fazem parte também do arsenal de defesa usado para análises de segurança, que visam identificar os pontos inseguros para as posteriores correções e melhorias necessárias.

4.5.1 *Dumpster diving* ou *trashing*

O *dumpster diving* ou *trashing* é a atividade na qual o lixo é verificado em busca de informações sobre a organização ou a rede da vítima, como nomes de contas e senhas, informações pessoais e confidenciais. Essa técnica é eficiente e muito utilizada, inclusive no Brasil. São conhecidos os casos de incidentes em bancos, nos quais os 'lixos' foram verificados, à procura de informações importantes, que eram, então, trabalhadas e cruzadas com outras informações de clientes, resultando no acesso às contas desses usuários.

Uma característica importante dessa técnica é que ela é legal, pois as informações são coletadas diretamente do lixo. Alguns tipos de informações importantes que podem ser utilizadas no planejamento de um ataque são: lista telefônica corporativa, organograma, memorandos internos, manuais de política, calendário de reuniões, manuais de sistemas de eventos e de férias, impressão de informações confidenciais, impressão de código-fonte, disquetes, fitas, formulários internos, inventários de hardware etc.

Essa foi uma das técnicas utilizadas pela Proctor & Gamble para descobrir informações estratégicas de sua concorrente, a Unilever. O caso tornou-se público antes de um acordo entre as empresas, o que normalmente ocorre nesses casos, e os prejuízos estimados foram de dez milhões de dólares [KNO 03].

Isso faz com que a política de segurança seja essencial, e que um fragmentador de papéis, definido na política, seja um acessório importante para que os papéis sejam picotados juntamente com as informações.

4.5.2 Engenharia social

A engenharia social é a técnica que explora as fraquezas humanas e sociais, em vez de explorar a tecnologia. Ela tem como objetivo enganar e ludibriar pessoas assumindo-se uma falsa identidade, a fim de que elas revelem senhas ou outras informações que possam comprometer a segurança da organização. Essa técnica explora o fato de os usuários estarem sempre dispostos a ajudar e colaborar com os serviços da organização.

Ela é capaz de convencer a pessoa que está do outro lado da porta a abri-la, independente do tamanho do cadeado. O engenheiro social manipula as pessoas para que elas entreguem as chaves ou abram o cadeado, explorando características humanas como reciprocidade, consistência, busca por aprovação social, simpatia, autoridade e medo.

Um ataque de engenharia social clássico consiste em se fazer passar por um alto funcionário que tem problemas urgentes de acesso ao sistema. O *hacker*, assim, é como um ator, que, no papel que está representando, ataca o elo mais fraco da segurança de uma organização, que é o ser humano. Esse ataque é difícil de ser identificado, pois o que está em jogo é a confiança, a psicologia e a manipulação das pessoas. Kevin Mitnick, um dos *hackers* mais famosos, que se livrou da prisão em fevereiro de 2000, utilizava a engenharia social em mais de 80% de seus ataques.

Um caso de um ataque no qual a engenharia social foi explorada ocorreu em outubro de 1998, envolvendo a *America Online* (AOL). Um indivíduo conseguiu obter dados da AOL e solicitou mudanças no registro de domínio DNS, de forma que todo o tráfego para a AOL foi desviado para um outro equipamento que não era do provedor [HTTP 02].

Uma das técnicas de engenharia social consiste em visitar escritórios e tentar fazer com que a secretária se distraia, enquanto o *hacker* analisa documentos que estão em cima da mesa ou no computador. Utilizar o método de entrar pela porta do fundo ou pela garagem, para ter acesso a salas restritas, também faz parte da engenharia social, bem como se disfarçar de entregador de flores ou de pizzas.

Um outro ataque, que exige um prazo mais longo para o seu desfecho, consiste em criar um software com *bugs* inseridos de propósito. O *hacker* poderia entregar esse software para a organização, a fim de que fossem realizados testes com ele, pedindo, gentilmente, que o avisem em caso de falhas, e prontificando-se a resolvê-las. A vítima, então, entraria em contato com o *hacker*, que conseguiria ter acesso ao computador da empresa para a correção da falha que ele mesmo implantou, além do acesso para a realização das tarefas referentes ao ataque, tais como a instalação de *backdoors* ou bombas lógicas.

O fato mais recente envolvendo a engenharia social é sua ampla utilização em busca de um maior poder de disseminação de vírus. Procurando ludibriar os usuários para que abrissem arquivos anexados, vírus como o I Love You, Anna Kournikova e Sircam espalharam-se rapidamente em todo o mundo.

4.5.3 Ataque físico

O ataque físico à organização, em que são roubados equipamentos, software ou fitas magnéticas, constitui um método menos comum utilizado em um ataque. O incidente mais conhecido é o de Kevin Poulsen, que roubou vários equipamentos do provedor de acesso de diversas organizações, resultando na quebra do sigilo de várias informações confidenciais dessas empresas.

O ataque físico permite que o ataque seja realizado diretamente no sistema, o que facilita as ações, pois não é necessário que técnicas de ataques remotos sejam utilizadas. Com o acesso direto ao sistema, além do roubo do próprio equipamento, é possível executar-se uma série de ações maliciosas ou destrutivas, tais como copiar documentos confidenciais, ler e-mails de terceiros, obter informações privilegiadas (como os salários de todos os funcionários ou estratégia de novos produtos), modificar arquivos importantes, implantar bombas lógicas, alterar configurações ou aumentar os privilégios de alguns usuários. A imaginação e a intenção do atacante é que vai limitar as ações no sistema a que ele obtém acesso físico, de modo que ele pode simplesmente destruir todas as informações, se assim desejar.

O acesso direto ao sistema é uma das facetas dos ataques físicos, os quais podem possuir dimensões ainda maiores. O controle de acesso físico, por exemplo, é uma delas, e deve ser utilizado para minimizar possibilidades de ataques físicos diretamente aos sistemas. Assim como a abordagem utilizada pelos *firewalls* (capítulos 7 e 13), o controle de acesso físico também deve ser planejado em diferentes níveis. O acesso ao prédio, por exemplo, deve ser controlado para que a entrada da grande maioria dos suspeitos seja controlada. Dentro da organização, o controle a salas restritas também deve ser controlado, bem como sua locomoção interna. Com isso, problemas como o acesso a sistemas desbloqueados pode ser evitado, sejam eles servidores ou workstations. As conseqüências do acesso a uma workstation de um funcionário distraído podem ser perigosas, como em um simples caso em que um e-mail falso é enviado para clientes ou parceiros de negócios. Documentos falsos também podem ser introduzidos no sistema interno com o uso dessa workstation, bem como o acesso a projetos pode permitir sua cópia.

O controle aos servidores tem de ser o mais restritivo possível, com um sistema de identificação eficiente. O uso de crachás, combinado com um sistema de biometria, é interessante, pois um crachá perdido não pode ser reutilizado para acessos indevidos à sala de servidores. Os problemas relacionados com ataques físicos podem ser minimizados com esse tipo de controle de acesso, que pode ser melhorado ainda mais com o uso de câmeras de vídeo, por exemplo. O acesso a sistemas telefônicos também deve ser considerado, pois eles podem dar acesso remoto a sistemas importantes da organização.

A política de segurança (Capítulo 6) possui um papel fundamental para que os riscos envolvidos com ataques físicos sejam minimizados. Fazer com que todos os funcionários bloqueiem sua workstation quando não a utilizam é um dos pontos importantes, bem como não deixar documentos confidenciais em cima da mesa, pois pessoas de outras organizações podem circular pelo ambiente interno e obter informações simplesmente olhando para eles, os fotografando ou até mesmo os roubando.

Outros problemas relacionados a ataques físicos são o uso de *sniffers* ou analisadores de protocolos para capturar informações e senhas e a implantação de hardware para capturar tudo que o funcionário digita (*keystroke logger*). A perda de sigilo decorrente do uso dessas técnicas é uma das mais encontradas nas organizações.

Além desses aspectos relacionados a ataques físicos, outros aspectos estão envolvidos com a disponibilidade das informações. Situações como terremotos, furacões, incêndios ou enchentes devem estar previstas pela política de segurança, pois elas causam interrupção dos negócios e conseqüente perda de receita.

4.5.4 Informações livres

As diversas informações que podem ser obtidas livremente, principalmente na própria Internet, são valiosas para o início de um ataque. Consideradas como não intrusivas, pois não podem ser detectadas e alarmadas, as técnicas incluem consultas a servidores de DNS, análise de cabeçalhos de e-mail e busca de informações em listas de discussão. Por meio delas, detalhes sobre sistemas, topologia e usuários podem ser obtidos facilmente. Ultimamente, mecanismos de busca como o Google são amplamente utilizados para a obtenção de informações importantes, que é facilitada pelo uso de determinados tipos de filtros.

Alguns detalhes interessantes que podem ser encontrados em listas de discussão, por exemplo, são os cargos e as funções de usuários, e os números de telefones dos superiores. Eles são comuns de ser encontrados, quando uma mensagem de aviso de ausência é mal estruturada e configurada, o que faz com que e-mails internos sejam enviados a listas de discussões desnecessariamente.

Outras fontes de informações são protocolos como o *Simple Network Management Protocol* (SNMP) e o NetBIOS, e serviços como *finger, rusers, systat* ou *netstat*. *Banners* de protocolos como Telnet e FTP, que aparecem quando o usuário se conecta ao serviço, também mostram informações como o tipo de sistema operacional e a versão do serviço, de modo que é recomendável modificá-los.

4.5.5 Packet Sniffing

Também conhecida como *passive eavesdropping*, essa técnica consiste na captura de informações valiosas diretamente pelo fluxo de pacotes na rede. Diversos softwares podem ser encontrados, inclusive o *snoop*, fornecido com o Solaris, e o *tcpdump*, fornecido com o Linux, que são originalmente utilizados para auxiliar na resolução de problemas de rede.

As informações que podem ser capturadas pelos *sniffers* são referentes aos pacotes que trafegam no mesmo segmento de rede em que o software funciona. Diversos tipos de filtros podem ser utilizados para a captura de pacotes específicos referentes a determinados endereços de IP, serviços ou conteúdos.

Senhas que trafegam abertamente pela rede, como as de serviços como FTP, Telnet e POP, podem ser facilmente capturadas dessa maneira. E-mails também podem perder sua privacidade por meio da utilização de *sniffers*. Uma das medidas de segurança que podem ser tomadas para minimizar as implicações de segurança é a divisão da rede em mais segmentos, pela utilização de *switches* ou roteadores. Porém, alguns problemas permancem com relação aos *switches* e, como essa medida não elimina totalmente a possibilidade de captura de pacotes em um mesmo segmento, a solução é o uso de protocolos que utilizam a criptografia, como o SSH no lugar do Telnet ou o IPSec. A utilização da criptografia em informações confidenciais que trafegam pela rede, como em e-mails, também é importante para a prevenção da perda de sigilo por *sniffing*.

Existem diversas técnicas para verificar se um *sniffer* está sendo executado em um determinado segmento de rede. Um dos métodos é o administrador acessar cada equipamento dessa rede e verificar se existe ou não o processo que está sendo executado. O problema é que se um *hacker* estiver executando um *sniffer*, ele tomará o cuidado de esconder esse processo da lista de processos, impossibilitando sua detecção. O mesmo vale para a verificação de interfaces de rede que estão funcionando de modo 'promíscuo'. Outro método é a criação de tráfego de senhas predeterminadas, de modo que o *hacker* pode ser detectado e identificado por meio da utilização dessa senha. Esse método, porém, não é muito eficiente, uma vez que o *hacker* pode fazer grandes estragos antes de utilizar essa senha predeterminada, principalmente porque ele terá em seu poder não apenas essa senha, mas também a de usuários legítimos. David Wu apresenta, em [WU 98], outras técnicas para realizar a detecção remota de *sniffers* na rede, sem a necessidade de acessar cada equipamento do segmento:

- *MAC Detection*: tira proveito de um erro na implementação do TCP/IP de diversos sistemas operacionais, os quais utilizam apenas o endereço de IP para entregar os pacotes, não conferindo o endereço MAC quando a interface está no 'modo promíscuo'. Assim, a técnica utiliza pacotes *ICMP echo request* com o endereço de IP de um *host*, mas com endereço MAC falso. Se alguém estiver utilizando um *sniffer*, ele estará em 'modo promíscuo', não conferirá o endereço MAC e responderá ao pedido de *ping*, sendo assim detectado. Essa técnica não funciona com sistemas operacionais que implementam o protocolo TCP/IP corretamente.

- *DNS detection*: tira proveito do fato de alguns *sniffers* realizarem o DNS reverso. Tráfegos com endereço falso são colocados na rede e, caso o *sniffer* capture esses pacotes, o pedido de DNS reverso será enviado ao servidor de DNS, que detecta a existência de *sniffers* na rede. Ela identifica quantos *sniffers* estão na rede, mas não pode detectar quais são esses equipamentos. Essa técnica pode ainda detectar *sniffers* entre diferentes segmentos de rede.
- *Load detection*: a idéia dessa técnica é que os equipamentos que estão executando *sniffers* têm maior grau de processamento, e assim levam mais tempo para responder às requisições. Essa técnica faz uma análise estatística dos tempos de resposta a requisições de serviços, com base nos tempos de resposta com pouco tráfego na rede e com o tráfego a ser capturado pelos *sniffers*. Esses tempos são, então, comparados, de modo que, se a diferença for muita, o equipamento está utilizando maior processamento, o que pode ser resultado da utilização de *sniffers*. O tipo de pacote a ser utilizado nos testes, porém, deve ser escolhido cuidadosamente. O *ICMP echo request*, por exemplo, não serve, pois a resposta é enviada pelo equipamento a partir da própria pilha TCP/IP, antes de chegar ao nível do usuário, não sendo possível, portanto, medir o grau de processamento do equipamento. A mesma situação ocorre com os pedidos de conexão SYN. Sendo assim, é necessário utilizar um método que empregue o nível de usuário, como é o caso dos comandos FTP. Essa técnica não funciona de modo eficiente em redes com grande tráfego, pois as medidas são mais difíceis de ser apuradas e comparadas, uma vez que os dois tempos tornam-se muito equivalentes.

Como foi visto, o *sniffing* pode ser usado para capturar pacotes de um mesmo segmento de rede. Assim, uma alternativa para minimizar problemas de *sniffing* é o uso de *switches*, em vez de *hubs*. Por atuarem na Camada 2 do modelo de referência OSI, os *switches* podem direcionar o tráfego para determinadas portas, o que não é possível com os *hubs*, que atuam na Camada 1 do modelo OSI.

Porém, existem algumas técnicas que buscam driblar as restrições impostas pelos *switches*, tornando o *sniffing* ainda uma ameaça. Alguns métodos utilizados são [SWI 03][McC 00]:

- Acesso administrativo ao equipamento, com exploração de técnicas como a adivinhação de senhas (*password guessing*), ataques do dicionário, ataques de força bruta ou engenharia social.

- Reconfiguração do *switch* via uso de *Simple Network Management Protocol* (SNMP).
- Envio de muitos quadros (notação utilizada para camadas de enlace) à rede (*Flooding*), usando endereços *Media Access Control* (MAC) ainda não utilizados. Isso torna a tabela MAC do *switch* cheia, fazendo com que ele passe a atuar do modo *switch* para modo *hub*.
- Envio de quadros com os endereços *Address Resolution Protocol* (ARP) falsos (*ARP Spoofing*), fazendo com que o tráfego de outros equipamentos seja enviado para o equipamento do atacante, que captura os quadros e os redireciona para o equipamento verdadeiro, que nem percebe a diferença.

Esses ataques podem ser restringidos com alguns cuidados administrativos. Por exemplo, restringir o acesso de administrador do *switch* apenas pela porta serial elimina o controle remoto não autorizado. Desabilitar o uso de SNMP ou bloquear os acessos externos ao dispositivo via uso do protocolo também devem ser considerados. O uso de listas de controle de acesso (*Access Control List*, ACL) baseados em endereços MAC também é recomendável, bem como o uso de tabelas ARP estáticas. Essa medida, porém, depende de uma avaliação quanto à escalabilidade e à carga administrativa gerada.

Uma outra funcionalidade de *switches* muito utilizada é sua capacidade de criar LANs virtuais (*Virtual LAN* — VLAN), que são LANs separadas logicamente em um mesmo *switch*. Cada porta do *switch* representa uma VLAN e a separação é feita na Camada 2 do modelo OSI, sendo necessário, portanto, um dispositivo de Camada 3, como um roteador, para que duas VLANs diferentes possam se comunicar [BUG 99].

VLANs podem ser estendidas para outros *switches* com o uso de *trunking* entre eles. O *trunking* permite que VLANs existam em diferentes *switches*, e o seu funcionamento é baseado em protocolos como o *Institute of Electrical and Electronics Engineers* (IEEE) 802.1Q, que adiciona um identificador especificando a VLAN à qual o quadro pertence, no cabeçalho *Ethernet* [BUG 99].

O *trunking*, porém, constitui um risco para as organizações, pois os tráfegos forjados com identificadores de VLANs específicos podem ser enviados à rede, com o objetivo de atacar sistemas de outras VLANs. Essa possibilidade ocorre quando uma porta de *trunk* compartilha a mesma VLAN com uma porta que não é *trunk*, possibilitando, assim, que quadros sejam enviados a outras VLANs existentes em outros *switches* [BUG 99].

Testes que comprovam essa possibilidade foram feitos com a geração de quadros 802.1Q com identificadores de VLANs modificados, na tentativa dos quadros serem direcionados a essas VLANs. Os resultados mostraram que é possível injetar quadros em uma VLAN e serem direcionados a outras VLANs [BUG 99].

Com isso, VLANs não podem ser consideradas como mecanismos de segurança, mas apenas como uma segmentação de redes para otimizar o uso de *broadcasts* e *multicasts*, além de reduzir problemas com colisões [BUG 99]. Em um modelo de segurança baseado em camadas, com diferentes níveis de defesa, o uso de VLANs é recomendável, porém a separação física das redes ainda é a melhor opção.

4.5.6 Port scanning

Os *port scanners* são ferramentas utilizadas para a obtenção de informações referentes aos serviços que são acessíveis e definidas por meio do mapeamento das portas TCP e UDP. Com as informações obtidas com o *port scanning*, evita-se o desperdício de esforço com ataques a serviços inexistentes, de modo que o *hacker* pode se concentrar em utilizar técnicas que exploram serviços específicos, que podem ser de fato explorados.

O *nmap* é um dos *port scanners* mais utilizados e pode ser empregado para realizar a auditoria do *firewall* e do sistema de detecção de intrusão (*Intrusion Detection System* ou IDS), além de ser capaz de determinar se o sistema tem falhas de implementação na pilha TCP/IP, que podem ser exploradas em ataques do tipo DoS. Além de mapear as portas abertas dos sistemas, ele pode identificar, pelo método de *stack fingerprinting*, que é discutido em [FYO 98], o sistema operacional utilizado pelo alvo. Existem também opções para informar sobre o número de seqüência dos pacotes TCP, o usuário que está executando cada serviço relativo a uma determinada porta, o nome DNS e se o endereço pode 'tornar-se vítima' do *Smurf* (Seção 4.6.4).

Algumas características que tornam o *nmap* muito poderoso são o *scanning* paralelo, a detecção do estado de *hosts* pelos *pings* paralelos, o *decoy scanning*, a detecção de filtragem de portas, o *scanning* de RPC (não *portmapper*), o *scanning* pelo uso de fragmentação de pacotes e a flexibilidade na especificação de portas e alvos. Além disso, o *nmap* informa o estado de cada porta identificada como aberta (aceita conexões), filtrada (existe um *firewall* que impede que o *nmap* determine se a porta está aberta ou não) ou não filtrada. Alguns dos métodos de *scanning* utilizados pelo *nmap* são [FYO 97][FYO 99]:

- ***TCP connect()***: é a forma mais básica de *scanning* TCP. A *system call connect()* é utilizada para abrir uma conexão nas portas do alvo. Como pode ser visto na Figura 4.4, se a porta estiver aberta, a *system call* funcionará com sucesso. Caso contrário, a porta não está aberta, e o serviço não existe no sistema. Uma vantagem desse método é que não é necessário nenhum privilégio especial para sua utilização. Em contrapartida, ele é facilmente detectado, pois basta verificar as conexões em cada porta:

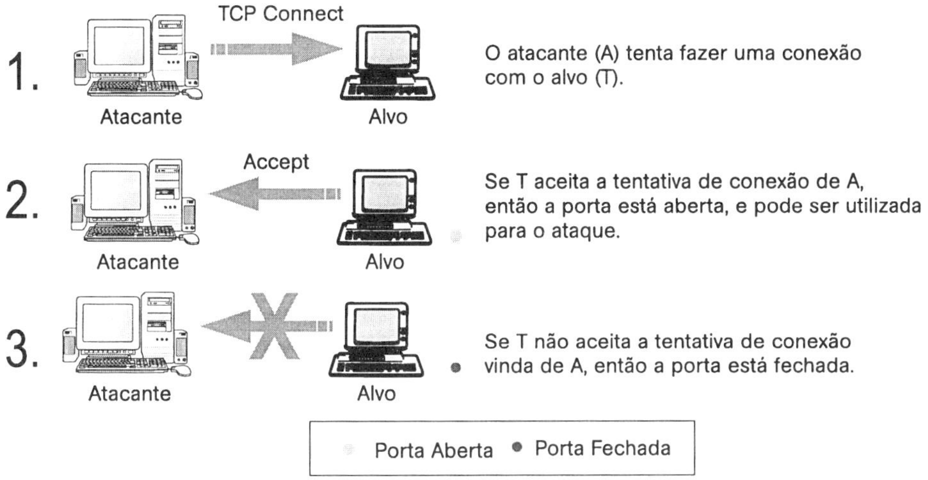

Figura 4.4 O funcionamento do TCP connect ( ) *port scanning*.

- ***TCP SYN (half open)***: esse método não abre uma conexão TCP completa. Um pacote SYN é enviado, como se ele fosse abrir uma conexão real. Caso um pacote SYN-ACK seja recebido, a porta está aberta, enquanto um RST como resposta indica que a porta está fechada, como pode ser visto na Figura 4.5. Caso o SYN-ACK seja recebido, o *nmap* envia o RST para fechar o pedido de conexão, antes que ela seja efetivada. A vantagem dessa abordagem é que poucos irão detectar esse *scanning* de portas. É necessário ter privilégio de superusuário no sistema para utilizar esse método:

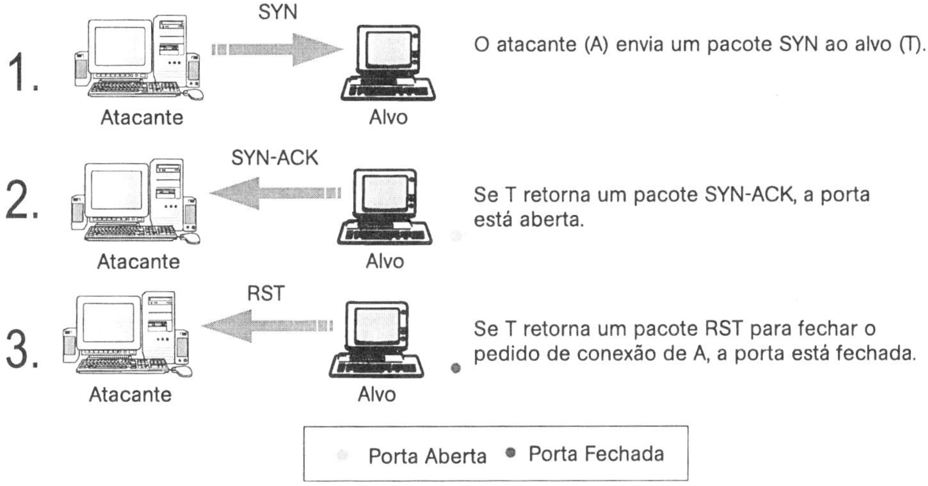

Figura 4.5 O funcionamento do TCP SYN *port scanning*.

- ***UDP*:** esse método envia um pacote UDP, de 0 byte, para cada porta do alvo. Caso ele receba como resposta uma mensagem *ICMP port unreachable*, então a porta está fechada. Caso contrário, o *nmap* assume a porta como estando aberta, como pode ser visto na Figura 4.6:

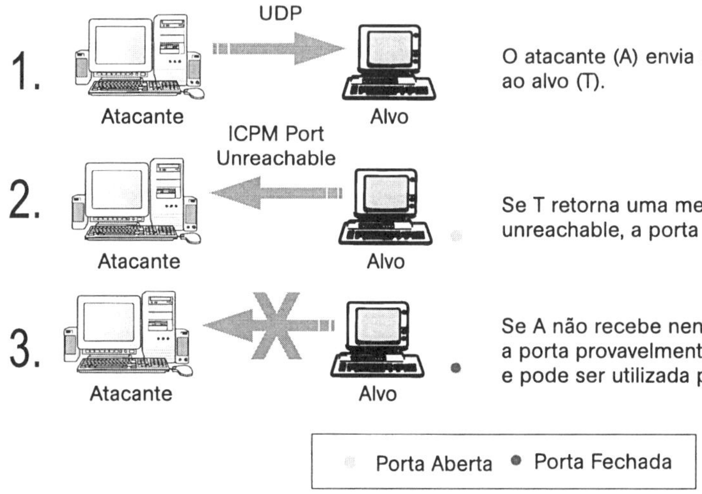

Figura 4.6 O funcionamento do UDP *port scanning*.

- ***ICMP (ping sweep)*:** esse método envia pacotes *ICMP echo request* para os *hosts*. Porém, como alguns sites bloqueiam esses pacotes, tal método é muito limitado. O *nmap* envia também um pacote TCP ACK para a porta 80. Se ele obtiver um pacote RST de volta, o alvo está funcionando, como pode ser visto na Figura 4.7.

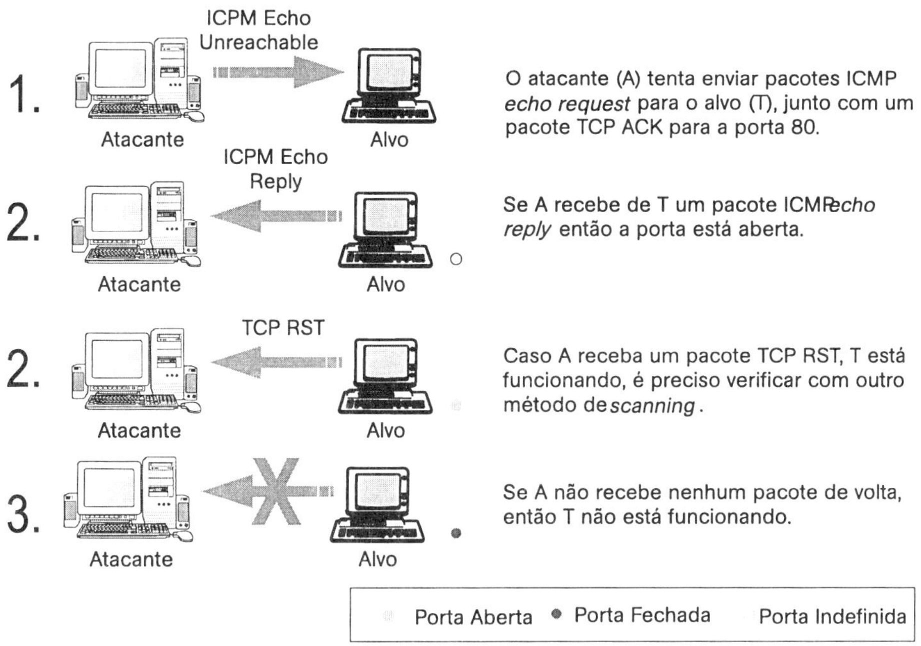

Figura 4.7 O funcionamento do ICMP *port scanning*.

- ***FIN***: modo *stealth*. Alguns *firewalls* são capazes de registrar a chegada de pacotes SYN em determinadas portas, detectando, assim, o método TCP SYN. O modo *stealth* elimina essa possibilidade de detecção. Portas fechadas enviam um pacote RST como resposta a pacotes FIN, enquanto portas abertas ignoram esses pacotes, como pode ser visto na Figura 4.8. Esse método não funciona com a plataforma Windows, pois a Microsoft não seguiu o *Request For Comments* (RFC) 973:

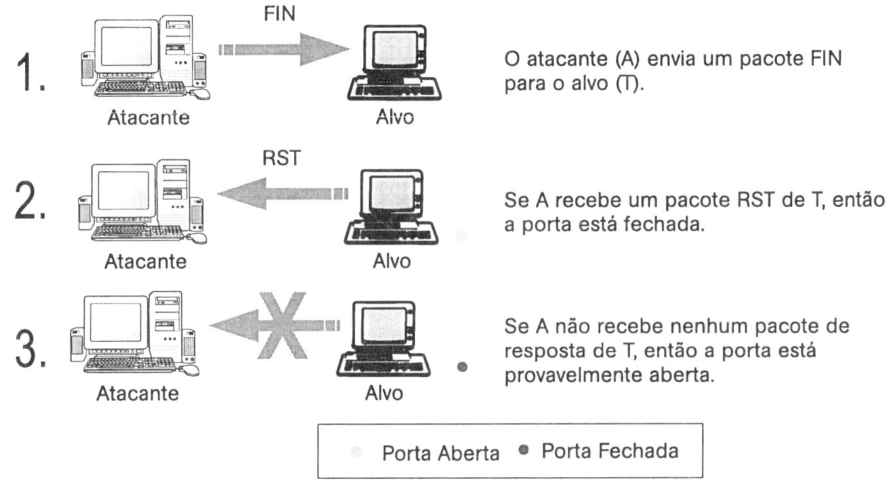

Figura 4.8 O funcionamento do FIN com *port scanning*.

- ***Xmas Tree*:** modo *stealth*. Portas fechadas enviam um pacote RST como resposta a pacotes FIN, enquanto portas abertas ignoram esses pacotes. Os *flags* FIN, URG e PUSH são utilizados no pacote FIN que é enviado ao alvo, como pode ser visto na Figura 4.9. Esse método não funciona com a plataforma Windows, pois a Microsoft não seguiu o RFC 973:

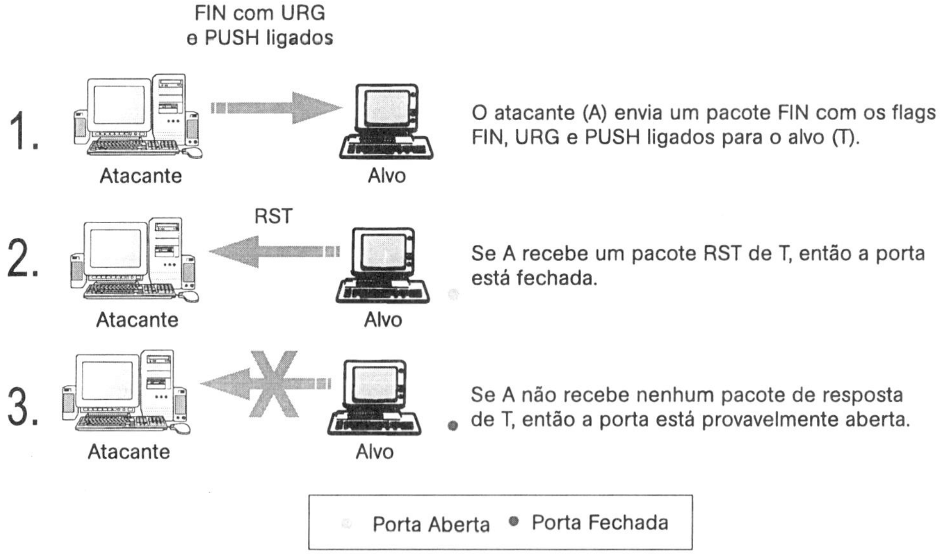

Figura 4.9 O funcionamento do *Xmas Tree port scanning*.

- ***Null scan*:** modo *stealth*. Portas fechadas enviam um pacote RST como resposta a pacotes FIN, enquanto portas abertas ignoram esses pacotes, como pode ser visto na Figura 4.10. Nenhum *flag* é ligado no pacote FIN que é enviado ao alvo. Esse método não funciona com a plataforma Windows, pois a Microsoft não seguiu o RFC 973:

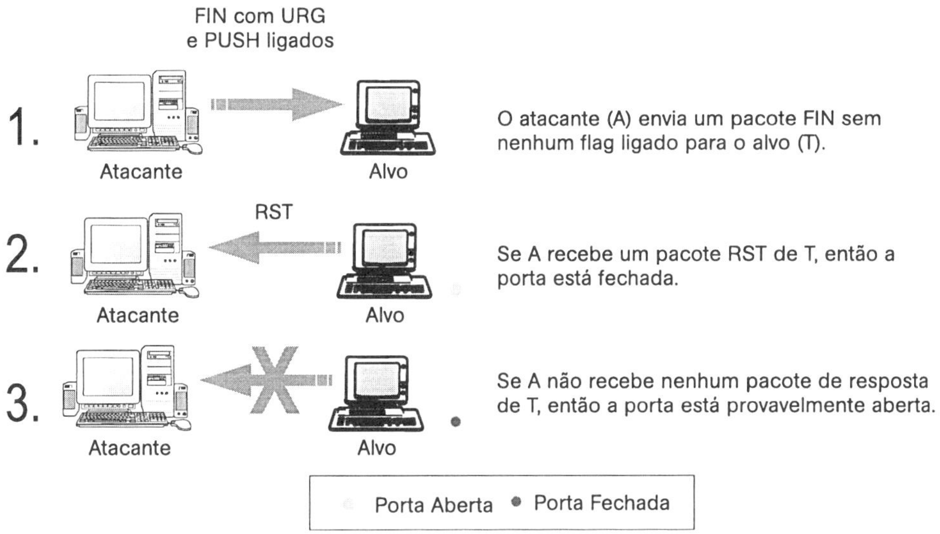

Figura 4.10 O funcionamento do *Null Scan*.

- ***RPC scan*:** combina vários métodos de *port scanning*. Ele considera todas as portas TCP e UDP abertas encontradas e envia comandos NULL SunRPC, na tentativa de que eles sejam portas RPC. É como se o comando 'rpcinfo –p' estivesse sendo utilizado, mesmo se um *firewall* estiver sendo utilizado ou se estiver protegido pelo TCP wrapper. O modo *decoy* não vai funcionar nesse método de *scanning*.
- ***FTP proxy (bounce attack)*:** o protocolo FTP permite que um servidor seja utilizado como um *proxy* entre o cliente e qualquer outro endereço, ou seja, o servidor pode ser utilizado como ponto de acesso a outros tipos de conexões. Com isso, caso ele seja utilizado como referência de ataque, o *hacker* pode mascarar sua origem, pois, para a vítima, o ataque se origina do servidor FTP. O ataque *FTP bounce* é utilizado geralmente para enviar e-mails e mensagens, driblar *firewalls* ou congestionar servidores com arquivos inúteis ou software pirata. O *nmap* utiliza essa característica para realizar o *scanning* TCP a partir desse servidor FTP. Caso o servidor FTP tenha permissão de leitura e escrita, é possível, até mesmo, enviar dados para as portas abertas encontradas pelo *nmap*.

- **Reverse-ident:** se o *host* estiver utilizando o *ident*, é possível identificar o dono dos serviços que estão sendo executados no servidor. Detectar a versão do sistema operacional também é importante para que a abrangência do ataque seja limitada à utilização de técnicas específicas. Os métodos empregados pelo *nmap* para a detecção do sistema operacional [FYO 99] são relacionados a seguir, e podem ser vistos com detalhes em [FYO 98]:
- *TCP/IP fingerprinting.*
- *Stealth scanning.*
- *Dynamic delay.*
- *Retransmission calculations.*

Para que as organizações detectem a ação desses scanners, os sistemas de detecção de intrusão (*Intrusion Detection Systems* — IDS), discutidos no Capítulo 8, podem ser utilizados. Esse tipo de sistema faz o reconhecimento de padrões de *scanning*, de forma a alertar o administrador de segurança contra tentativas de mapeamento da rede da organização. Porém, diversas técnicas de *scanning* podem ser utilizadas para driblar alguns IDS [ARK 99]:

- *Random Port Scan*: dificulta o IDS no reconhecimento do *scanning*, por não realizar a varredura dos serviços seqüencialmente, e sim, aleatoriamente.
- *Slow scan*: dificulta a detecção ao utilizar um *detection threshold*, que é o número menor de pacotes que podem ser identificados por um IDS. Assim, o atacante pode, por exemplo, enviar apenas dois pacotes por dia para seu alvo, a fim de que o *scanning* seja realizado, sem detectar o ataque.
- *Fragmentation scanning*: a fragmentação de pacotes pode dificultar a detecção de uma varredura, porém a maioria dos IDS já solucionou esse problema.
- *Decoy*: utiliza uma série de endereços falsificados, de modo que, para o IDS, o *scanning* se origina desses vários *hosts*, sendo praticamente impossível identificar a verdadeira origem da varredura. Um método comumente utilizado para a identificação de um endereço *decoy* era verificar o campo *Time to Live* (TTL) dos pacotes. Se eles seguissem um padrão já determinado, então, esse endereço poderia ser considerado *decoy*. O *nmap* utiliza um valor de TTL aleatório, entre 51 e 65, dificultando, assim, sua detecção.
- *Coordinated scans*: dificulta a detecção, ao utilizar diversas origens de varreduras, cada uma em determinadas portas. É geralmente utilizada por um grupo de atacantes.

Além de cumprir com o papel a que se destina, um *port scanning* pode trazer uma série de conseqüências para seus alvos, sendo a maioria deles relacionada com a implementação incorreta da pilha TCP/IP [SEC 98-3]. Nesses casos, o simples *scanning* pode representar um ataque, como pode ser visto nos seguintes exemplos:

- O IOS, da Cisco, trava quando o *UDP Scanning* é utilizado, quando a porta de *syslog* do roteador (UDP 514) é testada.
- O Check Point Firewall-1 é incapaz de registrar o *FIN Scan*.
- O *inetd* é desabilitado em alguns sistemas operacionais, entre eles, o Solaris 2.6, Linux, HP-UX, AIX, SCO e FreeBSD, quando o método de *scanning* TCP SYN é utilizado.
- O TCP SYN *scanning* faz com que a *'blue screen of death'*, que é um tipo de negação de serviço, seja mostrada no Windows 98.
- Afeta o *RPC portmapper*, em alguns sistemas.

Muitas dessas vulnerabilidades, no entanto, já foram corrigidas com o uso de *patches* de atualização.

4.5.7 Scanning de vulnerabilidades

Após o mapeamento dos sistemas que podem ser atacados e dos serviços que são executados, as vulnerabilidades específicas para cada serviço do sistema serão procuradas por meio do *scanning* de vulnerabilidades. Os *scanners* de vulnerabilidades realizam diversos tipos de testes na rede, à procura de falhas de segurança, seja em protocolos, serviços, aplicativos ou sistemas operacionais.

O mapeamento pelo *port scanning*, visto na seção anterior, é importante porque, identificando os alvos e os tipos de sistemas e serviços que neles são executados, o *scanning* pode ser realizado especificamente para o que foi mapeado. Isso pode evitar, por exemplo, que vulnerabilidades específicas do Windows sejam testadas em um UNIX, o que representa um grande desperdício de trabalho. Alguns riscos existentes que esses *scanners* podem analisar, pela checagem de roteadores, servidores, *firewalls*, sistemas operacionais e outras entidades IP, são:

- Compartilhamento de arquivos que não são protegidos por senhas.
- Configuração incorreta.
- Software desatualizado.
- Pacotes TCP que podem ter seus números de seqüência adivinhados.
- *Buffer overflows* em serviços, aplicativos e no sistema operacional.
- Falhas no nível de rede do protocolo.
- Configurações de roteadores potencialmente perigosas.
- Evidências de falta de higiene em servidores Web.

- Checagem de cavalos de Tróia, como Back Orifice ou Netbus.
- Checagem de senhas fáceis de ser adivinhadas (*password guessing*).
- Configurações de serviços.
- SNMP.
- Possibilidade de negação de serviço (*DoS*).
- Configuração da política dos navegadores.

Esses riscos serão discutidos nas próximas seções e demonstram que os *scanners* de vulnerabilidades são uma ferramenta importante para as análises de riscos e de segurança, e também para a auditoria da política de segurança das organizações. Essa importância pode ser enfatizada principalmente porque a técnica de *scanning* pode ser utilizada para demonstrar os problemas de segurança que existem nas organizações, de forma a alertar os executivos para a necessidade de um melhor planejamento com relação à proteção dos valores da organização. As consultorias de segurança utilizam constantemente essa ferramenta para justificar a necessidade de uma melhor proteção e, assim, vender seus serviços, aproveitando-se de uma importante funcionalidade dos *scanners*, que é a sua capacidade de emitir relatórios gerais e específicos, sendo capazes de realizar a avaliação técnica dos riscos encontrados pelo *scanning*.

Um importante ponto a ser considerado, no entanto, é que o conteúdo reportado pelo *scanner* deve ser conferido individualmente, porque podem ocorrer casos de falsos positivos e falsos negativos. Uma vulnerabilidade reportada pode não corresponder à situação real do sistema ou uma vulnerabilidade importante pode deixar de ser reportada, pois a ferramenta funciona por meio de uma base de dados de ataques conhecidos, e ela deve estar sempre atualizada com as assinaturas de novos ataques.

Assim, o trabalho de análise e consolidação dos dados, realizado pelo profissional de segurança, é fundamental para que seja refletido o cenário mais próximo do real. De fato, um alarde maior que o necessário ou uma falsa sensação de segurança reflete negativamente na produtividade da organização. O trabalho de análise ganha uma importância ainda maior quando o número de novas vulnerabilidades aumenta em grande velocidade. De acordo com o CERT Coordination Center, o número de vulnerabilidades reportadas em 2002 foi de 4.129, um número quase 70% maior do que em 2001, e cerca de 380% maior que em 2000, quando foram reportadas 1.090 novas vulnerabilidades. Em 1995, haviam sido reportadas 171 vulnerabilidades, como pode ser visto na Figura 4.11 [CER 03].

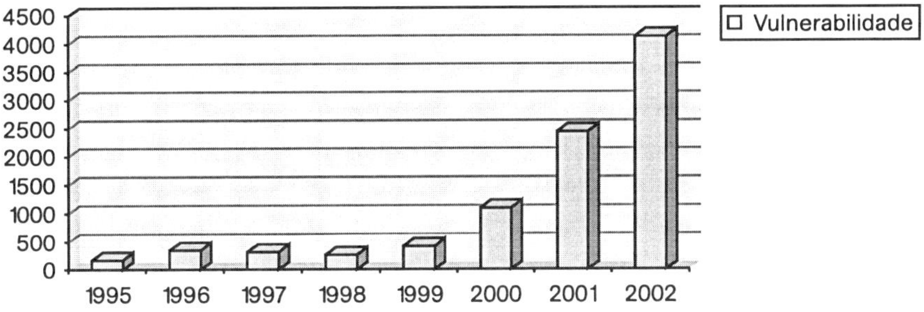

Figura 4.11 Crescimento das vulnerabilidades reportadas pelo CERT/CC, de 1995 a 2002.

Uma pesquisa do SANS Institute e do FBI mostra as 20 maiores vulnerabilidades encontradas em uma análise de segurança, que inclui também o uso do *scanner* de vulnerabilidades. A lista é dividida em duas partes: Windows (de 1 a 10) e UNIX (de 11 a 20) [SAN 01]:

1. No Windows, vulnerabilidades no servidor Web *Internet Information Services* (IIS).
2. No Windows, vulnerabilidades no *Microsoft Data Access Components* (MDAC), que oferece serviço de dados remoto.
3. No Windows, vulnerabilidades no Microsoft SQL Server.
4. No Windows, configurações do NETBIOS, usado para compartilhamento de recursos.
5. No Windows, problemas envolvendo o *logon* anônimo, relacionado ao *null sessions*.
6. No Windows, fraqueza do método de autenticação *LAN Manager* (LM) Hashing.
7. No Windows, fraqueza em senhas, usadas em branco ou fáceis de serem adivinhadas.
8. No Windows, vulnerabilidade envolvendo o *browser* Internet Explorer.
9. No Windows, exploração do acesso remoto ao registro do sistema (*registry*).
10. No Windows, exploração do Windows Scripting Host, que permite a execução de códigos no Internet Explorer e pode ser explorado por vírus e worms.
11. No UNIX, exploração do *Remote Procedure Calls* (RPC).
12. No UNIX, vulnerabilidades do servidor Web Apache.
13. No UNIX, vulnerabilidades do *Secure Shell* (SSH).
14. No UNIX, 'vazamento' de informações por meio do *Simple Network Management Protocol* (SNMP).
15. No UNIX, vulnerabilidades no *File Transfer Protocol* (FTP).
16. No UNIX, exploração de relações de confiança via uso de comandos remotos como *rcp, rlogin, rsh*.

17. No UNIX, vulnerabilidades no servidor remoto de impressão *Line Printer Daemon* (LPD).
18. No UNIX, vulnerabilidades no servidor remoto de impressão LPD.
19. No UNIX, vulnerabilidades no servidor de e-mail Sendmail.
20. No UNIX, fraqueza em senhas, usadas em branco ou fáceis de serem adivinhadas.

Um ponto importante a ser considerado é que, assim como os *scanners* auxiliam os administradores de segurança na proteção das redes, indicando as vulnerabilidades a serem corrigidas, eles podem também ser utilizados pelos *hackers* para que as falhas de segurança sejam detectadas e exploradas. Uma medida preventiva que pode ser adotada é a utilização de sistemas de detecção de intrusão (*Intrusion Detection Systems*, IDS), que realizam o reconhecimento de padrões de *scanning* e alertam o administrador de segurança quanto ao fato. O IDS será discutido no Capítulo 8.

4.5.8 Firewalking

O *firewalking* é uma técnica implementada em uma ferramenta similar ao *traceroute* e pode ser utilizada para a obtenção de informações sobre uma rede remota protegida por um *firewall*. Essa técnica permite que pacotes passem por portas em um *gateway*, além de determinar se um pacote com várias informações de controle pode passar pelo *gateway*. Pode-se ainda mapear roteadores encontrados antes do *firewall*. Isso é possível devido à possibilidade de modificar o campo *Time To Live* (TTL) do pacote e as portas utilizadas, que permitem que as portas abertas pelo *firewall* sejam utilizadas para o mapeamento da rede.

É interessante notar que, com algumas opções do próprio *traceroute*, é possível obter essas informações. Por exemplo, se um *firewall* permite somente o tráfego de pacotes ICMP (o *traceroute* utiliza o UDP, normalmente), basta utilizar a opção -I para que as informações passem pelo *firewall*. O *traceroute* permite também que o *trace* seja realizado por meio de uma porta específica, o que pode ser utilizado em redes em que o *firewall* permite somente o tráfego de pacotes DNS, por exemplo [GOL 98].

Com isso, é possível obter informações sobre as regras de filtragem dos *firewalls* e também criar um mapa da topologia da rede. Uma medida de proteção contra o *firewalking* é a proibição de tráfego de pacotes ICMP (os usuários da rede também passam a não poder utilizar serviços de ICMP, impedindo, assim, o diagnóstico de problemas da rede), a utilização de servidores *proxy* ou a utilização do *Network Address Translation* (NAT) [GOL 98].

4.5.9 IP spoofing

O *IP spoofing* é uma técnica na qual o endereço real do atacante é mascarado, de forma a evitar que ele seja encontrado. Essa técnica é muito utilizada em tentativas de acesso a sistemas nos quais a autenticação tem como base endereços IP, como a utilizada nas relações de confiança em uma rede interna.

Essa técnica é também muito utilizada em ataques do tipo DoS, nos quais pacotes de resposta não são necessários. O *IP spoofing* não permite que as respostas sejam obtidas, pois esses pacotes são direcionados para o endereço de IP forjado, e não para o endereço real do atacante. Para que um ataque tenha sua origem mascarada e os pacotes de resposta possam ser obtidos pelo atacante, será necessário aplicar outras técnicas em conjunto, como ataques de DoS ao endereço IP da vítima forjada e também mudanças nas rotas dos pacotes.

Uma organização pode proteger sua rede contra o *IP spoofing* de endereços IP da rede interna por meio da aplicação de filtros, de acordo com as interfaces de rede. Por exemplo, se a rede da organização tem endereços do tipo 100.200.200.0, então, o *firewall* deve bloquear tentativas de conexão originadas externamente, onde a origem tem endereços da rede do tipo 100.200.200.0.

4.6 Ataques de negação de serviços

Os ataques de negação de serviços (*Denial-of-Service Attack* — DoS) fazem com que recursos sejam explorados de maneira agressiva, de modo que usuários legítimos ficam impossibilitados de utilizá-los. Uma técnica típica é o *SYN flooding* (Seção 4.6.2), que causa o *overflow* da pilha de memória por meio do envio de um grande número de pedidos de conexão, que não podem ser totalmente completados e manipulados. Outra técnica é o envio de pacotes específicos que causam a interrupção do serviço, que pode ser exemplificada pelo *Smurf* (Seção 4.6.4). As próximas seções mostram como o DoS pode ser explorado pelos atacantes. Os problemas encontrados mais recentemente, que resultam em ataques de DoS, envolvem diversas implementações do *Lightweight Directory Access Protocol* (LDAP) [CER 01-2] e os ataques distribuídos de DoS (DDoS), que combinam diversas vulnerabilidades em diferentes tipos de sistemas, podem ser vistos na Seção 4.8.

4.6.1 Bugs em serviços, aplicativos e sistemas operacionais

Alguns dos maiores responsáveis pelos ataques de negação de serviços são os próprios desenvolvedores de software. Diversas falhas na implementação e na concepção de serviços, aplicativos, protocolos e sistemas operacionais abrem 'brechas' que podem ser exploradas em ataques contra a organização. Alguns tipos de falhas que oferecem condições de *buffer overflow* (Seção 4.9.1) podem ser utilizados para que códigos prejudiciais e arbitrários sejam executados, o que pode resultar em acesso não autorizado aos recursos.

Alguns *bugs* e condições que podem ser encontrados em softwares, ser explorados e têm como resultado a negação de serviço ou mesmo o acesso não autorizado ao sistema são:

- *Buffer overflows*, que são discutidas na Seção 4.9.1.
- Condições inesperadas: manipulação errada e incompleta de entradas por meio de diferentes camadas de códigos, um *script* Perl que recebe parâmetros pela Web e, se for explorado, pode fazer com que o sistema operacional execute comandos específicos.
- Entradas não manipuladas: código que não define o que fazer com entradas inválidas e estranhas.
- *Format string attack*: tipo de ataque a uma aplicação, em que a semântica dos dados é explorada, fazendo com que certas seqüências de caracteres nos dados fornecidos sejam processadas de forma a realizar ações não previstas ou permitidas, no âmbito do processo do servidor.
- *Race conditions*: quando mais de um processo tenta acessar os mesmos dados ao mesmo tempo, podendo causar, assim, confusões e inconsistências das informações.

Um exemplo de *bug* pode ser visto na descoberta de uma falha conceitual no UNIX, tornando-o vulnerável [BAR 99]. Essa falha, que atinge todos os tipos de sistemas UNIX, até mesmo o Linux, com exceção do BSD, ocorre quando diversas conexões são feitas, porém sem pedidos de requisição. Assim, os diversos serviços (*daemons*) não podem responder às conexões e a tabela de processos do sistema, que pode trabalhar com um número entre 600 e 1.500 processos simultâneos, fica cheia e causa a parada do servidor.

Um outro exemplo de *bug* pode ser visto no ataque que explora a cache do mapeamento dos objetos utilizados nas *Dynamic Link Libraries* (DLLs) em sistemas Windows NT [LOP 99]. Esses objetos da *cache* localizam-se no espaço interno de nomes do sistema e são criados com permissões para que o grupo *Everyone* possa controlá-los totalmente; com isso, é possível substituir esses objetos. Quando um processo é criado, e a DLL está na cache, ela é simplesmente mapeada no espaço do processo, em vez de ser carregada. Assim, é possível que um usuário com privilégios limitados substitua esse objeto da cache e ela seja utilizada por um processo com privilégios de nível mais alto, que executam o código contido nesse 'DLL de Tróia'. Os passos e os reparos para se evitar essa vulnerabilidade são descritos no artigo [LOP 99].

O *bug* envolvendo o Unicode, que é discutido com mais detalhes no Capítulo 8, é um dos que foram utilizados em larga escala na Internet, até mesmo em *worms* como o Nimda (Seção 4.9.4). O perigo das vulnerabilidades-padrão dos sistemas operacionais também deve ser considerado, como as que podem ser encontradas no Solaris (*fingerd* permite '*bouncing*' das consultas), no Windows NT (sistema de *hashing* das senhas extremamente ineficiente) e no IRIX (riscos de segurança em abundância, por meio das configurações iniciais, como a existência de contas de usuários padrão) [FIST 99].

4.6.2 SYN Flooding

Esse ataque explora o mecanismo de estabelecimento de conexões TCP, baseado em *handshake* em três vias (*three-way handshake*). A característica dos ataques de *SYN flooding* (Figura 4.12) é que um grande número de requisições de conexão (pacotes SYN) é enviado, de tal maneira que o servidor não é capaz de responder a todas elas. A pilha de memória sofre um *overflow* e as requisições de conexões de usuários legítimos são, então, desprezadas. Essa técnica foi utilizada em diversos ataques e pode ser vista no exemplo da Seção 4.7.

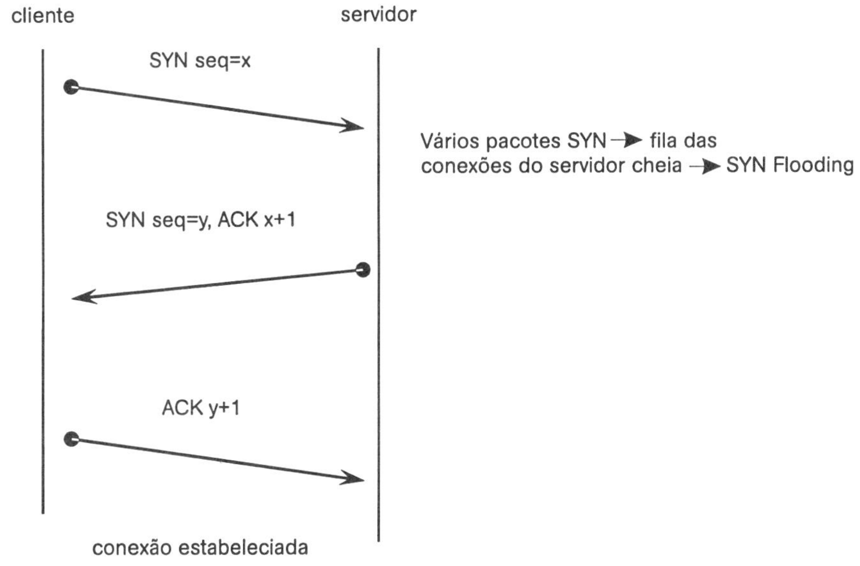

Figura 4.12 *Handshake* em três vias do TCP e *SYN flooding*.

Os ataques de *SYN flooding* podem ser evitados, comparando-se as taxas de requisições de novas conexões e o número de conexões em aberto. Com isso, mensagens de alerta e ações pré-configuradas podem ser utilizadas quando a taxa chega a um padrão determinado. Um outro modo de evitar o ataque é pelo monitoramento dos números de seqüências dos pacotes que são enviados na rede, que devem estar dentro de uma faixa esperada, caso eles sejam originários de um atacante específico [CIS 98-2].

Outros métodos que podem ser utilizados contra os ataques de *SYN flooding* são: em conexões de baixa velocidade (até 128 Kbps), utiliza-se um *time-out* e uma taxa máxima de conexões semi-abertas. Os pacotes são descartados de acordo com esses valores determinados; em conexões de maior velocidade, a melhor solução é desabilitar ou bloquear temporariamente todos os pacotes *SYN* enviados ao *host* atacado, após uma determinada taxa de conexão. Isso mantém o restante do sistema em funcionamento, ao mesmo tempo em que desabilita novas conexões ao *host* que está sendo atacado [CIS 98-2].

Outras soluções contra o *SYN flooding* podem ser adotadas, tais como o aumento do tamanho da fila de pedidos de conexão, que, na realidade, não elimina o problema, e também a diminuição do *time-out* do *three-way handshake*, que também não elimina, porém minimiza o problema [CIS 96].

4.6.3 Fragmentação de pacotes de IP

A fragmentação de pacotes está relacionada à *Maximum Transfer Unit* (MTU), que especifica a quantidade máxima de dados que podem passar em um pacote por um meio físico da rede. Por exemplo, a rede Ethernet limita a transferência a 1.500 octetos de dados, enquanto o FDDI permite 4.470 octetos de dados por pacote. Com isso, caso um pacote partindo de uma rede FDDI (com 4.470 octetos) passe por uma rede Ethernet (com 1.500 octetos), ele é dividido em quatro fragmentos com 1.500 octetos cada um, que podem ser enviados pela rede Ethernet.

Em um ambiente como a Internet, no qual existe uma grande variedade física de redes, definir uma MTU pequena resulta em ineficiência, pois esses pacotes podem passar por uma rede que é capaz de transferir pacotes maiores. Enquanto isso, definir uma MTU grande, maior do que a da rede com MTU mínima, tem como resultado a fragmentação desse pacote, uma vez que seus dados não cabem nos pacotes que trafegam por essa rede com MTU mínima. Os fragmentos resultantes trafegam pela rede e, quando chegam ao seu destino final, são reagrupados, com base em *off-sets*, reconstituindo, assim, o pacote original. Todo esse processo de fragmentação e reagrupamento (desfragmentação) é feito de modo automático e transparente para o usuário, de acordo com a definição do protocolo IP.

O fato de o reagrupamento ocorrer somente no destino final implica em uma série de desvantagens, como a ineficiência, pois algumas redes físicas podem ter uma MTU maior do que os pacotes fragmentados, passando a transmitir pacotes menores que o possível. Outra desvantagem é a perda de pacotes, pois, se um fragmento for perdido, todo o pacote também será perdido [COM 95]. Uma desvantagem ainda maior é a possibilidade de tirar proveito dessa característica para a realização de ataques.

A possibilidade de ataques por meio da fragmentação de pacotes de IP ocorre devido ao modo como a fragmentação e o reagrupamento são implementados. Tipicamente, os sistemas não tentam processar o pacote até que todos os fragmentos sejam recebidos e reagrupados. Isso cria a possibilidade de ocorrer um *overflow* na pilha TCP quando há o reagrupamento de pacotes maiores que o permitido. O resultado disso são problemas como o travamento do sistema, caracterizando ataques do tipo *Denial-of-Service*. Essa característica foi explorada inicialmente, no fim de 1996 pelo *Ping o'Death*. Por meio do envio de pacotes ICMP *Echo Request*, o *ping*, com tamanho de 65535 bytes, que é maior do que o normal, diversos sistemas travavam devido à sobrecarga do buffer da pilha TCP/IP, pois não era possível reagrupar um pacote tão grande [KEN 97]. A única solução para o *Ping o'Death* é a instalação de *patches*, que impedem que o *kernel* tenha problemas com *overflows* no momento do reagrupamento dos fragmentos de IP. O *ping* foi, inicialmente, empregado devido à sua facilidade de utilização, porém outros pacotes IP grandes, sejam eles TCP (*Teardrop*) ou UDP, podem causar esse tipo de problema. Atualmente, os sistemas já corrigiram esse problema por meio de atualizações e instalações de *patches*.

A característica de o reagrupamento ser possível somente no *host* de destino, de acordo com a especificação do protocolo IP, faz com que o *firewall* ou o roteador não realize a desfragmentação, o que pode causar problemas peculiares. Um atacante pode, por exemplo, criar um pacote como o primeiro fragmento e especificar uma porta que é permitida pelo *firewall*, como a porta 80. Dessa maneira, o *firewall* permite a passagem desse pacote e dos fragmentos seguintes para o *host* a ser atacado. Um desses pacotes subseqüentes pode ter o valor de *off-set* capaz de sobrescrever a parte inicial do pacote IP que especifica a porta TCP. O atacante, assim, modifica a porta de IP inicial de 80 para 23, por exemplo, para conseguir acesso Telnet ao *host* a ser atacado [COH 99]. Problemas relacionados a sistemas de detecção de intrusão (*Intrusion Detection System* — IDS) também são discutidos no Capítulo 8.

Assim, os ataques baseados na fragmentação de pacotes IP não podem ser evitados por meio de filtros de pacotes. Os *hosts* que utilizam NAT estático também estão vulneráveis a esses ataques, além dos *hosts* que utilizam NAT dinâmico e que têm uma comunicação ativa com a Internet [CIS 98].

A fragmentação é também utilizada como um método de *scanning*, como o usado pelo *nmap*, que envia pacotes de *scanning* fragmentados, de modo que sua detecção pelo *firewall* ou pelo IDS torna-se mais difícil.

4.6.4 Smurf e fraggle

O *Smurf* é um ataque no nível de rede, pelo qual um grande tráfego de pacotes *ping* (*ICMP echo*) é enviado para o endereço IP de *broadcast* da rede, tendo como origem o endereço de IP da vítima (*IP spoofing*). Assim, com o *broadcast*, cada *host* da rede recebe a requisição de *ICMP echo*, passando todos eles a responderem para o endereço de origem, que é falsificado. A rede é afetada, pois todos os seus *hosts* respondem à requisição ICMP, passando a atuar como um 'amplificador'. E a vítima, que teve o seu endereço IP falsificado, recebe os pacotes de todos esses *hosts*, ficando desabilitada para executar suas funções normais, sofrendo assim uma negação de serviço. O *Fraggle* é 'primo' do *Smurf*, que utiliza pacotes *UDP echo*, em vez de pacotes *ICMP echo* [HUE 98]. O ataque pode ser visto na Figura 4.13.

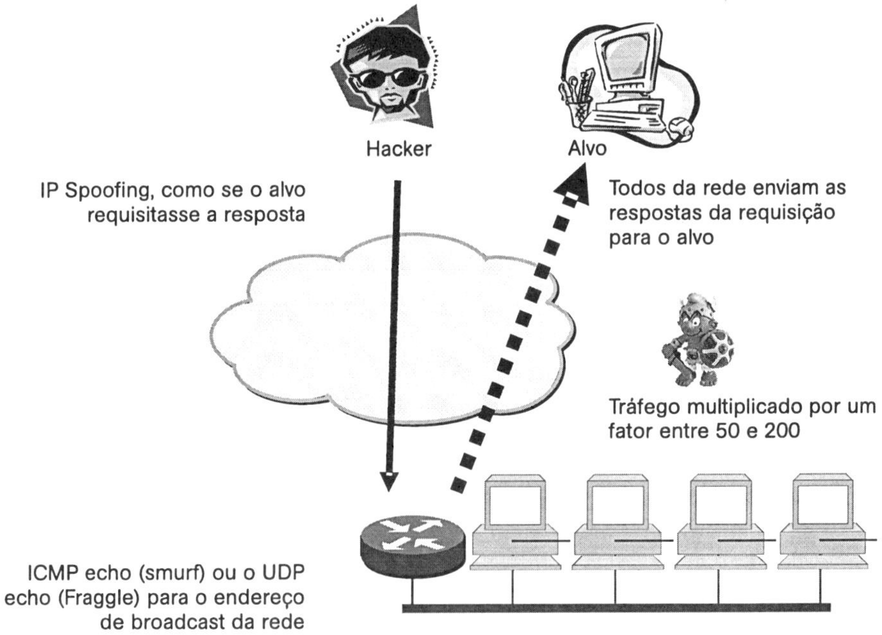

Figura 4.13 Ataque *Smurf* e *Fraggle*.

Para evitar ser o intermediário do ataque ou seu 'amplificador', o roteador deve ser configurado de modo a não receber ou deixar passar pacotes para endereços de *broadcast* por meio de suas interfaces de rede. Essa medida, porém, elimina também a possibilidade de utilizar o *ICMP echo* para o endereço de *broadcast* da rede, que é uma ferramenta útil para o diagnóstico da rede.

Os *hosts* também podem ser configurados de modo a não responderem a pacotes *ICMP echo* para o endereço de *broadcast*. No caso do ataque *Fraggle*, os pacotes UDP *echo* e *chargen* devem ser descartados. Essas medidas também acabam impedindo o diagnóstico da rede, como o que ocorre com a medida anterior.

Alguns equipamentos, como os roteadores da Cisco, possuem mecanismos como o *Committed Access Rate* (CAR), que pode limitar o tráfego de determinados pacotes a uma determinada banda. Sua utilização para limitar o número de pacotes *ICMP echo* e *echo-replay* são, assim, interessantes para não comprometer completamente a rede. O CAR também pode impedir o ataque de *TCP SYN Flooding* [HUE 98].

O *egress filtering* é um método que deve ser utilizado para impedir ataques de DoS, os quais utilizam endereços IP falsos. O objetivo é impedir que provedores de acesso ou organizações sejam utilizados como pontes de ataque e também que seus usuários realizem ataques externos. Esse método evita ataques de *IP spoofing* a partir de sua origem e, realmente, é uma medida importante, pois é de responsabilidade do administrador de redes impedir que sua rede seja envolvida em um ataque. O método permite que somente pacotes com endereço de origem da rede interna sejam enviados para a rede externa, impedindo que pacotes com endereços falsos passem pela rede. A importância dessa filtragem é cada vez maior quando se pode ver o avanço dos ataques coordenados (Seção 4.8), que visam causar grandes transtornos aos envolvidos.

4.6.5 Teardrop e land

O *Teardrop* é uma ferramenta utilizada para explorar os problemas de fragmentação IP nas implementações do TCP/IP, como foi visto na Seção 4.6.3. O *Land* é uma ferramenta empregada para explorar vulnerabilidades de TCP/IP, na qual um pacote é construído de modo que o pacote SYN tenha o endereço de origem e a porta iguais aos do destino, ou seja, é utilizado o *IP spoofing*. A solução é criar regras de filtragem para evitar o *IP spoofing* de endereços internos da rede, como foi visto na seção anterior.

4.7 Ataque ativo contra o TCP

Um dos grandes problemas existentes na suíte de protocolos TCP/IP é quanto à autenticação entre os *hosts*, que são baseados em endereços IP. Outros problemas estão relacionados ao mecanismo de controle da rede e a protocolos de roteamento [BEL 89].

Além dos ataques de negação de serviços, ataques mais sofisticados, que permitem o seqüestro da conexão ou a injeção de tráfego, também podem ser utilizados. No ataque conhecido como *man-in-the-middle*, o *hacker* explora os mecanismos de *handshake* em três vias do TCP e também o prognóstico de número de seqüência do TCP para se 'infiltrar' na conexão, podendo, assim, participar ativamente da conexão entre outros dois sistemas.

4.7.1 Seqüestro de conexões

Joncheray mostra, em [JON 95], um ataque ativo que explora o redirecionamento de conexões de TCP para uma determinada máquina, caracterizando um ataque *man-in-the-middle*, conhecido também como *session hijacking* ou seqüestro de conexões. Esse tipo de ataque, além de permitir a injeção de tráfego, permite também driblar proteções geradas por protocolos de autenticação, como o S/KEY (*one-time password*) ou o Kerberos (identificação por *tickets*). Um ataque ativo pode comprometer a segurança desses protocolos, pois os dados não trafegam de modo cifrado nem são assinados digitalmente. Ataques ativos são considerados difíceis de ser realizados, porém Joncheray mostra que, com os mesmos recursos de um ataque passivo (*sniffers*), é possível realizar um ataque dessa natureza.

Uma conexão de TCP entre dois pontos é realizada de modo *full duplex*, sendo definida por quatro informações: endereço IP do cliente, porta de TCP do cliente, endereço IP do servidor e porta de TCP do servidor. Todo byte enviado por um *host* é identificado com um número de seqüência de 32 bits, que é reconhecido (*acknowledgment*) pelo receptor utilizando esse número de seqüência. O número de seqüência do primeiro byte é computado durante a abertura da conexão e é diferente para cada uma delas, de acordo com regras designadas para evitar sua reutilização em várias conexões.

O ataque tem como base a exploração do estado de dessincronização nos dois lados da conexão de TCP, que assim não podem trocar dados entre si, pois, embora ambos os *hosts* mantenham uma conexão estabelecida, os pacotes não são aceitos devido a números de seqüência inválidos. Desse modo, um terceiro *host*, do atacante, cria os pacotes com números de seqüência válidos, colocando-se entre os dois *hosts* e enviando os pacotes válidos para ambos, caracterizando assim um ataque do tipo *man-in-the-middle*. O prognóstico de número de seqüência (*sequence number prediction*), discutido a seguir, também é utilizado no ataque, para que o atacante estabeleça a conexão com as vítimas.

O problema desse ataque é a grande quantidade de pacotes de TCP ACK (*ACK Storm*) gerados, pois, quando o *host* recebe um pacote inválido, o número de seqüência esperado é enviado para o outro *host*. Para ele, por sua vez, o número de seqüência também é inválido, de modo que ele envia um novo pacote com o número de seqüência esperado, que será inválido para o *host* anterior. Isso cria uma espécie de *loop* infinito de pacotes ACK, o chamado *ACK Storm*. Porém, os pacotes que não carregam dados não são retransmitidos, se o pacote for perdido. Isso significa que, se um dos pacotes no *loop* for negado, o *loop* terminará. A negação de um pacote é feita pelo IP, que tem uma taxa aceitável de pacotes não-nulos, fazendo com que os *loops* sempre terminem. Além disso, quanto mais congestionada for a rede, maior será o número de *loops* encerrados.

Dois métodos de dessincronização de conexões TCP são apresentados por Joncheray: o *early desynchronization* (interrupção da conexão em um estágio inicial no lado servidor e criação de uma nova conexão, com número de seqüência diferente) e o *null data desynchronization* (envio de uma grande quantidade de dados para o servidor e para o cliente, que não devem afetar nem ser visíveis pelo cliente e pelo servidor).

4.7.2 Prognóstico de número de seqüência do TCP

O prognóstico de número de seqüência do TCP possibilita a construção de pacotes TCP de uma conexão, de modo a injetar tráfego, passando-se por um outro equipamento [BEL 89]. O ataque foi descrito por Morris [MOR 85] e utilizado por Kevin Mitnick no ataque no qual ele foi pego por Shimomura [TAK 95]. O problema está na facilidade em se descobrir o comportamento dos números de seqüência dos pacotes TCP, que em alguns sistemas possuem comportamento-padrão, como o incremento de 128 ou 125 mil a cada segundo em cada pacote. Isso possibilita que o *hacker* utilize essa informação para se inserir em uma conexão (*man-in-the-middle*), pois o *handshake* da conexão em três vias (*3-way handshake*) do TCP é estabelecido com o equipamento do *hacker*, e não o original. Atualmente, alguns sistemas implementam padrões de incremento do número de seqüência mais eficiente, que dificulta seu prognóstico e, conseqüentemente, os ataques.

4.7.3 Ataque de Mitnick

O ataque realizado por Mitnick contra Shimomura pode ser usado como um exemplo clássico de ataque ativo, além de envolver o uso de diferentes técnicas, como o *IP Spoofing*, a negação de serviço e o prognóstico de número de seqüência. Mitnick estava sendo procurado por diversos crimes e foi condenado a 46 meses de prisão em 9 de agosto de 1999. Porém, ele permaneceu preso por cinco anos, sendo libertado em 21 de janeiro de 2000. Mitnick foi pego em 1995, sob acusação de fraude eletrônica, fraude de computadores e interceptação ilegal de comunicação eletrônica. A Sun Microsystem, por exemplo, estava processando-o pelo roubo do código-fonte do sistema operacional Solaris, alegando que os prejuízos foram de 80 milhões de dólares. Além da Sun, Mitnick invadiu sistemas de empresas como Nokia, Motorola e NEC, causando prejuízos estimados em 300 milhões de dólares [WIR 99].

O ataque realizado por Mitnick contra Shimomura na noite de natal de 1994 utilizou três técnicas diferentes: *IP Spoofing*, seqüestro de conexão TCP e negação de serviço. O ataque de *IP Spoofing* foi iniciado com a verificação de relações de confiança existentes entre os equipamentos da rede de Shimomura (Figura 4.14).

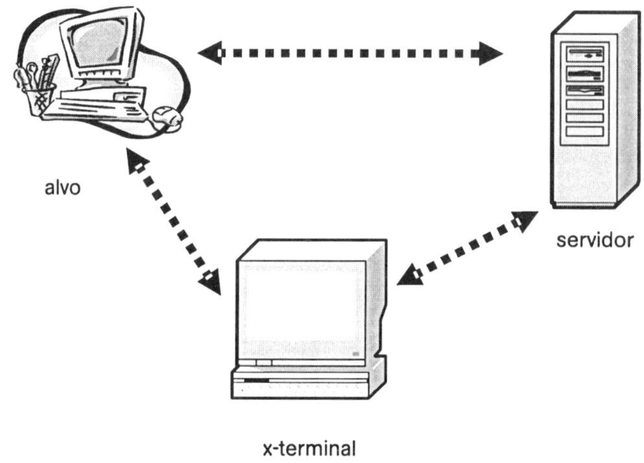

Figura 4.14 Verificação de relações de confiança entre equipamentos.

O primeiro passo do ataque pode ser visto a seguir [SHI 97]:

```
# finger -l @target
# finger -l @server
# finger -l root@server
# finger -l @x-terminal
# showmount -e x-terminal
# rpcinfo -p x-terminal
# finger -l root@x-terminal
```

Descoberta a relação de confiança entre o servidor e o x-terminal, o passo seguinte foi tentar deixar o servidor indisponível, pois ele iria personificá-lo. A técnica usada por Mitnick foi o *SYN Flooding*, no qual ele enviou uma enxurrada de pedidos de início de conexão para a porta 513 do servidor, que estava rodando o serviço de login (Figura 4.15). Com muitos pedidos de conexão, o servidor atacado foi capaz de enviar somente alguns pacotes SYN-ACK do *handshake* TCP (oito respostas no exemplo) e a fila de conexões ficou cheia, não podendo mais responder nem receber novos pedidos de conexão [SHI 97].

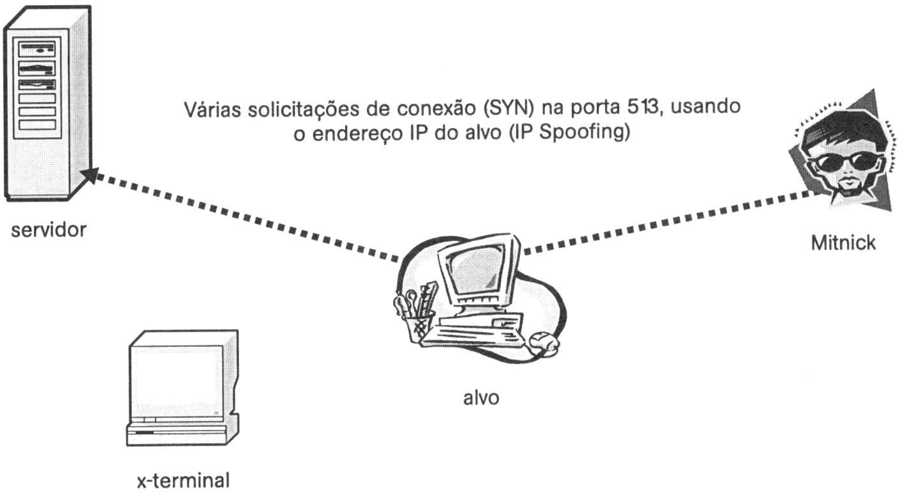

Figura 4.15 Ataque de SYN Flooding na porta 513 do servidor.

Como nesse ataque de negação de serviço não foi necessário obter respostas, Mitnick usou também a técnica de *IP Spoofing*, na qual o endereço de origem dos pedidos de conexão não era de fato dele. Alguns pedidos de conexão realizados no ataque podem ser vistos a seguir. No exemplo, o endereço forjado foi o 130.92.6.97 e o servidor atacado na porta 513 (login) foi o ´server´ [SHI 97]:

```
130.92.6.97.600 > server.login: S 1382726960:1382726960(0) win 4096
130.92.6.97.601 > server.login: S 1382726961:1382726961(0) win 4096
130.92.6.97.602 > server.login: S 1382726962:1382726962(0) win 4096
130.92.6.97.603 > server.login: S 1382726963:1382726963(0) win 4096
130.92.6.97.604 > server.login: S 1382726964:1382726964(0) win 4096
130.92.6.97.605 > server.login: S 1382726965:1382726965(0) win 4096

...
```

O terceiro passo usado por Mitnick foi tentar descobrir o comportamento dos números de seqüência (prognóstico de número de seqüência) do x-terminal, pois ele iria abusar da relação de confiança entre ele e o servidor, que foi descoberta no primeiro passo do ataque. Mitnick enviou 20 pedidos de conexão, estudou o comportamento dos números de seqüência e terminava a conexão (enviando o pacote RST) para que a fila de conexões do x-terminal não se tornasse cheia. Alguns desses pacotes podem ser vistos a seguir, — três conexões diferentes partindo de ´apollo.it.luc.edu´ para o x-terminal e os respectivos números de seqüência gerados pelo x-terminal [SHI 97]:

- apollo.it.luc.edu > x-terminal: S 1382726990
- x-terminal > apollo.it.luc.edu: **S 2021824000** ack 1382726991

- apollo.it.luc.edu > x-terminal: R 1382726991
- apollo.it.luc.edu > x-terminal: S 1382726991
- x-terminal > apollo.it.luc.edu: **S 2021952000** ack 1382726992
- apollo.it.luc.edu > x-terminal: S 1382726992
- x-terminal > apollo.it.luc.edu: **S 2022080000** ack 1382726993

A análise das respostas do x-terminal permite identificar o comportamento do sistema, o qual incrementa seus números de seqüência em 128000. No exemplo, a primeira conexão gerou o número de seqüência 2021824000, a segunda gerou o número 2021952000 e a terceira gerou o número 2022080000, ou seja, uma diferença de 128000 para cada conexão.

No quarto passo, ele usou as informações adquiridas nos passos anteriores para, simultaneamente, realizar o ataque. O objetivo foi personificar o servidor para abusar da relação de confiança existente entre ele e o x-terminal. Assim, fingindo ser o servidor, uma conexão TCP com o x-terminal pode ter sucesso. Essa conexão TCP, porém, depende do *handshake* em três vias, que usa o número de seqüência, a qual foi descoberta com o prognóstico feito pelo passo anterior do ataque.

Dessa forma, Mitnick fingiu ser o servidor usando o *IP Spoofing* e enviou um pedido de conexão ao x-terminal (pacote SYN). O x-terminal respondeu ao pedido de conexão (pacote SYN-ACK) ao servidor, que estava sob ataque de *SYN Flooding* e não pôde responder ao pacote SYN-ACK. Normalmente, o servidor responderia com o pacote RST, pois ele não reconheceria o pacote SYN-ACK recebido, porque ele não tinha requisitado nenhuma conexão. Ao mesmo tempo, como Mitnick sabia o número de seqüência do pacote SYN-ACK do x-terminal, ele enviou o pacote ACK como se fosse o servidor e estabeleceu a conexão TCP com o x-terminal, como pode ser visto na Figura 4.16. Uma vez estabelecida a conexão, ele injetou tráfego nela enviando o comando ´echo + + >> /.rhosts´ para o x-terminal [SHI 97]. O ataque completo pode ser visto na Figura 4.17.

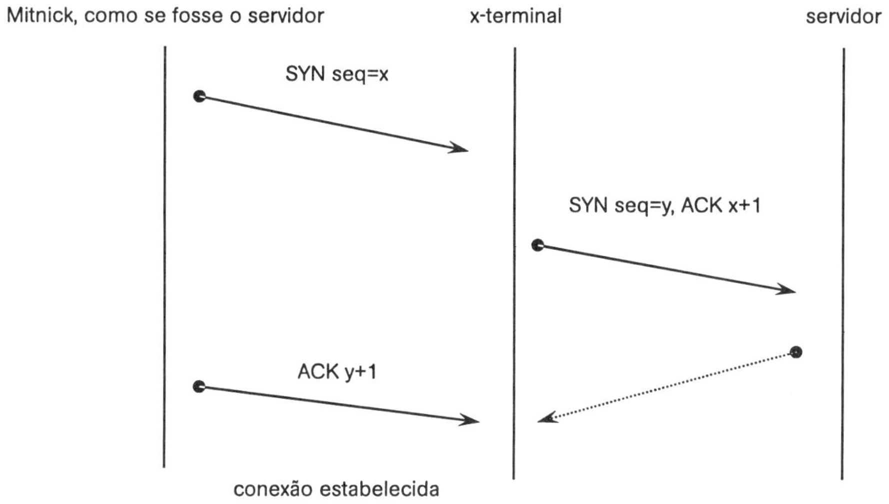

Figura 4.16 Seqüestro de conexão usando o prognóstico de número de seqüência.

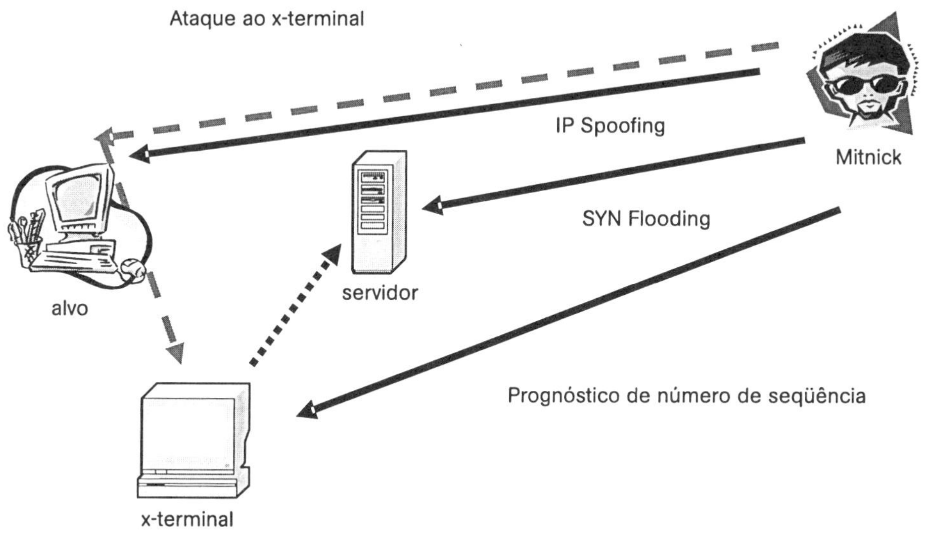

Figura 4.17 O ataque realizado por Mitnick.

Após isso, ele enviou pacotes RST para o servidor, para que voltasse a ser operado normalmente. Uma vez com acesso ao x-terminal, ele pode completar o ataque, compilando e instalando *backdoors* [SHI 97].

4.7.4 Source routing

O *source routing* é um mecanismo especificado para o IP, que pode ser explorado definindo-se uma rota reversa para o tráfego de resposta [BEL 89], em vez de utilizar algum protocolo de roteamento-padrão. Esse mecanismo pode ser utilizado para a criação de rotas nas quais o *hacker* pode obter respostas mesmo que o *IP Spoofing* seja utilizado, por exemplo. Um outro uso do *source routing* é mapear a topologia de rede da organização, estipulando os caminhos a partes específicas da rede a serem posteriormente atacadas.

O ataque de prognóstico do número de seqüência do TCP também fica facilitado se o *source routing* é utilizado em conjunto. Nesse caso, não é necessário prognosticar o número de seqüência, pois a resposta do servidor a ser atacado utiliza a rota definida pelo *source routing* e o número de seqüência do servidor é enviado para o *hacker* e não para o endereço falsificado pelo *IP Spoofing* [NAI 97].

Isso faz com que seja interessante que o *source routing* seja bloqueado, pois normalmente ele não é utilizado. Porém, bugs já foram identificados, que faziam com que, mesmo desabilitado, o *source routing* ainda pudesse ser explorado [MIC 02].

4.8 Ataques coordenados

A evolução mais evidente com relação aos ataques são os ataques coordenados, também conhecidos como ataques de negação de serviços distribuídos (*Distributed Denial of Service* — DDoS). Essa modalidade faz com que diversos *hosts* distribuídos sejam atacados e coordenados pelo *hacker*, para a realização de ataques simultâneos aos alvos. Isso resulta em um ataque extremamente eficiente, no qual a vítima fica praticamente indefesa, sem conseguir ao menos descobrir a origem dos ataques, pois eles procedem de *hosts* intermediários controlados pelo *hacker*. Os primeiros ataques de DDoS utilizavam quatro níveis hierárquicos, conforme a Figura 4.18.

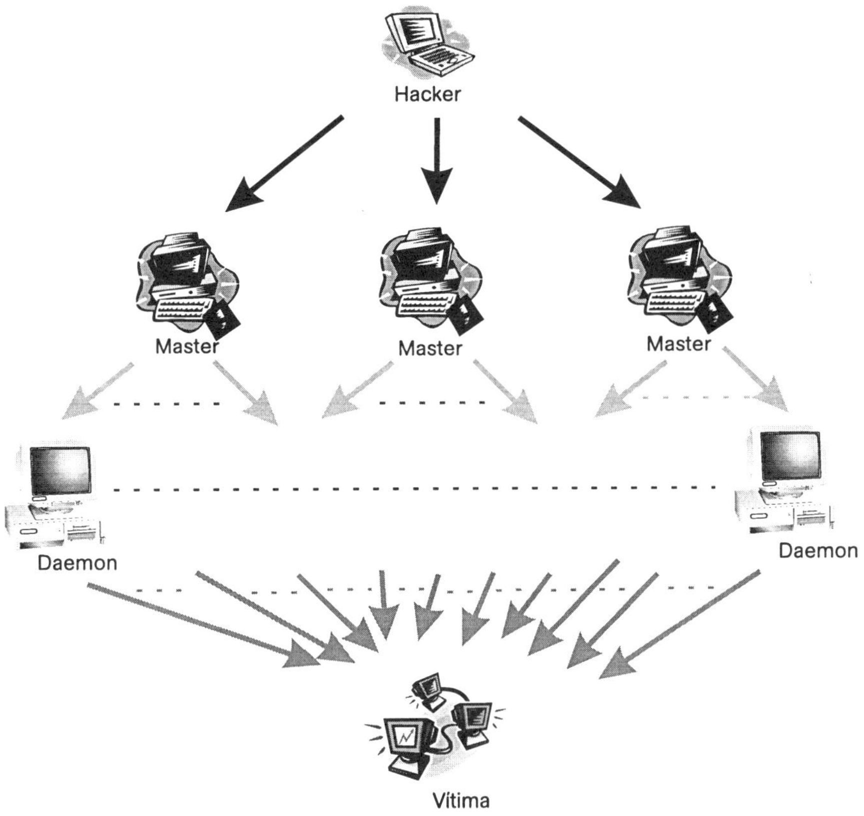

Figura 4.18 As partes envolvidas em um ataque coordenado.

O *hacker* define alguns sistemas *master*, que se comunicam com os *daemons* ou *zombies*, que realizam os ataques à vítima. Pode-se observar que os *masters* e os *daemons* são ambos vítimas do *hacker*, que, pela exploração de vulnerabilidades conhecidas, instala os processos que serão utilizados no ataque.

Apesar de serem uma tecnologia nova, as ferramentas de ataques coordenados têm tanta sofisticação que se aproveitam das melhores tecnologias de ataque existentes, como a utilização de criptografia para o tráfego de controle entre o *hacker*, *masters* e *daemons*, e também para as informações armazenadas nesses *hosts*, como a lista dos *daemons*. Os *scannings* para a detecção dos *hosts* vulneráveis também são realizados de modo distribuído e a instalação dos processos é feita de maneira automática, até mesmo com uma implementação que faz com que esse processo esteja sempre em execução, ainda que seja removido ou ainda o sistema seja reinicializado. Métodos para esconder as evidências das instalações dos *daemons* também são utilizados.

O primeiro ataque coordenado por um governo foi noticiado pela BBC News [NUT 99]. Aparentemente, o governo da Indonésia atacou o domínio do Timor Leste, devido a motivos políticos. Isso demonstra um novo estilo de guerra, no qual táticas envolvendo computadores fazem parte da política oficial do governo, sendo utilizadas como uma arma em potencial para a desestabilização das atividades de outro governo.

As ferramentas de DDoS mostram que essa nova tecnologia, que está sendo desenvolvida a partir das já existentes, está atingindo um nível grande de sofisticação, como pode ser observado na evolução mostrada a seguir [HOU 01], que inclui também vírus e *worms*, normalmente utilizados para a instalação de *masters* ou *daemons*:

- Julho de 1999: ferramentas de DDoS como Tribe Flood Network (TFN) e trinoo (trin00).
- Agosto de 1999: ferramenta de DDoS conhecida como Stacheldraht.
- Dezembro de 1999: ferramenta de DDoS chamada de Tribe Flood Network 2000 (TFK2K).
- Janeiro de 2000: uso intensivo do Stacheldraht.
- Fevereiro de 2000: ataques intensivos de DDoS, incluindo vítimas como CNN, Amazon, Yahoo!, eBay, UOL, ZipMail, iG e Rede Globo.
- Abril de 2000: amplificação de pacotes por servidores de DNS e mstream.
- Maio de 2000: vírus VBS/LoveLetter (I Love You), mostrando a força da engenharia social e a ferramenta de DDoS denominada t0rnkit.
- Agosto de 2000: ferramenta de DDoS conhecida como Trinity.
- Novembro de 2000: marco do uso de Windows como agente de ataques de DDoS.
- Janeiro de 2001: *worm* denominado Ramen.
- Fevereiro de 2001: VBS/OnTheFly (Anna Kournikova), mostrando o impacto da engenharia social.
- Abril de 2001: ferramenta de DDoS chamada de Carko.
- Maio de 2001: *worms* denominados Cheese, que se passavam por um *patch* de segurança, w0rmkit e sadmind/IIS, atacando dois tipos diferentes de sistemas operacionais.

- Julho de 2001: vírus W32/Sircam, utilizando ainda a engenharia social para se espalhar. Nova geração de *worms*, iniciando com o Leaves e o Code Red, além de ferramentas de DDoS com base no *Internet Relay Chat* (IRC).
- Agosto de 2001: *worm* Code Red II (Seção 4.9.4), além de ferramentas de DDoS com base no IRC, como o Knight/Kaiten.
- Setembro de 2001: *worm* denominado Nimda (Seção 4.9.4), que combina ataques por e-mail, compartilhamento de rede, navegador de Internet, servidor Web e pela instalação de *backdoors*.
- Novembro de 2001: primeira versão do *worm* Klez, que explora vulnerabilidade do Microsoft Outlook e Outlook Express.
- Maio de 2002: *worm* Klez na versão H (Seção 4.9.4), que é uma variação do *worm* que surgiu em novembro de 2001.
- Setembro de 2002: *worm* Apache/mod_ssl, que explorava uma vulnerabilidade do OpenSSL para instalar ferramentas de DDoS.
- Outubro de 2002: ataque DDoS contra servidores DNS root da Internet.
- Janeiro de 2003: SQL Server Worm, SQLSlammer, W32 Slammer ou Sapphire (Seção 4.9.4), que atacava servidores SQL Server.
- Março de 2003: *worm* Deloder, que instala um serviço VNC, que pode ser utilizado para acesso remoto e instalação de ferramentas de DDoS.

O *trinoo* é uma ferramenta utilizada para ataques coordenados de DoS, que utiliza o UDP. Ele consiste de um pequeno número de servidores (*master*) e de um grande número de clientes (*daemons*). O *hacker* conecta-se ao *master* e o instrui para realizar o ataque nos endereços IP determinados. O *master*, então, se comunica com os *daemons*, fornecendo-lhes instruções de ataques em determinados IPs, durante períodos específicos. O *trinoo* não utiliza o *IP spoofing* e todas as comunicações com o *master* requerem uma senha [CER 99-1]. A rede *trinoo*, com pelo menos 227 sistemas, entre os quais 114 na Internet2, foi utilizada no dia 17 de agosto de 1999 para atacar a Universidade de Minnessota, tornando-a inacessível por dois dias. A análise detalhada do *trinoo* pode ser vista em [DIT 99-01], que traz informações sobre os algoritmos utilizados, os pontos falhos e os métodos de detecção por meio de assinaturas a serem implementados em IDS.

O TFN realiza ataques coordenados de DoS por meio de pacotes de TCP, tendo a capacidade de realizar também o *IP spoofing*, *TCP SYN Flooding*, *ICMP echo request flood* e *ICMP directed broadcast* (*smurf*). O ataque ocorre quando o *hacker* instrui o cliente (*master*) a enviar instruções de ataque a uma lista de servidores TFN (*daemons*). Os *daemons*, então, geram o tipo de ataque de DoS contra os alvos. As origens dos pacotes podem ser alteradas de modo aleatório (*IP spoofing*) e os pacotes também podem ser modificados [CER 99-1]. Uma análise detalhada da ferramenta, de seu funcionamento e da assinatura que permite sua detecção pode ser vista em [DIT 99-02].

O *Stacheldraht* é outra ferramenta para ataques distribuídos que combina características do *trinoo* e do TFN, adicionando a comunicação cifrada entre o atacante e os *masters Stacheldraht*, além de acrescentar a atualização automática dos agentes. A ferramenta é composta pelo *master* (*handler*) e pelo *daemon* ou *bcast* (*agent*). Uma análise detalhada da ferramenta pode ser encontrada em [DIT 99-03].

O TFN2K é uma evolução do TFN, que inclui características como técnicas que fazem com que o tráfego do TFN2K seja difícil de ser reconhecido ou filtrado, por meio da utilização de múltiplos protocolos de transporte (UDP, TCP e ICMP). O TFN2K tem, ainda, a possibilidade de executar comandos remotos, ocultar a origem real do tráfego e confundir as tentativas de encontrar outros pontos da rede TFN2K, por meio de pacotes *decoy*. Além disso, o TFN2K inclui ataques que causam o travamento ou a instabilidade dos sistemas, pelo envio de pacotes malformados ou inválidos, como os utilizados pelo *Teardrop* e pelo *Land* [CER 99-2].

Um dos sistemas que sofrem com os ataques coordenados é o MacOS 9, que pode ser utilizado como um 'amplificador' de tráfego, ou seja, contém uma característica que permite que um tráfego seja amplificado em um fator de aproximadamente 37,5, sem a necessidade de utilizar o endereço de *broadcast*, como é o caso do *Smurf*. Os detalhes do problema com o MacOS 9 são analisados em [COP 99].

A prevenção contra os ataques coordenados é difícil, pois as ferramentas geralmente são instaladas em redes já comprometidas, resultando em um fator de escalabilidade muito grande. Os ataques realizados mostram que os problemas são pertinentes à própria Internet, ou seja, uma rede pode ser vítima da própria insegurança da Internet. Uma das maneiras de contribuir para a diminuição desses incidentes é a prevenção contra instalações não autorizadas das ferramentas de ataques coordenados, atualizando os sistemas sempre que for necessário. A prevenção dentro das organizações, para que pacotes com *IP spoofing* não saiam dos limites da empresa, é também importante e simples de ser implementada nos *firewalls*. O monitoramento da rede, à procura de assinaturas das ferramentas por meio de IDS, auxilia na detecção e também deve ser utilizado.

A onda de ataques distribuídos está trazendo uma mudança na concepção de segurança, ao mostrar claramente que a segurança de uma organização depende da segurança de outras, que podem ser atacadas para servirem de base para novos ataques. Garantir que a rede da organização não seja utilizada como um ponto de ataque passa a ser essencial para minimizar esse tipo de ataque coordenado. A CERT [CER 99-3] apresenta uma série de medidas que devem ser tomadas de imediato, a curto e longo prazo, pelos gerentes, administradores de sistemas, provedores de Internet e centros de resposta a incidentes (*incident response teams*), a fim de evitar maiores problemas no futuro.

Porém, esse é um grande desafio a ser vencido, pois a evolução desse tipo de ataque é cada vez maior, explorando a mistura de diferentes técnicas de disseminação. O *worm* Code Red, por exemplo, se propaga por meio de servidores de Web vulneráveis e contém em si um código capaz de executar o ataque de DDoS contra a Casa Branca, que, no caso, ocorre entre os dias 20 e 27 de cada mês. Já o Code Red II instala um *backdoor* em suas vítimas, que podem ser atacadas novamente para propagar novos tipos de ataques (Seção 4.9.4).

Já o *worm* Apache/mod_ssl Worm, que apareceu em setembro de 2002, explora uma vulnerabilidade baseada em *buffer overflow* do OpenSSL, que permite a execução de comandos arbitrários. O *worm* abre o *Shell* do Linux, faz o *upload* de um código-fonte codificado e compila esse código-fonte, que tem como objetivo tornar a vítima parte da rede Apache/mod_ssl para realizar ataques DDoS. Após a infecção, o sistema passa a receber tráfego UDP nas portas 2002, com variações nas portas 1978 e 4156, que são usadas para a coordenação dos ataques. Algumas funções que podem ser executadas são: *UDP Flooding*, *TCP Flooding*, *IPv6 TCP Flooding*, *DNS Flooding*, execução de comandos, redirecionamento de portas e troca de informações sobre novos sistemas contaminados.

O *worm* Deloder, de março de 2003, pode tornar-se perigoso, pois sua infecção instala um servidor VNC (para controle remoto). Funcionando nas portas TCP 5800 e 5900, o *hacker* pode acessar o servidor VNC instalado pelo *worm* para controlar o equipamento infectado. Ao mesmo tempo, ele instala um cliente IRC, que tenta conectar diversos servidores espalhados pelo mundo, e passa a atuar como *zombies* ou *daemons*, esperando comandos para ataques DDoS. A infecção do Deloder é feita pela exploração de senhas fracas de administrador de compartilhamentos do Windows, via porta 445 [LAI 03].

Novos perigos em potencial que devem ser considerados são a utilização de roteadores nos ataques de DDoS, que têm condições de paralisar *backbones* inteiros, e ataques ao *Border Gateway Protocol* (BGP), utilizados pelos roteadores para a tomada de decisões de roteamento, que podem sofrer com o fornecimento de falsas informações de roteamento (*poisoning*) [VAL 01]. Esses tipos de ataques já começaram a ser realizados, como o que ocorreu em 21 de outubro de 2002. Nesse ataque, cerca de nove dos 13 servidores DNS root da Internet foram alvo de um ataque DDoS baseado em *ICMP Flooding* durante uma hora. Os servidores chegaram a receber 150 mil requisições por segundo durante o ataque e aumentos de tráfego de cerca de dez vezes foram notados [NAR 02].

4.9 Ataques no nível da aplicação

Esse tipo de ataque explora vulnerabilidades em aplicações, serviços e protocolos que funcionam no nível de aplicação e serão vistos nas seções a seguir. Os tipos de ataques mais comuns são os que exploram o *buffer overflow*, freqüentes em aplicativos que realizam a interação do usuário com o sistema. Ataques por meio de *Common Gateway Interface* (CGI), utilizados pela Web, também são um caso típico, como será mostrado na Seção 4.9.2.

Além disso, protocolos como o FTP podem ser explorados em ataques como o *FTP Bounce*, como acontece também com o SMNP (Seção 4.9.3). Os serviços também podem ser explorados, como ocorre com o *sendmail*, que, pela utilização de comandos não documentados e vulnerabilidades comuns, pode permitir que o *hacker* obtenha acesso privilegiado ao sistema. Outro tipo de ataque no nível da aplicação são os vírus, os *worms* e os cavalos de Tróia, que representam a ameaça mais comum e mais visível aos olhos dos executivos, e que, por isso, geralmente recebem a atenção necessária. Eles serão analisados na Seção 4.9.4.

4.9.1 Buffer overflow

Condições de *buffer overflow* podem geralmente ser usadas para executar códigos arbitrários nos sistemas, sendo considerados, portanto, de alto risco. É interessante notar que grande parte das vulnerabilidades encontradas nos sistemas é referente a *buffer overflow*, como as que foram reportadas ultimamente em 2003, que envolvem rotinas da biblioteca do Sun RPC, DLL do Windows, ou o servidor de e-mail Sendmail [CER 03].

De fato, o *buffer overflow* é o método de ataque mais empregado desde 1997, segundo os boletins do CERT. De acordo com o centro de coordenação, mais da metade dos boletins são relativos a *buffer overflows*. Além da possibilidade de execução de comandos arbitrários, que é a situação mais grave do problema, o *buffer overflow* pode resultar em perda ou modificação dos dados, em perda do controle do fluxo de execução do sistema (*´segmentation violation'*, no UNIX, ou *´general protection fault'*, no Windows) ou em paralisação do sistema [NEL 02].

Um exemplo da exploração de *buffer overflow* ocorreu no site de leilões online eBay, que foi invadido em março de 1999, por meio da exploração de uma condição de *buffer overflow* em um programa com *SUID root*. O *hacker* pôde instalar, assim, um *backdoor* que interceptava a digitação do administrador, possibilitando que nomes de acesso e senhas fossem facilmente capturados. Com o acesso de superusuário, o *hacker* pôde realizar qualquer operação no site, como modificar preços dos produtos em leilão, manipular ofertas e propostas e tudo mais que ele desejasse [ROT 99-B].

Nesse tipo de ataque, o *hacker* explora *bugs* de implementação, nos quais o controle do *buffer* (memória temporária para armazenamento dos dados) não é feito adequadamente. Assim, o *hacker* pode enviar mais dados do que o *buffer* pode manipular, preenchendo o espaço da pilha de memória. Os dados podem ser perdidos ou excluídos e, quando isso acontece, o *hacker* pode reescrever no espaço interno da pilha do programa, para fazer com que comandos arbitrários sejam executados. Com um código apropriado, é possível obter acesso de superusuário ao sistema [ROT 99-B].

Por exemplo, um *hacker* pode enviar uma URL com grande número de caracteres para o servidor Web. Se a aplicação remota não fizer o controle de *strings* longos, o programa pode entrar em pane, de modo que o *hacker* poderá colocar códigos prejudiciais na área de armazenamento da memória, que podem ser executados como parte de um argumento [ROT 99-B]. Além desse exemplo da URL, diversos outros métodos de inserção de dados em sistemas podem ser explorados pelo *buffer overflow*, tais como formulários, envios de programas, dados em arquivos, dados em linhas de comando ou dados em variáveis de ambientes, pois alguns deles podem ser explorados remotamente [NEL 02].

As implicações dessas condições são grandes, pois qualquer programa pode estar sujeito a falhas de *buffer overflow*, como os sistemas operacionais (Windows NT, UNIX), protocolos (TCP/IP, FTP) e serviços (servidor de e-mail Microsoft Exchange, servidor Web *Internet Information Server* (IIS), servidor Telnet do BSD). Mesmo os *firewalls*, como o Gauntlet, já sofreram com o *buffer overflow*, que foi descoberto em seu *proxy* de *smap* [CER 01]. É interessante notar que as infestações do Code Red, Code Red II e Nimda começaram também por meio da exploração de um *buffer overflow* no IIS.

Diversos métodos de *buffer overflow* podem ser explorados, como *stack smashing*, *off-by-one* ou *frame pointer overwrite buffer overflow*, *return-into-libc buffer overflow* e *heap overflow* [NEL 02]. A Figura 4.19 mostra o funcionamento básico do *buffer overflow*.

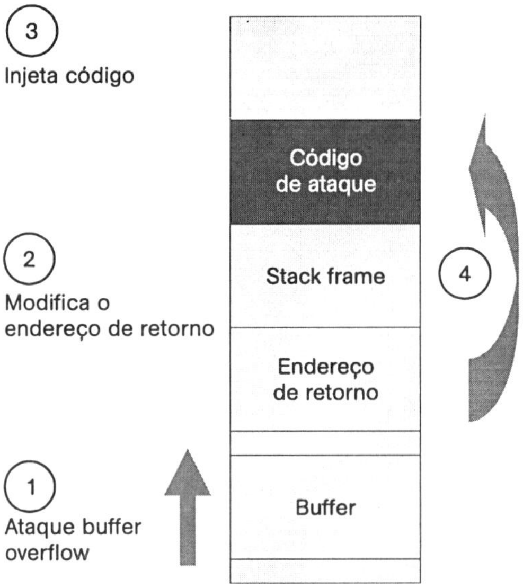

Figura 4.19 Ataque de buffer overflow.

Na Figura 4.19, o *buffer* sem controle é explorado. No Passo 1, o ataque é feito com a inserção de uma *string* grande em uma rotina que não checa os limites do *buffer*. Com isso, a *string* ultrapassa o tamanho do *buffer*, sobrescrevendo as demais áreas da memória. No Passo 2 do exemplo, o endereço de retorno é sobrescrito por um outro endereço, que está incluído na *string* e aponta para o código do ataque. No Passo 3, o código do ataque é injetado na posição da memória que já foi sobrescrita no Passo 2. No Passo 4, a função pula para o código do ataque injetado, baseado no endereço do retorno que também foi inserido. Com isso, o código injetado pode ser executado.

Os *buffer overflows* são difíceis de ser detectados e, portanto, a proteção contra eles geralmente é reativa, ou seja, o administrador que sofre um ataque desse tipo deve reportar o incidente a um órgão especializado, como o CERT e o CIAC, e também ao fabricante da aplicação. Após isso, ele deve aplicar os *patches* correspondentes, assim que eles estiverem disponíveis. As medidas reativas, em detrimento da ação pró-ativa, serão necessárias até que uma metodologia de programação com enfoque em segurança seja utilizada pelas empresas de software, como foi discutido na Seção 4.3.

Um dos métodos de programação que permite a atuação de modo pró-ativo é a utilização de localizações aleatórias do *buffer* de memória, de modo que o *hacker* não tenha idéia da posição em que deve colocar seu código prejudicial. O primeiro produto a utilizar essa técnica é o SECURED, da Memco [ROT 99-B].

Outro método é o utilizado pelos sistemas de prevenção de intrusão (*Intrusion Prevention System* — IPS) baseados em *host*, discutido na Seção 8.6. Esses tipos de sistemas fazem o controle do espaço de execução, inspecionando as chamadas ao sistema de acordo com um conjunto de regras definido que permite sua execução. Com isso, diversos problemas, entre eles os relacionados ao *buffer overflow*, podem ser minimizados.

4.9.2 Ataques na Web

Bugs em servidores Web, navegadores de Internet, *scripts Common Gateway Interface* (CGI) e *scripts Active Server Pages* (ASP) são as vulnerabilidades mais exploradas, mais simples e mais comuns de serem vistas. É por meio delas que os *hackers* conseguem modificar arquivos dos servidores Web, resultando em modificações no conteúdo das páginas Web (*Web defacement*) e na conseqüente degradação da imagem das organizações. Esses são os ataques que ganham destaque nos noticiários, existindo, na própria Internet, sites específicos que divulgam quais foram os sites 'hackeados' do dia.

Além dos ataques mais comuns, que exploram os *bugs* em implementações de scripts CGI, podem ser vistas duas novas tendências de ataques que exploram vulnerabilidades em CGI [KIM 99]. O *Poison Null* [PHR 99] permite que o conteúdo dos diretórios possa ser visto, pois em alguns casos é possível ler e modificar arquivos dos servidores da Web. O mecanismo utilizado mascara comandos de checagem de segurança do CGI, ocultando-os por trás de um *'null byte'* — um pacote de dados que o *script* CGI não detecta, a menos que seja programado especificamente para tratá-lo.

O ataque com *Upload Bombing* afeta sites que oferecem recursos de *upload*, como os que recebem currículos ou arquivos com desenhos. Esse ataque tem como objetivo preencher o disco rígido do servidor com arquivos inúteis. Isso acontece quando os *scripts* não verificam o tamanho dos arquivos a serem enviados ao site, impedindo a proteção do espaço de armazenamento do mesmo [KIM 99].

Outro tipo de ataque baseado em Web conhecido é o *Web Spoofing* ou o *Hyperlink Spoofing* [ODW 97]. O usuário é iludido a pensar que está em uma página autêntica, que, na verdade, é falsificada. Ele acessa uma página segura, protegida pelo protocolo SSL, e é induzido a fornecer suas informações pessoais ao falso servidor. Esse tipo de ataque vem sendo muito utilizado contra usuários de Internet Banking, que tendem a digitar suas senhas achando que estão na página do banco. O usuário é levado aos sites falsos via mensagens de e-mail pedido para atualização de cadastro, ou por páginas já comprometidas, que possuem um *link* para a página falsa. Uma maneira de evitar ser vítima desse tipo de fraude é sempre verificar o certificado digital da página.

Além da importância da conscientização do usuário, uma série de propostas contra o *Web Spoofing* é apresentada em [ODW 97], como a definição de um objeto da página Web a ser certificada, que pode ser uma imagem (logo da empresa, por exemplo), URL ou um texto. Isso possibilitaria que o servidor pudesse facilmente ser verificado e conferido pelo usuário no momento de sua entrada em uma página protegida pelo SSL. [FEL 97] trata do mesmo assunto, explicando as dificuldades de identificar pistas de que uma página é falsa. Essa dificuldade se deve, principalmente, à utilização de linguagens como o JavaScript, que permite controlar diretamente objetos a partir do *browser*, como as propriedades da página. Uma das soluções propostas é desabilitar o JavaScript e verificar sempre a barra de endereços (URL), se possível, para constatar se o endereço atual é o correto.

Além desses ataques, um grande número de vulnerabilidades envolvendo o servidor Web *Internet Information Service* (IIS), da Microsoft, foram descobertas. Relacionados principalmente ao Unicode e à ocorrência de *buffer overflows* em componentes do IIS, eles foram amplamente utilizados em *worms*, como Code Red, Code Red II e Nimda (Seção 4.9.4). Um dado interessante que mostra o impacto dos *worms* é que 150 mil sites e 80 mil endereços IP de servidores, que tinham como base o IIS, desapareceram após o ataque do Code Red II [NET 01].

4.9.3 Problemas com o SNMP

O *Simple Network Management Protocol* (SNMP), utilizado para o gerenciamento de equipamentos de rede, tem diversos problemas de segurança, principalmente quanto ao 'vazamento' de informações sobre os sistemas. O SNMP pode prover diversas informações, tais como sobre sistema, tabelas de rotas, tabelas de *Address Resolution Protocol* (ARP) e conexões UDP e TCP, sobrepondo, até mesmo, os esquemas 'antiportas' dos sistemas.

Essas informações facilitam o planejamento de ataques pelos *hackers*, de modo que esses sistemas devem estar muito bem protegidos. Um dos problemas é que o SNMP não tem mecanismos de travamento de senhas, permitindo os ataques de força bruta. Com isso, o nome da comunidade dentro de uma organização constitui um único ponto de falha, o que faz com que, caso seja descoberto, coloque à disposição dos *hackers* informações da rede inteira. Outra questão é que a sua configuração-padrão pode anular os esforços de segurança pretendidos pelos *TCP wrappers*, do UNIX, ou pelo *RestrictAnonymous Key*, do NT. O SNMP do Windows NT (*Management Information Base* ou MIB), por exemplo, pode fornecer informações que, normalmente, são bloqueadas pela chave *RestrictAnonymous*, tais como os nomes dos usuários, os serviços que estão sendo executados e os compartilhamentos dos sistemas [MCC 99].

Além desses problemas relacionados com o próprio protocolo e o seu uso, algumas vulnerabilidades foram descobertas na manipulação (decodificação e processamento) de *traps* SNMP pelo gerenciador e também na manipulação das mensagens de requisições geradas pelos gerenciadores recebidas pelos agentes [CER 02]. As vulnerabilidades na decodificação e processamento das mensagens SNMP, tanto pelo gerenciador quanto pelo agente, fazem com que condições de negação de serviço existam, bem como de *format string* e de *buffer overflow*.

Diversas medidas de segurança podem ser adotadas para evitar que o SNMP seja utilizado nos ataques. Algumas dessas medidas, além da instalação de *patches* e atualização de versões, são [MCC 99]:

- Desabilitar e remover todos os serviços e *daemons* SNMP desnecessários.
- Tratar os nomes da comunidade como senhas, tentando evitar que elas sejam previsíveis.
- Restringir as informações a certos *hosts*, como, por exemplo, somente para o administrador do sistema.

Outra medida importante deve ser tomada quanto à filtragem e o controle de acesso: em vez de aceitar pacotes SNMP de qualquer *host*, é recomendável aceitar apenas pacotes SNMP de *hosts* específicos.

O SNMP foi publicado, pela primeira vez, em 1988 e já no início da década de 90, surgiram várias deficiências funcionais e de segurança. Em janeiro de 1993, foi lançada a versão 2 do SNMP, que aumentou o desempenho e o suporte técnico descentralizado a arquiteturas de gerenciamento de redes, além de adicionar funcionalidades para o desenvolvimento de aplicações. Porém, o que faltou na versão 2 foram as características de segurança, proporcionadas pela versão 3 do protocolo, que está sendo proposta desde janeiro de 1998. A versão 3 não é uma arquitetura completa e sim um conjunto de características de segurança que devem ser utilizadas em conjunto com o SNMPv2, de tal modo que pode ser considerada a versão 2 adicionada da administração e da segurança [STA 99].

O SNMPv3 provê três características de segurança de que a versão 2 não dispunha: autenticação, sigilo e controle de acesso. Os dois primeiros tópicos fazem parte do *User-based Security Model* (USM) e o controle de acesso é definido no *View-based Access Control Model* (VACM) [STA 99][STA 98-2]:

- Autenticação: faz a autenticação das mensagens e assegura que elas não sejam alteradas ou artificialmente atrasadas ou retransmitidas. A autenticação é garantida pela inclusão de um código de autenticação nas mensagens, que é calculado por uma função que inclui o conteúdo da mensagem, a identidade do emissor e a do receptor, o tempo de transmissão e uma chave secreta conhecida apenas pelo emissor e pelo receptor. A chave secreta é enviada pelo gerenciador de configuração ou de rede para as bases de dados dos diversos gerenciadores e agentes SNMP.

- Sigilo: os gerenciadores e agentes podem cifrar suas mensagens por meio de uma chave secreta compartilhada, com base no DES.
- Controle de acesso: permite que diferentes gerenciadores tenham níveis de acesso diversificados ao *Management Information Base* (MIB).

4.9.4 Vírus, worms e cavalos de Tróia

A importância das conseqüências de uma contaminação por vírus e vermes (*worms*) é muito grande. As perdas econômicas, por exemplo, podem ser gigantescas, como pode ser visto na Tabela 4.1:

Tabela 4.1 Prejuízos causados pelos principais vírus. Fonte: Computer Economics e mi2g.

Ano	Vírus	Prejuízos (em milhões de dólares)
1999	Melissa	1.200
2000	I Love You	8.750
2001	Nimda	635
2001	Code Red (variações)	2.620
2001	Sircam	1.150
2002	Klez	9.000

Outro fato interessante a ser considerado está em uma estatística da CSI e da FBI que informa que 90% usam antivírus, porém 85% sofreram ataques envolvendo *worms* e vírus [CSI 02]. Essa informação demonstra que novos vírus são criados constantemente, e estão estreitamente relacionados com novas vulnerabilidades e novos tipos de ataques. Isso faz com que os aspectos de segurança devam ser tratados de um modo integrado, e não isoladamente. Por exemplo, um antivírus isolado não resolve os problemas de segurança da organização, bem como apenas um *firewall* não protege a organização.

Os vírus, *worms* e cavalos de Tróia são uma ameaça constante às empresas, resultando em diversos tipos de problemas mais sérios devido à possibilidade de serem incluídos também em ataques distribuídos, como foi visto na Seção 4.8.

Os *worms* diferem-se dos vírus por espalharem-se rápida e automaticamente, sem a necessidade de uma interação com o usuário, como ocorre com os vírus. Já os cavalos de Tróia, como Netbus e Back Orifice, são programas de software que aparentam realizar alguma tarefa útil; porém, na verdade, realizam atividades prejudiciais.

Os tipos de vírus existentes são:

- Vírus de setor de *boot*: modificam setores de *boot* dos discos flexíveis e espalham-se, quando o computador é iniciado por meio desse disco flexível com o setor modificado. Como esse tipo de vírus não é transmitido pela rede, pode ser combatido com um antivírus localizado no cliente.
- Vírus de arquivos executáveis: contaminam arquivos executáveis, espalhando-se após o usuário executar o arquivo.
- Vírus de macro: infectam e espalham-se por meio das linguagens de macro existentes nos documentos compatíveis com MS Office. São armazenados como parte de qualquer documento desse tipo, podendo, portanto, espalhar-se rapidamente, devido à sua enorme quantidade (todo mundo troca documentos) e à possibilidade de serem anexados em e-mails.
- Vírus de *scripts*: são os vírus que exploram as linguagens de *script* e que são executados automaticamente pelos softwares de leitura de e-mails, por exemplo.

Os vírus e, principalmente, os *worms*, atuam também explorando vulnerabilidades conhecidas de sistemas, sejam eles de serviços (como o Nimda, que explora vulnerabilidade do servidor Web IIS) ou de aplicativos (como o Klez, que explora vulnerabilidade do aplicativo Outlook). Essa característica faz com que sua disseminação seja muito grande, principalmente a dos *worms*, que não necessitam de interação com o usuário.

Os vírus vêm se tornando uma ameaça constante e cada vez maior para as redes das organizações, de modo que é importante adotar uma estratégia adequada com relação aos antivírus. Os antivírus atuam na detecção de vírus, *worms* e cavalos de Tróia, e uma consideração importante é que, basicamente, apenas o ambiente Windows é atacado pelos vírus, pois o Linux pode ser atacado por *worms*, como aconteceu com o Worm Apache/mod_ssl, que explora uma vulnerabilidade do OpenSSL.

A indústria de antivírus está em uma eterna briga de 'gato e rato' contra os vírus, de modo que, se por um lado, a indústria de antivírus está cada vez mais ágil na distribuição de atualizações para a detecção de vírus novos, por outro lado, esses vírus novos, principalmente os chamados polimórficos, podem ser modificados em cada equipamento que é infectado, dificultando sua detecção. Os antivírus, então, têm de realizar a detecção por meio da análise do código binário para detectar peças de códigos de vírus, em vez de se basearem apenas em assinaturas do tipo *checksum*. Além dos vírus polimórficos, outros problemas dificultam a ação dos antivírus [SEI 00]:

- A compressão dos vírus com algoritmos de compressão pouco utilizados consegue driblar muitos antivírus. Esse problema já foi parcialmente resolvido.
- A compressão dos vírus com operações XOR dos dados também dribla muitos antivírus.
- O armazenamento de vírus em diretórios que não são verificados pelos antivírus, como o *Recycle Bin* (a Lixeira) do Windows. O usuário deve configurar o software para que esse diretório seja também verificado.
- A exploração de vários *buffer overflows* em software, como o do Outlook, faz com que o vírus infecte o sistema, antes que o usuário possa escolher entre salvar ou não o arquivo anexado. O problema já foi corrigido.
- Utilização de *system calls* e software do Windows, como o Outlook, a fim de enviar um vírus anexado em e-mails para todos os usuários da lista. Esse esquema foi utilizado pioneiramente pelo vírus Melissa.
- Adição de algumas características, para que o arquivo anexado não seja verificado pelo antivírus.

O ciclo de vida de um vírus pode ser observado a seguir [SEI 00]:

- O vírus é escrito e testado em uma rede experimental.
- O vírus é lançado, possivelmente, em um alvo selecionado.
- O vírus se espalha para outras redes, se estiver implementado corretamente.
- Alguém percebe atividades estranhas, recolhe arquivos modificados e envia-os à indústria de antivírus.
- O vírus é descompilado e analisado, e uma assinatura é criada.
- O criador do antivírus vai compartilhar as informações com seus concorrentes, de modo rápido ou demorado, dependendo da situação.
- A indústria de antivírus espalha boletins de segurança, tornando a atualização disponível.
- Alguns clientes com contrato de suporte técnico podem atualizar rapidamente seus antivírus, até mesmo de maneira automática, enquanto outros não podem fazê-lo.
- Caso não tenham sido infectados, os administradores de rede e de sistemas, e também os usuários, ficam sabendo dos vírus por intermédio de mensagens de e-mail. Simultaneamente, surgem os boletins de segurança sobre os antivírus

ou a notícia do vírus é divulgada pela imprensa e a atualização dos antivírus é iniciada.

O episódio do vírus Melissa, ocorrido em 1999, pode ser considerado um marco, pois infectou com uma impressionante velocidade centenas de milhares de usuários, mostrando que os vírus são uma ameaça real, principalmente devido à grande velocidade e facilidade de contaminação, que aumenta muito com os e-mails. Já os vírus I Love You, Anna Kournikova e Sircam, por exemplo, incluem técnicas de engenharia social para sua disseminação e também representam um marco na história dos vírus.

As dificuldades de uma rápida atualização de todos os antivírus de todos os usuários são muito grandes, de modo que o *gateway* antivírus é hoje uma solução imprescindível dentro de qualquer organização. Com ele, os vírus são bloqueados antes de entrarem nas redes, atuando como a primeira linha de defesa contra os vírus. Porém, outros métodos de defesa contra os vírus ainda devem ser utilizados, principalmente devido à existência de drives de discos flexíveis.

O desempenho do *gateway* antivírus pode ser melhorado por meio da utilização de uma arquitetura de *firewall* integrada, na qual um *firewall* decide se um arquivo deve ser enviado para outro equipamento; no caso, o *gateway* antivírus. Um dos mecanismos para a integração de *firewalls* é o *Content Vectoring Protocol* (CVP), da Check Point Software Technologies, que é parte da *Open Platform for Secure Enterprise Connectivy* (OPSEC), uma especificação aberta que busca a integração e a interoperabilidade. O CVP define uma relação cliente/servidor que permite que *firewalls* dividam um servidor de validação de conteúdo em comum. Assim, caso a regra do *firewall* indique que o conteúdo de um arquivo deve ser verificado, esse arquivo é enviado a um *gateway* antivírus, que o analisa e determina o que fazer com ele. O arquivo é devolvido ao *firewall*, que então permite ou proíbe o tráfego desse arquivo, de acordo com a resposta do *gateway* antivírus e com a política de segurança da organização.

Ironicamente, o avanço dos vírus, que estão cada dia mais sofisticados, tem como um de seus fatores a evolução dos *firewalls*. Os *firewalls*, se bem configurados, dificultam muito a efetividade e eficiência dos ataques, de modo que os *hackers* passaram a buscar outras formas de invadir a rede interna das organizações, por meio da utilização do tráfego permitido pelo *firewall*. Por exemplo, um usuário recebe por e-mail um arquivo anexado contaminado ou faz a transferência de um arquivo contaminado via FTP, que são serviços permitidos pelo *firewall*; o vírus pode infectar a rede, procurar por informações valiosas e enviá-las para o *hacker*, por

HTTP, que é também um tráfego legítimo para o *firewall*. Assim, o protocolo HTTP é um problema para as organizações, pois praticamente qualquer tipo de tráfego pode passar pelo *firewall* por intermédio do tunelamento de HTTP. O HTTP é até mesmo chamado por algumas pessoas de *"Universal Firewall Tunneling Protocol"*. Além disso, a exploração automática de vulnerabilidades de diferentes sistemas pelos *worms* também mostra a sofisticação dos códigos maliciosos.

Uma tendência que pode ser observada é a de que os *worms* estão evoluindo rapidamente, com a utilização de técnicas muito sofisticadas, que incluem até mesmo uma fase de dormência (*sleep phase*), na qual o *worm* infesta o maior número possível de *hosts* antes de ativar o conteúdo destrutivo, de uma maneira coordenada, em ataques de DDoS (Seção 4.8). Alguns pesquisadores acreditam que estão surgindo novas classes de *worms* (*Waarhol worms, flash worms*), que podem ser espalhados em minutos ou mesmo em segundos [VAL 01].

De fato, o SQL Server Worm, também conhecido como SQLSlammer, W32.Slammer ou Sapphire, que contaminou diversos sistemas em janeiro de 2003, teve uma grande velocidade de propagação. A capacidade do *worm* era tanta que foi capaz de atingir a varredura de máxima de 55 milhões de *hosts* por segundo em apenas três minutos. O que foi considerado é que ele não atingiu velocidade maior apenas devido à falta de largura de banda em algumas porções da rede [MOR 03]. Com o Sapphire, mais de 90% dos sistemas foram contaminados em apenas dez minutos após o aparecimento do *worm*, que possuía a capacidade de dobrar a população de contaminados a cada 8,5 segundos. O Code Red, por exemplo, tinha a capacidade de dobrar a população de contaminados a cada 37 minutos [MOR 03].

O Sapphire explorou uma vulnerabilidade baseada em *buffer overflow* do SQL Server, e o estrago causado só não foi maior porque ele não carregava conteúdo malicioso, causando 'apenas' queda de disponibilidade [MOR 03]. Uma das causas do rápido avanço foi o uso de um único pacote UDP para a porta 1434, contendo o *payload* de apenas 404 bytes. Os *worms* Code Red e o Nimda, por exemplo, usavam o TCP para a propagação, o que causava problema de latência devido ao *handshake* TCP. Além disso, o *payload* deles era maior, com o Code Red tendo 4 KB e o Nimda tendo 60 KB [MOR 03]. Com o uso de UDP, a propagação foi rápida, sendo limitada não pela latência, mas sim pela largura de banda.

O *worm* Code Red surgiu em 12 de julho de 2001 e utiliza uma 'semente' estática para o seu gerador de números aleatórios, que é usado para escolher os sistemas a serem contaminados. Uma variante do Code Red, que utiliza uma 'semente' dinâmica, surgiu em 19 de julho, o que fez com que ele se espalhasse mais rapidamente. Em 4 de agosto, uma nova versão do *worm*, que explorava a mesma vulnerabilidade de *buffer overflow* do *Internet Information Service* (IIS), iniciou sua infestação: era o Code Red II [CAI 01].

Quando o Code Red atua sobre a vítima, ele primeiramente checa a data do sistema infectado (entre os dias 1 e 19) e depois gera uma lista aleatória de endereços de IP de novas vítimas. Porém, como a 'semente' utilizada para gerar a lista de endereços era estática, as listas geradas eram iguais para todos, o que limitava a infecção em larga escala. O *worm* modifica uma página Web do servidor infectado e sua programação indica que a fase de infestação é interrompida no dia 20 de cada mês, e entre os dias 20 e 28 de cada mês é realizado um ataque de DDoS contra a Casa Branca, nos Estados Unidos,.

Na variação do Code Red que utilizava o mesmo código da versão anterior e a 'semente' dinâmica, as listas de endereços das vítimas foram criadas aleatoriamente, de modo que resultou em um impacto bem maior. Um total de 359 mil *hosts* foram infestados em apenas 14 horas [CAI 01].

Já o Code Red II utiliza um código diferente, que explora o mesmo *buffer overflow* do IIS. Antes da infecção, o *worm* verifica se o *host* já estaria infectado ou não. Em caso negativo, um *backdoor* é instalado, ficando dormente por um dia. O *worm*, então, reinicia o *host*, fazendo com que a propagação tenha início. A procura pelas novas vítimas é feita por meio de 300 a 600 *threads*, tendo como base uma lista de endereços na qual diferentes máscaras são aplicadas, de modo a aumentar o poder de propagação. De maneira diferente do Code Red, o Code Red II instala um *backdoor* que dá privilégios de superusuário, o que permite que qualquer código seja executado, incluindo sua utilização como *zombies* em ataques de DDoS [CAI 01].

Já o *worm* Nimda explora três vulnerabilidades diferentes do IIS, além de falhas do Microsoft Outlook, por meio de um arquivo anexado, o '*readme.exe*'. Mesmo que o usuário não abra o arquivo, ele pode ser infectado devido a uma vulnerabilidade do aplicativo. O *worm* pode infectar, também, usuários que fazem uso do navegador Internet Explorer desatualizado, bastando simplesmente que o usuário visite um site infectado. Instaurada a 'infecção', o Nimda expõe o disco rígido local para a rede, cria uma conta '*guest*' e adiciona a conta ao grupo de administradores, espalhando-se para outros compartilhamentos. Por meio de um controle feito pelo registro do Windows, o *worm* envia uma cópia de si mesmo, em e-mails, a cada dez dias. O Nimda também procura por *backdoors* deixados pelos *worms* Code Red II e sadmind/IIS, além de buscar novas vulnerabilidades no IIS, enviando cópias do código pela porta UDP 69. Além disso, o Nimda infecta programas do sistema, criando cavalos de Tróia em aplicações legítimas [CER 01-3].

O funcionamento do *worm* Klez também é interessante, pois ele continha o seu próprio servidor SMTP, usado para que se propagasse mais eficientemente. Além disso, o Klez também desabilitava os antivírus mais conhecidos, além de trazer um outro vírus em seu *payload* (Elkern). O Klez explorava uma vulnerabilidade conhecida do Outlook Express; a variação do campo de assunto, da própria mensagem e a possibilidade de enviar e-mails como se fosse outra pessoa (*e-mail address spoofing*), dificultou sua identificação e facilitou sua disseminação. É interessante notar que o Klez possui diversas variações, e a versão Klez.H, descoberta em maio de 2002, é o resultado da evolução da primeira versão descoberta em novembro de 2001. O mais interessante é notar que o mês de maior atividade do Klez foi janeiro de 2003, e em fevereiro deste ano ele continuava sendo o *worm* mais ativo [MES 03], como pode ser visto na Figura 4.20 [SOP 03].

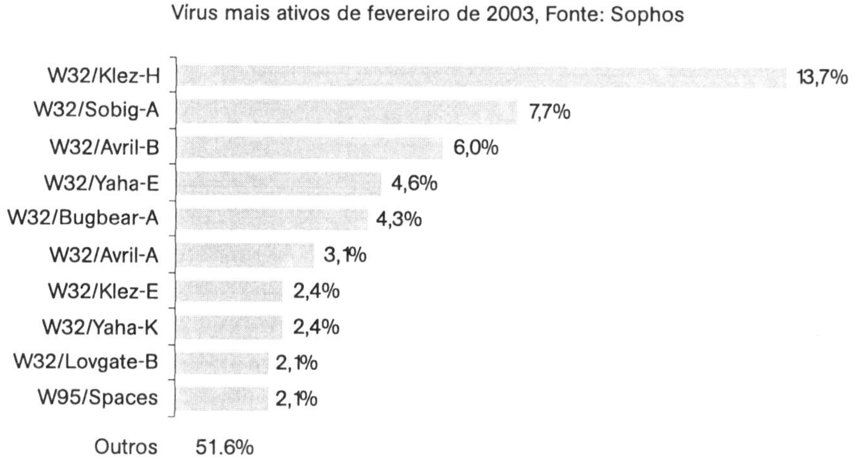

Figura 4.20 Os vírus e *worms* mais ativos de fevereiro de 2003.

4.9.5 War dialing

O *war dialing* é um ataque importante de ser combatido, pois o modem é muitas vezes utilizado como porta de entrada para a rede corporativa, funcionando como uma alternativa para não precisar passar pelo *firewall*. De fato, é difícil controlar a instalação de modems em equipamentos dos funcionários, que fazem isso para poder trabalhar remotamente e, muitas vezes, para poder ter acesso à Internet barata a partir de sua própria residência.

Além dos modems não autorizados usados pelos funcionários, a própria infraestrutura de acesso remoto da organização pode ser utilizada para dar acesso à rede interna. Estreitamente ligada à engenharia social, que é utilizada para descobrir os números de acesso, o *war dialing* complementa a técnica, ao tentar descobrir os números telefônicos em que modems atendem às chamadas.

O *war dialer* é a ferramenta utilizada pelos *hackers* para fazer a varredura dos números de modems e é também utilizada pelos auditores de segurança, a fim de verificar a existência de modems na organização, que na realidade deveriam ser proibidos. O termo surgiu após o filme *'War Games'*, no qual foi mostrada a técnica de varredura de números de telefone. Inspirados no filme, diversos *hackers* começaram a desenvolver seus próprios *'War Games Dialers'*, agora conhecidos apenas como *war dialers* [GAR 98].

O *war dialer* é um instrumento importante para a segurança da organização, pois o acesso pelos modems é um dos principais pontos de ataque que visam driblar o *firewall*.

Devido a esses problemas, a política de segurança deve deixar claro que a instalação de modems é proibida, a não ser com aprovação explícita da gerência, que pode então tomar os devidos cuidados para evitar o seu uso como porta de entrada para a rede interna. Um dos requisitos, por exemplo, poderia ser o de que somente os equipamentos fora da rede (desconectados) pudessem ser autorizados a usar o modem, pois assim ele não poderia ser usado como porta de entrada para a rede interna.

Uma outra medida importante é uma auditoria periódica para a busca de modems não autorizados, via uso do próprio *war dialing*. Um inventário de todos os modems encontrados e a sua manutenção também são importantes para a continuidade da segurança.

O uso de *banners* de aviso a quem acessa o modem é também uma medida importante para avisar que o sistema é de uso restrito e está sendo monitorado. O uso de autenticação forte também é necessário, bem como habilitar as opções de auditoria dos modems. A opção de *call-back* também é importante, pois o modem disca de volta para o número original, de acordo com uma lista de números autorizados.

Algumas ferramentas de *war dialing* são capazes de detectar fax, identificar conexões PPP, identificar os sistemas e tentar ataques de força bruta para descobrir as senhas de acesso [GUN 02].

4.10 Conclusão

Este capítulo apresentou os riscos que as organizações correm quando passam a manter quaisquer tipos de conexões. Foram apresentados os diversos tipos de atacantes e suas intenções, bem como as técnicas mais utilizadas por eles. Um ataque tem início com a obtenção de informações sobre os sistemas-alvo, passando por técnicas que incluem negação de serviços (*Denial of Service - DoS*), ataques ativos, ataques coordenados e ataques às aplicações e aos protocolos. Vírus, *worms* e cavalos de Tróia também podem ser utilizados como um ataque ou parte dele. Pode-se considerar que os maiores perigos estão nas vulnerabilidades resultantes de falhas na implementação dos produtos (sistemas operacionais, protocolos, aplicativos), nas configurações equivocadas dos sistemas e na engenharia social.

Capítulo 5

Novas funcionalidades e riscos: redes sem fio

O uso de redes sem fio (*wireless*) vem aumentando significativamente, resultando em um impacto expressivo na vida das pessoas. Seja em distâncias mais longas (telefones celulares), em distâncias médias (*Wireless LAN* — WLAN) ou em curtas distâncias (Bluetooth), as redes sem fio facilitam o dia-a-dia das pessoas; no entanto, trazem consigo novos riscos. Elas apresentam diferenças essenciais, se comparadas com as redes com fio, de modo que protocolos de segurança foram definidos para a proteção dos acessos sem fio, principalmente para a autenticação e proteção no nível de enlace. Este capítulo discute os aspectos de segurança existentes nas redes sem fio, em particular no padrão IEEE 802.11 e Bluetooth.

5.1. Evolução e mudanças

Um aspecto que vem ganhando cada vez mais importância na vida das pessoas é a evolução das tecnologias sem fio (*wireless*). Mais do que o avanço tecnológico, o impacto resultante de sua disseminação chega na vida das pessoas, significando uma revolução no dia-a-dia de cada indivíduo. Uma das tecnologias sem fio mais comuns e conhecidas é a da telefonia celular. O impacto causado pelo seu uso foi grande e continua crescendo, de tal modo que é estimado que o número de usuários de celulares ultrapasse em pouco tempo o número de usuários de telefones fixos no Brasil, como pode ser visto na Figura 5.1 [EXA 03-3]. No âmbito mundial, o número de linhas celulares já ultrapassa o número de linhas fixas, como pode ser visto na Figura 5.2.

Ao mesmo tempo em que o avanço tecnológico faz parte da vida das pessoas, outros aspectos, antes inexistentes, também passam a fazer parte da mudança. Um desses aspectos é o da segurança, na qual os problemas mais comuns encontrados na telefonia celular eram com relação à clonagem de aparelhos.

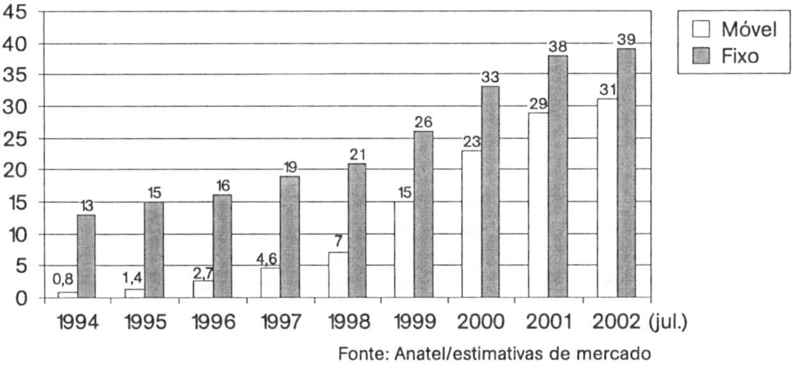

Figura 5.1 Avanço do uso de celulares no Brasil.

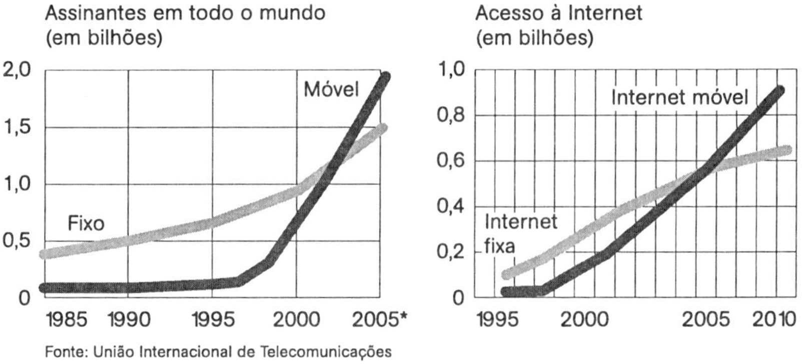

Figura 5.2 Linhas celulares e linhas fixas no mundo.

Atualmente, a abrangência da tecnologia sem fio aumentou bastante, o que faz com que uma análise mais coerente e profunda leve também em consideração outras tecnologias, além da telefonia celular. A evolução da comunicação sem fio constitui um campo de grande crescimento, de modo que muitas tecnologias diferentes estão sendo definidas, implementadas e testadas. O crescimento pode ser visto, por exemplo, nos gastos com infra-estrutura de redes móveis e sem fio, que atingiram 38,3 bilhões de dólares em 2002, segundo a IDC. A previsão para 2007 é de que sejam investidos 49 bilhões de dólares, o que fortalece a importância das tecnologias sem fio [IDC 03]. A gama de tecnologias sem fio que está sendo discutida atualmente faz com que uma divisão torne mais compreensível suas diferenças e os aspectos de segurança existentes em cada uma delas.

Como pode ser visto na Figura 5.3, existe uma divisão entre os tipos de tecnologia sem fio. A diferença entre o *Wireless Personal Area Networking* (WPAN), *Wireless Local Area Networking* (WLAN) e *Wireless Wide Area Networking* (WWAN) está na distância coberta pelos sinais que trafegam pelo ar, sem a necessidade de um fio para conduzir a informação. Um WPAN, por exemplo, pode ser usado em distância de até dez metros, enquanto uma WLAN pode ser caracterizada por redes cobertas a uma distância de até cem metros.

A área de cobertura está relacionada também com o consumo de energia. Quanto maior a distância a ser coberta, mais energia é necessária. Entre as tecnologias WPAN, para distâncias curtas e com pouco consumo de energia, pode-se citar Bluetooth, HomeRF, IrDA e o padrão IEEE 802.15, que é baseado no Bluetooth. O padrão IEEE 802.11 é a tecnologia WLAN mais conhecida, que possui ainda o HyperLAN II. Já entre tecnologias WWAN, pode-se citar as tecnologias celulares, como GSM, GPRS, CDPD, TDMA, CDMA, entre outros.

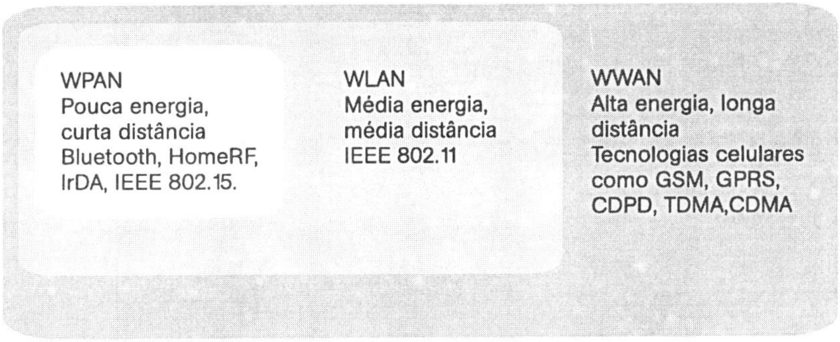

Figura 5.3 WPAN, WLAN e WWAN.

As redes sem fio devem ser consideradas seriamente, pois cada vez mais elas passam a fazer parte da vida das pessoas. As mudanças advindas do WLAN, por exemplo, são evidentes em uma empresa. Funcionários passam a ter mais flexibilidade com relação à necessidade de cabos de rede e, o mais importante, passam a usufruir a mobilidade. Para as empresas, o ganho de produtividade pode ser grande, pois as informações passam a estar disponíveis de uma forma mais fácil, dentro do limite da distância coberta pela tecnologia.

Como conseqüência negativa dessas mudanças, as pessoas passam a correr novos riscos com o seu uso. Dependendo do grau, esses riscos podem significar simples fatos desagradáveis ou até perdas de recursos financeiros significativos. Nesse contexto, a importância do conhecimento com relação aos riscos envolvidos nas comunicações sem fio aumenta bastante, podendo representar o sucesso ou o fracasso de negócios, e ainda a perda de privacidade de usuários comuns.

Este capítulo apresentará os aspectos de segurança mais importantes de algumas tecnologias sem fio, como o IEEE 802.11, padrão mais utilizado para WLANs, e o Bluetooth, usado em WPANs. As tecnologias de telefonia celular, como GSM, GPRS, CDMA2000, 1x-EV DV, 1xEV DO ou W-CDMA, não serão consideradas.

5.2. Características de redes sem fio

O mundo *wireless* difere bastante do modo como a comunicação é realizada atualmente. Além de eliminar a barreira demográfica (regiões rurais ou com dificuldade de passagem de fios), sua utilização é facilitada se comparada com as comunicações com fio, pois a infra-estrutura é o próprio ar, não sendo necessário que uma infra-estrutura de cabeamento seja criada. O uso de uma rede sem fio, por exemplo, pode ser muito proveitoso em um hotel ou aeroporto. Instalando-se um ponto de acesso (*Access Point* — AP), que são os equipamentos que oferecem a conectividade para dispositivos móveis, nesses locais, evita-se a necessidade de cabeamento e, conseqüentemente, de custosos reparos em revestimentos e pisos de recintos públicos de alta visibilidade. Sob esse aspecto, padrões de WLAN, como o IEEE 802.11, são interessantes, porque o acesso à Internet passa a estar onipresente para as pessoas nesses locais.

O acesso público à Internet já está sendo oferecido em alguns locais como cafés, centros de exposição, aeroportos e hotéis, formando os *hot spots*. Um estudo da Analysys mostrou que 21 milhões de americanos estarão usando WLANs públicas em 2007 [ANA 03]. Em 2002, existiam nos Estados Unidos 3.700 *hot* spots, número que a Analysys estima que cresça para 41 000 em 2007 [ANA 03]. Na Geórgia, Estados Unidos, por exemplo, uma cidade está criando uma infra-estrutura pública de acesso sem fio, na qual todos podem acessar a Internet livremente [WAL 02].

Alguns fatores que devem ser considerados nas redes sem fio, e que refletem sua evolução, são [NIC 02]:

- As comunicações sem fio, devido à sua natureza de não dependerem de conectividade física, possuem maiores chances de sobreviver a desastres naturais como furacões, enchentes, terremotos, tornados e erupções vulcânicas.

- As transmissões sem fio são mais fáceis de ser interceptadas do que as comunicações via fibra ou conexões com fio.
- Os melhores níveis de disponibilidade podem ser alcançados pelo uso de fibra ou tecnologia sem fio.

Seja nas empresas ou nos *hot spots*, basta o usuário ligar seu equipamento sem fio ou notebook com placa *wireless* para que passe a ter acesso à Internet. Isso, porém, depende da configuração dos equipamentos; no entanto, do mesmo modo que o acesso é facilitado para usuários legítimos, ele é facilitado também para possíveis *hackers*.

Dentro de um escritório, um outro aspecto é interessante. Com o uso de protocolos como o Bluetooth, a comunicação entre diferentes equipamentos passa a ter condições de ser feita sem a necessidade de fios. O mouse, o teclado e a câmera de vídeo passam a comunicar-se livremente com o computador, modernizando o ambiente. Em contrapartida, os riscos também aumentam, pois esses dispositivos passam a estar sujeitos a controles indevidos. Com o uso de fios, esses riscos praticamente nem existiriam.

As próximas seções tratarão das questões de segurança em redes sem fio e, em seguida, dos aspectos específicos do Bluetooth e dos protocolos de WLAN, padrão IEEE 802.11.

5.3. Segurança em redes sem fio

Sob o ponto de vista da segurança, pode-se dizer que novos riscos foram introduzidos aos usuários. Se anteriormente um *hacker* tinha de ter pelo menos o acesso a um ponto de rede para ter acesso aos pacotes que trafegam por ela, com as redes sem fio isso não é necessário. Basta que esteja dentro da área de cobertura de cada tecnologia para que os pacotes cheguem até ele, e este possa ler, modificar ou inserir novos pacotes.

Assim, as arquiteturas de segurança das novas tecnologias sem fio tratam, principalmente, dos aspectos envolvidos com o nível físico (ondas de rádio ou sinais infravermelhos) e o nível de enlace, no qual as conexões têm início. Para as camadas superiores, a mesma abordagem de segurança das redes com fio deve ser usada.

A segurança pode tornar-se o fator mais crucial para o sucesso das comunicações sem fio das próximas duas décadas [NIC 02]. Isso porque a confiança dos consumidores em realizar transações online será o resultado da percepção da segurança no meio sem fio. Os usuários atualmente estão muito preocupados com questões de privacidade e deixam de usar uma determinada tecnologia devido aos riscos existentes.

Além da segurança, o desenvolvimento de novas aplicações que tiram proveito da mobilidade, como as voltadas à Internet, ao comércio eletrônico, à diversão e à localização remota, também são fatores de sucesso para as tecnologias sem fio. O conjunto da percepção de segurança, aliada a uma nova forma de entretenimento, acesso instantâneo à informação e facilidade de realizar tarefas do cotidiano, será primordial para um avanço ainda maior das tecnologias sem fio.

Assim, a natureza das comunicações sem fio faz com que a segurança seja um fator significante que deve ser entendido, discutido e solucionado para que as redes sem fio alcancem seu vasto potencial. Afinal, os sinais são enviados pelo ar e irradiados em todas as direções; portanto, qualquer indivíduo portando um receptor sintonizado na freqüência correta pode interceptar a comunicação [NIC 02]. Além disso, outra dificuldade de se prover segurança em redes sem fio está relacionada ao alcance das transmissões, que exigem a mudança de células de acesso, conforme a mobilidade [NIC 02].

Além da segurança, outros desafios devem ser considerados para a segurança de dispositivos móveis, tais como [NIC 02]:

- Pouco poder de processamento, se comparado com computadores pessoais.
- Limite no suporte a algoritmos criptográficos.
- Capacidade de armazenamento limitada.
- Imposição de conservação de energia.
- Restrições em largura de banda, taxa de erro, latência e variabilidade.
- Capacidade limitada do visor.
- Questões relativas à experiência e usabilidade dos usuários.
- *Overhead* e compressão de protocolos que influem no desempenho da rede.

Esses fatores fazem com que a segurança em redes sem fio possua uma natureza diferente, pois eles estão relacionados. Com isso, as soluções e infra-estruturas já existentes devem ser adaptadas e integradas, para serem usadas em um ambiente móvel. Além disso, deve-se considerar a consistência e a interoperabilidade entre a grande gama de dispositivos móveis sem fio. Outro ponto importante é que a segurança não pode resultar em grande impacto aos usuários, uma vez que isso pode afetar sua usabilidade e aceitação.

As próximas seções apresentarão os aspectos de segurança envolvidos com o Bluetooth e os protocolos usados em WLAN, mostrando os modelos de segurança usados por cada tecnologia. A ênfase será dada às particularidades existentes em redes sem fio, na qual a autenticação dos dispositivos móveis nos pontos de acesso e o sigilo das informações que trafegam no ar são necessários.

5.4. Bluetooth

O Bluetooth é um protocolo usado nas redes pessoais sem fio *Wireless Personal Area Networking* (WPAN), que cobre distâncias entre dez e cem metros. Sua importância e seu impacto tendem a ser maiores no cotidiano das pessoas, porque o Bluetooth é um protocolo que será utilizado em diversos tipos de dispositivos e diretamente por usuários finais comuns. Justamente, devido a isso, podem-se imaginar grandes mudanças na prática dos usuários, sendo possível até mesmo vislumbrar novas aplicações inovadoras que envolvam a computação móvel pessoal.

As aplicações do Bluetooth são muitas: o comércio eletrônico pode tirar proveito do pagamento de ingressos de cinemas, ingressos de shows, compras, passagens de ônibus, refrigerantes, entre outros. Empresas podem usar o protocolo para o controle de acesso físico ao prédio, com possibilidade de programação para que a sala tenha a luz acesa e o computador seja ligado com a chegada do usuário, por exemplo. As indústrias de equipamentos domésticos, de componentes automobilísticos e de entretenimento também podem ganhar com o Bluetooth [DAS 02-1], de maneira que uma nova forma de interação homem-máquina pode estar a caminho. A relação de produtos de diversos segmentos pode ser vista no *site* Web da Bluetooth [BLU 03]. Oficialmente, em janeiro de 2003, existiam 781 produtos compatíveis com o protocolo, os quais incluem produtos como telefones sem fio, produtos domésticos como geladeiras e microondas, equipamentos automotivos, telefones celulares, *handhelds*, microfones, câmeras digitais e outros.

5.4.1. Histórico

O Bluetooth foi concebido com a incumbência de unir o mundo da computação e das telecomunicações. A origem, em 1994, pela Ericsson Mobile Communications, surgiu da investigação de uma interface de rádio de baixo custo e consumo entre telefones móveis e seus acessórios. Em 1998, o *Special Interest Group* (SIG) foi criado pela Ericsson, Nokia, IBM, Toshiba e Intel, que compunham um forte grupo com dois líderes de mercado da telefonia móvel, dois líderes de mercado de equipamentos de computação móvel e um líder de mercado de tecnologia de processamento de sinais digitais [DAS 02-1].

Em 2003, o SIG era formado por 3Com Corporation, Agere Systems Inc., Ericsson Technology Licensing AB, IBM Corporation, Intel Corporation, Microsoft Corporation, Motorola Inc., Nokia Corporation e Toshiba Corporation, além de centenas de associados e membros [BLU 03]. A aliança entre empresas de comunicação e computação móvel para criar um padrão para comunicação sem fio para distâncias entre dez e cem metros conta atualmente com 1 790 outros fabricantes, entre *handhelds* e terminais móveis [DAS 02-1]. O padrão que está sendo especificado pelo *Institute of Electrical and Electronic Engineers* (IEEE), o 802.15, é derivado da especificação do Bluetooth.

5.4.2. Arquitetura e protocolos do Bluetooth

O Bluetooth opera na banda de 2.4 GHz e sua cobertura é definida pela classe de gerenciamento de energia. Atualmente, existem três classes de dispositivos definidas. Dispositivos de Classe 1 possuem nível de energia alto, o que faz com que operem a uma distância de até cem metros, que cobre um espaço médio de uma casa ou loja. Já dispositivos de Classe 3 alcançam até dez metros, que cobre uma área pessoal como um quarto ou uma sala. As classes de dispositivos, as potências e as distâncias cobertas pelo Bluetooth podem ser vistas na Tabela 5.1 [KAR 02][NIC 02].

Tabela 5.1 Classes de dispositivos Bluetooth.

Tipo	Potência	Nível de potência	Distância coberta
Dispositivos de Classe 1	Alta	100 mW (20 dBm)	Até cem metros
Dispositivos de Classe 2	Média	2.5 mW (4 dBm)	Até dez metros
Dispositivos de Classe 3	Baixa	1 mW (0 dBm)	0,1 a dez metros

O protocolo funciona em *background*, transparentemente para o usuário. O processo de conexão é iniciado automaticamente quando um dispositivo Bluetooth é encontrado, de forma que o seu uso pelos usuários fica simplificado [DAS 02-1]. Assim, pode-se considerar que o Bluetooth forma uma rede espontânea e *ad-hoc*.

A rede formada pelo conjunto de dispositivos Bluetooth, os quais estão fisicamente próximos para comunicação e troca de informações, é chamada de *piconet*. Os *scatternets* são grupos de *piconets* [NIC 02]. Na Figura 5.4 é possível observar que um dispositivo pode fazer parte de diferentes *piconets*, porém pode ser o *master* de apenas um. Na figura, é possível ver que o laptop do usuário C, por exemplo, é o *master* da *piconet 3*, e participa também da *piconet 1*. O *laptop* D está atuando como roteador entre o *laptop* E e a *piconet* 1. Os *masters* são os dispositivos que iniciam a troca de dados e os *slaves* (outros dispositivos de uma *piconet*) sempre respondem aos *masters*.

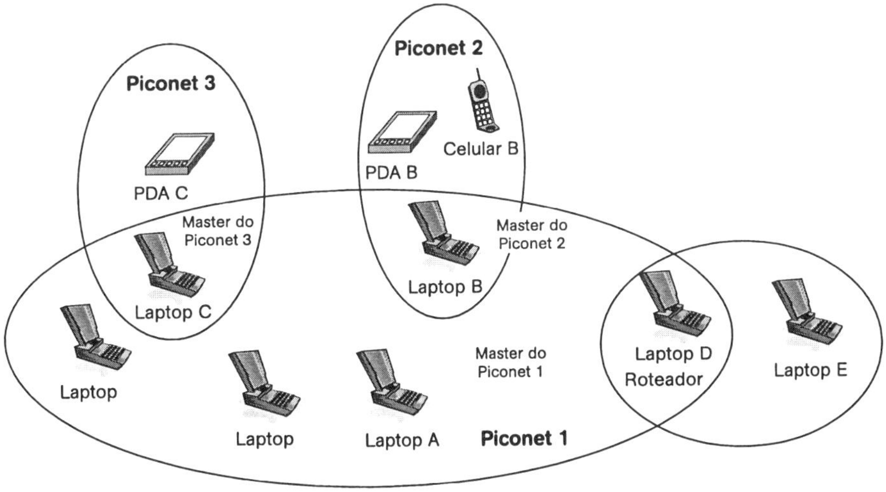

Figura 5.4 *Scatternet* de uma rede Bluetooth.

A definição da especificação do Bluetooth partiu de alguns princípios, destinados a tornar o protocolo um padrão fácil de ser implementado e aceito no mercado. O Bluetooth visa a otimização do modelo de uso de diversos dispositivos móveis, seguindo alguns princípios [NIC 02]:

- Uso global.
- Manipulação de voz e dados.
- Estabelecimento de conexões e redes *ad-hoc*.
- Evitar interferências de outras origens em uma banda aberta.
- Consumo menor, se comparado com outros dispositivos de uso similar.
- Padrão de interface aberta.
- Custos competitivos, se comparados com similares.

A arquitetura do Bluetooth, que pode ser vista na Figura 5.5, é formada por um conjunto de protocolos que realizam tarefas específicas, desde a obtenção de informações sobre dispositivos para conexão até o estabelecimento e controle de uma conexão sem fio. Alguns protocolos específicos do Bluetooth estão em destaque na Figura 5.5, enquanto outros são usados também por outras tecnologias e podem estar implementados nos dispositivos Bluetooth.

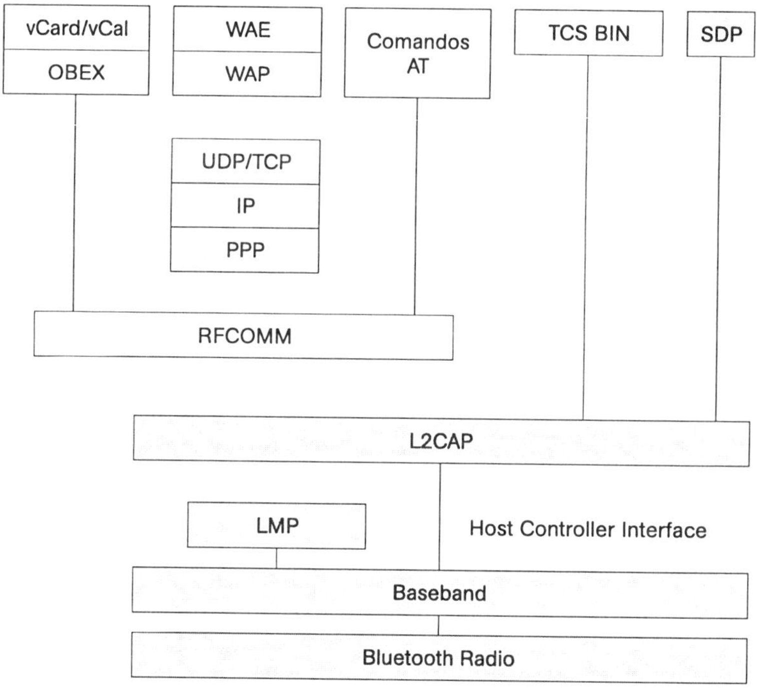

Figura 5.5 A arquitetura do Bluetooth, com os protocolos específicos em destaque.

Os protocolos mais importantes do Bluetooth e suas funções são [ANA 01]:

- *Service Discovery Protocol* (SDP): o SDP permite que os dispositivos obtenham informações sobre tipos de dispositivos, serviços e especificações. Com essas informações, os dispositivos Bluetooth podem iniciar o processo de autenticação.
- *Baseband*: é a camada que permite a conexão física, via freqüência de rádio, entre dispositivos Bluetooth.
- *Logical Link Control and Adaptation Protocol* (L2CAP): é o protocolo que faz a interface entre o *baseband* e os protocolos de sessão.
- *Link Manager Protocol* (LMP): funcionando paralelamente ao L2CAP, o LMP é o responsável pelo estabelecimento de conexão entre dois dispositivos Bluetooth. Ele controla parâmetros como tamanho do pacote, o uso de autenticação e o uso de criptografia.
- *Host Controller Interface* (HCI): provê a interface de comando para o controlador *baseband*, para o gerenciador de conexão (*Link Manager*) e outros controladores de hardware.

- *Radio Frequency Communications* (RFCOMM): é o protocolo para constituição de comunicação via rádio, e faz a interface para que todos os protocolos de sessão e aplicação trabalhem com o Bluetooth.

5.4.3. Perfis do Bluetooth

O Bluetooth possui um conjunto de perfis (*profiles*) que definem mensagens e procedimentos específicos para cada tipo de serviço definido. Essa divisão em perfis torna mais claro o uso de protocolos específicos para cada tipo de dispositivo, o que simplifica e auxilia na implementação. Os aspectos de segurança envolvidos com cada perfil também podem ser associados com cada tipo de dispositivo, o que é um fator importante para minimizar possíveis riscos. É interessante notar que alguns perfis possuem uma relação de dependência, como será discutido posteriormente.

Os perfis definidos na especificação do Bluetooth são [BLU 01]:

- *Generic Access Profile*: define os procedimentos genéricos para a descoberta de dispositivos Bluetooth e os aspectos de gerenciamento do canal de comunicação entre dispositivos. Define também os procedimentos de uso de diferentes níveis de segurança, além de definir o formato de requisitos comuns para parâmetros da interface do usuário.
- *Service Discovery Application Profile*: define as características e os procedimentos para que as aplicações descubram serviços registrados em outros dispositivos Bluetooth. Esse perfil possibilita também a obtenção de informações disponíveis pertinentes a esses serviços.
- *Cordless Telephony Profile*: define as características e os procedimentos para a interoperabilidade entre diferentes unidades de telefones 3 em 1 (atua como celular, telefone sem fio e terminal Bluetooth, dependendo das condições).
- *Intercom Profile*: define os requisitos necessários para que os dispositivos Bluetooth funcionem como um telefone 3 em 1. Os requisitos são características e procedimentos para a interoperabilidade entre dispositivos Bluetooth e telefones 3 em 1.
- *Serial Port Profile*: define os requisitos necessários para a configuração de conexões de cabo serial emuladas entre dispositivos Bluetooth via RFCOMM.
- *Headset Profile*: define os requisitos para o suporte ao uso de *headsets* por dispositivos Bluetooth.
- *Dial-Up Networking Profile*: define os requisitos para o suporte Bluetooth a redes dial-up.
- *Fax Profile*: define os requisitos para o suporte Bluetooth a fax.

- *LAN Access Profile*: define como um dispositivo Bluetooth acessa uma LAN usando *Point-to-Point Protocol* (PPP) e também como mecanismos PPP são usados por dois dispositivos Bluetooth para a formação de uma LAN.
- *Generic Object Exchange Profile*: define os requisitos para suporte ao protocolo *Object Exchange*.
- *Object Push Profile*: define os requisitos para suporte ao modelo de *Object Push*.
- *File Transfer Profile*: define os requisitos para suporte à transferência de arquivos.
- *Synchronization Profile*: define os requisitos para suporte ao modelo de sincronização do Bluetooth.

Os perfis definem as mensagens e procedimentos que são implementados por cada tipo específico de dispositivo Bluetooth, e possuem uma relação de dependência, que pode ser vista na Figura 5.6. Isso é importante porque, além de facilitar a implementação, auxilia também nas questões de segurança. Por exemplo, a especificação de segurança definida para o *Generic Access Profile* é usada também pelos demais perfis. A relação de dependência pode ser observada, por exemplo, no *LAN Access Profile*, que depende do *Serial Port Profile*, que por sua vez depende do *Generic Access Profile* [BLU 02][BLU 01]. Isso faz com que os mecanismos de segurança definidos para o *Generic Access Profile* sejam usados pelos outros perfis e o *LAN Access Profile*, por exemplo, utilize mecanismos de segurança próprios de seu perfil.

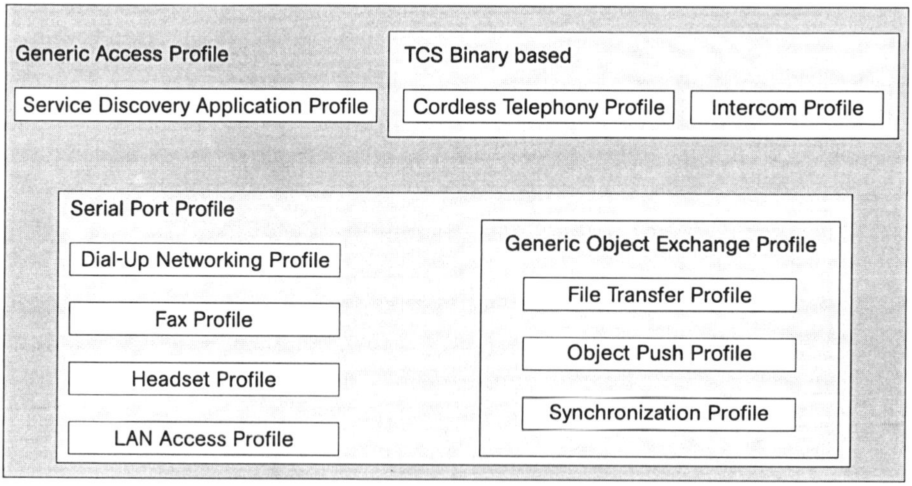

Figura 5.6 Os perfis do Bluetooth e suas interdependências.

5.4.4. Modelo de segurança do Bluetooth

O Bluetooth possui um modelo de segurança baseado na autenticação, tanto para o estabelecimento de conexões entre dispositivos quanto para o acesso a serviços. O uso de criptografia também é especificado, porém um aspecto que merece atenção é o fato de ele ser usado em diversos tipos de dispositivos, por usuários comuns. Isso faz com que o número de vítimas potenciais aumente na mesma medida da variedade das intenções de ataques contra dispositivos Bluetooth.

Esse cenário relacionado ao aumento do número de usuários e ao crescimento da variedade de utilização de dispositivos Bluetooth faz com que problemas de configuração, de escolha de chaves e da forma de armazenamento de chaves tornem-se problemas comuns e corriqueiros para os usuários. Alguns problemas já foram reportados, como a descoberta de configurações erradas ou a falta de configuração de segurança em *Personal Digital Assistants* (PDAs) e celulares [JUD 02].

Alguns experimentos mostraram que os dispositivos podem estar expostos a acessos indevidos, permitindo que terceiros tenham acesso a todas as informações de um PDA. Foi demonstrado também que é possível até mesmo realizar ligações celulares usando aparelhos de terceiros, em uma técnica apelidada de "*Warphoning*" [JUD 02]. Porém, esses são problemas relacionados a usuários e configurações erradas, ou seja, essas demonstrações não exploraram fraquezas do modelo de segurança do Bluetooth.

Na camada física, o Bluetooth usa o *Frequency-Hopping* no envio de sinais, para evitar a interferência com outros dispositivos e também para dificultar a interceptação de um fluxo de dados significativo [NIC 02].

O modelo de segurança do Bluetooth é baseado em modos de segurança, em níveis de confiança dos dispositivos e em nível de segurança dos serviços, como pode ser visto na Figura 5.7. O conjunto de requisitos de segurança é avaliado em diversas etapas, desde o estabelecimento de uma comunicação até o acesso a serviços.

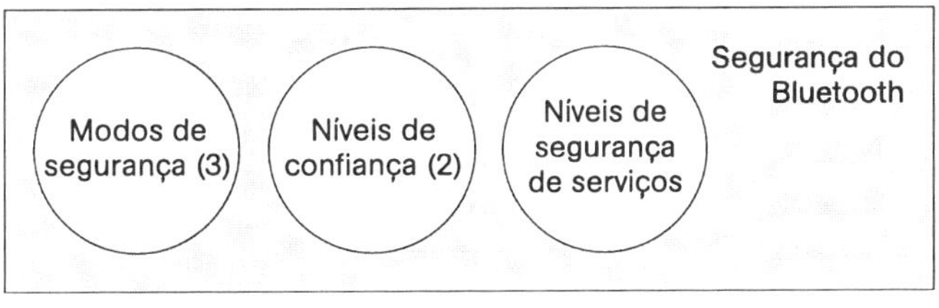

Figura 5.7 O modelo de segurança do Bluetooth.

A especificação do Bluetooth detalha três modos de segurança, nos quais o protocolo funciona [NIC 02][KAR 02]:

- Modo 1: sem segurança.
- Modo 2: segurança reforçada no nível de serviço — segurança após a configuração do canal, o que possibilita que o gerenciador de segurança (*Security Manager*) controle o acesso a serviços e dispositivos.
- Modo 3: segurança reforçada no nível de enlace — segurança antes da configuração do canal, via processo de *pairing* (Seção 5.4.6).

Além dos três modos de segurança, existem ainda dois níveis de confiança para os dispositivos [NIC 02]:

- Dispositivos confiáveis, que possuem um relacionamento fixo e acesso aos serviços.
- Dispositivos não confiáveis, que não possuem relacionamento permanente e possuem restrições de acesso a serviços.

Os níveis de segurança de serviços são [KAR 02]:

- Nível 1 de serviço: requer autorização e autenticação. O acesso automático é oferecido apenas a dispositivos confiáveis. Dispositivos não confiáveis precisam de autorização manual.
- Nível 2 de serviço: requer apenas autenticação. O acesso à aplicação é permitido apenas após o procedimento de autenticação e a autorização não é necessária;
- Nível 3 de serviço: o acesso é permitido automaticamente a todos os dispositivos.

O relacionamento entre os requisitos de uma comunicação Bluetooth é gerenciado pelo gerenciador de segurança (*Security Manager*), que será visto na próxima seção. As informações sobre os níveis de segurança dos serviços e níveis de confiança dos dispositivos são armazenadas em base de dados específicas, controladas pelo gerenciador de segurança. A cada acesso, as bases de dados são consultadas, para verificar se a autenticação e a autorização são necessárias. O fluxo de mensagens para o acesso a serviços é discutido na próxima seção.

5.4.5. Arquitetura de segurança do Bluetooth

Na arquitetura de segurança do Bluetooth, o gerenciador de segurança (*Security Manager*) possui uma função primordial, pois centraliza todas as negociações para o estabelecimento das conexões. Como pode ser visto na Figura 5.8, todas as políticas são administradas pelo gerenciador de segurança. Ele atua em todos os níveis, desde o estabelecimento do canal no nível de enlace até o nível de aplicação e interface dos usuários, realizando funções como [NIC 02]:

- Armazenar informações sobre a segurança dos serviços na base de dados de serviços.
- Armazenar informações sobre a segurança dos dispositivos na base de dados de dispositivos.
- Responder a requisições de acesso de protocolos ou aplicações.
- Forçar a autenticação e/ou criptografia antes da conexão na aplicação.
- Estabelecer relações de confiança entre dispositivos.
- Fazer uso de *Personal Identification Number* (PIN).
- Responder às requisições de acesso da camada de protocolos.
- Responder às requisições *Host Controller Interface* (HCI) para uso ou não de autenticação e/ou criptografia.

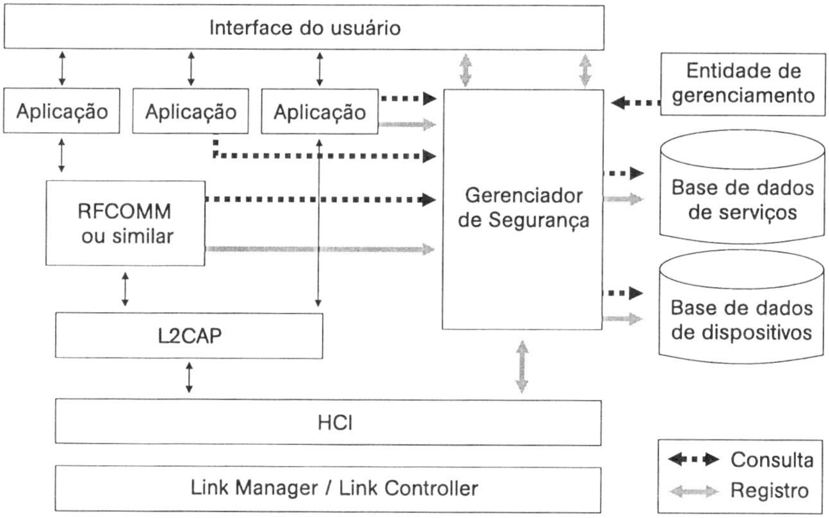

Figura 5.8 Arquitetura de segurança do Bluetooth.

Uma forma simplificada do estabelecimento de uma conexão Bluetooth e a sua interação com o gerenciador de segurança podem ser vistas na Figura 5.9. A concessão de acesso, que acontece após o estabelecimento da conexão no nível de enlace, corresponde ao Modo 2 de segurança. Os passos realizados são:

1. Requisição de conexão no *Logical Link Control and Adaptation Protocol* (L2CAP).
2. L2CAP requisita informação de acesso ao gerenciador de segurança.

3. O gerenciador de segurança busca serviços permitidos na base de dados de serviços.
4. O gerenciador de segurança busca o nível de confiança na base de dados de dispositivos.
5. O gerenciador de segurança usa a autenticação e a criptografia no *Host Controller Interface* (HCI), caso seja requerido.
6. O gerenciador de segurança concede o acesso.
7. O L2CAP continua a configurar a conexão enviando o pacote ao nível de aplicação.

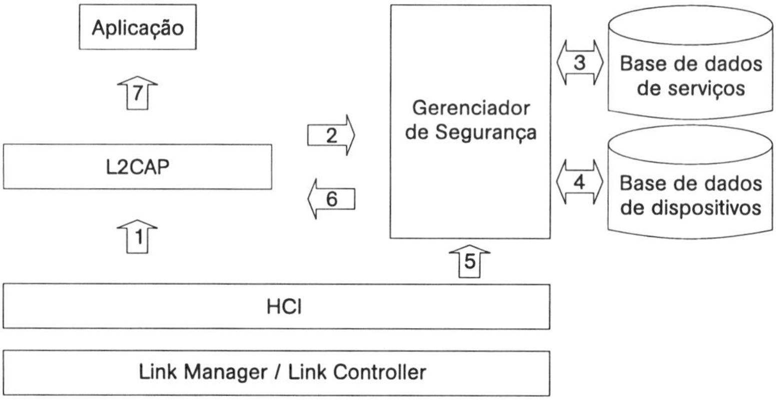

Figura 5.9 Estabelecimento de uma conexão Bluetooth.

Os modos de segurança também são controlados pelo gerenciador de segurança do Bluetooth. Na Figura 5.10, é possível verificar o fluxograma de decisões do gerenciador de segurança, considerando o *Host Controller Interface* (HCI), *Logical Link Control and Adaptation Layer* (L2CAP), *Radio Frequency Communications* (RFCOMM), aplicações, interface de usuário e base de dados de serviços e dispositivos [NIC 02].

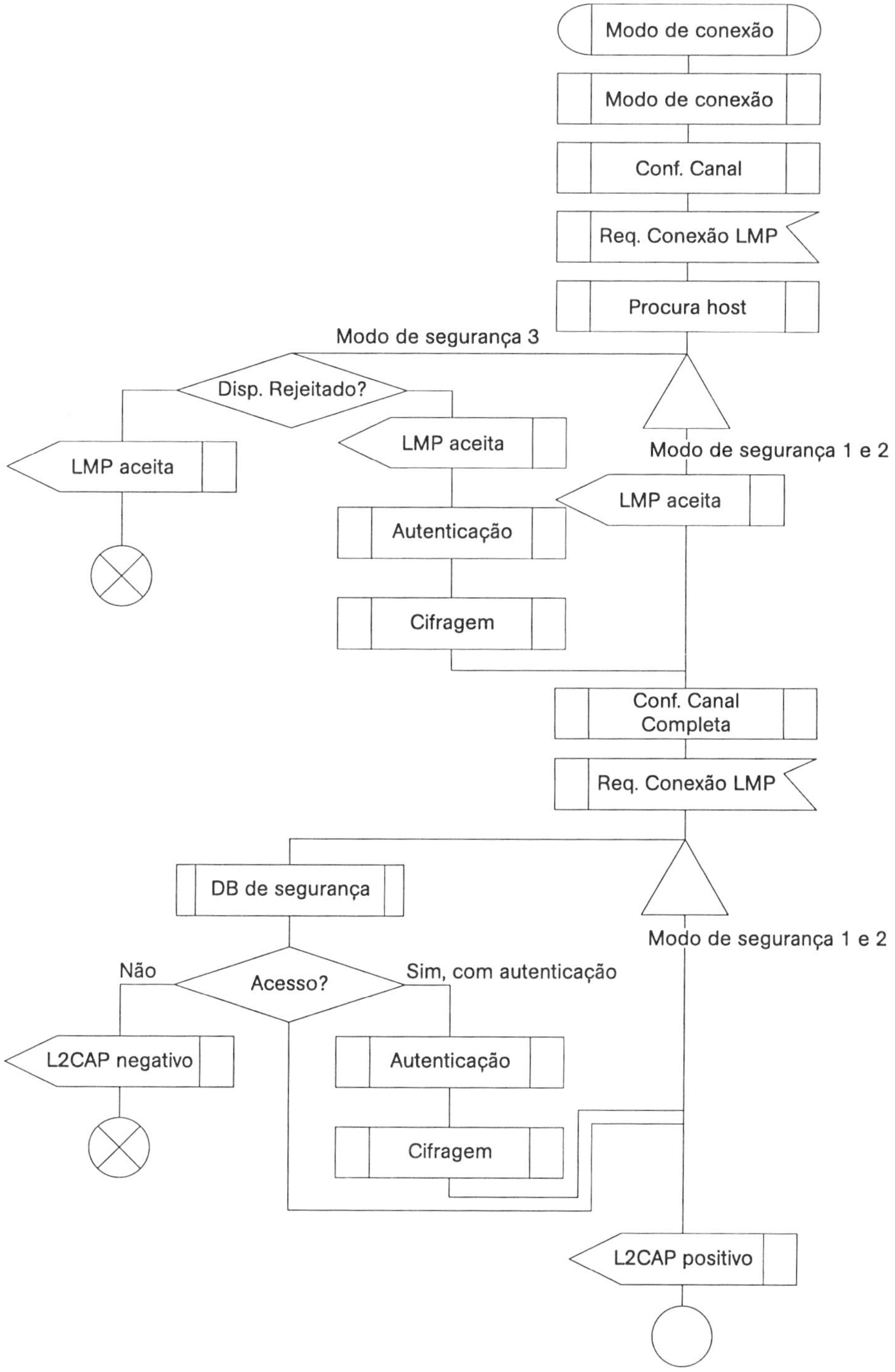

Figura 5.10 Uso dos modos de segurança do Bluetooth.

É possível verificar na Figura 5.10 que no Modo 3 de segurança (segurança reforçada no nível de enlace, antes da configuração do canal) existe um nível de segurança antes do estabelecimento do canal, que é feito pelo *Link Manager Protocol* (LMP). O LMP verifica se o dispositivo está no Modo 3 de segurança e, caso ele esteja, exige a autenticação e o uso de criptografia antes do estabelecimento do canal. Isso não existe caso o dispositivo esteja no Modo 1 ou 2 de segurança.

A autenticação feita pelo LMP será vista com mais detalhes na Seção 5.4.6.

Após o estabelecimento do canal controlado pelo LMP, o L2CAP faz o gerenciamento e controle do fluxo de dados. O Nível 2 de segurança, que realiza o controle de acesso a serviços e dispositivos, é controlado também pelo L2CAP. Em conjunto com o gerenciador de segurança, as bases de dados de serviços e dispositivos são consultadas, podendo ser necessária a autenticação e o uso de criptografia para o acesso aos serviços, conforme a política de acesso definida para o dispositivo e o serviço.

5.4.6. Autenticação no nível de enlace

A autenticação no nível de enlace é realizada no Modo 3 de segurança, pelo *Link Manager Protocol* (LMP), antes do estabelecimento da conexão. A Figura 5.11 apresenta um fluxograma do processo de autenticação realizado pelo LMP. Caso uma chave de canal (*link key*) compartilhada exista, a autenticação é baseada nessa chave. Caso ela não esteja disponível, deve ser gerada via um processo de emparelhamento (*pairing*).

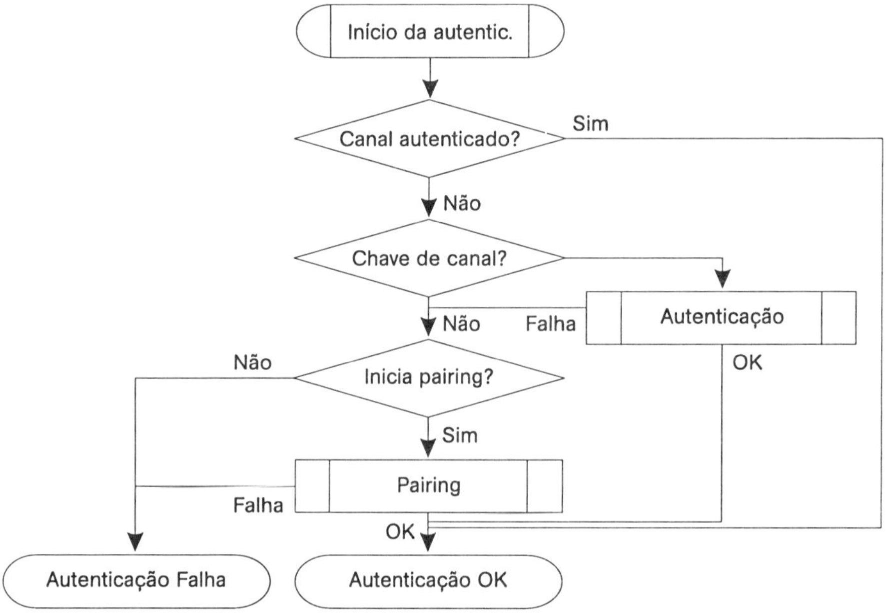

Figura 5.11 Procedimento de autenticação para verificação do nível de confiança.

Na autenticação de dispositivos Bluetooth, uma chave compartilhada é utilizada, e é chamada de chave de canal (*link key*). A chave de canal é gerada via uma sessão de comunicação especial denominada emparelhamento (*pairing*). O processo de geração da chave de canal compartilhada é feito com base em quatro elementos [NIC 02]:

- Endereço do dispositivo (BD_ADDR) de 48 bits.
- Chave de autenticação de 128 bits.
- Chave de criptografia de 8-128 bits.
- Número aleatório (RAND) de 128 bits, gerado pelo dispositivo.

A chave de canal é gerada durante uma fase inicial, na qual dois dispositivos Bluetooth se associam. A associação ocorre quando ambos os dispositivos derivam chaves de canal iguais a partir de um PIN. A autenticação pode ser feita após essa fase inicial. A chave de canal também pode ser criada usando-se métodos de troca de chaves e importada diretamente por módulos Bluetooth. A geração da chave de canal, a partir de um PIN, pode ser vista na Figura 5.12.

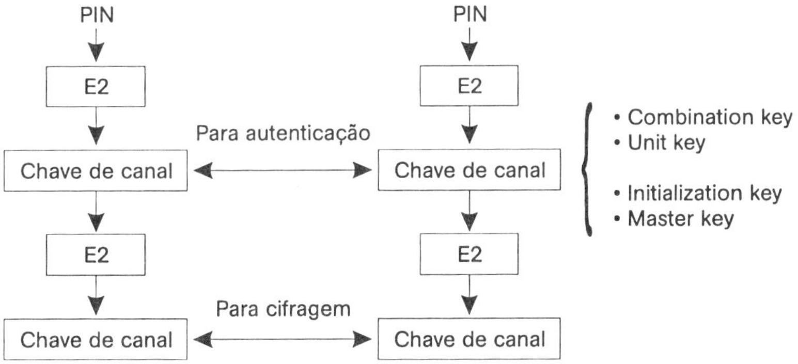

Figura 5.12 Geração da chave de canal do Bluetooth a partir do PIN.

Existem dois tipos de chave de canal: *unit key* (usa a mesma chave para todas as conexões) e *combination key* (específico para cada par de dispositivos) [XYD 02].

No *pairing*, o Bluetooth usa uma chave de inicialização (*initialization key*), que é computada a partir do endereço de cada dispositivo Bluetooth, de um número aleatório e de um PIN. A chave de inicialização é usada somente uma vez, no início do emparelhamento [XYD 02].

A *master key* é uma chave temporária que substitui a chave de canal quando o dispositivo *master* de uma *piconet* quer transmitir dados para mais de um dispositivo *slave*.

Após a geração da chave de canal, de 128 bits, a autenticação do Bluetooth, baseada em desafio-resposta, é feita da seguinte forma, como na Figura 5.13 [KAR 02]:

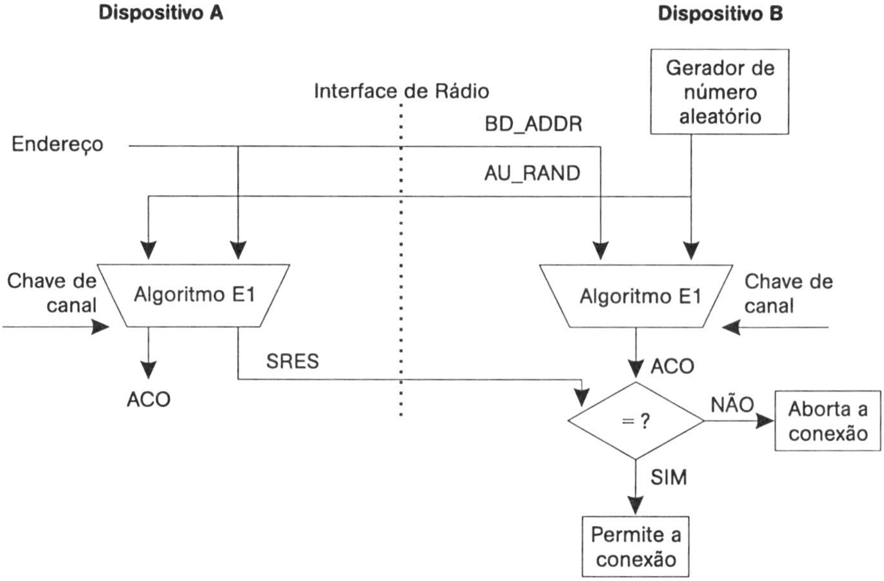

Figura 5.13 Autenticação do Bluetooth.

É possível verificar na Figura 5.13 que a autenticação do Bluetooth é realizada seguindo-se os seguintes passos [KAR 02]:

- Um dispositivo (A) transmite seu endereço de 48 bits (BD_ADDR) para o outro dispositivo (B).
- O dispositivo B transmite um desafio aleatório de 128 bits (AU_RAND) para o dispositivo A.
- O dispositivo B usa o algoritmo E1, que é baseado no SAFER+, para computar a resposta, usando o endereço, a chave de canal e o desafio aleatório como entradas do algoritmo. O dispositivo A realiza a mesma operação, com o mesmo algoritmo.
- O dispositivo A retorna a resposta (SRES), de 32 bits, já computada pela operação feita pelo E1, para o dispositivo B.
- O dispositivo B compara o SRES do dispositivo A com o SRES que ele computou.
- Se o SRES de 32 bits dos dispositivos A e B forem iguais, a conexão é concedida.

O valor ACO de 96 bits gerado pelo algoritmo E1 será usado no processo de proteção do sigilo das informações. O Bluetooth usa o algoritmo E0 para a cifragem dos dados, como pode ser visto na Figura 5.14. O *key stream* gerado pelo E0 passa por um processo de XOR com a informação. O valor ACO é usado como entrada para o *Key Generator* (KG), juntamente com a chave de canal e um número aleatório.

A chave gerada, a chave de cifragem (Kc), com tamanho entre 8 e 128 bits, é uma das entradas do E0, que usa ainda um número aleatório (EN_RAND), a identidade do *master* (BD_ADDR) e um *slot number* [KAR 02].

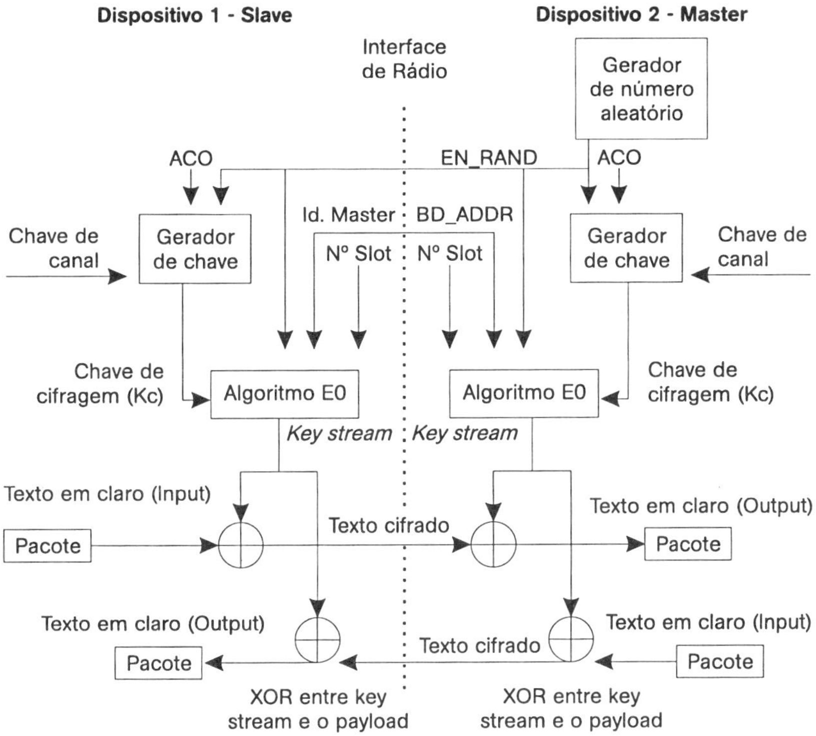

Figura 5.14 Procedimento de cifragem do Bluetooth.

Quanto ao uso da criptografia, existem 3 modos [KAR 02]:

- Modo 1 de criptografia: sem cifragem de nenhum tráfego.
- Modo 2 de criptografia: tráfego de *broadcast* não é cifrado, apenas o tráfego individual, de acordo com as chaves de canal individuais.
- Modo 3 de criptografia: todo o tráfego é cifrado de acordo com a chave de canal do *master* (*master key*).

Assim, a autenticação no nível de enlace é realizada pelo LMP, passando o processo de conexão para o L2CAP, no qual atua o gerenciador de segurança. O mecanismo de segurança visto até aqui faz parte do perfil mais genérico do Bluetooth, o *Generic Access Profile*, que faz parte de todos os outros perfis. Na Seção 5.4.7, novos mecanismos de segurança, específicos do *Headset Profile*, são apresentados. Esse perfil também usa os mecanismos de segurança do *Generic Access Profile*.

5.4.7. Segurança no Headset Profile

A segurança em dispositivos pessoais *headset* é baseada em uma chave (*passkey*) que é usada para a criação de associações de segurança, usadas na autenticação e cifragem das comunicações [BLU 02].

A arquitetura do perfil pode ser vista na Figura 5.15. O *Audio Gateway* é normalmente um telefone celular, laptop, PC ou qualquer outro dispositivo de áudio, como rádio ou tocador de CD [BLU 02].

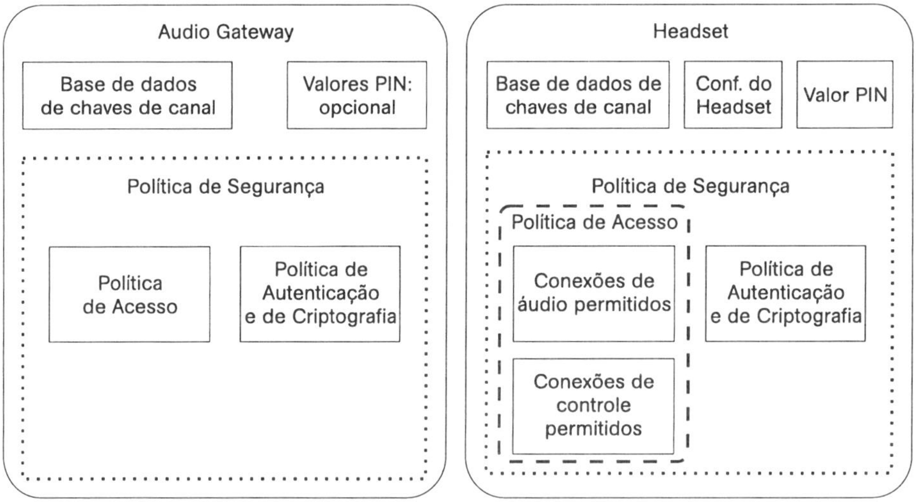

Figura 5.15 Arquitetura de segurança do *Headset Profile*.

A interface de porta serial pode ser usada para atualizações de aplicações, mudança na política de acessos ou outras configurações [BLU 02].

A *passkey* usada por cada *headset* para a autenticação e cifragem do canal de comunicação pode ser gerenciada de diferentes maneiras: estar fixa no dispositivo, configurada por um dispositivo externo ou gerada aleatoriamente para cada dispositivo [BLU 02]. A geração aleatória da *passkey*, combinada com a configuração via dispositivo externo, é interessante para o caso de perda ou roubo do dispositivo, pois torna o seu uso indiscriminado mais difícil [BLU 02].

O exemplo a seguir mostra os passos para o uso de um *headset* juntamente com um telefone móvel [BLU 02]:

- O usuário configura o *headset* para o modo *pairing* pressionando um botão do *headset*.
- O *headset* indica que está pronto para o *pairing*.
- O usuário prepara o telefone móvel para descobrir um *headset* Bluetooth.
- O telefone inicia uma conexão Bluetooth com o *headset*.
- Na configuração do canal LMP, o *headset* solicita a autenticação do telefone.
- O telefone detecta a inexistência de uma chave de canal com o *headset* e requisita o *pairing*.
- O telefone pede a *passkey* do *headset* para o usuário.
- O usuário insere a *passkey* e uma chave de canal é derivada e compartilhada entre o telefone e o *headset*.
- A nova chave de canal é armazenada em uma memória não volátil no telefone e no *headset*.
- O *headset* autentica o telefone.
- O telefone autentica o *headset*.
- O *headset* e o telefone executam a troca da chave de criptografia.
- A configuração do LMP é completada, de forma que a comunicação entre o telefone e o *headset* é cifrada.
- O usuário configura o *headset* para sair do modo *pairing*, para não aceitar novos pedidos ou requisições de *pairing*.

Caso o usuário queira emprestar seu *headset* a um amigo, é recomendado que a *passkey* seja alterada e que a chave de canal seja removida do dispositivo [BLU 02].

Além disso, a troca de chaves do processo de *pairing* é feita via um canal inicial que não é cifrado, o que requer cuidados adicionais para minimizar riscos de interceptação das chaves [BLU 02].

5.4.8. Aspectos de segurança do Bluetooth

Como operam em um espaço aéreo desregulamentado (2.4 GHz), o Bluetooth e o padrão IEEE 802.11 (Seção 5.5.1) podem causar degradação de desempenho, caso operem próximos um do outro. Testes da Symbol Technologies Inc. e Toshiba Corporation confirmaram um decréscimo de desempenho, caso os dispositivos estejam entre dois e três metros perto um do outro [NIC 02][KHA 01]. Em um teste com notebook, a velocidade de uma rede 802.11b (Seção 5.5) caiu de uma taxa de 11 Mbps para 1 Mbps a uma distância de menos de um metro. Acima dessa distância, a degradação de desempenho não foi tão significativa, segundo o teste [MER 01].

O preço das licenças de espectro é caro, de forma que muitas dessas redes serão implementadas em bandas não licenciadas. Isso faz com que a prevenção contra interferências deva ser robusta, pois telefones sem fio também podem causar interferências. A interferência em bandas não licenciadas é comum, de modo que a *Federal Communications Comission* (FCC) requer que todos os dispositivos tenham um aviso de que podem estar sujeitos a interferências [KHA 01]. A FCC tem definido também um conjunto de regras para permitir que múltiplos dispositivos compartilhem o espectro, de maneira que permita a inovação na construção de rádios que minimizem as interferências [KHA 01].

Assim, o *jamming* constitui uma ameaça ao Bluetooth. Ele é uma interferência intencional que proíbe a transmissão de informação e é muito usado militarmente. Em muitos países, o uso de *jamming* é ilegal. Um uso muito comum do *jamming* é para evitar o uso de celulares em lugares públicos como restaurantes ou cinemas [NIC 02].

Além do *jamming*, a configuração errada ou a falta de configuração de segurança faz com que PDAs e celulares estejam expostos a acessos indevidos, os quais permitem que terceiros tenham acesso a todas as informações do PDA, ou mesmo realizar ligações celulares usando aparelhos de terceiros [JUD 02].

Além da falta do uso de criptografia como padrão, resultante de erros de configuração, a autenticação também constitui um problema, pois são os dispositivos, e não os usuários, que são autenticados [NIC 02].

Os problemas de segurança do Bluetooth podem ser divididos em [NIC 02]:

- Ataque ao endereço do dispositivo Bluetooth.
- Gerenciamento de chaves.
- Ataque ao código PIN.
- Falta de suporte à autenticação de usuários.

Alguns pontos importantes sobre a segurança do Bluetooth são [NIC 02][KAR 02][SCH 03]:

- A robustez do gerador aleatório do desafio-resposta não é conhecida, o que, caso seja fraca, pode produzir números estáticos ou periódicos que reduzem o nível de segurança da autenticação.
- PINs curtos ou facilmente adivinhados são permitidos.
- Tentativas de autenticação podem ser repetidas, abrindo possibilidade de ataques de força bruta.
- Uma geração e distribuição mais elegante de PINs não existem, causando problemas de escalabilidade.
- O tamanho da chave de criptografia é negociável, permitindo o uso de chaves curtas e fracas.

- A *unit key* como chave de canal é reutilizável e torna-se pública após o seu uso.
- O compartilhamento da *unit key* é passível de captura.
- A *master key* é compartilhada.
- Não existe a autenticação do usuário.
- O algoritmo *stream cipher* E0 é considerado fraco.
- A privacidade termina se o endereço do dispositivo Bluetooth (BD_ADDR) é capturado e associado com outro usuário.
- A autenticação do dispositivo é um simples desafio-resposta com chave compartilhada, passível de ataque do tipo *man-in-the-middle*.
- Não existe segurança fim-a-fim, apenas dos canais individuais.
- Os serviços de segurança são limitados, sem a existência de auditoria e não repúdio, por exemplo.

Assim, grande parte dos problemas de segurança do Bluetooth é comum não somente às redes sem fio, mas também às redes com fio. Novos riscos são introduzidos com tecnologias sem fio, nas quais os maiores problemas são a possibilidade de captura da chave e ataques *man-in-the-middle*. Porém, métodos mais sofisticados de gerenciamento de chaves, que podem minimizar esses riscos, possuem um alto custo para serem implementados em dispositivos tão diversificados como os que usam o Bluetooth.

Como foi visto na Seção 5.3, existem limitações em pontos fundamentais como o armazenamento, o poder de processamento e a largura de banda, que podem inviabilizar o uso de um método mais forte, que inclua, por exemplo, o uso de criptografia de chaves públicas.

Além disso, o fato de os dispositivos Bluetooth serem usados em grande parte por usuários domésticos faz com que a possibilidade de disseminação de novos tipos de 'brincadeiras' aumente.

Assim, a melhor forma de combater os riscos decorrentes do uso do Bluetooth é seguir as recomendações de configurações mais seguras, tomar cuidado na escolha de PINs e usar mecanismos de segurança que vão além do Bluetooth. Afinal de contas, o Bluetooth funciona nos níveis de enlace e físico, sendo possível, em alguns casos, o uso de métodos de segurança nos níveis de rede e de aplicação, por exemplo.

5.5. WLAN

As redes *Wireless Local Access Network* (WLAN) apresentam um grande crescimento, tanto de mercado quanto de tecnologia. A Gartner, por exemplo, estima que 50% dos notebooks corporativos usarão a WLAN em 2003. Em 2000, o número era de

9% dos notebooks e a previsão de uso para 2007 é de 90%. Os valores envolvidos no mercado de WLAN serão de 2,8 bilhões de dólares em 2003, pois em 2002 foram investidos 2,1 bilhões de dólares em equipamentos WLAN, ou seja, um crescimento de mais de 33% [GAR 03].

As WLANs são usadas principalmente como alternativas às redes fixas em ambientes como empresas, hotéis, centros de convenções. Atuando em distâncias de até cem metros, o uso de WLAN representa uma série de benefícios, tais como:

- Mobilidade dos usuários.
- Instalação rápida: sem necessidade de infra-estrutura.
- Flexibilidade: possibilidade de criar WLANs temporárias e específicas, como em eventos, demonstrações de produtos etc.
- Escalabilidade.
- Aumento de produtividade, com conexão permanente em todo o escritório, facilitando o andamento de reuniões e projetos em equipes distintas.

De fato, uma pesquisa com 404 entrevistados, realizada em 2001, mostrou que a mobilidade, a desnecessidade de cabos e a acessibilidade são os principais benefícios apontados. Os principais benefícios do uso de WLANs identificados pela pesquisa podem ser vistos na Figura 5.16 [NOP 01].

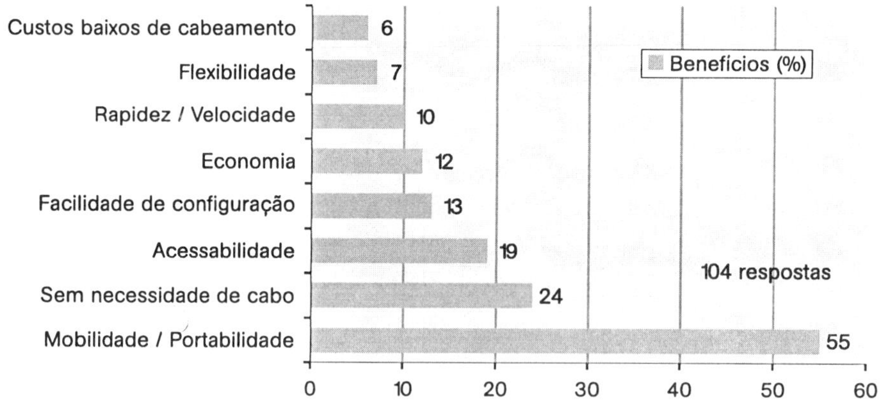

Figura 5.16 Benefícios do uso de WLANs.

A mesma pesquisa, com 160 entrevistados, mostrou também os cinco maiores benefícios identificados pelos usuários (Figura 5.17) e pelas empresas (Figura 5.18).

Para os usuários, a conveniência e a flexibilidade foram apontadas como os maiores benefícios, enquanto a mobilidade e a conveniência foram apontadas pelas empresas. A pesquisa mostrou também que as principais aplicações para WLANs são o correio eletrônico e o acesso à Internet, como pode ser visto na Figura 5.19 [NOP 01].

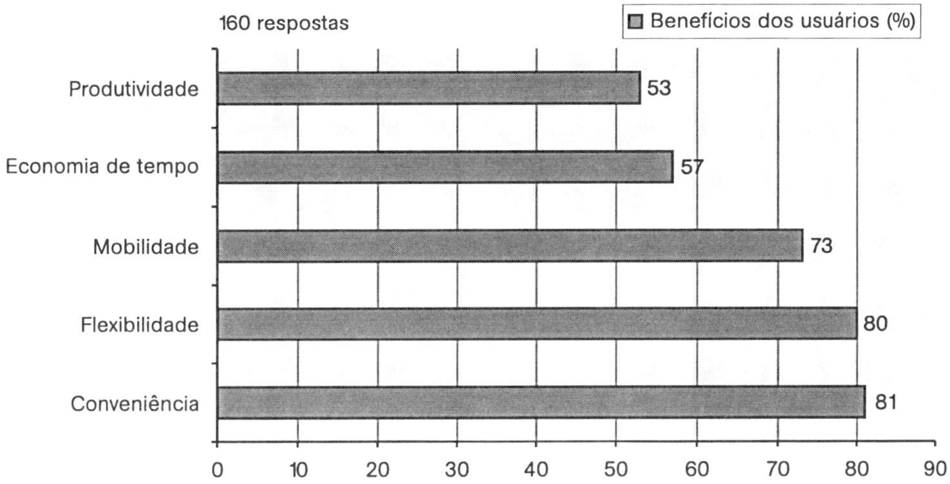

Figura 5.17 Benefícios do uso de WLAN para os usuários.

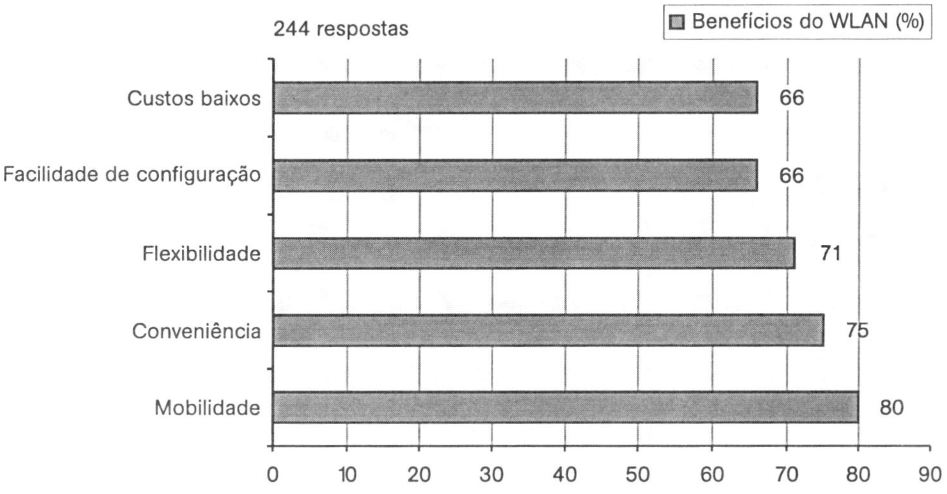

Figura 5.18 Benefícios do uso de WLAN para as empresas.

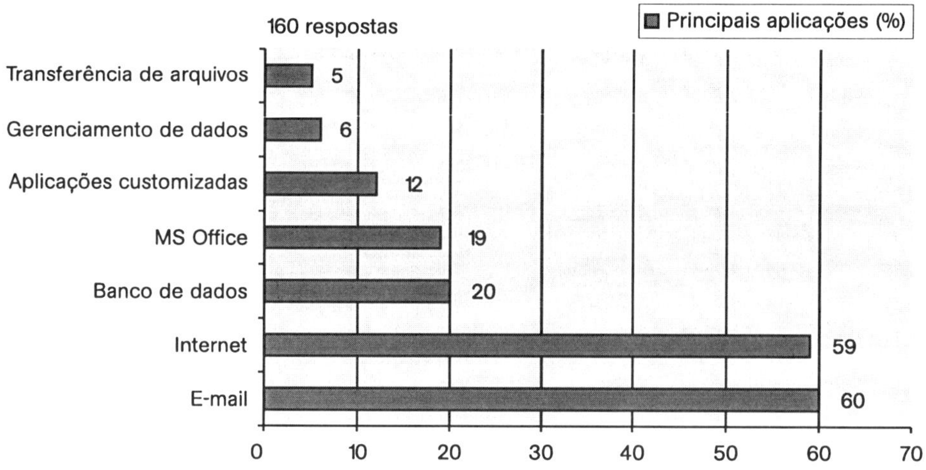

Figura 5.19 Principais aplicações usadas para WLANs.

A tecnologia de redes sem fio, além de ser fascinante sob o ponto de vista tecnológico, pode trazer grandes avanços de produtividade. Na FedEx, por exemplo, o uso de redes sem fio já acontece há cinco anos. Com dez mil pontos de acesso, a FedEx estima que o ganho de produtividade chega a 30% [NET 03-2]. Essa taxa é medida no processo de rastreamento dos pacotes, no qual os operadores podem realizar o trabalho tranqüilamente, sem que fios atrapalhem o rastreamento, que chega a ser feito, em média, 12 vezes por pacote [NET 03-2].

Uma WLAN usa freqüência de rádio e ondas eletromagnéticas em infravermelho para a transferência de dados. A *Federal Communications Commission* (FCC) estabeleceu as bandas como sendo de 900 MHz, 2.4 GHz e 5 GHz. A maioria usa a banda de 2.4 GHz, devido à disponibilidade global e à interferência reduzida [NIC 02]. O padrão 802.11, do *Institute of Electrical and Electronic Engineers* (IEEE), é usado principalmente nos Estados Unidos e no Brasil, enquanto na Europa o HyperLan II é o mais utilizado [NIC 02].

Para que a tecnologia baseada no padrão 802.11 seja difundida mais rapidamente, a Wi-Fi Alliance foi criada. Ela é uma associação internacional sem fins lucrativos formada, em 1999, para certificar a interoperabilidade de produtos baseados na especificação IEEE 802.11. Em janeiro de 2003, a Wi-Fi Alliance possuía 193 membros e 511 produtos certificados desde março de 2000 [WIFI 03].

O movimento *Wireless Fidelity* (Wi-Fi), criado pela Wi-Fi Alliance, é considerado sinônimo de liberdade [WIFI 03]. O padrão Wi-Fi é baseado nos padrões IEEE 802.11b e 802.11a, e operam na banda de 2.4 GHz e 5 GHz, respectivamente, com taxa de 11 Mbps (802.11b) ou 54 Mbps (802.11a) [WIFI 03].

Em sua forma mais simples, uma WLAN é formada por um *tranceiver*, também chamado de ponto de acesso (*Access Point*, AP), que é conectado a uma rede com um cabo Ethernet. Os dispositivos podem acessar a rede sem fio usando um cartão compatível com o protocolo.

As figuras 5.20 e 5.21 mostram os principais habilitadores e as principais barreiras para a adoção de WLAN pelas empresas [WIFI 01]. Segundo a pesquisa, os aspectos de segurança representam barreiras para 50% dos entrevistados que usam a WLAN, e para 72% que ainda não a adotaram [WIFI 01]. Assim, os problemas de segurança envolvidos devem ser analisados com cuidado, pois os riscos existentes em um ambiente sem fio são iguais aos riscos existentes em um ambiente com fio, somados aos novos riscos introduzidos pelos protocolos sem fio, além dos aspectos físicos envolvidos.

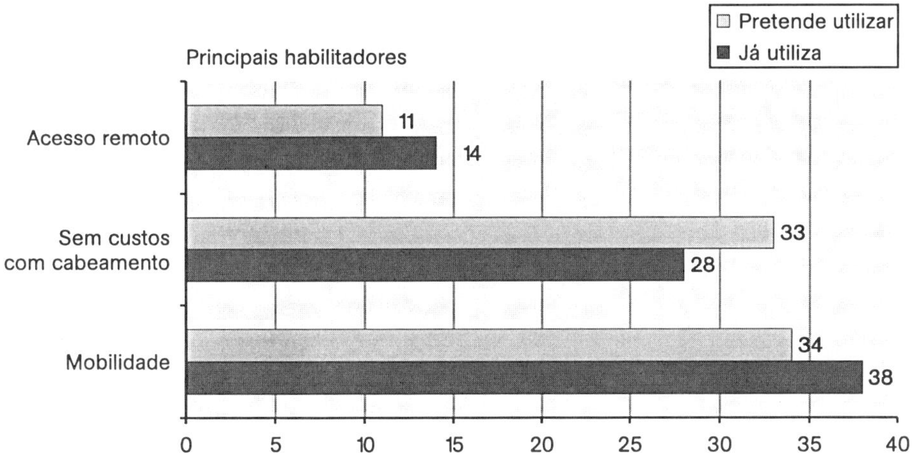

Figura 5.20 Principais habilitadores para a adoção de WLAN.

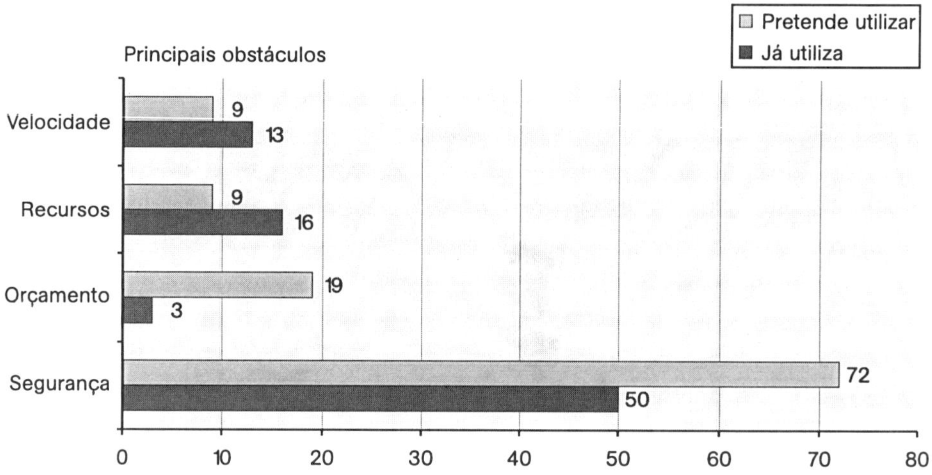

Figura 5.21 Principais barreiras para a adoção de WLAN.

5.5.1. Padrão IEEE 802.11

O padrão do IEEE, 802.11, é o mais difundido para WLAN, de modo que o foco da análise será dado ao protocolo. O IEEE possui uma série de especificações para WLAN, que tratam de desempenho, interoperabilidade, qualidade de serviço, segurança e compatibilidade. Os produtos com padrão 802.11b chegaram ao mercado primeiro, de modo que estão mais difundidos. A tendência, porém, é que novos padrões, como 802.11a e 802.11g, passem a ser mais utilizados devido à sua capacidade. Já os padrões 802.11i e 802.1X serão usados devido aos novos mecanismos de segurança especificados. Os padrões de segurança serão discutidos nas seções 5.5.7 e 5.5.8. Um resumo dos padrões 802.11, que tratam de redes sem fio, pode ser visto a seguir [IEEE 03][KAER 02]:

- 802.11a: destinado ao alto desempenho, com taxa máxima de 54 Mbps por canal, usa banda de rádio de 5 GHz. Oito canais estão disponíveis e, em alguns países, 12 canais são permitidos. Os produtos começaram a ser comercializados em 2002.
- 802.11b: atinge 11 Mbps por canal, atuando na banda de 2.4 GHz. O padrão ficou pronto em 1999, com produtos sendo comercializados a partir de 2001.
- 802.11c: destinado a definir procedimentos de operações de ponte entre pontos de acesso.
- 802.11d: destinado ao uso geral, para promover o uso do padrão 802.11 em países onde os requisitos para uso da banda são diferentes dos Estados Unidos. O padrão está em discussão.

- 802.11e: destinado à qualidade de serviço, com características de diferenciação de tráfego, para uso futuro em áudio e vídeo, por exemplo. É aplicável aos padrões 802.11a, 802.11b e 802.11g.
- 802.11f : trata da interoperabilidade entre produtos de diferentes fabricantes.
- 802.11g: trata do desempenho e da compatibilidade com padrão 802.11b e possui velocidade similar ao padrão 802.11a, de 54 Mbps. Usa as bandas de 2.4 GHz e 5 GHz, com três canais de rádio disponíveis. Os produtos começaram a ser comercializados no final de 2002.
- 802.11h: trata da operabilidade na Europa, atuando na banda de 5 GHz. O 802.11h trata também de gerenciamento de espectro e controle de energia.
- 802.11i: trata de mecanismos de segurança e autenticação.
- 802.11j: trata da operação nas novas bandas 4.9 GHz e 5 GHz disponíveis no Japão.
- 802.1X: é um padrão que define um framework para autenticação baseada em portas e distribuição de chaves para LANs sem fio e com fio [NET 03-2].

Algumas placas WLAN podem suportar tanto o 802.11b quanto o 802.11a e o 802.11g, selecionando automaticamente o melhor sistema. Placas que combinam WLAN com celulares 2.5 G também estão previstas, com capacidade de *roaming* entre WLANs e *General Packet Radio Service* (GPRS) e *Code-Division Multiple Access* (CDMA) 2000 1xRTT [MOL 02].

As próximas seções tratarão dos aspectos de segurança do padrão IEEE 802.11. Novos mecanismos de segurança e de autenticação que estão sendo definidos para suprir necessidades existentes atualmente serão discutidos na seções 5.5.7 (802.11i) e 5.5.8 (802.1X).

5.5.2. Segurança do padrão IEEE 802.11

O padrão 802.11 provê segurança para WLAN com autenticação e cifragem da comunicação. O protocolo especificado pelo IEEE para a segurança em redes sem fio é o *Wired Equivalent Privacy* (WEP), que é alvo de muitas críticas e ataques. O WEP possui uma série de vulnerabilidades, que tornam as redes 802.11 alvos freqüentes de diferentes métodos de ataques que tiram proveito da fraqueza do protocolo.

Um caso interessante que demonstra a fraqueza do WEP aconteceu nos Estados Unidos: análises de segurança em redes sem fio foram conduzidas por empresas especializadas nos aeroportos internacionais de Denver e de San Jose. A análise em Denver revelou que a American Airlines operava uma rede sem fio totalmente em claro (sem o uso de criptografia) no aeroporto. Um fato agravante foi o testemunho de um ataque em tempo real durante a análise [BRE 02-2]. Em San Jose, a análise revelou resultados semelhantes aos de Denver: pouca ou nenhuma proteção contra ataques. Os especialistas puderam monitorar o tráfego de informações confidenciais como operações de *check-in* da American Airlines e Southwest Airlines. Da Southwest, os especialistas obtiveram informações de sistemas *back-end*, incluindo três servidores UNIX rodando Solaris [BRE 02-2].

As implicações dessas vulnerabilidades podem ser sérias: no caso do aeroporto, dependendo das comunicações existentes, um hacker pode, a partir de uma rede sem fio não protegida, obter acesso à rede operacional, que pode incluir operações de vôo, controle de bagagem ou reserva de passageiros [BRE 02-2]. A preocupação com os riscos de ataques terroristas que explorem essas redes de aeroportos fez com que o governo norte-americano colocasse em pauta oficial o assunto, inclusive com a criação do *Critical Infrastructure Protection Board*. O mesmo deve acontecer com as áreas de transportes, energia, comunicação e água [BRE 02-2].

O WEP foi concebido com o objetivo de tornar a comunicação sem fio equivalente à comunicação realizada via redes com fio. Um dos principais problemas a serem resolvidos em redes sem fio é o ataque passivo, como a escuta clandestina. Em redes WLAN, os sinais de rádio emitidos podem propagar-se além da área delimitada, além de passar por muros e outros obstáculos físicos, dependendo da tecnologia utilizada e da força do sinal. Isso o torna diferente de uma rede com fio, onde o acesso ao cabo deve estar disponível para que seja possível a captura de sinais eletromagnéticos. Sem o acesso ao fio, as ondas emitidas são muito fracas, tornando inviável a captura produtiva.

Porém, o papel do WEP não é cumprido com a necessária eficiência, de modo que novos protocolos estão sendo discutidos e definidos, como os que fazem parte dos padrões 802.11i e 802.1X, que serão mostrados nas seções 5.5.7 e 5.5.8, respectivamente.

A próxima sessão apresenta o método de autenticação usado pelo 802.11, e o WEP é apresentado a seguir. A Seção 5.5.5 discutirá os problemas de segurança existentes no WEP, enquanto as seções 5.5.7 e 5.5.8 apresentam as novas especificações que estão sendo desenvolvidas. A Seção 5.5.6 apresentará as recomendações de segurança para a proteção de WLAN.

5.5.3. Autenticação no 802.11

A autenticação é essencial em uma WLAN, para que os participantes de uma comunicação possam ser identificados e a comunicação entre os pontos de acesso e os clientes seja somente entre participantes conhecidos. Porém, será visto que existem limitações quanto a esses requisitos.

O padrão 802.11 provê dois tipos de autenticação:

- *Open system*: todos os usuários podem acessar a WLAN; é o método padrão.
- Chave compartilhada: existe o controle de acesso ao WLAN para prevenção de acessos não autorizados.

Na autenticação *open system*, a autenticação é baseada no conhecimento dos clientes do *Extended Service Set Identification* (ESSID), que identifica cada ponto de acesso (*Access Point*). Também conhecido simplesmente como SSID, o ESSID é um valor programado em cada ponto de acesso para identificar sua sub-rede. Esse valor pode ser usado para a autenticação, de modo que, para as estações que queiram acessar a rede e não sabem o SSID, não são concedidos os acessos [NIC 02]. Esse método, porém, é pouco eficiente em termos de segurança, pois o SSID é transmitido pelo próprio ponto de acesso em intervalos predefinidos de tempo, e pode ser facilmente capturado e utilizado para o acesso à rede.

É essa característica que vem sendo alvo de muitos ataques divulgados na imprensa. O *Wardriving* é uma prática na qual redes WLAN são identificadas usando-se apenas um notebook, um amplificador de sinais (que pode ser uma lata de Pringles), um software apropriado e um carro. O mapeamento é feito passeando-se de carro, enquanto o notebook captura informações sobre as redes identificadas por ele. O mapeamento das redes identificadas, com a devida posição GPS de cada rede, pode ser compartilhado via Internet, em sites como o da Netstumbler [NET 03].

O *Wardriving* tem se expandido de tal forma que a prática chegou aos céus. Apelidado de *Warflying*, um grupo usou um avião privado em San Diego em agosto de 2002 para mapear as WLANs da região. Eles identificaram 437 pontos de acesso e detectaram que apenas 23% das redes possuíam o WEP habilitado. Mais do que isso, eles foram capazes de identificar o comportamento dos administradores de WLANs, que dificilmente modificam os SSIDs padrões, como pode ser visto na Tabela 5.2 [BRE 02][DEL 02]. Sobrevoando a uma altura de 750 metros, eles foram capazes de detectar pontos de acesso a uma distância entre cinco a oito vezes maior que o especificado no padrão, provavelmente devido à ausência de obstruções [DEL 02]. É interessante notar que em um *Warflying* no Vale do Silício, onde se podia supor que existisse maior conscientização, os resultados foram somente um pouco melhores: 33,7% dos 699 APs identificados não usavam nem ao menos o WEP. Porém, o uso de SSIDs padrões foi bem menor, se comparado com San Diego [DEL 02-2].

Tabela 5.2 SSIDs e fabricantes encontrados no *Warflying* em San Diego.

SSIDs		Fabricantes	
Linksys	189	Linksys	257
Default	38	Agere	33
Wireless	14	Apple	33
Carroll	4	Cisco	33
Tsunami	4	D-Link	28
UCS001	3	Delta (Netgear)	18
WLAN	3	Acer	12
Zoom033551	3	Zoom033551	3

O *Warchalking* é uma outra prática muito comum no mundo *wireless*, no qual as redes sem fio são identificadas e marcadas com símbolos no chão ou em paredes. Isso faz com que outros usuários não tenham o trabalho de procurar por acessos livres, bastando identificar tais símbolos. Os símbolos, que podem ser vistos na Figura 5.22, indicam se a rede está aberta, o SSID para o acesso, se usa o WEP, a largura de banda utilizada e o contato para detalhes sobre acessos [WAR 03-3].

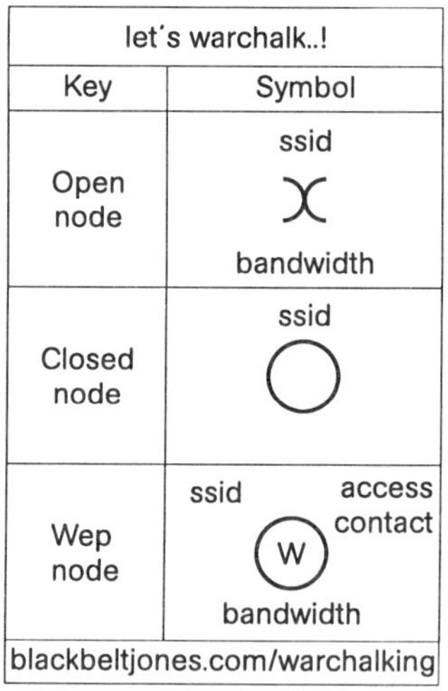

Figura 5.22 Símbolos utilizados no *Warchalking*.

Além do ESSID, alguns fabricantes usam uma tabela de endereços MAC (*Media Access Control*) na lista de controle de acesso (*Access Control List*, ACL) do ponto de acesso. Com essa ACL baseada em endereços MAC, apenas os endereços cadastrados podem acessar a rede, aumentando assim o nível de segurança. Porém, existem técnicas para driblar esse controle de acesso. Os métodos de ataque nesse caso envolvem o ataque ao cache ARP (*ARP Poisoning*) e o *MAC Address Spoofing*, que são fáceis de ser implementados [FLE 01][WRI 03].

Na autenticação com chave compartilhada, a chave é compartilhada entre todas as estações e pontos de acesso em uma WLAN. O método de autenticação é de acordo com a Figura 5.23. Quando uma estação tenta se associar a um ponto de acesso, ele responde com um texto aleatório, que é o desafio da autenticação. A estação deve então usar a chave compartilhada para cifrar o texto-desafio (usando o algoritmo criptográfico RC4) e enviar o texto cifrado de volta ao ponto de acesso. O ponto de acesso, então, decifra a resposta usando a mesma chave compartilhada e compara o resultado com o texto enviado anteriormente. Se o texto é idêntico, o ponto de acesso envia uma mensagem de confirmação à estação e passa a aceitá-lo na rede [NIC 02].

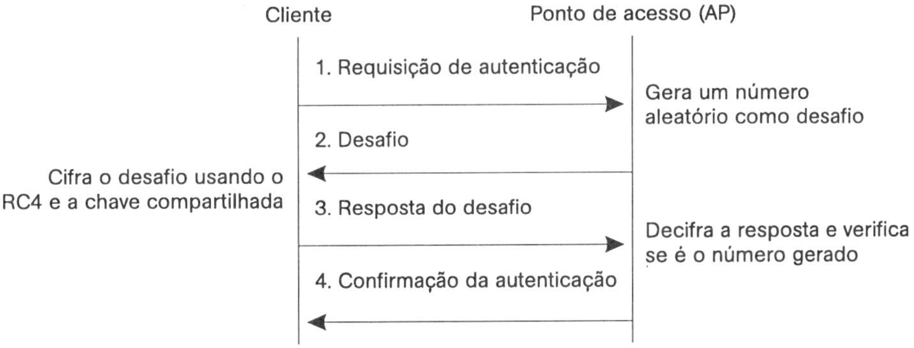

Figura 5.23 Autenticação baseada em chave compartilhada.

A falta de um método de autenticação mútua, onde tanto os clientes quanto os pontos de acessos são autenticados, faz com que ataques do tipo *man-in-the-middle* se tornem fáceis de ser implementados. Os problemas de segurança existentes serão discutidos na Seção 5.5.5.

5.5.4. Wired Equivalent Privacy (WEP)

O WEP usa uma chave secreta que é compartilhada entre a estação *wireless* e o ponto de acesso. Todos os dados enviados e recebidos pela estação podem ser cifrados com essa chave compartilhada. O padrão 802.11 não especifica o modo como a chave é estabelecida [NIC 02], pois normalmente os administradores devem configurar os clientes e o ponto de acesso com a chave escolhida. Isso representa um dos riscos envolvidos com o uso do WEP, que será discutido nas seções posteriores.

O algoritmo criptográfico usado pelo WEP é o RC4, com chaves que variam entre 40 e 128 bits [NIC 02]. O pacote gerado pelo protocolo, que pode ser visto na Figura 5.24, é formado por quatro componentes:

- Vetor de inicialização (*Initialization Vector*, v).
- Byte de identificação da chave (Key ID Byte), para controle.
- Algoritmo de integridade CRC-32 aplicado na *payload*.
- Algoritmo criptográfico RC4 aplicado na *payload* e no resultado do CRC-32.

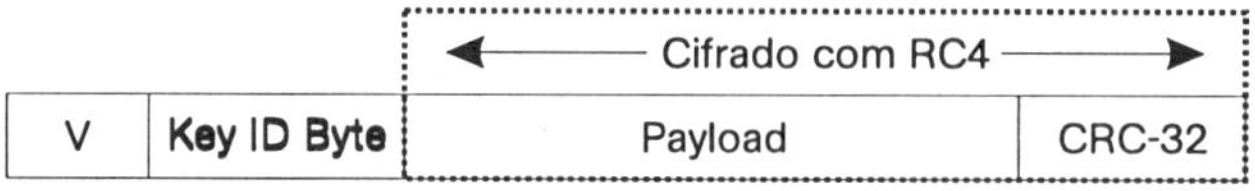

Figura 5.24 Pacote padrão IEEE 802.11.

É possível verificar na Figura 5.24 que o vetor de inicialização (v) é transmitido em claro juntamente com a *payload* protegido pelo RC4. Caso o pacote seja alterado durante a transmissão, o CRC-32 faz a verificação da integridade do pacote. Porém, o fato de o vetor ser transmitido em claro e ser curto, somado ao uso do algoritmo CRC-32, que não é considerado um algoritmo criptográfico, e à forma como o RC4 é usado pelo WEP constituem pontos de vulnerabilidades, que serão mostrados na Seção 5.5.5.

A construção do pacote é feita de acordo com a Figura 5.25. A chave secreta (k) é concatenada a um vetor de inicialização (v) aleatório, que adiciona 24 bits à chave resultante. O resultado é fornecido ao RC4, que gera um *key stream* pseudo-aleatório. Para garantir a integridade da mensagem, um algoritmo de verificação como o CRC-32 é usado. Um valor de checagem de integridade (*Integrity Check Value* — ICV) é gerado e concatenado com o texto em claro. O texto cifrado é o resultado de uma operação XOR do texto em claro concatenado com o ICV, com o *key stream* produzido pelo RC4. A mensagem criada é, assim, formada pelo vetor de inicialização gerado mais o texto cifrado (texto original mais o ICV) [NIC 02].

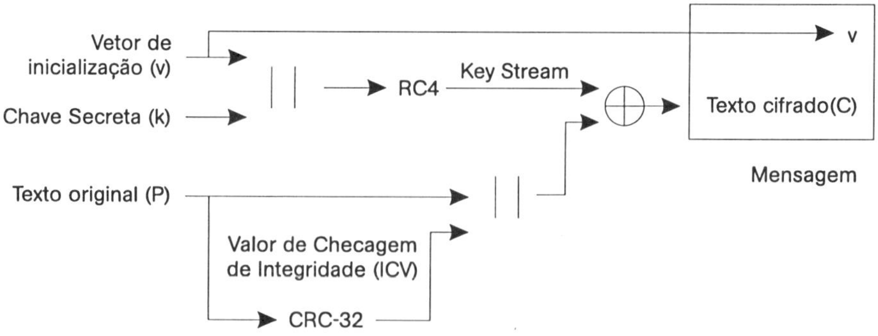

Figura 5.25 Cifragem do WEP.

Algebricamente, a cifragem do WEP é realizada da seguinte maneira:

```
C = P Å RC4(v, k)
```

Durante o processo de cifragem, o *key stream* resultante do RC4, que é baseado no vetor de inicialização (v) e na chave secreta WEP (k), passa por um XOR (Å) com o texto em claro original (P). O resultado é o texto cifrado (C), que é transmitido juntamente com o próprio vetor de inicialização. O texto original (P) é o resultado da concatenação entre a mensagem e o resultado do algoritmo de *checksum* (CRC-32).

A decifragem da mensagem recebida pode ser vista na Figura 5.26. O receptor usa o vetor de inicialização recebido para concatená-lo com a chave secreta compartilhada. O resultado serve como entrada do RC4, no qual o resultado da operação passa por uma operação XOR com o texto cifrado, para gerar o texto original. A checagem da integridade também é realizada no texto decifrado, no qual o resultado da operação, o ICV', é comparado com o ICV recebido e que estava concatenado com o texto original. Se o ICV e o ICV' forem equivalentes, o texto pode ser considerado íntegro [NIC 02].

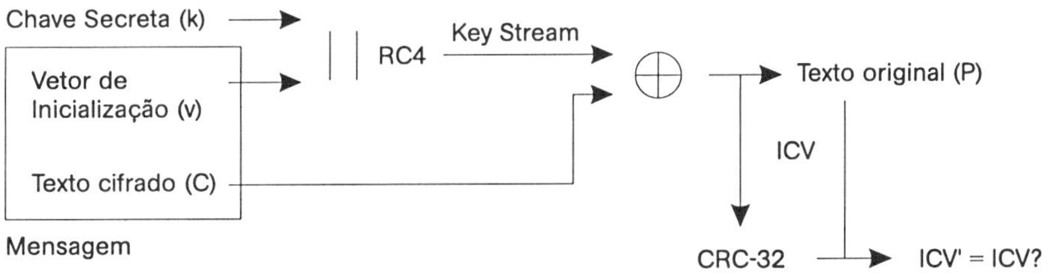

Figura 5.26 Decifragem do WEP.

Algebricamente, a decifragem do WEP é realizada da seguinte maneira:

```
P = C Å RC4(v, k)
```

O *key stream* é o resultado do RC4, que é baseado no vetor de inicialização (v) recebido na mensagem e na chave secreta WEP (k), comum ao cliente e ao ponto de acesso. Ele passa por um XOR (Å) com o texto cifrado que foi recebido (C), resultando no texto original em claro (P).

5.5.5. Ataques ao WEP

Alguns tipos de ataques que podem tirar proveito das fraquezas do WEP são [BOR 02][KAR 02]:

- Ataque passivo para decifrar o tráfego, baseado em análise estatística.
- Ataque ativo para injeção de novo tráfego a partir de uma estação não autorizada, baseado em texto claro conhecido. O ataque é feito inserindo uma nova mensagem no lugar da mensagem original, alterando-se o resultado do CRC-32.
- Ataque ativo para decifrar o tráfego, baseado em ataque ao ponto de acesso.
- Ataque do dicionário no tráfego, que permite posterior decifragem automática de todo o tráfego.

Um problema que pode ser visto no WEP é com relação ao vetor de inicialização [BOR 01][FLU 01][STU 01]. Além de ser enviado em claro, juntamente com o pacote 802.11, seu espaço de 24 bits é relativamente curto. Isso faz com que um mesmo vetor seja reutilizado freqüentemente (colisão de vetores), tornando os ataques para descoberta das mensagens mais fáceis.

O uso de um mesmo vetor de inicialização torna mais fácil a descoberta da mensagem original, como pode ser visto nas equações algébricas a seguir [BOR 01][WAL 00][CRA 02]:

```
C1 = P1 Å RC4(v, k)

C2 = P2 Å RC4(v, k)

C1 Å C2 = (P1 Å RC4(v, k)) Å (P2 Å RC4(v, k))

C1 Å C2 = P1 Å P2
```

É possível verificar que, quando dois *key streams* (RC4(v,k)) iguais são usados, o que é resultado da colisão de v, o *key stream* é cancelado, restando um texto cifrado resultante de XOR de dois textos cifrados (C1 e C2) e um texto em claro resultante de XOR de dois textos em claro (P1 e P2). Com isso, aplicando-se ataques criptográficos com texto em claro conhecido (*known plaintext attack*) ou com texto cifrado escolhido (*chosen ciphertext attack*), pode-se chegar ao texto original em claro. E, com o texto em claro original, pode-se chegar ao *key stream*.

A colisão do vetor de inicialização é mais grave devido ao paradoxo do aniversário (*Birthday Paradox*). O paradoxo do aniversário diz que a chance de duas pessoas de um grupo de 23 pessoas terem a mesma data de aniversário é de 50%. Aplicado ao caso do WEP, o paradoxo faz com que a chance da existência de colisões seja maior que o lógico. Além disso, existe o fato de os vetores voltarem aos seus valores iniciais quando uma placa é reinicializada, o que aumenta as possibilidades de colisões [CRA 02].

Com isso, a captura dos vetores de inicialização que trafegam em claro pelo ar pode tornar possível um ataque em tempo real. Aplicando-se esse método para todos os vetores capturados e armazenando o *key stream* (RC4(v, k)) indexado com seu respectivo v, pode-se chegar ao texto em claro de qualquer pacote, aplicando-se o respectivo *key stream* referente a cada pacote com o seu correspondente vetor de inicialização. Na equação a seguir, pode-se verificar o ataque realizado:

`C = P Å RC4(v, k)`

O texto cifrado (C) e o *key stream* (RC4(v, k)) são conhecidos, bastando, assim, uma operação de XOR para se chegar ao texto original (P).

É interessante notar que esse ataque não necessita nem resulta no conhecimento da chave secreta WEP, pouco importando se a chave é de 40 ou 128 bits. Porém, um ataque para a descoberta da chave WEP também é conhecido. O ataque tira proveito da fraqueza do algoritmo de escolha das chaves do RC4 (*key scheduling algorithm*), que permite que algumas chaves (em grande número) possam ser descobertas com base no conhecimento de alguns bits [FLU 01][STU 01].

Com relação ao CRC-32, a integridade sugerida pelo seu uso não pode ser considerada suficientemente segura, pois é relativamente fácil gerar *checksums* iguais, que fazem com que mensagens possam ser falsificadas ou modificadas [BOR 01]. De fato, o CRC-32 não é considerado um algoritmo criptográfico, capaz de garantir a integridade de mensagens sob o ponto de vista da segurança, mas sim sob o ponto de vista do ruído de comunicação [KAR 02].

Um resumo dos principais problemas de segurança do WEP pode ser visto a seguir:

- Uso de chaves WEP estáticas: a falta de um mecanismo de gerenciamento de chaves faz com que muitos usuários utilizem a mesma chave WEP durante um período de tempo relativamente longo.
- O vetor de inicialização do WEP, de 24 bits, é curto: descobrir o *key stream* é fácil, principalmente em redes com tráfego alto, pois pode existir a repetição constante de *key streams* (colisão de vetores de inicialização).
- O vetor de inicialização faz parte da chave de criptografia do RC4: ataques analíticos podem recuperar a chave.
- Não existe proteção de integridade: o *Cyclic Redundancy Check* (CRC) não é considerado um algoritmo criptográfico e, combinado com um algoritmo de *stream cipher* como o RC4, novas vulnerabilidades são introduzidas. Por exemplo, é fácil pegar um texto conhecido, intencional do atacante, e gerar um CRC válido, independentemente do conhecimento da chave WEP. Esse texto será aceito pelo ponto de acesso e retransmitido para a estação vítima; contudo a mensagem recebida pela estação vítima não tem nenhuma semelhança com o texto construído pelo atacante, o qual ele deseja que seja recebido pela estação víti-

ma, pois é resultado de uma decifragem com chave desconhecida pelo atacante. O texto resultante recebido pela estação será tipicamente lixo, sendo praticamente impossível ao atacante realizar um ataque à aplicação, exceto negação de serviço (DoS), por exercício de seqüências de dados inválidos.

5.5.6. Recomendações de segurança para uso do padrão 802.11

Como foi discutido nas seções anteriores, o uso de WLAN requer uma série de medidas de segurança para que os riscos existentes sejam minimizados. Alguns dos problemas existentes foram vistos na seção anterior, como o uso de chaves estáticas, o tamanho curto do vetor de inicialização e da chave de criptografia, a interação entre o RC4 e o vetor de inicialização e a falta de uma proteção mais eficiente da integridade dos pacotes. Além desses problemas, outros pontos fazem com que as redes sem fio sirvam de ponto de ataque para a rede interna, o que permite que, quem tenha acesso à WLAN, tenha acesso também à rede interna da organização:

- Funções de segurança dos equipamentos internos desabilitados como padrão.
- Chave de criptografia compartilhada: os riscos aumentam exponencialmente quando diferentes usuários compartilham uma mesma chave.
- Chaves de criptografia não são atualizadas com freqüência e de modo automático: as possibilidades de perda com ataques de força bruta não são minimizadas.
- Não existe autenticação do usuário: somente os dispositivos são autenticados, o que faz com que, caso roubado, ele possa acessar a rede.
- Uso somente de identificação baseada em SSID, com a autenticação desabilitada: o acesso indevido à rede torna-se mais provável, pois SSIDs são fáceis de capturar e usar.
- Autenticação do dispositivo é um desafio-resposta com chave compartilhada: em via única (somente o dispositivo é autenticado), é sujeito a ataques de *man-in-the-middle*, o que pode ser evitado com autenticação mútua.
- O cliente não autentica o ponto de acesso: o cliente pode ser autenticado em um ponto de acesso falso.

Assim, a segurança em redes sem fio deve ser planejada de uma forma estratégica, em que a abordagem em camadas pode ser a mais apropriada — aumentar níveis de segurança aplicando medidas de segurança em cada camada. Algumas medidas essenciais para não abrir novas portas de ataques e colocar os negócios em risco são citadas a seguir:

- Habilitar o WEP.
- Mudar a chave WEP freqüentemente.
- Alterar o SSID padrão para outro que não identifique facilmente a organização.
- Usar chave dinâmica de sessão, caso exista no produto.
- Usar autenticação baseada em chave compartilhada ao invés da autenticação aberta (*open system*).
- Considerar o uso do padrão IEEE 802.1X (próxima seção).
- Usar a filtragem baseada em endereços MAC, se existente.
- Usar uma solução de rede privada virtual (*Virtual Private Network* — VPN).
- Manter o inventário de todos os equipamentos sem fio.
- Prevenir acessos não autorizados ao ponto de acesso (*Access Point*, AP).
- Reforçar a política de segurança para os clientes, principalmente com relação ao uso de antivírus e firewall pessoal.
- Tratar a rede sem fio como sendo uma rede não confiável, considerando assim a segmentação de rede e proteção com *firewall* e sistema de detecção de intrusão (*Intrusion Detection System* — IDS), por exemplo.
- Realizar análises de segurança e auditorias freqüentes na rede sem fio.

5.5.7. Wi-Fi Protected Access (WPA) e padrão IEEE 802.11i

Como foi visto na seção anterior, o WEP possui falhas de projetos que envolvem o uso de chaves estáticas, a falta de autenticação mútua e o uso de criptografia fraca, entre outros. Diversos esforços estão sendo desenvolvidos para suprir as necessidades remanescentes, como a especificação de novos padrões de segurança, como o *Wi-Fi Protected Access* (WPA), o IEEE 802.11i, também conhecido como *Task Group I* (TGi), e o 802.1X.

O subgrupo IEEE 802.11i ou TGi tem como objetivo eliminar dois dos principais problemas do WEP, que são o uso de chave estática e a criptografia fraca [NET 03-2]. O TGi desenvolve melhoramentos no *Media Access Control Layer* do 802.11 para ser incorporado aos mecanismos especificados no padrão IEEE 802.1X (Seção 5.5.8). O IEEE 802.11i tem previsão de chegar ao mercado somente em 2004.

Além do padrão 802.11i, a Wi-Fi Alliance está especificando, em conjunto com o IEEE, o *Wi-Fi Protected Access* (WPA), que irá certificar produtos a partir de 2003 [MOL 02][WIFI 02]. O WPA é derivado e será direcionado para o mesmo caminho do padrão 802.11i, tratando de problemas existentes no WEP, como a proteção de dados e o controle de acesso [WIFI 02]. O WPA tem previsão de chegar ao mercado no primeiro semestre de 2003 [WIFI 02].

A melhoria da criptografia de dados, que é fraca no WEP, é feita no WPA pelo *Temporal Key Integrity Protocol* (TKIP). O TKIP usa um conjunto de técnicas para incrementar a segurança [WIFI 02]:

- Função de mistura de chave por pacote.
- Checagem de integridade das mensagens Message Integrity Code (MIC), chamado Michael.
- Nova função de derivação de chave para cada pacote, com um vetor de inicialização maior, de 48 bits.
- Vetor de inicialização estendido com regras de seqüência.
- Seqüenciação de vetores de inicialização, com maior número de vetores.
- Mecanismo de renovação de chaves.

Já o mecanismo de autenticação dos usuários, inexistente no WEP, é feito no WPA pelo 802.1X e pelo *Extensible Authentication Protocol* (EAP), que formam o *framework* de autenticação do WPA. Um servidor central de autenticação, como o RADIUS, é usado e a autenticação mútua — dos usuários e dos pontos de acesso — pode ser realizada [WIFI 02].

É interessante notar que o WPA é um subconjunto de funcionalidades do 802.11i que já está no mercado, como o 802.1X e o TKIP. Outras funcionalidades do 802.11i, como o *hand-off* seguro, re-autenticação, dissociação e algoritmos criptográficos fortes como o *Advanced Encryption Standard* (AES), ainda não fazem parte do WPA, pois ainda estão em fase de especificação [WIFI 02].

5.5.8. Padrão IEEE 802.1X

O IEEE 802.1X é um padrão que define um *framework* para autenticação baseada em portas e distribuição de chaves para LANs sem fio e com fio [NET 03-2]. O padrão 802.1X forma uma peça chave da especificação IEEE 802.11i (Seção 5.5.7) e procura melhorar a segurança com o uso do *Temporal Key Integrity Protocol* (TKIP).

A autenticação baseada em portas de rede do padrão 802.11 é referente à associação entre uma estação e uma AP [MIS 02]. O padrão 802.1X provê um framework de arquitetura onde diferentes métodos de autenticação podem ser usados em diferentes redes, via uso do *Extensible Authentication Protocol* (EAP) [MIS 02].

O EAP possui alguns métodos, como o *Lighweight Extensible Authentication Protocol* (LEAP) ou o *EAP Transport Layer Security* (EAP-TLS), que incluem a geração dinâmica de chaves e a autenticação mútua entre clientes e pontos de acesso, na qual até mesmo certificados digitais podem ser usados [NET 03-2][WIFI 02].

Alguns métodos EAP conhecidos são [DIS 02]:

- EAP-MD5: usa o algoritmo de hash MD5 sobre o nome de usuário e a senha para passar as credenciais para o servidor RADIUS. O EAP-MD5 não oferece gerenciamento de chaves ou geração dinâmica de chaves, sendo necessário o uso de chaves WEP estáticas. O uso de MD5 previne que usuários não autorizados acessem as redes sem fio diretamente, porém não protegem a chave WEP, que ainda pode ser descoberta. O EAP-MD5 não prevê a autenticação mútua, deixando a autenticação do ponto de acesso de lado, o que possibilita a inserção de pontos de acesso não autorizados na rede.
- *Lighweight Extensible Authentication Protocol* (LEAP): esse padrão é desenvolvido pela Cisco, em conjunto com o padrão 802.1X e, assim como o EAP-MD5, permite o uso de usuário e senha para a autenticação no servidor RADIUS. O LEAP implementa a geração dinâmica de chaves WEP para cada sessão, sendo possível sua renovação de acordo com um intervalo de tempo. Isso faz com que ataques conhecidos contra o WEP não sejam efetivos quando o LEAP é usado. O LEAP especifica ainda a autenticação mútua, tanto do dispositivo sem fio quanto do ponto de acesso. O risco existente no LEAP está no mecanismo de passagem de credenciais usado, que é baseado no MS-CHAPv1, o qual possui vulnerabilidades conhecidas.
- *EAP Transport Layer Security* (EAP-TLS): desenvolvido pela Microsoft, o EAP-TLS usa certificados digitais X.509 para a autenticação. O *Transport Layer Security* (TLS) é usado para transmitir as informações de autenticação, e existe a geração dinâmica de chaves WEP e a autenticação mútua. Como certificados digitais são usados, uma infra-estrutura de chaves públicas, com autoridade certificadora, e um serviço de diretório são necessários.
- *EAP Tunneled TLS* (EAP-TTLS): o ponto de acesso identifica-se usando certificados digitais; porém, os usuários usam senhas para a autenticação.
- *Protected EAP* (PEAP): está sendo desenvolvido pela Microsoft e Cisco, e funciona de maneira similar ao EAP-TTLS [DIS 02].

A arquitetura segura para o padrão 802.11, o *Robust Security Network* (RSN), usa o padrão 802.1X como base para o controle de acesso, autenticação e gerenciamento de chaves. Apesar de melhorar o nível de segurança, se comparada com a solução adotada no padrão 802.11b, alguns problemas ainda persistem, como a possibilidade de seqüestro de conexões e ataques *man-in-the-middle*, devido ao método-padrão não permitir a autenticação mútua. Porém, o problema pode ser solucionado com o uso de métodos de autenticação como EAP-TLS, *Internet Key Exchange* (IKE) ou Kerberos, que possibilitam a autenticação mútua [MIS 02].

Os problemas aparecem devido à falta de autenticidade das mensagens, e também da falta de sincronização da máquina de estados [MIS 02].

A máquina de estados clássica do padrão 802.11 pode ser vista na Figura 5.27, onde os dispositivos passam de um estado para outro de acordo com a autenticação e sua associação com a rede WLAN [MIS 02].

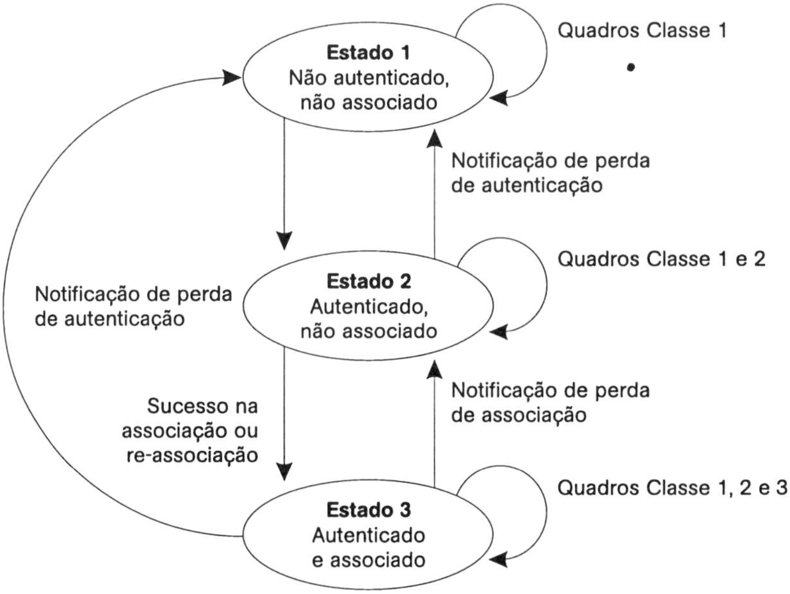

Figura 5.27 Máquina de estados clássica do padrão 802.11.

A Figura 5.28 mostra a máquina de estados do RSN, que define um estado a mais que o padrão clássico do 802.11, que representa o estado de associação à rede robusta segura.

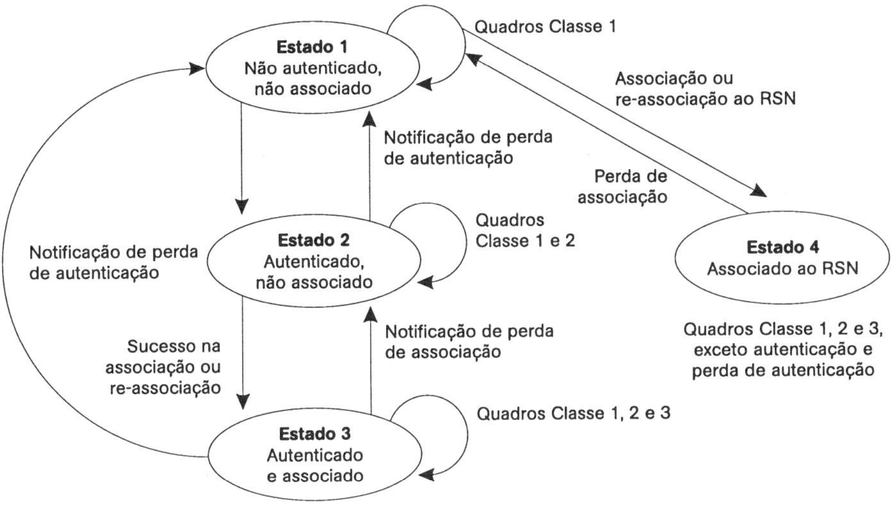

Figura 5.28 Máquina de estados do *Robust Security Network* (RSN).

Apesar de melhorar o nível de segurança das redes sem fio, se comparada com a especificação WEP, o padrão 802.1X ainda admite a possibilidade de seqüestro de conexões. Os passos do ataque podem ser vistos na Figura 5.29, e são [MIS 02]:

- Mensagens 1, 2 e 3: o dispositivo autentica-se no ponto de acesso normalmente. No exemplo, algumas mensagens referentes à autenticação foram omitidas para melhor compreensão.
- Mensagem 4: o atacante envia uma mensagem de dissociação ao dispositivo, usando o endereço MAC do ponto de acesso, fazendo com que o estado do dispositivo mude para não associado, enquanto no ponto de acesso o estado permanece como associado.
- Mensagem 5: o atacante acessa a rede usando o endereço MAC do dispositivo desassociado. Isso é possível porque no ponto de acesso esse endereço continua como associado.

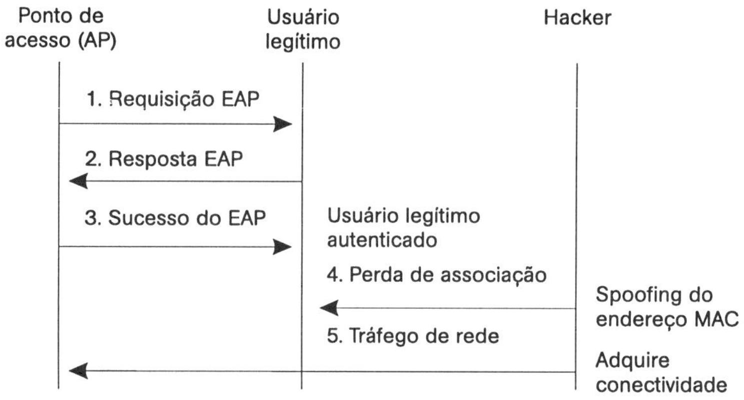

Figura 5.29 Seqüestro de conexão em uma rede padrão IEEE 802.1X.

5.5.9. Recomendações para a proteção de WLANs

Foi visto nas seções anteriores que redes sem fio trazem, ao mesmo tempo, evolução, facilidade de uso, mobilidade e também novos riscos associados ao meio físico e aos novos protocolos. De fato, protocolos como o WEP e especificações como o IEEE 802.11i e IEEE 802.1X foram desenvolvidos para que os riscos inerentes a uma comunicação sem fio fossem minimizados. Porém, foi visto que muitos problemas ainda persistem, de modo que somente o uso da tecnologia não é suficiente para uma proteção adequada.

As redes sem fio, bem como as outras redes, ilustram bem a necessidade de uma estratégia de segurança bem definida, na qual devem ser considerados os aspectos humanos e processuais do ambiente, além dos aspectos tecnológicos. Isso faz com que não só os protocolos e padrões de segurança sejam usados corretamente, mas também os usuários, administradores e executivos saibam dos riscos existentes, e tentem com isso minimizar as perdas potenciais.

O primeiro passo para o uso de redes sem fio nas organizações deve ser o estabelecimento de uma política de uso. Sem essa política, a instalação e o uso indiscriminado de pontos de acesso dentro da organização representam um grande e inadmissível risco, que pode tornar a existência de outros aparatos de segurança, como *firewalls* e sistemas de detecção de intrusões, totalmente inúteis.

De fato, uma nova porta de entrada se abre com a expansão do perímetro da rede, que pode ser usada para acessos indevidos. A agravante é que essa porta é muito maior se comparada com uma rede com fio, pois a limitação física torna-se menor para a execução de ataques.

Algumas recomendações com relação a redes sem fio:

- Considerar a segurança como um processo contínuo.
- Entender os riscos envolvidos antes de começar o uso de sistemas sem fio.
- Entender as implicações técnicas e de segurança.
- Planejar cuidadosamente o uso de novas tecnologias.
- Práticas e controles de gerenciamento de segurança bem estabelecidos.
- Usar controles físicos.
- Habilitar, usar e testar as funções de segurança.

Assim, a política de uso de WLAN é importante e deve considerar pontos como [KAR 02]:

- Identificar quem pode usar WLAN na organização.
- Identificar se o acesso à Internet é necessário.
- Descrever quem pode instalar pontos de acesso e outros equipamentos sem fio.
- Prover limitação no local e segurança física para pontos de acesso.
- Descrever o tipo de informação que pode ser enviado via rede sem fio.
- Descrever condições na qual dispositivos sem fio são permitidos.
- Descrever a configuração-padrão de segurança para pontos de acesso.
- Descrever limitações de como os dispositivos sem fio podem ser usados, como a sua localização, por exemplo.
- Descrever as configurações de hardware e software dos dispositivos sem fio.
- Manter o inventário de todos os pontos de acesso e dispositivos sem fio.
- Desligar o ponto de acesso quando ele não estiver em uso, como em finais de semana.
- Prover guias de como proceder em caso de perdas de dispositivos sem fio e incidentes de segurança.
- Prover guias para proteção dos clientes sem fio para minimizar roubos.
- Prover guias para uso de criptografia.
- Treinamentos e programas de conscientização para reforçar a importância da segurança.
- Definir a freqüência e o escopo de avaliações de segurança, como a descoberta de novos pontos de acesso.

A localização do ponto de acesso é importante, e deve ser bem avaliada para minimizar o *Wardriving*. O controle de acesso físico ao ponto de acesso também deve ser considerado, como o uso de câmeras de vídeo e biometria.

A configuração do ponto de acesso deve ser feita com todo o cuidado possível, levando-se em consideração os seguintes pontos [KAR 02]:

- Mudar a senha-padrão de administrador do equipamento: seguir a política de senhas da organização é essencial, para evitar que senhas-padrões conhecidas, como "xxxx", sejam usadas para ataques. A senha em branco também deve ser evitada a qualquer custo.
- Usar configuração de criptografia apropriada: os equipamentos podem ser configurados para não usar nenhuma criptografia, ou o RC4 com chaves de 40 bits ou 104 bits. Alguns equipamentos suportam 128 bits, porém não são compatíveis com produtos que usam 104 bits. É importante lembrar que existem ataques contra o WEP que independem do tamanho da chave utilizada.
- Controlar a função de *reset*: o *reset* de um ponto de acesso faz com que a configuração padrão do fabricante volte, anulando as configurações do administrador. Com isso, senhas em branco para administração e a falta de uso de criptografia, passam a representar grandes riscos. Negação de serviço também pode acontecer, pois toda a configuração é perdida nessa situação. Além do controle físico, o uso de criptografia para a administração do ponto de acesso e o uso de senha forte evitam o uso do *reset* pela interface de gerenciamento.
- Uso de controle de acesso via MAC: o uso de *Access Control List* (ACL) baseada no endereço MAC incrementa o nível de segurança, ao permitir que somente os equipamentos com a placa cadastrada possam acessar a WLAN. Porém, é preciso saber que com um simples ataque de *ARP Spoofing* é possível driblar essa lista de acesso, alterando o endereço da placa por um que está cadastrado na AP. Além disso, em redes grandes, a administração dessa funcionalidade pode tornar-se extremamente dispendiosa.
- Alteração do SSID: alterar o SSID padrão faz com que tentativas menos sofisticadas não tenham sucesso em acessar sua rede. Apesar disso, é possível capturar o SSID normalmente, via *Beacon Frames* ou *broadcast* do SSID;
- Aumentar o intervalo dos *Beacon Frames*: os *Beacon Frames* são usados para anunciar a existência de uma rede *wireless*. Aumentar o intervalo faz com que o SSID seja transmitido com menos freqüência, diminuindo as chances de ele ser capturado. Os *Beacon Frames* fazem com que os clientes localizem um ponto de acesso e iniciem a negociação de parâmetros para o acesso. Alguns equipamentos, como o da Lucent, permitem que os *Beacon Frames* sejam desabilitados.
- Desabilitar o *broadcast* do SSID: uma requisição para o *broadcast* do SSID pode ser feita enviando-se à AP um SSID de zero byte, que é o *broadcast* SSID. Essa característica deve ser desabilitada.

- Mudar a chave criptográfica padrão: a chave compartilhada de autenticação-padrão do fabricante é conhecida e pode ser usada para o acesso indevido à sua rede; portanto, deve ser modificada. A política de segurança da organização deve levar em consideração essa mudança, e também a mudança da chave compartilhada de tempos em tempos, principalmente quando algum funcionário deixa a organização. Esse é um problema do uso de chaves compartilhadas.
- Usar o SNMP corretamente: o uso do SNMP para o gerenciamento dos dispositivos deve levar em consideração o uso de versão mais segura do protocolo (SNMPv3), a mudança das *strings* de comunidade do SNMP e também os privilégios de acesso.
- Mudar o canal padrão: a mudança faz com que interferências de rádio sejam minimizadas e, conseqüentemente, as chances de negação de serviço.
- Usar o DHCP: o *Dynamic Host Control Protocol* (DHCP) atribui endereços IP dinamicamente aos dispositivos que se comunicam com APs. Os riscos existentes de acesso indevido podem ser minimizados usando-se endereços IP fixos, conhecidos por usuários autênticos. A carga administrativa pode ser grande, como a que existe no uso de ACL de endereços MAC.

A política de segurança deve também contemplar especificamente não somente as redes sem fio, mas outras tecnologias, antes da sua implantação e também para sua manutenção. Apesar de serem obrigação dos administradores de rede, os seguintes pontos são importantes para a manutenção do ambiente sem fio e a organização como um todo [KAR 02]:

- Manutenção do entendimento da topologia da rede sem fio.
- Manutenção do inventário dos dispositivos sem fio.
- Uso de backups freqüentes.
- Execução de testes periódicos de segurança e avaliação da rede sem fio.
- Auditoria de segurança freqüente para monitorar e identificar dispositivos sem fio.
- Acompanhar *patches* de segurança dos equipamentos do inventário.
- Acompanhar mudanças de padrões e características novas de segurança em novos produtos.
- Monitorar a tecnologia com relação a novas ameaças e vulnerabilidades.

5.6. Conclusão

As redes sem fio representam uma nova forma de acesso aos usuários e trazem grandes benefícios. Porém, elas trazem consigo alguns riscos inerentes às novas tecnologias, que podem tornar o seu uso limitado a algumas situações que não envolvam informações críticas. Dessa forma, a segurança em redes sem fio deve tratar de aspectos particulares existentes no modo de transmissão, estabelecimento de conexão no nível de enlace e dos dispositivos. Para camadas superiores, como nas aplicações e na camada de rede, que é normalmente o IP, soluções existentes para a rede tradicional com fio podem ser usadas para reforçar a proteção. A diversidade do conjunto de mecanismos de defesa reforça a necessidade de uma estratégia de proteção adequada, em que diferentes técnicas em diferentes níveis devem ser usadas para que os riscos sejam minimizados.

Uma série de questões ainda precisa ser desenvolvida, principalmente com relação à mobilidade, que envolve segurança em diferentes aspectos, introduzindo novos riscos aos usuários e, conseqüentemente, às organizações.

Parte II

Técnicas e tecnologias disponíveis para defesa

Nos próximos capítulos, o leitor encontrará informações sobre os recursos disponíveis para a defesa da organização, dentro do mundo virtual em que está inserida, através da Internet.

Tudo começa com a definição de uma política de segurança, documento que norteará todas as ações relacionadas à segurança. Sua concepção é necessariamente realizada em uma abordagem a partir do topo, com o assunto sendo detalhado progressivamente. Tal processo, eventualmente, nos leva ao momento de especificar desde o tipo de tráfego de dados permitido através do *firewall* da organização até os procedimentos de emergência a serem tomados em caso de um incidente de segurança.

Firewalls são a primeira linha de defesa, delimitando a organização virtual e impedindo uma exposição direta aos ataques de origem externa. A tecnologia de *firewalls* evoluiu e hoje há diversas funcionalidades sob a alçada dos mesmos, tais como filtragem, proxying, NAT e até VPN, que serão vistas posteriormente. *Firewalls* não podem impedir todos os tipos de ataque, especialmente contra máquinas na rede de perímetro (DMZ). O monitoramento é necessário para detectar eventuais sobreposições das barreiras, o que pode ser automatizado por meio dos sistemas de detecção de intrusões (IDSs).

A criptografia, em suas diversas facetas, tem muito a contribuir para a segurança de redes, auxiliando até mesmo os sistemas de autenticação. Neste sentido, serão apresentados algoritmos básicos, alguns ataques aos mesmos e comparações de grau de segurança provido. Uma infra-estrutura de chaves públicas permite resolver uma série de problemas de autenticação e, portanto, o conhecimento de seu funcionamento é importante para a obtenção de sistemas mais seguros. A criptografia é também fundamental para a montagem de VPNs, cada vez mais usadas nos ambientes de rede modernos.

Esse conjunto de ferramentas, se bem empregado, pode contribuir para a obtenção de ambientes cooperativos seguros.

Capítulo 6

Política de segurança

Este capítulo tem como objetivo demonstrar a importância da política de segurança, discutindo pontos como seu planejamento, seus elementos, as questões a serem tratadas e os maiores obstáculos a serem vencidos, principalmente em sua implementação. Alguns aspectos específicos que devem ser considerados pela política também são exemplificados, como a política de senhas, o *firewall* e o acesso remoto, chegando até à discussão da política de segurança em ambientes cooperativos, os quais têm suas particularidades.

6.1 A IMPORTÂNCIA

A política de segurança é a base para todas as questões relacionadas à proteção da informação, desempenhando um papel importante em todas as organizações. A necessidade de estabelecer uma política de segurança é um fato realçado unanimemente em recomendações provenientes tanto do meio militar (como o *Orange Book* do Departamento de Defesa dos Estados Unidos) como do meio técnico (como o *Site Security Handbook* [*Request for Comments* — RFC] 2196 do *Institute Engineering Task Force*, IETF) e, mais recentemente, do meio empresarial (norma *International Standardization Organization/International Electricaltechnical Commission* (ISO/IEC) 17799).

Seu desenvolvimento é o primeiro e o principal passo da estratégia de segurança das organizações. É por meio dessa política que todos os aspectos envolvidos na proteção dos recursos existentes são definidos e, portanto, grande parte do trabalho é dedicado à sua elaboração e ao seu planejamento. No entanto, veremos que as maiores dificuldades estão mais na sua implementação do que em seu planejamento e elaboração.

A política de segurança é importante para evitar problemas, como os que foram enfrentados pela Omega Engineering Corp. A organização demitiu Timothy A. Lloyd, responsável pela segurança de sua rede e funcionário da companhia durante 11 anos. Essa demissão causou sérias e caras conseqüências para a Omega. A falta de uma política de segurança quanto ao acesso de funcionários demitidos fez com que Lloyd implantasse uma bomba lógica na rede, que explodiu três semanas após ele ter deixado a organização. Os prejuízos decorrentes dessa ação foram calculados em dez milhões de dólares [ULS 98].

Assim, a política de segurança trata dos aspectos humanos, culturais e tecnológicos de uma organização, levando também em consideração os processos e os negócios, além da legislação local. É com base nessa política de segurança que as diversas normas e os vários procedimentos devem ser criados.

Além de seu papel primordial nas questões relacionadas com a segurança, a política de segurança, uma vez fazendo parte da cultura da empresa, tem uma importante função como facilitadora e simplificadora do gerenciamento de todos os seus recursos. De fato, o gerenciamento de segurança é a arte de criar e administrar a política de segurança, pois não é possível gerenciar o que não pode ser definido.

6.2 O PLANEJAMENTO

O início do planejamento da política de segurança exige uma visão abrangente, de modo que os riscos sejam entendidos para que possam ser enfrentados. Normalmente, a abordagem com relação à segurança é reativa, o que pode, invariavelmente, trazer futuros problemas para a organização. A abordagem pró-ativa é, portanto, essencial e depende de uma política de segurança bem definida, na qual a definição das responsabilidades individuais deve estar bem clara, de modo a facilitar o gerenciamento da segurança em toda a organização.

Ter uma política pró-ativa também é fundamental, pois, sem essa abordagem, a questão da segurança das informações não é 'se', mas sim 'quando' o sistema será atacado por um *hacker*. De fato, de acordo com uma pesquisa da Computer Security Institute, 12% das organizações não sabem ao menos se sua organização já sofreu um incidente de segurança na pesquisa de 2002, pois em 2001 foram apontados 11% [CSI 01]. No Brasil, a porcentagem cresce para 32%, bem maior do que acontece nos Estados Unidos [MOD 02].

O apoio dos executivos é importante para que isso aconteça, o que faz com que os recursos financeiros para as soluções necessárias sejam garantidos. Quando uma política de segurança é planejada e definida, os executivos demonstram claramente o seu comprometimento e apoio à segurança da informação de toda a organização. Um ponto importante para que a política tenha o seu devido peso dentro da organização é que ela seja aprovada pelos executivos, publicada e comunicada para todos os funcionários, de forma relevante e acessível.

O planejamento da política de segurança deve ser feito tendo como diretriz o caráter geral e abrangente de todos os pontos, incluindo as regras que devem ser obedecidas por todos. Essas regras devem especificar quem pode acessar quais recursos, quais são os tipos de usos permitidos no sistema, bem como os procedimentos e controles necessários para proteger as informações.

Uma visão geral do planejamento pode ser observada na Figura 6.1, na qual a pirâmide mostra que a política fica no topo, acima das normas e procedimentos. A política é o elemento que orienta as ações e as implementações futuras, de uma maneira global, enquanto as normas abordam os detalhes, como os passos da implementação, os conceitos e os projetos de sistemas e controles. Os procedimentos são utilizados para que os usuários possam cumprir aquilo que foi definido na política e os administradores de sistemas possam configurar os sistemas de acordo com a necessidade da organização.

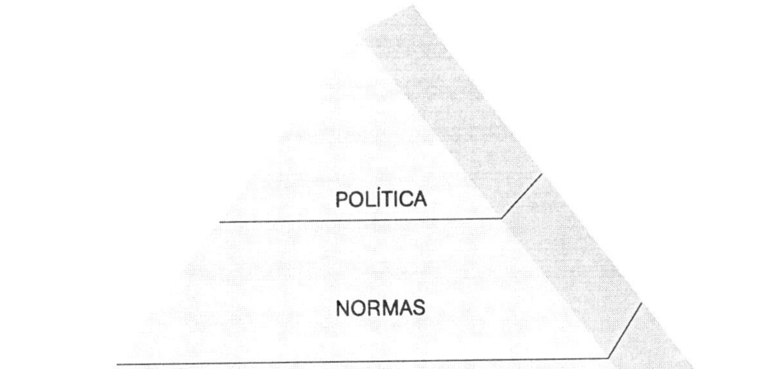

Figura 6.1 O planejamento da política de segurança.

As três partes da pirâmide podem ser desenvolvidas com base em padrões que servem de referência para a implantação das melhores práticas, como os padrões *British Standard* (BS) 7799 e ISO 17799. O BS 7799 é um padrão internacionalmente reconhecido para a implementação de controles de segurança e foi publicado pela British Standard, pela primeira vez, em 1995. Ele foi atualizado em 1999, com o objetivo de incorporar práticas de segurança em comércio eletrônico. A política de segurança pode ser definida com base nessa referência, levando-se em consideração os pontos específicos relevantes para o contexto e a realidade de cada organização.

O padrão da British Standard foi desenvolvido por um comitê composto por órgãos governamentais e empresas privadas, como HSBC, Lloyds, KPMG, Shell e Unilever, e é dividido em duas partes:

- BS 7799 Parte 1, de 1995: conjunto de práticas para o gerenciamento da segurança da informação.
- BS 7799 Parte 2, de 1998: especificação para sistemas de gestão de segurança da informação.

O ISO/IEC 17799 é uma versão internacional do BS 7799, adotada pela *International Standardization Organization* (ISO) e pelo *International Electricaltechnical Commission* (IEC), resultante de diversas sugestões e alterações, e existe desde 10 de dezembro de 2000. No Brasil, a Associação Brasileira de Normas Técnicas (ABNT) traduziu a norma da ISO e conferiu-lhe a denominação de NBR ISO/IEC 17799, em 2001.

Assim, a política de segurança pode ser definida com base em padrões de referência, como o NBR ISO/IEC 17799. Assim como as certificações em qualidade, como o ISO 9000, certificações em segurança da informação, como o ISO/IEC 17799, possuirão um valor cada vez mais crescente como diferenciais competitivos na Era da Informação. Isso demonstra a importância da política de segurança, que no Brasil é realidade em 39% das organizações. Segundo a pesquisa, 16% das organizações possuem uma política desatualizada, 30% possuem uma política em desenvolvimento e 15% não possuem uma política formalizada [MOD 02].

A política de segurança pode também ser dividida em vários níveis, partindo de um nível mais genérico (para que os executivos possam entender o que está sendo definido), passando pelo nível dos usuários (para que eles tenham consciência de seus papéis para a manutenção da segurança na organização) chegando ao nível técnico (que se refere aos procedimentos específicos, como a definição e a implementação das regras de filtragem do *firewall*).

6.3 Os elementos

Os elementos que uma política de segurança adequada deve possuir dizem respeito a tudo aquilo que é essencial para o combate às adversidades. O que deve ser mantido não é apenas a proteção contra os ataques de *hackers*, mas também a disponibilidade da infra-estrutura da organização. Esses elementos essenciais para a definição da política de segurança e para sua implantação são [HUR 99]:

- Vigilância: significa que todos os membros da organização devem entender a importância da segurança para a mesma, fazendo com que atuem como guardiões da rede, evitando-se, assim, abusos sistêmicos e acidentais. Quanto ao aspecto técnico, a vigilância significa um processo regular e consistente, que inclui o monitoramento dos sistemas e da rede. Alguns desses aspectos são a definição de como responder a alarmes e alertas, como e quando checar a implementação e as mudanças nos dispositivos de segurança e como ser vigilante com relação às senhas dos usuários (Seção 6.8).
- Atitude: significa a postura e a conduta quanto à segurança. Sem a atitude necessária, a segurança proposta não terá nenhum valor. Como a atitude não é apenas reflexo da capacidade, e sim um reflexo inspirado pelo treinamento e pelas habilidades, é essencial que a política definida seja de fácil acesso e que seu conteúdo seja de conhecimento de todos os funcionários da organização. Além disso, é também crucial que esses usuários tenham compreensão e cumplicidade quanto à política definida, o que pode ser conseguido por meio da educação, da conscientização e do treinamento. Atitude significa também o correto planejamento, pois a segurança deve fazer parte de um longo e gradual processo dentro da organização.
- Estratégia: diz respeito a ser criativo quanto às definições da política e do plano de defesa contra intrusões, além de possuir a habilidade de ser adaptativo a mudanças no ambiente, tão comuns no meio cooperativo. A estratégia leva também em consideração a produtividade dos usuários, de forma que as medidas de segurança a serem adotadas não influenciem negativamente no andamento dos negócios da organização.
- Tecnologia: a solução tecnológica deve ser adaptativa e flexível, a fim de suprir as necessidades estratégicas da organização, pois qualquer tecnologia um pouco inferior resulta em um falso e perigoso senso de segurança, colocando em risco toda a organização. Portanto, a solução ideal que uma organização pode adotar não é um produto, e sim uma política de segurança dinâmica, segundo a qual múltiplas tecnologias e práticas de segurança são adotadas.

Esse é o ponto que leva ao conceito de *firewall* cooperativo, que será visto no Capítulo 13.

- Assim, vigilância, atitude, estratégia e tecnologia (Figura 6.2) podem ser considerados os fatores de sucesso da política de segurança.

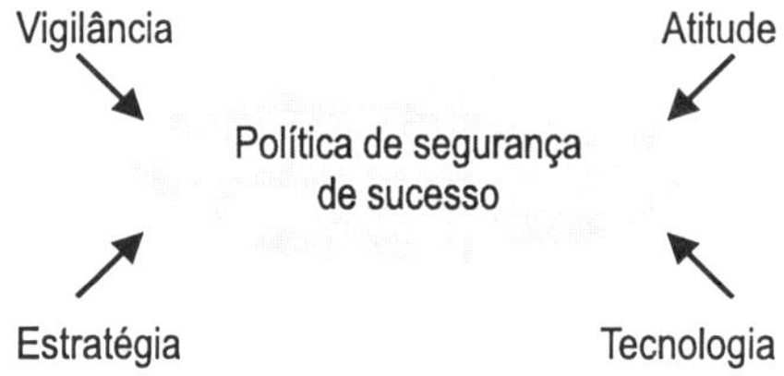

Figura 6.2 Fatores de sucesso da política de segurança.

Levando-se isso em consideração e segundo a norma ISO/IEC 17799, a política de segurança deve seguir pelo menos as seguintes orientações:

- Definição de segurança da informação, resumo das metas, do escopo e a importância da segurança para a organização, enfatizando seu papel estratégico como mecanismo para possibilitar o compartilhamento da informação e o andamento dos negócios.
- Declaração do comprometimento do corpo executivo, apoiando as metas e os princípios da segurança da informação.
- Breve explanação das políticas, princípios, padrões e requisitos de conformidade de segurança no contexto específico da organização, por exemplo:
  - Conformidade com a legislação e eventuais cláusulas contratuais;
  - Requisitos na educação e treinamento em segurança;
  - Prevenção e detecção de vírus e programas maliciosos;
  - Gerenciamento da continuidade dos negócios;
  - Conseqüências das violações na política de segurança;
  - Definição de responsabilidades gerais e específicas na gestão da segurança de informações, incluindo o registro dos incidentes de segurança;
  - Referências que possam apoiar a política, por exemplo, políticas, normas e procedimentos de segurança mais detalhados de sistemas ou áreas específicas, ou regras de segurança que os usuários devem seguir.

Assim, a política de segurança não deve conter detalhes técnicos específicos de mecanismos a serem utilizados ou procedimentos que devem ser adotados por indivíduos particulares, mas, sim, regras gerais e estruturais que se aplicam ao contexto de toda a organização. Com isso, a política pode ser flexível o suficiente para que não sofra alterações freqüentes. Além disso, ela pode ser abrangente o bastante para abarcar possíveis exceções.

Uma característica importante de uma política é que ela deve ser curta o suficiente para que seja lida e conhecida por todos os funcionários da empresa. A essa política de alto nível devem ser acrescentados políticas, normas e procedimentos específicos para setores e áreas particulares, como por exemplo, para a área de informática.

A Seção 6.12 apresenta um exemplo de uma estrutura de política de segurança.

6.4 Considerações sobre a segurança

Antes de desenvolver a política de segurança, é necessário que os responsáveis pela sua criação tenham o conhecimento dos diversos aspectos de segurança (Figura 6.3), além da familiarização com as questões culturais, sociais e pessoais que envolvem o bom funcionamento da organização.

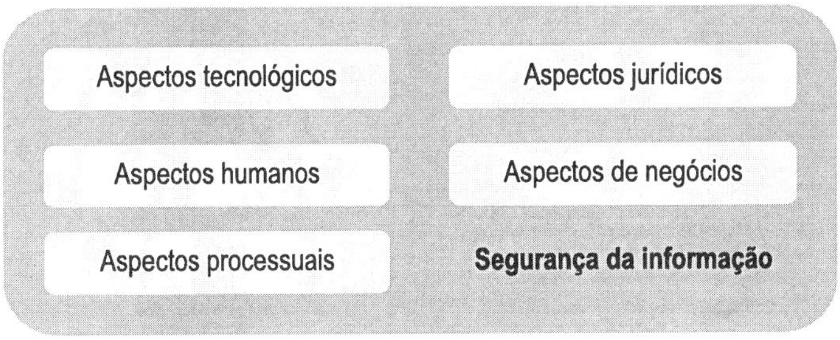

Figura 6.3 Os aspectos envolvidos na proteção da informação.

Algumas das considerações sobre a segurança, importantes para a definição de uma boa política de segurança, são:

- Conheça seus possíveis inimigos: identifique o que eles desejam fazer e os perigos que eles representam à sua organização.
- Contabilize os valores: a implementação e o gerenciamento da política de segurança geram um aumento no trabalho administrativo e educacional, o que pode significar, além da necessidade de mais recursos pessoais, a necessidade de significativos recursos computacionais e de hardwares dedicados. Os custos das medidas de segurança devem, portanto, ser compatíveis e proporcionais às necessidades da organização e às probabilidades de ocorrerem incidentes de segurança.

- Identifique, examine e justifique suas hipóteses: qualquer hipótese esquecida ou não divulgada pode causar sérios problemas de segurança. Uma única variável pode mudar completamente a estratégia de segurança de uma organização.
- Controle seus segredos: muitos aspectos da segurança têm como base os segredos, que devem, portanto, ser guardados 'a sete chaves'.
- Avalie os serviços estritamente necessários para o andamento dos negócios da organização: foi mostrado nas seções 3.8 e 3.9 que a segurança é inversamente proporcional às funcionalidades e que ela pode influir na produtividade dos usuários. Determinar e justificar cada serviço permitido é essencial para evitar conflitos futuros com os usuários.
- Considere os fatores humanos: muitos procedimentos de segurança falham, porque as reações dos usuários a esses procedimentos não são consideradas. Senhas difíceis que, para serem utilizadas, são 'guardadas' sob o teclado, por exemplo, podem comprometer a segurança tanto quanto uma senha fácil de ser decifrada. As boas medidas de segurança garantem que o trabalho dos usuários não seja afetado, e cada usuário deve ser convencido da necessidade de cada medida a ser adotada. Eles devem entender e aceitar essas exigências de segurança. Uma boa estratégia é a formalização de um treinamento de segurança para todos os funcionários da organização, antes de liberar seu acesso à rede. Isso faz com que as idéias gerais de proteção dos recursos da organização sejam divulgadas e transmitidas, como o compromisso de nunca fornecer senhas por e-mail ou telefone, ou a maneira mais segura de se navegar pela Internet. Considerar os fatores humanos minimiza a chance de sucesso dos ataques que usam a engenharia social (Seção 4.5.2).
- Conheça seus pontos fracos: todo sistema tem suas vulnerabilidades. Conhecer e entender esses pontos fracos permite que o primeiro passo para proteger o sistema de maneira eficiente seja definido.
- Limite a abrangência do acesso: barreiras como uma zona desmilitarizada (DMZ), que será abordada no Capítulo 6, fazem com que, caso um sistema seja atacado, o restante da rede não seja comprometido. A parte segura de uma rede é tão 'forte' quanto sua parte menos protegida.
- Entenda o ambiente: entender o funcionamento normal da rede é importante para detectar possíveis comportamentos estranhos, antes que um invasor cause prejuízos. Os eventos incomuns na rede podem ser detectados com a ajuda de ferramentas específicas, como o sistema de detecção de intrusão (*Intrusion Detection System*, IDS), que será discutido no Capítulo 7.

- Limite a confiança: é essencial estar atento e vigilante, principalmente quanto a programas de software que tenham muitos *bugs* e que podem comprometer a segurança do ambiente. Não se pode confiar totalmente em todos os sistemas e usuários da organização, e é preciso estar sempre atento a comportamentos anormais.
- Nunca se esqueça da segurança física: o acesso físico indevido a equipamentos ou roteadores pode destruir todas as medidas de segurança adotadas. Incidentes naturais, como incêndios ou terremotos, também resultam na indisponibilidade e perda de recursos. O controle de acesso físico e o plano de contingência deve, portanto, fazer parte da política de segurança da organização.
- A segurança é complexa: qualquer modificação em qualquer peça do ambiente pode causar efeitos inesperados no nível de segurança, principalmente, por exemplo, quando novos serviços são adicionados. Entender as implicações de segurança em cada aspecto envolvido é importante para a manipulação e o gerenciamento correto de todas as variáveis envolvidas.
- A segurança deve ser aplicada de acordo com os negócios da organização: entender os objetivos de negócios da organização é importante para a definição de sua estratégia de segurança. Uma organização que resolveu se dedicar ao *e-Commerce*, por exemplo, vendendo seus produtos pela Internet, deve dar atenção especial às estratégias de proteção da infra-estrutura de vendas online e à privacidade de seus clientes.
- "As atividades de segurança formam um processo constante, como carpir a grama do jardim. Se isso não for feito regularmente, a grama (ou os *hackers*) cobrirá o jardim." — Gembricki da Warrom [DID 98].

Essas considerações demonstram a importância de uma visão abrangente da segurança, o que torna o desafio da proteção dos negócios ainda maior.

6.5 Os pontos a serem tratados

A política de segurança, definida de acordo com os objetivos de negócios da organização, deve existir de maneira formal, pois somente assim é possível implementar efetivamente a segurança. Caso isso não ocorra, os administradores de segurança devem documentar todos os aspectos a serem tratados, sendo imprescindível que a aprovação do executivo seja formalizada. Tal formalidade evitará que, no futuro, as responsabilidades recaiam totalmente sobre os administradores, além de impedir situações em que ocorram eventos que não são do conhecimento dos executivos e tragam conseqüências inesperadas e tensões desnecessárias à organização. Além do mais, a política de segurança formal é essencial, porque as responsabilidades quanto às questões de segurança, caso não estejam definidas na respectiva política, devem ser dos executivos, e não dos administradores de segurança.

De qualquer forma, é de responsabilidade dos administradores alertar sobre as questões de segurança e implementar as medidas definidas na política. Participar da definição dessa política, que envolve os aspectos de toda a organização, também é essencial, assim como determinar as normas e os procedimentos.

Sob a perspectiva do usuário, é essencial que exista sua participação no trabalho de desenvolvimento da política e também na definição das normas e procedimentos a serem adotados. Esse envolvimento é importante, porque medidas de segurança que atrapalham o usuário, invariavelmente, falham, como foi mostrado na Seção 3.9. As medidas devem ter a máxima transparência possível para o usuário, de modo que as necessidades de segurança da organização estejam em conformidade com suas próprias necessidades.

Assim, uma política de segurança adequada deve tratar não só dos aspectos técnicos, mas principalmente daqueles relacionados ao trabalho, às pessoas e ao gerenciamento, como pode ser visto no exemplo da Seção 6.12. Ela deve abordar, especialmente, os aspectos do cotidiano, como, por exemplo, a definição dos cuidados necessários com documentos em mesas de trabalho e até mesmo com o lixo, pois esse é um dos locais mais explorados à procura de informações confidenciais (Seção 4.5.1).

Os aspectos culturais e locais também devem ser considerados na elaboração da política de segurança, pois eles influenciam diretamente na sua efetividade. A política de demissão de funcionários por falha na escolha de senhas, por exemplo, poderia ser aplicada nos Estados Unidos, mas na Europa o funcionário demitido poderia ganhar um processo na justiça. Essas peculiaridades existentes em diferentes culturas fazem com que a ajuda de um profissional local, para o desenvolvimento ou a adequação da política da organização, seja um ponto importante a ser considerado.

A política de segurança deve definir também, do modo mais claro possível, as punições e os procedimentos a serem adotados, no caso do não-cumprimento da política definida. Esse é um aspecto importante que precisa ser definido, para que os abusos sejam evitados e os usuários tenham consciência de que a política de segurança é importante para o sucesso da organização.

Alguns detalhes relevantes em uma política de segurança podem ser inseridos nas normas e procedimentos específicos. Por exemplo, alguns detalhes que podem ser definidos com base na análise do ambiente da rede e de seus riscos, são:

- A segurança é mais importante do que os serviços. Caso não haja conciliação, a segurança deve prevalecer, a não ser que os executivos assumam formalmente os eventuais riscos existentes.
- A política de segurança deve evoluir constantemente, de acordo com os riscos e as mudanças na estrutura da organização.
- Aquilo que não for expressamente permitido será proibido. O ideal é restringir tudo, e os serviços só poderão ser liberados caso a caso, de acordo com sua análise e a dos riscos relacionados.
- Nenhuma conexão direta com a rede interna, originária externamente, deverá ser permitida sem que um rígido controle de acesso seja definido e implementado.
- Os serviços devem ser implementados com a maior simplicidade possível, evitando-se a complexidade e a possibilidade de configurações erradas.
- Devem ser realizados testes, a fim de garantir que todos os objetivos sejam alcançados.
- O acesso remoto discado, quando necessário, deve ser protegido com a utilização de um método de autenticação eficiente e com a criptografia dos dados.
- Nenhuma senha deve ser fornecida 'em claro', ou seja, sem a utilização de criptografia. Caso isso não seja possível, o ideal é utilizar o *one-time password* (Capítulo 10).
- As informações utilizadas na computação móvel, principalmente em notebooks, devem ser cifradas via uso de redes privadas virtuais — *Virtual Private Network* — VPN (Capítulo 9).

6.6 A implementação

A implementação pode ser considerada a parte mais difícil da política de segurança. Sua criação e definição envolvem conhecimentos abrangentes de segurança, ambiente de rede, organização, cultura, pessoas e tecnologias, sendo uma tarefa complexa e trabalhosa. Porém, a dificuldade maior reside na implementação dessa política criada, quando todos os usuários da organização devem ter o conhecimento da referida política, todas as mudanças sugeridas devem ser implementadas e aceitas por todos e todos os controles definidos devem ser implantados com sucesso. Isso faz com que um ponto importante para a aceitação e conformidade com a política definida seja a educação, pois a falta de conscientização dos funcionários acerca da importância e relevância da política é torná-la inoperante ou reduzir sua eficácia.

Com uma divulgação efetiva, a política de segurança deverá tornar-se parte da cultura da organização, disseminando as regras estruturais e os controles básicos da segurança da informação no contexto da organização e conscientizando a todos. Alguns exemplos de formas de divulgação que podem ser utilizadas são:

- Comunicação interna (e-mails, painéis, páginas na intranet).
- Reuniões de divulgação e conscientização.
- Treinamento específico ou inclusão em programas vigentes.
- Dramatização de exemplos práticos em curtas peças teatrais.
- Incorporação ao programa de recepção a novos funcionários.
- Pôsteres, protetores de tela e *mouse pads* podem ser utilizados para oferecer dicas de segurança, lembrando a todos da importância da segurança de informações.

Além dos programas de divulgação e conscientização, os executivos devem seguir fielmente a política e valorizá-la, servindo de exemplo para todos os demais.

Os esforços necessários para a implantação da segurança podem levar anos até que se consiga o resultado esperado, o que faz com que um planejamento a longo prazo seja essencial, bem como a aprovação formal de todos os seus passos.

Assim, o ideal é que a segurança tenha seu 'espaço' determinado no orçamento das organizações, com seus devidos planejamentos, equipes e dependências. Além disso, é interessante que ela seja considerada como uma área funcional da organização, como a área financeira ou a área de marketing, afinal, a segurança é cada vez mais estratégica para todas as organizações, principalmente em ambientes cooperativos, como pôde ser visto no Capítulo 3.

Um ponto importante quanto à política de segurança é que, ao contrário da percepção inicial, seu desenvolvimento ajuda a diminuir, e não a aumentar, os custos operacionais. Isso ocorre porque a especificação dos recursos a serem protegidos, dos controles e das tecnologias necessárias, e de seus respectivos valores, resulta em um melhor controle. Além disso, ela também possibilita o gerenciamento da segurança em nível organizacional, em oposição à dificuldade de gerenciamento de soluções isoladas de fornecedores aleatórios.

Uma vez que todos os funcionários da organização conheçam a sua política de segurança e passem a aplicá-la, é necessário que as ações de todos passem a ser verificadas quanto à conformidade com a política definida. Isso pode ser feito com auditorias periódicas, que devem ser independentes das pessoas que a estarão implementando.

A política de segurança deve ser aplicada de maneira rigorosa e a não-conformidade deve ser punida, de acordo com as ações disciplinares previstas na política.

Além da auditoria, o monitoramento e a revisão da política é importante para a melhoria contínua dos procedimentos de segurança da organização, como é necessário em caso de qualquer mudança que venha a afetar a análise de risco original, tal como um incidente de segurança significativo, surgimento de novas vulnerabilidades, mudanças organizacionais ou na infra-estrutura técnica utilizada, que são comuns em ambientes cooperativos.

Segundo a norma ISO/IEC 17799, as seguintes análises críticas periódicas também devem ser agendadas:

- Verificação da efetividade da política, demonstrada pelo tipo, volume e impacto dos incidentes de segurança registrados.
- Análise do custo e impacto dos controles na eficiência do negócio.
- Verificação dos efeitos de mudanças na tecnologia utilizada.

Com o passar do tempo, é crucial a manutenção da relevância dos pontos da política de segurança: novos pontos podem ser adicionados, quando necessário, como também devem ser removidos os pontos que se tornarem obsoletos.

6.7 Os maiores obstáculos para a implementação

Além da dificuldade natural pertinente à implementação da segurança, diversos outros obstáculos podem surgir durante o projeto da política de segurança. Muitos deles estão relacionados aos pontos discutidos no Capítulo 3, e alguns deles são [WOO 99]:

- "Desculpe, não existem recursos financeiros suficientes e as prioridades são outras".

A falta de verbas é o obstáculo mais comum, porém, o fato é que, muitas vezes, isso é apenas uma desculpa, utilizada para que as razões verdadeiras não sejam reveladas. O fato de não conseguir os recursos necessários reflete, fundamentalmente, a falha em convencer os executivos da importância das informações e dos sistemas de informações da organização, que devem, portanto, ser protegidos. Uma maneira prática e comum, porém questionável, de conscientizar os executivos sobre esse problema é uma simulação de ataque, que deve, necessariamente, ser realizado somente após uma aprovação prévia por escrito. Além disso, a indisponibilidade de recursos significa prejuízos, pois os negócios podem ser interrompidos como decorrência de um ataque.

- "Por que você continua falando sobre a implementação da política?"

Outro obstáculo é a dificuldade dos executivos em compreender os reais benefícios da política de segurança para a organização. Essa política é um meio de assegurar que os objetivos de gerenciamento sejam seguidos consistentemente dentro da organização, de tal modo que esses executivos devem ter consciência de que, se a política for adotada, seu próprio trabalho ficará consideravelmente mais fácil. Ao fazer com que a implementação da política seja, explicitamente, parte do projeto, existe a possibilidade de descrever os benefícios trazidos com a política de segurança. Por isso, é necessário tratar essa implementação como um assunto específico, que precisa, também, da aprovação dos executivos.

☛ "Foram feitos todos os esforços para o desenvolvimento da política, isso é tudo?"

É preciso que os executivos tenham total compreensão de que somente aprovar e publicar os documentos referentes à política desenvolvida não é suficiente. Essa compreensão é importante para evitar que os demais funcionários da organização tenham uma má impressão de descaso por parte dos executivos. A implementação da política desenvolvida requer recursos para o suporte técnico, para os programas de conscientização e treinamentos dos usuários, para a substituição e compra de tecnologia e para o estabelecimento de procedimentos adicionais. Por isso, é importante que a implementação faça parte do projeto global de segurança.

☛ "Temos realmente que fazer tudo isso?

Os executivos podem aprovar uma política de segurança apenas para satisfazer os auditores, e isso acaba comprometendo a própria organização, que pode obter uma política incoerente e sem os detalhes essenciais para o seu sucesso. Esse tipo de comportamento faz com que os executivos devam ser convencidos de que o melhor a fazer é atuar de modo pró-ativo, em oposição ao comportamento reativo. Sendo reativos, em caso de algum incidente de segurança, os executivos serão obrigados a agir em circunstâncias negativas e de extrema urgência e pressão, trazendo, como principal conseqüência, problemas quanto à confiança de clientes e de parceiros de negócios, e também com a opinião pública. O ideal é mostrar os estudos que provam que é mais barato considerar a perspectiva de 'prevenir, deter e detectar' do que a de 'corrigir e recuperar'.

☛ "O que você quer dizer com existem dependências?"

As dependências existentes nos diversos tópicos da política, das normas e dos procedimentos devem ser consideradas para que não sejam feitos esforços em vão. Por exemplo, uma política que torna obrigatório o uso de uma autenticação eficiente para todo acesso remoto deve tratar também dos aspectos que dela dependem, como a arquitetura da solução e dos produtos-padrão a serem utilizados. Sem isso, sua implementação fica comprometida; os usuários irão reclamar que não conseguem trabalhar remotamente (comprometendo sua produtividade) e os executivos, por sua vez, irão reclamar que os usuários não podem trabalhar remotamente, porque não existe a tecnologia que possibilita o acesso remoto seguro.

☛ "O que você quer dizer com 'ninguém sabe o que fazer depois?'"

Uma visão abrangente dos problemas relacionados à segurança, juntamente com o conhecimento dos processos de negócios da organização, é fundamental para o desenvolvimento da política. É imprescindível que exista um líder técnico, que seja profundo conhecedor dos aspectos de segurança e tenha uma visão sobre as tendências e tecnologias nessa área, a fim de possibilitar a implementação das normas e dos procedimentos definidos na política.

☛ "Desculpe, isso é muito complexo".

É necessário conhecer a complexidade que envolve a rede e os sistemas de informação, para que os recursos adequados sejam alocados no desenvolvimento da política de segurança. O fato de algum desses aspectos ser complexo não significa que deva ser ignorado. Para tanto, é preciso recorrer ao auxílio de ferramentas para a realização dessa tarefa, tais como um software de planejamento de contingência. Essa mesma complexidade exige que a organização aloque recursos para sistemas de gerenciamento de redes, sistemas de detecção de intrusões, sistemas de automação de distribuição de software, sistemas de checagem de licenças de software e outros mecanismos de automação, os quais as pessoas não podem realizar sozinhas. É importante demonstrar para os executivos as novas ferramentas existentes e o porquê de sua popularidade, a fim de comprovar que essa complexidade específica pode ser gerenciada.

☛ "A política de segurança vai fazer com que eu perca meu poder?"

Alguns executivos podem resistir à implementação da política, por acharem que isso trará ameaças ao seu poder e prestígio. Mostrar a esses executivos a importância da centralização e coordenação da política é essencial, para que eles dêem o apoio necessário para o sucesso da implementação. Um caso típico da importância da centralização e padronização refere-se ao controle de acesso, quando uma coordenação adequada evita o caos, os aborrecimentos e o desperdício de esforços para todos os envolvidos.

☛ "Por que eu tenho que me preocupar com isso? Esse não é o meu trabalho".

Geralmente, os executivos não gostam de compartilhar e discutir os detalhes técnicos sobre segurança. Porém, é importante que todos estejam engajados nesse processo, porque os executivos precisam entender que a segurança da organização não terá sucesso se não houver o apoio necessário. Além disso, a participação ativa dos executivos no desenvolvimento e na implementação da política é fundamental para o seu sucesso, principalmente porque diversas decisões de negócios incluídas na política não podem ser tomadas pelo pessoal técnico, mas somente pelos executivos. Um exemplo é a política de privacidade de um site de comércio eletrônico, que demonstra que a segurança é multidisciplinar, requerendo a participação de todos dentro da organização.

☛ "Não podemos lidar com isso, pois não temos um processo disciplinar".

Um processo disciplinar específico para os casos de não-cumprimento da política definida é importante para a organização. Por exemplo, se um usuário cometer um erro, a primeira medida é avisá-lo de sua falta. Se o erro se repetir, o chefe do usuário deve receber um comunicado. Se houver um terceiro erro, o usuário será suspenso por duas semanas e se esse erro persistir, o usuário será demitido. Essa abordagem é crucial para evitar situações em que o usuário seja sumariamente demitido, logo no seu primeiro erro, somente para mostrar aos outros funcionários quem detém o poder na organização.

6.8 Política para as senhas

A provisão de senhas pelos administradores de sistemas e a utilização de senhas pelos usuários é uma parte específica da política de segurança, de grande importância para as organizações. As senhas são utilizadas pela grande maioria dos sistemas de autenticação (Capítulo 10) e são consideradas necessárias como um meio de proteção. Porém, elas são consideradas também perigosas, principalmente porque dependem do 'elo mais fraco da corrente da segurança', que são os usuários. Eles podem, por exemplo, escolher senhas óbvias e fáceis de serem descobertas ou compartilhá-las com seus amigos.

Por isso, a existência de uma política que auxilie na escolha de uma senha segura para a organização, que seja também boa para o usuário, é de extrema importância, o que pode aumentar o nível de segurança de toda a organização. Uma senha boa para o usuário pode ser considerada a senha que ele seja capaz de memorizar, sem recorrer a recursos como o papelzinho debaixo do teclado, ou o adesivo no monitor.

De fato, o ser humano consegue memorizar apenas senhas com tamanho curto [KES 96], o que compromete sua eficiência, se comparado com uma senha aleatória escolhida pelo administrador do sistema ou pelo próprio sistema. Por outro lado, uma senha aleatória é até mais difícil de ser memorizada pelo usuário, o que também pode causar problemas, pois geralmente é preciso anotar a senha em um pedaço de papel, por exemplo. Assim, a conscientização dos usuários quanto aos perigos de uma senha mal escolhida, orientando-os a definir uma senha adequada, também deve fazer parte da política de segurança.

A política de senhas é importante também porque diversos problemas de segurança das empresas estão relacionados a elas, o que faz com que um dos grandes desafios seja a fortificação das senhas, ao mesmo tempo em que os custos relacionados sejam reduzidos. Os custos estão relacionados à perda de produtividade dos usuários quando eles esquecem as senhas e também aos custos com *help-desk*. O esquecimento das senhas é um fato comum, e representa cerca de 30% dos chamados ao *help-desk*, segundo a Gartner [MAC 02]. Em algumas organizações, mais de 40% dos chamados são referentes a problemas com senhas e os custos estimados nos Estados Unidos são de 51 a 147 dólares por chamado, segundo a Gartner [MAC 02].

Uma boa política de senhas que auxilie os usuários na escolha das mesmas e balanceie os requisitos de segurança mínimos para reduzir os problemas de esquecimentos, portanto, significa também uma melhor produtividade dos usuários e menores custos com o *help-desk*. O processo de solicitação das senhas, o seu tamanho mínimo, o seu tempo de expiração, a mistura exigida entre letras, números e caracteres especiais, entre outros, influem diretamente nos aspectos de segurança da organização, de produtividade dos usuários e dos custos com suporte técnico.

Diversos problemas relacionados com as senhas também devem ser considerados na política de senhas, o que exige o entendimento de todos os riscos envolvidos. Um desses riscos é com relação ao uso de *sniffers* (Seção 4.5.5), que permitem que as senhas utilizadas em claro pelos sistemas, sem o uso de criptografia, sejam capturadas e usadas indiscriminadamente.

Um outro modo de comprometer as senhas é por meio do *crack*, um software que realiza a codificação de palavras do dicionário ('ataque do dicionário') e as compara com as senhas do arquivo de senhas, até que elas sejam equivalentes. Como são usadas palavras do dicionário, o uso de composições entre letras, números e caracteres especiais minimiza a efetividade do ataque do dicionário.

Outro ataque que tem como objetivo descobrir senhas de usuários é a adivinhação de senhas (*password guessing*). Assim como o ataque do dicionário, esse ataque pode ser facilmente utilizado contra senhas consideradas fracas, que incluem, nesse caso, exemplos como o nome do cônjuge, o nome da empresa, o nome do animal de estimação, o nome do time preferido ou datas de aniversário.

O ataque de força bruta busca também a descoberta de senhas, porém com a combinação de todas as combinações possíveis de todos os caracteres possíveis, até que a senha seja encontrada. Normalmente, essa técnica é utilizada após os ataques do dicionário e a adivinhação de senhas, pois o universo de combinações necessárias é muito grande e requer um tempo considerável para ser efetuado.

Uma ferramenta de *crack* de senhas do Windows é o LC4 [LC4 03], derivado do L0phtCrack. Esses tipos de ferramentas possuem um valor muito grande também para os administradores de sistemas, que podem realizar auditorias periódicas das senhas, com o objetivo de identificar as senhas consideradas fracas e solicitar ao usuário que ele cumpra o que estiver estabelecido na política de segurança da organização. Existem três modos de obter senhas de plataformas Windows, antes de utilizá-las no LC4:

- Por meio do *sniffing* efetuado na rede.
- Diretamente do arquivo *Security Account Manager* (SAM), que pode ser obtido diretamente do disco do servidor, do *Emergency Repair Disk* ou de um backup qualquer.
- Por meio do registro do Windows, o que pode ser evitado com a proibição do acesso remoto e por meio do utilitário *SYSKEY*, que codifica o *hash* de senhas.

É interessante notar que, em um ambiente típico, 18% das senhas podem ser descobertas em dez minutos, e 98% das senhas podem ser descobertas em 48 horas, incluindo a senha de administrador [LC4 03].

O comportamento dos usuários na escolha das senhas pode ser observado por meio de uma pesquisa realizada pela Compaq, em 1997 [JOH 98], que revelou que as senhas são escolhidas da seguinte maneira:

- Posições sexuais ou nomes alusivos a chefes (82%).
- Nomes ou apelidos de parceiros (16%).

- Nome do local de férias preferido (15%).
- Nome de time ou jogador (13%).
- O que se vê primeiramente na mesa (8%).

Uma série de medidas pode ser tomada para configurar, de modo seguro e eficiente, um sistema com base em senhas. Algumas dessas idéias que podem constar em uma política de senhas são [SHA 98][DoD 85]:

- Caso não exista um procedimento que auxilie o usuário a escolher uma senha adequada, é melhor que o administrador escolha a senha, pois o usuário, geralmente, opta por palavras comuns, como as que existem em dicionários, nomes de filmes, nomes de animais de estimação ou datas de aniversário, que são facilmente descobertos por programas de *crack*.
- A senha deve ser redefinida pelo menos a cada dois meses, para os usuários comuns, e a cada mês, para usuários com acesso mais restrito.
- As informações sobre o último acesso, como o tempo de duração, a data e a origem, são importantes, para que o usuário tenha certeza de que sua conta não foi acessada por pessoas não autorizadas.
- As senhas devem ser bloqueadas a cada três ou cinco tentativas sem sucesso, e o administrador do sistema e o usuário devem ser notificados sobre essas tentativas.
- A transmissão da senha deve ser feita de modo cifrado, sempre que possível.
- As atividades de autenticação devem ser registradas e verificadas, tais como as tentativas com e sem sucesso e as tentativas de mudança de senha.
- As senhas e as informações relativas à conta devem ser armazenadas de modo extremamente seguro; de preferência, em um sistema não conectado à rede da organização.
- As responsabilidades do administrador do sistema incluem o cuidado na criação e alteração das senhas dos usuários, além da necessidade de manter atualizados os dados dos mesmos, como números de telefone e endereços, para a sua rápida localização, caso isso seja necessário.
- As responsabilidades dos usuários incluem, principalmente, os cuidados para a manutenção da segurança dos recursos, tais como o sigilo da senha e o monitoramento de sua conta, evitando sua utilização indevida. Um treinamento sobre segurança deve ser conduzido pela organização, para que cada usuário tenha consciência da importância de atitudes básicas, como nunca informar sua senha, por telefone, para alguém que diz ser o administrador do sistema.

A *Request for Comments* (RFC) 2196, que substituiu a RFC 1244 [RFC 97], oferece um guia sobre como selecionar e manter senhas. Alguns desses aspectos [KES 96] e outras recomendações [SHA 98][DoD 85] são:

- Não utilize palavras que estão em dicionários (nacionais ou estrangeiros).
- Não utilize informações pessoais fáceis de serem obtidas, como o número da rua, nomes de bairros, cidades, datas de nascimento, nome do time preferido, etc.
- Não utilize senhas somente com dígitos ou com letras.
- Utilize senhas com, pelo menos, oito caracteres.
- Misture caracteres maiúsculos e minúsculos.
- Misture números, letras e caracteres especiais.
- Inclua, pelo menos, um caractere especial ou símbolo.
- Utilize um método próprio para se lembrar da senha, de modo que ela não precise ser escrita em nenhum local, em hipótese alguma.
- Não utilize o nome do usuário.
- Não utilize o primeiro nome, o nome do meio ou o sobrenome.
- Não utilize nomes de pessoas próximas, como da esposa, dos filhos, de amigos nem de animais de estimação.
- Não utilize senhas com a repetição do mesmo dígito ou da mesma letra.
- Não forneça sua senha para ninguém, por razão alguma.
- Utilize senhas que podem ser digitadas rapidamente, sem a necessidade de olhar para o teclado.

Uma boa recomendação é pegar a primeira letra de uma expressão, frase, letra de música ou diálogo, que faça parte da vida do usuário, de modo que seja fácil de memorizar, como pode ser visto na Figura 6.4. Outra sugestão é alternar entre uma consoante e uma ou duas vogais, ou concatenar duas palavras curtas com um ponto ou outro caractere especial entre elas [KES 96].

Frase com significado especial para o usuário:

Ter uma visão abrangente da segurança faz bem para os negócios em 2003

Uma senha que poderia ser derivada da frase poderia ser:

Tvasfbn2

Uma versão da senha fortificada com o uso de caractere especial poderia ser:

Tva$fbn2

Figura 6.4 Escolha uma senha forte e fácil de ser lembrada.

É interessante observar que tudo está relacionado à autenticação, que provê o acesso aos serviços e às informações. Sem as senhas, os usuários não podem trabalhar. Devido a isso, a provisão das senhas deve ser bem planejada no momento da contratação do funcionário, bem como as situações que envolvem transferências de áreas, promoções ou projetos específicos, que requerem mudanças nos acessos e permissões. A exclusão das senhas também é de extrema importância, para evitar acessos indevidos e riscos desnecessários.

6.9 Política para firewall

Um dos principais elementos da política de segurança para o *firewall* é a definição das regras de filtragem, que, por sua vez, têm como base a definição dos serviços a serem fornecidos para os usuários externos e a dos serviços que os usuários internos podem acessar.

Um dos aspectos da política de segurança para o *firewall* é a definição de sua arquitetura (Seção 6.4). É com base nessa arquitetura e nos serviços definidos que as regras de filtragem são desenvolvidas. A abordagem a ser utilizada pode ser a de 'proibir tudo e liberar somente aqueles serviços que forem explicitamente permitidos' ou a de 'liberar tudo e proibir somente os serviços que forem explicitamente proibidos'.

Sendo um componente importante para a proteção da organização, atuando em todo o perímetro do ambiente, o *firewall* geralmente resulta em diversos questionamentos para as organizações. Por exemplo, no Brasil, os cidadãos costumam entregar suas declarações de imposto de renda via Internet. Como o software para a entrega da declaração utiliza um protocolo proprietário, ele não funciona normalmente em um ambiente comum, necessitando, assim, de uma regra específica no *firewall* para que ele possa funcionar adequadamente. Esse tipo de situação, onde um novo serviço depende de alterações na política do *firewall*, precisa estar contemplada pela política de segurança. A política poderia, por exemplo, simplesmente proibir a adição de novas regras, ou exigir uma análise de segurança antes da liberação do acesso. Uma política clara com relação aos novos serviços é importante porque elimina estresses desnecessários para todos, como os que ocorrem quando um funcionário exige a liberação do acesso e o administrador do *firewall* não possui forças para argumentar que essa liberação pode colocar em risco a organização. Com a política, o administrador pode mostrar ao solicitante que a segurança da organização é uma diretriz que deve ser seguida à risca, por estar explicitamente formalizada.

Além desses aspectos, a política de segurança para *firewalls* pode especificar pontos de auditoria, definindo as responsabilidades de atuação no monitoramento dos acessos e de aprovação da criação de novas regras, por exemplo.

Assim, a política de segurança torna mais claros todos os papéis para a liberação de acessos de novos serviços, bem como o processo para a aprovação dessa liberação. A exigência de um parecer técnico com a análise de segurança dos novos serviços, por exemplo, pode ser exigido pela política. Esse é um exemplo claro de que a política de segurança, quando bem definida, atua como um grande facilitador do dia-a-dia das organizações, eliminando grande parte da desorganização e conflitos internos.

As regras de filtragem e a complexidade de sua definição, principalmente em um ambiente cooperativo, serão discutidas também no Capítulo 13.

6.10 Política para acesso remoto

Um outro aspecto importante que deve ser considerado na política de segurança é o acesso remoto. O crescimento da necessidade de acesso remoto, advindos do trabalho remoto e da computação móvel, transforma esse aspecto em uma das principais prioridades das organizações atuais.

Seja o acesso remoto baseado em conexão direta para a rede da organização via modem ou baseado em redes privadas virtuais (*Virtual Private Network* — VPN), os desafios a serem enfrentados são muito grandes. O controle do uso indiscriminado de modems, a necessidade de uso de antivírus e de *firewalls* pessoais, a conscientização quanto ao uso correto do correio eletrônico e a política de uso de notebooks fazem parte dos pontos a serem considerados na política de segurança para acesso remoto.

A grande dificuldade, porém, está na verificação e acompanhamento do cumprimento do que está definido na política. Isso acontece porque é inerentemente difícil controlar o que não está dentro da organização, pois os acessos são feitos remotamente. Portanto, mecanismos de auditoria eficientes também devem ser considerados na política.

Diversos casos de incidentes relacionados a modems podem ser analisados [GAR 98]. Em um deles, ocorrido em março de 1997, um adolescente executou uma varredura em números telefônicos de sua área, utilizando uma ferramenta (*war dialer,* Seção 4.9.5) disponível na Internet. Por meio dos números obtidos, ele conseguiu o controle total de um sistema de comunicação de fibra óptica, tendo causado sérios problemas ao desligar as comunicações da torre de controle do aeroporto local e dos serviços de emergência, por diversas horas.

Em outro incidente, a Caterpillar Inc., que dispunha de um sofisticado *firewall,* teve sua rede interna atacada por meio de um modem. Esse incidente mostrou a importância da segurança no acesso remoto, porque, nesses casos, um *firewall* sofisticado não faz diferença alguma, uma vez que o ataque não tem origem na Internet, mas é feito por meio da linha telefônica.

Outros riscos envolvidos com o acesso remoto, e que devem ser considerados no estabelecimento da política de segurança, incluem os próprios funcionários. Eles podem instalar um modem e configurar um software em seu equipamento para permitir o acesso irrestrito dentro da rede interna, a fim de facilitar seu trabalho ou mesmo para desfrutar do acesso gratuito à Internet, por meio da rede da empresa. O problema é que esse mesmo modem pode ser utilizado por um *hacker* para invadir a organização ou, então, um *hacker* da Internet pode chegar à organização invadindo o equipamento do usuário e utilizando sua conexão.

Por isso, os modems instalados na organização devem ser estritamente controlados. A utilização de *war dialers* para a detecção desses modems clandestinos deve fazer parte da política de segurança. Para os casos em que os modems são necessários, é essencial que exista um documento por escrito, que esclareça aos usuários sobre os aspectos relacionados à segurança e sobre suas responsabilidades.

Um exemplo de uma política de segurança para o acesso remoto por VPNs pode ser visto na Seção 9.5.1.3.1.

6.11 Política de segurança em ambientes cooperativos

Até agora, foram discutidos o significado e os aspectos que devem ser tratados pela política de segurança de uma empresa. Mas, e quanto aos ambientes cooperativos?

Assim como o próprio ambiente vai se tornando cada vez mais complexo, a política de segurança em um ambiente cooperativo também se torna cada vez mais completa, à medida que o número de conexões vai aumentando.

Como cada organização tem sua própria política de segurança, cada uma idealizada de acordo com a respectiva cultura organizacional, em um ambiente cooperativo, a mesclagem de diversas políticas diferentes pode ser fatal para a segurança de todos dentro desse ambiente. As questões que precisam ser resolvidas são: em que ponto começa e termina a política de segurança de cada usuário em um ambiente cooperativo? O ambiente cooperativo deve ter sua própria política de segurança?

O exemplo clássico de problemas envolvendo diferentes conexões é o caso da triangulação (Figura 6.5), discutido na Seção 2.3, em que três organizações diferentes A, B e C, têm, cada uma delas, sua própria política de segurança. A política da organização A permite que usuários da organização C acessem seu banco de dados; porém, os usuários da organização B são proibidos de acessar esses dados. A política de C permite que usuários de B acessem sua rede. Como usuários de C podem acessar os dados de A e C permite que usuários de B acessem sua rede, então, B pode acessar A por intermédio de C. Isso demonstra que a política de segurança de A é contrariada, em um caso típico de triangulação, que dribla a política de segurança da organização A.

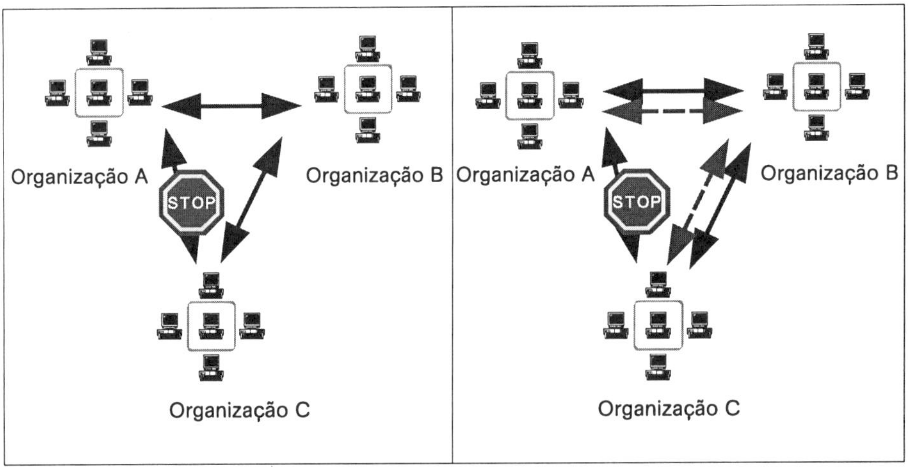

Figura 6.5 A triangulação que dribla a política de segurança de uma organização.

Em ambientes cooperativos, esse tipo de confusão passa a ser um fato corriqueiro, a menos que haja uma concordância mútua, previamente definida, entre as políticas das organizações do ambiente. Por exemplo, no caso em que a organização C funcionou como 'ponte', usuários de B podem acessar C por meio do Telnet. A partir daí, o usuário de B pode acessar A, o que é proibido, por meio de C. Talvez seja possível convencer A de não permitir mais a utilização do Telnet, porém isso parece ser improvável.

Essa grande dificuldade, que surge nos ambientes cooperativos, poderia ser minimizada pela criação de uma política de segurança conjunta, que seria adotada pelos integrantes do ambiente cooperativo. Porém, de acordo com o que foi mostrado, grandes dificuldades surgirão, incluindo desde a complexidade no desenvolvimento dessa política até a enorme complicação em sua implementação. Esses contratempos previstos fazem com que essa idéia seja praticamente descartada. E também não seria possível garantir que todos os integrantes do ambiente cooperativo cumpram o que é determinado na política criada conjuntamente.

Dessa forma, a idéia que se deve seguir, dentro do ambiente cooperativo, é de que, assim como em um ambiente convencional, os usuários de outras organizações devem ser considerados como usuários não confiáveis. Uma vez que os usuários externos acessam a rede da organização, devem ter todos os seus passos controlados, para que sejam evitados os abusos. Esse usuário deve ser controlado, como acontece com outro usuário qualquer, ou seja, ele pode ter acesso somente aos recursos permitidos a ele.

Um modelo proposto neste livro, que visa sintetizar o que acontece em um ambiente cooperativo, é o 'modelo de bolsões de segurança'. O modelo de segurança convencional tinha como objetivo criar uma parede (representado pelo *firewall*) entre a rede interna da organização e a rede pública. Os usuários externos praticamente não tinham acesso aos recursos internos da organização (Figura 6.6).

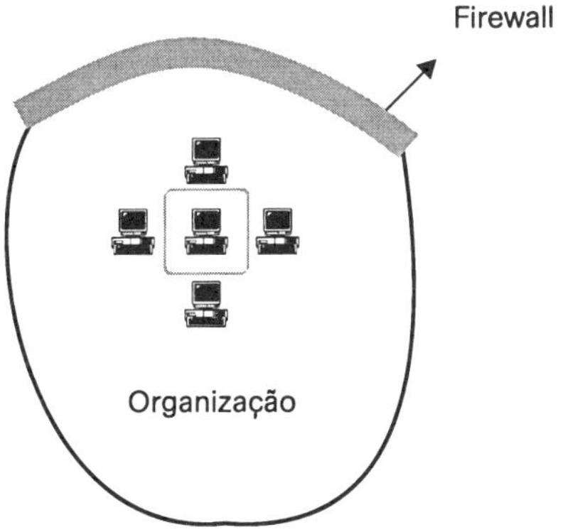

Figura 6.6 Modelo de segurança convencional representado pelo firewall.

Algumas organizações passaram então a disponibilizar serviços para a rede pública, como é o caso típico dos protocolos HTTP e FTP. Nesse modelo, porém, o controle era ainda realizado pelo *firewall*, que liberava o acesso externo a uma rede específica, a rede DMZ. Assim, o acesso externo era somente a uma área claramente delimitada (DMZ), com a rede da organização permanecendo isolada contra os ataques externos (Figura 6.7).

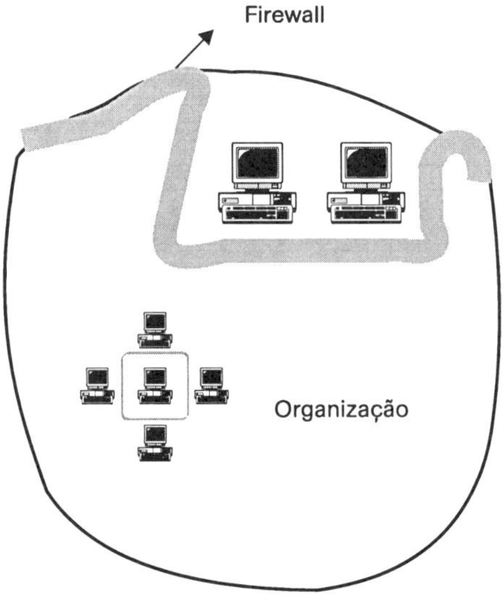

Figura 6.7 Modelo de segurança convencional representado pelo firewall com DMZ.

No ambiente cooperativo, porém, tudo muda, pois os níveis de acesso variam entre os serviços da rede DMZ e os serviços internos da organização (banco de dados ou por VPN), de modo que os usuários já não ficam restritos apenas à área delimitada pela DMZ. Com o modelo proposto, os usuários podem, de acordo com seu nível de acesso, acessar bolsões de segurança cada vez maiores. Se antes as organizações tinham de proteger a DMZ, agora elas precisam proteger esses bolsões de segurança, como pode ser visto na Figura 6.8.

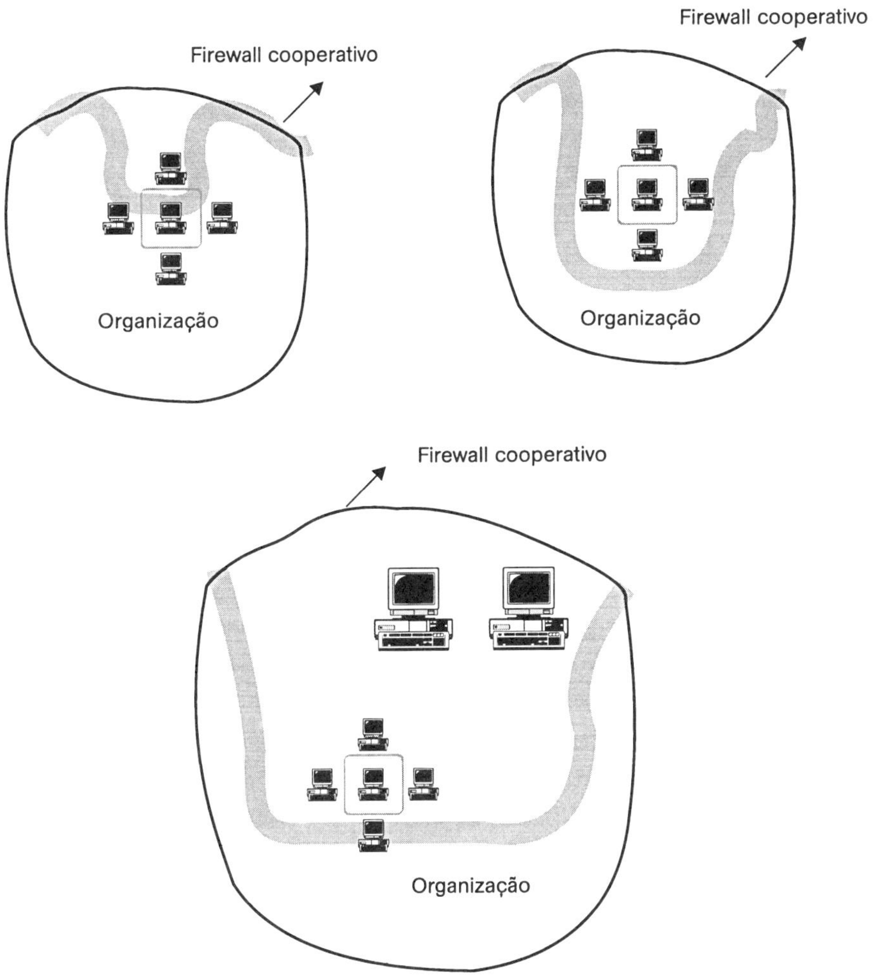

Figura 6.8 Modelo de 'bolsões de segurança' representado pelo *firewall* cooperativo.

Esse modelo pode ser utilizado também para a segurança interna da organização, fazendo com que os próprios usuários internos sejam tratados como usuários externos, tendo de passar pelo controle de acesso para utilizar os recursos desses bolsões. De fato, isso está se tornando cada vez mais necessário, como pode ser visto na Seção 13.1.

Assim, cada integrante do ambiente cooperativo deve ser responsável pela sua própria segurança, reforçando, dessa maneira, a importância de uma política de segurança bem definida. Um integrante de um ambiente cooperativo, que não tenha essa política bem definida, irá tornar-se um alvo fácil de ataques, não só pelos usuários desse ambiente cooperativo, mas também por qualquer outro tipo de usuário externo.

Como resultado, cada organização tem como objetivo criar sua própria política de segurança para cada bolsão de segurança com que ela terá de trabalhar. Para aumentar ainda mais a complexidade envolvida, determinados tipos de usuários acessam diferentes bolsões de segurança, que são maiores proporcionalmente aos seus direitos de acesso. Representantes comerciais, por exemplo, acessariam um bolsão de segurança menor, constituído pelo banco de dados de estoques e pela lista de preços dos produtos; os usuários móveis do setor financeiro teriam acesso a um bolsão de segurança maior, constituído pelo acesso ao banco de dados financeiro, a documentos confidenciais e a e-mails, praticamente como se ele estivesse trabalhando na própria organização.

Assim, os desafios a serem enfrentados em um ambiente cooperativo são muitos e o estabelecimento de uma política de segurança, que leve à complexidade do ambiente e de todos os seus usuários em consideração, é apenas um deles.

6.12 ESTRUTURA DE UMA POLÍTICA DE SEGURANÇA

Foi discutido durante este capítulo que a política de segurança deve refletir a própria organização, seguindo sua estrutura, sua estratégia de negócios, sua cultura organizacional e seus objetivos. Assim, a política de uma organização não pode ser aplicada diretamente em uma outra organização, apesar de existirem diversos pontos em comum em uma política. Mesmo em uma multinacional, onde normalmente a matriz define a política e a expande para suas filiais, um processo de tropicalização é importante, pois cada país possui alguns aspectos característicos, como é o caso da legislação.

Esta seção apresenta um exemplo de estrutura para uma política de segurança, que muda de acordo com cada organização. Essa política, como deve ser muito abrangente e flexível o suficiente para que não sofra alterações freqüentes, não deve conter detalhes técnicos específicos de mecanismos a serem utilizados ou procedimentos que devem ser adotados por indivíduos particulares, mas, sim, regras gerais e estruturais que se aplicam ao contexto de toda a organização. Além disso, ela deve ser curta o suficiente para que seja lida e conhecida por todos os funcionários da empresa. Assim, os detalhes necessários são inseridos em normas, procedimentos e políticas específicas para cada caso, como também é demonstrado no exemplo.

Exemplo de Estrutura de Política de Segurança.

1. Introdução
1.1 Política de segurança
1.1.1 Informações gerais
1.1.2 Objetivos
1.2 Estrutura de responsabilidade organizacional
1.2.1.1.1 Serviços de informação corporativos
1.2.1.1.2 Serviços de informação de unidades de negócio
1.2.1.1.3 Organizações internacionais
1.2.1.1.4 Encarregados
1.2.2 Padrões de segurança
1.2.2.1.1 Confidencialidade
1.2.2.1.2 Integridade
1.2.2.1.3 Autorização
1.2.2.1.4 Acesso
1.2.2.1.5 Uso apropriado
1.2.2.1.6 Privacidade dos funcionários

2. Descrição do sistema
2.1 Papel do sistema
2.1.1 Tipo de informação manipulada pelo sistema
2.1.2 Tipos de usuário (administração, usuário normal, controlador de impressão etc.)
2.1.3 Número de usuários
2.1.4 Classificação dos dados (dados acessíveis apenas para o departamento de Finanças, se necessário)
2.1.5 Quantidade de dados (número de bytes)
2.1.6 Configuração do sistema
2.1.6.1 Número de terminais
2.1.6.2 Número de consoles de controle
2.1.6.3 Número e tipos de terminais (inteligente, burro, de impressão etc.)
2.1.6.4 Arranjos para carregamento de mídia
2.1.6.5 Software (sistema operacional e versão)
2.1.6.6 Interconexões (LAN e WAN)

3. Requisitos de segurança e medidas
3.1 Ameaças à confidencialidade, integridade e disponibilidade dos dados
3.2 Natureza e recursos de possíveis atacantes e atratividade do sistema e dos dados como alvo
3.3 Impactos do comprometimento acidental dos dados

4. Plano de resposta a incidentes de segurança
4.1 Preparação e planejamento da resposta a incidentes
4.2 Notificação e pontos de contato
4.3 Identificação de um incidente
4.4 Resposta a um incidente
4.5 Conseqüências de um incidente
4.6 Forense computacional e implicações legais
4.7 Contatos de relações públicas
4.8 Passos-chave
4.8.1 Contenção
4.8.2 Erradicação
4.8.3 Recuperação
4.8.4 Acompanhamento
4.8.5 Conseqüências/Lições aprendidas
4.9 Responsabilidades

5. Contatos e outros recursos

6. Referências

As normas, procedimentos e políticas específicas podem, por exemplo, cobrir as seguintes áreas:

- Segurança do *hardware*, periféricos e outros equipamentos
- Compra e instalação do *hardware*
- Cabeamento, impressoras e modems
- Material de consumo
- Utilização de armazenamento seguro
- Documentação do *hardware*
- Outras questões relativas a *hardware*
- Controle do acesso à informação e sistemas
- Processamento de informações e documentos
- Redes
- Operação e administração do sistema
- E-mail e Web
- Telefones e fax
- Gerenciamento de dados
- *Backup*, recuperação e arquivamento
- Manipulação de documentos
- Proteção de dados
- Outras manipulações e processamento de informações
- Compra e manutenção de *softwares* comerciais
- Compra e instalação de *software*
- Manutenção e atualização de *software*
- Outras questões relativas a *software*
- Combate ao crime virtual
- Obtenção de conformidade com requisitos legais e de políticas
- Obtenção de conformidade com requisitos legais
- Obtenção de conformidade com políticas
- Impedimento de litígios
- Outras questões legais
- Planejamento da continuidade do negócio
- Gerenciamento da continuidade dos negócios
- Tratamento de questões de pessoal ligadas à segurança
- Documentação contrafactual
- Dados confidenciais
- Responsabilidades do pessoal pela segurança de informação
- Funcionários que deixam o emprego

- Controle da segurança do comércio eletrônico
- Questões relativas a comércio eletrônico
- Educação, treinamento e conscientização do pessoal
- Conscientização
- Treinamento
- Classificação de informações e dados
- Padrões de classificação

6.13 Conclusão

A política de segurança é o principal elemento para a segurança de qualquer empresa. Seu planejamento e a definição dos aspectos a serem tratados incluem uma avaliação de todos os detalhes envolvidos, o que requer o esforço de todos na organização. Diversos obstáculos para a sua implementação são resultantes da visão errada de que a segurança não é um elemento importante para a organização, o que, invariavelmente, traz sérias conseqüências com a invasão dos *hackers*. Alguns pontos específicos requerem uma política específica, como no caso do acesso remoto, do uso das senhas e do *firewall*, que foram mostrados neste capítulo. A política de segurança tem uma importância ainda maior em um ambiente cooperativo, no qual os bolsões de segurança — definidos neste capítulo — variam de tamanho, de acordo com as necessidades de conexão.

C
a
p
í
t
u
l
o
7

Firewall

Este capítulo trata de um dos principais componentes de segurança de qualquer organização: o *firewall*. Tem como objetivo discutir a definição do termo *firewall*, que vem sofrendo modificações com o tempo, além de abordar a evolução que vem ocorrendo neste importante componente. As arquiteturas de um *firewall*, que têm como evolução natural o *firewall* cooperativo, também são apresentadas, passando pelas questões de desempenho, mercado, avaliação, testes e problemas encontrados, até a conclusão de que o *firewall* por si só não garante a segurança de uma organização.

7.1 Definição e função

A necessidade de utilização cada vez maior da Internet pelas organizações e a constituição de ambientes cooperativos levam a uma crescente preocupação quanto à segurança. Como conseqüência, pode-se ver uma rápida evolução nessa área, principalmente com relação ao *firewall*, que é um dos principais, mais conhecidos e antigos componentes de um sistema de segurança. Sua fama, de certa forma, acaba contribuindo para a criação de uma falsa expectativa quanto à segurança total da organização, como será discutido na Seção 7.10, além de causar uma mudança ou mesmo uma banalização quanto à sua definição. Alguns dos diversos conceitos relacionados ao termo '*firewall*' são:

- Tecnologia do *firewall*, que pode ser filtro de pacotes (*static packet filter*), *proxy* (*application-level gateway* e *circuit-level gateway*) ou filtro de pacotes baseados em estados (*dynamic packet filter, stateful packet filter*). Essas e outras tecnologias serão discutidas na Seção 7.3, durante a análise da evolução técnica dos *firewalls*.
- Arquitetura do *firewall*, que utiliza componentes como roteadores escrutinadores, *proxies*, zonas desmilitarizadas (*DeMilitarized Zone* — DMZ ou *perimeter network*) e *bastion hosts*. Eles formam as arquiteturas conhecidas como *Dual-Homed Host Architecture, Screened Host Architecture* e *Screened Subnet Architecture*, que são as arquiteturas clássicas, cuja abordagem será discutida na Seção 7.4. Os componentes que formam uma arquitetura serão discutidos na Seção 7.2. Será visto também que novos componentes e funcionalidades foram introduzidos ao *firewall*, mas não foram incluídos nas arquiteturas clássicas. Assim, uma nova arquitetura, que contempla o que surgiu de novo, também será apresentada na Seção 7.4.
- Produtos comerciais, como Check Point Firewall-1, Network Associates Inc´s Gauntlet, Cisco Pix Firewall, Watchguard e outros.
- Produtos integrantes da arquitetura do *firewall*, como roteadores (Cisco IOS) ou *proxies* (Microsoft Proxy).
- Tecnologia responsável pela segurança total da organização (Seção 7.10).

A mais antiga definição para *firewalls* foi dada por Bill Cheswick e Steve Bellovin, em *Firewalls and Internet Security: Repelling the Wily Hacker* [CHE 94]. Segundo eles, o *firewall* é um ponto entre duas ou mais redes, no qual circula todo o tráfego. A partir desse único ponto, é possível controlar e autenticar o tráfego, além de registrar, por meio de *logs*, todo o tráfego da rede, facilitando sua auditoria [AVO 99].

Já Chapman [CHA 95] define *firewall* como sendo um componente ou conjunto de componentes que restringe o acesso entre uma rede protegida e a Internet, ou entre outros conjuntos de redes.

Partindo-se dessas duas definições clássicas, pode-se dizer que o *firewall* é um ponto entre duas ou mais redes, que pode ser um componente ou um conjunto de componentes, por onde passa todo o tráfego, permitindo que o controle, a autenticação e os registros de todo o tráfego sejam realizados, como pode ser visto na Figura 7.1.

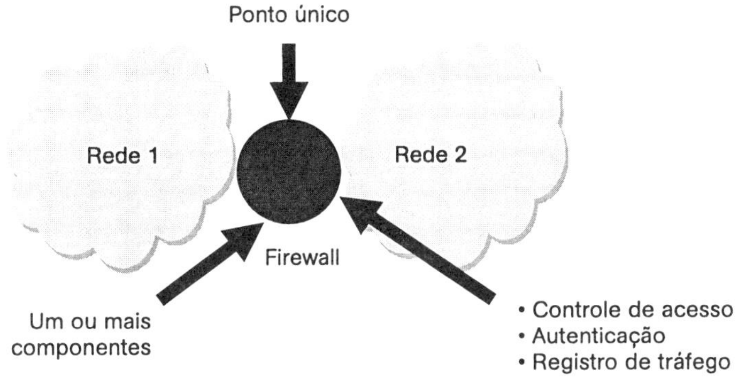

Figura 7.1 Definição de *firewall.*

Assim, esse ponto único constitui um mecanismo utilizado para proteger, geralmente, uma rede confiável de uma rede pública não-confiável. O *firewall* pode ser utilizado também para separar diferentes sub-redes, grupos de trabalho ou LANs dentro de uma organização.

Os mecanismos utilizados pelo *firewall* para controlar o tráfego serão vistos na Seção 7.3 e o modo de criar a política de segurança para as regras de filtragem, para então implementá-la, será visto no Capítulo 13.

O *firewall* também pode ser definido como um sistema ou um grupo de sistemas que reforça a política de controle de acesso entre duas redes e, portanto, pode ser visto como uma implementação da política de segurança. Ele é tão seguro quanto a política de segurança com que ele trabalha e não se deve esquecer que um *firewall* muito restritivo e, portanto, mais seguro, não é sempre transparente ao usuário. Caso isso aconteça, alguns usuários podem tentar driblar a política de segurança da organização para poder realizar algumas tarefas a que estavam acostumados antes de sofrerem uma restrição, como foi visto na Seção 3.9.

Assim, o *firewall* é um conjunto de componentes e funcionalidades que definem a arquitetura de segurança, utilizando uma ou mais tecnologias de filtragem, como pode ser visto na Figura 7.2. Os produtos comerciais implementam em parte os componentes, as funcionalidades e as técnicas de filtragem, sendo eles próprios uma parte do *firewall*. Isso ocorre porque o produto comercial não pode ser considerado isoladamente, sendo necessário o uso de outros componentes, como o roteador escrutinador. Técnicas de segurança que envolvem a arquitetura, como o *e-mail relay*, também fazem parte de uma rede segura, possuindo uma relação direta com o *firewall*.

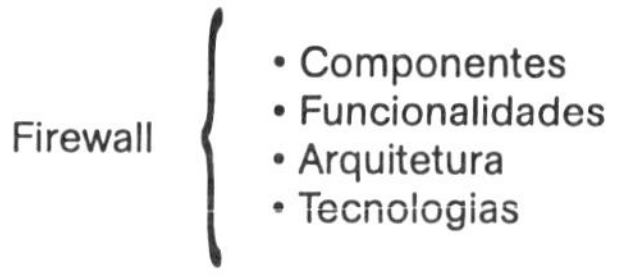

Figura 7.2 O *firewall* é um conjunto de componentes, funcionalidades, arquitetura e tecnologias.

7.2 Funcionalidades

O *firewall* é composto por uma série de componentes, sendo que cada um deles tem uma funcionalidade diferente e desempenha um papel que influi diretamente no nível de segurança do sistema. Algumas dessas funcionalidades formam os chamados componentes clássicos de um *firewall*, definidos por Chapman [CHA 95]. As quatro primeiras funcionalidades (filtros, *proxies*, *bastion hosts*, zonas desmilitarizadas) fazem parte desse grupo e as três funcionalidades restantes (*Network Address Translation* — NAT, Rede Privada Virtual [*Virtual Private Network* — VPN], autenticação/certificação) foram inseridas no contexto, devido à evolução natural das necessidades de segurança. O balanceamento de cargas e a alta disponibilidade também possuem uma grande importância, principalmente porque todo o tráfego entre as redes deve passar pelo *firewall*. Essas funcionalidades, que podem ser vistas na Figura 7.3, são discutidas nas seções a seguir. Algumas delas serão discutidas com mais detalhes na Seção 7.3, dentro do contexto da evolução dos *firewalls*.

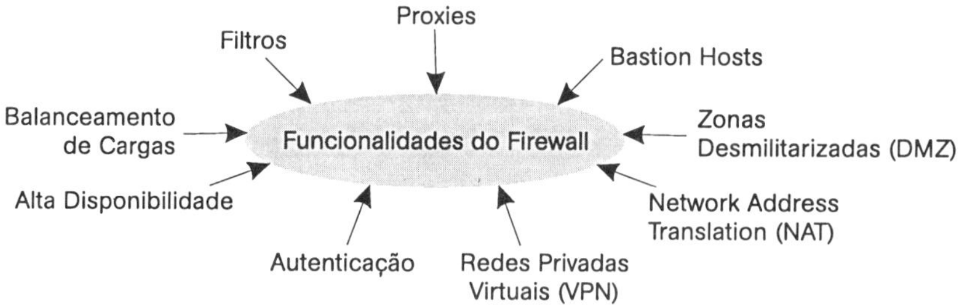

Figura 7.3 Funcionalidades do *firewall*.

7.2.1 Filtros

Os filtros realizam o roteamento de pacotes de maneira seletiva, ou seja, aceitam ou descartam pacotes por meio da análise das informações de seus cabeçalhos. Essa decisão é tomada de acordo com as regras de filtragem definidas na política de segurança da organização. Os filtros podem, além de analisar os pacotes comparando um conjunto de regras de filtragem estáticas com as informações dos cabeçalhos dos mesmos, tomar decisões com base nos estados das conexões, como será visto, respectivamente, nas seções 7.3.1 e 7.3.2.

7.2.2 Proxies

Os *proxies* são sistemas que atuam como um *gateway* entre duas redes, permitindo as requisições dos usuários internos e as respostas dessas requisições, de acordo com a política de segurança definida. Eles podem atuar simplesmente como um *relay*, podendo também realizar uma filtragem mais apurada dos pacotes, por atuar na camada de aplicação do modelo *International Organization for Standadization/ Open Systems Interconnection* (ISO/OSI). Os *proxies* serão vistos com mais detalhes na Seção 7.3.3.

7.2.3 Bastion hosts

Os *bastion hosts* são os equipamentos em que são instalados os serviços a serem oferecidos para a Internet. Como estão em contato direto com as conexões externas, os *bastion hosts* devem ser protegidos da melhor maneira possível. Essa máxima proteção possível significa que o *bastion host* deve executar apenas os serviços e aplicações essenciais, bem como executar sempre a última versão desses serviços e aplicações, sempre com os *patches* de segurança instalados imediatamente após sua criação. Assim, os *bastion hosts* podem ser chamados também de servidores fortificados, com a minimização dos possíveis pontos de ataque. Uma grande interação ocorre entre os *bastion hosts* e a zona desmilitarizada (DMZ), pois os serviços que serão oferecidos pela DMZ devem ser inequivocamente instalados em *bastion hosts*.

7.2.4 Zona desmilitarizada

A zona desmilitarizada (*DeMilitarized Zone* — DMZ), ou *perimeter network*, é uma rede que fica entre a rede interna, que deve ser protegida, e a rede externa. Essa segmentação faz com que, caso algum equipamento dessa rede desmilitarizada (um *bastion host*) seja comprometido, a rede interna continue intacta e segura. A DMZ será melhor discutida no Capítulo 12, quando será possível entender sua importância e necessidade.

7.2.5 Network address translation (NAT)

O NAT não foi criado com a intenção de ser usado como um componente de segurança, mas sim para tratar de problemas em redes de grande porte, nas quais a escassez de endereços IP representa um problema. Dessa maneira, a rede interna pode utilizar endereços IP reservados (*Request For Comments*, RFC 1918), sendo o NAT o responsável pela conversão desses endereços inválidos e reservados para endereços válidos e roteáveis, quando a rede externa é acessada. Sob o ponto de vista da segurança, o NAT pode, assim, esconder os endereços dos equipamentos da rede interna e, conseqüentemente, sua topologia de rede, dificultando os eventuais ataques externos.

7.2.6 Rede privada virtual (VPN)

A *Virtual Private Network* (VPN) foi criada, inicialmente, para que redes baseadas em determinados protocolos pudessem se comunicar com redes diferentes, como o tráfego de uma rede X.25 passando por uma rede baseada em *Internet Protocol* (IP). Como não é aceitável que as informações, normalmente de negócios, trafeguem sem segurança pela Internet, a VPN passou a utilizar conceitos de criptografia para manter o sigilo dos dados. Mais do que isso, o *IP Security* (IPSec), protocolo-padrão de fato das VPNs, garante, além do sigilo, a integridade e a autenticação desses dados. As redes privadas virtuais serão discutidas com mais detalhes no Capítulo 10.

7.2.7 Autenticação/certificação

A autenticação e a certificação dos usuários podem ser baseadas em endereços IP, senhas, certificados digitais, *tokens*, *smartcards* ou biometria. Tecnologias auxiliares são a infra-estrutura de chaves públicas (*Public Key Infrastructure* — PKI) e o *Single Sign-On* (SSO). Os aspectos da autenticação dos usuários e o SSO serão comentados no Capítulo 11 e a infra-estrutura de chaves públicas será abordada na Seção 9.6.

7.2.8 Balanceamento de cargas e alta disponibilidade

Como pode ser visto pela sua própria definição, o *firewall* deve ser o único ponto de acesso a uma determinada rede, de modo que todo o tráfego deve passar por ele. Assim, ele pode representar também o gargalo dessa rede, sendo recomendável que mecanismos de contingência sejam utilizados.

O balanceamento de cargas de *firewalls* é um desses mecanismos, que visa à divisão do tráfego entre dois *firewalls* que trabalham paralelamente. Um método de balanceamento pode ser, por exemplo, o *round robin*, no qual cada *firewall* da lista recebe uma conexão de cada vez. Outros métodos de balanceamento de carga podem ser baseados em pesos, na conexão menos utilizada ou na prioridade. Os *firewalls* com a carga balanceada devem operar exatamente com a mesma política de segurança, para que a consistência entre os dois sistemas esteja sempre em ordem. Mecanismos de sincronização das regras de filtragem podem ser usados para a manutenção da consistência.

Já a alta disponibilidade tem como objetivo o estabelecimento de mecanismos para a manutenção dos serviços, de modo que eles estejam sempre acessíveis para os usuários. A disponibilidade pode ser mantida, por exemplo, em um cenário no qual o *firewall* tem problemas e fica indisponível, sendo, assim, necessário que o *backup* do *firewall* passe a funcionar no lugar do original. A verificação da disponibilidade ou não do *firewall* pode ser feita com mecanismos conhecidos como *heartbeat*, por exemplo.

7.3 A evolução técnica

O *firewall* é considerado uma tecnologia 'antiga' na indústria de segurança, mas ainda não pode ser definido como estável, pois ele continua em um constante processo de evolução. Isso acontece, principalmente, devido ao aumento da complexidade das redes das organizações, que adicionam cada vez mais características e funcionalidades que precisam ser protegidas. Algumas das funcionalidades adicionadas ao *firewall* são importantes para a produtividade, como nos casos do NAT ou da VPN. Outras funcionalidades são respostas à demanda do mercado, como a inserção de serviços, por exemplo, o servidor Web, destinados a organizações pequenas, que podem, no entanto, acabar tendo um resultado inverso, ou seja, podem ser perigosos para a segurança da rede da organização (Seção 3.8).

A crescente utilização da Internet para os negócios, combinada com incidentes, como o de Morris Worm [SCH 00], mostrou que este é um mundo de novas oportunidades, porém é um terreno pantanoso para a realização desses negócios. Assim, a necessidade de um nível de segurança melhor e mais granular fez com que empresas como DEC e AT&T desenvolvessem soluções para o acesso seguro à Internet. Algumas dessas soluções e tornaram-se produtos comerciais (DEC, Raptor, ANS e TIS), que se concentraram na segurança de serviços básicos como Telnet, *File Transfer Protocol* (FTP), e-mail e news Usenet [AVO 99].

Os primeiros *firewalls* foram implementados em roteadores, no final da década de 80, por serem os pontos de ligação natural entre duas redes. As regras de filtragem dos roteadores, conhecidas também como lista de controle de acesso (*Access Control List* — CRL), tinham como base decisões do tipo 'permitir' ou 'descartar' os pacotes, que eram tomadas de acordo com a origem, o destino e o tipo das conexões [AVO 99].

Os filtros de pacotes tornam possível o controle das conexões que podiam ser feitas para o acesso aos recursos da organização, separando, assim, a rede externa, não confiável, da rede interna da organização.

A partir disso, tudo mudou rapidamente, de modo que a própria definição de que o *firewall* deve separar 'nós' 'deles' foi modificada. O mundo tornou-se mais integrado, e os serviços básicos, hoje, são o acesso à Web, acesso a bancos de dados via Internet, acesso a serviços internos da organização pela Internet, serviços de áudio, vídeo, videoconferência, voz sobre IP (*Voice Over IP* — VoIP), entre tantos outros. Com isso, as organizações têm cada vez mais usuários utilizando uma maior variedade de serviços. Os usuários muitas vezes acessam serviços fundamentais, como se estivessem fisicamente dentro da organização, como acontece nos ambientes cooperativos.

Dessa maneira, os novos requisitos de segurança fizeram com que os *firewalls* se tornassem mais complexos, resultando nos avanços verificados nas tecnologias de filtro de pacotes, *proxies*, filtragem de pacotes baseado em estados, híbridos e adaptativos. Os dois últimos surgiram em 1999, mas estes são, na realidade, uma mistura das tecnologias já existentes, como será mostrado a seguir. Além disso, diferentes nomes surgiram para tecnologias de *firewalls* supostamente novas, tais como o *firewall* reativo e o *firewall* individual ou pessoal, mas que, como será visto a seguir, são, na realidade, apenas *firewalls* com novas funcionalidades ou fins específicos.

Além dos avanços da tecnologia e das funcionalidades inseridas nos *firewalls*, outros serviços da rede e de segurança passaram a ser incorporados. Alguns desses serviços são:

- Autenticação.
- Criptografia (VPN).
- Qualidade de serviço.
- Filtragem de conteúdo.
- Antivírus.
- Filtragem de URL.
- Filtragem de palavras-chave para e-mails.
- Filtragem de *spam*.

Pode-se considerar, assim, que, atualmente, existe uma tendência de adicionar cada vez mais funcionalidades aos *firewalls*, que podem não estar relacionadas necessariamente à segurança. Alguns exemplos são o gerenciamento de banda, o balanceamento de cargas para serviços, o servidor Web, o servidor FTP, o servidor DNS, o servidor de e-mail ou o servidor *proxy* (não relacionados à segurança, como *proxy* de *stream* de áudio e vídeo), que podem ser integrados. Essas integrações são, geralmente, colocadas em equipamentos específicos ou 'caixas pretas', também conhecidas como *firewall appliances*, como será abordado na Seção 7.6.

Essa integração entre *firewalls* e novas funcionalidades, porém, deve ser feita com cuidado, pois vai ao encontro do 'dogma' da segurança, que diz que a segurança e a complexidade são inversamente proporcionais (Seção 3.8) e, portanto, podem comprometer a segurança em vez de aumentá-la. Uma boa prática é separar as funções (gerenciamento na Web e gerenciamento de segurança), a não ser que a organização seja pequena e que o administrador do *firewall* seja também o Webmaster e o administrador de todos os sistemas da organização, não existindo outra solução. Mas a organização que adotar essa postura deve estar ciente de que, quanto mais funções o *firewall* possuir, maiores são as chances de alguma coisa sair errado. Além disso, quanto maior for o número de serviços, maiores serão os registros (*logs*) gerados, que aumentam a carga de trabalho com a vigilância e monitoramento dos acessos. E, quanto maior for o número de usuários, maior será o trabalho com a administração, o que leva a uma maior possibilidade de erros, representando novos riscos à organização.

As principais tecnologias de *firewalls* e suas variações serão discutidas nas próximas seções e podem ser vistas na Figura 7.4.

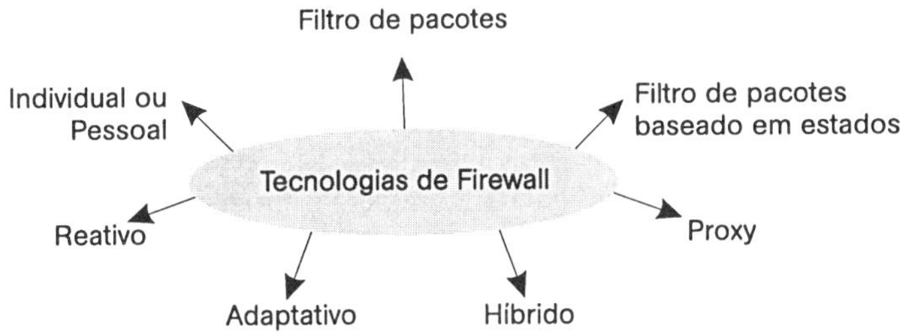

Figura 7.4 As principais tecnologias de *firewall*.

7.3.1 Filtro de pacotes

A tecnologia de filtro de pacotes funciona na camada de rede e de transporte da pilha TCP/IP, de modo que realiza as decisões de filtragem com base nas informações do cabeçalho dos pacotes, tais como o endereço de origem, o endereço de destino, a porta de origem, a porta de destino e a direção das conexões. Os campos dos cabeçalhos IP e TCP que podem ser usados pelo *firewall* estão destacados nas figuras 7.5 e 7.6. É possível observar que o sentido das conexões é verificado com base nos *flags* SYN, SYN-ACK e ACK do *handshake* do protocolo TCP.

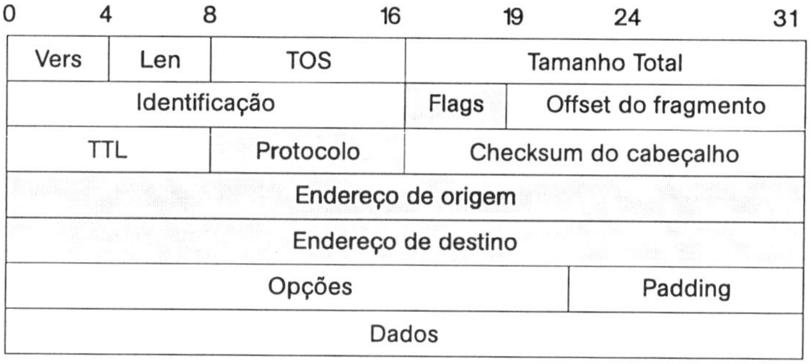

Figura 7.5 Campos do cabeçalho IP usados pelo *firewall*.

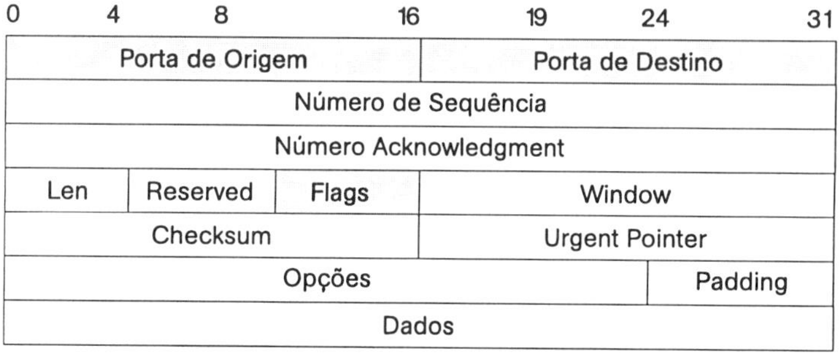

Figura 7.6 Campos do cabeçalho TCP usados pelo *firewall*.

A filtragem das conexões UDP e ICMP feita pelo *firewall* são um pouco diferentes da realizada nas conexões TCP. Com relação ao UDP, não é possível filtrar os pacotes com base no sentido das conexões, pois o UDP não é orientado a conexões, não existindo assim os *flags* (Figura 7.7). Já com relação ao ICMP, a filtragem é feita com base nos tipos e códigos das mensagens (Figura 7.8).

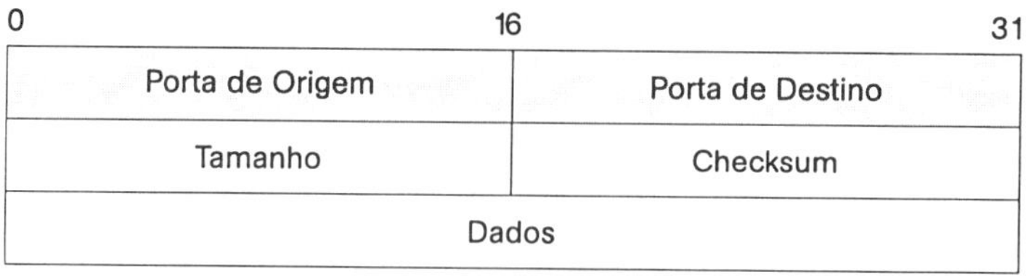

Figura 7.7 Campos do cabeçalho UDP usados pelo *firewall*.

0	16	8	24	31
Tipo ICMP	Código ICMP	Checksum		
Dados ICMP (Normalmente incluem erros do cabeçalho IP)				

Figura 7.8 Campos do cabeçalho UDP usados pelo *firewall*.

Assim, as regras dos filtros de pacotes são definidas de acordo com endereços IP ou com os serviços (portas TCP/UDP relacionadas) permitidos ou proibidos, e são estáticas, de modo que esse tipo de *firewall* é conhecido também como *static packet filtering*. Para pacotes *Internet Control Message Protocol* (ICMP), a filtragem é feita por código e por tipo de mensagem de controle ou erro.

O fato de trabalhar na camada de rede e de transporte faz com que ele seja simples, fácil, barato e flexível de ser implementado. Assim, a maioria dos roteadores, que já atuam como *gateways*, tem também essa capacidade. Isso torna o filtro de pacotes transparente ao usuário, garantindo também um maior desempenho, em comparação aos *proxies*. Em contrapartida, o filtro de pacotes garante um menor grau de segurança, pois os pacotes podem facilmente ser falsificados ou criados especificamente para que passem pelas regras de filtragem definidas. Além disso, um filtro de pacotes não é capaz de distinguir entre pacotes verdadeiros e falsificados. A capacidade de verificação do sentido dos pacotes para determinar se um pacote vem da rede externa ou interna e sua apropriada configuração são essenciais para evitar ataques como o *IP spoofing* (Seção 4.5.9). Na realidade, o que pode ser evitado é a exploração de endereços de equipamentos internos por um *host* externo, sendo impossível um filtro de pacotes impedir o *IP spoofing* de endereços públicos, verdadeiros ou falsificados.

Outro problema que pode acontecer com os filtros de pacotes está relacionado ao tipo de resposta que é enviado a um pedido de conexão que é bloqueado. Dependendo da configuração, a organização pode ser alvo de *port scanning* (Seção 4.5.7), *fingerprinting* (Seção 4.5.7) e de outras técnicas de mapeamento.

Outra conseqüência da simplicidade dos filtros de pacotes é sua limitação com relação a *logs* e aos alarmes. Além disso, a compatibilidade com serviços como FTP, X11, RPC e H.323 não é simples de ser implementada apenas com base no cabeçalho desses pacotes, porque esses serviços utilizam dois ou mais canais de comunicação ou portas dinâmicas. Existe outro problema com esse tipo de filtro, que é com relação à fragmentação de pacotes (Seção 4.6.3), que podem passar pelo *firewall* por meio da validação apenas do primeiro pacote fragmentado, com os pacotes posteriores passando pelo filtro sem a devida verificação, resultando em possíveis vazamentos de informações e em ataques que tiram proveito dessa fragmentação (Seção 4.6.5).

As vantagens do filtro de pacotes são:

- Baixo *overhead*/alto desempenho da rede.
- É barato, simples e flexível.
- É bom para o gerenciamento de tráfego.
- É transparente para o usuário.

As desvantagens do filtro de pacotes são:

- Permite a conexão direta para *hosts* internos de clientes externos.
- É difícil de gerenciar em ambientes complexos.
- É vulnerável a ataques como o *IP spoofing*, a menos que seja configurado para que isso seja evitado (apenas falsificação de endereços internos).
- Não oferece a autenticação do usuário.
- Dificuldade de filtrar serviços que utilizam portas dinâmicas, como o RPC.
- Deixa 'brechas' permanentes abertas no perímetro da rede.

As 'brechas' permanentes nos filtros de pacotes ocorrem porque as conexões que possuem regras específicas de permissão passam livremente pelo *firewall* e são estáticas. Isso abre possibilidades de ataques, que podem ser minimizadas pelo filtro de pacotes baseado em estados.

Um cenário de um possível ataque pode ser exemplificado pelo uso de um cavalo de Tróia com um *backdoor* que o usuário instala em seu equipamento, o qual permite o acesso remoto para a captura de senhas digitadas e de telas da vítima.

Neste exemplo, caso seja suposto que o *firewall* do tipo filtro de pacotes tenha como única regra de filtragem a permissão dos usuários internos a *sites* Web, as regras seriam de acordo com a Tabela 7.1.

Tabela 7.1 Regras de filtragem do filtro de pacotes.

Regra	End. de Origem:Porta de origem	End. de Destino:Porta de Destino	Ação
1	IP da rede interna:porta alta	Qualquer endereço:80 (HTTP)	Permitir
2	Qualquer endereço:80 (HTTP)	IP da rede interna:porta alta	Permitir
3	Qualquer endereço:qualquer porta	Qualquer endereço:qualquer porta	Negar

Nesse exemplo, a Regra 1 permite que os usuários da rede interna iniciem a requisição de uma página Web. Uma porta alta, com número maior do que 1023, é usada pelo cliente de uma forma aleatória, para iniciar a requisição na porta 80 do servidor Web. Uma vez que a conexão é estabelecida, a resposta da requisição (a própria página Web) é recebida pelo cliente, passando pela Regra 2 do filtro de pacotes. A Regra 3 nega qualquer outra tentativa de conexão e é recomendado que seja usada explicitamente, mesmo que o *firewall* implemente a regra de uma maneira padrão.

No exemplo do cavalo de Tróia, o canal aberto pela Regra 2 pode ser explorado para que o *backdoor* seja utilizado no ataque. Nesse caso, o atacante inicia uma conexão usando a porta 80, tendo como destino a porta alta aberta no usuário pelo *backdoor*.

Assim, as regras do filtro de pacotes nem sempre são capazes de proteger adequadamente todos os sistemas. É possível proteger a rede interna contra esse tipo de ataque usando regras que usem também *flags* TCP como o SYN (Tabela 7.2). Nela, é possível observar que a Regra 2 permite somente a passagem de pacotes de conexões já estabelecidas, as quais são as respostas às requisições HTTP dos clientes. Porém, os filtros de pacotes baseados em estados constituem uma solução mais elegante, e serão discutidos na próxima seção.

Tabela 7.2 Regras de filtragem do filtro de pacotes, usando *flags* TCP.

Regra	End. de Origem:Porta de origem:Flag	End. de Destino:Porta de Destino	Ação
1	IP da rede interna:porta alta:SYN	Qualquer endereço:80 (HTTP)	Permitir
2	Qualquer endereço:80 (HTTP)	IP da rede interna:porta alta	Permitir
3	Qualquer endereço:Qualquer porta	Qualquer endereço:Qualquer porta	Negar

7.3.2 Filtro de pacotes baseado em estados

Os filtros de pacotes dinâmicos (*dynamic packet filter*), também conhecidos como filtros de pacotes baseados em estados (*stateful packet filter*), tomam as decisões de filtragem tendo como referência dois elementos:

- As informações dos cabeçalhos dos pacotes de dados, como no filtro de pacotes.
- Uma tabela de estados, que guarda os estados de todas as conexões.

O *firewall* trabalha verificando somente o primeiro pacote de cada conexão, de acordo com as regras de filtragem. A tabela de conexões que contém informações sobre os estados das mesmas ganha uma entrada quando o pacote inicial é aceito, e os demais pacotes são filtrados utilizando-se as informações da tabela de estados.

Assim como o filtro de pacotes, o filtro de pacotes baseado em estados também trabalha na camada de rede da pilha TCP, tendo, portanto, um bom desempenho. A diferença quanto ao filtro de pacotes é que o estado das conexões é monitorado a todo instante, permitindo que a ação do *firewall* seja definida de acordo com o estado de conexões anteriores mantidas em sua tabela de estados.

Isso permite também a segurança das sessões UDP, enquanto o bom desempenho permanece.

Um *firewall* baseado em estados funciona da seguinte maneira [SPI 99]: quando um cliente inicia uma conexão TCP usando um pacote SYN, ele é comparado com as regras do *firewall*, na ordem seqüencial da tabela de regras, como em um filtro de pacotes. Se o pacote passar por todas as regras existentes sem ser aceito, ele será descartado. Dessa forma, a conexão é rejeitada, por exemplo, com um pacote RST sendo enviado novamente ao cliente para que a conexão seja abortada ou com a conexão podendo ser simplesmente ignorada, dependendo da configuração do *firewall*. Caso o pacote seja aceito, a sessão é inserida na tabela de estados do *firewall*, que está na memória do *kernel*. Isso pode ser verificado na Figura 7.9.

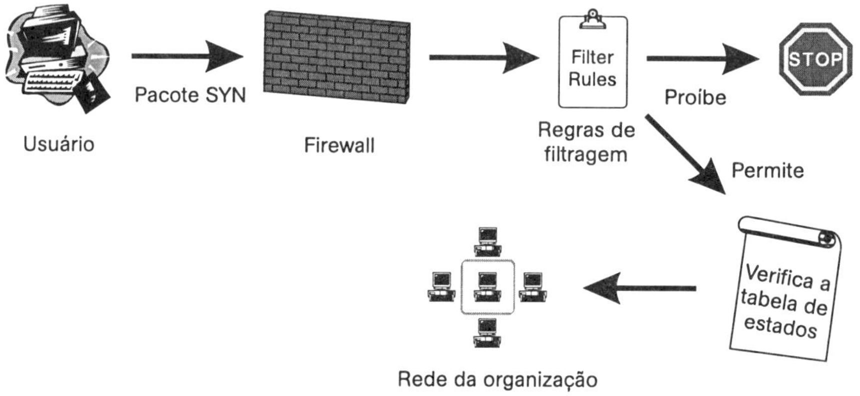

Figura 7.9 Filtro de pacotes baseado em estados trabalhando na chegada de pacotes SYN.

Para os demais pacotes, se a sessão estiver na tabela e o pacote fizer parte dessa sessão, ele será aceito. No entanto, se os pacotes não fizerem parte de nenhuma sessão presente na tabela de estados, eles serão descartados. Isso pode ser verificado na Figura 7.10.

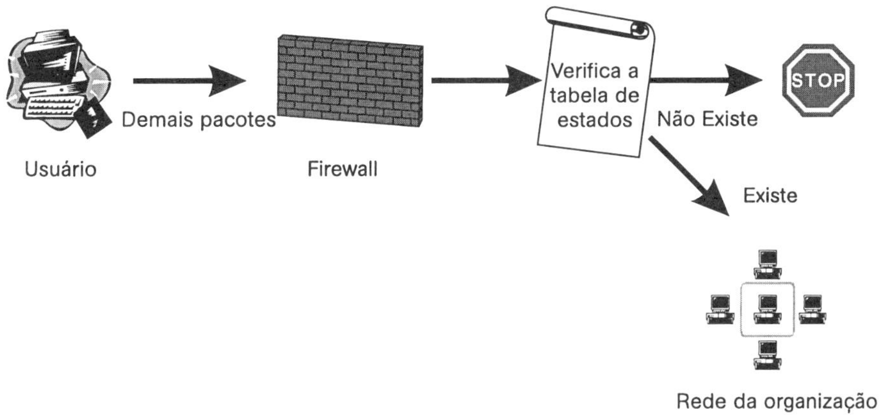

Figura 7.10 Filtro de pacotes baseado em estados trabalhando na chegada dos demais pacotes.

O desempenho do sistema melhora, pois apenas os pacotes SYN são comparados com a tabela de regras do filtro de pacotes, e os pacotes restantes são comparados com a tabela de estados, que fica no *kernel*, o que torna o processo mais rápido. Na realidade, a tabela de regras do filtro de pacotes também permanece no *kernel*. O melhor desempenho é explicado pelo fato de o conjunto de regras na tabela de estados ser menor e também porque a verificação nessa tabela de estados não é feita seqüencialmente, como ocorre no filtro de pacotes, mas, sim, por meio de tabelas *hash*.

É justamente essa característica que faz com que o filtro de pacotes baseado em estados seja uma solução mais elegante na proteção de ataques, como o do uso de *backdoor*, visto na seção anterior. Com esse tipo de *firewall*, o conjunto de regras pode levar em conta apenas os inícios das conexões, que usam o *flag* SYN. Como pode ser visto na Tabela 7.3, o conjunto de regras fica mais enxuto e, conseqüentemente, mais fácil de administrar, minimizando as possibilidades de erros na sua criação. No exemplo, a Regra 1 é usada para verificar se uma conexão pode ser iniciada, e a resposta à requisição é permitida com a verificação dos pacotes de acordo com a tabela de estados do *firewall*. Caso um atacante tente acessar a porta alta aberta pelo *backdoor*, ele não terá sucesso, pois a regra que permite essa conexão não existe.

Tabela 7.3 Regras de filtragem do filtro de pacotes baseado em estados.

Regra	End. de Origem:Porta de origem	End. de Destino:Porta de Destino	Ação
1	IP da rede interna:porta alta	Qualquer endereço:80 (HTTP)	Permitir
2	Qualquer endereço:qualquer porta	Qualquer endereço:qualquer porta	Negar

Um processo de verificação diferente ocorre com pacotes ACK, como pode ser visto na Figura 7.11. Quando um desses pacotes chega ao *firewall*, ele é primeiramente comparado com a tabela de estados. Caso não exista nenhuma sessão aberta para esse pacote, ele passa a ser analisado de acordo com a tabela de regras do *firewall*. Se o pacote for aceito de acordo com a tabela de regras, ele passa pelo *firewall* e passa assim a ter uma sessão aberta na tabela de estados. Com isso, os demais pacotes são verificados de acordo com essa entrada na tabela de estados e passam pelo *firewall*, sem a necessidade de comparação com a tabela de regras [SPI 99].

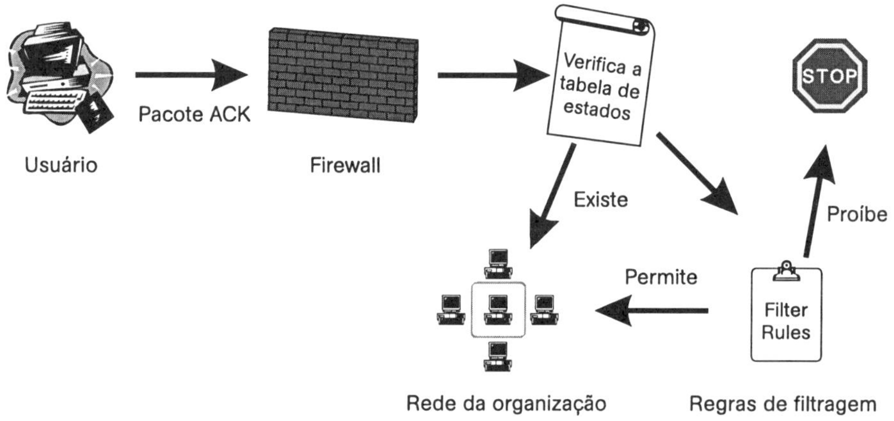

Figura 7.11 Filtro de pacotes baseado em estados trabalhando na chegada de pacotes ACK.

O tempo de permanência das sessões na tabela de estados é determinado por um período específico. Um *time-out* de 60 segundos, por exemplo, é utilizado quando o pacote SYN é aceito pelo *firewall*. Após a primeira resposta, o *time-out* passa para 3.600 segundos, por exemplo, que é um tempo maior usado para dificultar ataques de *SYN flooding* (Seção 4.6.2). Porém, o *firewall* não se preocupa com o tipo de pacote da resposta, principalmente com relação ao número de seqüência dos pacotes. Alguns *firewalls*, como *IPFilter*, acompanham os números de seqüência do TCP, diminuindo assim a amplitude de oportunidades de ataque. O Firewall-1, por outro lado, preocupa-se apenas com o endereço IP e com a porta. Pacotes FIN, RST não iniciam conexões, portanto não são inseridos na tabela de estados. Pacotes Xmas nunca são inseridos na tabela de estados, porém são aceitos e registrados em *logs*.

Ataques de negação de serviços (DoS), que podem ser executados com o objetivo de encher a tabela de estados com o envio de muitos pacotes ACK, são prevenidos por meio da mudança do *time-out* de 3.600 para 50 segundos, quando o módulo de filtragem de estados recebe um pacote FIN ou RST [SPI 99].

Uma outra abordagem para os pacotes ACK pode ser utilizada por outros *firewalls*. Como pode ser visto na Figura 7.12, apenas pacotes SYN podem iniciar uma conexão, e sua sessão é inserida na tabela de estados. Diferentemente do que foi mostrado na Figura 7.11, os pacotes ACK são filtrados apenas de acordo com a tabela de estados.

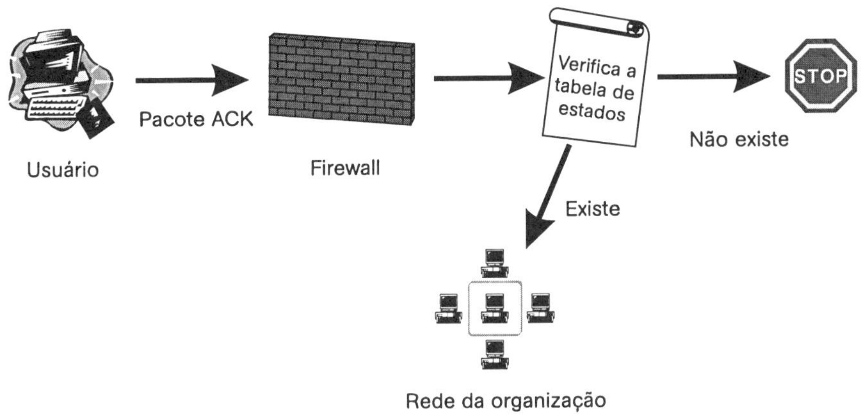

Figura 7.12 Filtro de pacotes baseado em estados tratando os pacotes ACK.

Quanto à filtragem de pacotes UDP, que não utilizam o conceito de conexão e, portanto, não fazem distinção entre requisição e resposta, ou à filtragem de pacotes RPC, que utilizam alocação dinâmica de portas, o filtro de pacotes baseado em estados armazena dados de contexto. Assim, ele pode manter uma conexão virtual das comunicações UDP ou RPC e, quando um pacote tenta entrar na rede, ele é verificado de acordo com a tabela de estados. Caso haja uma entrada na tabela dizendo que a sessão está pendente, o pacote é autorizado.

Teoricamente, o filtro de pacotes baseado em estados é capaz de examinar por meio da camada de aplicação, mas, na prática, é muito difícil executar essa função, pois o módulo de verificação dos pacotes é geralmente inserido entre as camadas 2 e 3 da pilha TCP. Para controlar comandos FTP, por exemplo, seria necessário saber a quantidade de pacotes, guardar esses pacotes e saber por quanto tempo guardá-los, até que o último pacote do comando seja recebido. Seria preciso também se preocupar com a seqüência de pacotes, a fragmentação e os fragmentos *overlapping*, o que não é uma tarefa simples nem trivial.

Porém, algumas implementações acrescentam essa funcionalidade. Exemplos de filtros de pacotes baseado em estados são o *Context-Based Access Control* (CBAC), da *Cisco IOS Firewall* [CIS 98-2], e o *Inspect Engine* da Checkpoint (Firewall-1) [CHE 98].

As vantagens do filtro de pacotes baseado em estado são:

- Aberturas apenas temporárias no perímetro da rede.
- Baixo *overhead*/alto desempenho da rede.
- Aceita quase todos os tipos de serviços.

As desvantagens do filtro de pacotes baseado em estados são:

- Permite a conexão direta para *hosts* internos a partir de redes externas.
- Não oferece autenticação do usuário, a não ser via *gateway* de aplicação (*application gateway*).

7.3.3 Proxy

O *proxy* funciona por meio de *relays* de conexões TCP, ou seja, o usuário se conecta a uma porta TCP no *firewall*, que então abre outra conexão com o mundo exterior. O *proxy* pode trabalhar tanto na camada de sessão ou de transporte (*circuit level gateway*) quanto na camada de aplicação (*application level gateway*) (Figura 7.13), o que lhe dá mais controle sobre a interação entre o cliente e o servidor externo.

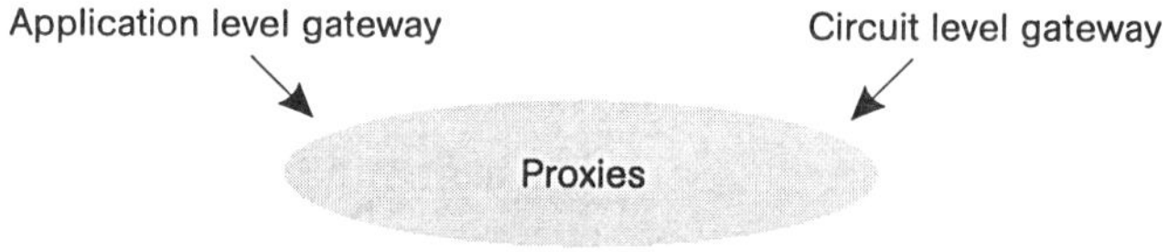

Figura 7.13 Os tipos de *proxies*.

A conexão direta entre um usuário interno e o servidor externo não é permitida por meio dessa tecnologia e o reendereçamento do tráfego, ao fazer com que o tráfego pareça ter origem no *proxy*, mascara o endereço do *host* interno, garantindo assim uma maior segurança da rede interna da organização.

O servidor *proxy* funciona como um *daemon* e não utiliza um mecanismo geral de controle de tráfego, mas sim um código especial para cada serviço a ser aceito. O código de um *proxy* não é considerado complexo o suficiente para conter erros que possam ser explorados em ataques [RAE 97]. Uma das grandes vantagens dos *proxies* é a possibilidade de registrar todo o tráfego, seja ele com origem interna ou externa, podendo assim ativar um sistema de alarme quando um tráfego não apropriado estiver em andamento. Alguns *proxies* podem realizar também a *cache*, comuns em *proxies* HTTP, enquanto outros podem realizar filtragem de e-mails.

As diferenças entre o *circuit-level gateway* e o *application-level gateway* estão, além da camada TCP em que atuam, também no mecanismo de segurança utilizado. O primeiro funciona apenas como *relay* entre o cliente e o servidor externo, porém sem realizar a verificação dos serviços. Isso pode causar um problema de segurança: se outro serviço utilizar a porta 80, que é o padrão HTTP, o *circuit-level gateway* não saberá diferenciar esses pacotes, permitindo que eles passem pelo *proxy*. Já o *application-level gateway*, ao trabalhar na camada de aplicação, permite que o *payload* dos pacotes seja filtrado, como é o caso das filtragens que ocorrem em *tags* HTML feitas pelo *proxy* HTTP.

O esquema de funcionamento típico dos *proxies* é que o cliente deve, primeiramente, se conectar ao servidor *proxy*, que libera o acesso após a autenticação. Uma vez autenticado, o cliente envia sua requisição ao *proxy*, que a retransmite ao servidor. A resposta do servidor externo passa também pelo *proxy*, com este funcionando como um *gateway* entre o cliente e o servidor. Duas conexões são iniciadas em cada requisição: uma do cliente para o *proxy*, e outra do *proxy* para o servidor. Isso protege o cliente e o servidor por meio do controle de requisição de serviços, proibindo certos eventos no nível de aplicação (no *application-level gateway*), tais como o *FTP PUT* ou o *FTP GET*.

A necessidade de modificar as aplicações-cliente para a interação com o *proxy* vem diminuindo com o avanço da tecnologia [SKO 98], como pode ser observado no *proxy* transparente (Seção 7.3.3.1). Porém, a escalabilidade ainda constitui um problema, devido à necessidade de um *proxy* diferente para cada aplicação.

As vantagens do *proxy* são:

- Não permite conexões diretas entre *hosts* internos e *hosts* externos.
- Aceita autenticação do usuário.
- Analisa comandos da aplicação no *payload* dos pacotes de dados, ao contrário do filtro de pacotes.
- Permite criar *logs* do tráfego e de atividades específicas.

As desvantagens do *proxy* são:

- É mais lento do que os filtros de pacotes (somente o *application-level gateway*).
- Requer um *proxy* específico para cada aplicação.
- Não trata pacotes ICMP.

- Não aceita todos os serviços.
- Requer que os clientes internos saibam sobre ele (isso vem mudando com o *proxy* transparente, veja a Seção 7.3.3.1).

7.3.3.1 *Proxy* transparente

O *proxy* transparente é um servidor *proxy* modificado, que exige mudanças na camada de aplicação e no *kernel* do *firewall*. Esse tipo de *proxy* redireciona as sessões que passam pelo *firewall* para um servidor *proxy* local de modo transparente, eliminando, assim, a necessidade de modificações no lado cliente ou na interface com o usuário [TRA 98]. Os clientes (software e usuário) não precisam saber que suas sessões são manipuladas por um *proxy*, de modo que suas conexões são transparentes, como se elas fossem diretas para o servidor.

Um exemplo pode ser visto no Linux, quando o redirecionamento transparente dos pacotes para o *proxy* (squid, no exemplo) é manipulado pelo *IPtables*:

> iptables -t nat -A PREROUTING -i eth0 -s ! **endereço-squid** -p tcp —dport 80 -j DNAT —to **endereço-squid**:8080
> iptables -t nat -A POSTROUTING -o eth0 -s **rede-local** -d **endereço-squid** -j SNAT —to **endereço-iptables**
> iptables -A FORWARD -s **rede-local** -d **endereço-squid** -i eth0 -o eth0 -p tcp —dport 8080 -j ACCEPT

A primeira regra envia os pacotes que não têm como origem eles próprios para o *proxy* Squid, que está funcionando na porta 8080 no exemplo. A segunda regra é importante para que a resposta seja enviada de volta ao *IPtables*, em vez de ser enviada diretamente ao cliente. Já a terceira regra é a responsável pelo direcionamento dos pacotes do *IPtables* para o Squid.

Os detalhes do modo de funcionamento, com a especificação de chamadas a sistemas, para sessões TCP e UDP, que são tratadas de maneiras diferentes, podem ser observados em [TRA 98]. Por meio desses detalhes, é possível verificar que é relativamente simples modificar um servidor *proxy* existente para que ele seja transparente, com o servidor local atuando como um simples redirecionador de pacotes.

7.3.4 Firewalls híbridos

Os *firewalls* híbridos misturam os elementos das três tecnologias apresentadas anteriormente, de modo a garantir a proteção dos *proxies* para os serviços que exigem alto grau de segurança e a segurança do filtro de pacotes, ou do filtro de pacotes com base em estados, para os serviços em que o desempenho é o mais importante. Assim, os serviços mais bem manipulados pelos filtros de pacotes, como o Telnet, utilizam o filtro de pacotes, enquanto os serviços que necessitam de filtragem no nível de aplicação, como o FTP, utilizam o *proxy*. Atualmente, a maioria dos *firewalls* comerciais é híbrida, aproveitando as melhores características dos filtros de pacotes, filtros de pacotes baseados em estados e *proxies* para cada um dos serviços específicos.

7.3.5 Proxies adaptativos

A evolução técnica dos *firewalls* fez com que um outro conceito, parecido, mas diferente dos *firewalls* híbridos, fosse desenvolvido. A diferença entre o *firewall* híbrido e o *proxy* adaptativo está na forma de usar diferentes tecnologias simultaneamente. O *firewall* híbrido utiliza os mecanismos de segurança paralelamente, o que não representa aumento no nível de segurança, apenas uma maior flexibilidade na utilização de filtros de pacotes, filtros de pacotes baseado em estados e *proxies* para serviços específicos. Já o *proxy* adaptativo (*adaptative proxy*) utiliza mecanismos de segurança em série, o que traz benefícios para o nível de segurança da rede da organização [AVO 99]. Como pode ser observado no exemplo do protocolo FTP, a seguir, o *proxy* adaptativo é capaz de utilizar dois mecanismos de segurança diferentes para a filtragem de um mesmo protocolo.

A arquitetura de *proxy* adaptativo tem duas características que não são encontradas em outros tipos de *firewalls* [WES 98]:

- Monitoramento bidirecional e mecanismo de controle entre o *proxy* adaptativo e o filtro de pacotes baseado em estados (Seção 7.3.2).
- Controle dos pacotes que passam pelo *proxy* adaptativo, com a habilidade de dividir o processamento do controle e dos dados entre a camada de aplicação (*application-level gateway*) e a camada de rede (filtro de pacotes e filtro de pacotes baseado em estados).

Com o uso dessas duas características, o *proxy* adaptativo direciona o controle dos pacotes de acordo com as regras por ele definidas. Caso seja determinado que os pacotes necessitam de maior segurança, esse fluxo de pacotes é direcionado para o *proxy* de aplicação (*application-level gateway*), que realiza um controle no nível de aplicação. Caso determinados pacotes precisem de maior desempenho, o *proxy* adaptativo direciona esse fluxo para os filtros de pacotes e de estados, que são bem mais rápidos que os *proxies*. Um exemplo dos benefícios trazidos pelo *proxy* adaptativo pode ser visto no FTP.

O FTP emprega duas conexões, uma para o tráfego de controle e outra para a transferência dos dados. A conexão de controle, que envia os comandos FTP, pode ser processada na camada de aplicação pelo *proxy* adaptativo, de modo que ele pode decidir quais comandos são permitidos ou proibidos. Quando o *proxy* adaptativo recebe pacotes da conexão de dados, as regras de filtragem do filtro de pacotes entram em ação na camada de rede, para decidir se a transferência é ou não permitida.

Assim, a arquitetura do *proxy* adaptativo combina eficientemente o alto grau de segurança do controle na camada de aplicação (*proxies*) e o desempenho do processamento na camada de rede (filtro de pacotes e filtro de pacotes baseado em estados) para realizar a filtragem em um mesmo protocolo, como o FTP.

O mecanismo de controle bidirecional permite que o *proxy* adaptativo gerencie as duas conexões, de modo que, caso a conexão de controle seja encerrada, a conexão de dados também é finalizada. Se a conexão de dados terminar antes, o *proxy* adaptativo será notificado pelo mecanismo de controle, para que o tráfego da conexão de controle seja reiniciado [WES 98]. Um exemplo de *firewall* adaptativo é o Gauntlet, da Network Associates Inc.

7.3.6 *Firewalls* reativos

O passo seguinte da evolução dos *firewalls* envolve o seu papel dentro da estratégia de segurança. Os *firewalls* são, primariamente, designados para o controle de conexões, porém alguns fabricantes já chamam seus *firewalls*, que apresentam integração com sistemas de detecção de intrusão (*Intrusion Detection System*, ou IDS, que serão vistos no próximo capítulo) e sistemas de respostas, de *firewalls* reativos.

Os *firewalls* reativos incluem funções de detecção de intrusão e alarmes, de modo que a segurança é mais ativa que passiva. Com a adição dessas funções, o *firewall* pode policiar acessos e serviços, além de ser capaz de mudar a configuração de suas regras de filtragem de modo dinâmico, enviar mensagens aos usuários e ativar alarmes [AVO 99]. O lado negativo dessa característica é que o *firewall* pode ser alvo de ataques de negação de serviços (*Denial-of-Service* — DoS), caso o *hacker* passe a enviar pacotes que acionem alarmes ou redefina as regras de filtragem de um modo específico. De fato, um sistema de detecção de intrusão é um componente importante do arsenal de defesa de qualquer organização e será discutido no próximo capítulo.

7.3.7 Firewalls individuais

Uma tendência que pode ser observada é que, cada vez mais, as organizações precisarão, além do controle da rede, também do controle dos *hosts*. O uso cada vez maior de tecnologias como o *Peer-to-Peer* (P2P) e a rede privada virtual (VPN), combinadas com o crescimento do acesso de banda larga, mostram essa necessidade de maior segurança nos *hosts*. Um problema que pode ser verificado na discussão dos aspectos de segurança do cliente VPN (Seção 10.5.1) é que, com os usuários se tornando remotos, um *firewall* atuando no limite da rede não será mais suficiente para garantir a segurança da empresa. Um *hacker* poderia, por exemplo, atacar um *host* cliente e utilizá-lo como ponte entre a Internet e a rede interna da organização, como pode ser visto na Figura 7.14.

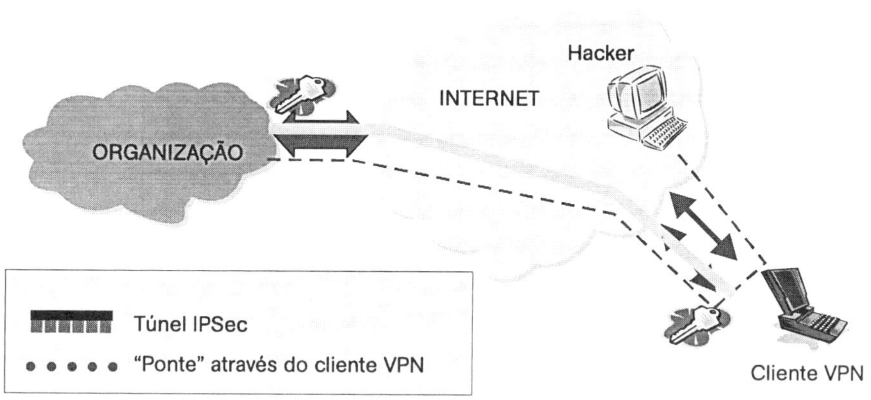

Figura 7.14 Um hacker pode acessar a rede da organização por meio do cliente VPN.

De fato, essa é uma possibilidade que não deve ser desprezada, principalmente quando o crescimento desse tipo de acesso é grande. O advento da computação móvel e remota, somado à computação sem fio, resultou na possibilidade de conexão à rede interna da organização a partir de qualquer lugar, a qualquer momento, por meio da VPN. Isso, porém, trouxe implicações de segurança também para o *host* do cliente, que, portanto, deve ser protegido de maneira adequada. Com isso, criou-se um contexto no qual uma política de segurança pode não ser suficiente ou praticamente impossível de ser implementada. De fato, um equipamento que está dentro da organização pode ser controlado, mas controlar um notebook ou um equipamento na casa de um funcionário é mais complicado. Dessa maneira, esses próprios equipamentos agora necessitam de uma proteção adequada para que a rede da organização não seja comprometida.

Um *firewall* individual, ou *firewall* pessoal, é uma das alternativas para a proteção das conexões de *hosts* individuais e a característica desse tipo de *firewall* é que ele atua não na borda da rede da organização, mas no próprio equipamento do usuário. Os diversos produtos atuam na camada de enlace de dados e filtram pacotes IP (TCP, UDP, ICMP), NetBEUI, IPX, ARP etc. [SIG 99].

Um *firewall* individual é capaz de controlar o acesso aos recursos, bloquear determinadas conexões, monitorar todo o tráfego gerado ou que chega ao sistema, gerar regras de acordo com uma aplicação específica que está funcionando e criar *logs* de todos os acessos do sistema.

Dependendo de cada produto, que tem suas especificidades, é possível criar regras de acordo com características como:

- Quando um aplicativo específico está funcionando.
- De acordo com determinado dispositivo Ethernet ou serial.
- Quando um número de telefone específico é utilizado.
- Para serviços, arquivos ou compartilhamentos específicos.
- Para endereços IP específicos.
- Para a direção de fluxo dos pacotes.
- Para um usuário específico.
- Para conexões de VPN ou conexões discadas.

Assim, por meio de um *firewall* individual, é possível obter uma proteção das conexões do cliente, de modo que uma política que poderia ser seguida em um ambiente cooperativo seria a de permitir somente as conexões remotas de clientes que já estejam protegidos por um *firewall* individual.

Porém, não se deve esquecer de que um vírus sempre pode reescrever essas regras, mesmo que isso exija um trabalho extra para o atacante. Além disso, basta que a solução fique conhecida, para que ele passe a se tornar alvo dos atacantes. É importante, portanto, considerar o *firewall* individual apenas como um aumento no nível de segurança de uma organização, não sendo suficiente para a garantia da segurança da rede. Uma eficiente política de atualização e utilização de antivírus, por exemplo, deve ser adotada, impreterivelmente.

Para os usuários domésticos, a proteção de seu sistema tornou-se uma necessidade tão grande quanto a dos servidores das organizações. A rápida e crescente disseminação de *worms* e vírus fez com que os usuários domésticos, principalmente os de banda larga, fossem usados como intermediários de outros ataques, como no ataque distribuído de negação de serviços (*Distributed Denial-of-Service* — DDoS). Assim, o *firewall* pessoal deve ser usado para a proteção individual de cada usuário.

7.3.8 A melhor tecnologia de *firewall*

A evolução natural dos *firewalls* pôde ser observada por meio das seções anteriores. Atualmente, já não é possível que uma organização utilize somente uma tecnologia específica de *firewall*, tais como *proxies* ou filtros baseados em estados.

Foi visto que os filtros baseados em estados têm desempenho semelhante ao do filtro de pacotes, com o aumento do nível de segurança, de modo que um filtro de pacotes, puro e simples, praticamente já não é mais utilizado, a não ser nos roteadores.

O *proxy* é importante para garantir a segurança em serviços na camada de aplicação, como é o caso do HTTP, em que a filtragem de algumas *tags* HTML é importante para a implementação da segurança exigida pela organização. Esse mesmo *proxy* HTTP pode realizar a filtragem de URLs, controlando o acesso a *sites* impróprios, enquanto um *proxy* FTP pode realizar a filtragem de comandos do protocolo, como o PORT.

Assim, ainda existe a necessidade de utilizar filtros de estado para as conexões que exigem mais desempenho, enquanto os *proxies* são necessários para as conexões mais complexas e que exigem maior grau de segurança e controle. Isso explica o fato de a grande maioria dos *firewalls*, atualmente, se encaixarem no perfil de *firewalls* híbridos.

Os *proxies* adaptativos possibilitam um controle ainda maior, ao separar o tipo de filtragem dentro de um mesmo protocolo, como é o caso do FTP, que utiliza o *proxy* para o seu canal de controle e o filtro de pacotes baseado em estados para o seu canal de dados.

Já os *firewalls* reativos fazem parte de uma evolução natural, na qual um sistema de detecção e resposta a eventos de segurança é importante, tendo a possibilidade de os mesmos resultados serem obtidos por meio de um sistema de detecção de intrusão (IDS).

Assim, a questão da melhor tecnologia a ser utilizada por uma organização é relativa, pois tudo deve ser analisado de acordo com o ambiente onde o *firewall* deverá funcionar. Caso uma organização tenha como objetivo apenas liberar o acesso à Web para seus usuários internos, um *proxy* seria mais do que suficiente. O *proxy* HTTP pode ser usado para autenticar os usuários, realizar a filtragem de conteúdo para minimizar a entrada de códigos maliciosos e realizar o bloqueio de *sites* impróprios. Ele ainda pode ser usado para prover estatísticas de uso, como a lista dos *sites* mais acessados e dos usuários mais ativos.

Além do *proxy*, um filtro de pacotes no roteador, por exemplo, pode ser usado para bloquear os pacotes que não forem relativos ao protocolo HTTP (porta 80). Nesse caso, de nada adiantaria, por exemplo, a instalação de um *proxy* adaptativo. Tudo deve ser analisado e definido conforme as necessidades da organização.

Assim, a melhor tecnologia é, sem dúvida, aquela que melhor se adapta às necessidades da empresa, levando-se em consideração o grau de segurança requerido e a disponibilidade de recursos (técnicos e financeiros) para sua implantação.

7.4 AS ARQUITETURAS

A arquitetura de um *firewall* também deve ser definida de acordo com as necessidades da organização, utilizando os componentes e as funcionalidades descritos na Seção 7.2 e as tecnologias discutidas na Seção 7.3.

A rede desmilitarizada (DMZ) possui um papel essencial na arquitetura, pois permite que serviços sejam providos para os usuários externos (por meio de *bastion hosts*) ao mesmo tempo em que protegem a rede interna dos acessos externos. Essa proteção da rede interna é feita pelo confinamento dos acessos externos nessa rede desmilitarizada, de modo que, se um servidor da DMZ for atacado, o atacante não tem condições de chegar aos recursos internos.

Como os servidores localizados na DMZ podem ser acessados diretamente pelo mundo externo, eles devem ser configurados de modo a funcionar com o mínimo suficiente de recursos possíveis para que o serviço determinado seja disponibilizado. Esse servidor, com todas as funcionalidades desnecessárias eliminadas, é conhecido como *bastion host*, ou servidor fortificado, e é normalmente o alvo dos ataques externos, pois os usuários têm acesso somente aos recursos localizados na DMZ. Caso um desses servidores seja comprometido em um ataque, a rede interna da organização ainda estará protegida pela DMZ. Porém, para que isso seja verdade, a política de segurança e sua implementação devem estar totalmente de acordo com o estabelecido, principalmente porque, em um ambiente cooperativo, essa política é complexa o suficiente para possibilitar que sejam cometidos erros.

Para facilitar o entendimento, desenvolvimento, gerenciamento, implementação e atualização dessa política, é sugerido um modelo no qual a segurança da rede da organização é dividida em cinco níveis hierárquicos de defesa, que será mostrado no Capítulo 13.

As arquiteturas clássicas do *firewall*, apresentadas por Chapman [CHA 95], são as três descritas a seguir; a quarta arquitetura é a do *firewall* cooperativo, que estende as arquiteturas clássicas ao ambiente cooperativo, tratando de componentes como redes privadas virtuais (VPN), sistemas de detecção de intrusão (IDS), banco de dados e infra-estrutura de chaves públicas (PKI). As quatro arquiteturas do *firewall* podem ser vistas na Figura 7.15.

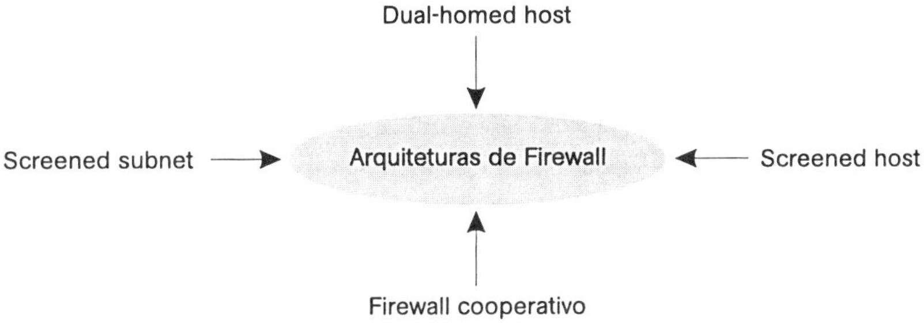

Figura 7.15 As arquiteturas de *firewall*.

7.4.1 Dual-homed host architecture

É a arquitetura formada por um equipamento que tem duas interfaces de rede (Figura 7.16) e funciona como um separador entre as duas redes. Os sistemas internos têm de ser conectados ao *firewall* para que possam se comunicar com os servidores externos e vice-versa, mas nunca diretamente. Assim, as comunicações são realizadas por meio de *proxies* ou conexões em duas etapas, nas quais o usuário se conecta primeiramente ao *host dual-homed*, para depois se conectar ao servidor externo. Essa última abordagem causa problemas, principalmente para o usuário, pois o processo de acesso externo não é transparente, o que acaba influindo na produtividade dos usuários.

O único ponto de falha constituído pelo *firewall* também deve ser considerado, pois o risco da rede tornar-se indisponível aumenta.

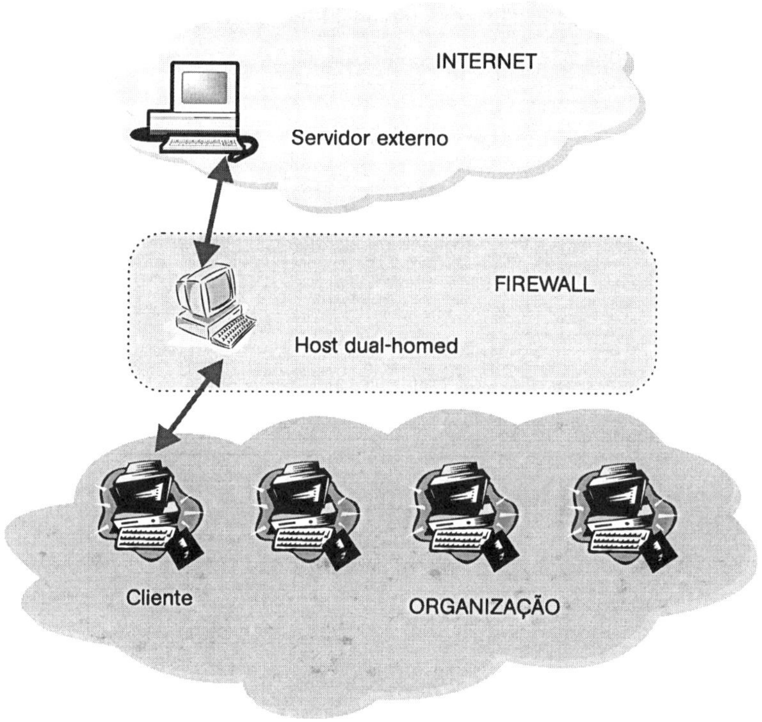

Figura 7.16 A arquitetura *dual-homed host.*

7.4.2 Screened host architecture

Essa arquitetura (Figura 7.17) é formada por um filtro de pacotes e um *bastion host*. O filtro deve ter regras que permitam o tráfego para a rede interna somente por meio do *bastion host*, de modo que os usuários externos que queiram acessar um sistema da rede interna devem, primeiramente, se conectar ao *bastion host*. O *bastion host* pode funcionar também como um *proxy*, exigindo, assim, que os usuários internos acessem a Internet por meio dele. Outra possibilidade é a de usuários internos acessarem serviços externos por meio de regras no filtro de pacotes do *bastion host*. Essas duas possibilidades também podem ser mescladas, resultando no *firewall* híbrido.

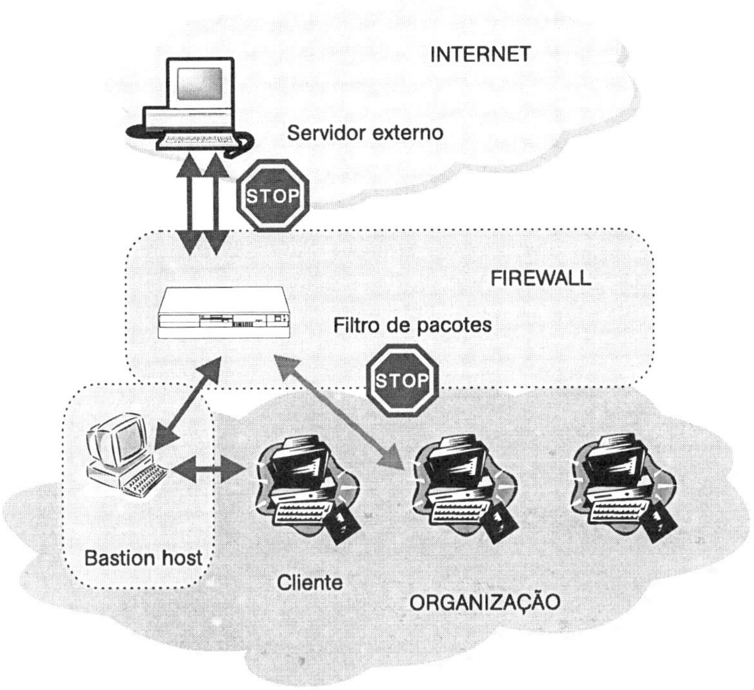

Figura 7.17 A arquitetura *screened host*.

Caso o *bastion host* ofereça serviços para a Internet, como um servidor Web, o filtro de pacotes deve permitir o acesso a ele somente na porta TCP correspondente, que é a porta 80, no caso do HTTP.

Um problema que podem ocorrer nessa arquitetura é que, se o *bastion host* for comprometido, o invasor já estará dentro da rede interna da organização. Outro problema é que o filtro de pacotes e o *bastion host* formam um único ponto de falha, de modo que, se ele for atacado, a comunicação da organização com a Internet ficará comprometida e a rede interna ficará à mercê do invasor.

7.4.3 Screened subnet architecture

Essa arquitetura (Figura 7.18) aumenta o nível de segurança com relação à arquitetura *screened host* ao adicionar a rede DMZ. Se, antes, um ataque ao *bastion host* significava que o invasor já estaria com a rede interna disponível para ele, isso não ocorre na arquitetura *screened subnet*. O *bastion host* fica na DMZ, que é uma zona de confinamento entre a rede externa e a rede interna, que fica entre dois filtros. A DMZ evita que um ataque ao *bastion host* resulte, por exemplo, na utilização de um *sniffer* para a captura de pacotes de usuários internos.

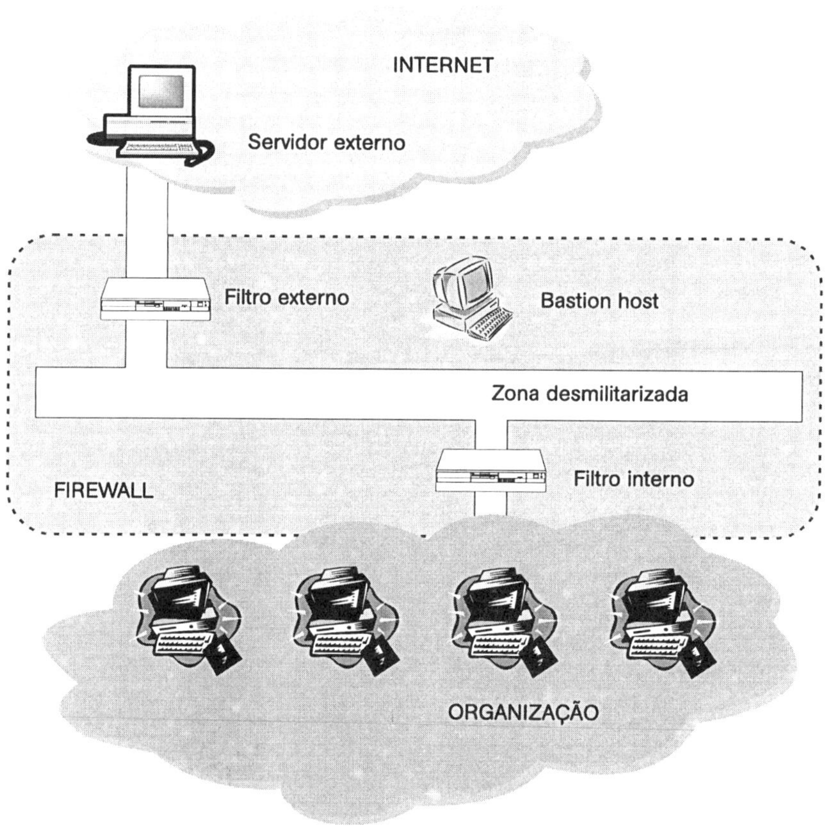

Figura 7.18 A arquitetura *screened subnet*.

Um ponto importante da arquitetura é a definição dos filtros internos e externos. Qualquer falha em sua definição ou implementação pode resultar em uma falsa sensação de segurança.

O filtro externo deve permitir o tráfego dos serviços disponíveis na DMZ, bem como o tráfego das requisições dos usuários internos. Já o filtro interno deve permitir somente a passagem das requisições e respostas dos serviços permitidos para os usuários internos. Permitir o tráfego do *bastion host* para a rede interna poderia comprometer a segurança da rede interna, caso ele seja atacado, além de ser desnecessário.

Uma variação muito comum dessa arquitetura é a utilização de um equipamento com três interfaces de rede, uma para a rede externa, outra para a rede interna e a terceira para a rede DMZ (Figura 7.19). Os filtros funcionariam em cada interface, sendo, portanto, conceitualmente, uma arquitetura *screened subnet*.

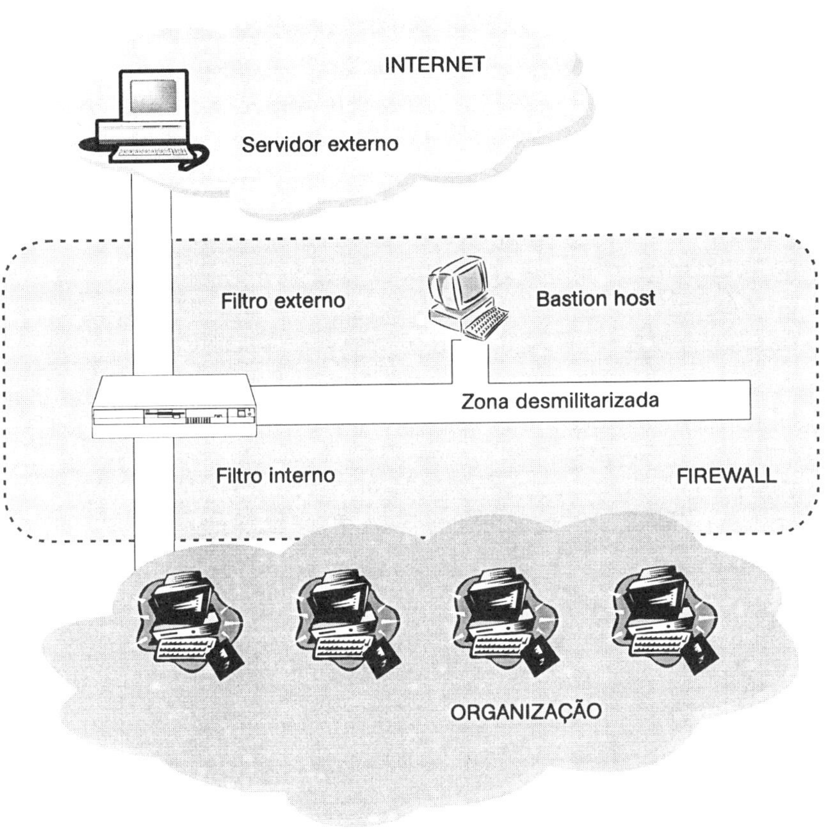

Figura 7.19 Uma variação da arquitetura *screened subnet*.

7.4.4 *Firewall* cooperativo

O *firewall* cooperativo é uma arquitetura em que são inseridos novos componentes, como a VPN, o IDS e a PKI. As três arquiteturas clássicas, abordadas anteriormente, tratam de questões importantes, e na arquitetura do *firewall* cooperativo, elas serão estendidas às situações encontradas em ambientes cooperativos. A utilização de *proxies* na arquitetura, por exemplo, vem sendo bem empregada nas organizações e merece uma discussão mais aprofundada.

Os *firewalls* internos também têm uma importância cada vez maior dentro das organizações, ao separar e filtrar as comunicações entre departamentos internos diferentes. No contexto dos ambientes cooperativos, essa importância é maior ainda, pois trabalhos colaborativos entre duas organizações diferentes, por exemplo, podem requerer uma arquitetura mais bem elaborada, caracterizada pelo 'muro' cada vez mais complexo que deve proteger a organização (Figura 7.20). Os bolsões de segurança (Figura 7.21), vistos no Capítulo 6, mostram de forma clara a situação encontrada no exemplo dos trabalhos colaborativos. A arquitetura do *firewall* cooperativo (Figura 7.22) será descrita e discutida no Capítulo 13, quando será possível analisar a formação e a evolução de um ambiente cooperativo.

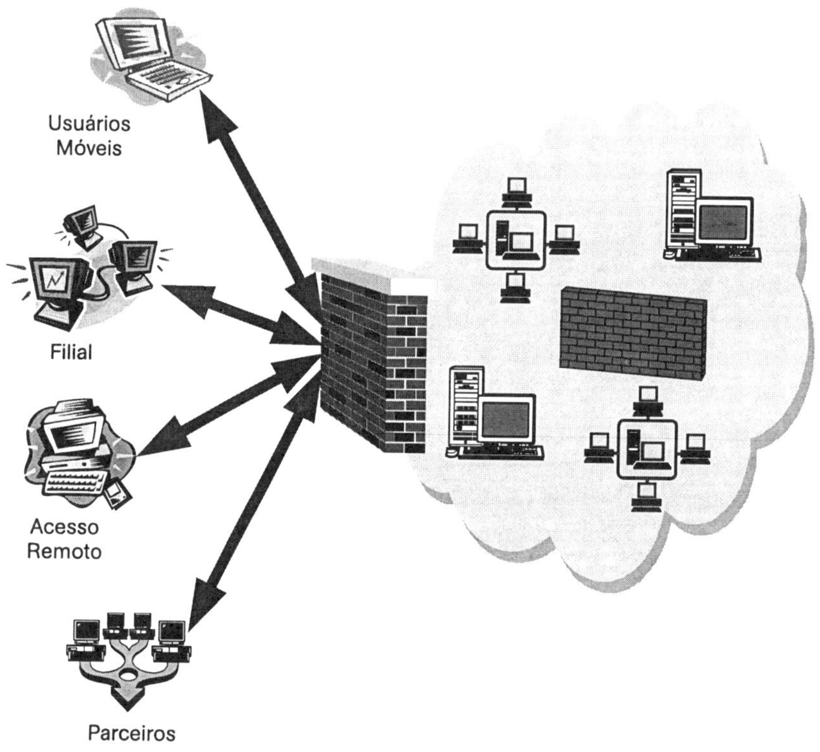

Figura 7.20 O 'muro' em um ambiente cooperativo.

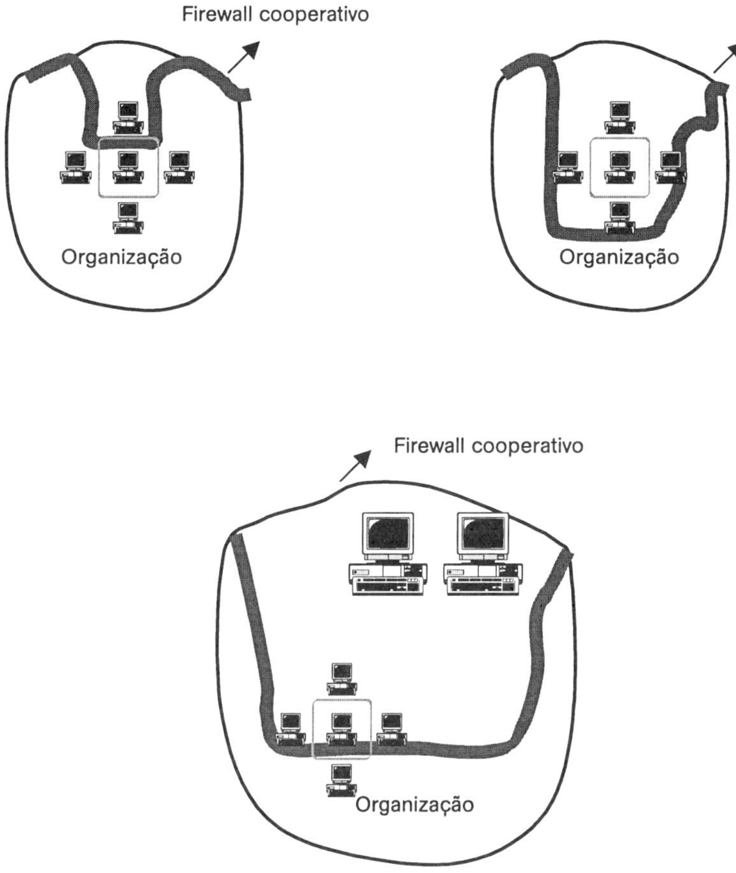

Figura 7.21 Modelo de 'bolsões de segurança' representado pelo *firewall* cooperativo.

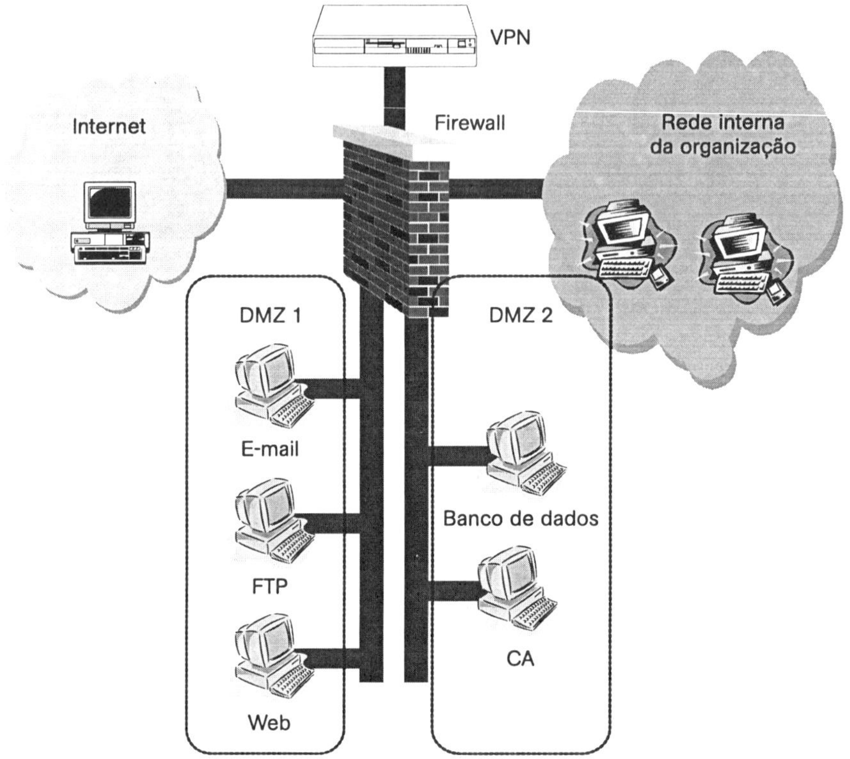

Figura 7.22 A arquitetura do ambiente cooperativo.

7.5 O DESEMPENHO

Como o *firewall* é o responsável pela análise de todos os pacotes que passam pelas conexões da rede, é imprescindível que ele tenha um desempenho satisfatório, para que não se torne um 'gargalo' na rede. Testes realizados [NEW 99] mostraram que, em 1999, os *firewalls* melhoraram seu desempenho em 30%, em comparação com os testes de 1998, e 300% em comparação com os testes de 1997, mostrando uma evolução natural. Atualmente, os *firewalls* podem ser usados praticamente em qualquer tipo de rede, pois sua capacidade melhorou substancialmente, existindo versões para Gigabit Ethernet, que são capazes de operar a 1 Gbps, suportando 500 mil conexões concorrentes e 25 mil túneis VPN [CON 01].

O desempenho é essencial em um ambiente cooperativo, pois a complexidade das conexões, com o grande conjunto de regras e o grande número de conexões concorrentes, exige um grande poder de processamento para a análise rápida de todos os pacotes das conexões.

O desempenho de um *firewall* pode ser analisado, de acordo com alguns fatores:

Hardware:

- Velocidade da placa de rede.
- Número de placas de rede.
- Tipo de barramento (PCI, EISA, SCSI etc.).
- Velocidade da CPU.
- Quantidade de memória.

Sofware:

- Código do *firewall*.
- Sistema operacional.
- Pilha TCP/IP.
- Quantidade de processos sendo executados na máquina.
- Configuração, como a complexidade das regras de filtragem.
- Tipo de *firewall*: *proxy* ou filtro de pacotes baseado em estados?

No *proxy*, a CPU é o fator mais importante, pois cada pacote deve ser desmontado, analisado e remontado. No filtro de pacotes baseado em estados, a memória RAM é a mais importante, pois as informações sobre os estados precisam estar disponíveis na memória, para uma maior rapidez nas respostas.

Um ponto importante a ser considerado é que os *firewalls* evoluíram no requisito desempenho, de modo que hoje existem *firewalls* que operam em Gigabit Ethernet, podendo, assim, ser usados como *firewalls* internos e também em provedores de serviços.

De acordo com testes realizados, a capacidade varia entre 10 Mbps e 1 Gbps, dependendo do tipo de *firewall* e do mercado a que ele é destinado (Seção 7.6). Quanto ao número de conexões simultâneas, os *firewalls* testados conseguiram lidar com uma variação entre mil e 500 mil conexões simultâneas, que foi o caso de um *firewall* na versão Gigabit Ethernet [CON 01].

É importante também considerar que o desempenho está relacionado com as regras de filtragem. Como foi visto na Seção 7.3.3, os filtros de pacotes baseados em estados têm um desempenho melhor em comparação com os filtros de pacotes, pois a filtragem tem como base, na maioria das vezes, a tabela de estados que reside no *kernel*. A tabela de estados pode possuir um número de regras menor, e é inspecionada por meio de tabelas *hash*, que são consideravelmente mais rápidas do que as buscas seqüenciais, comuns em filtros de pacotes.

De fato, um teste mostrou que o aumento em cem regras do conjunto de regras de filtragem não resultou em impacto no desempenho de um filtro de pacotes baseado em estados. Quando um filtro de pacotes foi testado, o *firewall* foi capaz de filtrar dez mil conexões por segundo; porém, quando o mesmo *firewall* foi configurado como *proxy*, conseguiu filtrar apenas cem conexões por segundo, demonstrando que, realmente, o *proxy* é mais lento que o filtro de pacotes, em um fator de cem vezes [SNY 01].

Porém, como foi discutido, diversos fatores devem ser considerados, que vão do *software* ao *hardware*. A crescente necessidade de poder de processamento e capacidade cada vez maiores nos *firewalls* fez surgir uma tendência de utilização de equipamentos dedicados, conhecidos como *firewall appliances*, que serão discutidos na próxima seção.

7.6 O MERCADO

Quando o amadurecimento do mercado de *firewalls* é analisado, pode-se verificar que, no início, o mercado era formado por simples filtros nos *gateways*. Como em todo mercado emergente, diversas pequenas e novas empresas passaram a oferecer seus produtos. A demanda crescente fez com que os grandes fabricantes também entrassem no mercado, resultando em maiores opções de compra e na diminuição dos preços. Ao mesmo tempo, alguns dos novos fabricantes conseguiram sua consolidação no mercado, fruto do pioneirismo e dos produtos eficientes.

Uma tendência de mercado, que segue a necessidade de maior desempenho e facilidade de gerenciamento, é a utilização de *firewall appliances*, que são produtos fornecidos pré-instalados com o hardware.

O mercado de *firewalls* pode ser dividido nos seguintes segmentos:

- Provedor de serviços (*Internet Service Provider* — ISP): os *firewalls* com maior capacidade de filtragem, que suportam até 1 Gbps.
- Corporativo (mais de mil usuários): são os *firewalls* 'clássicos', que se tornaram fáceis de gerenciar, mas necessitam de um profissional de segurança dedicado à sua manutenção. A capacidade é de 100 Mbps.
- *Small and Midsize Business* — SMB (entre 50 e mil usuários): sendo considerados tipicamente *plug'n play*, esses produtos têm poucas opções de configuração e não permitem que o sistema operacional seja modificado. A filosofia é de que poucas escolhas resultam em melhor segurança para aqueles com pouco conhecimento. As características dos produtos podem variar bastante, como a adição de *Web caching*, filtragem de conteúdo, gerenciamento de tráfego, *scanning* de vírus e até mesmo de uma função em que os *patches* e os avisos sobre segurança são enviados automaticamente para o administrador de segu-

rança. Essa categoria de *firewall appliances* é indicada para aqueles que têm pouco conhecimento técnico, devido à sua facilidade de gerenciamento. A capacidade é de 10 Mbps.

- *Small Office Home Office* — SOHO (entre cinco e 50 usuários): múltiplos serviços integrados, como *firewall*, servidor Web e servidor de e-mail, facilitam o gerenciamento e são destinados às organizações com poucos recursos técnicos para a administração da segurança. Como esses produtos combinam diversas funcionalidades, é importante saber qual a definição de '*firewall*' dos fabricantes, assim como qual tecnologia é empregada pelo *firewall*. Essa integração entre diversos serviços pode trazer problemas de segurança, devido ao aumento das funcionalidades, como foi visto na Seção 3.8. Além disso, podem existir problemas com a robustez dos *logs* de segurança e com os relatórios. A capacidade é de 1 Mbps.

É preciso tomar cuidado com relação aos diversos produtos que estão no mercado, pois a impressão que se tem é de que os fabricantes estão aproveitando a força do termo '*firewall*' e vendendo produtos como se fossem a solução para todos os problemas de segurança das organizações.

A grande afirmação que fica é de que essa complexidade que vem sendo adicionada aos *firewalls* traz consigo uma dificuldade com relação à confiança na verdadeira segurança desses produtos. Utilizar um novo serviço por meio do próprio *firewall* é fácil, pois o difícil é implementá-lo mantendo o mesmo nível de segurança. Como foi visto na Seção 3.8, a segurança é inversamente proporcional às suas funcionalidades e, portanto, essas adições devem ser evitadas ao máximo, pois aumentam a probabilidade de vulnerabilidades, causando a diminuição do nível de segurança da rede. O mais recomendado é que o *firewall* seja o responsável apenas pela segurança 'de borda' ou de perímetro da organização, com os demais serviços sendo oferecidos na rede DMZ.

7.7 A avaliação do firewall

A complexidade e variedade de conexões, características de um ambiente cooperativo, resultam na necessidade de uma estratégia de segurança bem definida, que começa pelo uso do *firewall* para a proteção do perímetro.

O que o profissional de segurança deve ter em mente é que não é o produto que vai garantir a segurança necessária, mas, sim, a política de segurança definida e sua correta implementação. Assim, o melhor produto para uma organização é aquele que melhor permite a implementação da política de segurança definida e que melhor se ajusta à experiência e capacidade do profissional. Dessa forma, a escolha do produto deve ser uma parte efetiva da estratégia de segurança da organização.

Diversos aspectos devem ser analisados e discutidos na escolha do *firewall* mais adequado para a organização. Alguns desses aspectos são:

- Fabricante/fornecedor: alguns programas de certificações de *firewalls* podem ser consultados para a escolha do produto. Porém, essas certificações ainda são novas e de difícil avaliação e confiabilidade. A estabilidade financeira e o relacionamento do fornecedor com outros clientes são importantes para evitar problemas futuros de encerramento das atividades e, conseqüentemente, do encerramento do suporte técnico e operacional. O pessoal responsável pela instalação do *firewall* deve possuir experiência comprovada, com certificações e testes do que foi implementado.
- Suporte técnico: serviços que podem auxiliar na utilização e nas atualizações do produto. O suporte 24 x 7, por exemplo, é vital em um ambiente crítico. O tempo de distribuição de *patches* de segurança também é importante.
- Tempo: o prazo para o *firewall* estar funcionando é essencial para a escolha do sistema. Por exemplo, um sistema *plug'n play* pode ser facilmente implementado, porém um sistema baseado em software requer trabalhos e capacidade adicionais.
- Projeto: é importante levar em consideração aspectos de implementação do *firewall*, como a defesa contra ataques clássicos ao TCP/IP, como o *Smurf* (Seção 4.6.4), o *Teadrop* (Seção 4.6.5) ou o *SYN Flooding* (Seção 4.6.2). Os *firewalls* com código aberto permitem uma melhor análise e discussão sobre problemas de implementação. As interações do *firewall* com o sistema operacional e com o hardware também merecem ser considerados.
- *Logs*: por meio da sua análise, é possível detectar erros e problemas no sistema, além de tornar possível a detecção de tentativas de ataques. A capacidade dos *logs* deve, portanto, ser suficiente para que investigações sobre conexões suspeitas sejam possíveis. Mas o fato de o *firewall* registrar os eventos mais importantes não assegura sua efetividade, sendo imprescindível uma ferramenta eficiente de análise dos *logs*. Outro problema que pode acontecer é que, quando um ataque é descoberto por meio da análise dos *logs*, este geralmente já foi realizado, não sendo mais possível impedi-lo. Um sistema de detecção de intrusão, que será visto no próximo capítulo, é uma tecnologia essencial para a proteção de uma rede.
- Desempenho: como foi visto na Seção 7.5, o desempenho é importante em um ambiente cooperativo, mas não tem nenhum significado, se a segurança do *firewall* não for garantida. A segurança sempre deve vir em primeiro lugar.

- Gerenciamento: a configuração remota, o uso de criptografia, os avisos em caso de incidentes de segurança, a capacidade de análise de *logs*, a localização de *logs* em outras máquinas e as medidas tomadas pelo *firewall* quando o espaço para o *log* acaba são alguns dos pontos que devem ser observados.
- Teste do *firewall*: os testes no *firewall* são essenciais para determinar a efetividade do que foi implementado na organização. Os aspectos que devem ser analisados e a maneira e por quem devem ser realizados serão discutidos na próxima seção.
- Capacitação do pessoal: a instalação, o teste e a implementação da solução podem envolver participação ativa do pessoal da própria organização, que deve estar adequadamente capacitado. A operação e a manutenção do *firewall* também requerem profissionais com visão em segurança e capacidade comprovada.

7.8 Teste do firewall

Testar o *firewall* significa verificar se uma política de segurança foi bem desenvolvida, se foi implementada de modo correto e se o *firewall* realiza aquilo que declara realizar. Tentar passar pelo *firewall* ou driblá-lo é um meio valioso de analisá-lo, além de ser importante para a própria política de segurança, pois o conjunto de regras implementado pode ser validado, falhas eventuais podem ser encontradas e evoluções podem ser realizadas.

Essa análise é importante, principalmente, no contexto do ambiente cooperativo, onde a diversidade e a complexidade das conexões torna a ocorrência de erros mais comuns. O desafio de definir as regras de filtragem e de implementar corretamente o que foi definido é grande, de modo que um modelo de segurança é importante para auxiliar o profissional de segurança. A Parte III deste livro aborda esses aspectos que auxiliam o profissional de segurança na sua tarefa de proteger a organização.

Os testes do *firewall* muitas vezes se confundem com as análises de segurança do ambiente. A amplitude das análises pode ser limitada às regras de filtragem, para verificar se foram implementadas corretamente, ou pode chegar à análise dos servidores, que devem estar como *bastion hosts*. Essa análise, porém, pode englobar aspectos adicionais, pois as aplicações e os serviços também podem ser analisados. Além disso, como é discutido na Seção 7.10, o *firewall* não faz a proteção contra ataques a serviços legítimos, que possuem as conexões permitidas. Assim, os próprios serviços e aplicações necessitam de uma análise em particular.

Um teste de *firewall* pode ser estruturado em quatro etapas [RAE 97]:

- Coleta de informações indiretas: informações que podem ser obtidas sem que o *firewall* faça registros ou bloqueie os acessos. São as informações públicas, como de servidores Web, FTP, *whois* ou *nslookup*. A busca por mensagens em *newsgroups*, enviadas por funcionários da organização, por exemplo, pode revelar endereços de e-mail específicos, como é o caso de `joao.teixeira@campinas.saopaulo.brasil.com`, em vez de `joao.teixeira@brasil.com`. Ultimamente, o mecanismo de busca da Google tem sido muito utilizado para a obtenção de informações que auxiliam os ataques.

- Coleta de informações diretas: são as informações protegidas e que, portanto, podem ter seu acesso detectado e registrado. Um exemplo disso é a procura por informações adicionais em servidores de nomes. Outro exemplo é o envio de e-mail para um usuário inexistente de uma rede, o que pode revelar sua topologia, que pode ser obtida por meio da análise do cabeçalho da mensagem de resposta. Pelo *firewalking* (Seção 4.5.8), é possível visualizar a topologia da rede da organização. Um *port scanning* no *firewall* revela as portas dos serviços abertos e os respectivos pontos de ataque. Modos seguros de *port scanning* (*stealth*) também podem ser utilizados, como foram discutidos na Seção 4.5.6.
- Ataques externos: esses testes podem ser realizados utilizando-se ferramentas como o *scanning* de vulnerabilidades, a partir de *hosts* confiáveis, ou por meio do uso de *IP Spoofing*, que mascara a origem dos ataques. Qualquer outro método descrito no Capítulo 4 também pode ser utilizado. Realizando a análise como se fosse um *hacker*, a organização tem a oportunidade de obter informações sobre possíveis pontos de ataque, antes que eles sejam usados com má intenção. Esses testes são também conhecidos como *Ethical Hacking* ou *Penetration Test* (Pen-Test).
- Ataques internos: estes testes têm como objetivo verificar se os usuários internos podem realizar ataques a *hosts* externos. Eles são importantes, porque podem evitar que, no caso de o usuário ser vítima de ataques ou vírus, seja usado como ponto de ataque ou de escoamento de informações confidenciais da organização. Além disso, esses testes também evitam que usuários maliciosos tirem proveito de possíveis situações para atacar *hosts* externos propositadamente.

Assim, é importante observar que testes ou análises de segurança devem ser realizados freqüentemente, não apenas no *firewall*, mas também em todos os recursos e no ambiente da organização. Serviços como o servidor Web, por exemplo, são alvos de constantes ataques e a análise constante é necessária para a diminuição dos riscos envolvidos.

Outro ponto importante é definir quem irá realizar as análises de segurança: o revendedor, os *hackers*, os próprios funcionários ou uma empresa especializada.

Cada um deles tem suas vantagens e desvantagens. Os revendedores têm conhecimento sobre o seu próprio produto e detalhes do funcionamento podem ser esclarecidos; porém, os testes realizados podem ser imparciais. Um *hacker* pode analisar de forma produtiva as vulnerabilidades da política de segurança implementada, porém o risco é que, se não houver ética, ele pode esconder algumas vulnerabilidades encontradas e compartilhá-las com seus colegas *hackers*. Os próprios funcionários parecem ser a melhor opção, mas o que falta é o *know-how* de como realizar algumas análises, o que pode acabar comprometendo os resultados, com o fornecimento de informações limitadas. A empresa especializada pode ter o *know-how* necessário, mas pode sair cara para a organização, pois a segurança é um processo constante e dinâmico, e diversas análises serão necessárias.

Casos de falta de ética e vazamento de informações também são conhecidos, de forma que a empresa especializada, se for o caso, deve ser escolhida cuidadosamente.

7.9 Problemas relacionados

Os *firewalls* são essenciais para a segurança de qualquer organização, mas a falta de alguns cuidados pode tornar todos os esforços inválidos e instaurar um perigoso falso senso de segurança. Os problemas que mais resultam em perigo são:

- Instalações de *firewalls* mal configurados.
- Implementação incorreta da política de segurança.
- Gerenciamento falho.
- Falta de atualizações.

Mesmo tomando-se medidas contra os problemas relacionados acima, a vigilância deve ser uma constante, pois um *firewall* geralmente leva à falsa de sensação de segurança. Diversos problemas podem ocorrer, como falhas no desenvolvimento da política de segurança ou até mesmo falhas na própria implementação dos *firewalls*.

Essas falhas na implementação de *firewalls* já estiveram presentes em diversos *firewalls* comerciais, como é o caso do Cisco PIX Firewall. Alguns *scanners* de segurança eram capazes de 'derrubar' o PIX, segundo a lista de discussão *Firewall Wizards*. Isso é um sério problema, pois essas ferramentas podem ser utilizadas em ataques de negação de serviços e, assim, isolar a rede da organização do acesso externo, comprometendo os negócios.

Outro caso mostra que possíveis vulnerabilidades podem ser encontradas no Firewall-1 da Check Point, que usa permissões-padrão para *TCP Source Porting* e tráfego de certos pacotes UDP, o que pode causar problemas em organizações em que o *firewall* é mal administrado e funciona com essas configurações-padrão [NEW 99][CER 01-4].

Casos de *buffer overflow* também já foram encontrados no Gauntlet, os quais podem resultar em execução de códigos arbitrários e privilégios de administrador no servidor [CER 01].

Com relação à configuração e ao gerenciamento do *firewall*, diversos equívocos podem ser cometidos, o que pode comprometer a segurança da organização, tais como [AVO 99]:

- Liberar novos serviços porque os usuários dizem que 'precisam' deles: é importante separar o que os usuários 'precisam' do que eles 'querem'. Os novos serviços devem ser claramente justificados para os negócios da organização e incluídos na respectiva política de segurança. Mesmo um serviço aparentemente útil aumenta o trabalho de administração do *firewall*, além de adicionar potenciais possibilidades de ataque.
- Separar a rede privada virtual (VPN) do *firewall*: a arquitetura da VPN com o *firewall* deve ser bem definida, para que os usuários da VPN não driblem a política de segurança implementada no *firewall*. Mais detalhes sobre essa arquitetura podem ser vistos no Capítulo 12.
- Concentrar os esforços no *firewall*, enquanto outras medidas de segurança são ignoradas: os *firewalls* não são suficientes, são apenas uma parte do arsenal de segurança necessário.
- Ignorar os arquivos de *logs*: se os arquivos de *logs* nunca são avaliados, estes não têm nenhum valor e não é possível verificar a situação do *firewall* nem comprovar sua real eficiência.
- Desligar as mensagens de alerta: ao desligar os alarmes e alertas, eventuais tentativas de ataque e erros nas configurações não podem ser detectados, colocando em risco os recursos da organização.
- Adicionar contas de usuários no *firewall*: os *firewalls* devem ser tão simples quanto for possível. Como os usuários acrescentam complexidade, suas contas são potenciais pontos de ataque. Além disso, os próprios usuários podem ser considerados potenciais atacantes. Qualquer usuário pode abrir brechas de segurança no *firewall*, mesmo que não intencionalmente, por meio de seus próprios erros.
- Permitir que diversas pessoas administrem o *firewall*: todo administrador é um atacante em potencial, e pode causar danos mais sérios do que qualquer outro usuário, devido aos seus direitos no sistema.

- Presença de modems: qualquer modem atrás do *firewall* pode driblar o perímetro de segurança, formando uma entrada direta em potencial para a rede interna da organização.
- Driblar a segurança do *firewall* e utilizar uma política própria: o *firewall* deve ser configurado de acordo com a política de segurança da organização. Fugir disso, como criar um *backdoor* para facilitar sua administração, certamente trará muitos problemas futuros.
- Não ter uma política de segurança: sem um conjunto de regras, não há como tomar decisões relativas à segurança. O melhor é que uma política seja criada, mesmo que gradativamente. Essa abordagem deve ser utilizada em oposição à idéia de criar a política apenas quando ela for efetivamente necessária, depois de a organização sofrer um ataque. A política deve ser criada antes da implantação do *firewall*, caso contrário, ele será mal configurado e um ataque será inevitável e certo. Mais detalhes sobre a política de segurança podem ser vistos no Capítulo 6.

7.10 O FIREWALL NÃO É A SOLUÇÃO TOTAL DE SEGURANÇA

É importante ter em mente que o *firewall* é apenas uma parte de um conjunto de componentes de um sistema de segurança necessário para a proteção das organizações. Assim, a idéia de que um *firewall* é a solução para todos os problemas de segurança, disseminada por alguns fabricantes e que, infelizmente, ainda convence muitos profissionais, é um conceito equivocado, que acaba colocando em risco toda a organização.

Os *firewalls* podem ser uma 'faca de dois gumes': representam uma primeira linha de defesa e são, essencialmente, necessários em uma infra-estrutura que envolve a segurança. Porém, tendem a tranqüilizar as organizações com uma falsa e perigosa sensação de segurança. Como uma primeira linha de defesa, o *firewall* tem como objetivo bloquear todos os tipos de acesso indevidos, que não estão de acordo com a política de segurança da organização.

O acesso a serviços legítimos deve ser permitido pelo *firewall*. A partir desse momento, a segurança não depende mais do *firewall*, mas sim dos próprios serviços legítimos. Uma autenticação eficiente de um banco de dados, por exemplo, passa a ser fundamental. Análises de segurança para evitar ataques contra o servidor Web também se tornam essenciais, da mesma forma que um sistema de detecção de intrusão deve ser utilizado.

Assim, o maior problema relacionado ao *firewall* pode ser considerado justamente como a falsa idéia de que ele é a solução dos problemas de segurança. Mesmo a própria definição de *firewall*, vista na Seção 7.1, parece não estar mais de acordo com os dias de hoje. Pouco tempo atrás, era fácil definir um *firewall* e suas funções. Ele atuava na borda de uma rede como um muro, evitando que os intrusos entrassem na rede da organização. Esse perímetro era facilmente definido e o *firewall* cuidava desse perímetro, como pode ser visto na Figura 7.23, que mostra o bolsão de segurança tradicional, com o *firewall* e os servidores na zona desmilitarizada DMZ.

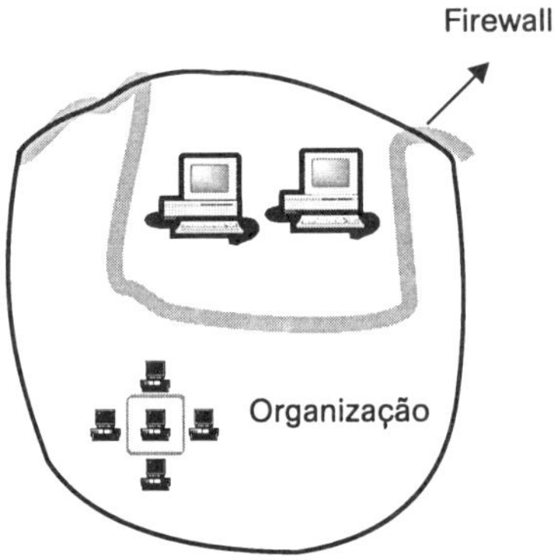

Figura 7.23 Modelo de segurança convencional representado pelo *firewall* com DMZ.

Atualmente, com os ambientes cooperativos, esse perímetro é intangível, com as extranets e VPNs estendendo as redes para a comunicação com os parceiros, a Web e os bancos de dados sendo acessados pelo público em geral, e a computação móvel e a utilização indiscriminada de modems criando pontos de acesso à rede da organização que podem não passar efetivamente pelo *firewall*. O perímetro nos ambientes cooperativos está mudando, fluindo e ativo, como pode ser observado no modelo de bolsões de segurança, definido na Seção 7.11 (Figura 7.24).

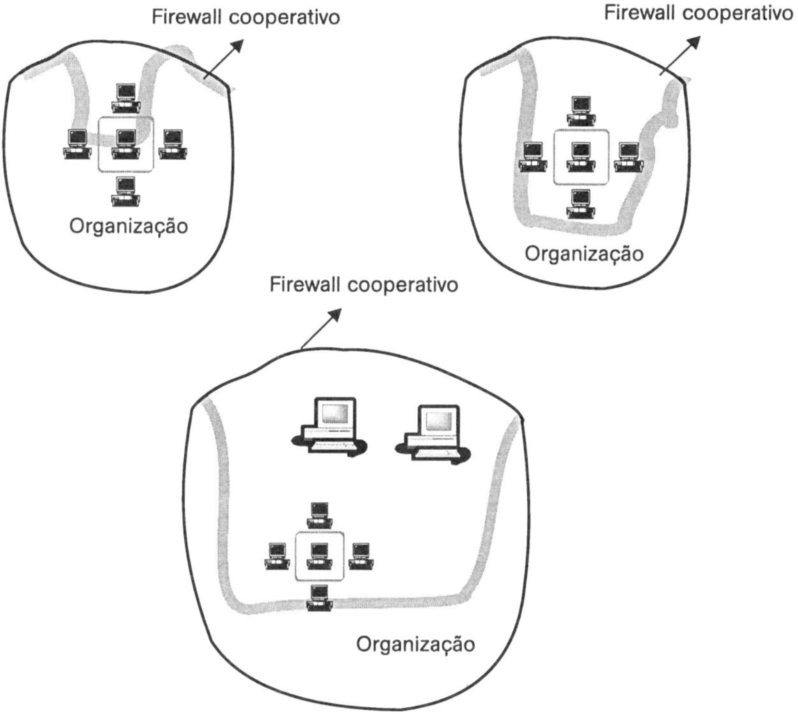

Figura 7.24 Modelo de 'bolsões de segurança' representado pelo *firewall* cooperativo.

Nesse contexto, o *firewall* não pode mais ser considerado apenas um muro, mas sim uma parte da defesa ativa de qualquer organização, que é a idéia principal do *firewall* cooperativo.

Mesmo a definição desse 'muro' criado pelo *firewall* torna-se mais complicado, pois grande parte dos ataques vêm da própria rede interna; portanto, com a computação móvel e o ambiente cooperativo, o enfoque da segurança acaba mudando de 'muros altos' para 'controle dos usuários'.

Assim, o *firewall* é fundamental, mas não é tudo. O enfoque da segurança, agora, está em selecionar os usuários que podem acessar a rede e definir os direitos que têm na rede. Além de determinar os recursos que cada usuário em particular pode acessar e os níveis de acesso de cada usuário na rede, também é essencial que se tenha a certeza de que eles estão fazendo aquilo que lhes foi explicitamente permitido. Desse modo, a autenticação e a autorização são também importantes aspectos de segurança que devem ser implementados. Basicamente, não basta apenas controlar o acesso, é necessário também monitorar o que o usuário está realizando dentro da rede. Além disso, a rede não deve ser protegida apenas contra invasões intencionais, mas também contra inúmeros erros comuns de usuários autorizados, que podem trazer prejuízos à organização.

Levando-se isso em consideração, pode-se observar que a definição original do *firewall* já não é mais suficiente no contexto atual. Os conceitos, as técnicas e as tecnologias contidos na Parte II deste livro têm, assim, uma importância muito grande para a estratégia de segurança de qualquer organização. Sua utilização e um modelo de segurança proposto para auxiliar o profissional de segurança na missão de proteger a organização poderão ser vistos na Parte III.

7.11 Conclusão

Este capítulo discutiu diversos aspectos do *firewall*, entre eles sua definição, que parece estar sendo modificada com o passar do tempo, em grande parte devido ao mercado e à errada percepção de que ele é a solução de todos os problemas de segurança de uma organização. As funcionalidades do *firewall* foram apresentadas e foi discutida a evolução que vem ocorrendo nesse importante componente de segurança. A arquitetura influi diretamente no nível de segurança e as diferentes possibilidades foram analisadas, culminando no *firewall* cooperativo, que será apresentado no Capítulo 13. Foram analisados ainda outros aspectos, tais como seu desempenho, seu mercado, seus testes e os problemas relacionados. Apesar de não ser a solução de todos os problemas de segurança, o *firewall* é um componente essencial em uma organização, ao atuar na borda de sua rede, protegendo-a contra ataques e o acesso indevido.

Capítulo 8

Sistema de detecção de intrusão

O sistema de detecção de intrusão (*Intrusion Detections System — IDS)* é um componente essencial em um ambiente cooperativo. Sua capacidade de detectar diversos ataques e intrusões auxilia na proteção do ambiente, e sua localização é um dos pontos a serem definidos com cuidado. Este capítulo apresentará esse importante elemento do arsenal de defesa, discutindo suas características, os diferentes tipos de IDS existentes e também as metodologias de detecção utilizadas pelos sistemas. Novos tipos de sistemas, que procuram não apenas detectar, mas também prevenir os ataques, também serão discutidos. Esses novos sistemas são conhecidos como sistemas de prevenção de intrusão (*Intrusion Prevention System — IPS*). A forense computacional é importante para análise de incidentes de segurança já ocorridos, e é discutida brevemente neste capítulo.

8.1 Objetivos

No capítulo anterior, foi visto que o *firewall* é apenas um dos componentes da estratégia de segurança de uma organização. Isso é o resultado da mudança do enfoque na segurança, que passa de uma abordagem única baseada na segurança 'de borda' para a necessidade de maior acompanhamento e monitoramento das atividades internas, o que representa novas camadas de segurança. O ambiente cooperativo e o grande nível de interconectividade entre as organizações intensificam essa necessidade de diferentes mecanismos de segurança, pois bolsões de segurança são criados, e precisam ser protegidos (Capítulo 6).

Os bolsões de segurança são caracterizados pelo acesso a recursos internos que devem ser concedidos a parceiros de negócios ou a clientes, por exemplo. Uma vez permitidos os acessos, as atividades desses usuários devem ser controladas e monitoradas cuidadosamente. O *firewall* pode funcionar como a primeira linha de defesa para esses acessos, realizando o controle de acesso no nível de rede. A autenticação aos serviços também é importante para controlar o acesso aos recursos e o IDS é essencial para o monitoramento do ambiente, tanto da rede quanto dos servidores.

Uma das características dos bolsões de segurança dos ambientes cooperativos é que os recursos são normalmente acessados tanto pelos usuários externos quanto pelos usuários internos. Isso faz com que o monitoramento seja estendido aos próprios usuários internos, resultando em inúmeros benefícios para a organização. Isso ocorre porque os recursos passam a dispor de uma defesa tanto contra possíveis ataques externos quanto contra possíveis ataques internos, o que é essencial. Essa necessidade de proteção pode ser comprovada por uma pesquisa da *Computer Security Institute*, que mostra que as grandes perdas financeiras acontecem por meio de ataques internos, como acesso não autorizado a sistemas, roubo de informações confidenciais, abuso da rede por usuários internos ou sabotagem (Figura 8.1) [CSI 01].

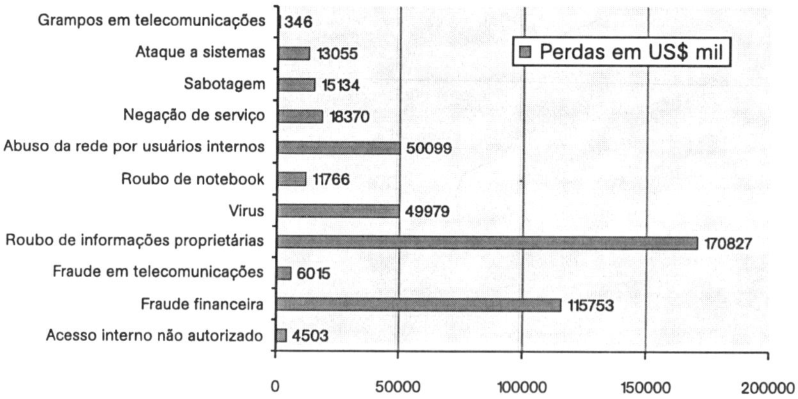

Figura 8.1 As perdas financeiras resultantes de ataques internos. Fonte: FBI/CSI 2002.

Assim, um sistema de detecção de intrusão (*Intrusion Detection System* — IDS), que tem como objetivo detectar atividades suspeitas, impróprias, incorretas ou anômalas, é um elemento importante dentro do arsenal de defesa da organização. Além de ser crucial para a segurança interna, o IDS pode detectar ataques que são realizados por meio de portas legítimas permitidas e que, portanto, não podem ser protegidos pelo *firewall*. O mesmo ocorre quando um modem é utilizado sem autorização por um usuário interno. Tentativas de ataques contra qualquer recurso da organização também podem ser detectadas, mesmo que elas sejam normalmente barradas pelo *firewall*.

Todos os tipos de detecção realizados pelo IDS dependem de alguns fatores:

- Tipo de IDS, que será visto na Seção 8.3.
- Metodologia de detecção, que será visto na Seção 8.4.
- Posicionamento dos sensores, que será visto na Seção 8.3.2.1.
- Localização do IDS na rede, que será visto na Seção 8.9.

8.2 Características

Um sistema de detecção de intrusão trabalha como uma câmera ou um alarme contra as intrusões, podendo realizar a detecção com base em algum tipo de conhecimento, como assinaturas de ataques, ou em desvios de comportamento, como será mostrado na Seção 8.4. Ao reconhecer os primeiros sinais de um ataque, e por meio de uma resposta coerente, os perigos de um ataque real podem ser minimizados. Além disso, quando um dispositivo do ambiente computacional falha, devido a um erro de configuração ou um erro do usuário, o IDS pode reconhecer os problemas e notificar o responsável [BEC 99]. Alguns sistemas, conhecidos como sistema de prevenção de intrusão (*Intrusion Prevention System — IPS*), têm como objetivo diminuir a quantidade de alarmes falsos e prevenir os ataques. O IPS será discutido na Seção 8.6.

O IDS é capaz de detectar e alertar os administradores quanto a possíveis ataques ou comportamentos anormais na organização. Informações importantes sobre tentativas de ataques, que não se pode obter normalmente, podem ser conseguidas por meio desses sistemas. Eles podem oferecer subsídios suficientes para que a organização melhore sua proteção contra quaisquer tipos de ataque, principalmente os considerados internos. Esses 'ataques internos' podem ser classificados como os ataques executados por usuários internos ou por usuários do ambiente cooperativo que acessam recursos internos dos bolsões de segurança.

Outro tipo de ataque que o IDS deve ser capaz de detectar diz respeito aos ataques realizados contra serviços legítimos da DMZ e dos bolsões de segurança, por exemplo, que passam pelo *firewall*. A relação entre o IDS e o *firewall* pode ser vista na Figura 8.2.

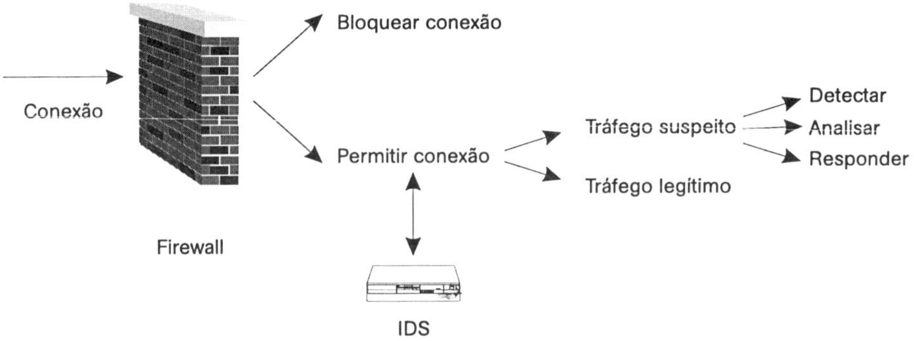

Figura 8.2 O *firewall* libera conexões e o IDS detecta, notifica e responde a tráfegos suspeitos.

Um sistema de detecção de intrusão funciona de acordo com uma série de funções que, trabalhando de modo integrado, é capaz de detectar, analisar e responder a atividades suspeitas. A Figura 8.3 apresenta as funções de um IDS.

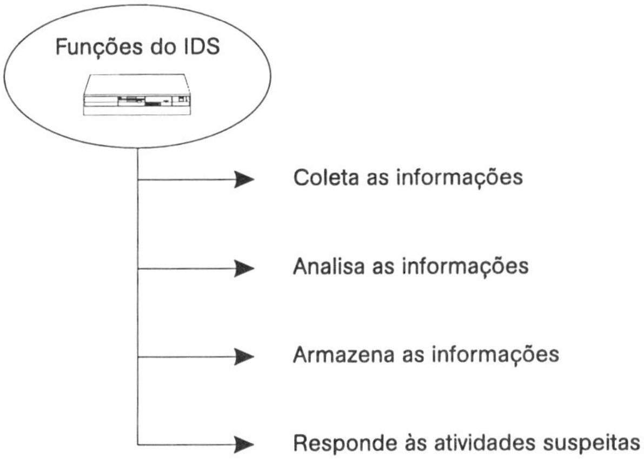

Figura 8.3 Funções integradas do IDS.

Nas próximas seções, serão analisados os diversos tipos e metodologias empregadas pelos sistemas de detecção, que têm características importantes como [HAL 98][SAN 99-2][BEC 99][SEQ 02]:

- Monitoramento e análise das atividades dos usuários e sistemas.
- Avaliação da integridade de arquivos importantes do sistema e arquivos de dados.
- Análise estatística do padrão de atividade.

- Análise baseada em assinaturas de ataque conhecidas.
- Análise de atividades anormais.
- Análise de protocolos.
- Detecção de erros de configuração no sistema.
- Detecção em tempo real.
- Fornecimento de informações valiosas sobre atividades suspeitas na rede.
- Análise com base em cada caso, com resposta apropriada para cada um deles.
- Identificação do destino do ataque.
- Gerenciamento central, garantindo que todos os casos sejam analisados e respondidos de maneira consistente.
- Transparência, de modo que o sistema não indique quais pontos ou segmentos da rede estão sendo monitorados.
- Capacidade de registro do ataque, de modo a aprender com os ataques realizados e preparar uma defesa mais forte.
- Flexibilidade de resposta, com a capacidade de reação, para a prevenção de possíveis danos.
- Necessidade de configuração, tomando cuidado com as respostas 'falso positivo', caso em que um alarme falso é enviado quando a tentativa de ataque não existe, o que pode ser tão perigoso quanto um ataque real.
- Capacidade de prevenir ataques, atuando no *kernel* dos sistemas.

Após a detecção de uma tentativa de ataque, vários tipos de ações podem ser tomados como resposta. Alguns deles podem ser vistos a seguir [GRA 99][BEC 99]:

- Reconfiguração do *firewall*.
- Alarme (som).
- Aviso de SNMP para sistemas de gerenciamento de redes, como o OpenView ou o Spectrum.
- Evento do Windows.
- Geração de *logs* por meio do *Syslog*.
- Envio de e-mail.
- Envio de mensagem para o *pager*.
- Gravação das informações sobre o ataque.
- Gravação das evidências do ataque para análise posterior (forense computacional).
- Execução de um programa capaz de manipular o evento.
- Finalização da conexão.

Um ponto importante é que a política de segurança tem um papel fundamental quando a organização trabalha com um IDS. A documentação dos procedimentos a serem adotados, quando um ataque acontece, é essencial e deve conter detalhes como a quem reportar o incidente e o que fazer com as informações obtidas pelo IDS. Esse plano de resposta a incidentes visa o restabelecimento imediato dos negócios da organização, de forma ordenada e eficiente.

8.3 Tipos

Os dois tipos primários de IDS são os seguintes: o baseado em *host* (*Host-Based Intrusion Detection System* — HIDS) e o baseado em rede (*Network-Based Intrusion Detection System* — NIDS). O processo evolutivo que acontece com toda tecnologia levou ao desenvolvimento do IDS híbrido (*Hybrid IDS*), que aproveita as melhores características do HIDS e do NIDS. O *honeypot* não é necessariamente um tipo de IDS, porém ele pode ser utilizado para que o administrador de segurança aprenda sobre os ataques realizados contra sua organização, detectando e armazenando todos os tipos de ataques. Mais recentemente, a identificação de pontos fracos relacionados a determinados tipos de IDS levou ao desenvolvimento de sistemas de prevenção de intrusão (*Intrusion Prevention System* — IPS), que buscam não apenas detectar, mas também prevenir os ataques. Os tipos de IDS podem ser vistos na Figura 8.4.

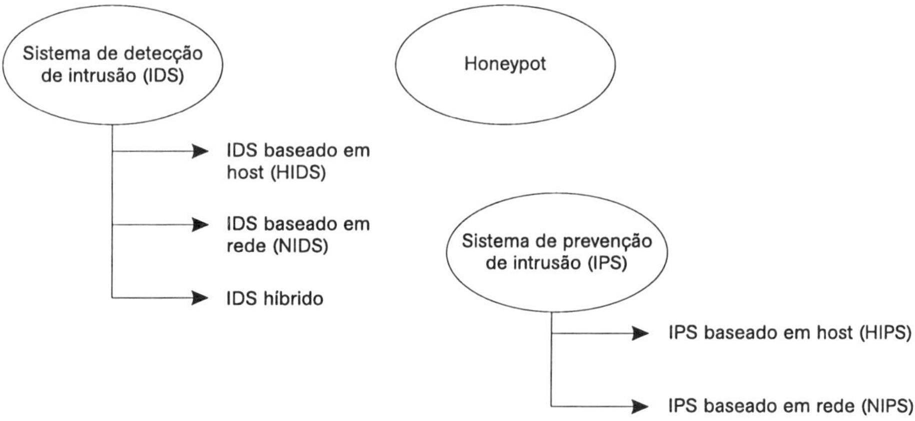

Figura 8.4 Tipos de IDS e IPS.

A combinação de diferentes tipos de IDS é importante para que a organização fique protegida adequadamente contra todos os tipos de ameaças, principalmente dos ataques realizados internamente e dos ataques vindos da Internet. Por exemplo, os ataques vindos da Internet podem ser detectados pelo uso de IDS baseado em rede (NIDS), enquanto os servidores da DMZ, dos bolsões de segurança e da rede interna podem ser monitorados com o uso de IDS baseado em *host* (HIDS) ou os IDS híbridos. Outros tipos de sistemas ainda podem ser usados, como o sistema de prevenção de intrusão (IPS) e o *honeypot*, que possui seus tipos específicos, e será mostrado na Seção 8.3.4. O IPS será mostrado na Seção 8.6.

8.3.1 Host-Based Intrusion Detection System

O sistema de detecção de intrusão baseado em *host* (HIDS) faz o monitoramento do sistema, com base em informações de arquivos de *logs* ou de agentes de auditoria. O HIDS pode ser capaz de monitorar acessos e alterações em importantes arquivos do sistema, modificações nos privilégios dos usuários, processos do sistema, programas que estão sendo executados, uso da CPU, entre outros aspectos, como a detecção de *port scanning* [RAN 01-1].

O HIDS pode também realizar, por meio de *checksums*, a checagem da integridade dos arquivos do sistema. Essa é uma característica importante, porque arquivos corrompidos, que podem ser *backdoors*, são detectados antes que causem problemas mais sérios. Na maioria das vezes, os HIDS são considerados ferramentas, ao invés de sistemas, pois muitas vezes não são capazes de emitir alertas em tempo real. Isso acontece porque algumas detecções são realizadas com base em informações de *logs* e registros do sistema. O Tripwire é um exemplo de ferramenta que faz a checagem da integridade dos arquivos do sistema. A Figura 8.5 apresenta alguns tipos de detecção que podem ser feitos pelo HIDS.

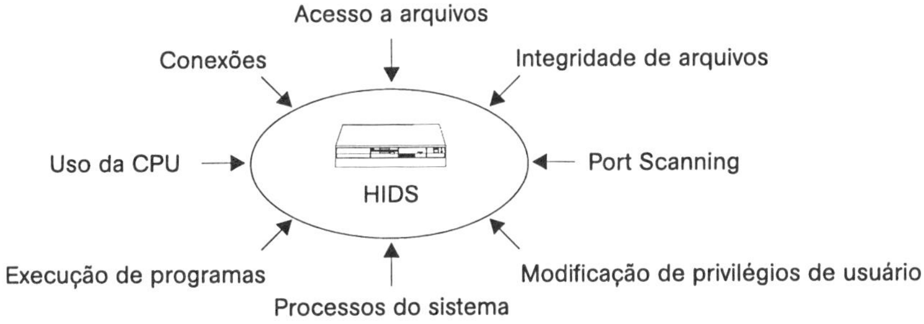

Figura 8.5 Alguns tipos possíveis de detecção com o HIDS.

A análise dos *logs*, realizada pelo HIDS, faz com que ataques de força bruta, por exemplo, possam ser detectados; porém, ataques mais sofisticados podem não ser detectados. Um exemplo de HIDS, que faz a análise de *logs*, é o Swatch, o qual é capaz de enviar uma mensagem de alerta assim que acontece um evento de ação suspeita, com base em um padrão definido.

O Portsentry, do Abacus Project, é um tipo de HIDS capaz de monitorar as portas do sistema, detectando tentativas de *port scanning* (Seção 4.5.6). Com base no tipo de detecção, ele pode tomar decisões como, por exemplo, utilizar o *TCP Wrapper*, alertar o administrador de sistemas por meio de bipes, interagir com o *firewall* na criação de regras de filtragem ou ativar alguma estratégia de retaliação, se for preciso.

Um caso que demonstra a importância do HIDS aconteceu em dezembro de 1998, em um banco da Califórnia. Com a intenção de melhorar sua segurança interna, eles instalaram um HIDS em dez servidores e em algumas *workstations*. Após a definição dos tipos de informações relevantes, eles configuraram o sistema para a detecção de atividades anômalas. Depois de 24 horas, foram encontrados dois usos irregulares de contas de administrador para a leitura de e-mails e edição de documentos, o que estava fora do estabelecido pela política de segurança. Erros de privilégios para a execução de backup também foram encontrados [BEC 99].

As características do HIDS fazem com que eles tenham um papel importante nos servidores, principalmente os da DMZ e dos bolsões de segurança, que precisam ter todos seus elementos monitorados.

Os pontos fortes do HIDS são [BUO 01][SHA 01][BEC 99]:

- O HIDS pode verificar o sucesso ou a falha de um ataque, com base nos registros (*logs*) do sistema.
- Atividades específicas do sistema podem ser monitoradas detalhadamente, como acesso a arquivos, modificação em permissões de arquivos, *logon e logoff* do usuário e funções do administrador.
- Ataques que ocorrem fisicamente no servidor (*keyboard attack*) podem ser detectados pelo HIDS.
- Ataques que utilizam criptografia podem não ser notados pela rede, mas podem ser descobertos pelo HIDS, pois o sistema operacional primeiramente decifra os pacotes que chegam ao equipamento.
- É independente da topologia da rede, podendo ser utilizado em redes separadas por *switches*.
- Gera poucos 'falsos positivos', ou seja, os administradores recebem poucos alarmes falsos de ataques.
- Não necessita de *hardware* adicional.

Os pontos fracos que devem ser considerados no HIDS são [SHA 01][BEC 99]:

- É difícil de gerenciar e configurar em todos os *hosts* que devem ser monitorados, causando problemas de escalabilidade.

- É dependente do sistema operacional, ou seja, um HIDS que funciona no Linux é totalmente diferente de um HIDS que opera no Windows.
- Não é capaz de detectar ataques de rede, como o *scanning* de rede ou o *Smurf*, por exemplo.
- Caso o HIDS seja invadido, as informações podem ser perdidas.
- Necessita de espaço de armazenamento adicional para os registros do sistema.
- Por terem como base, também, os registros do sistema, podem não ser tão eficientes em sistemas como o Windows 98, que gera poucas informações de auditoria.
- Apresenta diminuição de desempenho no *host* monitorado.

8.3.2 Network-Based Intrusion Detection System

O sistema de detecção de intrusão baseado em rede (NIDS) monitora o tráfego do segmento da rede, geralmente com a interface de rede atuando em modo 'promíscuo'. A detecção é realizada com a captura e análise dos cabeçalhos e conteúdos dos pacotes, que são comparados com padrões ou assinaturas conhecidos. Exemplos de NIDS são o RealSecure, o NFR e o Snort. O NIDS é eficiente principalmente contra ataques como *port scanning*, *IP spoofing* ou *SYN flooding* (Capítulo 4) e é também capaz de detectar ataques de *buffer overflow* e ataques contra um servidor Web, por exemplo, por meio da utilização da base de conhecimento com padrões e assinaturas de ataques.

Os NIDS podem ser divididos em duas partes que atuam em conjunto; os sensores, espalhados pelos segmentos de rede, são os responsáveis pela captura, formatação de dados e análise do tráfego da rede; e o gerenciador ou console faz com que os sensores sejam administrados de modo integrado, com a definição dos tipos de resposta a serem utilizados para cada tipo de comportamento suspeito detectado. A comunicação entre os sensores e o console deve utilizar a criptografia, e alguns IDSs utilizam o algoritmo assimétrico RSA para a formação do canal seguro [TUR 00]. Os sensores podem ser utilizados de diversas maneiras e o entendimento de sua utilização é importante para uma detecção efetiva. Eles serão discutidos na Seção 8.3.2.1.

Uma característica importante do NIDS é sua capacidade de detectar ataques na rede em 'tempo real'. Como o sensor atua em modo promíscuo no mesmo segmento de rede de um servidor atacado, por exemplo, ele pode capturar os pacotes referentes ao ataque, analisar e responder ao ataque praticamente ao mesmo tempo em que o servidor é atacado. A resposta poderia ser, por exemplo, o término da conexão. Porém, essa abordagem pode não ser completamente confiável, pois a resposta do NIDS pode ser enviada após a efetivação do ataque, ou seja, os pacotes referentes ao ataque podem ser enviados ao servidor antes que as conexões sejam encerradas pelo NIDS. Esse problema será discutido com mais detalhes na Seção 8.5.

Os pontos positivos do NIDS são [SHA 01][BUO 01][BEC 99]:

- O monitoramento pode ser fornecido para múltiplas plataformas.
- Com a análise de cabeçalhos e do *payload* de pacotes, ataques de rede como o *port scanning*, *IP Spoofing* ou *Teardrop* podem ser detectados.
- O NIDS pode monitorar atividades suspeitas em portas conhecidas, como a porta TCP 80, que é utilizada pelo HTTP.
- Os ataques podem ser detectados e identificados em tempo real e o usuário pode determinar rapidamente o tipo de resposta apropriado.
- O NIDS é capaz de detectar não só os ataques, mas também as tentativas de ataque que não tiveram resultado.
- Com o NIDS funcionando, é difícil que um *hacker* possa apagar seus rastros, caso consiga invadir um equipamento.
- O *hacker* terá dificuldades em saber se existe ou não um NIDS monitorando suas atividades.
- Não causa impacto no desempenho da rede.

Os pontos negativos que podem ser encontrados em NIDS são [SHA 01][BEC 99]:

- Perda de pacotes em redes saturadas.
- Dificuldade de compreensão de protocolos de aplicação específicos, como o SMB.
- Não é capaz de monitorar tráfego cifrado.
- Dificuldade de utilização em redes segmentadas, principalmente com *switches* (Seção 8.3.2.1).

É interessante notar a questão da limitação de recursos que ocorre no NIDS. Ele deve capturar, armazenar e analisar grandes volumes de dados que passam pelo segmento da rede, para detectar os ataques por meio de assinaturas ou padrões conhecidos. Diversos eventos mostram a importância do fator recurso computacional, nesse tipo de IDS [SCH 00-1]:

- Conexões TCP: para detectar uma gama de ataques, o NIDS deve manter os estados de um grande número de conexões TCP. Isso requer uma boa quantidade de memória do equipamento.
- Outras informações de estado: a memória é utilizada também para o tratamento da fragmentação de pacotes de IP e de pacotes ARP, por exemplo.

- Estados permanentes: para detectar a técnica de *scanning*, na qual a varredura é realizada aos poucos, às vezes, em períodos de dias (*slow scans*, Seção 4.5.6), o IDS deve manter as informações sobre os estados durante um longo período de tempo. Isso também requer uma grande quantidade de memória e depende da configuração do sistema.

Apesar de não ser possível ter conhecimento, com certeza, da existência de sistemas de detecção de intrusão em uma rede, os *hackers* podem utilizar diversas técnicas para evitar que sejam monitorados pelo NIDS. Os problemas identificados são resultados de vários fatores, que incluem o funcionamento em modo promíscuo e também o uso da metodologia de ataque baseado em assinaturas ou padrões de ataque, que podem ser driblados. As técnicas de evasão e inserção serão discutidas com detalhes na Seção 8.5, e algumas delas podem ser observadas a seguir [SCH 00-1]:

- Fragmentação: alguns sistemas de detecção de intrusões não são capazes de tratar a fragmentação de pacotes.
- Ataques por meio de portas não convencionais: por exemplo, a instalação de *backdoors*, que trabalham na porta 53, que é a porta-padrão utilizada pelo DNS e não representa um padrão de ataque para o IDS.
- *Slow scans* (Seção 4.5.6): através da varredura pausada, o IDS não será capaz de detectar o *scanning*. Isso depende da configuração do IDS, que influi diretamente no desempenho do sistema.
- Ataques coordenados: a coordenação de um *scanning* entre diferentes fontes faz com que a correlação entre os pacotes capturados seja difícil de ser realizada. Assim, a caracterização de um ataque fica mais difícil de acontecer.
- Identificação negativa: por meio da utilização de *IP Spoofing* ou de um *proxy* mal configurado de uma vítima, por exemplo, o *hacker* pode executar seu ataque e não ser identificado.
- Mudança de padrão de ataque: os ataques são detectados pela comparação dos pacotes com os padrões ou assinaturas de ataque conhecidos. A mudança desse padrão em um ataque, quando possível, pode fazer com que o ataque não seja identificado pelo IDS.

8.3.2.1. Posicionamento dos sensores

Um dos principais problemas encontrados atualmente com relação à utilização do NIDS é que as redes estão se tornando cada vez mais segmentadas, com a utilização de *switches*, o que faz com que o NIDS perca parte de sua efetividade. A dificuldade está no fato de o NIDS funcionar em grande parte no modo promíscuo, analisando todos os pacotes que passam no segmento de rede, como se fosse um *sniffer*. É possível utilizar o NIDS em redes separadas por *switches*, porém algumas limitações quanto ao desempenho podem ser cruciais, o que faz com que sensores HIDS sejam usados em conjunto com o NIDS, nos IDS híbridos (Seção 8.3.3), por exemplo [SCH 00-1].

Os sensores podem ser usados de diferentes maneiras, as quais refletem o grau de monitoramento do ambiente [GON 02]:

- *Switched Port Analyzer* (SPAN) e hubs: portas SPAN de *switches* ou portas de *hubs* podem ser usadas para que os sensores sejam habilitados.
- Modo *Tap*: onde os sensores são inseridos em segmentos de rede via um *Tap*, ou seja, como uma extensão da rede.
- Modo *Inline*: o IDS posiciona-se fisicamente no caminho do fluxo da informação, com o tráfego passando ativamente pelo sistema, como em um *firewall*. Mais detalhes podem ser vistos na Seção 8.6.
- *Port Clustering*: permite a monitoração de diversos segmentos de rede, com todos os tráfegos sendo agregados em um único *stream* de dados.
- Múltiplas interfaces: um sensor atuando em diferentes segmentos de rede.

8.3.3 Hybrid Intrusion Detection System

Nas seções anteriores, foram abordadas as vantagens e as desvantagens do HIDS e do NIDS. No mundo real, pode-se verificar que a melhor estratégia é utilizar ambos os tipos para a proteção dos recursos da organização. Por exemplo, em um cenário no qual a organização tem servidores Web importantes podem acontecer ataques como *SYN Flooding, Smurf, Teardrop, port scanning* e a 'pichação' do site (*Web defacement*). O NIDS será capaz de detectar o *SYN Flooding, Smurf, Teadrop* e o *port scanning*, porém somente o *Host-Based Intrusion Detector System* será capaz de detectar o *Web defacement* [SHA 01].

Assim, como nesse exemplo, a utilização dos dois tipos de IDS ao mesmo tempo traz grandes benefícios. O IDS híbrido (*Hybrid* IDS) tem como objetivo combinar os pontos fortes do HIDS e do NIDS, a fim de oferecer uma melhor capacidade de detecção de intrusões [HO 01][RAN 01-1].

O IDS híbrido opera como o NIDS, coletando o tráfego da rede, processando os pacotes e detectando e respondendo a ataques. A diferença é que ele faz isso como um HIDS, ou seja, processa os pacotes endereçados ao próprio sistema. Com isso, desaparece o problema de desempenho, comum no NIDS. Por outro lado, ainda existe o problema de escalabilidade, pois um IDS híbrido deve ser instalado em cada equipamento [RAN 01-1].

Uma outra visão para o IDS híbrido existe com relação ao gerenciamento. Alguns sistemas podem ter um gerenciamento centralizado dos IDS, pois alguns sensores, baseados em rede, são localizados em diversos segmentos de rede e outros IDS, baseados em *host*, são usados em servidores. O gerenciador pode controlar as regras de ambos os tipos de IDS, formando assim um IDS híbrido.

O uso do IDS híbrido em servidores da DMZ ou dos bolsões de segurança passa a representar grandes benefícios, pois ataques específicos a cada servidor podem ser identificados com maior precisão. Possíveis perdas de pacotes, por exemplo, que podem acontecer em um NIDS, são minimizadas, pois os pacotes são direcionados ao próprio equipamento, que faz a análise do tráfego.

8.3.4 Honeypot

Se os sistemas de detecção de intrusão podem ser utilizados como fonte de aprendizado sobre novos ataques, além de sua função principal, que é a de detecção, os *honeypots* podem ensinar muito mais. Um *honeypot* não contém dados ou aplicações muito importantes para a organização, e seu único propósito é de passar-se por um legítimo equipamento da organização que é configurado para interagir com um *hacker* em potencial. Assim, os detalhes da técnica utilizada e do ataque em si podem ser capturados e estudados. Eles são também conhecidos como *sacrificial lamb*, *decoy*, *booby trap*, *lures* ou *fly-traps* e funcionam como armadilhas para os *hackers* [GRA 99][SAN 99-2][SIN 01].

Além dos benefícios alcançados pelo aprendizado, um outro fato importante justifica o uso de *honeypots*. Atualmente, a organização de grupos de *hackers* faz com que as ferramentas, principalmente as novas, não sejam tão facilmente encontradas. Ao mesmo tempo, novas classes de ataques encontram-se em constante evolução, o que faz com que o aprendizado dessas técnicas inovadoras seja cada vez mais importante para uma defesa adequada.

A natureza dos ataques é interessante, pois, para o *hacker*, basta encontrar um único ponto de ataque, enquanto os profissionais de segurança devem defender o ambiente contra todos os riscos conhecidos, e também contra os futuros.

A evolução dos ataques acontece naturalmente, na medida em que mecanismos de defesa são cada vez mais usados pelas organizações. Esse contexto, em que a defesa melhora e novas técnicas de ataque aparecem para vencer a defesa, faz com que o cenário seja parecido com o de uma guerra, onde táticas de guerra passam a ser usadas cada vez mais pelas organizações. Enganar o adversário é uma dessas técnicas, que é o principal objetivo dos *honeypots*. Eles são baseados em mecanismos do tipo *'deception'*, ou seja, eles buscam ludibriar o adversário, que não sabe que seus passos estão sendo totalmente monitorados.

Distrair o adversário, levá-lo a uma armadilha, armar uma emboscada ou enviar informações falsas a ele são algumas ações que fazem parte do arsenal de técnicas usadas em guerras, e também nas redes, usando-se os *honeypots*.

Assim, os *honeypots* possuem uma grande importância em um ambiente onde técnicas inovadoras precisam ser detectadas e aprendidas, e também para adquirir informações primordiais para o aprimoramento da defesa, como a freqüência de ataques, as técnicas mais utilizadas e as tendências de ataques.

Além de prover informações sobre o ataque, um *honeypot* pode mostrar as intenções do ataque e também fazer com que o *hacker* perca tempo em ataques não efetivos, enquanto a organização obtém informações sobre ele e sobre formas de melhorar a prevenção. Isso é conseguido porque o *honeypot* faz com que o *hacker* tenha uma percepção errada das medidas de segurança adotadas pela organização.

Uma característica dos *honeypots* é que não existem falsos positivos como em IDS tradicionais, pois todo o tráfego direcionado ao sistema é real. Ataques que levam muito tempo para serem concretizados também podem ser detectados, pois todas as informações e ações contra o sistema são registradas. Além disso, uma outra vantagem do uso de *honeypots* é que os perigos da organização escolhida aleatoriamente para ataques oportunísticos diminuem.

Um projeto interessante que utiliza não apenas um, mas vários *honeypots*, é o *Honeynet Project* [HON 01]. O projeto emprega uma rede com diferentes sistemas, tais como servidores Solaris e Windows NT, roteadores Cisco, *switch* Alteon, servidor DNS Linux, servidor Web Microsoft *Internet Information Service* (IIS) e banco de dados Solaris. O projeto visa coletar informações sobre todas as tentativas de ataques, para aprender com eles. As estatísticas das tentativas são compartilhadas na Internet e um dos objetivos é o de correlacionar informações de diferentes *honeynets*, que são dez em março de 2003, incluindo uma no Brasil.

Um ponto importante a ser considerado é que é preciso tomar cuidado para que o *honeypot* não seja utilizado como ponto para outros ataques [SIN 01].

Os *honeypots* podem ser de diferentes tipos, uns mais sofisticados que outros, que podem exigir maior trabalho para a administração. A classificação é [REC 02]:

- *Sacrificial Lambs*: são sistemas disponibilizados praticamente com a sua configuração-padrão, para serem atacados. O perigo está no fato de ele poder ser usado como ponto de origem para novos ataques.
- *Facades*: emulam serviços ao invés de disponibilizarem servidores reais para serem atacados. Não podem ser usados como ponto de origem para novos ataques e também provêem pouca informação sobre o ataque, pois não existem vulnerabilidades nos serviços emulados.

- *Instrumented Systems:* previne que o sistema seja usado para novos ataques e provê muitas informações sobre eles, mantendo os atacantes interessados no sistema.

O posicionamento do *honeypot* também pode influir diretamente no tipo de análise pretendido e nos resultados. Algumas estratégias de posicionamento utilizadas são [REC 02]:

- *Minefield*: como em um campo minado, o *honeypot* é inserido juntamente com os servidores reais de uma DMZ ou de um bolsão de segurança. A detecção é feita partindo-se do princípio que, quando um sistema é atacado, ele é usado para descobrir outros sistemas da rede e atacá-los também. Assim, caso o *honeypot* seja atacado, as informações sobre o ataque já passam a estar disponíveis. Quando um sistema real é atacado, o *honeypot* identifica o ataque assim que o sistema atacado inicie o *scanning* da rede, para descobrir outros pontos de ataque. O *minefield* pode ser visto na Figura 8.6.

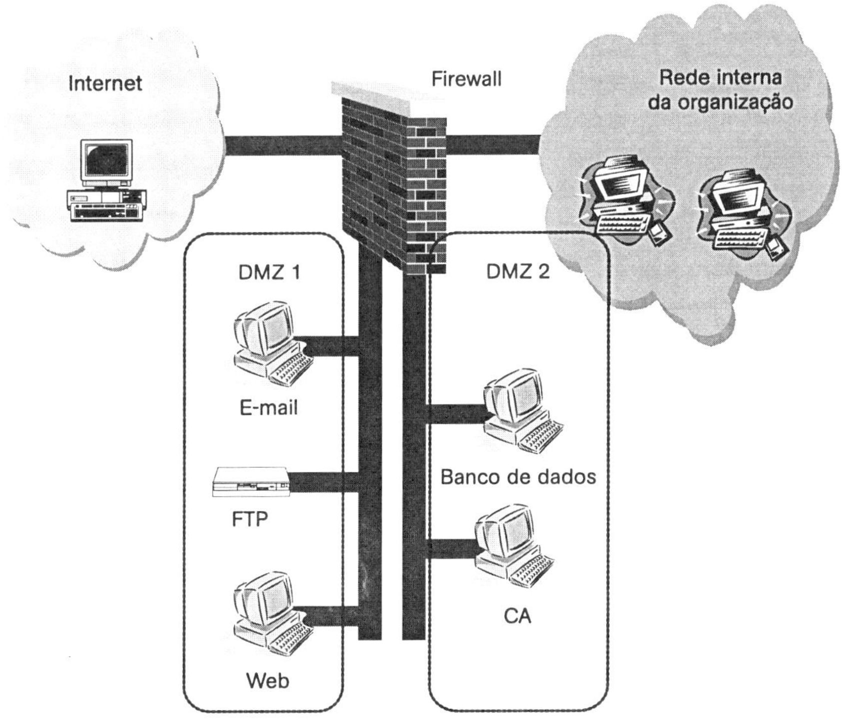

Figura 8.6 A estratégia *minefield* para uso do *honeypot*.

- *Shield*: o *honeypot* recebe os tráfegos considerados suspeitos, baseado nos serviços. O *firewall* ou o roteador direciona todo o tráfego não condizente com cada sistema para o *honeypot*, que passa a receber as informações do atacante. Por exemplo, um servidor Web recebe todo o tráfego HTTP, porém outros tráfegos para o mesmo servidor são redirecionados para o *honeypot*. O ponto negativo é que não é possível obter informações sobre ataques HTTP nesse exemplo, pois o tráfego é enviado ao servidor real, não ao *honeypot*. Caso existam outros sistemas na DMZ, é possível obter as informações. O *shield* pode ser visto na Figura 8.7.

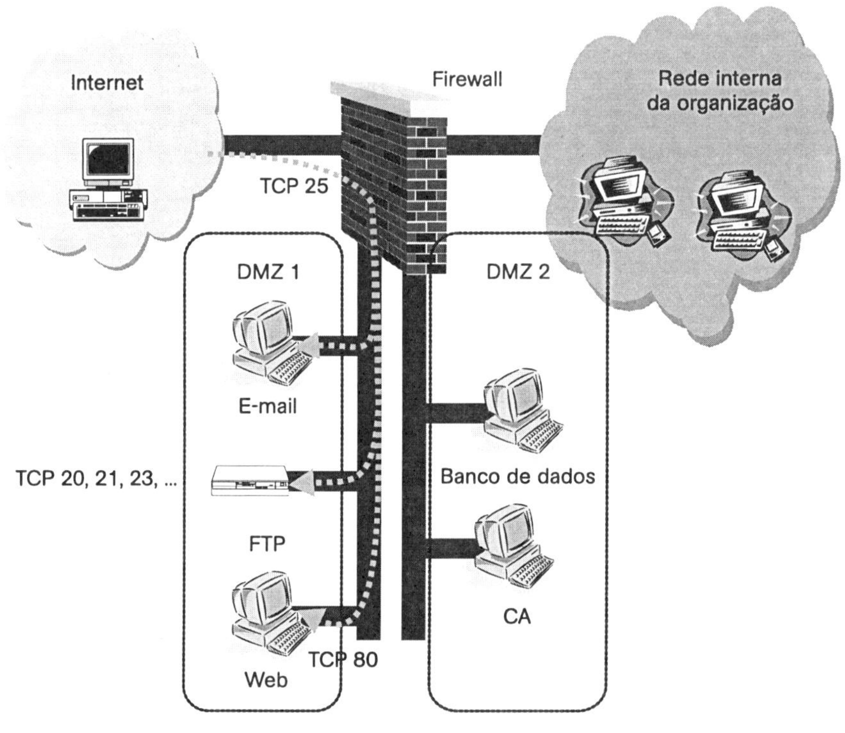

Figura 8.7 A estratégia *shield* para uso do *honeypot*.

- *Honeynet:* também conhecido como *'zoo'*, o *honeynet* é uma rede de *honeypots*, com diferentes sistemas. Essa rede pode misturar *facades*, *sacrifical lambs* e *instrumented systems*, de acordo com a conveniência, como pode ser visto na Figura 8.8.

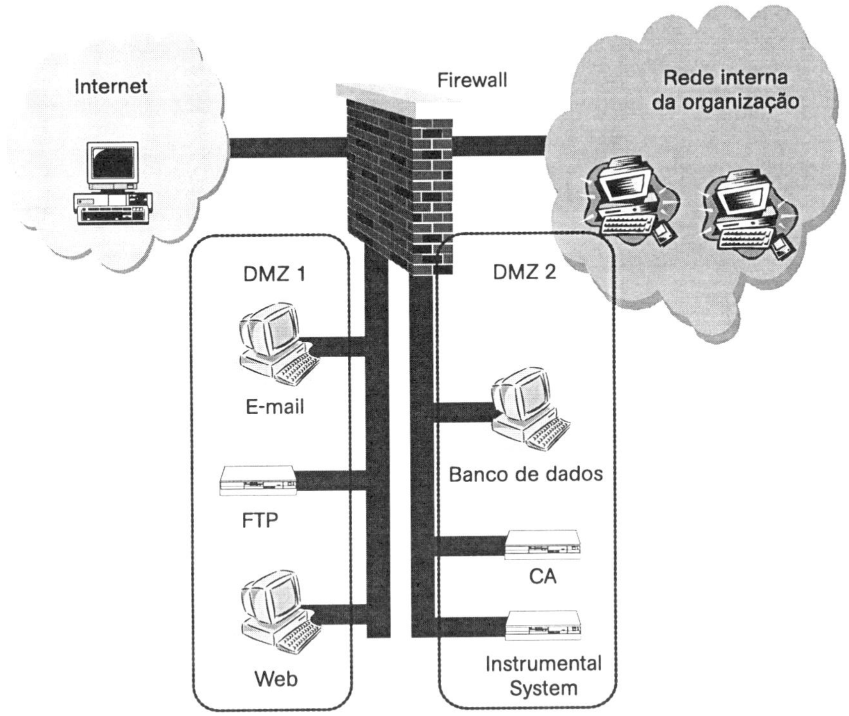

Figura 8.8 A estratégia *honeynet* para uso do *honeypot*.

8.4 Metodologias de detecção

As metodologias utilizadas pelos IDS para a detecção de um ataque são o *Knowledge-Based Intrusion Detection*, também conhecido como *Misuse Detection System*, e o *Behavior-Based Intrusion Detection*, também conhecido como *Anomaly Detection System*, que serão apresentadas nas próximas seções.

Após a análise feita pelo sistema de detecção, os resultados possíveis em um IDS, por exemplo, são:

- Tráfego suspeito detectado (comportamento normal).
- Tráfego suspeito não detectado (falso negativo).
- Tráfego legítimo que o IDS analisa como sendo suspeito (falso positivo).
- Tráfego legítimo que o IDS analisa como sendo legítimo (comportamento normal).

Alguns IDS realizam a análise baseada em estados, na qual permite-se que o contexto da detecção do ataque seja verificado, provendo, assim, maior acerto nas detecções. Isso permite uma análise com a desfragmentação e o reagrupamento de pacotes, que são técnicas muito utilizadas para a evasão de IDS, que será discutida na Seção 8.5 [GON 02].

8.4.1 Knowledge-Based Intrusion Detection

A abordagem baseada em algum tipo de conhecimento é a mais empregada pelos IDS, na qual as detecções são realizadas com fundamentos em uma base de dados com informações sobre ataques conhecidos. O funcionamento desse tipo de IDS é semelhante ao de um antivírus, no qual o IDS procura por um padrão ou uma assinatura de ataque que esteja nessa base de dados. Um conjunto de assinaturas representa tipos de conexões e tráfegos, que podem indicar um ataque particular em progresso. Todas as ações que não são reconhecidas pelo conjunto de assinaturas são consideradas aceitáveis. A taxa de acertos desse tipo de IDS é considerada boa, porém depende da atualização constante dessa base de conhecimentos, que, por sua vez, depende do sistema operacional, da versão, da plataforma e da aplicação [SAN 99-2][TAN 03].

O *burglar alarm* é um modelo que utiliza o *Knowledge-Based Intrusion Detection* e faz uma analogia com o uso de um alarme residencial, caso em que o alarme dispara, de acordo com alguns eventos definidos. Assim como o alarme residencial pode ser programado de acordo com uma política (por exemplo, de que ele irá disparar se alguém entrar pela porta dos fundos ou pela janela), o *burglar alarm* também funciona de acordo com uma política definida, na qual a detecção se baseia no conhecimento da rede e no que não pode ocorrer nessa rede. A idéia é de que o administrador tem o conhecimento da rede e o *hacker* não, de modo que assim ele pode definir o momento em que um alarme deve ser disparado [RAN 99].

Esse tipo de metodologia é mais rápido e não gera tantos 'falsos positivos', em comparação com o *Behavior-Based Intrusion Detection* (Seção 8.4.2), pois ele 'entende' o ataque que está em andamento. Seu ponto fraco é que, assim como os antivírus com relação aos vírus, ele não consegue detectar ataques não conhecidos, novos ou que não foram atualizados pelo fabricante do sistema. Além disso, ele pode ser enganado por meio de técnicas como a inserção de espaços em branco no *stream* de dados do ataque [RAN 99][TAN 03].

Outro ponto negativo é o alto recurso de computação exigido, que é dificultado quando se realiza um ataque distribuído coordenado, no qual a análise em tempo real de todos os pacotes (em grande número) pode ficar comprometida. Soluções como realizar análises em dados já capturados previamente, como pacotes da rede ou *logs*, reduz a necessidade de recursos computacionais; porém, a detecção não é feita em tempo real [BRE 98].

O desempenho desse tipo de IDS pode ser considerado um ponto forte, porém ele decai conforme o conjunto de regras vai crescendo [TAN 03]. A facilidade de entender as regras e a capacidade de customização também são pontos positivos do IDS baseado em conhecimento.

As assinaturas, como as que detectam um grande número de falhas em conexões TCP em diversas portas, indicando que alguém está realizando um *scanning* na rede, são divididas em três tipos [SAN 99-2]:

- *Strings*: verificam *strings* que indicam um possível ataque. Um exemplo de assinatura de *string* para UNIX pode ser *"cat "+ +" >/.rhosts"*. Para minimizar o número de 'falsos positivos', é necessário refinar as assinaturas de *strings*, utilizando assinaturas compostas, como, por exemplo, as de ataques na Web, que misturam *cgi-bin*, *aglimpse* e *IFS*.
- Portas: monitoram tentativas de conexões nas portas.
- Cabeçalho: procuram por combinações perigosas ou sem lógica, nos cabeçalhos dos pacotes. Um exemplo é o *WinNuke*, que envia um pacote para a porta NetBIOS (139) e liga os *bits Urgent* e *Out of Band*, o que resulta no *blue screen of death*, em sistemas Windows. Outro exemplo é a assinatura que identifica pacotes de TCP que têm os *flags* SYN e FIN ligados, o que significa que o cliente deseja iniciar e finalizar a conexão ao mesmo tempo, o que não pode existir em uma situação normal, sendo, portanto, um claro indício de tentativa de ataque.

Um exemplo de assinatura utilizada por um IDS é a do Code Red. O IDS verifica se as informações que estão sendo verificadas fazem parte dessa assinatura, e, em caso positivo, a resposta definida será enviada ao administrador:

```
/

default.ida?NNNNNNNNNNNNNNNNNNNNNNNNNNNNNNNNNNNNNNNNNNNNNNNNNNNNNNNNN
NNNNNNNNNNNNNNNNNNNNNNNNNNNNNNNNNNNNNNNNNNNNNNNNNNNNNNNNNNNNNNNNNNNNNN
NNNNNNNNNNNNNNNNNNNNNNNNNNNNNNNNNNNNNNNNNNNNNNNNNNNNNNNNNNNNNNNNNNNNNN
NNNNNNNNNNNNNNNNNNNNNNNNNNN%u9090%u6858%ucbd3%u7801%u9090%u6858%ucbd3%
u7801%u9090%u6858%ucbd3%u7801%u9090%u9090%u8190%u00c3%u0003%u8b00%u531
b%u53ff%u0078%u0000%u00=a
```

Um outro exemplo de assinatura interessante é a do NIMDA, que pode ser visto a seguir:

```
GET /scripts/root.exe?/c+dir
GET /MSADC/root.exe?/c+dir
```

```
GET /c/winnt/system32/cmd.exe?/c+dir
GET /d/winnt/system32/cmd.exe?/c+dir
GET /scripts/..%5c../winnt/system32/cmd.exe?/c+dir
GET /_vti_bin/..%5c../..%5c../..%5c../winnt/system32/cmd.exe?/c+dir
GET /_mem_bin/..%5c../..%5c../..%5c../winnt/system32/cmd.exe?/c+dir
GET /msadc/..%5c../..%5c../..%5c/..\xc1\x1c../..\xc1\x1c../
..\xc1\x1c../winnt/system32/cmd.exe?/c+dir
GET /scripts/..\xc1\x1c../winnt/system32/cmd.exe?/c+dir
GET /scripts/..\xc0/../winnt/system32/cmd.exe?/c+dir
GET /scripts/..\xc0\xaf../winnt/system32/cmd.exe?/c+dir
GET /scripts/..\xc1\x9c../winnt/system32/cmd.exe?/c+dir
GET /scripts/..%35c../winnt/system32/cmd.exe?/c+dir
GET /scripts/..%35c../winnt/system32/cmd.exe?/c+dir
GET /scripts/..%5c../winnt/system32/cmd.exe?/c+dir
GET /scripts/..%2f../winnt/system32/cmd.exe?/c+dir
```

Uma consideração importante a ser feita quanto às assinaturas de ataques que devem ser atualizados, como o que acontece com os antivírus, é que, em um IDS, existe a possibilidade de o administrador criar sua própria assinatura. Com isso, ele pode manter um conjunto de regras personalizadas e refinadas para o seu ambiente, o que pode diminuir também o número de falsos positivos. Um exemplo da criação de uma assinatura pode ser visto a seguir, no qual o filtro para o Nimda foi criado para o IDS Snort:

```
alert tcp $EXTERNAL_NET any -> $HTTP_SERVERS
80 \
(msg:"WEB-IIS multiple decode attempt"; \
flags:A+; uricontent:"%5c"; uricontent:"..";
\
reference:cve,CAN-2001-0333; \
classtype:attempted-user; sid:970; rev:2;)
alert tcp $EXTERNAL_NET any -> $HTTP_SERVERS
80 \
(msg:"WEB-IIS msdac access"; \
flags:A+; uricontent:"/msdac/"; nocase; \
classtype:bad-unknown; sid:1285; rev:1;)
alert tcp $EXTERNAL_NET any -> $HTTP_SERVERS
80 \
(msg:"WEB-IIS _mem_bin access"; \
flags:A+; uricontent:"/_mem_bin/"; nocase; \
classtype:bad-unknown; sid:1286; rev:1;)
alert tcp $EXTERNAL_NET any -> $HTTP_SERVERS
80 \
(msg:"WEB-IIS scripts access"; \
flags:A+; uricontent:"/scripts/"; nocase; \
classtype:bad-unknown; sid:1287; rev:1;)
alert tcp $EXTERNAL_NET any -> $HTTP_SERVERS
80 \
(msg:"WEB-IIS cmd.exe access"; \
flags: A+; content:"cmd.exe"; nocase; \
classtype:attempted-user; sid:1002; rev:1;)
alert udp any any -> any 69 \
(msg:"TFTP GET Admin.dll"; \
content: "|41 64 6D 69 6E 2E 64 6C 6C 00 6F
```

```
63 74 65 74|"; \
classtype:successful-admin; sid:1289; rev:1;
\
reference:url,www.cert.org/advisories/CA-2001-26.html;)
alert tcp $EXTERNAL_NET 80 -> $HOME_NET any \
(msg:"WEB-MISC readme.eml autoload attempt";
\
flags:A+;
content:"window.open(\"readme.eml\""; nocase; \
classtype:attempted-user; sid:1290; rev:2; \
reference:url,www.cert.org/advisories/CA-2001-26.html;)
alert tcp $EXTERNAL_NET 80 -> $HOME_NET any \
(msg:"WEB-MISC readme.eml attempt"; \
flags:A+; uricontent:"readme.eml"; nocase; \
classtype:attempted-user; sid:1284; rev:3; \
reference:url,www.cert.org/advisories/CA-2001-26.html;)
alert tcp $EXTERNAL_NET any -> $HTTP_SERVERS
80 \
(msg:"WEB-FRONTPAGE /_vti_bin/ access";flags:
A+; \
uricontent:"/_vti_bin/"; nocase;
classtype:bad-unknown; \
sid:1288; rev:1;)
```

Um outro exemplo que pode ser visto é o do MS-SQL Worm, também conhecido como Saphire, SQL-Hell ou MS-SQL Slammer, que explorou vulnerabilidades já conhecidas do SQL Server, que funciona na porta TCP 1434. O ataque tinha características que podem ser vistas a seguir:

```
0: 0003 ba0b e48d 0050 7343 a257 0800 4500 .......PsC.W..E.
16: 0194 00f2 0000 6d11 d101 da39 813a c331 ......m....9.:.1
32: 42d1 10c8 059a 0180 aa1d 0401 0101 0101 B...............
48: 0101 0101 0101 0101 0101 0101 0101 0101 ................
64: 0101 0101 0101 0101 0101 0101 0101 0101 ................
80: 0101 0101 0101 0101 0101 0101 0101 0101 ................
96: 0101 0101 0101 0101 0101 0101 0101 0101 ................
112: 0101 0101 0101 0101 0101 0101 0101 0101 ................
128: 0101 0101 0101 0101 0101 01dc c9b0 42eb ..............B.
144: 0e01 0101 0101 0101 70ae 4201 70ae 4290 ........p.B.p.B.
160: 9090 9090 9090 9068 dcc9 b042 b801 0101 .......h...B....
176: 0131 c9b1 1850 e2fd 3501 0101 0550 89e5 .1...P.5....P..
192: 5168 2e64 6c6c 6865 6c33 3268 6b65 726e Qh.dllhel32hkern
208: 5168 6f75 6e74 6869 636b 4368 4765 7454 QhounthickChGetT
224: 66b9 6c6c 5168 3332 2e64 6877 7332 5f66 f.llQh32.dhws2_f
240: b965 7451 6873 6f63 6b66 b974 6f51 6873 .etQhsockf.toQhs
256: 656e 64be 1810 ae42 8d45 d450 ff16 508d end....B.E.P..P.
272: 45e0 508d 45f0 50ff 1650 be10 10ae 428b E.P.E.P..P....B.
288: 1e8b 033d 558b ec51 7405 be1c 10ae 42ff ...=U..Qt.....B.
304: 16ff d031 c951 5150 81f1 0301 049b 81f1 ...1.QQP........
320: 0101 0101 518d 45cc 508b 45c0 50ff 166a ....Q.E.P.E.P..j
336: 116a 026a 02ff d050 8d45 c450 8b45 c050 .j.j...P.E.P.E.P
352: ff16 89c6 09db 81f3 3c61 d9ff 8b45 b48d ........<a...E..
368: 0c40 8d14 88c1 e204 01c2 c1e2 0829 c28d .@..........)..
384: 0490 01d8 8945 b46a 108d 45b0 5031 c951 .....E.j..E.P1.Q
400: 6681 f178 0151 8d45 0350 8b45 ac50 ffd6 f..x.Q.E.P.E.P..
```

```
416: ebca ..
```

Já o filtro do Snort, desenvolvido com base nas características anteriores, pode ser desenvolvido de diversas formas, tais como:

Regra SNORT por Chris Brenton, apenas para *exploit* específico:

```
alert udp $EXTERNAL_NET any -> $HOME_NET 1434 (msg:"SQL Sapphire
Worm";
dsize:>300; content: "|726e 5168 6f75 6e74 6869 636b 4368 4765|";
offset: 150; depth: 75;)

# Regra SNORT  de Snort ML:

alert udp $EXTERNAL_NET any -> $HOME_NET 1434 (msg: «SQLSLAMMER sig
1»; content: «dllhel32hkernQhounthickChGetTf»; classtype:bad-
unknown;)

# Regra SNORT de Stephane Nasdrovisky, SANS ISC:

alert udp $EXTERNAL_NET any -> $HOME_NET 1434 (msg: «SQLSLAMMER sig
2»; content:»dllhel32hkern»; offset:150; depth:100; classtype:bad-
unknown;)
alert udp $EXTERNAL_NET any -> $HOME_NET 1434 (msg: «SQLSLAMMER sig
3»; content:»|01 01 01 01 01 01 01 01 01 01 01 01 01|»; offset:44;
depth:10; classtype:bad-unknow
n;)

# Regra SNORT de Pedro Bueno, SANS ISC:

alert udp $EXTERNAL_NET any -> $HOME_NET 1434 (msg:"SQLSLAMMER sig
4"; content:"|04 01 01 01 01 01 01 01|"; classtype:bad-unknown;)
```

Um dos grandes problemas que existem com esse tipo de IDS é com relação à evasão. Um exemplo é a dificuldade em identificar ataques no nível de aplicação que usam o Unicode. As técnicas de evasão de IDS são discutidas na Seção 8.5 [TAN 03].

8.4.2 Behavior-Based Intrusion Detection

O *Behavior-Based Intrusion Detection* assume que as intrusões podem ser detectadas por meio de desvios de comportamento dos usuários ou dos sistemas. O modelo de normalidade é definido de diversas maneiras (devendo-se tomar cuidado para que o padrão de normalidade não seja definido quando o recurso está sendo atacado) e comparado com a atividade em andamento. Qualquer comportamento suspeito, diferente do padrão, é considerado intrusivo [SAN 99-2][HO 01].

A decisão é tomada por meio de uma análise estatística ou heurística, a fim de encontrar possíveis mudanças de comportamento, tais como o súbito aumento de tráfego, utilização da CPU, atividade de disco, *logon* de usuários, acesso a discos etc. [SHA 01][GON 02].

A abordagem utilizada é de que tudo o que não foi visto anteriormente é perigoso e, portanto, deve ser evitado. Assim, todos os ataques podem ser capturados, mesmo os que não tiverem assinaturas definidas, incluindo os ataques novos. Além disso, essa metodologia é independente de sistema operacional ou plataforma.

O lado negativo dessa abordagem é que o IDS pode gerar falsos negativos (quando o ataque não causa mudanças significativas na medição do tráfego) e um grande número de falsos positivos (*bug* no sistema de monitoramento, erro no modo de análise da medição ou falta de certeza da verificação de todo o tráfego normal) [BRE 98]. Para minimizar esses problemas, diversas pesquisas estão em andamento, principalmente com a utilização de redes neurais, lógica *fuzzy* e inteligência artificial [GRA 99].

Alguns dos projetos que utilizam essa abordagem são *Next-Generation Intrusion Detection Expert System* (IDES) [HTTP 03] e *Event Monitoring Enabling Responses to Anomalous Live* (Emerald) [HTTP 04].

Um tipo de IDS com base em comportamento é o baseado em anomalia de protocolo (*Protocol Anomaly Detection-Based*) ou análise de protocolo. Esse tipo de IDS faz a análise do fluxo de pacotes para identificar irregularidades e inconsistências com relação aos padrões específicos de cada protocolo. Com o objetivo de identificar tráfego que viola especificações-padrão, como as *Request for Comments* (RFC), atividades suspeitas, como um ataque de *buffer overflow*, um ataque *FTP Bounce Attack* ou um ataque novo, podem ser identificadas com a análise do protocolo. Caso a especificação do protocolo seja violada, o IDS emite o alerta. Os sistemas baseados em anomalia nos protocolos, porém, não são capazes de identificar ataques que não violam protocolos [NET 02][TAN 03][DAS 02].

Um exemplo de uso de IDS baseado em anomalia de protocolo pode ser visto na detecção do ataque do Nimda [DAS 02]. O vírus usou uma série de variações que tentavam driblar as assinaturas dos IDS, tirando proveito do *Extended Unicode Directory Traversal Vulnerability* [CER 00], que abusava da conversão de caracteres UTF-8. Duas das 16 variações do Nimda eram [DAS 02]:

```
GET /scripts/..%c0%af../winnt/system32/cmd.exe?/c+dir

GET /scripts/..%c1%9c../winnt/system32/cmd.exe?/c+dir
```

No caso do Nimda, a detecção por anomalia do protocolo é feita baseada no protocolo HTTP em vez de assinaturas, o que facilita a detecção, pois o HTTP deve implementar corretamente o padrão Unicode, que não permite múltiplas representações possíveis dos *code points* usando o UTF-8 (Seção 8.5). Assim, um IDS baseado em anomalia de protocolo poderia detectar o Nimda antes mesmo de sua disseminação, cobrindo todas as suas variações.

As principais vantagens do IDS baseado na análise de protocolos são [TAN 03][DAS 02]:

- Não é necessário atualizar assinaturas.
- Possibilidade de identificar ataques novos.
- Emitem poucos falsos positivos.

As principais desvantagens do IDS baseado na análise de protocolos são [TAN 03]:

- Desempenho.
- Dificuldade em escrever, entender e adicionar as regras.
- Não identifica ataques que são feitos de acordo com o protocolo, sem violar o protocolo.
- Emite alertas, porém não provê muitas informações sobre o ataque.

8.5 Inserção e evasão de IDS

Os NIDS que funcionam no modo passivo, baseados na análise de todo o tráfego do segmento de rede e na procura por padrões de atividades suspeitas, possuem alguns problemas, como a falta de informações suficientes para uma conclusão do que está acontecendo nos sistemas que estão sendo atacados [PTA 98]. Um outro problema existente é que, pelo fato de funcionar de modo passivo, a indisponibilidade do IDS não significa a indisponibilidade dos sistemas da rede, o que possibilita a execução de ataques sem que sejam detectados [PTA 98].

Algumas classes de ataques que exploram o problema de atuação em modo passivo foram definidas [PTA 98]:

- Inserção: envio de pacotes inválidos à rede, que o IDS aceita, mas o sistema destinatário não.
- Evasão: explora inconsistências entre o IDS e o sistema destinatário, com o IDS não analisando pacotes que chegam ao destinatário.
- Negação de serviço (*Denial-of-Service* — DoS).

Essas técnicas têm como objetivo fazer com que o IDS não cumpra o seu papel, que é o de prover informações de segurança acuradas sobre eventos suspeitos na rede e detectar atividades suspeitas. Fazer o IDS responder com falsos negativos (não detectar ataques reais) ou falsos positivos (achar que comportamentos normais são ataques) faz parte dos objetivos dessas técnicas, bem como tornar o IDS indisponível.

A técnica de inserção pode ser usada para driblar os sistemas baseados em assinaturas, que normalmente usam um conjunto de caracteres para detectar um ataque. Enviando um pacote que será recebido somente pelo IDS, uma assinatura baseada no conjunto de caracteres 'ATTACK', por exemplo, não detectará um ataque que use a técnica, pois o IDS interpretará 'ATXTACK' e o sistema receberá 'ATTACK' corretamente. Isso pode ser visto na Figura 8.9 [PTA 98].

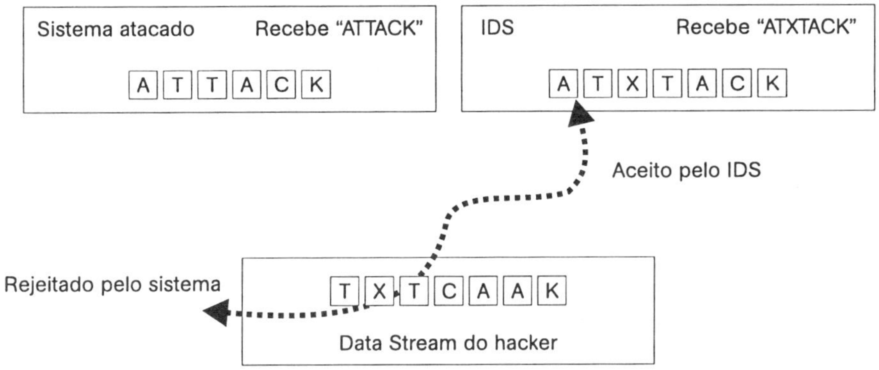

Figura 8.9 Técnica de inserção, na qual o IDS aceita tráfego que o sistema rejeita.

Na técnica de evasão, o sistema destinatário aceita os pacotes que o IDS rejeita, fazendo com que o IDS analise um tráfego diferente do sistema. Por exemplo, uma assinatura que detecta o conjunto de caracteres 'ATTACK' não detectará o ataque, pois o IDS estará analisando o conjunto 'ATTACK', como pode ser visto na Figura 8.10.

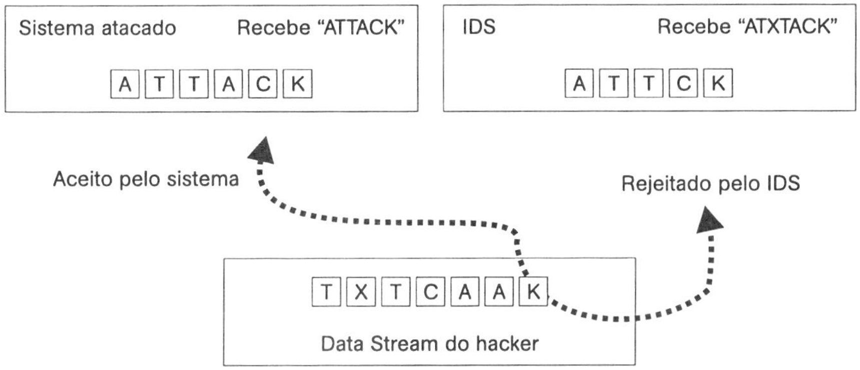

Figura 8.10 Técnica de evasão, na qual o IDS rejeita tráfego que o sistema aceita.

As técnicas de inserção e evasão exploram várias condições, em diferentes níveis, que são característicos de determinados sistemas. Por exemplo, um determinado sistema operacional pode rejeitar alguns pacotes que outros sistemas operacionais normalmente aceitariam. Esse comportamento pode ser usado para o uso de inserção no IDS. Por exemplo, podem-se usar campos do cabeçalho IP com erros, como os campos '*version*' e '*checksum*', que não são analisados normalmente pelos IDS, porém, normalmente são rejeitados pelos sistemas destinatários [PTA 98]. O campo *Time to Live* (TTL) também pode ser explorado, caso o IDS esteja em um segmento de rede diferente do sistema destinatário. Nesse caso, o IDS recebe o pacote, mas, com o TTL curto, o pacote é descartado antes de chegar ao destinatário no outro segmento de rede. Outro problema semelhante ocorre com o campo '*don't fragment*'. Caso a rede do IDS aceite pacotes maiores do que a rede do sistema, e o bit '*don't frament*' estiver ligado, um pacote maior é recebido pelo IDS; porém, não pelo sistema destinatário, que descarta o pacote [PTA 98].

Outro método de inserção é direcionar o tráfego para o endereço MAC do IDS, caso ele seja conhecido e esteja na mesma rede [PTA 98].

Uma técnica muito usada também é a exploração da fragmentação de pacotes IP. O problema está no reagrupamento dos fragmentos, no qual alguns IDS não conseguem reagrupar fragmentos que chegam fora de ordem. Essa característica pode ser explorada para resultar na negação de serviço, quando o IDS vai armazenando todos os fragmentos para o reagrupamento, mas não existe o fragmento que completa o pacote. Com isso, a memória fica cheia, podendo travar o sistema [PTA 98].

Outro problema que é explorado é o *overlapping* dos fragmentos, no qual eles possuem porções de dados que já foram inseridas em outros fragmentos. Normalmente, caso isso ocorra, os dados antigos são sobrescritos pelos dados do novo fragmento, mas o comportamento do IDS pode ser diferente, causando inconsistências entre ele e o sistema que recebe os fragmentos [PTA 98].

Problemas equivalentes podem existir também no TCP, quando o sistema trata os pacotes TCP recebidos de uma forma e o IDS de outra [PTA 98]. Isso envolve campos de cabeçalho malformados, como o '*CODE*', nos quais certas combinações de bits podem ser inválidas, rejeitadas por alguns sistemas e aceitas pelo IDS ou vice-versa. Outros problemas envolvem a análise de dados em pacotes SYN, o *checksum*, e as opções do TCP [PTA 98]. Muitos problemas envolvem o controle das conexões TCP, baseadas no *handshake* em três vias (SYN, SYN-ACK, ACK), que envolve também o término do monitoramento das conexões, que podem ser baseadas em pacotes FYN, RST ou *timeouts*. Outros problemas estão relacionados ao reagrupamento de pacotes TCP e ao *overlapping* de segmentos TCP [PTA 98].

A reconstrução (*reassembly*) de pacotes com os segmentos que, dependendo das condições da rede, fazem com que alguns segmentos sejam retransmitidos, também constitui oportunidade de evasão de IDS. Caso o IDS, que funciona em modo passivo, utilize um segmento que a vítima não irá usar ou não utilize um segmento que a vítima irá usar, a evasão pode ocorrer. Assim, uma técnica de evasão é criar segmentos TCP que fazem com que o IDS não seja capaz de saber se a vítima irá ou não receber esses segmentos. Caso a vítima receba o segmento, o IDS não tem condições de determinar qual porção dele será usada efetivamente. Esses segmentos TCP são chamados de segmentos TCP ambíguos (*ambiguous TCP segments*) [NET 02]. A criação dos segmentos TCP ambíguos envolve o uso de *checksums* TCP inválidos ou dados fora do tamanho da janela [NET 02].

Ataques de negação de serviço ao IDS envolvem a exaustão de recursos, como do processador, da memória, do espaço em disco ou da largura de banda. Outros ataques envolvem a exploração de recursos reativos dos sistemas de detecção de intrusão.

Existem também as técnicas de evasão de IDS que exploram fraquezas nos mecanismos de verificação de assinaturas de ataques. Por exemplo, a *string* /etc/passwd, usada como padrão de assinatura, pode ter diversas outras *strings* equivalentes que usam a codificação, tais como [TIM 02][PUP 99]:

```
GET /etc/passwd

GET /etc//\//passwd

/etc/rc.d/.././\passwd

badguy@host$ perl -e
'$foo=pack("C11",47,101,116,99,47,112,97,115,115,119,100);
@bam=`/bin/cat/ $foo`; print"@bam\n";'

GET %65%74%63/%70%61%73%73%77%64

GET %65%74%63/%70a%73%73%77d
```

Outros problemas de evasão estão relacionados com o Unicode, que é gerenciado pelo Unicode Consortium [HAK 01]. O Unicode provê uma única identificação para cada caractere em todas as linguagens, para facilitar uma representação uniforme em computadores. Os caracteres Unicode são chamados de *code points* e possuem a representação U+xxxw, onde xxxx é o número hexadecimal [HAC 01].

O UTF-8 é o formato de transformação do Unicode, que faz a codificação para *code points* e é compatível com o formato ASCII. Se tem essa compatibilidade por meio da representação dos sete bits padrão do ASCII (U+000 a U+007F) como sendo um único byte, com outros caracteres sendo representados por seqüências de mais bytes [HAC 01].

Com o conjunto de caracteres Unicode, é possível que um único caractere tenha múltiplas representações, podendo-se ainda modificar o *code point* anterior, sendo, assim, muito complexo. O problema é que o conjunto de *code points* muda sempre que a representação UTF-8 aumenta em um byte. Assim, quando o UTF-8 possui representações de dois bytes, ele repete os *code points* com um byte de representação. Já quando o UTF-8 possui representação de três bytes, ele repete os *code points* para as representações de um e dois bytes [HAC 01].

Além disso, algumas aplicações que suportam o UTF-8 podem aceitar todos os valores e realizar as transformações para cada *code point*. Por exemplo, o caractere "A" pode ser representado por U+0041, U+0100, U+0102, U+0104, U+01CD, U+01DE e U+8721, e no *Internet Information Service* (IIS) existem 30 representações diferentes para o caractere. O grande número de variações pode ser visto pelas 34 representações diferentes existentes para o caractere "E", 36 para "I", 39 para "O" e 58 para "U", de forma que a *string* "AEIOU" pode ter 83.060.640 diferentes representações [HAC 01].

O problema do Unicode foi explorado primeiramente no IIS, usando-se a mudança de diretórios. Utilizando-se uma URL como "http://vitima/../../winnt/system32/cmd.exe", o IIS, corretamente, não aceita os caracteres "../..". Porém, com a representação UTF-8, "..%C1%9C..", o ataque torna-se possível, pois o IIS não realizava a verificação nesses códigos [HAK 01].

O Unicode Consortium modificou a especificação do Unicode para eliminar as múltiplas representações possíveis dos *code points* usando o UTF-8 [HAC 01][UNI 03].

8.6 Intrusion Prevention System (IPS)

Foi visto na seção anterior que sistemas de detecção de intrusão que funcionam como um *sniffer*, capturando e analisando a comunicação do segmento de rede, possuem alguns problemas, como o fluxo de pacotes fragmentados, não confiáveis e que chegam fora de ordem. Algumas técnicas que podem ser utilizadas para resolver esses problemas são [NET 02]:

- *IP de-fragmentation:* combinar os fragmentos em pacotes.
- *TCP reassembly*: recolocar os segmentos TCP na ordem inicial, eliminando dados duplicados e em *overlapping*.
- *Flow tracking*: identificar os fluxos e associá-los com uma sessão única de comunicação.
- Normalização: interpretação e manipulação de representações codificadas e caracteres especiais na reconstrução das mensagens.

Assim, os sistemas que utilizam essas técnicas são baseados em estados, pois tomam decisões levando em consideração o estado dos pacotes a serem analisados.

O funcionamento do NIDS em modo passivo, apenas escutando o tráfego, resulta também em outros inconvenientes, pois, atuando de modo passivo, o sistema não pode controlar o tráfego, ignorando, modificando, atrasando ou injetando novos pacotes na rede capazes de defender o ambiente. Isso faz com que a operação *inline* seja importante para eliminar a maioria dos problemas de evasão existentes em IDS baseado em rede [NET 02].

A operação *inline* difere da operação passiva na forma de captura do tráfego. O IDS que opera em modo passivo captura o tráfego do segmento de rede, enquanto o IDS que opera em modo *inline* possui um posicionamento como a de um *firewall*, onde todo o tráfego da rede passa pelo sistema. Essa característica torna o IDS *inline* capaz não apenas de detectar os ataques, mas também de preveni-los, pois os pacotes do ataque não chegam aos servidores. Esses sistemas que operam em modo *inline* são chamados de sistemas de prevenção de intrusão (*Intrusion Prevention System* — IPS). O IDS que opera em modo *inline* pode ser caracterizado como um IPS baseado em rede, pois existem os IPS baseados em *host*, que serão vistos em seguida.

A diferença entre os dois modos de operação (passivo e *inline*) torna-se clara, pois a operação em modo passivo faz com que o IDS seja capaz de detectar ataques, porém não capaz de prevenir os ataques. Os IDS passivos, na realidade, possuem alguma forma de reação, normalmente com o envio de mensagens *"TCP reset"* ou enviando mensagens de reconfiguração de regras de firewall ou de roteadores [NET 02].

Os IDS *inline* possuem a capacidade de enviar mensagens de *'drop'* das conexões, o que faz com que as conexões não cheguem ao seu destino, pois elas são silenciosamente perdidas, como acontece com os *firewalls*. O uso de *'reset'* permite que os atacantes obtenham informações na mensagem que podem ser relevantes para os ataques, como o número de *hosts* entre ele e o servidor, via análise do campo *Time to Live* (TTL) do pacote TCP.

Além disso, o pacote *'reset'* recebido pode fazer com que o atacante perceba a existência de um IDS na rede da organização, pois a conexão é encerrada, com o atacante recebendo essa mensagem, e não 'perdida'. Como o atacante recebe essa mensagem de *'reset'*, existe ainda a possibilidade de que ele altere sua pilha de protocolos para que esses pacotes não sejam recebidos, de modo que a conexão continua ativa.

Outro problema da utilização de pacotes *'reset'* é que alguns ataques baseados em um único pacote não são afetados. Nesse caso, quando o pacote de término da conexão é enviado, o ataque já aconteceu. Mesmo em ataques que usam mais de um pacote, pode existir o atraso no envio do *'reset'*, o que pode fazer com que esse pacote chegue após a realização do ataque. Além disso, problemas referentes ao número de seqüência fazem com que uma condição de corrida possa existir, resultando em uma grande quantidade de pacotes '*reset*', que pode degradar o desempenho da rede [NET 02].

Assim, os IDS que operam em modo *inline*, no qual todos os pacotes passam pelo sistema, são também conhecidos como IPS baseado em rede. Outro tipo de IPS, baseado em *host*, pode operar de acordo com as seguintes abordagens [SEQ 02]:

- Abordagem heurística, com detecção via redes neurais.
- Abordagem baseada em *sandbox*, no qual uma área do sistema tem o acesso restringido, alarmando quando uma ação viola os limites dessa área.
- Abordagem baseada no *kernel*, onde o acesso ao *kernel* é controlado pelo IDS, prevenindo a execução de chamadas maliciosas ao sistema.

Um IPS com abordagem baseada no *kernel* pode controlar os acessos ao sistema de arquivo, aos arquivos de configuração e aos registros do sistema. Além disso, ele pode controlar os pacotes de rede e também o espaço de execução, minimizando os problemas de ataques de *buffer overflow* [SEQ 02].

Os sistemas de prevenção de intrusão baseados em *host* funcionam integrados ao *kernel* do *host*, inspecionando as chamadas ao sistema de acordo com um conjunto de regras definidas, rejeitando problemas de *buffer overflow*, *system calls* ilegítimos, mudanças em registros e vírus, worms, cavalos de Tróia, *rootkits* e *backdoors*. Em vez de assinaturas, eles identificam comportamentos suspeitos [BOB 02].

As premissas dos sistemas de prevenção de intrusão são [BOB 02]:

- Todos os comandos devem passar do *kernel* para o sistema de prevenção, antes de serem executados.
- Todos os comandos possuem objetivos similares: privilégios de administrador, modificação de registros ou de arquivos do sistema, execução de *buffer overflow* etc.

Dessa maneira, as aplicações são redirecionadas para o sistema de prevenção, que faz a verificação de todas as chamadas. Elas chegam ao *kernel* do sistema apenas após passar pelas checagens feitas pelo sistema [BOB 02].

8.7 CONFIGURAÇÃO DO IDS

Com relação ao IDS baseado em rede, os falsos positivos são os maiores problemas. A falta de um refinamento de regras resulta em um grande número de alertas falsos, o que acaba tornando o IDS mais um problema do que uma solução. Por exemplo, muitas organizações recebem alertas de ataques ao servidor Web Apache, pois o servidor *Internet Information Services* (IIS) é o usado. O número de alarmes falsos faz com que os administradores de segurança muitas vezes passem a achar que os demais alertas também são falsos, e deixam passar um ataque verdadeiro.

Isso faz com que algumas configurações do IDS sejam analisadas com mais cuidado. Por exemplo, uma configuração que termina as conexões, caso uma assinatura seja válida, pode causar interrupções indesejáveis no ambiente, caso a interpretação seja incorreta. Por exemplo, um sistema de backup que tem suas conexões finalizadas pelo IDS, por serem interpretadas como ataques, pode ser muito comum e dispendioso.

Já o uso de bloqueio automático de firewall pode resultar em ataques de negação de serviço, caso o atacante use o *IP Spoofing* para a realização dos ataques.

Assim, sistemas desse tipo devem ser usados como parte da estratégia de segurança das organizações e como mais um nível de segurança, não como uma solução isolada.

8.8. Padrões

A padronização do IDS é um processo que ainda está em andamento e tem como objetivo criar formatos e procedimentos para o compartilhamento de informações entre os sistemas. Um importante trabalho está sendo desenvolvido pela *Internet Engineering Task Force* (IETF), que está especificando o *Intrusion Detection Exchange Format* (IDWG) [IET 01] e tem como objetivos:

- Definir formatos de dados e procedimentos para a troca de formatos de respostas.
- Definir formatos de dados e procedimentos para o compartilhamento de informações de interesse para diversos sistemas de detecção de intrusões.
- Definir métodos de gerenciamento dos sistemas que necessitam interagir entre si.

Os resultados esperados são:

- Criação de um documento que descreva as exigências funcionais de alto nível para a comunicação entre IDS e as exigências para a comunicação entre IDS e sistemas de gerenciamento.
- Especificação de uma linguagem comum, que descreva os formatos de dados que satisfazem às exigências.

- Uma *framework* (estrutura) que identifique os melhores protocolos utilizados para a comunicação entre IDS, descrevendo como os formatos de dados se relacionam com eles.

Alguns *Internet drafts* já criados são:

- *Intrusion Detection Exchange Protocol* (IDXP): protocolo para a troca de mensagens entre os sistemas de detecção de intrusões.
- Formato XML para a troca de mensagens de detecção de intrusões.
- Túnel que passa pelo *firewall*, utilizado para o gerenciamento do IDS.

8.9 LOCALIZAÇÃO DO IDS NA REDE

O IDS pode ser utilizado em diversas localidades da rede da empresa, pois cada posição significa um tipo de proteção específico. Algumas das posições em que o *Network-Based Intrusion Detection System* (NIDS) pode ser utilizado são observadas na Figura 8.11. Para aumentar o nível de segurança, um *Host-Based Intrusion Detection System* (HIDS) pode ser utilizado em cada um dos servidores ou até mesmo em um IDS híbrido (*Hybrid IDS*).

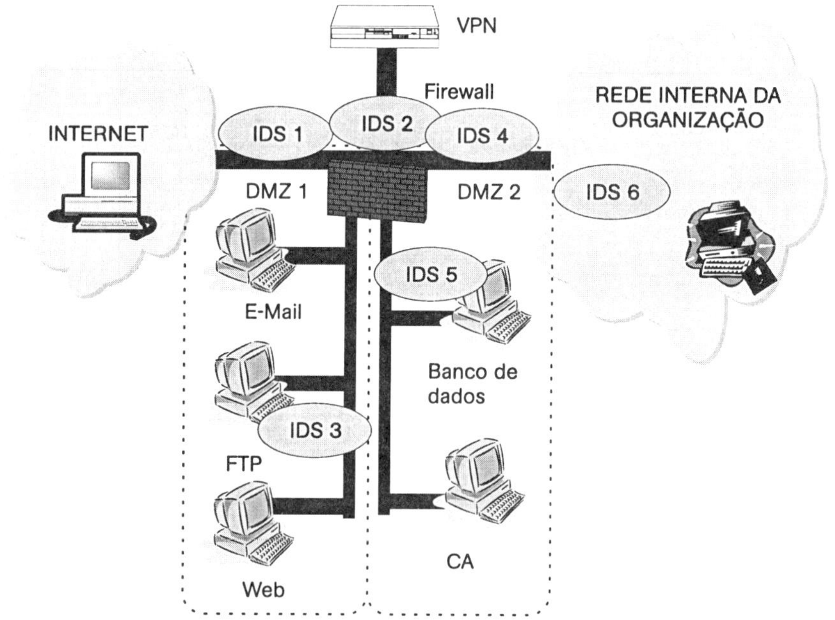

Figura 8.11 O posicionamento do IDS na arquitetura de segurança.

- IDS 1: detecta todas as tentativas de ataque contra a rede da organização, até mesmo as tentativas que não teriam nenhum efeito, como os ataques a servidores Web inexistentes. Essa localização oferece uma rica fonte de informações sobre os tipos de tentativas de ataques que a organização estaria sofrendo.
- IDS 2: funcionando no próprio *firewall*, o IDS pode detectar tentativas de ataque contra o *firewall*.
- IDS 3: detecta tentativas de ataque contra servidores localizados na DMZ, que são capazes de passar pelo *firewall*. Assim, ataques contra serviços legítimos situados na DMZ podem ser detectados por esse IDS.
- IDS 4: detecta tentativas de ataque contra recursos internos que passaram pelo *firewall* e que podem acontecer via VPN.
- IDS 5: detecta tentativas de ataque contra servidores localizados na DMZ 2, que passaram pelo *firewall*, pela VPN ou por algum outro serviço da DMZ 1, como o servidor Web. Isso ocorre porque os recursos da DMZ 2 não podem ser acessados diretamente pelo usuário, a não ser via algum servidor da DMZ 1 ou via VPN. Discussões sobre a DMZ 1 e a DMZ 2 são mostardas no Capítulo 12.
- IDS 6: detecta tentativas de ataques internos na organização. Esse posicionamento passa a ser importante em ambientes cooperativos, devido ao aumento dos bolsões de segurança característicos. O provimento de acesso cada vez maior a recursos internos faz com que a vigilância interna seja um fator de sucesso para o ambiente cooperativo.

Uma consideração importante com relação ao posicionamento do IDS é que, quando este fica antes do *firewall*, como o IDS 1, a detecção é considerada simultânea aos ataques (detecção de ataques). Já quando o IDS fica depois do *firewall*, como os IDSs 3, 4, 5 e 6, a detecção passa a ser de intrusões, uma vez que o *hacker* já passou pelo *firewall* (detecção de intrusões) [NOR 01], ou de erros cometidos por usuários internos (*misuse*) [BEC 99].

8.10 Desempenho

As questões de desempenho de IDS estão sendo resolvidas aos poucos, porém alguns problemas ainda persistem, como foi reportado pela Network World [NEW 02]. Em um teste com oito produtos, os resultados demonstraram travamentos, deixaram de analisar alguns pacotes (causando falsos negativos) e mostraram a dificuldade de refinamento das regras para minimizar alarmes falsos [NEW 02].

8.11 FORENSE COMPUTACIONAL

A importância da forense computacional na investigação de crimes na Internet vem aumentando conforme o número e o grau de sofisticação dos ataques também aumenta. A forense computacional é uma ciência multidisciplinar que tem como objetivo o estudo de técnicas para aquisição, preservação, recuperação e análise de dados em formato eletrônico e armazenados em algum tipo de mídia.

Ela é importante principalmente em casos nos quais um sistema sofre algum incidente de segurança, após passar pelas defesas implementadas, por exemplo, pelo firewall, IDS e autenticação. Casos de fraudes financeiras, suspeitas de pedofilia, roubo de informações confidenciais ou acessos não autorizados a sistemas críticos podem ser analisados sob a ótica da forense computacional, na busca de vestígios sobre o ataque que indiquem culpados para um possível processo judicial.

Outro fator importante que reforça o desenvolvimento acentuado dessa ciência é a necessidade das instituições legais de atuarem no combate aos crimes eletrônicos. Sabe-se que a eliminação de fronteiras oferecida pela Internet gerou um grande problema para as instituições de combate ao crime, uma vez que facilitou em muito a ocorrência de atos ilícitos na Web.

Contudo, por se tratar de uma necessidade muito recente, ainda não se pode contar com padrões internacionais para o tratamento desse tipo de evidência. Dessa maneira, o valor jurídico de uma prova eletrônica manipulada sem padrões devidamente preestabelecidos pode ser contestável. Mundialmente, há esforços no sentido de padronizar a análise forense computacional, bem como resolver algumas implicações legais ligadas à sua prática. Assim como no caso da ciência forense tradicional, a manipulação de evidências deve seguir métodos e padrões rigorosos para evitar ao máximo sua alteração e, portanto, uma possível contestação na justiça.

No âmbito computacional, as evidências referem-se sempre à presença de informação relevante, que pode estar armazenada de forma organizada, como arquivos, ou espalhada em meio não volátil, tipicamente magnético. A informação também pode ser trocada entre duas pessoas e, neste caso, as evidências são consideradas de interesse legal.

Quase todas as ações realizadas no cenário virtual resultam em modificações em arquivos, programas, documentos ou registros históricos de eventos nos computadores. Para este último caso, é necessário que os registros de eventos (logs) de interesse tenham sido configurados para operar nas plataformas computacionais envolvidas. A dificuldade está no fato de que tais registros são normalmente limitados, e muitas vezes não são nem mesmo habilitados. Os sistemas de detecção de intrusão, tanto os baseados em host quanto os baseados em rede, são componentes importantes nesse contexto, ao prover registros relevantes que podem ser úteis em uma investigação.

Os exames periciais a serem realizados referem-se à recuperação de dados de computadores envolvidos em atividades criminosas, cujos danos se refletem diretamente no âmbito computacional, tais como invasão de propriedade, obtenção ilícita de dados privados, danos à propriedade ou serviços computacionais e até o uso ilegal de software. Esses exames também estão relacionados a crimes do mundo real que se utilizam dos meios virtuais para atingir seus objetivos, tais como pedofilia, fraudes diversas, tráfico de drogas, tráfego de informações camuflado ou opaco entre agentes criminais etc.

Um fato importante a ser considerado é que, com a evolução da tecnologia e de seu uso, cada vez mais os crimes usam algum componente computacional, que pode servir como um valioso provedor de informações para as perícias criminais.

Além disso, o atrativo que os recursos computacionais oferecem às práticas criminais é facilmente explicado pela facilidade, rapidez e economia com que certas ações podem ser executadas, quando comparadas com suas equivalentes no mundo real. Por isso, os procedimentos periciais devem ser válidos e confiáveis, devendo ser aceitos pela comunidade científica relevante. Também têm de conter robustez tecnológica: toda informação probante deve ser descoberta. Por último, devem ser legalmente defensáveis, ou seja, garantir que nada na evidência criminal possa ser alterado e que nenhum dado possa ser adicionado ou removido do original.

Hoje, a ciência forense tem produzido dados válidos e confiáveis, mas a legislação processual brasileira ainda não prevê sua prática. Mesmo assim, provas periciais têm prevalecido no conjunto probante. Certamente, um fator determinante para isso é a fundamentação científica que deve ser demonstrada nestes casos, implicando na não dependência de interpretações subjetivas dos peritos envolvidos.

Na busca de informação em sistemas computacionais, o perito tem de realizar uma varredura minuciosa nos elementos capazes de armazenar informação, sejam eles dispositivos de armazenagem ou elementos de hardware de baixo nível. Dentre estes, destaca-se o sistema de arquivos (arquivos comuns ou removidos), os espaços não utilizados em dispositivos de armazenagem (voláteis ou não) e periféricos, que muitas vezes dispõem de espaços próprios de armazenamento.

É interessante observar que um certo subconjunto das possíveis evidências computacionais pode estar somente disponível ou acessível enquanto os computadores envolvidos estiverem exatamente no estado em que se encontravam por ocasião da ação criminal. Nesses casos, a perícia deve dispor de métodos para coleta de evidências com as máquinas ainda vivas, como se diz na área, antes de providenciar seu desligamento para posterior transporte e análise em laboratório.

Felizmente, uma certa cultura na área já começa a existir quando o assunto é a investigação de crimes eletrônicos. Pesquisadores já conseguem utilizar ferramentas de uso geral, focando-se no interesse forense. Em outros casos, nota-se a utilização de algumas poucas ferramentas específicas, que começam a ser disponibilizadas pela própria comunidade.

8.11 Conclusão

Este capítulo apresentou os objetivos, as características e os tipos de sistemas de detecção de intrusões (IDS). O *Network-Based Intrusion Detection* (NIDS) trabalha capturando pacotes da rede e realizando a análise de acordo com padrões ou assinaturas conhecidos. Já o *Host-Based Intrusion Detection* (HIDS) funciona em cada sistema e é capaz de detectar intrusões com base em registros e eventos do sistema. O IDS híbrido (*Hybrid IDS*) incorpora características do NIDS e do HIDS, de modo a oferecer uma capacidade maior de detecção. Os IDS, ao detectar tentativas de ataques externos e internos, dependendo de sua localização, permitem que o administrador de segurança tenha conhecimento sobre o que está acontecendo e sobre qual medida tomar com relação ao ataque, sempre de acordo com a política de segurança da empresa. Sistemas que visam não apenas a detecção e a resposta, mas também a prevenção de intrusão, são chamados de *Intrusion Prevention System* (IPS) e também podem ser baseados em *host* ou em rede. A forense computacional, que é uma ciência importante para análises dos incidentes de segurança, também foi brevemente mostrada.

A criptografia e a PKI

A criptografia é uma ciência que tem importância fundamental para a segurança da informação, ao servir de base para diversas tecnologias e protocolos, tais como a infra-estrutura de chaves públicas (*Public Key Infrastructure* — PKI), o *IP Security* (IPSec) e o *Wired Equivalent Privacy* (WEP). Suas propriedades — sigilo, integridade, autenticação e não-repúdio — garantem o armazenamento, as comunicações e as transações seguras, essenciais no mundo atual. Este capítulo discute o papel da criptografia e os aspectos relacionados à sua segurança, e também a infra-estrutura de chaves públicas, componente importante em um ambiente baseado em certificados digitais.

Capítulo 9

9.1 O PAPEL DA CRIPTOGRAFIA

A criptografia tem função e importância cada vez mais fundamentais para a segurança das organizações; é a ciência de manter as mensagens seguras. A cifragem (*encryption*) é o processo de disfarçar a mensagem original, o texto claro (*plaintext* ou *cleartext*), de tal modo que sua substância é escondida em uma mensagem com texto cifrado (*ciphertext*), enquanto a decifragem (*decryption*) é o processo de transformar o texto cifrado de volta em texto claro original [SCH 96].

Os processos de cifragem e decifragem são realizados via uso de algoritmos com funções matemáticas que transformam os textos claros, que podem ser lidos, em textos cifrados, que são inteligíveis.

A criptografia possibilita que as propriedades importantes para a proteção da informação sejam alcançadas, dentre elas:

- Integridade
- Autenticidade
- Não-repúdio
- Sigilo

Além dessas propriedades, a assinatura digital e a certificação digital são importantes para a proteção da informação. De fato, no mundo atual, onde a comunicação está cada vez mais onipresente na vida das pessoas, a proteção de toda essa comunicação deve ser garantida, bem como a privacidade dos usuários. Dessa maneira, a criptografia já é usada em muitas soluções do dia-a-dia dos usuários de todos os níveis. Alguns exemplos de uso de criptografia para a proteção do sigilo e integridade da informação e da integridade e autenticação da comunicação que podem ser vistos são os seguintes:

- A comunicação das ligações celulares da tecnologia *Global System for Mobile Communication* (GSM) é protegida pelo algoritmo COMP128-2.
- As compras via Internet são protegidas pelo protocolo de segurança *Secure Socket Layer* (SSL).
- Os bancos protegem as transações eletrônicas do Internet Banking com SSL e também com algum protocolo criptográfico adicional.
- Os administradores de sistemas acessam os servidores remotamente usando protocolos como o *Secure Shell* (SSH).
- As redes sem fio usam criptografia para proteção dos acessos, definidos no protocolo *Wired Equivalent Privacy* (WEP — Capítulo 5).
- Redes privadas virtuais (*Virtual Private Network* — VPN) usam protocolos como o *IP Security* (IPSec) para proteger as comunicações entre as organizações (Capítulo 10).
- O uso de certificados digitais (Seção 9.5) como credenciais também é importante para a segurança, principalmente para acesso a serviços críticos e que requerem o não-repúdio.

A criptografia de chave privada ou simétrica, como o *Data Encryption Standard* (DES), 3DES, IDEA, RC6 e outros, é responsável pelo sigilo das informações, por meio da utilização de uma chave secreta para a codificação e decodificação dos dados (Figura 9.1).

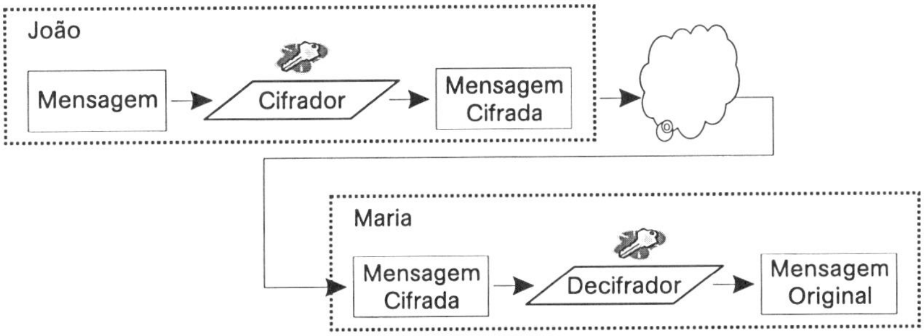

Figura 9.1 Criptografia de chave privada ou simétrica.

Os algoritmos de chave simétrica têm como característica a rapidez na execução, porém eles não permitem a assinatura e a certificação digitais. Além disso, existe o problema da necessidade de distribuição das chaves secretas a serem utilizadas pelos usuários, que deve ser feita de maneira segura. O problema está na dificuldade de enviar a chave gerada para o usuário, pois o canal de comunicação ainda não é seguro. Outro problema é o uso de chaves secretas diferentes para cada tipo de comunicação e também para cada mensagem, o que faz com que seu gerenciamento se torne muito complexo. Um exemplo dessa complexidade pode ser visto em um ambiente no qual três usuários se comunicam entre si, onde cada um deles deve armazenar e gerenciar três chaves diferentes. A Figura 9.2 mostra que Maria precisa de três chaves secretas diferentes para se comunicar com João, Pedro e Luís.

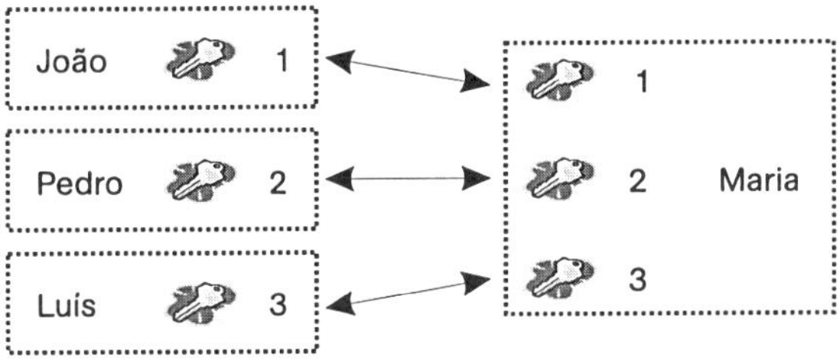

Figura 9.2 As chaves secretas necessárias na criptografia simétrica.

Os algoritmos de chave pública ou assimétrica, como RSA, Rabin e outros, podem possibilitar, além do sigilo, integridade, não-repúdio e autenticidade. É possível ainda que a assinatura e a certificação digitais possam ser utilizadas. As comunicações são realizadas por meio de dois pares de chaves diferentes, uma privada e uma pública para cada entidade. Uma mensagem, por exemplo, pode ser cifrada utilizando-se uma chave pública e decifrada utilizando-se somente a chave privada correspondente ou vice-versa (Figura 9.3).

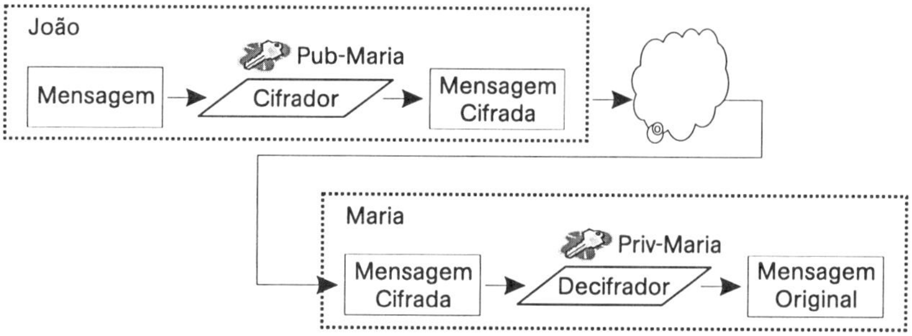

Figura 9.3 Criptografia de chave pública ou assimétrica.

O algoritmo assimétrico minimiza o problema de troca de chaves, pois não é necessário um canal seguro para tal. Porém, ele é cerca de 60 a 70 vezes mais lento que os algoritmos simétricos. A Figura 9.4 mostra as vantagens na distribuição de chaves, onde Maria mantém somente o seu par de chaves (privada e pública), enquanto João, Pedro e Luís obtêm a chave pública de Maria para enviar a mensagem cifrada para ela. Como somente a chave privada equivalente é capaz de decifrar a mensagem, e somente Maria a possui, o sigilo da mensagem para Maria é garantida.

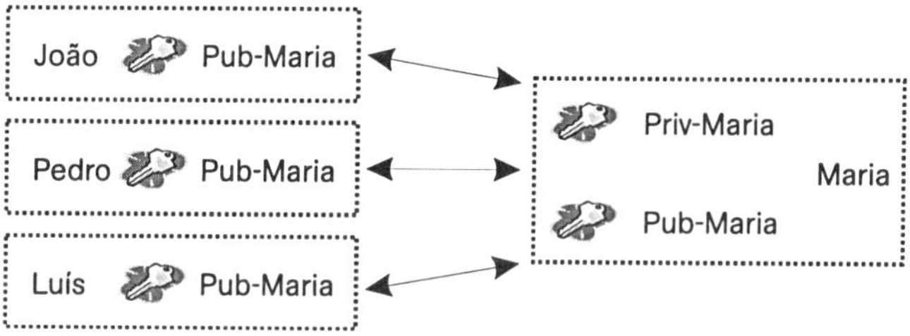

Figura 9.4 As chaves privadas e públicas necessárias na criptografia assimétrica.

Assim, a criptografia simétrica possui o problema da distribuição e gerenciamento de chaves, enquanto a criptografia assimétrica possui o problema de desempenho, pois ele exige maior poder de processamento. Isso faz com que os dois tipos de algoritmos (simétrico e assimétrico) sejam normalmente utilizados em conjunto, aproveitando-se as melhores características de cada um.

Com isso, a aplicação mais comum para a criptografia é a utilização dos algoritmos de chave pública para autenticação, certificação e estabelecimento da comunicação segura. Uma vez que o canal seguro esteja estabelecido, uma chave secreta pode ser gerada e trocada para a utilização da criptografia de chave simétrica, que é mais rápida e usada para o sigilo das mensagens. Assim, os pontos fracos de ambos os tipos de criptografia podem ser reduzidos, com a criptografia de chave pública formando o canal seguro para a distribuição de chaves simétricas, que por sua vez é mais rápida que o uso do par de chaves da criptografia assimétrica. O SSL funciona exatamente dessa maneira, com algoritmos como o RSA formando o canal seguro e o RC4 sendo usado para o sigilo das informações.

A assinatura digital pode ser obtida com o uso de algoritmos de chave pública, no qual o usuário que deseja assinar digitalmente uma mensagem utiliza sua chave privada. Como somente ele possui acesso à chave privada e como somente a chave pública correspondente pode fazer com que a mensagem volte ao seu estado original, utilizar a chave privada significa que o usuário assina digitalmente uma mensagem. O processo, que pode ser visto na Figura 9.5, é feito também com o uso de um algoritmo de *hash*, que é um resumo da mensagem. O algoritmo de assinatura digital é aplicado sobre o resumo gerado, com o usuário usando sua chave privada. O resultado, a assinatura digital, é adicionado à mensagem original, que é enviada ao destinatário. É importante notar que o uso da assinatura digital não garante o sigilo da mensagem, somente prova a origem de determinada mensagem, pois somente o dono da chave privada pode assinar a mensagem.

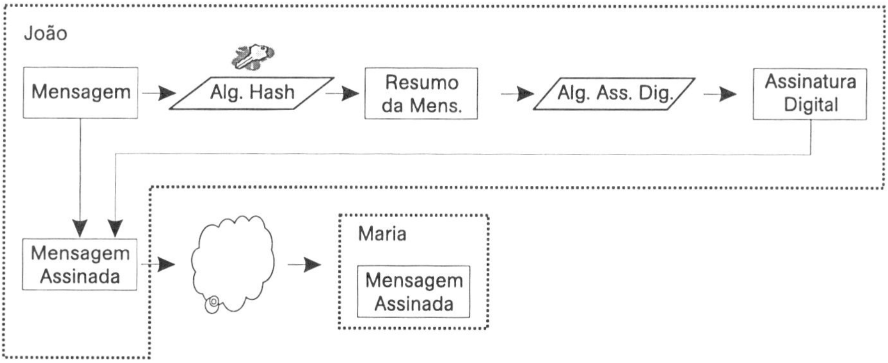

Figura 9.5 Processo de assinatura digital.

O processo de verificação da assinatura digital pode ser visto na Figura 9.6. O destinatário recebe a mensagem assinada e usa a chave pública correspondente do remetente para verificar a assinatura digital. O algoritmo de assinatura digital é aplicado sobre a assinatura digital, o que resulta no resumo da mensagem, que é exatamente o processo inverso realizado na assinatura. O algoritmo de *hash* é aplicado na mensagem original, que também resulta no resumo da mensagem. No caso de os dois resumos da mensagem gerados serem iguais, isso significa que a assinatura digital é válida, pois a chave pública do remetente foi utilizada e ela é correspondente à chave privada utilizada. Caso os dois resumos sejam diferentes, significa que a assinatura é inválida, pois as chaves pública e privada não são equivalentes.

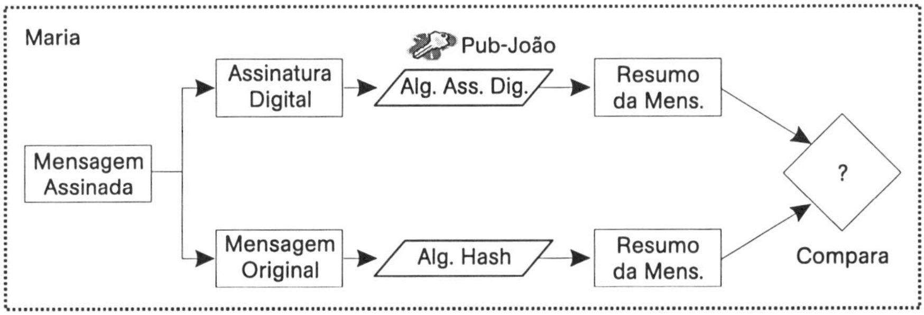

Figura 9.6 Processo de verificação da assinatura digital.

Apesar de fundamental, principalmente devido à necessidade crescente de sua utilização na Internet, Bellovin mostra que as soluções existentes são poucas, além de não serem completas. Alguns exemplos citados são [BEL 98]:

- O *Pretty Good Privacy* (PGP) e o *Secure Multi-Purpose Internet Mail Extensions* (S/MIME), utilizados para a segurança de e-mails, não têm uma certificação mais geral.
- O SSL, utilizado na Web, oferece a autenticação em apenas uma via, ou seja, somente o servidor é certificado, com o usuário permanecendo sem nenhuma certificação.
- O IPSec, protocolo-padrão de redes privadas virtuais, entra em conflito com os *firewalls*, pois os pacotes de IPSec têm cabeçalhos e conteúdos cifrados, que os *firewalls* não podem processar e, portanto, filtrar. Isso será discutido com mais detalhes na Seção 12.2.

- O *Secure Electronic Transaction* (SET), utilizado no comércio eletrônico, faz com que as lojas virtuais não tenham acesso ao número do cartão de crédito, o que poderia ser aproveitado para uma base de dados de seus clientes. Essa, na realidade, é uma característica importante para a segurança, pois o maior perigo dos incidentes envolvendo cartões de crédito está relacionado ao seu armazenamento.

Tudo isso, aliado ao fato de o poder de processamento estar seguindo a Lei de Moore, facilitando a quebra de chaves de alguns algoritmos criptográficos, mostra que a criptografia é uma área em que grandes evoluções acontecem. Um dos principais fatos está na escolha do *Advanced Encryption Standard* (AES) pelo *National Institute for Standards and Technology* (NIST), que teve como objetivo substituir o DES, que era o algoritmo simétrico padrão. O rigoroso processo de avaliação e testes teve início em 12 de setembro de 1997. Em 20 de agosto de 1998, 15 candidatos foram selecionados, número que caiu para cinco, em agosto de 1999. No dia 2 de outubro de 2000, o algoritmo criptográfico Rijndael, desenvolvido por dois pesquisadores belgas, foi escolhido pela comunidade ligada à criptografia, após uma série de testes que avaliaram três aspectos principais dos cinco finalistas: segurança, custo e características do algoritmo e implementação [NEC 01].

O AES foi aprovado em 25 de maio de 2002, quando se tornou o padrão atual, com o NIST especificando o algoritmo Rijndael no *Federal Information Processing Standard* (FIPS) 197 para uso oficial pelo governo americano [AES 03]. O Rijndael, além de combinar segurança, desempenho, eficiência, facilidade de implementação e flexibilidade, oferece outras vantagens como o bom desempenho tanto em software quanto em hardware, a velocidade na manipulação das chaves e a necessidade de pouca memória para o funcionamento [AES 03].

Quanto ao padrão americano, o Triple DES também é um algoritmo aprovado pelo governo americano e nele, o DES é permitido somente para sistemas legados. O DES e o Triple DES são especificados no DIPS 46-3 [AES 03].

O Rijndael utiliza chaves de 128, 192 e 256 bits e a previsão é de que o AES permaneça seguro por 20 anos, segundo o NIST [AES 03]. Uma informação interessante é sobre a possibilidade de 'quebrar a chave do algoritmo, por meio de um ataque de 'força bruta'. Caso uma máquina destinada a ataques de 'força bruta', como o Deep Crack (Seção 9.4), fosse utilizada para tentar decifrar uma senha do Rijndael, e supondo que o Deep Crack pudesse recuperar uma senha do DES de 56 bits em um segundo (o Deep Crack decodificou a chave do DES em 56 horas), seriam necessários 149 trilhões de anos para que uma chave do Rijndael fosse 'quebrada' [AES 01].

Um outro fato importante que mostra a evolução da criptografia é o avanço da criptografia de curvas elípticas, cada vez mais utilizado em componentes como *smart cards* e na computação móvel, devido ao seu maior desempenho.

9.2 A SEGURANÇA DOS SISTEMAS CRIPTOGRÁFICOS

A segurança de sistemas criptográficos depende de uma série de fatores, como uma falha na geração de chaves, por exemplo, que pode comprometer totalmente o sigilo de uma comunicação. Diversos fatores devem ser analisados para que a proteção adequada da informação não seja apenas uma falsa impressão:

- Geração das chaves: com a utilização de um número aleatório real como ponto inicial para a criação das chaves, é impossível saber ou adivinhar a estrutura das chaves futuras, o que garante uma maior segurança. Sem a geração aleatória, o algoritmo utilizado pode revelar padrões que diminuem o espaço de escolha das chaves, o que facilita sua descoberta. Assim, é importante utilizar sistemas que sejam capazes de gerar números aleatórios reais, tais como os utilizados por alguns tipos de hardware, conhecidos também como *Hardware Security Module* (HSM). Eles têm a vantagem de utilizar componentes dedicados na geração aleatória desses números, além de não utilizarem os algoritmos conhecidos utilizados pelos *softwares*, que podem revelar padrões de geração de chaves mais facilmente.
- Mecanismo de troca das chaves — Por exemplo, Diffie-Hellman para criptografia e RSA para assinaturas [SCH 96]. O método preferido hoje é o *Internet Key Exchange* (IKE), em comparação com o *Simple Key Management for Internet Protocol* (SKIP). A principal vantagem do IKE sobre o SKIP é sua habilidade de negociar com um número diferente de chaves criptográficas.
- Taxa de troca das chaves: como regra, quanto maior for a freqüência da troca automática das chaves, maior será o sigilo dos dados. Isso acontece porque a janela de oportunidade de ataques diminui, pois, caso uma chave seja quebrada, ela já não é mais útil para a comunicação. A troca de chaves manual é considerada insegura, além de ser trabalhoso realizar todo o processo manualmente, o que pode influir na produtividade do usuário.
- Tamanhos da chave: são diferentes para a criptografia simétrica e para a criptografia de chave pública. O assunto pode ser observado com mais detalhes na Seção 9.2.1.

Além dos fatores verificados, deve-se também levar em consideração a qualidade do algoritmo criptográfico e sua correta implementação, seja em software ou hardware.

Um princípio fundamental é o de Dutchman A. Kerckhoffs, que, no século XIX, enunciou que a segurança deve residir na chave, pois sempre se deve assumir que o atacante tem os detalhes completos do algoritmo criptográfico e de sua implementação. Isso é reforçado pelo fato de que esses detalhes do algoritmo e de sua implementação podem ser descobertos, e, se o atacante não é capaz de descobrir esses detalhes, então ele não é capaz de quebrar uma chave criptográfica [SCH 96].

Assim, confiar na segurança da criptografia somente porque o algoritmo criptográfico não é conhecido é, na realidade, uma grande falácia. O melhor algoritmo é aquele que é público e vem sendo testado por todos, permanecendo intacto. Esse é um dos principais fatores de segurança de sistemas criptográficos, o que faz com que a segurança resida na chave, e não no algoritmo.

Em termos matemáticos, o algoritmo criptográfico, que tem origem a partir de um problema matemático difícil, é considerado seguro se 50 mil computadores não puderem resolver esse problema em um milhão de anos. Existem diversos tipos de problemas matemáticos difíceis, tais como [SCH 96][ROT 98-2][ROT 98-3]:

- Logaritmo discreto ou *Discrete Logarithm Problem* (DLP), como o Diffie-Hellman e o *Digital Signature Algorithm* (DSA).
- Fatoração de números primos grandes ou *Integer Factorization Problem* (IFP), como o RSA.
- Curvas elípticas ou *Elliptic Curve Discrete Logarithm Problem* (ECDLP).

As funções *one-way hash* são consideradas fáceis de serem executadas em uma direção, mas são extremamente difíceis de serem executadas na direção contrária. Fazendo-se uma analogia, esse tipo de função seria como um ovo, que pode ser facilmente quebrado, mexido e frito, porém quase impossível de ser recuperado à sua forma original.

Funções *trap-door one-way hash* utilizam uma parte da informação (o *trap-door*) para realizar a função nas duas direções. O tamanho da chave determina o grau de dificuldade do problema matemático. Uma discussão teórica que envolve as funções *one-way hash* está relacionada com sua própria existência, pois, matematicamente, não existe um modo de comprovar essa afirmação [ROT 98-3].

Quanto ao RSA e a outros algoritmos de chaves públicas, sua segurança tem como base a dificuldade envolvendo a fatoração de números primos grandes. Ao passo que é fácil multiplicar dois números primos grandes, fatorar o produto desses dois números é muito mais difícil. As chaves pública e privada do RSA são funções de pares de números primos muito grandes, com centenas de dígitos. Uma característica do RSA e de outros algoritmos de chave pública é que eles podem ser utilizados para a cifragem de dados e também para a autenticação por meio de assinaturas digitais [ROT 98-3].

9.2.1 A segurança pelo tamanho das chaves

A segurança de um algoritmo e de um sistema criptográfico não pode ser medida apenas pelo tamanho da chave utilizada. É preciso conhecer o algoritmo e a matemática envolvida no processo de codificação dos dados para saber se ele é ou não seguro. Por exemplo, criar um algoritmo criptográfico proprietário, que utilize uma chave de 256 bits, não significa que ele será mais seguro que outros algoritmos, como o DES, que utiliza 128 bits, se existirem falhas nesse algoritmo e também em sua implementação.

Além disso, não se pode esquecer de que a criptografia de chave secreta (simétrica) e de chave pública (assimétrica) têm segurança equivalente para chaves de tamanhos diferentes. Por exemplo, o fato de um algoritmo de chave pública utilizar chaves de 512 bits não significa que ele seja mais seguro que um algoritmo de chave privada que utiliza 128 bits. A Tabela 9.1 apresenta as resistências comparativas quanto ao custo de processamento entre os algoritmos de chave simétrica e assimétrica [SCH 96].

Tabela 9.1 Resistências comparativas entre os algoritmos de chave simétrica e assimétrica.

Chave simétrica	Chave assimétrica
56 bits	384 bits
64 bits	512 bits
80 bits	768 bits
112 bits	1792 bits
128 bits	2304 bits

A questão do tamanho das chaves em algoritmos simétricos é avaliada em [BLA 96]. Um algoritmo criptográfico é considerado eficiente se não existirem facilidades que permitam que se recuperem as informações sem a utilização de ataques de 'força bruta' (teste de todas as combinações de chaves) e também se o número de chaves possíveis for suficientemente grande para fazer com que os ataques de 'força bruta' se tornem impraticáveis. A Tabela 9.2 mostra o número de possíveis chaves no espaço de chaves e o tempo de processamento (um milhão de tentativas/seg.) [SCH 96].

Tabela 9.2 O espaço de chaves e o tempo de processamento necessário.

Combinações permitidas (Byte)	7 bBytes	7 bBytes	8 bBytes	8 bBytes
Letras minúsculas (26)	$8{,}0 \times 10^{9}$	2,2 horas	$2{,}1 \times 10^{11}$	2,4 dias
Minúsculas e dígitos (36)	$7{,}8 \times 10^{10}$	22 horas	$2{,}8 \times 10^{12}$	33 dias
Alfanuméricos (62)	$3{,}5 \times 10^{12}$	41 dias	$2{,}2 \times 10^{14}$	6,9 anos
Caracteres imprimíveis (95)	$7{,}0 \times 10^{13}$	2,2 anos	$6{,}6 \times 10^{15}$	210 anos
Caracteres ASCII (128)	$5{,}6 \times 10^{14}$	18 anos	$7{,}2 \times 10^{16}$	2.300 anos
Caracteres ASCII de 8 bits (256)	$7{,}2 \times 10^{16}$	2.300 anos	$1{,}8 \times 10^{19}$	580.000 anos

As chaves desses algoritmos podem ser descobertas por meio de ataques de 'força bruta' que testam cada possível combinação de chaves até que se descubra a combinação correta. Esse tipo de ataque pode ser realizado usando-se desde equipamentos convencionais (PCs), passando pela tecnologia *Field Programmable Gate Array* (FPGA) — um chip especial para a realização de cálculos, até o *Application-Specific Integrated Circuits* (ASICs), que é cerca de sete vezes mais rápido que um chip FPGA, mas necessita de um grande investimento em engenharia, o que aumenta os seus custos. A Tabela 9.3 mostra que basta ter o recurso financeiro necessário para que as chaves sejam decifradas por meio de 'força bruta'. A Tabela 9.4 mostra o tempo de fatoração para a descoberta de chaves de algoritmos assimétricos [SCH 96].

Tabela 9.3 Estimativas para ataques de 'força bruta' em algoritmos simétricos.

Custo	56 bits	64 bits	112 bits	128 bits
$100 K	3,5 horas	37 dias	10^{13} anos	10^{18} anos
$1 M	21 minutos	4 dias	10^{12} anos	10^{17} anos
$10 M	2 minutos	9 horas	10^{11} anos	10^{16} anos
$100 M	13 segundos	1 hora	10^{10} anos	10^{15} anos
$1 G	1 segundo	5,4 minutos	10^{9} anos	10^{14} anos
$10 G	0,1 segundos	32 segundos	10^{8} anos	10^{13} anos
$100 G	0,01 segundos	3 segundos	10^{7} anos	10^{12} anos
$1 T	1 milissegundo	0,3 segundos	10^{6} anos	10^{11} anos

Tabela 9.4 Fatoração de chaves do algoritmo assimétrico.

Nº de bits	MIPS/Ano necessários	Tempo /p Pentium II – 300 MHz
512	200	8 meses
768	100.000	300 anos
1024	3×10^{7}	1×10^{5} anos
1280	3×10^{9}	1×10^{7} anos
1536	2×10^{11}	7×10^{8} anos
2048	4×10^{14}	$1{,}3 \times 10^{12}$ anos

Um ponto interessante com relação ao uso de 'força bruta' para descobrir chaves de criptografia é que esses ataques reforçam a Lei de Moore, pois os resultados parecem estar de acordo com a realidade. Isso ocorre porque, quando o DES foi proposto, em 1975, a chave de 56 bits era considerada segura. Aplicando-se a Lei de Moore, o tamanho da chave considerada segura, para 20 anos depois (1995, época do artigo), seria de 70 bits. O artigo recomenda a utilização de 75 bits, correspondentes a 61 bits em 1975. Seguindo a mesma linha de raciocínio, para garantir a segurança de uma chave em um prazo de 20 anos, a partir de 1995, o tamanho ideal seria de 90 bits [BLA 96].

Porém, esse tamanho já não garante a segurança nos dias de hoje, pois, além da Lei de Moore, o avanço da computação distribuída, principalmente pela Internet, contribuiu para o aumento exponencial da capacidade de processamento, que é essencial para ataques de força bruta. Com um grande número de equipamentos trabalhando paralelamente, o objetivo de descobrir a chave pode ser alcançado mais rapidamente. Além disso, diversos equipamentos dedicados ao ataque de força bruta, como o Deep Crack e o Twinkle, que serão vistos na Seção 9.4, contribuem para a evolução da criptografia.

Assim, é essencial considerar o tempo durante o qual a informação deverá ficar protegida pela criptografia, para que seja utilizado o tamanho ideal da chave. Os diversos tipos de informações necessitam de diferentes períodos de proteção e, portanto, de diferentes tamanhos de chaves:

- Transferências eletrônicas de fundos, sejam de milhões ou bilhões de dólares, necessitam de segurança, mas o tempo de exposição é extremamente curto.
- Planos estratégicos corporativos necessitam do sigilo durante alguns anos.
- Informações proprietárias de produtos, como a fórmula da Coca-Cola, precisam ser protegidas por um longo período, talvez décadas ou séculos.
- Informações privadas pessoais, como condições médicas ou avaliações profissionais, devem ser protegidas durante a vida do indivíduo.

9.3 As maiores falhas nos sistemas criptográficos

A utilização de sistemas criptográficos cresce à medida que aumenta o uso da Internet e a troca eletrônica de informações. Devido à sua extrema importância, que pode resultar em uma perigosa falsa sensação de segurança, os fatores que podem causar falhas em sistemas criptográficos devem ser considerados, tais como [SCH 98]:

- Falha na checagem do tamanho dos valores.
- Reutilização de parâmetros aleatórios, que nunca deveriam ser reutilizados.
- Alguns sistemas não destroem a mensagem em texto simples, depois de ser feita a cifragem.

- Alguns sistemas utilizam arquivos temporários para proteger os dados que podem ser perdidos durante uma pane no sistema. Eles podem também utilizar a memória virtual para aumentar a disponibilidade da memória.
- Em casos extremos, o sistema operacional pode deixar as chaves no disco rígido. Existem sistemas que permitem que a senha fique armazenada na memória de vídeo.
- Há falhas também na utilização da base de dados de recuperação de chaves, em casos de emergência.
- Em um sistema que utiliza a geração de números aleatórios, se forem gerados números ineficientes e que não são devidamente aleatórios, o sistema será totalmente comprometido, não importando a efetividade do algoritmo de criptografia.

Essas falhas podem ser exploradas por meio de ataques feitos por hardware, que podem introduzir, deliberadamente, falhas no processamento da criptografia, para tentar determinar as chaves secretas [SCH 98].

Além dessas falhas, os algoritmos podem ter problemas em sua implementação. Isso ocorre devido à complexidade existente, que faz com que os erros em seu desenvolvimento sejam comuns. Além disso, os revendedores ainda comercializam produtos com algoritmos já considerados inseguros e até proprietários (apostando na segurança pela obscuridade), além de as interfaces com o usuário ainda serem difíceis de ser utilizadas [BEL 98].

8.4 Os ataques aos sistemas criptográficos

A criptanálise (*cryptanalysis*) é a ciência de recuperar uma informação cifrada sem o acesso direto à chave de criptografia, de forma que ela pode recuperar a mensagem original ou a chave de criptografia.

Alguns ataques baseados na criptanálise são [SCH 96]:

- Ataque do texto cifrado conhecido (*Ciphertext-only attack*): o atacante possui diversas mensagens, todas cifradas com o mesmo algoritmo criptográfico. O objetivo é recuperar a mensagem original ou deduzir a chave, que pode ser usada para decifrar as mensagens.
- Ataque do texto em claro conhecido (*Known-plaintext attack*): o atacante possui o conhecimento das mensagens cifradas e também do seu equivalente em claro. O objetivo é deduzir as chaves utilizadas ou um algoritmo para decifrar qualquer mensagem cifrada com a mesma chave.

- Ataque do texto em claro escolhido (*Chosen-plaintext attack*): o atacante escolhe um texto em claro e faz a análise de acordo com o texto cifrado obtido. O objetivo é deduzir as chaves ou um algoritmo para decifrar as mensagens.
- Ataque do texto em claro escolhido com adaptação (*Adaptive-chosen-plaintext attack*): este é um caso especial do ataque de texto em claro escolhido, no qual o atacante escolhe e modifica o texto em claro escolhido de acordo com os resultados que vem obtendo. O objetivo é deduzir as chaves ou um algoritmo para decifrar as mensagens.
- Ataque do texto cifrado escolhido (*Chosen-ciphertext attack*): o atacante escolhe diferentes textos cifrados para serem decifrados e tem o acesso aos textos decifrados. Esse ataque é usado mais contra algoritmos de chave pública. Com isso, ele pode deduzir a chave utilizada.
- Ataque do texto escolhido (*Chosen-text attack*): composição dos ataques de texto em claro escolhido e de texto cifrado escolhido.
- Ataque da chave escolhida: o atacante usa o conhecimento sobre relações entre diferentes chaves.
- *Rubber-hose cryptanalysis*: ataque baseado em ameaça, chantagem ou tortura, para que o usuário entregue a chave criptográfica.
- Ataque da compra da chave (*Purchase-key attack*): ataque baseado em suborno.
- Ataque de força bruta (*Brute-force attack*): ataque em que todas as combinações de chaves possíveis são testadas.

Além desses ataques tradicionais, outros tipos de ataques podem ser utilizados contra os próprios sistemas criptográficos. É interessante notar que o próprio Schneier diz, em [SCH 98], que os ataques aos sistemas não ocorrem pela tentativa de testar todas as chaves possíveis ('força bruta') ou por explorar falhas nos algoritmos, mas, sim, pela exploração de erros no projeto, na implementação e na instalação dos sistemas.

Em [SCH 99-1], Schneier fala da evolução dos métodos de ataque contra os sistemas de criptografia (*crypto-hacking*) e de seu futuro, que não está destinado à grande massa, como vem ocorrendo com a segurança em redes. De fato, a criptografia exige conhecimentos profundos de matemática avançada, o que não está ao alcance de todos [SCH 99-2]. Segundo ele, os métodos de ataque vêm evoluindo, o que pode ser visto nos ataques do tipo *side-channel attack*, no qual a segurança dos *smart cards* e dos *tokens* é testada por meio de informações sobre tempo, consumo de energia e radiação do dispositivo.

Outro tipo de ataque é o *failure analysis*, no qual diversos tipos de falhas são forçados durante a operação, de modo a derrubar a segurança de *smart cards*. Outro ataque é realizado por meio da análise, não do algoritmo de criptografia em si, mas do gerador de números aleatórios. O algoritmo pode ser seguro, mas se o método de produção dos números aleatórios para o algoritmo for ineficiente, o espaço do número de chaves diferentes não será suficiente, como deveria ser [SCH 99-1].

Os sistemas criptográficos podem ser atacados também por meio da análise dos modos como as diferentes chaves se relacionam entre si. Cada chave pode ser segura; porém, a combinação de diversas chaves relacionadas pode ser suficiente para a análise criptográfica do sistema. Além disso, é possível 'quebrar' a segurança do RSA, por exemplo, por meio da análise dos padrões de processamento, sem que seja necessário decifrar o algoritmo [SCH 99-1]. O *timing attack* é um ataque que faz a análise e a mistura dos tempos relativos das operações de criptografia. Esse tipo de ataque é utilizado na recuperação de chaves privadas do RSA, e também contra *smart cards*, *tokens* de segurança e servidores de comércio eletrônico [SCH 98].

Alguns tipos de ataques são realizados contra chaves que são armazenadas no próprio equipamento do usuário, escondidas no meio de *strings* ou no próprio sistema. Shamir descreve, em [SHA 98-4], ataques algébricos e estatísticos utilizados para localizar chaves escondidas em uma grande *string* ou em grandes programas. Segundo Shamir, essas técnicas podem ser utilizadas para aplicar *lunchtime attacks* em chaves de assinatura utilizadas por instituições financeiras ou para driblar o mecanismo de *authenticode*, existente em alguns pacotes de software. O *lunchtime attack* é realizado por alguém que se aproveita da hora do almoço de algum funcionário de alguma instituição financeira, por exemplo, para procurar por chaves de assinatura, que podem estar em um arquivo dentro do seu equipamento ou incorporada à própria aplicação. Uma importante consideração é que as chaves podem ser armazenadas no equipamento, sem o conhecimento do usuário, como, por exemplo, em arquivos *swap* do Windows (que contém o estado intermediário da sessão de assinatura anterior) ou em arquivos de backup criados automaticamente pelo sistema operacional, em intervalos fixos. Elas ainda podem estar em setores danificados, que não são considerados como parte do sistema de arquivos [SHA 98-4].

Com relação aos ataques de 'força bruta', alguns desafios criptográficos foram realizados pela RSA Laboratories para quantificar a segurança oferecida pelo DES, que era o padrão definido pelo governo americano (hoje é o AES). O primeiro desafio, o 'DES Challenge I', foi realizado em fevereiro 1997 e a rede construída por Rocke Verser, com 70 mil sistemas da Internet, levou 96 dias para quebrar o DES, após testar 25% de todas as chaves possíveis [WIL 01].

O 'DES Challenge II-1' foi realizado em fevereiro de 1998, e a Distributed.Net quebrou a chave em 41 dias. O 'DES Challenge II-2' foi realizado em julho de 1998, e a *Electronic Frontier Foundation* (EFF) levou apenas 56 horas para encontrar a chave [WIL 01].

Em 1999, a Distributed.Net e a EFF se uniram no 'DES Challenge III' e criaram o Deep Crack, um computador com processamento paralelo avaliado em 200 mil dólares [MOS 99]; juntamente com uma rede de aproximadamente cem mil sistemas da Internet, quebraram a chave em 22 horas e 15 minutos. Os equipamentos estavam testando 245 bilhões de chaves por segundo no momento da quebra [WIL 01].

Após essa demonstração, o DES já não é mais recomendado para proteger informações por mais de 20 horas, sendo algumas das opções o 3DES, o *Carlisle Adams and Stafford Tavares* (CAST), o *International Data Encryption Algorithm* (IDEA) e o *Rivest Cipher #5* (RC5), que utilizam conceitos parecidos com os do 3DES, ou seja, utilizam chaves de 128 bits, com *cipher blocks* de 256 bits [SCH 96]. Suas fraquezas, assim, são as mesmas do 3DES, porém o CAST, o IDEA e o RC5 têm vantagens com relação ao 3DES, quanto ao seu desempenho [SCH 99-2].

O CAST, da Entrust, não necessita de pagamento de *royalties*. O CAST com 64 bits leva 235 dias para ser decifrado pelo Deep Crack, enquanto o CAST com 80 bits leva 43 mil dias. O CAST com 128 bits leva três milhões de vezes mais de tempo que o CAST de 80 bits. O DES-X é o DES com uma chave extra de 56 bits, que faz operações XOR, aumentando significativamente a segurança do algoritmo; porém, o 3DES ainda é mais seguro [SCH 99-2].

Um outro equipamento utilizado para decifrar chaves públicas é o que Adi Shamir descreveu, o Twinkle [TWI 99], um computador elétrico-óptico destinado a fatorar números com velocidade mil vezes maior. O computador ainda não foi construído, porém Shamir mostra que isso é possível, demonstrando ainda que as chaves públicas de 512 bits não são mais seguras para a utilização operacional.

Apesar de o Twinkle ainda não ser construído, um grupo de holandeses fatorou um número de 512 bits utilizando 300 *workstations* da Silicon Graphics Inc. e processadores Pentium, durante mais de sete meses. O algoritmo utilizado foi o *General Number Field Sieve*, que pode ser visto em [TER 00]. Schneider analisa que, se os esforços cooperativos por meio da Internet fossem utilizados, como aconteceu com o DES, a chave pública poderia ser decifrada em uma semana. A chave mínima recomendada para o RSA, atualmente, é de 768 bits.

Ao mesmo tempo em que são desenvolvidos equipamentos específicos para decifrar chaves, outros equipamentos dedicados para a criptografia também estão sendo produzidos. O *Department of Energy's (DOE) Sandia National Laboratories*, por exemplo, desenvolveu um codificador cerca de dez vezes mais rápido que os similares, que pode codificar mais de 6,7 bilhões de bits por segundo. Isso pode ser útil para a proteção de diversos tipos de dados digitais, como vozes, áudio, vídeo, telefone celular, rádio e televisão. O chip utilizado é o *SNL Data Encryption Standard (DES) Application Specific Integrated Circuit* (ASIC), que consiste em conjuntos de 16 mil transistores integrados em um chip do tamanho de uma moeda. Além de aceitar o DES, o DES ASIC será compatível também com novos algoritmos, como o *Advanced Encryption Standard* (AES), novo padrão para a criptografia simétrica [SAN 99].

9.5 Certificados digitais

Diversos protocolos de segurança, como o *Secure Multipurpose Internet Mail Extensions* (S/MIME), o *Transport Layer Security* (TLS) e o *Internet Protocol Security* (IPSec), utilizam a criptografia de chaves públicas para prover o sigilo, a integridade, a autenticação e o não-repúdio das comunicações e dos usuários. Os certificados digitais são um dos elementos que têm como base a criptografia de chave pública, utilizado por esses protocolos, e são essenciais em um modelo de segurança como o do ambiente cooperativo, no qual diversos níveis de acesso devem ser controlados e protegidos.

A problemática característica de ambientes cooperativos, onde diversas organizações interagem entre si para a realização dos negócios, reforça a importância de mecanismos de defesa como a criptografia, tanto simétrica quanto assimétrica. A criptografia de chave pública é importante porque possibilita a privacidade e a integridade das informações, além da autenticação das partes envolvidas.

Quando a criptografia de chave pública é utilizada, as chaves públicas de usuários ou sistemas podem estar assinadas digitalmente por uma autoridade certificadora (*Certification Authority* — CA) confiável, de modo que a utilização ou publicação falsa dessas chaves pode ser evitada. As chaves públicas assinadas digitalmente por uma autoridade certificadora confiável constituem, assim, os certificados digitais. A autoridade certificadora, os usuários, os sistemas e seus certificados digitais fazem parte de um modelo de confiança essencial em um ambiente cooperativo, necessário para a identificação, autenticação e acesso seguro aos sistemas críticos.

Além de estar digitalmente assinada por uma autoridade certificadora, um certificado digital pode conter diversas outras informações que determinam o nível de confiabilidade do certificado:

- Nome, endereço e empresa do solicitante.
- Chave pública do solicitante.
- Validade do certificado.
- Nome e endereço da autoridade certificadora.
- Política de utilização (limites de transação, especificação de produtos etc.).

A complexidade da estrutura e de determinados tipos de informações culminou na definição do *Attribute Certificate* (AC), que foi incorporado na definição do X.509, pelo *PKIX Working Group*. O formato do AC permite que informações adicionais sejam associadas ao certificado digital, por meio de estruturas de dados assinadas digitalmente e podem ter referências a múltiplos certificados [ARS 99].

Os certificados digitais são, normalmente, criados pelas autoridades certificadoras (CA), que têm a função de criar, manter e controlar todos os certificados por elas emitidos, incluindo a invalidação de certificados comprometidos ou expirados. A manutenção da CA envolve a segurança de sua própria chave privada que, caso seja descoberta ou roubada, comprometerá todo o sistema. Se isso acontecer, será necessário invalidar os certificados anteriormente emitidos e substituí-los com a nova chave da CA.

Diversos aspectos estão relacionados com os certificados digitais, tais como emissão, revogação, certificação cruzada, renovação dos certificados, recuperação de certificados e todo o gerenciamento dos certificados digitais. Toda a complexidade envolvida com todas as funções de gerenciamento dos certificados digitais levou à definição de uma infra-estrutura de chave pública (*Public Key Infrastructure* — PKI) que tem componentes responsáveis por funções específicas, como poderá ser visto nas próximas seções [ROT 98].

9.6 Infra-estrutura de chave pública

Em um ambiente heterogêneo como o ambiente cooperativo, o gerenciamento dos certificados digitais e de todas as suas funções torna-se extremamente complexo, fazendo com que uma infra-estrutura de chave pública (*Public-Key Infrastructure* — PKI) seja importante dentro de uma arquitetura de segurança. De fato, ela é essencial em um ambiente caracterizado pela complexidade das conexões e pelos diferentes níveis de usuários que têm de ser autenticados e controlados. Em um ambiente com base em transações financeiras, por exemplo, a PKI pode oferecer o não-repúdio e a integridade das transações.

Além disso, a PKI é importante especialmente para a segurança interna, ao tornar possível uma autenticação única, com base nos certificados digitais. Com isso, elimina-se a necessidade de armazenamento de um grande número de senhas e também de múltiplos processos de autenticação. Nesse ponto, pode-se considerar que a PKI pode funcionar como um *Single Sign-On* (Seção 11.3), ao prover uma plataforma de autenticação única. Mais do que isso, uma PKI pode ser considerada uma plataforma mais segura, devido à utilização da criptografia, o que nem sempre ocorre com o *Single Sign-On*.

A assinatura digital que pode ser provida pela PKI também é essencial, de modo que ela é cada vez mais usada na garantia de identificação em transações eletrônicas e em e-mails.

A PKI vem sendo tratada com muita importância em vários segmentos de mercado, principalmente na área de saúde (prontuários médicos de pacientes), na área pública (emissão de documentos digitais) e na área financeira (transações eletrônicas). No Brasil, a PKI vem ganhando espaço nas discussões, principalmente devido às iniciativas do próprio governo, como são os casos do Sistema Brasileiro de Pagamentos (SPB) e do ICP-Brasil, instituída pela Medida Provisória nº 2200-2, de 24 de agosto de 2001.

Alguns exemplos de implementação de uma PKI podem ser vistos na Itália, onde o respectivo Ministério do Interior tem planos de gerar certificados digitais para todos os cidadãos italianos em um prazo de cinco anos. O serviço postal americano, NetPost.Certified, iniciou, em 2001, a utilização da PKI para a autenticação de informações digitais trocadas entre as agências governamentais [ARM 01-3].

9.6.1 Definição e considerações

Devido à sua ampla gama de possibilidades de uso, a definição da PKI pode mudar, de acordo com as necessidades, alcançando-se sempre o objetivo a que ela se destina. Por exemplo, a definição mais geral, que usa a idéia inicial da PKI, é que ela é uma infra-estrutura de segurança na qual os serviços são implementados e utilizados, através de conceitos e técnicas de chaves públicas [ADA 99].

Justamente devido à essa definição, de que a PKI é uma infra-estrutura, é que ela se torna um elemento que deve ser incorporado aos poucos dentro da organização. Assim como estradas fazem parte de uma infra-estrutura, com os benefícios surgindo enquanto a malha de estradas vai aumentando cada vez mais, o mesmo ocorre com a PKI. Por meio de sua infra-estrutura, a PKI aceita a distribuição, o gerenciamento, a expiração, a reemissão de certificados expirados, o *backup* e a revogação das chaves públicas e privadas das entidades, que podem ser usuários, equipamentos ou serviços.

Uma outra definição diz que a PKI é o conjunto de hardware, software, pessoas, políticas e procedimentos necessários para criar, gerenciar, armazenar, distribuir e revogar certificados digitais, com base na criptografia de chave pública [ARS 99].

Outras definições consideram a PKI como um *backbone* de uma corporação segura [MCC 98], enquanto ela ainda pode ser definida como uma combinação de software, criptografia e serviços, que permite que as organizações realizem transações pela Internet, de maneira segura [NET 99].

Do ponto de vista organizacional, a PKI pode ser considerada uma coleção de políticas, regras, responsabilidades, decisões, serviços e controles para a utilização da criptografia entre as aplicações da organização, além de ser um conjunto de idéias, entendimentos, convenções, concordâncias, contratos, leis, regulamentos, instituições, pessoas e confiança, que permite que os certificados e as assinaturas digitais sejam usados do mesmo modo que os documentos são utilizados e que documentos em papel são assinados [MUR 99].

É interessante observar, por meio dessas definições, que a tecnologia é apenas um dos componentes de uma PKI, que inclui ainda a política de segurança, a política e os procedimentos para gerar e revogar certificados, o processo de negócios para o gerenciamento dos certificados e as atividades administrativas relacionadas ao gerenciamento de chaves [PEC 01].

Os aspectos jurídicos também constituem um ponto interessante, pois as leis são importantes para que os certificados digitais tenham validade legal. O apoio da legislação para o assunto influencia diretamente o sucesso e a disseminação do uso de certificados digitais. Leis específicas sobre assinaturas digitais estão mais difundidas na Europa que nos Estados Unidos. Isso faz com que o uso de assinaturas digitais seja mais difundido na Europa — elas têm ainda a vantagem de possuir mais disseminação do uso de *smart cards*.

Com isso, a segurança da PKI requer uma coordenação efetiva entre as áreas de negócios, tecnologia, administração e legislação, envolvendo praticamente toda a organização, para que os verdadeiros benefícios possam ser alcançados.

9.6.2 Funções da PKI

A PKI tem uma série de funções executadas por componentes específicos da infra-estrutura, como poderá ser visto na próxima seção. É possível notar que a complexidade das funções da PKI, que devem funcionar de modo sincronizado, aumentam a probabilidade de aparecimento de dificuldades que podem surgir na sua implementação ou na sua utilização. De fato, o Gartner Group indica que 80% dos projetos de PKI estão em sua 'fase piloto', enquanto 20% estão em produção. Desses 20, 40% irão falhar em dois anos de implantação [KEN 01]. As funções especificadas em uma PKI são [RSA 99][PEC 01][ADA 99]:

- Registro: processo no qual uma entidade se registra a uma autoridade certificadora (*Certificate Authority* — CA), geralmente por meio de um *Registration Authority* (RA). A CA, que pode contar com a ajuda do RA, verifica se o nome e outros atributos estão corretos, de acordo com a política da organização definida no *Certification Practice Statement* (CPS) [BHI 98].
- Inicialização: é o processo no qual a entidade obtém os valores necessários para o início das comunicações com a PKI. Por exemplo, a inicialização pode envolver o fornecimento da chave pública e do certificado digital da CA para o usuário ou a geração do par de chaves privada/pública da própria entidade (usuário).
- Certificação: é o processo em que a CA envia um certificado digital para a entidade que a solicitou e o coloca em um repositório, que pode ter como base, por exemplo, o *Lightweight Directory Access Protocol* (LDAP) ou diretórios padrão X.500.
- Recuperação do par de chaves: também chamada algumas vezes de *key escrow*. Em algumas situações, uma organização quer ter acesso a informações que estão protegidas, como *e-mails* ou projetos, quando um funcionário não está disponível, seja porque ele está doente, seja porque não trabalha mais para a organização ou até mesmo para uma investigação sobre sua conduta. Nesses casos, o *backup* da chave privada do usuário pode ser feito por uma CA ou um sistema de *backup* separado. A PKI deve fornecer um sistema que permita a recuperação, sem apresentar riscos inaceitáveis de comprometimento da chave privada.
- Geração de chaves: dependendo da política da CA, o par de chaves pode ser gerado pelo próprio usuário em seu ambiente local ou pela CA. Nesse último caso, a chave pode ser distribuída para o usuário em um arquivo cifrado ou em um *token*, *smart card* ou cartão PCMCIA.
- Atualização das chaves: todo par de chaves precisa ser atualizado regularmente, isto é, ser substituído por um novo par de chaves. Isso deve acontecer em dois casos: normalmente, quando a chave ultrapassa o seu tempo de validade e, excepcionalmente, quando a chave é comprometida.

- Certificação cruzada: a certificação cruzada é necessária quando um certificado de uma CA é enviado a outra CA, de modo que uma entidade de um domínio administrativo pode se comunicar de modo seguro com uma entidade de outro domínio administrativo. Essa interoperabilidade entre certificados é importante em um ambiente cooperativo, no qual os usuários acessam recursos de diferentes organizações.
- Revogação: várias circunstâncias podem fazer com que um certificado tenha sua validade revogada, antes da expiração. Essas circunstâncias incluem mudanças no nome, na associação entre a entidade e a CA (funcionário que sai da organização) e a 'quebra' do sigilo da chave privada correspondente. O padrão X.509 define um método de revogação de certificados que inclui uma estrutura de dados assinada digitalmente, chamada *Certificate Revocation List* (CRL) — uma lista com *time-stamp*, a qual identifica os certificados revogados (por meio do seu número serial). Ela deve permanecer disponível livremente em um repositório público, para permitir que sejam feitas consultas. Algumas considerações com relação ao CRL incluem a freqüência de sua atualização e a remoção do certificado da lista, por exemplo, quando o prazo de validade do certificado expira.
- Distribuição e publicação dos certificados e da notificação de revogação: a distribuição dos certificados inclui sua transmissão a seu proprietário e sua publicação em um repositório, que podem ter como base, por exemplo, LDAP ou diretórios-padrão X.500. A distribuição da notificação de revogação envolve o envio de CRLs para um repositório específico.

9.6.3 Componentes da PKI

Os componentes da PKI mais importantes para a execução das funções vistas na Seção 9.6.2 são [RSA 99][SEC 99-6][KEN 01-2]:

- Autoridade certificadora (*Certificate Authority* — CA), que é a entidade criadora dos certificados digitais. Pode ser interna a uma organização ou a um terceiro confiável, como pode ser visto na Seção 9.6.3.1.
- *Organizational Registration Authorities* (ORAs), ou simplesmente RA, que é uma entidade dedicada a realizar o registro dos usuários (processo de coleta de informações do usuário e verificação de sua identidade) e aceitar as requisições de certificados. Por exemplo, o departamento de recursos humanos pode gerenciar a RA, enquanto o departamento de informática pode gerenciar a CA. A autoridade de registro pode ser também considerada uma função da CA [RSA 99].

- Serviço de diretório, como o *Lightweight Directory Access Protocol* (LDAP), que funciona como repositório para chaves, certificados e *Certificate Revocation Lists* (CRLs), que são as listas com certificados inválidos.
- *Certificate Holders*, que podem assinar digitalmente e codificar documentos.
- Clientes, que validam as assinaturas digitais e os caminhos de certificação a partir de uma chave pública conhecida de uma CA confiável.

No exemplo da Figura 9.7, é possível verificar o processo de solicitação de certificado digital de um usuário. Os componentes, neste exemplo, são a autoridade de registro (RA), a autoridade certificadora (CA), o usuário e o serviço de diretório ou repositório.

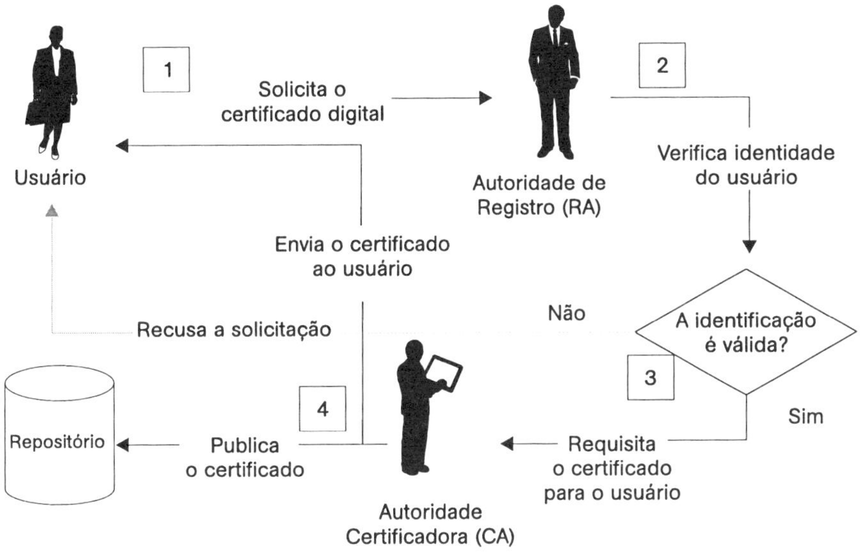

Figura 9.7 Um usuário solicitando seu certificado digital dentro da PKI.

No primeiro passo, o usuário solicita seu certificado digital enviando à autoridade de registro informações predefinidas necessárias para o registro. No segundo passo, a autoridade de registro analisa essas informações e verifica se estão de acordo com o *Certification Practice Statement* (CPS), que contém os procedimentos a serem seguidos para que um usuário seja identificado positivamente. O CPS pode exigir, por exemplo, que o usuário faça a requisição de seu certificado pessoalmente, apresentando seu documento de identidade, além do CPF. Como foi visto na Seção 9.6.2, a autoridade de registro não é um componente obrigatório em uma PKI.

No terceiro passo, caso a identificação seja válida, a requisição será enviada à autoridade certificadora, que vai gerar o certificado digital do usuário. Se a identificação falhar, o usuário receberá uma mensagem de que a identificação não foi concluída.

No quarto passo, a autoridade certificadora assina o certificado digital do usuário com sua chave privada, e a envia a ele. O CA também publica o novo certificado em um serviço de diretório, como o LDAP.

Outras funções, como o *backup* para a recuperação de chaves (*key escrow*), certificações cruzadas e a revogação de certificados por meio da *Certificate Revocation List* (CRL), também podem ser exercidas pela PKI; porém, essas funções não foram incluídas no exemplo.

A Figura 9.8 mostra como o usuário pode utilizar seu certificado digital para acessar um recurso. No primeiro passo, ele faz a requisição de acesso para a aplicação. A aplicação, então, solicita a apresentação do certificado digital no segundo passo.

No terceiro passo, o usuário deve buscar seu certificado, que pode estar armazenado em um dispositivo como um *token* ou no próprio equipamento, protegido por senha. A seguir, no quarto passo, o certificado é apresentado à aplicação. O quinto passo consiste na autenticação do certificado digital, com a aplicação buscando a validação no repositório. Nesse momento, a autenticação pode falhar, caso o certificado do usuário esteja revogado ou com o período de validade expirado.

A autoridade certificadora é a responsável pela constante atualização da lista de revogação de certificados (CRL) e pela atualização no repositório. No sexto passo, a aplicação decide pela validação do certificado. Caso ela seja válida, o acesso será concedido ao usuário no próximo passo. Caso o certificado esteja revogado, expirado ou inválido, o acesso será negado e o usuário será avisado.

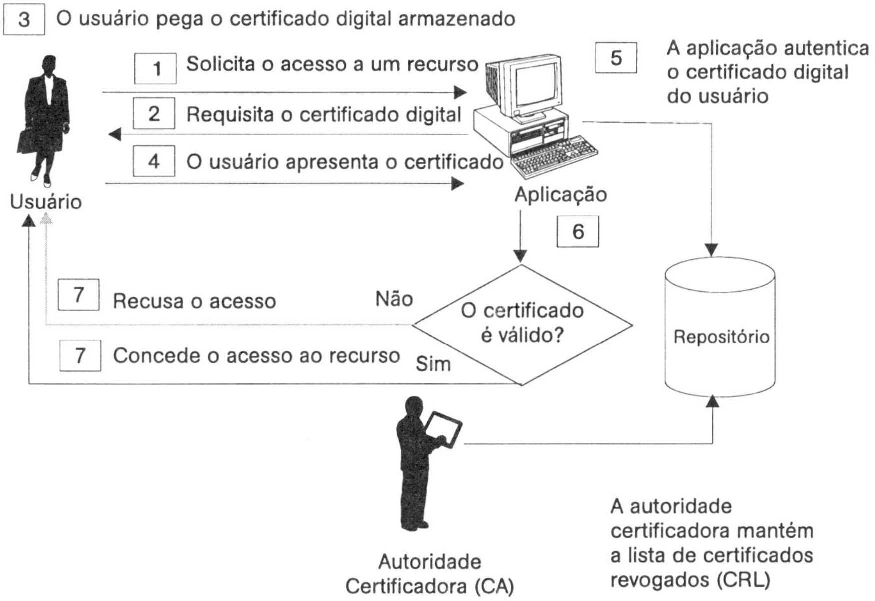

Figura 9.8 O usuário solicita o acesso a um recurso utilizando uma PKI.

9.6.3.1 A autoridade certificadora

O modelo de confiança das autoridades certificadoras (CAs) pode ser considerado como de três tipos [ROT 98][RSA 99][ADA 99]:

- Modelo de autoridade central, pelo qual a autoridade certificadora é única e absoluta.
- Modelo de autoridade hierárquica, pelo qual uma cadeia de autoridades emite os certificados para outras autoridades que estão no nível inferior da cadeia e assim por diante. A autoridade certificadora principal (*root*) certifica autoridades primárias (*Primary Certification Authorities* (PCAs), que podem criar, suspender e revogar certificados dentro da hierarquia. Os PCAs, por sua vez, podem certificar CAs. Exemplificando, o S/MIME utiliza uma hierarquia de confiança (*chain of trust*), na qual o certificado de uma CA deve ser aceito por uma CA confiável. Isso é utilizado, por exemplo, quando um certificado é validado por uma CA na qual a organização não confia. Como a organização não confia nessa CA, o usuário não tem acesso aos seus recursos. Então, a CA

deve ter seu certificado validado por outra CA, na qual a organização confie plenamente. Se a organização confiar na segunda CA, e ela tiver certificado o primeiro CA, então esse CA também passa a ser confiável. Uma das CAs mais conhecidas é a Verisign [ZDN 98].

- *Web of Trust*, em que a responsabilidade da confiança está no próprio usuário, ou seja, se Antonio confia em Ana, e Ana confia em Beth, então Antonio confia em Beth. Esse é o modo como funciona o *Pretty Good Privacy* (PGP).
- Um conceito interessante para autoridades certificadoras é o *Trust Path*. Ele envolve a geração segura da chave privada *root* utilizada para assinaturas digitais, *backup* seguro da chave criada e o seu armazenamento seguro em um módulo de criptografia confiável. A chave *root* deve ser armazenada em um local alternativo para propósitos de *disaster recovery* e para a inserção segura da chave no mecanismo de assinaturas da autoridade certificadora. Isso provê uma preservação completa do nível de confiança da chave da autoridade certificadora, tanto interna quanto externamente, ao ambiente de processamento da criptografia.
- O armazenamento da chave da autoridade certificadora deve ser feito em um *Hardware Security Module* (HSM), que oferece um ambiente seguro à prova de falhas (*tamper proof*), ou seja, proteção contra tentativas de 'grampo' no equipamento, proteção física de todos os circuitos e proteção contra tentativas de abertura do equipamento.
- O padrão a ser considerado na escolha do HSM é o *Federal Information Processing Standard* (FIPS) PUB 140-1, que foi desenvolvido pelo *National Institute of Standards and Technology* (NIST) do *United States Department of Commerce* e pelo *Canadian Communication Security Establishment* (CSE).
- O FIPS PUB 140-1 define 11 categorias de requisitos de segurança, de modo que o nível mais alto possui maior segurança. O nível 3 de proteção, mais comum nos produtos comerciais, estabelece, por exemplo:
    - Impossibilidade de reutilizar objetos de segurança no dispositivo.
    - Detecção e resposta de tentativas de escutas no dispositivo.
    - Portas separadas fisicamente para parâmetros de segurança críticos e outros itens.
    - Utilização de algoritmos de criptografia aprovados pelo NIST.
    - Identificação e autenticação positiva de administradores.
    - Proteção física de todos os circuitos, de modo a destruir os dados em caso de abertura do dispositivo ou conexão indevida.

9.6.4 Desafios da PKI

Foi visto até aqui que a especificação da PKI define uma série de funções, componentes e protocolos, mas que ela tem alguns aspectos a serem discutidos mais detalhadamente, principalmente quando sua utilização é analisada em um ambiente produtivo. Alguns desses desafios incluem a certificação cruzada, as listas de revogação (CRLs) e as convenções de nomes.

A certificação cruzada é um ponto importante, pois, se as CAs de duas empresas, A e B, são diferentes, como a companhia A pode confiar em um usuário que tem um certificado da companhia B? A tecnologia atual não permite essa interoperabilidade sem que exista uma combinação prévia, porém diversos padrões estão sendo propostos atualmente (Seção 9.6.5). Uma solução, adotada pelo *Automotive Network eXchange* (ANX), é o uso de uma CA terceirizada (modelo hierárquico de autoridades), que certifica todos os certificados digitais dos diversos outros CAs (por exemplo, a Verisign ou a Entrust) [SEC 99-4].

A interoperabilidade é, de fato, um dos principais aspectos a serem resolvidos pelas PKIs, seja com relação às operações (geração, distribuição e gerenciamento dos certificados), seja com relação aos formatos dos componentes da PKI. O que se pode verificar é que os padrões estão sendo definidos, mas eles não são sempre implementados ou demoram para serem desenvolvidos. Isso faz com que as organizações tenham de escolher um único fabricante para sua solução PKI, o que traz uma limitação quanto à escalabilidade, além de fazer com que a organização fique dependente da evolução desse fabricante.

Os problemas relacionados à lista de revogação de certificados (CRL), como sua atualização constante, o tempo entre a revogação e a atualização da lista e sua escalabilidade, fundamental no ambiente cooperativo, também são pontos que precisam de desenvolvimento. Algumas organizações utilizam subconjuntos das listas e um novo protocolo, o *Online Certificate Status Protocol* (OCSP), com base na Web, está sendo desenvolvido [ARM 01-3].

Tornar as aplicações compatíveis com os certificados digitais também é um ponto a ser considerado. A falta de uma padronização faz com que algumas aplicações tenham de ser completamente reimplementadas, para que passem a aceitar os certificados digitais.

Além desses aspectos, a implementação da PKI traz uma série de pontos que ainda precisam ser analisados e amadurecidos, como a aceitação dos usuários, a legislação, o planejamento e a escalabilidade.

9.6.5 Padrões da PKI

Como foi visto na seção anterior, a interoperabilidade entre as PKIs constitui um grande obstáculo para sua implementação em um ambiente produtivo, e ainda mais em um ambiente cooperativo. Os padrões de PKI, que serão discutidos nessa seção, têm como objetivo permitir a interoperabilidade entre diferentes PKIs, por meio das definições de aspectos como:

- Procedimentos de registros.
- Formatos de certificados.
- Formatos de CRLs.
- Formatos para as mensagens de registro (requisição, certificados, certificados do servidor).
- Formatos para as assinaturas digitais.
- Protocolos de desafio/resposta.

Os principais padrões são o *Public Key Cryptography Standards* (PKCS) e o X.509, como podem ser vistos nas próximas seções.

9.6.5.1 Public Key Cryptography Standards (PKCS)

O PKCS é um conjunto de padrões definido pelo RSA desde 1991, que inclui os padrões para o uso da criptografia de chave pública. O conjunto de padrões pode ser visto na Tabela 9.5.

Tabela 9.5 Conjunto de padrões PKCS.

PKCS	Descrição
PKCS 1	Cifragem e assinaturas utilizando o algoritmo RSA.
PKCS 2	Incorporado no PKCS 1.
PKCS 3	Protocolo de negociação de chaves Diffie-Hellman.
PKCS 4	Incorporado no PKCS 1.
PKCS 5	Cifragem utilizando uma chave secreta derivada de senha.
PKCS 6	Sintaxe de certificados estendidos.
PKCS 7	Sintaxe de mensagens de criptografia.
PKCS 8	Formato para informações da chave privada.
PKCS 9	Tipos de atributos para outros padrões PKCS.
PKCS 10	Requisições de certificação.
PKCS 11	API de criptografia para dispositivos criptográficos.
PKCS 12	Sintaxe da troca de informações privadas.
PKCS 13	Criptografia de curvas elípticas.
PKCS 14	Geração de números pseudo-randômicos.
PKCS 15	Formato das credenciais em dispositivos criptográficos.

9.6.5.2 ISO/ITU-T X.509

O X.509 é o *framework* designado para trabalhar com o serviço de diretórios X.500, e ambos fazem parte da padronização internacional proposta pelo *International Standards Organization* (ISO) e pelo *International Telecommunications Union* (ITU).

A primeira versão do X.509 surgiu em 1988 e foi a primeira proposta de padronização para a PKI. O padrão X.509 define o *framework* para o fornecimento de serviços de autenticação e também o formato dos certificados digitais. O gerenciamento das chaves e dos certificados e a revogação dos certificados também estão incluídos no *framework*.

9.6.5.3 Internet Public Key Infrastructure (IPKI)

O IPKI é uma especificação da *International Engineering Task Force* (IETF) e tem como objetivo detalhar a aplicação do padrão X.509. Para isso, os padrões da IPKI foram divididos em quatro partes:

- Certificados X.509 e *profile* da lista de revogação de certificados (*Certificate Revocation List* — CRL), para facilitar a adoção dos certificados X.509.
- Protocolos operacionais, para a recuperação de certificados e de listas de revogação, via LDAP ou FTP. O *Online Certificate Status Protocol* (OCSP) também é especificado nesta parte.
- Protocolos de gerenciamento dos certificados, como certificação cruzada, requisição de revogação de certificados, recuperação de chaves etc.
- Política para a certificação.

9.6.5.4 Simple Public Key Infrastructure (SPKI)

O SPKI é uma especificação da *International Engineering Task Force* (IETF) e tem como principal característica a utilização de uma estrutura de dados com base em texto. Com isso, o SPKI procura aceitar um diretório global, buscando eficiência na implementação, além da liberdade e flexibilidade no desenvolvimento de estruturas para um grande número de usuários.

9.7 Conclusão

Vimos que a criptografia tem uma importância fundamental para as organizações, ao fornecer segurança por meio do sigilo, integridade, autenticação e não-repúdio. Diversos aspectos devem ser considerados para que um sistema criptográfico seja seguro, como o tamanho das chaves, o algoritmo critptográfico, o armazenamento das chaves ou a implementação dos próprios sistemas. Os certificados digitais, provenientes da criptografia de chaves públicas, têm um papel importante em um ambiente cooperativo, ao facilitar, principalmente, a autenticação entre usuários de organizações diferentes, de modo mais seguro que o tradicional. Isso faz com que uma infra-estrutura de chave pública (*Public Key Infrastructure* — PKI) seja importante de ser considerada. Outro benefício de uma PKI é que ela oferece, por meio dos certificados digitais, uma plataforma única de autenticação e assinatura digital.

C
a
p
í
t
u
l
o
10

Redes privadas virtuais

As redes privadas virtuais (*Virtual Private Network* — VPN) têm uma importância fundamental para as organizações, principalmente no seu aspecto econômico, ao permitirem que as conexões dedicadas sejam substituídas pelas conexões públicas. Além do que ocorre com as conexões privadas, também é possível obter economia com a substituição das estruturas de conexões remotas, que podem ser eliminadas em função da utilização dos clientes e provedores VPN. Porém, essas vantagens requerem uma série de considerações com relação à segurança, em especial com os clientes VPN. Este capítulo mostrará a VPN e as implicações de segurança envolvidas, além dos principais protocolos disponíveis para a comunicação entre as empresas, por meio de túneis virtuais.

10.1 Motivação e objetivos

As comunicações entre matriz, filiais, fornecedores, distribuidores, parceiros de negócios, clientes e usuários móveis formam o pilar de um ambiente cooperativo. É por meio dessa malha de comunicação que os negócios são realizados, formando, assim, uma infra-estrutura importante para qualquer organização. Essa malha de comunicação é caracterizada por dois aspectos principais: o aumento do número de conexões, a cada novo integrante do ambiente cooperativo, e a conseqüente elevação dos custos envolvidos com as novas conexões dedicadas. Nesse contexto, a malha de comunicações (Figura 10.1) traz algumas implicações para todos os envolvidos:

- Aumento da complexidade das conexões.
- Aumento do número de conexões que devem ser gerenciadas.
- Aumento dos custos conforme o aumento do número de integrantes do ambiente.

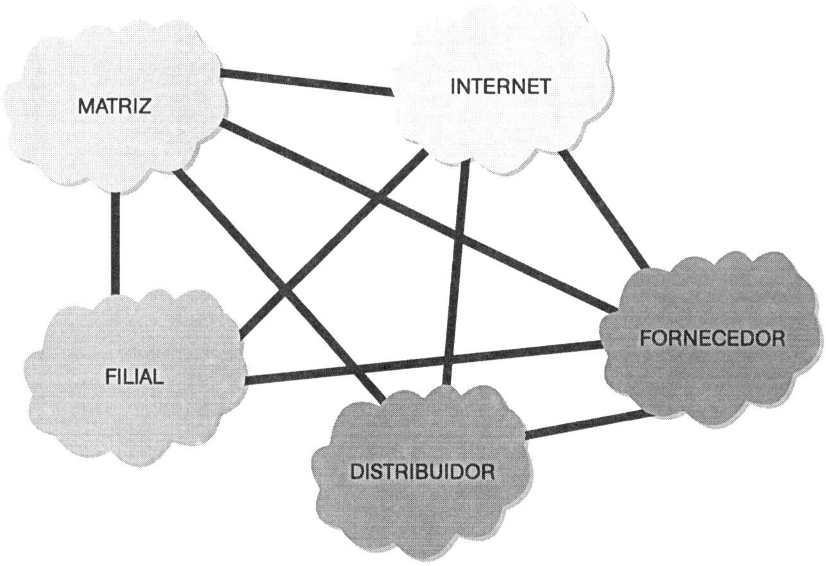

Figura 10.1 A malha de comunicação entre matriz, filial, distribuidor, fornecedor e Internet.

Com relação aos usuários móveis e remotos, as implicações envolvidas são semelhantes às da malha de comunicações, porém são direcionadas à estrutura de acesso remoto, que inclui o *pool* de modems e os servidores de autenticação.

Ao mesmo tempo em que aumenta o número de conexões entre as organizações, pode-se ver, também, o aumento da utilização de redes públicas, em particular da Internet. Com custos relativamente mais baixos, comparados às conexões dedicadas, as redes públicas formam o meio físico utilizado pelas redes privadas virtuais.

As redes privadas virtuais constituem um componente importante dentro do ambiente cooperativo e têm como objetivo utilizar uma rede pública para a comunicação, em substituição às conexões privadas e às estruturas de acesso remoto, que têm custos mais elevados. Com as VPNs, é possível criar conexões privadas, de modo que as comunicações podem passar a ser realizadas por meio de uma única ligação com a rede pública. O resultado dessa abordagem pode ser observado na simplicidade das conexões (Figura 10.2), nas quais apenas uma conexão pública precisa ser gerenciada, em oposição às múltiplas conexões mostradas na Figura 10.1.

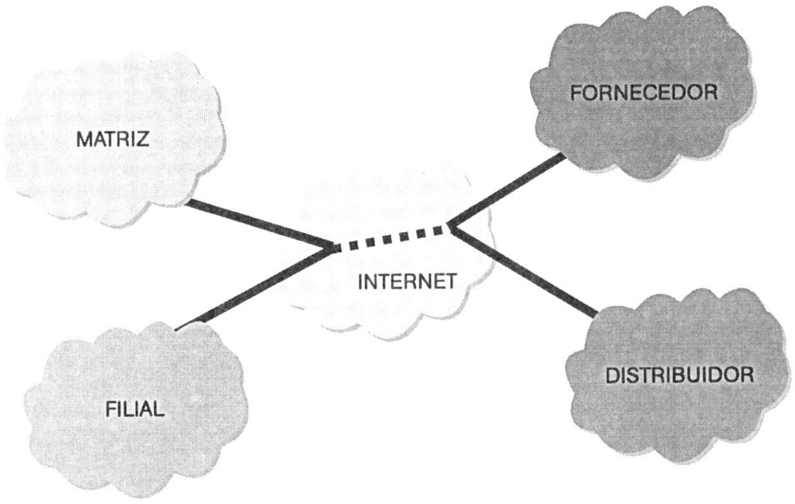

Figura 10.2 Simplicidade das conexões pelo uso de VPNs.

Assim, quando a VPN é utilizada, o serviço aparece para o usuário como se estivesse conectado diretamente à rede privada, quando na realidade utiliza uma infra-estrutura pública. A utilização da rede pública para a comunicação entre matriz, filiais e parceiros comerciais significa custos mais baixos e maior flexibilidade e escalabilidade com relação a usuários móveis e mudanças e aumento das conexões. De fato, a Forrester Research estima que a redução dos custos, quando uma VPN é utilizada, é maior que 60%, dependendo do caso.

O gerenciamento das conexões privadas é mais complexo devido ao grande número de componentes envolvidos e ainda tem, além dos custos altos, problemas com a flexibilidade e escalabilidade. De fato, a utilização de uma conexão com a Internet facilita o gerenciamento das conexões, pois não é mais necessário criar um ponto de conexão privado para cada uma das conexões, e sim apenas uma: para a Internet. Com isso, pode-se tirar vantagem da conectividade global, que é mais difícil e mais cara de ser alcançada por meio de conexões dedicadas. Esse conjunto de fatores facilita a conexão entre as organizações, oferecendo alternativas que podem ser exploradas para a busca da evolução natural em seus processos de negócios.

As próximas seções mostram as implicações envolvidas com a utilização de VPNs, seus fundamentos, as diferentes configurações de VPNs e os diferentes protocolos de tunelamento que formam a base das redes privadas virtuais.

10.2 IMPLICAÇÕES

A proposta da VPN, de substituir as conexões dedicadas caras e as estruturas de acesso remoto pela rede pública, trouxe uma série de implicações, principalmente quanto à segurança da informação, que passa a correr riscos com relação ao seu sigilo e à sua integridade.

De fato, trafegar informações confidenciais sobre negócios estratégicos e novos projetos em redes públicas, sem a devida segurança, pode resultar em prejuízos imensuráveis. O primeiro problema que pode ocorrer com a utilização da rede pública é a possibilidade de abuso do *packet sniffing* (Seção 4.5.5), situação em que qualquer indivíduo tem a possibilidade de capturar pacotes contendo informações das organizações, comprometendo, assim, seu sigilo, podendo ainda ser estendido à perda de integridade. Outro problema é a possibilidade de um ataque ativo à conexão por TCP (Seção 4.7), de modo que sua integridade possa ser comprometida. Problemas de *IP Spoofing* (Seção 4.5.9) também podem ocorrer, com um usuário podendo se passar por outro, causando problemas de autenticação e autorização. Essas possibilidades de ataque foram discutidas e tratadas na definição da VPN, como poderá ser visto nas próximas seções.

10.3 OS FUNDAMENTOS DA VPN

Os conceitos que fundamentam a VPN são a criptografia e o tunelamento. A criptografia é utilizada para garantir a autenticidade, o sigilo e a integridade das conexões, e é a base da segurança dos túneis VPN. Isso poderá ser observado na Seção 10.5.2, que discute o IPSec, um dos protocolos mais difundidos em VPNs. Trabalhando na Camada 3 do modelo ISO/OSI, a criptografia é independente da rede e da aplicação, podendo ser aplicada em qualquer forma de comunicação possível de ser roteada, como voz, vídeo e dados [HER 98].

O túnel VPN é formado pelo tunelamento que permite a utilização de uma rede pública para o tráfego das informações, até mesmo de protocolos diferentes do IP, por meio da criação de um túnel virtual formado entre as duas partes da conexão.

Pode-se considerar, portanto, que uma VPN é formada pelo conjunto do tunelamento, o qual permite o tráfego em uma rede pública, e da criptografia, que visa garantir a segurança dessa conexão. Porém, os diversos protocolos existentes diferem entre si na camada do modelo ISO/OSI no qual atuam e também no modo como a criptografia é utilizada. Por exemplo, o *Layer 2 Tunneling Protocol* (L2TP) e o *Point-to-Point Tunneling Protocol* (PPTP) fazem uso apenas da autenticação, enquanto o *IP Security* (IPSec) pode fazer uso da autenticação, da integridade e do sigilo dos pacotes.

Além do tunelamento e da criptografia, outras características fundamentais que devem ser consideradas na implementação de uma VPN são o gerenciamento e o controle de tráfego, que serão analisados na Seção 10.7.

10.4 O TUNELAMENTO

O conceito de tunelamento foi utilizado, inicialmente, com o objetivo de possibilitar a comunicação entre organizações que utilizam um determinado protocolo, empregando um meio que tem como base um outro protocolo diferente. Por exemplo, pacotes *Internet Packet Exchange* (IPX) podem, pelo encapsulamento e pelo tunelamento, ser transmitidos por uma rede IP, usando-se o tunelamento. Alguns protocolos de tunelamento, como o *Generic Routing Encapsulation* (GRE), também são utilizados para o encapsulamento de cabeçalhos de roteamento.

Os protocolos de tunelamento utilizados nas VPNs, que são vistos na Seção 10.6, tratam do encapsulamento dos dados do usuário (*payload*) em pacotes IP. O tunelamento é importante, porque um túnel IP pode acomodar qualquer tipo de *payload*, e o usuário móvel pode utilizar a VPN para acessar, de modo transparente, a rede da organização, seja ela com base em IP, IPX, AppleTalk ou em outros protocolos.

10.5 AS CONFIGURAÇÕES

Diversos tipos de VPNs podem ser utilizados para o acesso às informações. Os túneis VPN podem ser criados tanto na própria rede da organização (via um *gateway*), o que ocorre comumente em ambientes cooperativos, quanto no próprio equipamento do usuário, o que é uma situação comum em acesso remoto. Para os usuários que se comunicam por meio de suas organizações, é como se essas duas redes diferentes fossem, na realidade, uma única rede, constituindo, assim, uma rede virtual privada, que passa fisicamente por uma rede pública.

Esse tipo de VPN, que é transparente ao usuário, pode ser chamado de *gateway-to-gateway VPN* (Figura 10.3), e o túnel VPN (Seção 10.3) é iniciado e finalizado nos *gateways* das organizações. O *gateway-to-gateway VPN* pode ser visto também no caso de acesso remoto, quando o usuário se conecta ao provedor VPN, onde o túnel VPN é iniciado (Figura 10.4). Outro tipo de VPN é o *client-to-gateway VPN*, no qual o túnel é iniciado no próprio equipamento do usuário, por meio de um software cliente (figuras 10.5 e 10.6).

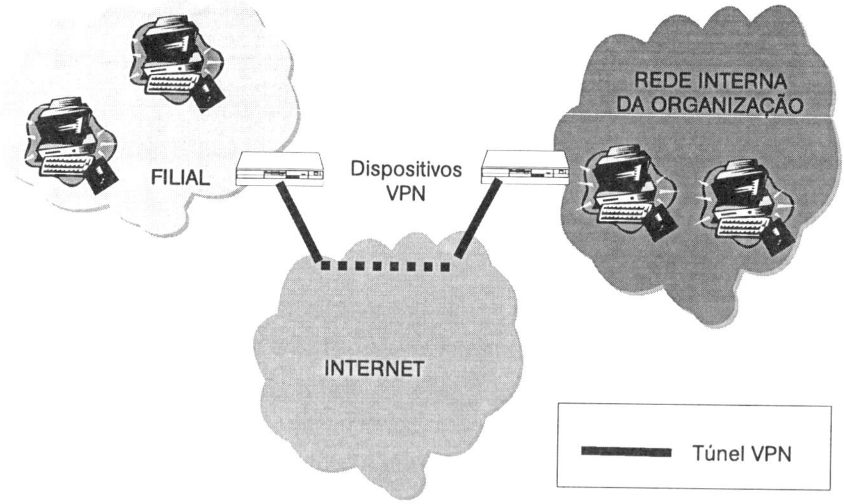

Figura 10.3 *Gateway-to-gateway VPN*, no qual o túnel VPN é criado entre duas redes.

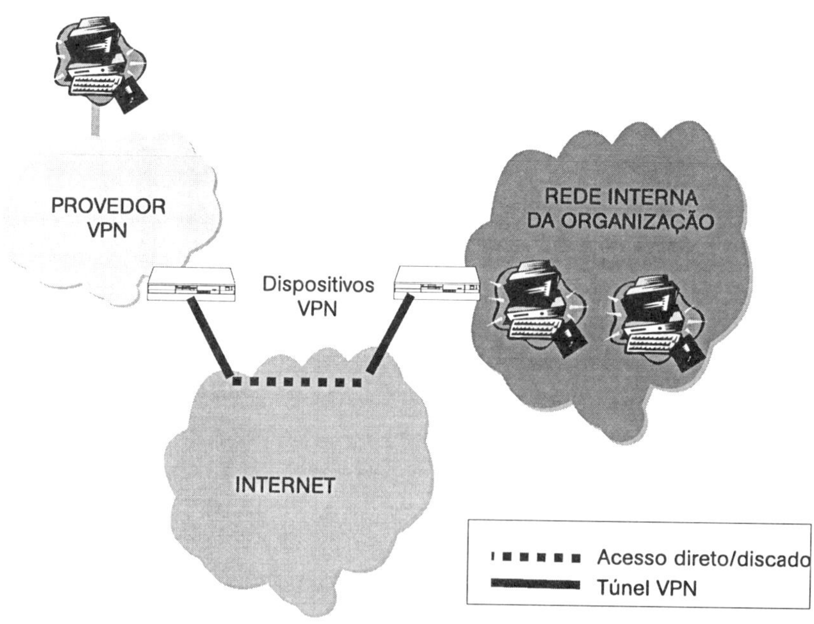

Figura 10.4 *Gateway-to-gateway VPN*, no qual o usuário utiliza um provedor VPN.

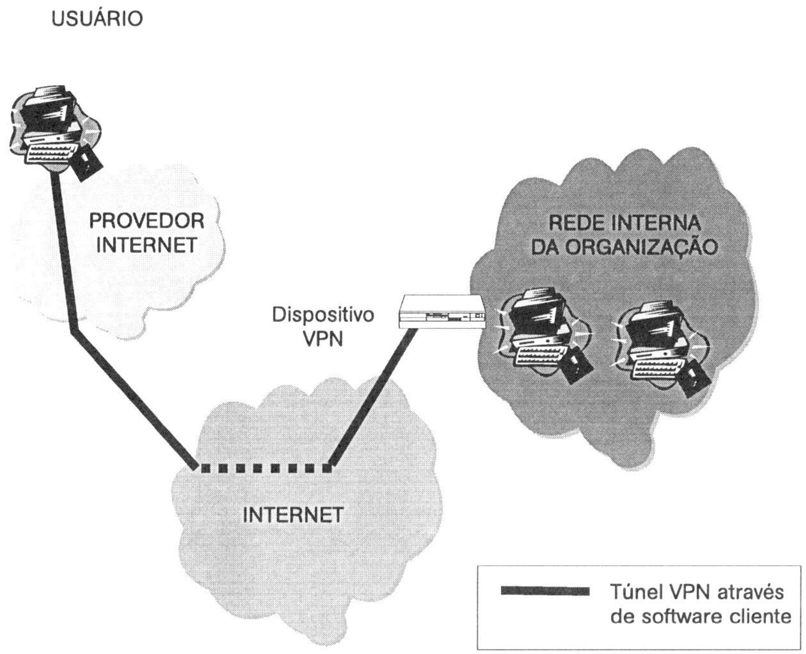

Figura 10.5 *Client-to-gateway VPN* com provedor de acesso e software VPN.

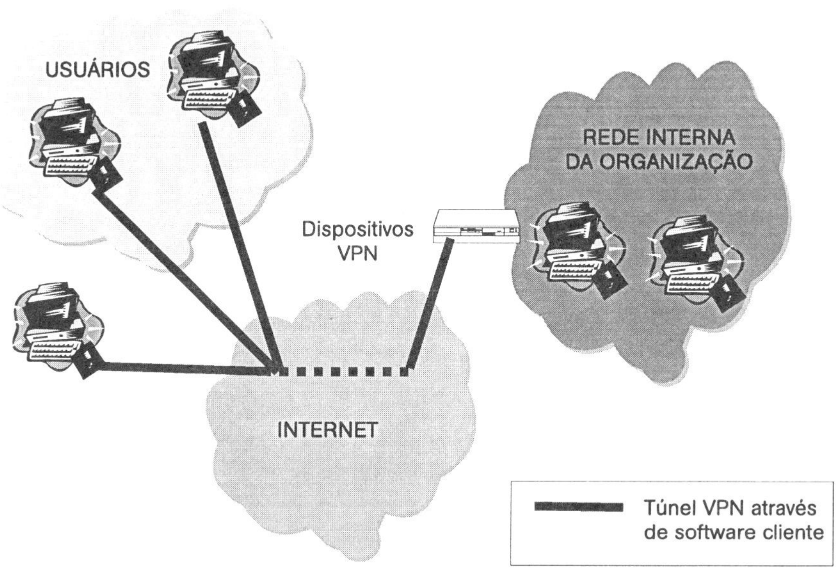

Figura 10.6 *Client-to-gateway VPN*, no qual os usuários utilizam um software VPN.

Esses dois tipos de VPNs (*gateway-to-gateway VPN* e *client-to-gateway VPN*) podem ser utilizados para caracterizar uma *intranet VPN*, que conecta a matriz a departamentos e filiais de uma mesma organização, ou uma *extranet VPN*, que conecta a organização a parceiros estratégicos, clientes ou fornecedores. A *intranet VPN* exige uma tecnologia de ponta para as conexões de grande velocidade, que são características das LANs, além de uma confiabilidade que seja suficiente para assegurar a prioridade em aplicações de missão crítica. A facilidade de gerenciamento, necessária para acomodar mudanças decorrentes de novos usuários, novas filiais e novas aplicações, também é importante.

Já a *extranet VPN* pode requerer a utilização de um protocolo de tunelamento para assegurar a interoperabilidade entre as várias soluções dos parceiros, pois o controle de tráfego é importante para que os gargalos sejam evitados e para que a rápida resposta às requisições de informações críticas seja garantida.

Além da economia com as linhas dedicadas, possibilitada pela *intranet VPN* e pela *extranet VPN*, as redes privadas virtuais podem ser configuradas também como um meio substituto ao acesso remoto tradicional. Os custos de manutenção dos componentes de acesso remoto, que incluem o *pool* de modems e as linhas telefônicas, podem ser considerados bem maiores que em uma solução VPN. Além da economia com a estrutura, a VPN permite uma economia significativa, também, com a administração do acesso remoto, que estaria a cargo do provedor de acesso à Internet ou de acesso por VPN. Essa solução, na qual o túnel VPN é iniciado no equipamento do usuário, que se conecta a um provedor de acesso à Internet, substituindo o acesso remoto direto, é uma das formas de *remote-access VPN* e pode ser vista na Figura 10.7. O *remote-access VPN* tem grande utilidade em um ambiente cooperativo, pois os usuários remotos não precisam mais realizar ligações interurbanas e passam a acessar os recursos da organização por meio de um túnel virtual criado pela Internet.

Uma autenticação eficiente é um requisito importante para o *remote access VPN*, pois os recursos da organização são acessados diretamente pelos usuários e a segurança física é difícil de ser implementada em soluções remotas. Apesar dos grandes benefícios, a utilização de um software de VPN para acessar a rede interna da organização apresenta uma série de implicações de segurança que precisam ser consideradas, as quais serão discutidas na Seção 10.5.1.

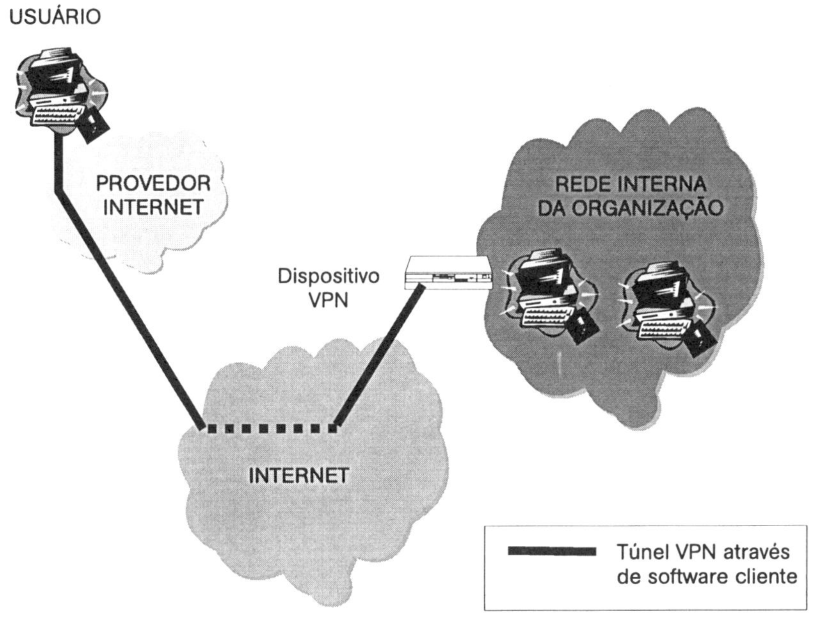

Figura 10.7 *Remote-access VPN*, por meio de provedor Internet e software VPN.

Outra forma de *remote-access VPN* é quando o túnel VPN é iniciado no provedor de acesso, que faz o papel de provedor VPN. O usuário, assim, pode utilizar uma conexão discada via PPP para o provedor VPN, de onde o túnel é iniciado para a rede da organização (Figura 10.8).

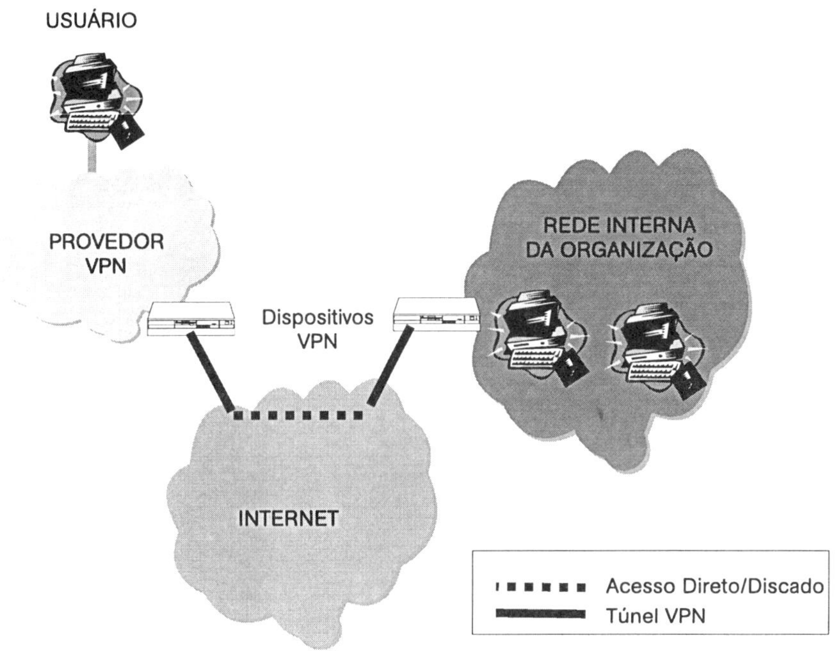

Figura 10.8 *Remote-access VPN*, por meio de provedor VPN, no qual o túnel é criado.

10.5.1 Aspectos de segurança do acesso remoto por VPN

O acesso remoto por VPN *(remote-access VPN)* tem uma importância cada vez maior, na medida em que cresce a utilização da computação móvel. Vendedores, consultores, clientes, *telecommuters*, *home users* e parceiros de negócios, além da própria organização, são os principais usuários que aproveitam os benefícios oferecidos pelo acesso remoto por VPN. Os grandes benefícios, porém, podem ser perdidos, caso exista uma falha na segurança e a rede da organização seja atacada. Esta seção trata da segurança do acesso remoto via cliente VPN, que tem suas diversas particularidades que precisam ser consideradas [NAK 00].

10.5.1.1 O modo de funcionamento do cliente VPN

O software-cliente, que foi utilizado como base para a análise, funciona da maneira mostrada a seguir, pois outras soluções de acesso remoto por VPN operam de modo similar: o usuário precisa instalar em seu equipamento um software, o cliente VPN, responsável pela inicialização do tunelamento, que tem como base o *IP Security* (IPSec), que será visto na Seção 10.6.2.

A configuração desse software é feita por meio de um arquivo que contém todos os parâmetros de tunelamento necessários e deve ser importado para o software mediante a utilização de uma chave secreta. Essa chave e o arquivo de configuração, que pode incluir certificado digital, são gerados pela autoridade certificadora, e a chave secreta utilizada no processo de importação aumenta o nível de segurança do processo, ao evitar que o arquivo de configuração seja capturado e utilizado indiscriminadamente. A segurança desse processo será analisada na Seção 10.5.1.2.2.

Resumidamente, os passos do funcionamento do acesso remoto por VPN são:

1. O usuário instala o software-cliente VPN.
2. A autoridade certificadora gera um arquivo contendo os parâmetros necessários para a conexão IPSec; entre eles estão o certificado digital, a chave assimétrica e os algoritmos criptográficos a serem utilizados.
3. A autoridade certificadora gera uma chave secreta, que deve ser utilizada pelo usuário na importação do arquivo de parâmetros no software-cliente.
4. O usuário recebe o arquivo de parâmetros e a chave secreta.
5. O usuário utiliza a chave secreta para importar o arquivo de parâmetros.
6. O usuário configura o software-cliente por meio da importação do arquivo de parâmetros e, assim, está apto a iniciar um tunelamento IPSec para a rede da organização.
7. A conexão IPSec é negociada entre o usuário e a rede da organização, de acordo com os parâmetros do usuário e do servidor, que tem uma lista dos recursos acessados por cada usuário.

Um aspecto importante é que, uma vez que o software-cliente VPN é configurado, pela importação dos parâmetros do túnel IPSec, a autenticação é feita tendo como base o equipamento, e não necessariamente o usuário. Isso cria algumas aberturas na segurança da rede da organização, como será visto na próxima seção.

10.5.1.2 A segurança do acesso remoto por VPN

Ataques do tipo *Denial of Service* (DoS) certamente são um grande problema, que pode resultar em grandes prejuízos. Porém, nesta análise, o enfoque está em garantir a segurança da rede interna da organização, ou seja, garantir que o uso do acesso remoto por VPN não resulte em uma falha de segurança e nas conseqüentes 'quebras' de sigilo ou de integridade dos recursos da organização. O enfoque da análise será mostrado com base nessa possibilidade, verificando aspectos que incluem o protocolo IPSec, as configurações do software-cliente, a possibilidade de o cliente ser utilizado como 'ponte' para a rede da organização, o compartilhamento de arquivos do Windows e a utilização de modems. Sabe-se, contudo, que ataques de DoS são muitas vezes criados como parte de um ataque ativo a um recurso.

Um fato interessante é que o ataque contra a rede da Microsoft, em outubro de 2000, foi conduzido a partir de São Petersburgo, na Rússia, por meio de uma conexão de VPN de um funcionário da Microsoft [ARM 01].

10.5.1.2.1 IPSec

A segurança da conexão tem como base, fundamentalmente, o IPSec (Seção 10.6.2), que é, reconhecidamente, um protocolo seguro e padrão *de facto* das VPNs. A autenticação do cliente, a autenticação do servidor e o sigilo e integridade dos dados são fornecidos por esse protocolo e pelos algoritmos criptográficos negociados pelo mesmo. Porém, não se deve esquecer de que o fato de um protocolo ser seguro não garante a segurança do sistema, pois ela depende da correta implementação do protocolo. Já foram descobertos diversos casos de erros de implementação que comprometiam a segurança, principalmente em algoritmos criptográficos. Portanto, uma falha na implementação do IPSec pode comprometer o sistema, e esse aspecto deve ser verificado por meio de insistentes testes e análises de todas as possibilidades de conexões. Mesmo a implementação e o projeto do cliente VPN podem ter problemas que venham a comprometer totalmente a segurança.

Ataques teóricos contra o IPSec foram demonstrados em [BEL 97], porém a implementação dessas técnicas seria bastante improvável, devido à complexidade dos cenários necessários que exigem análise constante e rápida de todos os pacotes da conexão.

10.5.1.2.2 Segurança do certificado digital e da chave assimétrica

Foi visto que o certificado digital e a chave assimétrica, além dos parâmetros necessários para a criação do túnel IPSec, são armazenados em um arquivo que deve ser importado pelo cliente.

Os riscos existentes com relação à apropriação indevida do certificado digital e da chave assimétrica estão relacionados com a captura desse arquivo de configuração da VPN e também com o uso não autorizado ou com o roubo do equipamento do usuário.

Um ataque visando a captura do arquivo de configuração não surtiria efeito direto, pois, para que este possa ser utilizado, é necessário empregar uma chave secreta para importá-lo no software-cliente do usuário. Assim, o ataque teria sucesso apenas se o *hacker* capturasse também a chave de importação do arquivo. Essa abordagem, de tornar imprescindível a utilização de dois elementos (arquivo de configuração e chave de importação), aumenta o nível de segurança do esquema, pois fica mais difícil para o *hacker* obter esses dois elementos distintos, que se relacionam entre si.

A grande questão está no modo como esses elementos são enviados ao cliente. É essencial que um canal seguro seja utilizado para a transferência do arquivo de configuração e da chave de importação. Caso não seja possível utilizar um canal seguro, o nível de segurança do processo de transferência pode ser aumentado, utilizando-se dois canais diferentes, como o telefone e o e-mail, um para a transferência do arquivo de configuração e o outro para a transferência da chave de importação.

Outra possibilidade de ataque é o roubo do equipamento do usuário. Para quem roubar o equipamento, o acesso à rede interna torna-se praticamente automático, pois o software-cliente já está apropriadamente configurado para uso. Essa é uma possibilidade que deve ser analisada com cuidado, pois tem sido observado um aumento significativo na criminalidade envolvendo roubos de notebooks.

Além disso, ainda é possível roubar o disco rígido de desktops, de maneira relativamente simples. Alguns equipamentos têm, até mesmo, uma gaveta removível para o posicionamento do disco rígido, tornando mais fácil a ação de quem tem a intenção de roubá-lo.

Outra oportunidade perigosa ocorre quando um equipamento contendo o software-cliente VPN é enviado à assistência técnica. É possível recuperar e copiar diversos tipos de informações desse equipamento, o que pode comprometer a segurança do sistema. O que também pode ocorrer com o cliente VPN é alguém utilizar o equipamento 'emprestado', em momentos de ausência do dono, para fazer a conexão por VPN.

Esses problemas podem ser minimizados de uma maneira simples, com a utilização de uma senha de acesso no software-cliente VPN. Seu nível de segurança, no entanto, depende do método de armazenamento da senha e do algoritmo criptográfico que são utilizados pelo software. Uma análise desses fatores é importante, pois já foram relatadas diversas ocorrências de senhas fáceis que foram descobertas, como os casos das senhas utilizadas em documentos do Word ou do Excel, e até mesmo das senhas de *login* da rede Microsoft e dos protetores de tela. Além dos problemas com os algoritmos, são conhecidos diversos métodos de recuperação de senhas. Alguns desses métodos envolvem sofisticados ataques com recursos algébricos e estatísticos, utilizados para localizar chaves de criptografia escondidas em uma grande *string* ou em grandes arquivos [SHA 98]. Ataques de força bruta contra a senha também podem ser utilizados para que o software-cliente passe a funcionar normalmente.

10.5.1.2.3 Uma possibilidade perigosa – cliente VPN como gateway

Uma característica que abre um grande leque de possibilidades de ataque é a utilização do cliente VPN como um *gateway* entre a Internet e a rede interna, ou seja, como uma 'ponte'. Isso pode ocorrer porque o equipamento do usuário passa a ter duas conexões, uma com a Internet e outra, via tunelamento IPSec, com a rede da organização. Dessa maneira, o *hacker* pode utilizar uma conexão (com a Internet) para passar para a outra (o túnel IPSec), podendo alcançar, assim, a rede da organização, como pode ser visto na Figura 10.9. As considerações de segurança envolvidas aqui são, portanto, muito preocupantes, pois o cliente está disponível (porém, não está aberto) a todo o universo da Internet.

Essa 'ponte' pode ser caracterizada, porque o cliente VPN age sobre a pilha TCP/IP do cliente, de modo que todo pacote endereçado à rede da organização é transformado em um pacote IPSec, que são pacotes válidos e autenticados.

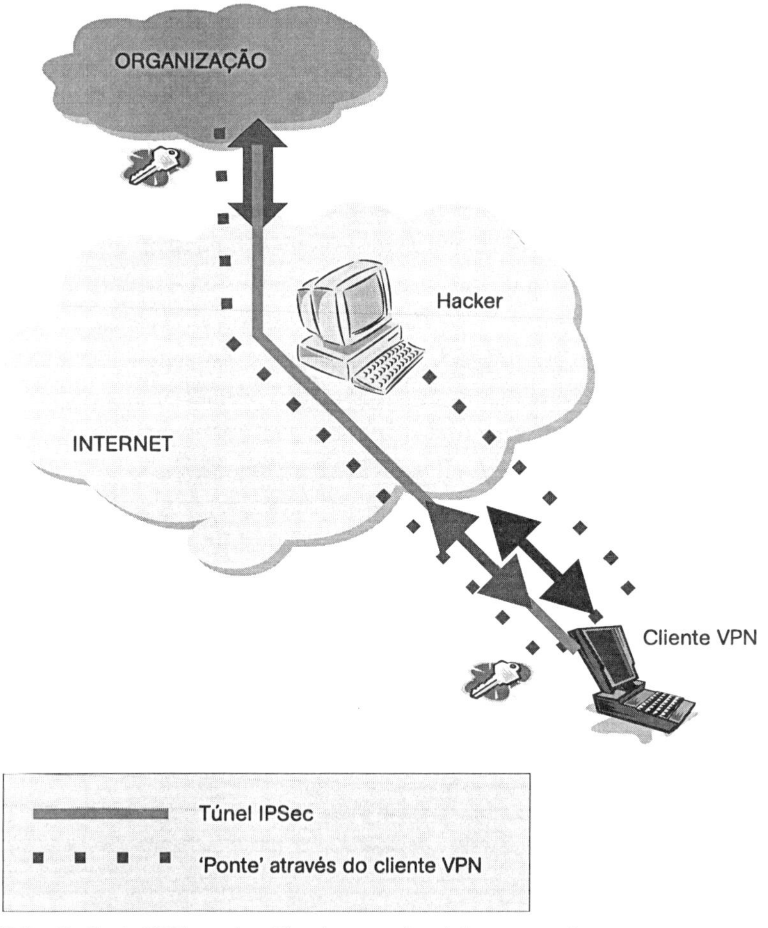

Figura 10.9 O cliente VPN sendo utilizado como 'ponte' para um ataque.

Um dos métodos para fazer com que o cliente VPN atue como um *gateway* entre a Internet e a rede da organização é por meio do roteamento de pacotes por esse cliente. Se esse cliente tiver a capacidade de roteamento, um *hacker* pode enviar pacotes a ele, que, por sua vez, rotearia esses pacotes para a rede da organização. A capacidade de roteamento depende do sistema operacional em uso pelo cliente.

Pode-se afirmar que os usuários que utilizam o Windows 9x ou o Windows NT Workstation estão imunes a esse tipo de ataque, pois esses sistemas operacionais não têm essa capacidade. O mesmo não se pode dizer daqueles que utilizam o Windows 2000 Server, o Linux ou as variações de UNIX em geral, que são capazes de rotear pacotes.

Porém, pela lógica, esses clientes não devem rotear pacotes para a rede interna da organização, ou seja, as rotas-padrão para a rede interna devem ser evitadas a todo custo. Portanto, primeiramente, uma rota com destino à rede interna da organização deve ser incluída, o que pode ser considerado difícil, mas é possível mediante um ataque a esse equipamento.

Uma possibilidade de forçar o roteamento é a utilização de uma funcionalidade do TCP/IP, o *source routing*. Por meio dele, é possível criar pacotes com informações de roteamento, ou seja, pode-se enviar um pacote ao equipamento do cliente VPN com informações sobre qual rota esse pacote deve seguir, que, nesse caso, seria para a rede da organização. Essa é uma funcionalidade com enormes implicações de segurança, pois permite que um *hacker* envie pacotes com informações de roteamento para qualquer destino desejado, pois essa rota normalmente seria proibida. Além disso, o *source routing* é utilizado para que *firewalls* sejam driblados e uma rota de retorno dos pacotes seja definida. Ele pode ser utilizado em ataques mais sofisticados, que dependem de uma resposta da vítima; são, geralmente, empregados em conjunto com o *IP Spoofing*.

Um aspecto importante com relação ao *source routing* é que essa funcionalidade pode ser utilizada por *hosts* roteadores e por *hosts* que não atuam como roteadores. Por esse motivo, existe a preocupação também com o Windows NT Workstation e com o Windows 9x [MIC 99-4]. No Windows NT, essa opção não podia ser desabilitada, o que é possível somente por meio da aplicação do *Service Pack 5* [MIC 99-1]. Contudo, foi descoberta uma outra vulnerabilidade no Windows que permitia a utilização do *source routing*, mesmo ela estando desabilitada [NAI 99]. O *patch* de correção da vulnerabilidade está disponível, menos para o Windows 9x e o Windows NT 4.0 Server, Terminal Server Edition [MIC 99-2].

Outra possibilidade de invadir a rede interna é por meio do controle da máquina do usuário. Existem diversos ataques conhecidos que tiram proveito de falhas nos sistemas operacionais, nos aplicativos ou nos serviços. Uma dessas inúmeras falhas poderia ser utilizada para que o *hacker* assumisse o controle da máquina ou roubasse arquivos que seriam utilizados no ataque à rede interna. Esse mesmo tipo de ataque poderia, ainda, ser utilizado para a alteração de tabelas de roteamento, como foi discutido anteriormente.

Geralmente, o Windows 9x e o Windows NT Workstation não disponibilizam muitos serviços e, portanto, são menos suscetíveis a ataques. Um *port scanning* revelou as seguintes portas abertas nos sistemas operacionais da Microsoft, em uma instalação-padrão:

- Windows 9x — porta 139.
- Windows NT Workstation — portas 135 e 139.
- Windows NT Server (funcionando como servidor proxy) — portas 7, 9, 13, 17, 19, 135, 139, 1080.

As portas 135 e 139 podem ser exploradas para ataques de DoS, que é o único método de ataque conhecido para elas (além da exploração do compartilhamento). Com isso, pode-se considerar que máquinas com o Windows 9x ou Windows NT Workstation, em sua instalação típica, sem nenhum serviço adicional e, principalmente, sem estarem contaminadas com um vírus ou um cavalo de Tróia, têm menores chances de serem exploradas em um ataque que o Linux, UNIX ou Windows NT Server.

Assim, os vírus e os cavalos de Tróia são as maiores ameaças ao esquema de segurança da VPN. Esse pode ser considerado o ponto mais crítico no sistema de segurança de acesso remoto por VPN, pois os usuários (o elo mais fraco da segurança de uma organização) podem contaminar seus próprios equipamentos por meio da execução de programas 'maliciosos', que, geralmente, adotam a engenharia social, como foi visto na Seção 4.5.2.

Um cavalo de Tróia instalado, combinado com a possibilidade de existência de conexão com a Internet e com o túnel VPN, torna possível o mais perigoso dos ataques contra a rede interna da organização. Isso acontece porque o *hacker* pode ter acesso a todas as informações da rede interna da organização, acessíveis pela VPN. Mesmo a necessidade de uma chave para a inicialização do túnel perde sua efetividade, pois um cavalo de Tróia, como o *Back Orifice*, pode capturar tudo o que o usuário digita e até mesmo a sua tela.

Outro ponto a ser considerado são os compartilhamentos de arquivos do Windows. Uma configuração errada do sistema operacional pode permitir que seus arquivos sejam acessíveis pelos demais equipamentos da sua rede e também pela Internet (pela opção NetBEUI over TCP/IP). Com isso, as informações residentes na máquina do cliente podem ficar disponíveis por meio desse compartilhamento. Essas informações podem ser confidenciais, tendo sido armazenadas no equipamento do cliente depois de uma conexão segura por IPSec.

O equipamento com o software de VPN pode ser explorado também com uma conexão via modem, o que pode ser facilitado pelo uso de *war dialers* (Seção 4.9.5).

10.5.1.3 Soluções

Todas essas possibilidades de ataque vistas na seção anterior podem ser minimizadas por meio de uma boa política de segurança. Além da política de segurança bem definida, uma defesa mais ativa deve ser utilizada, como *port scannings* ou *firewalls* individuais (Seção 7.3.7) nos clientes. O posicionamento da VPN com relação ao *firewall* da organização também deve ser considerado seriamente, para que os usuários não driblem a política de segurança. A Seção 12.2 trata desse posicionamento da VPN.

10.5.1.3.1 Política de segurança

Alguns dos aspectos que devem ser tratados pela política de segurança, com relação ao acesso remoto por VPN, levando-se em consideração os aspectos vistos na Seção 6.10, são:

- Segurança física. Como o estabelecimento de regras para o acesso aos equipamentos, que evitam que eles sejam roubados ou acessados temporariamente, de modo indevido.
- Procedimentos em caso de roubo ou perda. Se um *notebook* for roubado, por exemplo, esse roubo deve ser notificado imediatamente, para que o seu certificado digital seja revogado no mesmo instante.
- Definição de senha para o protetor de tela. A fim de evitar que terceiros utilizem o equipamento em horários oportunos, como na hora do almoço, para ter acesso à rede da organização, via túnel IPSec.
- Os procedimentos a serem realizados. No caso de envio do equipamento à assistência técnica, também devem ser bem descritos, para que a cópia dos dados do disco rígido seja evitada.
- Definição de quais serviços podem ser executados nesses equipamentos. Foi visto que cada serviço funciona como uma porta de entrada, e o *hacker* pode explorá-la para a realização de um ataque. Quanto menos portas abertas existirem, menores são as possibilidades de ataque. Serviços que não são essenciais devem ser, portanto, desabilitados.

- É essencial uma política de atualização dos sistemas operacionais, aplicativos e serviços, pois são essas atualizações que trazem soluções para os *bugs* e as vulnerabilidades que podem ser explorados pelos *hackers*.
- Procedimento para as conexões de VPN. Uma das regras necessárias é desconectar o cabo de rede no momento da conexão VPN, caso esse equipamento faça parte de outra rede. Na realidade, essa prática deve ser empregada sempre que um modem for utilizado, para evitar que alguém, pela Internet, tenha acesso aos outros pontos dessa rede. No esquema do acesso remoto por VPN, a desconexão do cabo de rede evita também que outros usuários da mesma rede desse cliente consigam entrar na rede interna da organização via VPN.
- Uma política de prevenção contra vírus e cavalos de Tróia é essencial, tanto com relação à educação dos usuários, que precisam saber quais tipos de arquivos podem ser abertos e executados em seu equipamento, quanto para a utilização e atualização dos antivírus.
- Definir normas para a utilização de modems. Principalmente, não deixar o modem em espera, pois uma conexão externa pode comprometer não apenas a segurança da VPN, mas também da própria rede da organização.
- Norma que trata do roteamento, determinando quais máquinas trabalham como roteadores ou se existe mesmo a necessidade de deixar habilitada a opção de *source routing*, o que é uma situação extremamente rara.

A política de segurança é, portanto, imprescindível para a organização. Porém, no caso do acesso remoto por VPN, uma série de complicações vem à tona, como por exemplo:

- Como implantar uma política de segurança em equipamentos de terceiros, que, geralmente, são utilizados também para outros fins?
- Como controlar, por exemplo, o equipamento de um revendedor que é utilizado para controle das vendas, acesso à Internet e leitura de e-mails, além da conexão por VPN?
- Como exigir que uma política de segurança seja seguida por esse usuário?
- Como garantir que essa política seja seguida?

Essa política poderia ser mais facilmente implementada caso os equipamentos pertencessem à própria organização que disponibiliza o serviço, pois permitiria um melhor controle do equipamento, podendo-se controlar o que o usuário pode instalar, acessar, apagar etc. Porém, essa não é uma situação normal, sendo necessários grandes esforços adicionais, tais como um acompanhamento eficiente e uma auditoria constante. Além disso, medidas mais pró-ativas também devem ser adotadas. Elas auxiliam na segurança da solução e serão apresentadas a seguir.

10.5.1.3.2 Sem acesso simultâneo à Internet e à VPN

Vimos que as possibilidades de ataque mais concretas se devem ao fato de o cliente VPN ter uma conexão direta com a Internet e uma outra com a organização, via túnel VPN.

A utilização do cliente VPN como *gateway* de ataque depende do *source routing*, de modo que essa opção deve ser imediatamente desabilitada. Essa medida, porém, não elimina os riscos com os vírus e cavalos de Tróia, que devem ser combatidos de outra forma, principalmente por meio de uma política de segurança eficiente.

Os riscos podem ser eliminados se o cliente aceitar somente conexões IPSec. Isso eliminaria os riscos de ataque ao sistema operacional, aos aplicativos ou aos serviços do cliente, além de tornar a conexão VPN segura, mesmo se o cliente VPN estiver contaminado com um vírus ou cavalo de Tróia, pois os comandos enviados ao equipamento contaminado seriam todos descartados. Mesmo se alguém conseguir enviar pacotes IPSec ao equipamento, os certificados digitais serão sempre verificados, e como o cliente VPN não troca certificados com o *hacker*, essa conexão não será permitida. Portanto, caso o cliente VPN tenha essa opção de aceitar somente conexões IPSec, ela deve ser habilitada. Porém, o que se tem observado é que essa possibilidade não é implementada em um grande número de clientes VPN, principalmente devido à complexidade envolvida quando é utilizada uma conexão PPP discada.

Uma alternativa poderia ser configurar o cliente VPN para que ele enviasse todos os seus pacotes somente por meio desse túnel IPSec, ou seja, todos os pacotes enviados pelo seu modem devem ser transformados em pacotes IPSec para a rede da organização. Isso permitiria a um *hacker* da Internet enviar pacotes ou comandos ao cliente VPN; porém, ele não receberia de volta os pacotes de resposta, que seriam enviados à rede da organização. Essa solução pode ser eficiente, existindo, porém, o custo de maior tráfego na rede da organização e a possibilidade de ataques de DoS. Do ponto de vista do usuário, sua largura de banda com o provedor seria esgotada; do ponto de vista da rede da organização, seu canal com a Internet poderia ser comprometido, caso haja um ataque coordenado, em que diversos clientes VPN enviam, ao mesmo tempo, uma quantidade muito grande de pacotes à rede da organização. Assim, a rede da organização ficaria inacessível, resultando em prejuízos.

Essa situação pode ainda provocar uma possibilidade mais séria, na qual o *hacker* teria condições de criar pacotes com comandos 'maliciosos', que seriam enviados automaticamente à rede da organização pelo cliente VPN. O *hacker* seria impossibilitado de obter respostas, porém a rede da organização poderia passar a negar serviços legítimos (ataque de DoS).

10.5.1.3.3 Port scannings

Por meio da utilização de *port scannings* (Seção 4.5.6) nos clientes VPN, é possível verificar quais serviços estão sendo executados nos respectivos equipamentos, além de ser possível determinar se ele está ou não contaminado com determinados vírus ou cavalos de Tróia. Assim, caso seja detectada uma contaminação ou serviços indevidos ou desnecessários, as devidas providências podem ser tomadas, como a descontaminação ou a desabilitação de serviços.

O *port scanning* pode ser um requisito para o estabelecimento de uma conexão por VPN entre o cliente e a rede da organização. Uma regra útil define que a conexão só seja efetivada depois de uma varredura. Outra regra útil diz que a varredura deve ser executada periodicamente, dependendo da política de segurança da organização.

Além do *port scanning*, que verifica as portas abertas, o *scanning* de vulnerabilidades (Seção 4.5.7) também pode ser utilizado, de acordo com a necessidade. Isso minimiza as possibilidades de ataque, pois as vulnerabilidades de sistemas operacionais, aplicativos e serviços podem ser detectadas e corrigidas, teoricamente, antes que os *hackers* mais comuns tirem proveito delas. A dificuldade em adotar essa prática está no processo de execução das varreduras, pois os endereços IP dos clientes são dinâmicos. Além disso, varreduras em sistemas não autorizados podem resultar em diversos problemas éticos e legais, e por isso elas devem ser feitas com extremo cuidado, e apenas em equipamentos dos quais se tenha certeza que estão conectados à rede da organização.

10.5.1.3.4 Firewall individual

A utilização de *firewall* individual ou pessoal, discutido na Seção 7.3.7, pode minimizar grande parte dos problemas de segurança. Por seu intermédio, é possível obter um controle das conexões do cliente, de modo que uma política pode definir a exigência de sua utilização. Isso eliminaria os problemas com cavalos de Tróia, que ainda poderiam infectar o cliente. Mas o cliente não poderia ser controlado pelos comandos, que não chegariam até ele, pois seriam bloqueados pelo *firewall* individual. Os problemas envolvendo o roteamento por meio do cliente também poderiam ser contornados.

Porém, não se deve esquecer de que um vírus sempre pode reescrever essas regras do firewall individual, mesmo que isso exija um trabalho extra para o atacante. Além disso, basta que a solução fique conhecida, para que passe a se tornar também alvo dos atacantes. Isso reforça novamente a importância de uma política de segurança bem definida.

10.6 Os protocolos de tunelamento

O tunelamento constitui um dos pilares das redes privadas virtuais e pode ser realizado nas camadas 2 e 3, pois as duas possuem suas vantagens e desvantagens. Alguns dos protocolos propostos para a Camada 2 são: *Point-to-Point Tunneling Protocol* (PPTP), *Layer 2 Forwarding* (L2F), *Layer 2 Tunneling Protocol* (L2TP), *Virtual Tunneling Protocol* (VTP) e *MultiProtocol Label Switching* (MPLS). O *Mobile IP* e o *Internet Security* (IPSec) são alguns protocolos utilizados na Camada 3 [BAT 98]. Nem todos esses protocolos são referentes à segurança, pois eles são responsáveis pelo tunelamento, que pode ser utilizado para o tráfego de diferentes protocolos em redes diferentes, para a engenharia de tráfego ou para a cifragem da comunicação.

O tunelamento no Nível 2, por atuar em um nível inferior do modelo ISO/OSI, tem algumas vantagens com relação ao tunelamento no Nível 3, tais como a simplicidade, a compressão e a codificação completa e a inicialização bidirecional do túnel.

Suas características fazem com que ele seja indicado, principalmente, para o acesso discado ou para os tipos de acesso que têm seus custos relacionados à sua utilização, ou seja, quando os custos são definidos de acordo com a quantidade de bytes que trafegam por essa VPN. Já suas desvantagens são a padronização ainda em desenvolvimento e as questões relativas à escalabilidade, à confiabilidade e à segurança [BAY 98].

Um exemplo de problema de escalabilidade pode ser visto quando a segurança é fornecida no L2TP, geralmente pelo IPSec. O cabeçalho sofre um *overhead* considerável, como pode ser observado na Figura 10.10. Esse *overhead* influi diretamente na fragmentação e na perda de pacotes, prejudicando assim o desempenho do acesso por VPN.

Figura 10.10 *Overhead* que pode ocorrer no cabeçalho de um pacote L2TP.

Por sua vez, o tunelamento no Nível 3 tem as vantagens da escalabilidade, da segurança e da confiabilidade, enquanto suas principais desvantagens são a limitação do número de fabricantes e a maior complexidade em seu desenvolvimento [BAT 98]. Porém, essas desvantagens estão sendo minimizadas rapidamente, como pode ser observado pelo grande número de fabricantes que implementam o IPSec em seus produtos, tornando-o o padrão *de facto* das VPNs.

10.6.1 PPTP e L2TP

O *Layer 2 Tunneling Protocol* (L2TP) é definido pela *Internet Engineering Task Force* (IETF) e tem como base o *Layer 2 Forwarding* (L2F), da Cisco Systems, e o *Point-to-Point Tunneling Protocol* (PPTP), da Microsoft. Ele aceita o tunelamento e a autenticação do usuário (por exemplo, pelo CHAP ou pelo PAP), sendo muito utilizado para o encapsulamento de pacotes PPP, empregado em conexões discadas.

Um ponto a ser considerado nos dois protocolos é que o sigilo, a integridade e a autenticidade dos pontos que se comunicam devem ser fornecidos por um outro protocolo, o que é feito normalmente pelo IPSec. Uma diferença entre o L2TP e o PPTP é que o L2TP pode ser transparente para o usuário, no sentido de que esse tipo de tunelamento pode ser iniciado no *gateway* de VPN de um provedor VPN (Figura 10.11).

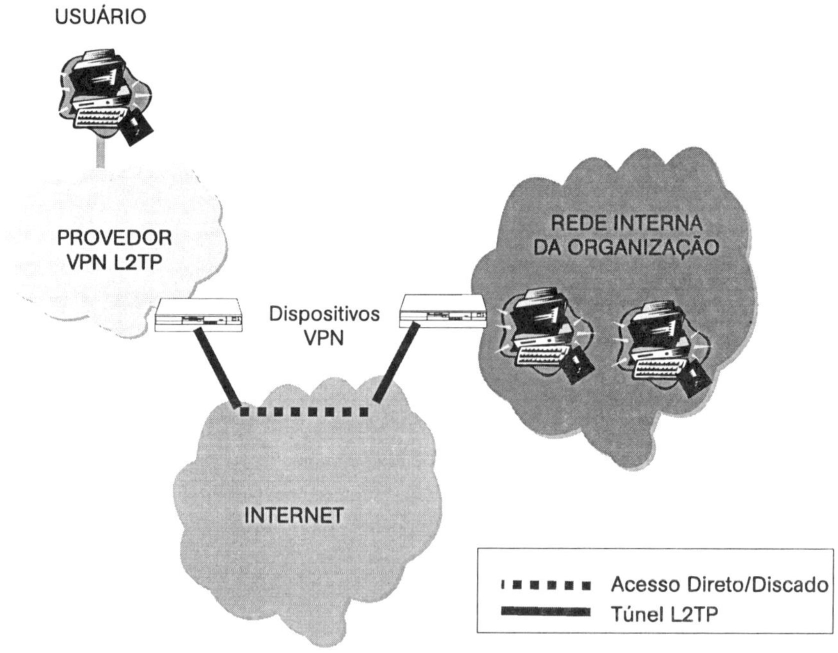

Figura 10.11 O protocolo L2TP sendo utilizado por meio de um provedor VPN.

Quando o PPTP é utilizado, a abordagem é diferente e o tunelamento é sempre iniciado no próprio equipamento do usuário (Figura 10.12). Com isso, o PPTP é mais indicado para a utilização em laptops, por exemplo, quando o usuário poderá se conectar à rede da organização via VPN, por meio do PPTP, a partir de qualquer lugar. Apesar disso, um cliente L2TP também pode ser instalado no equipamento do usuário, dispensando, assim, o provedor VPN para o protocolo, como pode ser visto na Figura 10.13.

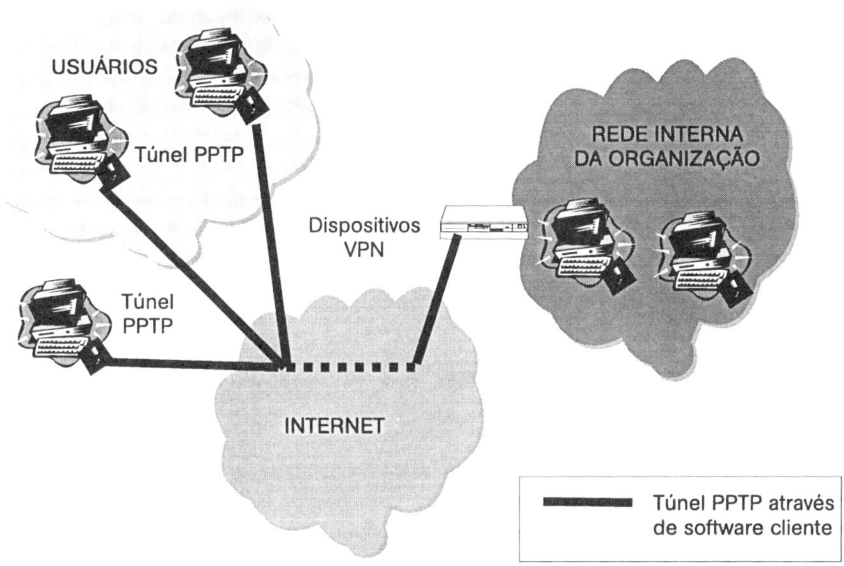

Figura 10.12 O protocolo PPTP sendo utilizado por meio de um software-cliente.

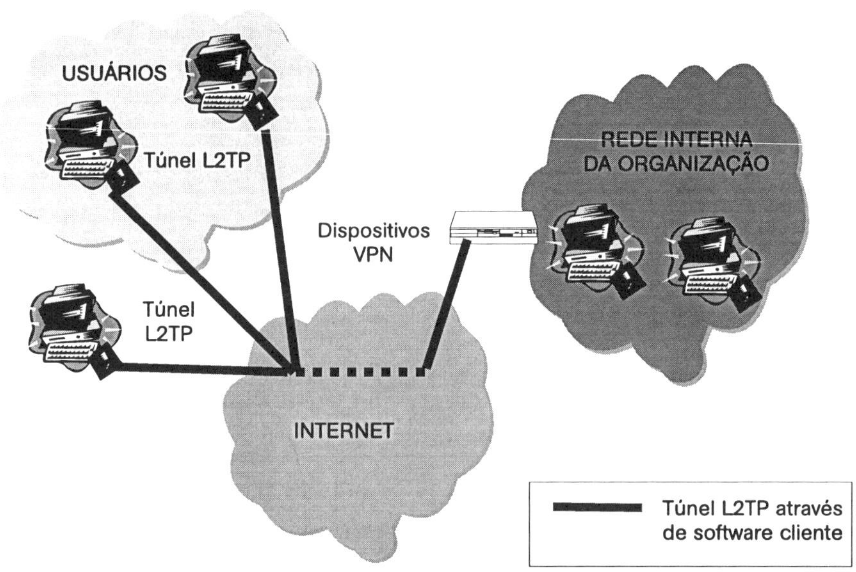

Figura 10.13 O protocolo L2TP sendo utilizado por meio de um software-cliente.

O L2TP é utilizado, principalmente, para o tráfego de protocolos diferentes de IP, sobre uma rede pública com base em IP.

10.6.2 IPSec

O *Internet Protocol Security* (IPSec) surgiu em 1995, como uma resposta à necessidade de segurança contra o monitoramento e o controle do tráfego não autorizados da rede [STA 98]; é um padrão da *Internet Engineering Task Force* (IETF). A autenticação e a codificação definidas pelo IPSec são independentes das versões do IP (versões 4 ou 6), e o protocolo vem se tornando o verdadeiro padrão utilizado pelos túneis VPN. Sua utilização é muito simples, na qual é necessário que os equipamentos (cliente ou gateway) tenham implementado o protocolo na pilha TCP/IP.

Alguns ataques teóricos foram discutidos por Bellovin, em [BEL 97], principalmente quanto à possibilidade de adquirir informações dos cabeçalhos de IPSec. Esses ataques, porém, dificilmente são utilizados na prática.

O IPSec é composto por três funcionalidades principais:

- Cabeçalho de autenticação (*Authentication Header* — AH), que fornece a integridade dos pacotes e a garantia de sua origem.
- Cabeçalho de encapsulamento do *payload* (*Encapsulation Security Payload* — ESP), que fornece o sigilo dos dados que trafegam pela rede pública.

- Protocolo de negociação e troca de chaves (*Internet Key Exchange* — IKE), que permite a negociação das chaves de comunicação entre as organizações de modo seguro.

A autenticação pode ser fornecida pelo AH e pelo ESP, pois a diferença entre eles é que a autenticação fornecida pelo ESP não protege os cabeçalhos IP que antecedem o encapsulamento ESP.

Já o AH faz a autenticação desse cabeçalho IP e também do encapsulamento ESP. Essa diferença será explicada na próxima seção, na qual o ESP é utilizado no modo de transporte do IPSec, enquanto o AH é utilizado no modo 'túnel' do IPSec.

O cabeçalho ESP pode ser visto na Figura 10.14, enquanto o cabeçalho AH pode ser visto na Figura 10.15.

0 1 2 3

01234567890123456789012345678901

Security Parameters Index (SPI)		
Sequence Number		
Payload Data		
Payload Data		
Payload	Padding (0-255 bytes)	
Padding (0-255 bytes)	Pad Length	Next Head.
Authentication Data (variable)		
Authentication Data (variable)		

Figura 10.14 Cabeçalho ESP do IPSec.

12345678 12345678 12345678 12345678

Next Head.	Length	Reserved
Security Parameters Index (SPI)		
Authentication Data (variable)		
Authentication Data (variable)		

Figura 10.15 Cabeçalho AH do IPSec.

10.6.2.1 Os dois modos do IPSec

O IPSec pode ser usado para a segurança da comunicação entre dois pontos, sendo possível garantir o sigilo e a integridade da comunicação, além de possibilitar a autenticação das conexões. O IPSec trabalha de duas maneiras:

- *Transport Mode*: modo nativo, no qual há a transmissão direta dos dados protegidos pelo IPSec entre os *hosts*. A codificação e a autenticação são realizadas no *payload* do pacote IP, e não no cabeçalho IP (Figura 10.16). É utilizado em dispositivos que incorporam o IPSec na implementação do TCP/IP (Figura 10.17), como no caso de software-cliente IPSec. Algumas modalidades que utilizam o modo de transporte são o *gateway-to-gateway VPN* (Figura 10.4), *client-to-gateway VPN (*Figura 10.5 e 10.6) e o *remote-access VPN* (Figura 10.7).

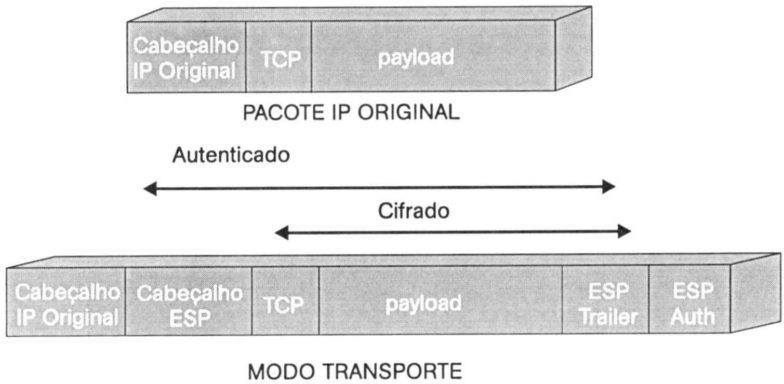

Figura 10.16 A codificação e a autenticação no modo de transporte do IPSec.

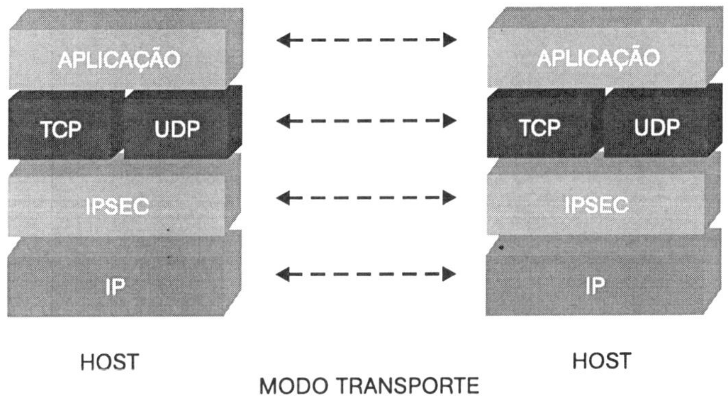

Figura 10.17 No modo transporte, o IPsec é incorporado na pilha TCP/IP.

- *Tunnel Mode*: é geralmente utilizado pelos *gateways* IPSec, que manipulam o tráfego IP gerado por *hosts* que não aceitam o IPSec, como nas modalidades que podem ser observadas nas figuras 10.3 e 10.8. O *gateway* encapsula o pacote IP com a criptografia do IPSec, incluindo o cabeçalho de IP original. Ele, então, adiciona um novo cabeçalho IP no pacote de dados (Figura 10.18) e o envia por meio da rede pública para o segundo *gateway*, no qual a informação é decifrada e enviada ao *host* do destinatário, em sua forma original (Figura 10.19).

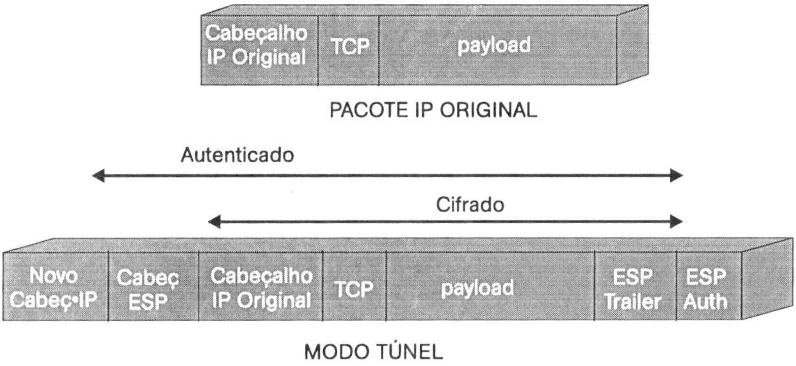

Figura 10.18 A codificação e a autenticação no modo 'túnel' do IPSec.

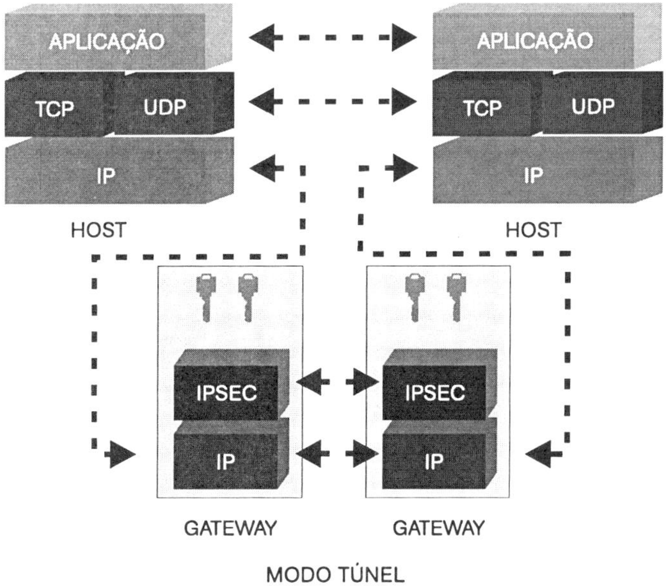

Figura 10.19 No modo 'túnel', o IPSec é implementado no *gateway*.

10.6.2.2 A negociação dos parâmetros do IPSec

O início de uma conexão segura se dá por meio do *Security Association* (SA). Ele permite que os usuários negociem, de um modo seguro, um conjunto comum de atributos de segurança e contém uma série de informações que devem ser compartilhadas e aceitas por ambas as partes, como se fosse um contrato. O SA define como os sistemas que estão se comunicando utilizam os serviços de segurança, incluindo informações sobre o protocolo de segurança, o algoritmo de autenticação e o algoritmo de codificação, somando-se ainda informações sobre fluxo de dados, tempo de duração e número de seqüência, que visa inibir o *replay-attack*.

O SA é unidirecional, ou seja, para cada par de sistemas que se comunicam, existem pelo menos duas conexões seguras. Um SA pode utilizar o ESP ou o AH, mas não os dois. Caso seja necessário utilizar ambos, serão necessários dois SAs para cada um, somando no total quatro SAs para as conexões bidirecionais. O SA é identificado pela combinação de:

- *Security Parameter Index* (SPI), um número único aleatório.
- O endereço IP de destino do pacote.
- O protocolo de segurança a ser utilizado (AH ou ESP).

10.6.2.3 O gerenciamento de chaves

O gerenciamento de chaves é um dos processos mais importantes do IPSec e grande parte da segurança da comunicação reside nele, principalmente nas trocas iniciais das chaves. Um esquema bem definido de trocas deve ser adotado para evitar ataques do tipo *man-in-the-middle*, nos quais o *hacker* pode capturar as trocas de informações dos dois lados da comunicação, alterando-as de acordo com seus objetivos.

O gerenciamento de chaves definido pelo IPSec é realizado pelo *Internet Key Exchange* (IKE), que tem como base o *Internet Security Association and Key Management Protocol* (ISAKMP) e o Oakley, que é o responsável pela troca de chaves.

O IKE está relacionado diretamente com a negociação dos *Security Associations* (SAs) e com a troca de chaves. Seu funcionamento é dividido em duas fases: na primeira fase, o par estabelece um canal seguro para a criação do IKE SA, que é um SA utilizado para a negociação dos SAs (segunda fase), conforme a Figura 10.20. A idéia de dividir o processo em duas fases consiste na eliminação da redundância em alguns pontos da negociação do SA e no conseqüente ganho de tempo de processamento, pois um canal seguro já está estabelecido pela primeira fase da negociação.

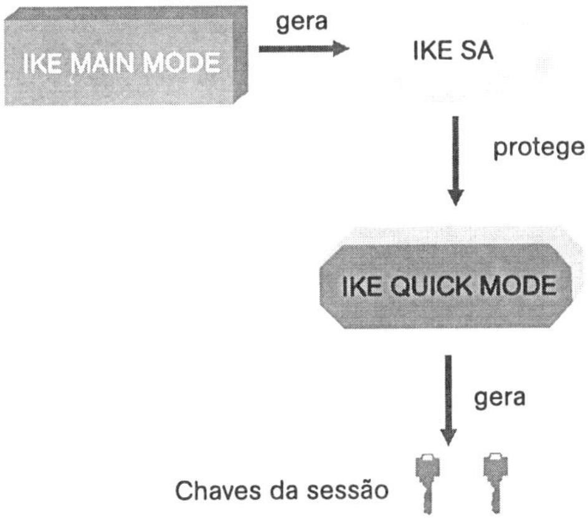

Figura 10.20 As fases até a negociação do SA.

O IKE fornece três modos de troca de informações e estabelecimento de SAs [TIM 98]:

- *Main Mode*: corresponde à fase 1 do IKE e estabelece o canal seguro para a fase seguinte, gerando o IKE SA.
- *Aggressive Mode*: corresponde também à fase 1 do IKE, porém é mais simples e rápido que o *main mode*, pois não fornece a proteção das identidades das entidades que estão se comunicando. Isso ocorre porque as identidades são transmitidas juntamente com as solicitações de negociação, sem que um canal seguro seja criado antes, estando, assim, susceptíveis a ataques do tipo *man-in-the-middle*.
- *Quick Mode*: corresponde à fase 2 do IKE e é a comunicação estabelecida para a negociação do SA.

O *main mode* é composto por três fases, cada uma delas com duas mensagens. Na primeira fase, as duas partes envolvidas trocam informações sobre os algoritmos e *hashes* básicos a serem utilizados. Na segunda fase, elas trocam as chaves públicas para uma negociação *Diffie-Helman* [SCH 96] e fornecem os números aleatórios que a outra parte deve assinar e devolver para provar sua identidade. Na terceira fase, elas verificam as identidades.

O *aggressive mode* oferece os mesmos serviços do *main mode*, com a diferença de ser bem mais rápido, com apenas duas fases, contendo uma mensagem cada uma. Assim, são três trocas de mensagens, em vez das seis requeridas pelo *main mode*.

Isso ocorre porque esse modo não fornece a proteção da identidade das entidades participantes.

O *quick mode* utiliza o canal seguro estabelecido pela utilização do IKE SA, gerado pelo *main mode* ou pelo *aggressive mode*, para negociar os parâmetros da comunicação IPSec e trocar as chaves a serem utilizadas nessa comunicação. Como esse modo já trabalha em um canal seguro previamente estabelecido, todo o processo de negociação fica mais flexível e rápido, sendo composto por três trocas de mensagens, como no *aggressive mode*.

Após o SA ser negociado, as entidades estão aptas a trocar informações por uma rede pública, de modo seguro, formando assim o túnel VPN. A Figura 10.21 mostra os passos simplificados no estabelecimento de uma conexão por VPN com base em IPSec. Na primeira parte, o *gateway* verifica, por meio da política de segurança implementada, se o *host* pode criar um túnel virtual. Caso essa verificação seja positiva, o *gateway* inicia a negociação do *Security Association* da sessão, o que pode ser visto na segunda parte da mesma figura. Finalmente, na terceira parte, o *host* se comunica por meio do canal seguro que foi criado.

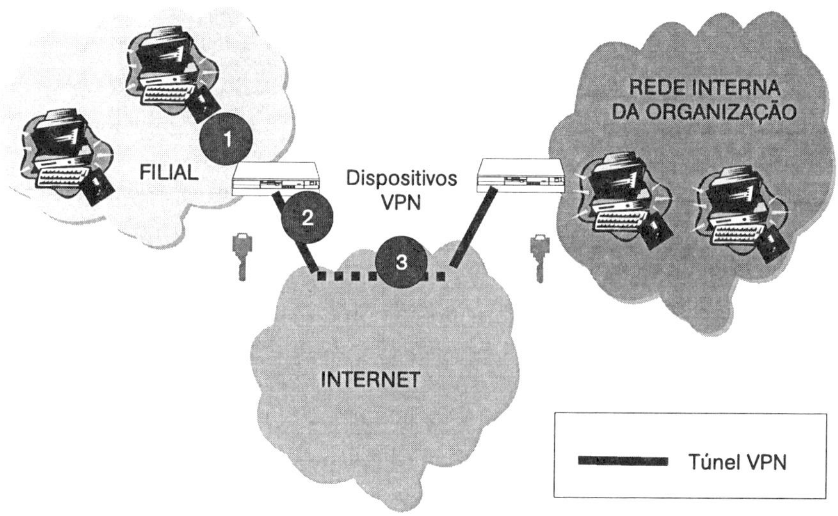

Figura 10.21 O estabelecimento de uma conexão por VPN com base em IPSec.

10.7 Gerenciamento e controle de tráfego

Além da segurança, que tem a função de realizar o controle de acesso e utiliza a criptografia para garantir a autenticidade dos usuários e das conexões e a privacidade e a integridade da comunicação, outros elementos são essenciais em uma VPN, tais como o controle de tráfego, a qualidade de serviço e o gerenciamento.

O controle de tráfego é essencial para que um dos principais problemas relacionados com a VPN, ligado à qualidade de serviço, seja resolvido. Esse controle é realizado, fundamentalmente, pelo gerenciamento de banda, que determina a largura de banda que cada protocolo pode utilizar, visando o bom desempenho. Reservar uma determinada largura de banda para o IPSec, por exemplo, pode evitar que o *link* de Internet fique 'cheio' apenas com conexões de FTP e HTTP, garantindo, assim, uma maior qualidade e menores tempos de resposta para aplicações de missão crítica que utilizam a VPN. Outros protocolos destinados à qualidade de serviço, como o MPLS e o DiffServ, também podem ser utilizados para que a qualidade dos serviços possa ser garantida.

Já o gerenciamento tem como objetivo facilitar a integração da VPN com a política de segurança da organização, por meio do gerenciamento centralizado local ou remoto, além de facilitar a escalabilidade da solução. Algumas ferramentas auxiliam nesse processo, como as que são utilizadas para o fornecimento dos serviços, para o monitoramento, para a detecção e solução dos problemas, para a contabilidade e para a cobrança pela utilização da VPN. A contabilidade pela utilização passa a ser importante, a partir do momento em que os serviços VPN começam a ser fornecidos por empresas especializadas (provedores por VPN), pois a cobrança pode ter como base a alta confiabilidade, o alto desempenho ou os níveis de serviços especiais.

A garantia de qualidade de serviço também deve ter o seu custo. A contabilidade também poderá ter como base a importância dos pacotes, pois pacotes com maior garantia e desempenho podem ter valor maior do que pacotes considerados 'normais' [BAY 98]. Alguns aspectos a serem considerados na contratação de serviços de VPN são: área de cobertura, acesso, desempenho, segurança, gerenciamento, largura de banda e garantia de qualidade de serviço [HIF 98].

10.8 DESAFIOS

Além das considerações relacionadas com a segurança, a VPN tem alguns obstáculos que devem ser considerados, antes de sua implantação. Algumas dessas barreiras, que podem impedir a VPN de oferecer o mesmo nível de disponibilidade, desempenho e segurança que as redes privadas, são [KIN 99]:

- Autenticação/gerenciamento de chaves: as diversas soluções utilizam variados mecanismos de autenticação, como os segredos compartilhados, os *tokens*, o *Radius* ou os certificados digitais, de modo que a compatibilidade fica comprometida. A *Public Key Infrastructure* (PKI) (Seção 9.6) está ainda em fase de aperfeiçoamento, na qual o *Public Key Infrastructure Working Group* (PKIX), da IETF, vem trabalhando na busca da padronização das requisições, validações e dos formatos dos certificados digitais.
- Tolerância a falhas: a necessidade de disponibilidade faz com que mecanismos de tolerância a falhas precisem ser desenvolvidos. O IPSec, por exemplo, não tem compatibilidade com esse tipo de mecanismo.
- Desempenho: os algoritmos de chave pública utilizam recursos de processamento consideráveis. Os computadores convencionais não têm capacidade de entrada e saída suficiente para realizar essa tarefa como um *gateway* em conexões com grande capacidade. Com isso, a única solução viável é a combinação de equipamento de rede com a função de criptografia, que forma o equivalente à caixa-preta. A desfragmentação de pacotes também influi no desempenho da VPN, devido às sucessivas adições de cabeçalhos nos pacotes originais [SAL 99]. Por exemplo, um pacote IPX de uma LAN pode ser inserido em um pacote IP para trafegar pela Internet. Esse pacote IP, por sua vez, pode receber um cabeçalho PPP, que, então, pode receber um cabeçalho PPTP para o tunelamento e outro cabeçalho IPSec para a codificação desse pacote. Todo esse processo pode fazer com que o limite do tamanho do pacote seja ultrapassado; quando isso ocorre, o pacote é dividido em dois novos pacotes. Como resultado, a fragmentação ocorre e a quantidade de pacotes que trafegam entre as localidades, quando a VPN é utilizada, é maior do que quando o tunelamento não é empregado, causando, assim, o aumento do tráfego. Alguns testes indicam que o aumento dos pacotes, devido à fragmentação, é de cerca de 30% [SAL99].
- Transporte confiável: empresas como Bay Networks e Internet Devices estão tentando fornecer serviços de transporte confiáveis por meio do protocolo *ReSerVation Protocol* (RSVP), que oferece qualidade de serviço e reserva de banda pela alocação de recursos da rede. Outro protocolo é o *MultiProtocol*

Label Switching (MPLS), que envolve o uso de diferentes *labels* ou *tags*, que permitem múltiplos caminhos.

- Posicionamento na rede: envolve a análise do posicionamento do *gateway* de VPN na arquitetura da organização. Esse aspecto está relacionado com uma série de fatores, como a filtragem de pacotes cifrados e a capacidade de driblar a política de segurança, e é discutido com mais detalhes na Seção 12.2. De fato, seu posicionamento dentro da arquitetura de segurança influi diretamente no nível de segurança da organização, de forma que as várias alternativas devem ser analisadas, o que pode ser verificado no *firewall* cooperativo.
- Endereçamento/roteamento: os endereçamentos, que podem ser endereços IP reservados ou não, precisam ser considerados. Alterações nas tabelas de roteamento também são essenciais, como no caso do *gateway-to-gateway VPN*, em que um *gateway* deve se comunicar apenas com o outro *gateway* correspondente. O *Network Address Translation* (NAT) também deve ser avaliado, pois ele influi diretamente no roteamento da solução. De fato, o NAT é incompatível com o *Authentication Header* (AH) do IPSec. Isso ocorre porque o AH realiza a autenticação do cabeçalho de IP, que é assinado digitalmente para a verificação de sua integridade. O problema é que ele é modificado pelo NAT e, com isso, a verificação de integridade do pacote acaba sendo perdida. Isso não ocorre quando o *Encapsulation Security Payload* (ESP) é utilizado, pois o cabeçalho IP não é autenticado, não ocasionando, assim, problemas relacionados à integridade.
- Administração/gerenciamento: alguns produtos utilizam interfaces GUI cliente/servidor e outros, uma interface com base na Web. Um canal seguro é essencial para a administração e o gerenciamento da VPN. Um problema comum e que aumenta a complexidade é que não é possível administrar diversas VPNs a partir de uma mesma interface, a não ser que elas sejam do mesmo fabricante. O gerenciamento do cliente VPN também é complicado, desde sua instalação até sua distribuição, configuração e administração (Seção 10.5.1).
- Interoperabilidade: o IPSec está cumprindo um de seus papéis, que é o de fornecer a interoperabilidade que está faltando nos produtos de VPN. Porém, o que pode ser observado é que nem mesmo os produtos com base no IPSec têm uma comunicação compatível entre si, pois essa compatibilidade é apenas parcial.

10.9 CONCLUSÃO

Este capítulo teve como objetivo apresentar as redes privadas virtuais (*Virtual Private Network* — VPN), mostrando seus objetivos e suas configurações. A utilização da rede pública traz consigo uma série de considerações sobre segurança, que são tratadas principalmente pelo protocolo IPSec, padrão *de facto* das VPNs. Clientes VPN requerem considerações especiais de segurança, como a utilização de *firewalls* individuais e de uma política de segurança específica. Os protocolos L2TP, PPTP e IPSec foram rapidamente discutidos e o capítulo mostrou, ainda, a importância do gerenciamento e da qualidade de serviço, além de discutir os desafios a serem vencidos na implementação de uma VPN.

Autenticação

Capítulo 11

A autenticação tem um papel fundamental para a segurança de um ambiente cooperativo, ao validar a identificação dos usuários. Após a autenticação, o sistema pode conceder a autorização para o acesso aos recursos. A autenticação pode ser realizada com base em alguma coisa que o usuário sabe, em algo que o usuário possui ou em determinada característica do usuário. O controle de acesso, que tem como base a autenticação dos usuários, também possui um papel essencial em qualquer ambiente, e pode ser usado em diferentes níveis ou camadas. O *Single Sign-On* (SSO) tenta resolver um dos maiores problemas relacionados à autenticação, que é o uso de senhas, e possui suas vantagens e desvantagens, assim como a sincronização de senhas.

11.1 A identificação e a autorização

O acesso aos sistemas e aos recursos das organizações depende, fundamentalmente, de um processo de verificação do usuário, que deve ser realizado de uma maneira que apenas o usuário legítimo tenha acesso a esses sistemas e recursos. As funções responsáveis por essa verificação são a identificação e a autenticação, que formam, juntamente com o *firewall*, a primeira linha de defesa em muitos sistemas. É interessante notar, nesse aspecto, que quando o *firewall* utilizado é um filtro de pacotes ou um filtro de pacotes baseado em estados (Capítulo 7), no qual o usuário não precisa de autenticação para a liberação do acesso (diferentemente de alguns *proxies*), a identificação e a autenticação podem ser consideradas uma segunda linha de defesa. Nesses casos, o *firewall* exerce a função de primeira linha de defesa, ao filtrar e controlar o acesso, deixando passar a comunicação somente para serviços legítimos. Passando pelos *firewalls*, a segurança depende essencialmente desses serviços legítimos, nos quais a identificação e a autenticação exercem um papel importante.

A identificação é a função em que o usuário declara uma determinada identidade para um sistema, enquanto a autenticação é a função responsável pela validação dessa declaração de identidade do usuário. A segurança desse processo de validação depende de uma série de considerações, tais como a forma da coleta dos dados de autenticação, o método de transmissão desses dados e a garantia de que o usuário, que já obteve a autorização, é o verdadeiro usuário [NIS 00]. Juntamente com a auditoria, na qual é possível verificar todas as tentativas de acesso válidas e inválidas, a autenticação e a autorização formam o pilar de segurança conhecido como AAA (*Authentication, Authorization and Auditing*).

A autenticação ou a validação da identificação do usuário, que oferece a autorização, pode ser realizada utilizando-se três métodos:

- Com base no que o usuário sabe: senha, chave criptográfica ou *Personal Identification Number* (PIN).
- Com base no que o usuário possui: *token*, cartão ou *smart card*.
- Com base nas características do usuário: biometria (Seção 11.1.3), ou seja, reconhecimento de voz, impressão digital, geometria das mãos, reconhecimento da retina, reconhecimento da íris, reconhecimento digital de assinaturas etc.

Todos esses métodos têm seus pontos positivos e negativos, de forma que uma autenticação com base em dois deles é recomendada para determinados tipos de acesso que exigem maior grau de segurança. Esse tipo de autenticação é conhecido como autenticação em dois fatores e, quando os três métodos são utilizados, são conhecidos como autenticação em três fatores. Por exemplo, o usuário pode utilizar o reconhecimento de retina, juntamente com o uso de um *smart card* e uma senha para o acesso às informações confidenciais da organização, usando, assim, alguma coisa que ele sabe, alguma coisa que ele possui e alguma coisa que é característica dele.

Os aspectos positivos e negativos de cada um dos métodos de autenticação serão vistos nas próximas seções. Deve-se considerar, no entanto, que cada um deles possui seus custos particulares e suas complexidades específicas de implantação, de forma que o método ideal é sempre aquele que cumpre com os objetivos de segurança definidos pela estratégia da organização. Por exemplo, a biometria é indicada para a autenticação em sistemas que exigem extrema segurança, como os que são utilizados pelo Departamento de Defesa dos Estados Unidos; esse método não seria eficaz nem justificável para o acesso à caixa de e-mails de um usuário, por exemplo.

Uma autenticação eficiente é um elemento essencial para a proteção de bens e valores. Um incidente que demonstra sua importância é o caso de um *hacker* russo, que fez transferências de dez milhões de dólares no Citibank, em 1994. O *hacker* conseguiu encontrar ou 'adivinhar' diversas senhas, demonstrando que elas proporcionavam um certo controle de acesso às transferências de fundos, mas a solução do banco não dispunha da autenticação eficiente por parte do usuário [LOB 97].

11.1.1 Autenticação baseada no que o usuário sabe

É a autenticação fundamentada em algum conhecimento do usuário, no qual os recursos mais utilizados são as senhas. As chaves criptográficas também podem ser inseridas nessa categoria. Um segredo compartilhado que tem a finalidade, por exemplo, de abrir um determinado documento, é uma chave secreta gerada por uma função criptográfica simétrica. Uma chave privada utilizada para assinar digitalmente documentos também pode ser inserida nessa categoria; porém ,devido ao seu tamanho, ela é normalmente armazenada em um arquivo ou em um dispositivo, e acessada por meio de uma senha.

No Brasil, um outro tipo de autenticação vem sendo usado pelos bancos, seja nos caixas eletrônicos ou na Internet. Conhecido como identificação positiva, as transações são permitidas somente após o usuário fornecer dados pessoais além de sua senha pessoal. Esses dados pessoais podem ser referentes a informações de seu cadastro ou um conjunto de letras previamente combinado entre o banco e o usuário.

11.1.1.1 Senhas

As senhas constituem o método de autenticação mais utilizado atualmente, porém, elas apresentam alguns problemas, que serão vistos a seguir. As senhas são consideradas, até mesmo, o segundo elo mais 'fraco' da cadeia de segurança, vindo depois dos próprios seres humanos. Isso está fazendo com que elas sejam, cada vez mais, substituídas por métodos mais eficientes, como a biometria (Seção 11.1.3) ou os certificados digitais (Seção 9.5).

Um ponto a favor da utilização das senhas é que os usuários e administradores já estão familiarizados com sua utilização e a simplicidade de integração com os diversos tipos de sistemas faz com que ela seja fácil de ser implementada.

A deficiência desse método está no fato de que a segurança depende da manutenção do sigilo da senha, que pode ser 'quebrada' de diversas maneiras [LOB 97][KES 96]:

- Adivinhação de senhas (*password guessing*), quando palavras ligadas ao usuário são tentadas como senhas, como o nome do cônjuge, o nome do time de futebol, o nome do animal de estimação, datas de nascimento etc.
- 'Pesca' de senhas, ao observar o que o usuário está digitando ou procurando pedaços de papéis que podem conter senhas.
- 'Quebra' do sigilo, seja por intenção do próprio usuário, que pode compartilhar sua senha com um colega, ou por meio de técnicas de engenharia social (Seção 4.5.2).
- Monitoramento e captura de senhas, pelo uso de *sniffers* de rede (Seção 4.5.5). Mesmo quando as senhas não trafegam pela rede sem estarem cifradas, alguns softwares, como os *crackers* de senhas, podem ser utilizados em ataques de 'força bruta' para tentar descobri-las.
- Acesso ao arquivo de senhas do usuário, que, mesmo estando cifrado, pode ser descoberto com relativa facilidade, caso o algoritmo criptográfico esteja mal implementado (Capítulo 9).
- Ataques do tipo *replay*, nos quais, mesmo quando as senhas estão protegidas por criptografia, podem ser reutilizadas, bastando enviar a mesma senha cifrada capturada para uma nova autenticação. Esse problema pode ser resolvido com a utilização de *timestamps*.
- Ataques de 'força bruta' contra o sistema, seja pelo uso de combinações de códigos ou pelo 'ataque do dicionário'.
- Utilização de técnicas mais avançadas, como o armazenamento, em um arquivo, de tudo o que o usuário digita no teclado (*key logger*), que depois será enviado ao *hacker*. Essa técnica pode ser facilmente utilizada, caso o equipamento do usuário esteja contaminado com cavalos de Tróia, como o Netbus. Essa técnica está muito difundida, de modo que muitos casos envolvendo captura de senhas de acesso às contas bancárias via Internet são conhecidos.
- Controle das emissões eletromagnéticas do monitor (efeito *tempest*), que não requer a presença física do *hacker*. Com o efeito *tempest*, é possível ver tudo o que aparece no monitor do usuário.

As senhas representam uma questão de extrema relevância dentro das organizações, sendo também um dos principais causadores de problemas relacionados ao suporte técnico. O esquecimento das senhas é um fato comum e representa cerca de 30% dos chamados ao *help-desk*, segundo a Gartner [MAC 02]. Em algumas organizações, mais de 40% dos chamados são referentes a problemas com senhas e os custos estimados nos Estados Unidos são de 51 a 147 dólares por chamado, segundo a Gartner [MAC 02].

Assim, uma política de senhas bem definida e eficiente pode minimizar profundamente as implicações de segurança envolvidas e diminuir as solicitações de suporte técnico decorrentes de problemas com senhas. Alguns dos aspectos a serem considerados nessa política e outros aspectos de segurança envolvidos com senhas podem ser vistos na Seção 6.8, que sugere também uma forma de escolher uma senha que dificulta os ataques mais comuns.

Os diversos problemas relacionados com as senhas podem ser minimizados pelo uso de sistemas *one-time password*, nos quais as senhas são válidas apenas por uma única vez, sendo trocadas a cada novo acesso. Esses sistemas podem ser considerados mais seguros do que os que utilizam senhas comuns, porém ainda podem ser explorados em alguns ataques [LOB 97]:

- *Man-in-the-middle:* o *hacker* se coloca entre o usuário e o servidor, de modo que pode capturar os pacotes, modificá-los e reenviá-los para ambos os lados da conexão.
- *Race:* ataque que requer sorte, tempo e conhecimento. O atacante controla o número de bytes que passam pela rede e, antes que o usuário envie o último byte, o atacante remete uma série de combinações para tentar se conectar no lugar do usuário. Esse método funciona somente em protocolos que transmitem os dados byte a byte e é difícil de ser utilizado na prática.

11.1.2 Autenticação com base no que o usuário tem

O segundo método de autenticação é fundamentado em alguns dispositivos que pertencem ao usuário, os quais podem ser divididos em dispositivos de memória (*memory token*) e dispositivos inteligentes (*smart tokens*), como será visto a seguir [NIS 00]. Esse tipo de método minimiza diversos problemas envolvidos com senhas, porém traz outros tipos de desvantagens.

11.1.2.1 Dispositivos de memória

Também conhecidos como *memory tokens*, os dispositivos de memória apenas armazenam as informações e não as processam. São quase sempre utilizados em conjunto com as senhas (combinação de algo que o usuário sabe e de algo que o usuário tem, formando, portanto, uma autenticação em dois fatores). Um exemplo desse tipo de dispositivo, que é utilizado com as senhas, são os cartões bancários. Eles contêm informações importantes para a autenticação e são usados em conjunto com uma senha que apenas o dono do cartão pode ter.

Um exemplo de dispositivo que tem como base apenas o que o usuário possui são os cartões que possibilitam o acesso físico a locais como salas e edifícios. As desvantagens desse tipo de dispositivo estão relacionadas com:

- Seu custo relativamente alto, devido à necessidade de um hardware específico para leitura.
- A dificuldade de administração.
- A possibilidade de perda, roubo ou decodificação.
- As prováveis insatisfações dos usuários com sua manipulação.

11.1.2.2 Dispositivos inteligentes

Os *smart tokens* são similares aos *memory tokens*, porém possuem circuitos integrados que atuam no processamento de algumas informações. Eles podem ser divididos em categorias que levam em consideração as características físicas, a interface e o protocolo. Quanto às características físicas, os dispositivos inteligentes podem ser divididos entre os *smart cards* e os outros tipos de dispositivos, que podem ser semelhantes a chaves, chaveiros, calculadoras ou outros objetos portáteis.

Quanto à interface, os dispositivos inteligentes podem funcionar tanto com interfaces manuais quanto eletrônicas:

- Interfaces manuais: Existe um dispositivo, como teclas ou visores, para a interação entre o usuário e o *token*.
- Interfaces eletrônicas: Requerem um dispositivo de leitura, como é o caso dos *smart cards*.

Os protocolos que podem ser utilizados pelos *smart tokens* para a autenticação podem ser divididos em:

- Troca de senhas estáticas: O usuário se autentica no *token* e o *token* autentica o usuário no sistema.
- Geração dinâmica de senhas: As senhas são alteradas temporariamente, de modo que, em *smart tokens* com interface estática, os usuários devem ler as informações do dispositivo e digitá-las no sistema para a autenticação. Em *smart tokens* com interface eletrônica, esse processo é feito automaticamente.
- Desafio-resposta: Com esse tipo de protocolo, baseado na criptografia, o sistema envia um desafio ao usuário. A resposta é enviada ao sistema, que a avalia de acordo com o desafio corrente.

A grande vantagem dos dispositivos inteligentes é que eles resolvem os problemas presentes nas senhas comuns, seja pelo uso da criptografia (que evita o monitoramento das senhas que passam pela rede) ou pela geração dinâmica das senhas (quem capturar a senha não poderá reutilizá-la).

Quanto aos seus pontos negativos, tanto os dispositivos de memória quanto os dispositivos inteligentes são equivalentes:

- Seu alto custo, devido à necessidade de um hardware específico para leitura.
- A dificuldade de administração.
- A possibilidade de perda, roubo ou decodificação.
- As prováveis insatisfações dos usuários com sua manipulação.

Porém, os dispositivos inteligentes têm um custo relativamente superior aos dispositivos de memória.

11.1.2.2 Autenticação com base nas características do usuário

Foi visto que os problemas com os métodos de autenticação baseados em algo que o usuário sabe ou em algo que o usuário possui variam entre o esquecimento ou a adivinhação das senhas e a perda do dispositivo responsável pela identificação. A proteção de informações importantes requer um método de autenticação em que as possibilidades de acesso indevido sejam mínimas, de forma que a autenticação garanta a identificação do usuário em seu nível máximo. Esse método de autenticação, que pode ser considerado mais seguro do que os anteriores, é baseado em alguma característica física ou comportamental própria do usuário e é conhecido como biometria. A autenticação baseada na biometria pode ser considerada mais segura porque a identificação do usuário torna-se mais eficiente, apesar de ainda existirem alguns problemas.

A biometria é um método de autenticação que analisa as características físicas ou comportamentais de um indivíduo, comparando-as com os dados armazenados no sistema de autenticação. Algumas dessas características físicas e comportamentais utilizadas na biometria podem ser vistas a seguir, pois algumas delas ainda se encontram em fase de pesquisa e desenvolvimento:

- Impressão digital
- Características faciais
- Reconhecimento de voz
- Retina
- Íris do olho

- Geometria das mãos
- Padrão de escrita
- Padrão de digitação
- Poros da pele
- DNA
- Formato da orelha
- Composição química do odor corporal
- Emissões térmicas
- Geometria dos dedos
- Identificação de unha
- Maneira de andar

Dessas características, apenas duas podem ser consideradas únicas, ou seja, não existem dois indivíduos com essas características exatamente iguais: a íris do olho e a impressão digital.

A grande vantagem da biometria é que o reconhecimento é feito unicamente por aspectos humanos intrínsecos. Chaves, *tokens* ou cartões podem ser perdidos, falsificados, duplicados, roubados ou esquecidos. Senhas, códigos secretos e números de identificação pessoal (*Personal Identification Numbers* — PINs) podem ser esquecidos, divididos, comprometidos ou observados. Já a biometria não apresenta esses problemas, ao tratar de características individuais dos humanos.

Com relação à segurança do processo de autenticação, os dados necessários são obtidos pelos dispositivos biométricos, codificados e enviados pela rede, de modo seguro, até o servidor, onde os dados da autenticação são comparados. A autorização será concedida se os dados obtidos forem idênticos aos dados armazenados no servidor.

A questão de privacidade envolvendo o uso da biometria possui grande importância, pois os usuários têm receio quanto ao armazenamento, manipulação e segurança de informações pessoais. De fato, a preocupação pode ser compreendida facilmente, uma vez que incomoda saber o que está sendo feito com informações pessoais sobre o próprio usuário. Porém, os sistemas existentes tratam dessas questões de forma a minimizar possíveis problemas. Por exemplo, o armazenamento das características dos usuários é feito via *templates*, que são funções matemáticas que representam a imagem propriamente dita. Com isso, não é possível obter a imagem da impressão digital a partir do *template*.

Outras questões relevantes ao uso da biometria envolvem, por exemplo, questões sobre o processo de remoção dos dados individuais de usuários em caso de desligamento da organização e sobre outras possibilidades de driblar o método de autenticação baseado em biometria. Sobre os dados individuais, a importância é reforçada, pois, diferentemente de senhas, que podem ser alteradas, características individuais são únicas e permanecem por toda a vida da pessoa.

Com isso, uma política para a remoção dos dados e a proteção dessas informações deve estar bem definida. Isso é importante também porque os sistemas de autenticação baseados em biometria usam a rede, e o sistema pode ser burlado não na biometria, mas em falhas no processo de autenticação. Por exemplo, a representação matemática que indica os dados do indivíduo pode ser capturada e usada posteriormente, com o *hacker* se fazendo passar por uma pessoa que ele não é. A base de dados dos *templates* também pode ser atacada e possíveis ataques de força bruta envolvendo injeção de tráfego também podem acontecer.

Dessa maneira, medidas como o uso de criptografia e o uso de protocolos de segurança em todo o sistema devem ser considerados. Alguns sistemas funcionam com os dados do indivíduo sendo armazenados em um *token*, sem que eles precisem estar em algum servidor da organização. Com o uso desse recurso, conhecido como *Match On Card* (MOC), o usuário mantém a posse de seus dados, resultando em uma vantagem psicológica para ele [ARN 01-2].

Apesar dos grandes benefícios proporcionados, outros problemas envolvendo os usuários podem ocorrer com a biometria. Certas organizações relataram que um dos principais problemas está relacionado à higiene e ao medo de os dispositivos biométricos causarem problemas de saúde. Por exemplo, o dispositivo de impressão digital deve ser limpo constantemente, pois, além da questão da higiene, o acúmulo de sujeira influi diretamente no nível de exatidão da autenticação, que pode diminuir consideravelmente.

O problema relacionado ao medo dos usuários pode ser observado em dispositivos de leitura da retina ou da íris do olho, uma vez que alguns usuários acreditam que o laser ou a luz pode fazer mal à saúde.

Assim, o nível de intrusão sentido pelos usuários é um dos critérios a serem avaliados para a escolha da melhor tecnologia biométrica para a organização. Esses diversos critérios podem ser avaliados de acordo com a cultura da organização, ou com os objetivos de seu uso, pois cada tecnologia possui uma melhor aplicação para cada tipo específico de sistema a ser acessado. O International Biometric Group, por meio do Zephyr Chart (Figura 11.1), mostra os quatro fatores que podem ser avaliados nas tecnologias comerciais disponíveis atualmente:

- Nível de intrusão: alguns usuários podem não se sentir à vontade com o processo de autenticação e considerá-lo uma invasão de privacidade.
- Nível de esforço: esse fator considera o tempo e o esforço requeridos pelo usuário para efetuar a autenticação.

- Nível de precisão: o nível de rejeições e de 'falsos positivos' deve ser considerado, para que o grau de segurança requerido esteja de acordo com as necessidades da organização.
- Custo: fator que deve ser considerado para cada tipo de situação.

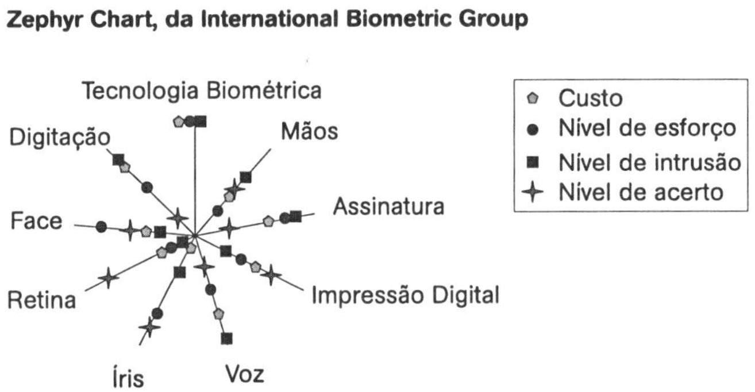

Figura 11.1 Os fatores a serem considerados na tecnologia biométrica.

As tecnologias de biometria mais comuns que podem ser vistas no mercado são o reconhecimento facial e o reconhecimento de impressões digitais, como pode ser demonstrado no gráfico da Figura 11.2. Elas são facilmente integradas aos sistemas e uma de suas vantagens é que para o usuário elas são higiênicas, não são intrusivas e não justificam nenhuma resistência à sua utilização. De fato, não é necessário que o usuário fique em uma determinada posição nem que faça alguma coisa em particular. O processo de autenticação é realizado de um modo natural para ele.

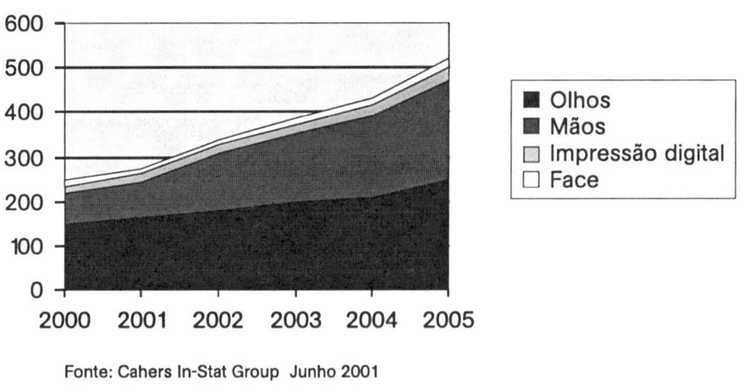

Figura 11.2 As vendas das principais tecnologias de biometria, em milhões de dólares.

A escolha da tecnologia a ser adotada pode também levar em consideração a taxa de erros a que os sistemas estão sujeitos. Esses erros podem comprometer o processo de autenticação em alguns casos e estão divididos em três tipos:

- *False Match Rate* (FMR) ou *False Acceptance Rate* (FAR): o sistema biométrico aceita um indivíduo errado.
- *False Non-Match Rate* (FNMR) ou *False Rejection Rate* (FRR): o sistema biométrico não identifica o atributo físico correto do indivíduo, mesmo ele sendo válido.
- *Failure to Enroll* (FTE) *Rate*: falha no registro dos atributos físicos do indivíduo.

A *Equal Error Rate* (EER) ou *crossover* é a taxa na qual a FAR é balanceada com a FRR. A EER demonstra o balanço entre a segurança (FRR) e a conveniência (FAR), pois, quanto maior o *crossover*, maior a precisão do método. A Tabela 11.1 mostra que a biometria baseada na retina é a mais precisa, enquanto as baseadas na voz e na assinatura possuem menos precisão.

Tabela 11.1 Precisão do *crossover* de diferentes métodos de biometria.

Biometria	Precisão do *crossover*
Retina	1:10,000,000
Íris	1:131,000
Impressão digital	1:500
Geometria das mãos	1:500
Assinaturas	1:50
Voz	1:50
Reconhecimento de face	Sem dados
Padrão vascular	Sem dados

A Tabela 11.2 mostra uma comparação entre diferentes tecnologias usadas na biometria, com relação à facilidade de uso, causas de incidência de erro, precisão, aceitação do usuário, nível de segurança requerido e estabilização das características físicas a longo prazo [ADMS 02]:

Tabela 11.2 Comparação entre diferentes tecnologias de biometria.

Característica	Facilidade de uso	Incidência de erro	Precisão	Aceitação do usuário	Nível de segurança requerido	Estabilização a longo prazo
Impressão digital	Alta	Aspereza, sujeira, idade	Alta	Média	Alto	Alta
Geometria da mão	Alta	Ferimento, idade	Alta	Média	Médio	Média
Retina	Baixa	Óculos	Muito alta	Média	Alto	Alta
Íris	Média	Falta de luz	Muito Alta	Média	Muito alto	Alta
Face	Média	Falta de luz, idade, óculos, cabelo	Alta	Média	Médio	Média
Assinatura	Alta	Mudança de assinatura	Alta	Média	Médio	Média
Voz	Alta	Ruído, gripe	Alta	Alta	Médio	Média

Apesar da evolução tecnológica, diversos métodos de driblar a biometria podem ser utilizados. Por exemplo, no método baseado em reconhecimento de face, é possível enviar imagens diretamente de um notebook para a câmera que faz o reconhecimento, ou mesmo apresentar a imagem gravada do notebook para a câmera. Essa situação é altamente plausível, pois é possível capturar fotos de vítimas facilmente diretamente de notebooks, sem que ele ao menos perceba [ZIE 02]. A biometria baseada no reconhecimento de íris também pôde ser driblada, com o uso de impressão de um olho, onde o espaço da pupila foi retirado do papel, e substituído pela pupila real [ZIE 02].

Quanto à padronização das tecnologias biométricas adotadas pelo mercado, duas iniciativas podem ser consideradas. O padrão BioAPI está em desenvolvimento e conta com o apoio maciço da indústria. A Microsoft também tem mostrado a grande importância da biométrica e está trabalhando em uma especificação proprietária com base na I/O Software, a qual ela adquiriu [ARM 01-2].

11.2 Controle de acesso

Dentro de uma organização, as informações têm vários níveis de acesso, ou seja, uma informação relevante para o trabalho de um funcionário pode não ser importante para o trabalho de outro. Já uma informação confidencial, que pode ser acessada somente pelos gerentes, por exemplo, não pode chegar aos demais funcionários.

O acesso a recursos como serviços e programas, e o acesso por modem, também têm que ser controlados. Pode-se considerar que o acesso é a habilidade de realizar algo com recursos computacionais e a autorização é a permissão dada direta ou indiretamente pelo sistema ou pelo dono do recurso para a utilização do mesmo. A autenticação é a responsável pela garantia de que o usuário é realmente quem ele declara ser. O controle de acesso lógico, designado ao controle realizado sobre as informações referentes aos recursos computacionais, cuida do acesso aos diversos níveis existentes.

O controle do acesso lógico é o responsável pela:

- Proteção contra modificações ou manipulações não autorizadas de sistemas operacionais e outros sistemas (software), garantindo sua integridade e disponibilidade.
- Garantia da integridade e disponibilidade das informações, ao restringir o número de usuários e processos que acessam determinados tipos de informações.
- Sigilo das informações, que não podem chegar a usuários que não são autorizados.

Alguns elementos que podem ser considerados no controle, seja individualmente ou em conjunto, são: identificação, função, localização, tempo, transação, serviços (controle de licenças de software, limites para transações em caixas eletrônicos, tipo de acesso em computadores — como a permissão para enviar e-mails, apesar da proibição da conexão com outras máquinas), direitos (leitura, gravação, criação, remoção, busca, execução).

Além dos métodos de controle de acesso com base na autenticação, mostrados nas seções anteriores, outros podem ser utilizados:

- Listas de controle de acesso (*Access Control Lists* — ACLs), muito utilizadas em *firewalls* baseados em pacotes (Capítulo 7).
- Interfaces com usuários: Comandos somente por meio de menus ou de um *shell* restritivo, que aceita apenas comandos específicos. Um exemplo pode ser visto no uso pelo banco de dados, nos quais os usuários podem unicamente acessar determinadas partições de dados. Outro exemplo usa alguma restrição física, como a que é utilizada pelos caixas eletrônicos, que restringem a entrada de dados por meio de um teclado numérico único.
- *Labels* que indicam, por exemplo, quais dados de propriedade da organização não podem ser acessados por terceiros e quais dados públicos podem ser acessados por todos.

O controle de acesso externo, que visa proteger os recursos internos contra tentativas de acesso indesejadas, vindas do exterior (nesse caso, uma rede pública), é realizado entre os recursos a serem protegidos e as pessoas, os sistemas ou os serviços externos. Um dos principais métodos é a utilização de um dispositivo físico, como um computador, para separar os recursos internos dos externos. Alguns exemplos são o *dial-back modem*, que realiza a checagem do número de telefone de quem discou e disca 'de volta' para esse número, evitando assim a utilização do acesso remoto por usuários não autorizados. Outro exemplo clássico e um dos mais utilizados são os *firewalls*, vistos no Capítulo 7.

Diversos aspectos devem ser levados em consideração na definição do controle de acesso, para reduzir as chances de ele ser driblado. Um simples modem em um dos *workstations* da organização, por exemplo, compromete completamente o controle de acesso remoto feito pelo *dial-back modem* e também o controle feito pelo *firewall*, o que pode comprometer totalmente a segurança da organização.

11.3 Single Sign-On (SSO)

Uma das principais características de um ambiente cooperativo é que a complexidade das conexões aumenta a cada novo integrante. Com isso, os usuários passam a acessar diversas aplicações e recursos de múltiplas plataformas, aumentando ainda mais a complexidade envolvida. Tudo isso, aliado ao aumento da utilização da Internet/intranet, resulta em um grande número de senhas, que cada usuário deve utilizar para o acesso a esses recursos. O número de senhas utilizadas pelos administradores também cresce, à medida que novos serviços são fornecidos. Para evitar toda essa complexidade e esse processo trabalhoso, que influi diretamente na segurança e na produtividade dos usuários e dos administradores de sistemas, uma alternativa é o *Single Sign-On* (SSO).

Nesse contexto, passa a ser maior a necessidade de um método seguro e eficiente para a autenticação e autorização de serviços, principalmente para o perímetro externo da rede. Uma conseqüência do fato de os usuários e dos administradores de sistemas precisarem lembrar de vários nomes de acesso e senhas é o aumento da possibilidade de que eles 'guardem' senhas em locais aparentemente 'seguros' em seu ambiente de trabalho, mas que na realidade apresentam grandes riscos de serem descobertos e explorados. Além disso, eles podem confundir ou esquecer as senhas, necessitando depois da ajuda do *help-desk*, causando perda de produtividade e desperdício de recursos. Além dos problemas de segurança, o grande número de senhas faz com que a administração de todas as senhas de cada usuário se torne um processo complicado e custoso. Isso pode ser verificado, quando uma modificação nos dados de um usuário pode resultar na necessidade de atualização de múltiplas bases de dados dos diversos aplicativos.

O SSO surgiu como um método de identificação e autorização que permite uma administração consistente, de maneira que os usuários podem acessar vários sistemas diferentes, de um modo transparente e unificado, por meio de uma única autenticação. A definição do SSO, por sua vez, traz suas próprias implicações de segurança, pois com uma única senha o usuário pode acessar diversos sistemas, significando que, se essa senha for comprometida, todos os sistemas poderão sofrer com isso [TRI 98]. Uma solução de SSO pode utilizar diversas outras formas de autenticação, como certificados digitais, *smart cards*, *tokens* e biometria. Algumas soluções de SSO podem tratar somente da autenticação, ficando a autorização a cargo dos próprios serviços ou aplicações [CAR 99].

As principais características de um SSO são [TRI 98]:

- Combinação de nome de usuário e senha únicos.
- Único método de administração, centralizado ou descentralizado, no qual as mudanças são propagadas por meio dos diversos sistemas da organização.

- Sólida segurança nas sessões de *logon* e no armazenamento das informações do usuário e de sua senha.
- Integração das regras de autorização nas múltiplas aplicações.

As primeiras soluções que utilizaram as características de um SSO foram o *Kerberos*, e mesmo os *scripts* escritos para os *workstations*. O *Kerberos* tem como base *tickets* e credenciais, nos quais a conexão inicial é feita em um servidor central de autenticação.

A senha nunca trafega pela rede, eliminando, assim, as chances de ataque do tipo *replay attack* e *man-in-the-middle*. A desvantagem do *Kerberos* é que os clientes têm de ser 'kerberizados', ou seja, devem ter a implementação do protocolo, para que ele possa iniciar uma requisição de autenticação. Além disso, todos os sistemas e aplicações devem estar habilitados a aceitar *tickets*, em vez do sistema tradicional com base em senhas [TRI 98].

A outra solução, que são os *scripts* nos *workstations*, tem como base a implementação da política de acesso no próprio equipamento do usuário. A vantagem dessa solução com relação ao *Kerberos* é que não é necessária a alteração das aplicações existentes. As desvantagens incluem a necessidade de o usuário utilizar somente aquele *workstation*, o fato de a segurança ter como base o próprio equipamento (segurança física) e a vulnerabilidade dos *scripts*, que podem ser modificados pelos próprios usuários. Com isso, a política de segurança pode ser 'driblada', e é possível a obtenção do acesso a recursos inicialmente proibidos. Além disso, outra desvantagem é com relação à administração desses *scripts*, que fica evidente quando o protocolo de autenticação sofre uma alteração. Os custos com a administração são altos, pois todos os *workstations* são afetados e necessitam de atualização [TRI 98].

Algumas soluções utilizam serviços de autenticação com base na rede, nos quais o usuário inicialmente se conecta a um servidor de autenticação, passando a requisitar o acesso a sistemas individuais ou aplicações, a partir desse servidor.

Porém, isso resolve somente os problemas do usuário, aumentando a importância de uma administração eficiente, pois o administrador continua com a tarefa de cuidar de múltiplas tabelas e bases de dados dos diferentes sistemas e serviços, além do próprio servidor de autenticação central [TRI 98].

Algumas considerações sobre segurança, relacionadas ao SSO, são [TRI 98]:

- A identificação e a senha única fazem com que, caso uma senha seja descoberta, seja permitido o acesso a todos os serviços.
- O repositório central dos dados do usuário, no qual estão armazenados o nome de acesso e a senha, passou a constituir um único ponto de invasão. Caso o

hacker tenha acesso a esse repositório central, todo acesso, de todos os usuários, ficará comprometido.

- O serviço de autenticação forma um único ponto de falha, de modo que um ataque ou uma falha faz com que todos os serviços sejam comprometidos ou tornem-se indisponíveis. A replicação do serviço central de autenticação é, portanto, importante para a manutenção da disponibilidade dos serviços. O uso da criptografia é essencial para a manutenção do sigilo dos dados dos usuários.

Uma série de questões deve ser analisada na implementação de um SSO. Devido à sua complexidade e ao grande impacto de implementação, que exige esforços conjuntos e modificações em diferentes sistemas, deve ser realizado um planejamento efetivo. Alguns dos aspectos que devem ser tratados são [TRI 98]:

- Existe uma política para garantir senhas eficientes e que sejam regularmente modificadas?
- A confirmação da autenticação é necessária em certas funções, como nas transações que ultrapassam um certo valor?
- Existe o controle de *time-out*, que pede a confirmação da autenticação, em caso de um determinado tempo de inatividade?
- Existem *logs*, alarmes e travas?
- Como as tentativas de conexão inválidas são detectadas, reportadas e manipuladas?
- A política é consistente entre as plataformas e as aplicações?

Os benefícios do sucesso na implementação do SSO são o aumento na produtividade dos usuários e dos administradores de sistemas. Os usuários ganham acesso mais fácil aos recursos e os problemas com senhas, que resultam em utilização do *help-desk* (cerca de 30 a 60% das chamadas, segundo a Gartner [MAC 02]), são minimizados. Os administradores também ganham em produtividade, com a possibilidade de padronização da política de nomes de acesso/senhas e a aplicação consistente da política de segurança [TRI 98].

Uma alternativa importante para o SSO é a sincronização de senhas, que pode ser utilizada principalmente quando o grande problema da organização refere-se aos custos elevados envolvidos com o suporte técnico decorrentes de problemas dos usuários com suas senhas. Essa solução é menos complexa do que o SSO, e a principal diferença é que o usuário precisa se autenticar em cada serviço por meio de uma única senha. Quando uma senha é alterada, essa mudança é propagada para todos os servidores, por meio de um agente de servidor [CAR 99]. Outra diferença é que o

SSO requer que um software seja instalado em cada workstation, enquanto a sincronização de senhas não precisa de modificações [PSY 99].

As vantagens do uso da sincronização de senhas, além do benefício para o usuário, que precisa memorizar apenas um único nome de acesso e uma única senha, é que o sistema de sincronização não constitui um único ponto de falha. Se comparado com o SSO, a desvantagem é que o usuário necessita autenticar-se individualmente em cada sistema, de forma diferente do SSO, que precisa de uma única autenticação.

Uma alternativa que auxilia a organização com relação aos custos envolvidos com o *help desk* são os sistemas de *reset* de senhas, nos quais os usuários destravam ou renovam suas próprias senhas, via resposta a perguntas específicas, que somente o próprio usuário tem condições de responder.

A *Public Key Infrastructure* (PKI), vista na Seção 9.6, também pode ser considerada como um SSO, pois a autenticação dos usuários pode ser feita pelo certificado digital. O usuário poderia acessar os recursos por meio desse certificado digital, porém, para que isso seja possível, é necessário que esses recursos sejam compatíveis com a PKI. Com os certificados, os sistemas de autenticação podem ser integrados em uma infra-estrutura única. De fato, devido ao alto nível de segurança proporcionado pela criptografia de chaves públicas, a PKI tem uma grande importância dentro da estratégia de segurança de qualquer organização, e pode ser considerada uma solução ideal dentro de um ambiente cooperativo, principalmente por oferecer a autenticação e o não-repúdio, além de ser capaz de proporcionar o sigilo das informações.

11.4 Conclusão

O controle de acesso, com base na autenticação e na autorização dos usuários, constitui um componente essencial para a segurança das organizações. Diversos aspectos envolvidos devem ser avaliados, como os métodos utilizados no controle de acesso e melhor método de autenticação necessário para a organização. A autenticação pode ter como base alguma coisa que o usuário sabe, algo que o usuário tem ou alguma característica do usuário. A autenticação de dois fatores, que utiliza dois desses métodos, aumenta o nível de segurança e é recomendada para o acesso a informações críticas. As senhas, que são o método de autenticação mais utilizado atualmente, trazem uma série de problemas, seja de segurança ou de produtividade, tanto para o usuário quanto para os administradores de sistemas. O *Single Sign-On* (SSO) é um sistema que visa a redução desses problemas, não só de senhas, mas de qualquer outro método de autenticação, ao eliminar a necessidade de múltiplas autenticações. A sincronização de senhas também pode ser utilizada e a *Public Key Infrastructure* (PKI), ao utilizar a criptografia assimétrica, que garante um alto grau de segurança (se for corretamente implementado), também resolve muitos dos problemas que envolvem a autenticação dos usuários, constituindo um importante elemento dentro da estratégia de segurança de uma organização.

Parte III

Modelo de segurança para um ambiente cooperativo

Esta última parte apresentará nosso modelo de como obter segurança em um ambiente cooperativo, como definido anteriormente.

VPNs são peças fundamentais para várias características de ambientes cooperativos, mas a disponibilização da infra-estrutura necessária não é imediata. Em particular, a localização do servidor VPN no firewall necessita de diversas considerações.

Uma funcionalidade indispensável em qualquer aparato de segurança é a filtragem, que, com certeza, deve ser empregada para proteger as máquinas chamadas públicas da organização (DMZ) e quase sempre também é utilizada em outros pontos da barreira que separa a organização do resto do mundo. Entretanto, as regras de filtragem podem tornar-se extremamente complexas em um ambiente cooperativo, devido à multiplicidade de outras redes que devem ter privilégios extras.

O estabelecimento de segurança em um ambiente cooperativo tende a ser muito mais complexo que essas regras de filtragem e, para dar conta de todo o processo, propomos um modelo em cinco níveis hierárquicos. Para gerenciar todo o processo de segurança, tendo a possibilidade de visualizar facilmente a situação da segurança em todos os seus aspectos, propomos um Modelo de Teias. O leitor envolvido com a segurança de redes de organizações de maior porte terá a oportunidade de testar tal modelo e avaliar sua eficácia para retratar o estado corrente da segurança da sua organização. Esse modelo é especialmente útil ao passar essa informação à direção da organização ou a outros fóruns nos quais isso seja necessário, pois é muito difícil leigos entenderem o discurso do técnico em segurança.

As configurações de um ambiente cooperativo

Capítulo 12

Este capítulo tem como objetivo apresentar os diversos cenários que representam as redes das organizações, os quais, em razão de sua evolução (aumento do número de conexões), chegam até à formação do ambiente cooperativo. Será visto que a complexidade do ambiente aumenta a cada nova conexão, o que exige uma análise profunda da arquitetura e das tecnologias necessárias para a proteção do ambiente. Este capítulo analisa as diversas configurações de componentes importantes para a segurança de uma empresa, como o *firewall*, a rede privada virtual (*Virtual Private Network* — VPN), o sistema de detecção de intrusão (*Intrusion Detection System* — IDS) e a infra-estrutura de chaves públicas (*Public Key Infrastructure* — PKI), de acordo com as necessidades que vão surgindo com a evolução das conexões. As discussões deste capítulo culminam com a arquitetura do *firewall* cooperativo, que será conceituada no próximo capítulo.

12.1 Os cenários até o ambiente cooperativo

A arquitetura do *firewall* cooperativo será apresentada de acordo com um exemplo de ambiente cooperativo, pela análise das necessidades, dos problemas e das respectivas soluções propostas. Essa apresentação será realizada de modo gradual, ou seja, discutindo diversos cenários evolutivos de uma rede e das necessidades de proteção, chegando até à formação do ambiente cooperativo.

O cenário evolutivo possibilitará que as diversas etapas do crescimento das conexões de uma organização possam ser analisadas, de forma que os problemas de segurança sejam discutidos e as soluções sejam sugeridas. A complexidade das conexões pode atingir um nível elevado, de forma que podem ocorrer variações do que será apresentado nas próximas seções.

12.1.1 A rede interna

Uma organização típica tem, no início, uma rede com o objetivo de conectar seus recursos no nível interno (Figura 12.1), a fim de facilitar as tarefas básicas da organização. Nesse primeiro passo evolutivo da rede, a organização ainda não está conectada a uma rede pública, ou seja, ainda não existe nenhum acesso externo, apenas o acesso interno.

Nesse cenário, a possibilidade de ataques vindos do exterior não existe, pois, fisicamente, a rede é única e isolada. Assumindo que ninguém da organização usa um modem, os ataques aos recursos da organização podem ser efetuados apenas por meio da engenharia social e com o invasor estando fisicamente dentro da organização.

Figura 12.1 A rede interna de uma organização.

12.1.2 Conexão com a filial

A necessidade de comunicação entre a organização e suas filiais é uma constante no mundo atual. Nesse segundo passo evolutivo do ambiente cooperativo, uma conexão dedicada como o Frame Relay foi utilizada para ligar a filial à matriz (Figura 12.2).

Ao considerar que a comunicação é privada e dedicada e que a matriz e a filial fazem parte de uma mesma organização, não tendo outros tipos de comunicações, a preocupação com a segurança ainda se restringe ao mesmo caso da seção anterior, ou seja, à segurança interna.

O uso de modems pode introduzir riscos e ainda não existe nesse cenário. Além da engenharia social, outros cuidados devem ser tomados com funcionários insatisfeitos ou *insiders* (Seção 4.1.3), que podem roubar informações confidenciais ou implantar bombas lógicas em sistemas da organização (Seção 6.1). Funcionários terceirizados também devem ser tratados com a devida vigilância, pois podem acessar recursos indevidamente estando fisicamente dentro da organização.

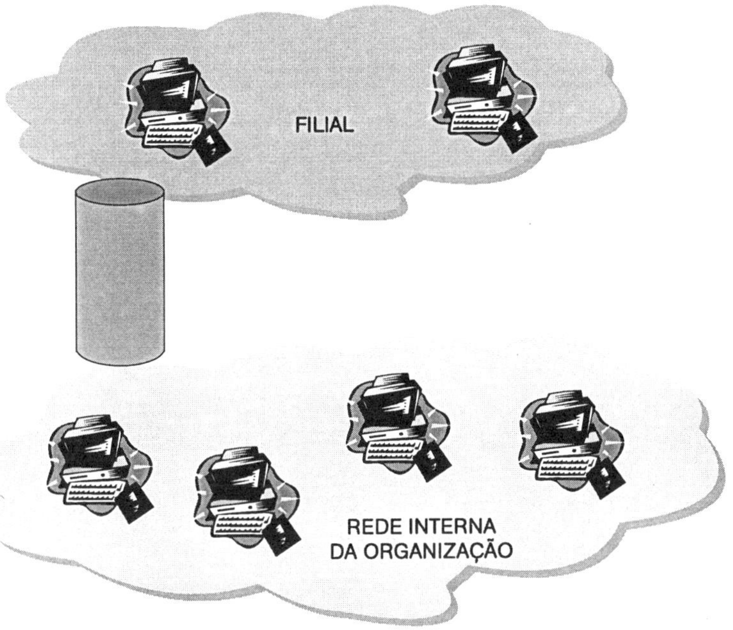

Figura 12.2 A comunicação entre organizações por meio de conexão dedicada.

12.1.3 Acesso remoto por modem

O acesso remoto à rede da organização por meio de linha discada difundiu-se rapidamente, principalmente no caso do acesso às informações quando o usuário está em um cliente ou quando o usuário trabalha remotamente de um hotel ou de sua residência, por exemplo. Uma outra situação na qual o modem é muito utilizado é no fornecimento de suporte técnico remoto e administração remota de sistemas.

A produtividade pode aumentar com o acesso remoto; no entanto, é preciso considerar que a existência de uma estrutura de acesso remoto via modem pode passar a constituir pontos de ataque, como o que resultou no ataque realizado por Kevin Mitnick. Por intermédio da engenharia social, Mitnick conseguiu números de telefones de sistemas internos e passou a utilizá-los para a realização de seus ataques. Os modems ainda constituem pontos ativos de ataque, que podem comprometer a organização, principalmente por meio da formação de um atalho que pode 'driblar' o *firewall*, se ele for mal implementado.

Assim, o acesso remoto fornecido pela organização deve contar com um método de autenticação eficiente, como o uso de *smartcards* ou de *tokens* de autenticação.

A utilização de *dial-back*, no qual a organização liga 'de volta' para o usuário, a fim de possibilitar a efetivação da conexão, de acordo com a política de segurança, também aumenta o nível de segurança do acesso remoto. Os registros de tentativas de conexões e todas as ações realizadas durante as conexões também devem ser eficazes para que uma possível auditoria seja realizada com sucesso.

É importante notar que a política de segurança (Capítulo 6) representa um papel fundamental quando o assunto são modems. Além do *pool* de modems, eventuais modems em equipamentos de alguns usuários devem ser controlados com muito mais atenção. Esses usuários podem configurar seus modems para receberem chamadas, a fim de que tenham acesso gratuito à Internet ou para que possam trabalhar em suas casas. Os riscos de invasão, nesses casos, são muito grandes; primeiro, porque o método de autenticação é ineficiente; segundo, porque a política de segurança não está implementada no *firewall*, que ainda não existe.

Assim, o uso de modems deve ser restringido ao máximo dentro das organizações. Caso algum usuário precise utilizá-lo, a política deve definir pelo menos que o cabo de rede seja desconectado enquanto o modem é utilizado. Isso fará com que, caso alguém invada o equipamento do usuário via modem, a rede interna da organização não seja também comprometida.

12.1.4 Conexão com a Internet

Os problemas de segurança passaram a ser maiores e mais evidentes após o advento da Internet. É possível observar, por exemplo, que o crescimento dos incidentes de segurança aumentou exponencialmente, junto com o crescimento da Internet. Isso pode ser verificado porque, a partir do momento em que o acesso à Internet passa a integrar a rede da organização, o inverso também se torna verdadeiro, ou seja, qualquer pessoa pela Internet também pode acessar a rede da organização. Nesse ponto, o *firewall* (Capítulo 7) torna-se, assim, um componente essencial para as organizações que possuem qualquer tipo de acesso à Internet (Figura 12.3).

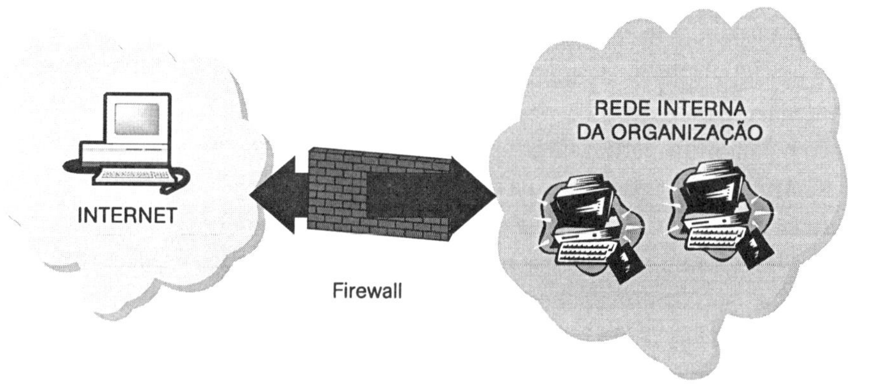

Figura 12.3 A necessidade do firewall nas conexões com a Internet.

Nesse primeiro momento, quando o acesso à Internet é utilizado somente para que os usuários da organização acessem informações da grande rede, o *firewall* deve isolar a rede da organização contra todas as tentativas de acesso externo, vindas da Internet, que, de fato, não são necessárias nesse cenário. É necessário apenas permitir o acesso dos usuários internos à Internet, e não o inverso. As regras de filtragem do *firewall*, assim, são bem simples, bastando bloquear tudo o que vem da rede pública, permitindo apenas as conexões com origem na rede interna e os serviços permitidos pela política de segurança.

A segurança do ambiente pode ser aumentada se o *firewall* for constituído por *proxies* para serviços como HTTP e FTP, por exemplo. Eles são importantes porque podem mascarar o endereço de IP de todos os usuários (o *proxy* utiliza seu próprio endereço), realizar a filtragem no nível de aplicação (bloqueando o acesso a páginas Web impróprias, por exemplo) e exigir que o usuário realize a autenticação para que possa ter acesso aos serviços. Outra vantagem é que os registros para a auditoria passam a ser mais completos, quando comparados com os registros criados pelos filtros de pacotes ou de estados.

Nesse cenário, o *Network Address Translation* (NAT) também pode ser utilizado juntamente com a utilização de endereços reservados do RFC 1918 na rede interna. A vantagem da utilização do NAT é que, além de possibilitar maiores espaços de endereçamento, por usar endereços de IP reservados, o roteamento para essa rede não existe. Assim, o mapeamento da rede interna e os ataques a *hosts* internos passam a ser mais difíceis de serem executados.

12.1.5 Provisão de serviços para a Internet

As regras de filtragem simples dos *firewalls* passam a tornar-se mais complexas a partir do momento em que a organização começa a fornecer serviços para toda a comunidade da Internet. Neste cenário, os usuários externos acessam recursos da organização, como os servidores Web, servidores FTP e servidores de e-mail (Figura 12.4).

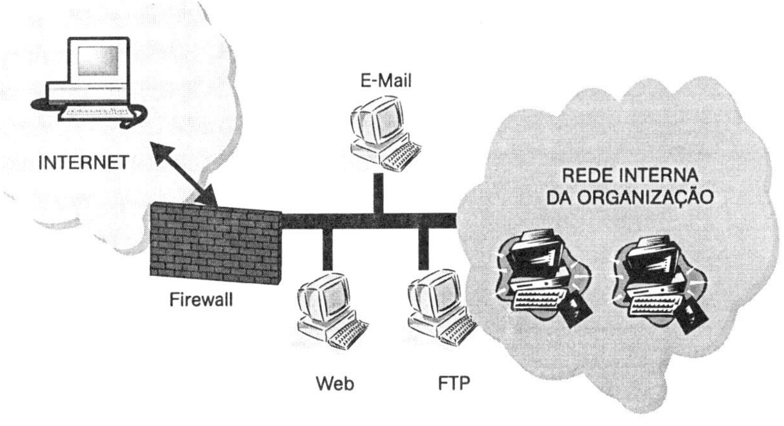

Figura 12.4 A organização provendo serviços para usuários externos.

A primeira definição que deve ser feita é quanto à localização dos servidores, que deve levar em consideração tanto a proteção do ambiente quanto a acessibilidade. A questão de onde se devem localizar os servidores culminou no conceito de zona desmilitarizada (*Dismilitarized Zone* — DMZ, Capítulo 7), que forma uma zona de proteção em que o sucesso de um ataque contra os servidores não implica no comprometimento da rede interna da organização.

Na Figura 12.4, pode-se observar que o comprometimento de um dos serviços fornecidos pela Internet resulta no acesso automático do *hacker* aos recursos internos da organização. Isso significa que, sem a DMZ, o sucesso de um ataque a um dos servidores faz com que o *hacker* tenha o acesso a toda rede da organização. A DMZ evita esse tipo de risco, ao criar uma sub-rede formada por duas barreiras, como pode ser visto na Figura 12.5. Com a DMZ, caso o *hacker* passe pela primeira barreira e ataque um dos serviços fornecidos, ainda existe a segunda barreira a ser vencida para que ele tenha acesso aos recursos internos da organização. Esse *firewall* (Figura 12.5) poderia ser composto, como foi visto no Capítulo 7, por um filtro de estados na Barreira 1 e de *proxies* na Barreira 2. Essa foi a arquitetura utilizada na configuração do LAS-IC-Unicamp, que será apresentada no Capítulo 13. Como nesse cenário não existem acessos à rede interna da organização vindos da Internet (a não ser as respostas das requisições feitas pelos usuários internos), o *proxy* da Barreira 2 cumpre bem esse papel, autenticando os usuários internos e controlando todos os tipos de acesso. As regras de filtragem da Barreira 1 também devem refletir o cenário, permitindo os acessos somente da Internet para os servidores (Web, FTP e e-mail), e as requisições dos usuários internos, que são representados pelo *proxy*.

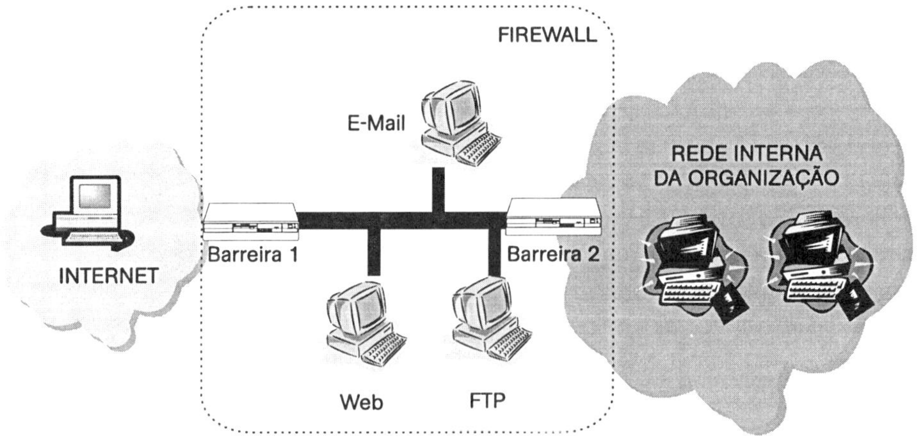

Figura 12.5 As duas barreiras que formam a DMZ do *firewall.*

As duas barreiras que formam a DMZ podem ser colocadas nas interfaces de um *firewall*, ou seja, o *firewall* pode ser composto por um único equipamento, que, por sua vez, pode incorporar os *proxies* e o filtro de pacotes. Isso pode ser observado na Figura 12.6. Nessa configuração, as regras de filtragem devem ser definidas para cada interface específica. A questão que se tem aqui é com relação à melhor configuração: o ideal é utilizar a arquitetura da Figura 12.5 ou a arquitetura da Figura 12.6?

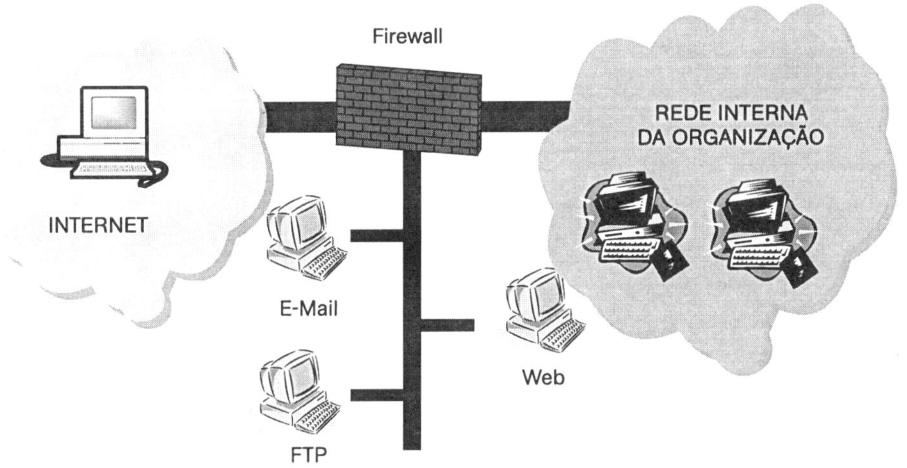

Figura 12.6 O *firewall* composto por três interfaces de rede.

Pode-se verificar que, nas duas arquiteturas, os serviços são fornecidos por meio da DMZ. A diferença é que, na Figura 12.5, o *firewall* é composto por dois componentes (Barreira 1 e Barreira 2), além da DMZ. Já na Figura 12.6, o *firewall* é formado por um único componente com três interfaces de rede.

Mas será que existem diferenças quanto ao nível de segurança entre as duas arquiteturas? É possível observar, no Capítulo 4, que os *bugs* podem resultar em acesso não autorizado por meio da exploração de *buffer overflow*, de condições inesperadas, de entradas não manipuladas ou de *race conditions*. No Capítulo 3, foi discutido que a complexidade é inversamente proporcional ao nível de segurança dos sistemas. No Capítulo 7, foi mostrado que a complexidade dos *firewalls* vem aumentando pela combinação de diversas funcionalidades em um único equipamento. Essa observação é coerente, uma vez que a complexidade traz maiores possibilidades de erro em sua implementação, que resultam em *bugs* que podem ser explorados, diminuindo, assim, o nível de segurança do sistema. E o que vem aumentando a complexidade dos *firewalls* é a adição de novas funcionalidades.

Assim, a melhor condição para um *firewall* é que ele seja o mais simples possível. Essa condição é satisfeita pelas duas arquiteturas, se forem consideradas as tecnologias básicas que funcionam como barreira na rede da organização (filtros de pacotes, filtros de pacotes baseados em estados e *proxies*). Os filtros de pacotes e os baseados em estados atuam no *kernel* do sistema operacional, sendo extremamente simples, com a mínima possibilidade de *bugs* que podem ser explorados. As *race conditions*, que podem resultar na inconsistência de informações, não aparecem nos filtros. Além disso, o *buffer overflow* não pode ser explorado, pois os pacotes IP são regidos pelo *Maximum Transfer Unit* (MTU), ou seja, pacotes com tamanho grande não podem ser utilizados sem que antes sejam divididos em unidades menores. E também os *proxies*, que atuam na camada de aplicação, dificilmente contêm erros, pois a maioria deles realiza apenas a função de *relay*, no nível de circuitos, entre o cliente e o servidor. Os *proxies* de aplicação podem realizar algumas filtragens no conteúdo dos pacotes. Porém, como esses pacotes não ultrapassam o tamanho determinado pela MTU, não podem sofrer com o *buffer overflow*, além da situação de *race condition* também não existir.

Dessa maneira, pode-se afirmar que a arquitetura 2 (Figura 12.6) é tão segura quanto a arquitetura 1 (Figura 12.5), apresentando a vantagem de facilitar a administração, devido ao menor número de equipamentos a serem gerenciados. O que deve ser lembrado é que nenhum outro serviço deve estar sendo executado no equipamento, pois esse novo serviço traz consigo as próprias vulnerabilidades e novas condições que podem ser exploradas.

O desempenho da arquitetura 2 pode sofrer algumas alterações, sobretudo em um ambiente complexo, como o ambiente cooperativo, que tem como característica o grande número de conexões. Porém, deve ser dada a devida importância à segurança, sendo o desempenho um fator secundário. Caso o desempenho também seja necessário, mais equipamentos podem ser utilizados, para que a carga seja distribuída entre eles.

Assim, implementando-se uma das configurações vistas nesta seção, a organização estará apta a acessar serviços pela Internet e também a fornecer serviços para os usuários externos de uma forma segura.

12.1.6 Provisão de acesso do banco de dados

Seguindo os passos da evolução, a organização passa a ter a necessidade de fornecer informações mais específicas para seus usuários, como sobre o estado de um pedido, por exemplo. Esse tipo de informação — que é normalmente específica e confidencial, e, portanto, deve ser protegida contra o acesso indevido — faz com que maiores cuidados sejam tomados com relação à localização do banco de dados. Além da localização, um outro ponto importante é a escolha do método de autenticação utilizado para que o acesso seja autorizado (Capítulo 11). Além disso, os registros das tentativas de acesso e das transações realizadas em cada acesso também devem ser completos e seguros, principalmente para facilitar as investigações futuras, via forense computacional.

A localização do banco de dados na DMZ, como um *bastion host,* pode ser uma opção (Figura 12.7). Porém, sabe-se que os recursos residentes na DMZ possuem o acesso público externo permanente, sendo, portanto, alvo de tentativas de ataque. Normalmente, o banco de dados é acessado por meio do servidor Web; porém, caso a Barreira 1 permita o acesso direto ao recurso, ele pode ser alvo de ataques de 'força bruta'. Caso não haja alternativa e o banco de dados tiver de ser localizado na DMZ, a Barreira 1 deverá estar implementada corretamente. O ideal é que a configuração do *firewall* não permita que nenhum tráfego passe diretamente pela Internet para o banco de dados, pois ele deverá ser acessado somente pelo servidor Web, que contém a aplicação que acessa o banco de dados.

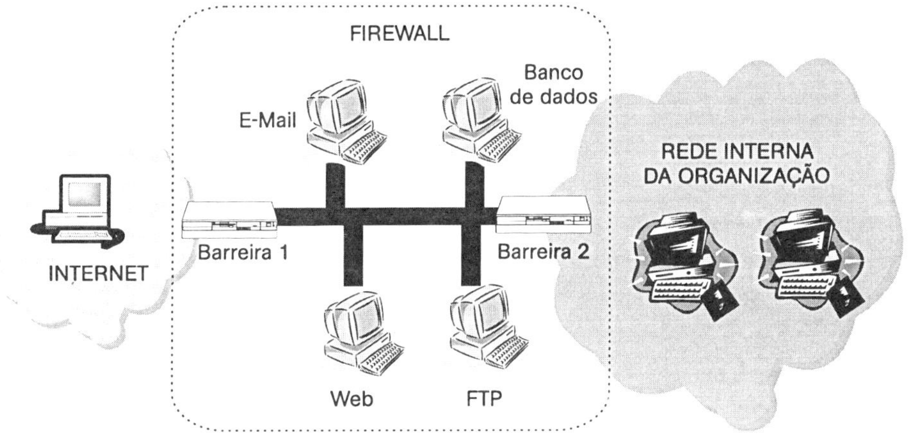

Figura 12.7 O servidor de banco de dados na DMZ.

Nessa arquitetura, em que o banco de dados está na DMZ, as informações correm risco, no caso de qualquer um dos serviços da DMZ ser atacado. Ataques de 'força bruta', *sniffing* de pacotes, seqüestro de conexões e ataques diretos ao servidor podem ser executados nesse contexto.

Outro ponto que deve ser considerado na definição da arquitetura é quanto ao modo como as informações do banco de dados serão atualizadas ou recuperadas pela organização. Caso seja realizada a replicação para um banco de dados interno ou mesmo um *backup*, um canal de comunicação entre a DMZ e a rede interna deve ser estabelecido por meio da Barreira 2. Se esse canal for iniciado pelo servidor da DMZ, ele poderá ser, eventualmente utilizado também pelo *hacker* para a realização de ataques à rede interna. Se o canal for iniciado pelo servidor interno, a solução não será online, pois as atualizações devem ser realizadas em *batch,* de tempos em tempos.

A segunda opção para a localização do banco de dados é na rede interna da organização, como pode ser visto na Figura 12.8.

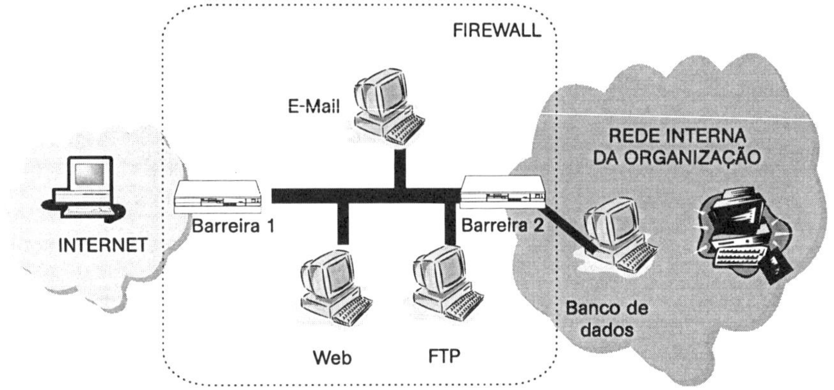

Figura 12.8 O servidor de banco de dados na rede interna da organização.

Essa configuração, porém, dá a impressão de que um ataque ao servidor de banco de dados resulta no acesso à rede interna da organização, o que, de fato, é verdade. Porém, o risco pode ser minimizado mediante o correto desenvolvimento e a correta implementação da política de segurança no *firewall*. A idéia, nesse caso, é fazer com que a segunda barreira permita passar apenas o tráfego referente à conexão entre o servidor Web e o servidor de banco de dados, não permitindo o acesso direto ao banco de dados. Assim, para que o *hacker* tenha acesso não autorizado à base de dados, será necessário, primeiramente, comprometer o servidor Web e depois o servidor de banco de dados. É importante, ainda, lembrar que a autenticação deve fazer parte desse esquema de acesso aos dados (Capítulo 11). A replicação da base de dados não é necessária nessa arquitetura, pois ela se encontra na rede interna da organização.

Uma terceira configuração que pode trazer maior nível de segurança à organização é a utilização de uma segunda rede DMZ, como pode ser visto na Figura 12.9.

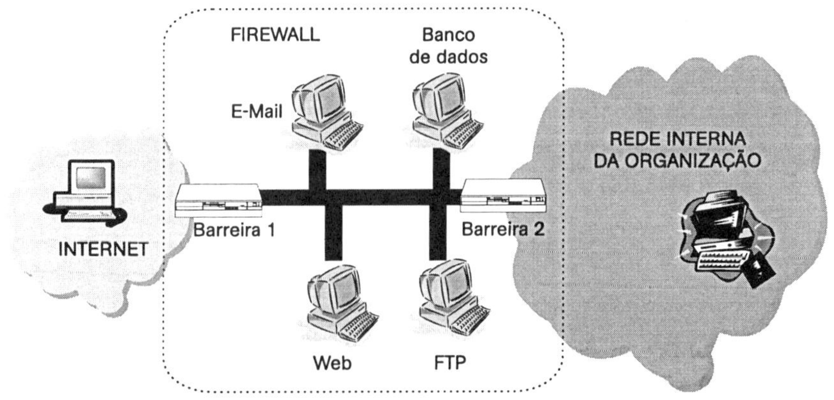

Figura 12.9 A utilização de uma segunda DMZ para o servidor de banco de dados.

Essa arquitetura tem o mesmo grau de segurança da arquitetura da Figura 12.8, com relação à base de dados da organização. A vantagem é que essa nova arquitetura, com uma nova DMZ, evita o problema do comprometimento da rede interna da organização, caso um ataque ao servidor de dados tenha sucesso. A mesma arquitetura, utilizando um único componente de *firewall*, com quatro interfaces de rede, pode ser vista na Figura 12.10. Quanto à replicação da base de dados, ela pode não ser necessária, pois poderá ser acessada diretamente a partir da rede interna, por meio de um canal de comunicação configurado pela Barreira 2.

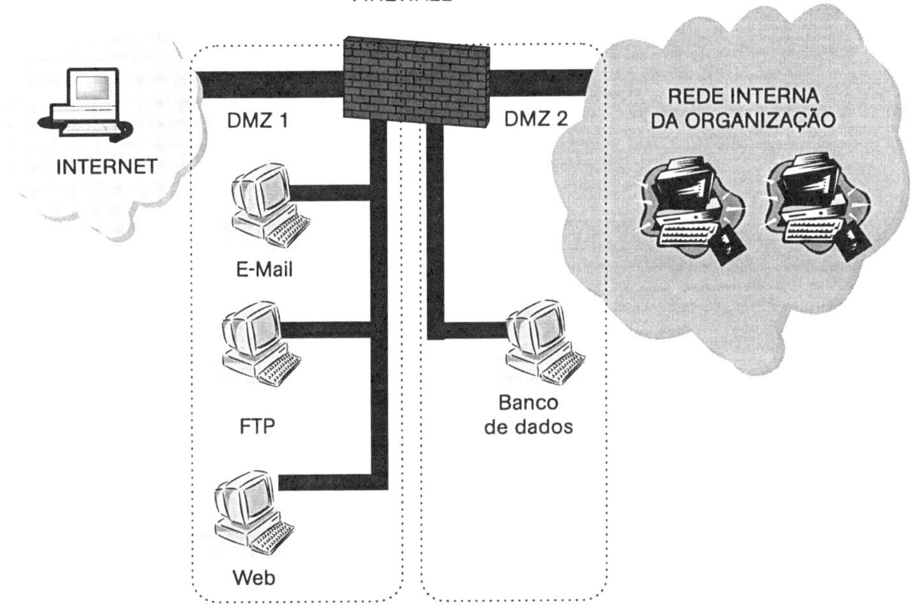

Figura 12.10 Duas DMZs em um único componente de *firewall*.

Um ponto importante a ser considerado quando informações críticas são acessadas via Internet, como é o caso desse exemplo, é que devem ser transportadas por meio de um canal seguro. A utilização do SSL, portanto, é fundamental para esses casos.

12.1.7 Implicações da conexão com uma filial

Neste ponto da evolução de um ambiente, a organização tem o acesso à Internet e fornece serviços para os usuários, sendo um deles o acesso às informações consideradas confidenciais. Nesta seção, serão analisadas as implicações de segurança envolvidas com uma conexão dedicada estabelecida com a filial (Figura 12.11).

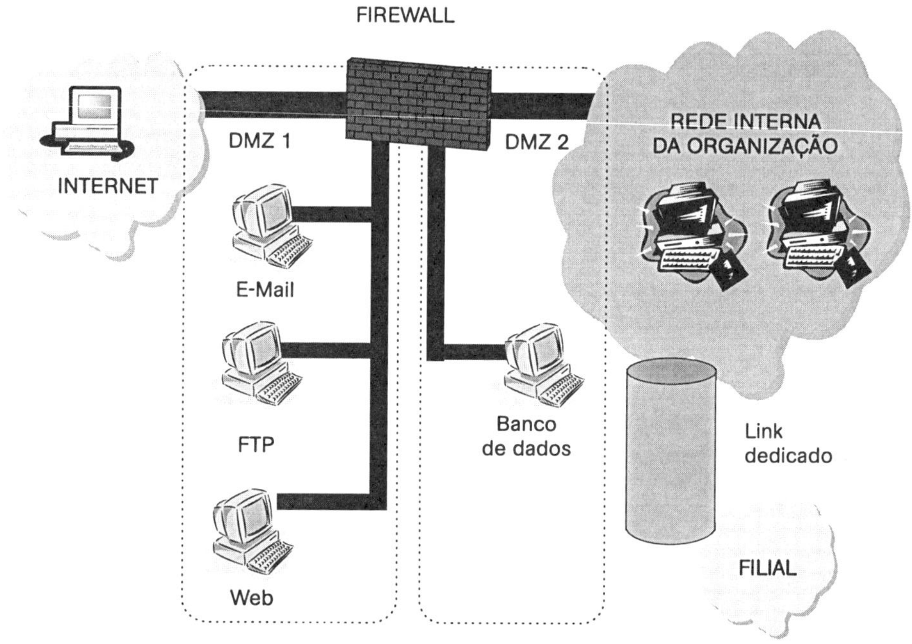

Figura 12.11 A arquitetura da organização, com o acesso à Internet e à filial.

O que influi diretamente no nível de segurança dessa arquitetura são as conexões existentes na filial. Na arquitetura da Figura 12.11, pode-se ver que a filial não possui nenhum outro tipo de conexão, de modo que tudo está de acordo, ou seja, os ataques originários externamente são improváveis. Assim, pode-se considerar a segurança como estando no nível interno, assumindo-se que as regras de filtragem do *firewall* estão definidas de modo a proteger a rede interna da organização (Seção 12.1.6). Porém, a existência de outras conexões na filial pode colocar em risco a rede interna da organização, como pode ser visto na Figura 12.12.

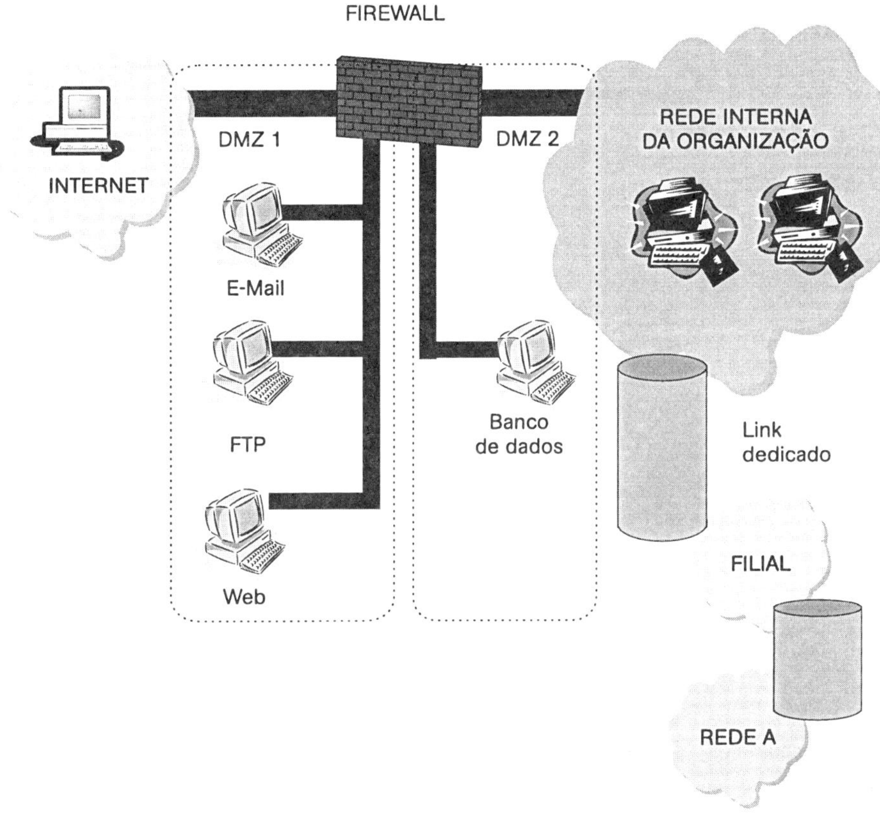

Figura 12.12 Os riscos envolvidos com as múltiplas conexões.

Na arquitetura da Figura 12.12, a rede interna da organização corre o risco de sofrer o acesso não autorizado dos usuários da Rede A, que podem chegar à rede interna por meio da rede da filial. Esse tipo de risco é conhecido como triangulação, onde a rede da filial é utilizada para o ataque à rede da organização. Essa situação pode tornar-se ainda mais grave caso a Rede A tenha acesso à Internet sem a proteção necessária (Figura 12.13). Os riscos aumentam de uma forma explosiva, pois, dependendo da proteção existente na Rede A, qualquer um da Internet pode ter acesso direto à rede da organização, passando pela rede da filial.

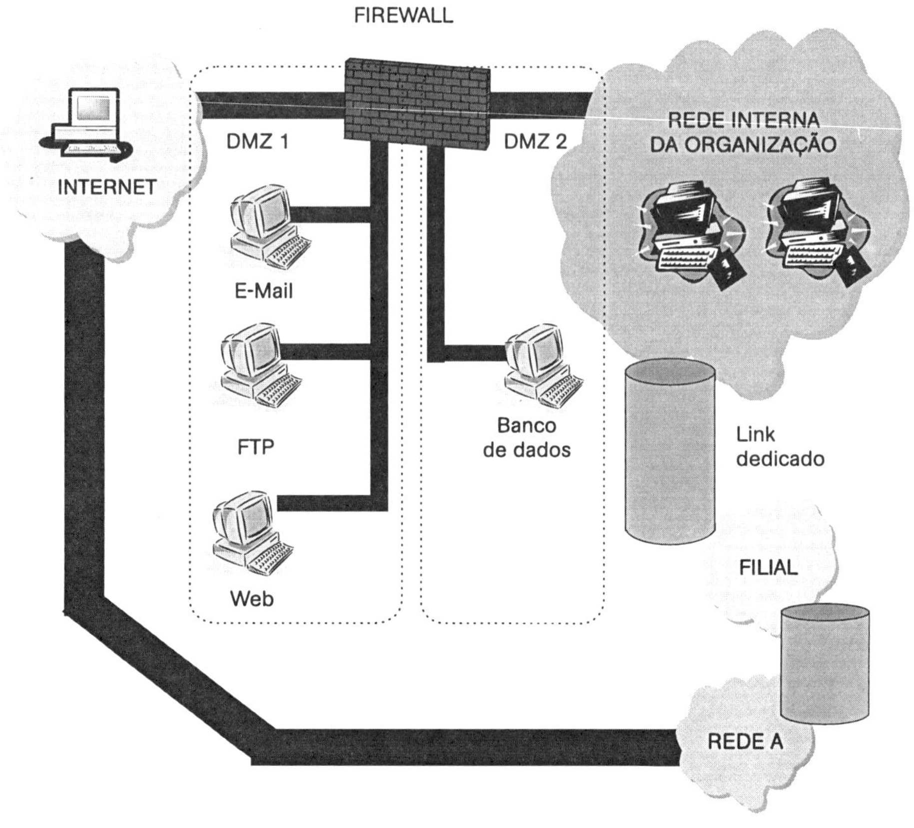

Figura 12.13 Múltiplas conexões envolvendo a Internet.

Nessa arquitetura (Figura 12.13), qualquer usuário da Internet pode chegar à rede interna da organização passando antes pela Rede A, depois pela filial, até chegar à rede interna. Pode-se observar que o *firewall*, implementado para proteger a rede interna contra o acesso não autorizado, passa a não ter função nenhuma. O *hacker* pode 'driblar' o *firewall*, acessando a rede interna por meio da passagem pela Rede A e pela rede da filial, em um exemplo clássico de triangulação.

Na realidade, essas duas etapas (passagem pela Rede A e pela rede da filial) não são necessárias, caso a própria filial tenha acesso à Internet. Como pode ser visto na Figura 12.14, essa é uma configuração reconhecidamente perigosa, pois a filial não tem, neste exemplo, os mesmos mecanismos de segurança da rede interna da organização, ou seja, a filial não dispõe do *firewall*.

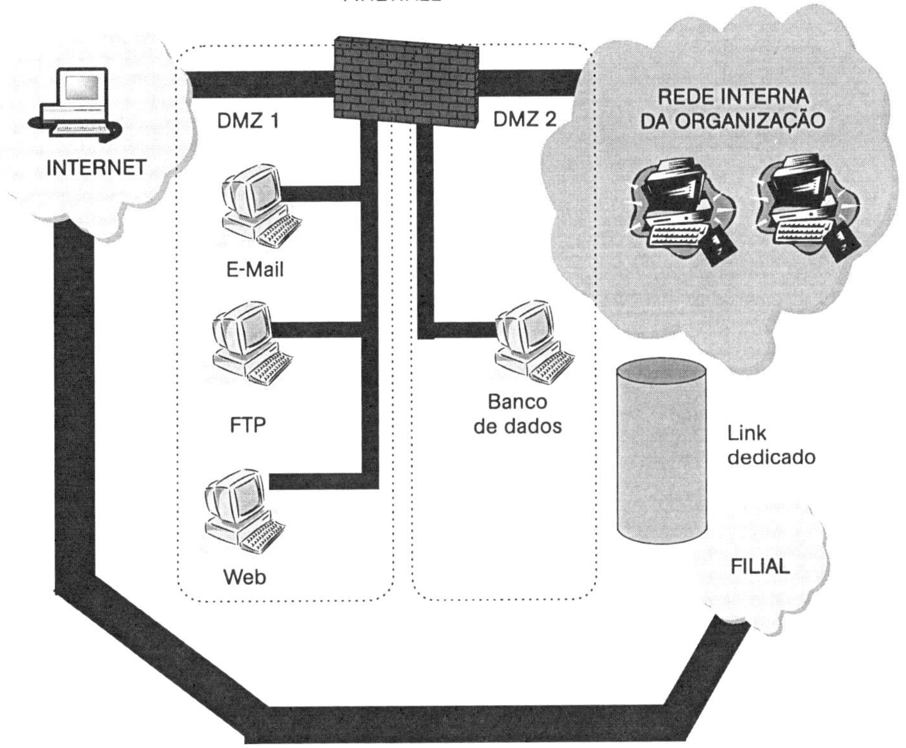

Figura 12.14 Mecanismos de segurança que não são equivalentes, entre matriz e filial.

Neste ponto, já se pode visualizar o início de um ambiente cooperativo, no qual o que foi discutido no Capítulo 6, a política de segurança em ambientes cooperativos, passa a ser aplicável.

Se for levado em consideração que cada organização deve cuidar da sua própria segurança, o que de fato foi a conclusão obtida no Capítulo 6, então a abordagem a ser seguida é a implementação de um *firewall* entre a filial e a rede interna da organização. Assim, mesmo que a filial sofra um ataque, os riscos quanto à rede interna podem ser minimizados. De fato, essa é uma abordagem que deve ser seguida (*firewall* interno). Porém, em se tratando de uma mesma organização, geralmente uma outra abordagem é adotada. A opção mais empregada é a utilização da mesma configuração da borda de rede da matriz na borda de rede da filial, com a conexão entre a matriz e a filial permanecendo aberta.

Porém, a duplicação de esforços para que a rede da filial tenha o mesmo nível de segurança da rede interna da organização (com *firewall* na matriz e também na filial) significa altos custos de implementação e gerenciamento. Assim, ela é difícil de ser justificada em casos nos quais os usuários da filial precisam ter acesso somente aos serviços básicos da Internet, como Web, FTP e e-mail.

Desse modo, a configuração mais utilizada, a princípio, é a que pode ser vista na Figura 12.15, na qual o acesso à Internet dos usuários da filial é realizado usando-se a estrutura da matriz. Esse acesso é feito por meio da conexão dedicada à rede interna da organização, onde, a partir daí, o acesso à Internet é permitido, passando-se pelo *firewall*.

Essa arquitetura não resulta em nenhuma implicação de segurança, pois a filial não possui outros tipos de conexões, uma vez que todas as comunicações são realizadas por meio da rede interna da organização, que está protegida contra acessos externos indevidos pelo *firewall*. A desvantagem dessa arquitetura é que uma conexão dedicada (mais cara do que uma conexão Internet) é utilizada tanto para o tráfego de informações de negócios quanto para o tráfego de serviços básicos da Internet.

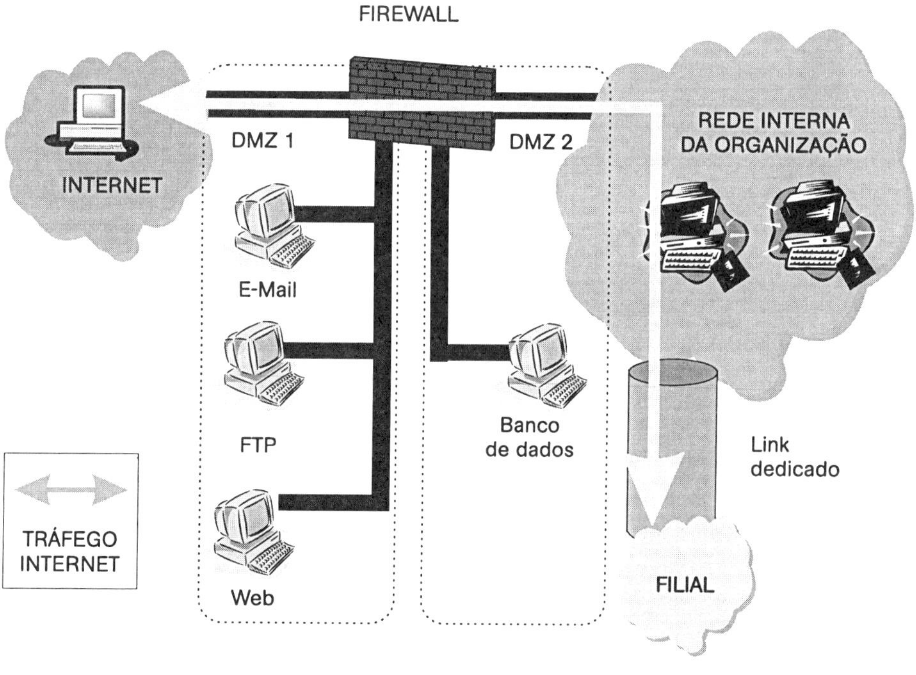

Figura 12.15 Acesso à Internet, pela filial, por meio de linha dedicada.

12.1.8 Utilização da VPN

A utilização de uma conexão dedicada para o tráfego na Internet resulta em custos muito altos, sobretudo em uma organização em que a filial tem um grande número de usuários. Assim, a organização deve considerar a idéia de utilizar uma conexão direta com a Internet na filial, para que a conexão dedicada possa ser economizada. Uma idéia é a utilização da VPN para realizar essa função (Figura 12.16). Utilizando-se a VPN, o túnel é criado no *gateway* da rede da filial e finalizado no *gateway* da rede da matriz. Esse tipo de conexão, que é feito entre duas redes organizacionais, é conhecido como *gateway-to-gateway VPN* (Capítulo 10).

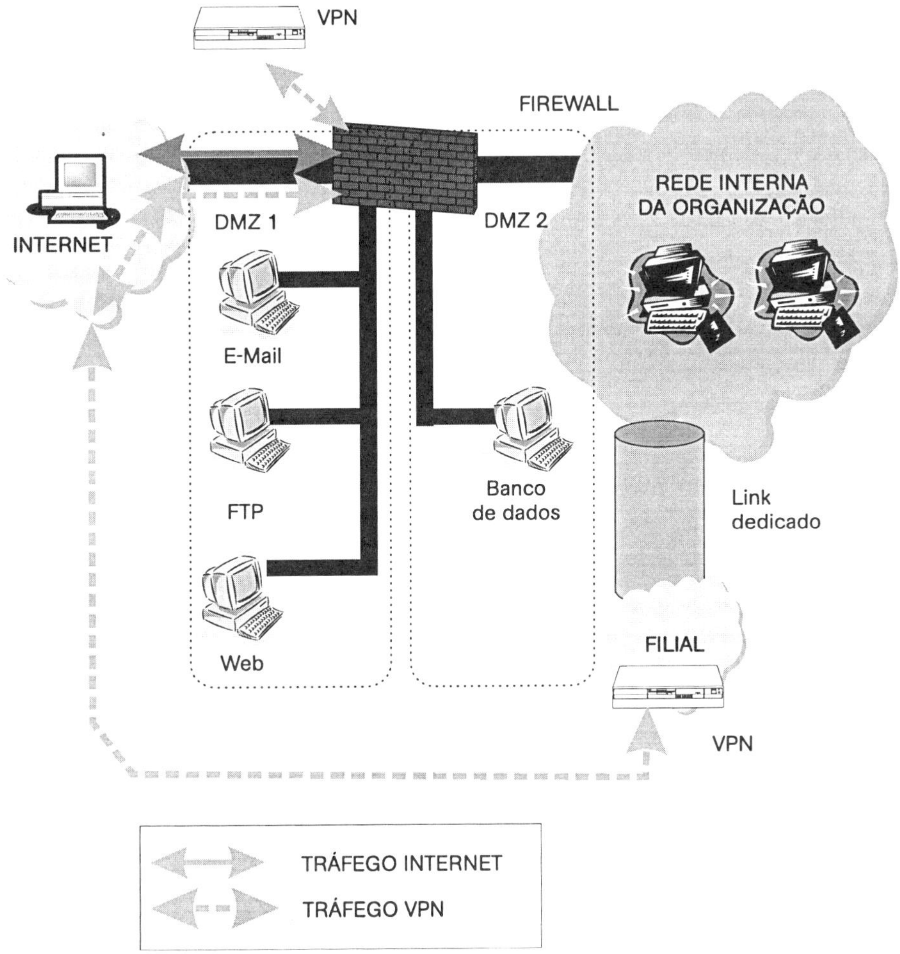

Figura 12.16 Acesso à Internet, pela filial, por meio de VPN.

Porém, pode-se verificar que essa alternativa é totalmente desnecessária, no caso do acesso apenas aos serviços da Internet. Isso ocorre porque o primeiro passo para a utilização da VPN é a necessidade de uma conexão com a Internet, por onde o túnel virtual é criado.

Na arquitetura da Figura 12.16 surgem duas questões essenciais para a segurança da organização:

1. Em que consiste a VPN que funciona no *gateway* da filial?
2. Como deve ser a configuração da VPN no *firewall*?

Pode-se observar que o tráfego da Internet nessa conexão é gerado de modo a desperdiçar recursos, pois a requisição do usuário da filial passa pelo túnel virtual, vai até a Internet, chega ao *firewall* da matriz e vai até o dispositivo de VPN. No dispositivo VPN da matriz, o túnel é desfeito e a requisição chega novamente à Internet, dessa vez até o seu destino.

O caminho inverso da resposta é feito da mesma maneira, ou seja, a resposta retorna ao *firewall*, no qual o encapsulamento da resposta é feito pela VPN, e a resposta é enviada pelo túnel para a Internet. Na filial, o dispositivo VPN abre o túnel e direciona o tráfego para o seu destino (origem da requisição), ou seja, o usuário da filial. Pode-se observar que o mesmo pacote de requisição e resposta passa três vezes pela Internet. Em circunstâncias normais, existe uma única passagem pela Internet, bidirecional, que é a requisição e a resposta direta ao cliente.

A utilização da VPN somente para o tráfego de serviços básicos da Internet passa, assim, a ser injustificável, a não ser que o sigilo desses dados seja uma exigência essencial, o que pode ocorrer no caso da transferência de e-mails entre a matriz e a filial pela Internet. Nesse caso, a segurança do tráfego de e-mail passa a ser equivalente à utilização da conexão dedicada.

Porém, independentemente da justificativa com relação à sua utilização, o ponto primordial a ser considerado nessa arquitetura surge a partir da primeira questão, referida anteriormente: em que consiste a VPN que funciona no *gateway* da filial? Essa questão surge porque o ponto fundamental a ser tratado quando uma organização passa a se comunicar diretamente com a Internet é a seguinte: se existe o acesso à Internet, então, o controle de borda, realizado pelo *firewall*, deve existir, para que qualquer acesso indevido seja evitado.

Levando-se isso em consideração, será que, na arquitetura vista anteriormente (Figura 12.16), as funcionalidades da VPN são acompanhadas pela proteção de borda, ou seja, será que o dispositivo de VPN está fazendo também o papel de *firewall*?

Não é o que está representado na Figura 12.16, e essa questão é relevante, uma vez que, como foi mostrado no Capítulo 7, o *firewall*, muitas vezes, é considerado erroneamente como a solução de todos os problemas de segurança. E a arquitetura demonstrada parece aproveitar-se dessa afirmação, ao fazer com que o tráfego passe obrigatoriamente pelo *firewall* da matriz, como se assim o nível de segurança fosse assegurado.

Mas, considerando que quando a conexão com a Internet existe, o *firewall* também deve existir, utilizar a VPN para que o *firewall* da matriz seja utilizado não faz sentido. De fato, o *firewall* precisa existir na rede da filial de qualquer modo, devido à necessidade de proteção contra os ataques vindos a partir dessa conexão com a Internet. Esse *firewall* necessário na rede da filial pode ser implementado de uma maneira extremamente simples, pois nenhum serviço é fornecido pela filial, mas sim apenas pela matriz.

Assim, o *firewall* apresentado na Figura 12.3 pode resolver o problema do acesso à Internet feito pela filial, sem comprometer a segurança da matriz. As regras de filtragem desse *firewall* devem possibilitar somente que os pacotes dos serviços básicos permitidos para os usuários internos passem pelo filtro.

Já a VPN pode ser utilizada para o tráfego de e-mails entre a matriz e a filial, por exemplo, além de ser possível também utilizá-la como canal de troca de documentos com informações confidenciais. A Figura 12.17 mostra a configuração ideal para esse cenário.

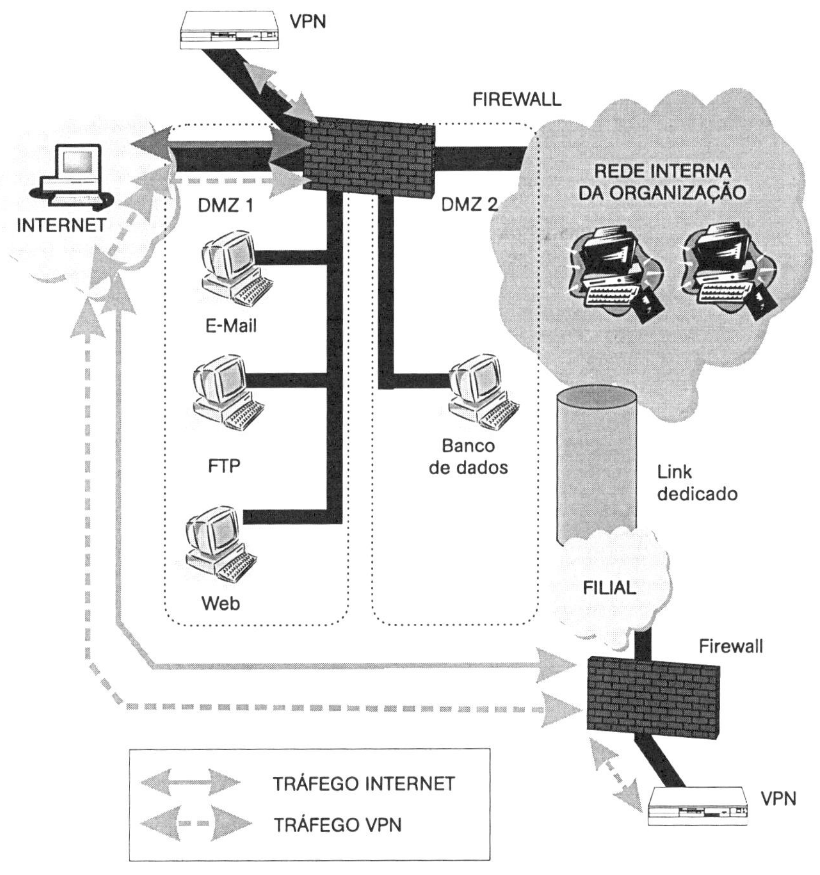

Figura 12.17 Acesso à Internet em conjunto com VPN.

O que foi abordado responde à primeira questão, faltando ainda resolver a segunda questão que surge com a utilização da VPN: como deve ser a configuração da VPN no *firewall*? As possibilidades de configurações do VPN com relação ao *firewall* serão discutidas na Seção 12.2.

12.1.9 Conexão com um fornecedor

Foi mostrado, claramente, que a complexidade da arquitetura de segurança aumenta à medida que novas necessidades de conexões vão aparecendo. Essa complexidade passa a ser maior e mais séria quando se deve proporcionar o acesso a algum recurso da rede interna. Um caso típico é quando um fornecedor deseja acessar informações internas da organização referentes a estoques, por exemplo. Esse tipo de acesso pode ser realizado por meio de uma aplicação específica e a exigência básica é que as informações não podem trafegar sem o uso de criptografia pela rede. Além disso, é também necessário garantir a integridade dessas informações, para que uma eventual alteração no meio do caminho entre o servidor e o cliente não resulte em maiores impactos. Também se deve combater as possibilidades de ocorrer um ataque do tipo *man-in-the-middle*. Outra necessidade básica é garantir que apenas os usuários legítimos tenham acesso ao serviço.

A primeira alternativa de configuração que permite ao fornecedor acessar o banco de dados de estoques, que está localizado na rede interna, é por meio de um túnel de VPN, como pode ser visto na Figura 12.18.

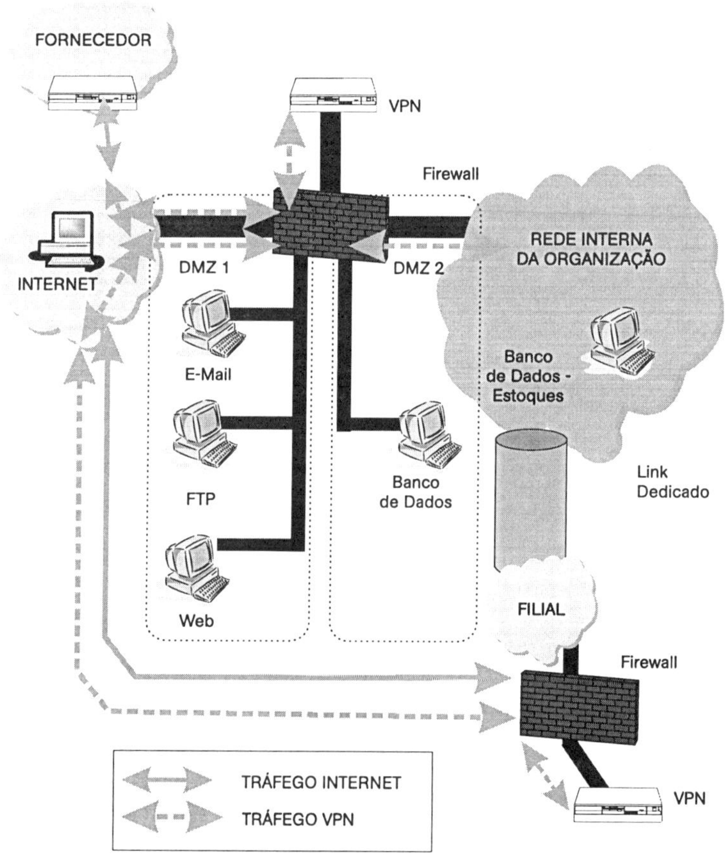

Figura 12.18 Aumento da complexidade das conexões.

O túnel IPSec protege toda a comunicação que passa pela Internet, e o controle de acesso realizado em conjunto pela VPN e pelo *firewall* permite que somente os fornecedores acessem apenas o banco de dados de estoques. É interessante notar, nesse caso, o aumento do bolsão de segurança da organização. Antes restrito à DMZ 1 e à DMZ 2, agora o bolsão inclui o banco de dados de estoques, que está na rede interna.

Uma alternativa de arquitetura para essa situação é o acesso do fornecedor pelo servidor Web, com o banco de dados de estoques sendo localizado na DMZ 2, como foi discutido na Seção 12.1.6. Porém, essa arquitetura tem suas limitações de segurança. Elas estão relacionadas ao canal seguro baseado em SSL que é estabelecido entre o fornecedor e o servidor Web. Como o SSL funciona na camada de aplicação, ou seja, acima da camada TCP e, conseqüentemente, acima da camada IP, qualquer usuário da Internet pode estabelecer uma conexão com o servidor Web. Com isso, a segurança da solução passa a depender, essencialmente, do método de autenticação escolhido. Essa abordagem é diferente da arquitetura em que o IPSec é utilizado na VPN. Como foi visto no Capítulo 10, utilizando-se o IPSec, a segurança passa a existir na própria conexão, e apenas o fornecedor consegue estabelecer a conexão com o banco de dados de estoques, por meio do controle de acesso implementado.

Pode-se observar na Figura 12.18 que a complexidade das conexões é muito grande em um ambiente cooperativo, e ela aumenta ainda mais devido à existência de um número ainda maior de níveis de conexões diferentes (*telecommuters*, revendas, clientes, parceiros comerciais etc.). Quando existem, por exemplo, dez níveis de conexões diferentes, a política de segurança torna-se difícil de ser desenvolvida e, principalmente, de ser implementada. Uma discussão sobre a complexidade relacionada aos ambientes cooperativos será feita no Capítulo 13, que inclui também discussões sobre as dificuldades na definição das regras de filtragem e sobre uma maneira de simplificá-las.

12.1.10 Provisão de autenticação via autoridade certificadora

Ao mesmo tempo em que o número de diferentes conexões aumenta, a autenticação dos usuários torna-se mais complicada, sendo essencial que um método eficiente de autenticação seja utilizado. Como foi visto no Capítulo 11, a autenticação com base em certificados digitais pode ser considerada uma solução ideal para o ambiente cooperativo. De fato, uma solução baseada apenas no SSL e em um outro método de autenticação, como a senha de acesso, garante apenas que o servidor Web seja certificado digitalmente, não garantindo a certificação do usuário e, conseqüentemente, o não-repúdio também não é assegurado.

Essas são propriedades importantes para a segurança no acesso a informações críticas, comuns em ambientes cooperativos, que podem ser endereçadas pelos certificados digitais emitidos por uma autoridade certificadora (CA). Em uma arquitetura em que a autenticação tem como base os certificados digitais, a autoridade certificadora de uma infra-estrutura de chaves públicas (PKI, Seção 9.6) pode atuar em conjunto com a VPN. As regras de filtragem do *firewall* devem ser definidas de modo que a VPN, e apenas ela, se comunique com a CA para que as autenticações tenham validade. Em uma variação da arquitetura, na qual a VPN não é utilizada, o servidor Web, e apenas ele, deve comunicar-se com a CA.

A posição da CA dentro da arquitetura de segurança é um ponto a ser discutido. A localização da CA na DMZ, demonstrada na Figura 12.19, pode ser válida, mas essa localização faz com que ela esteja diretamente exposta ao acesso externo, o que inviabiliza sua posição. Isso ocorre porque o sucesso de um ataque à CA pode resultar no comprometimento dos certificados digitais dos usuários, culminando na falha total da estratégia de segurança da organização.

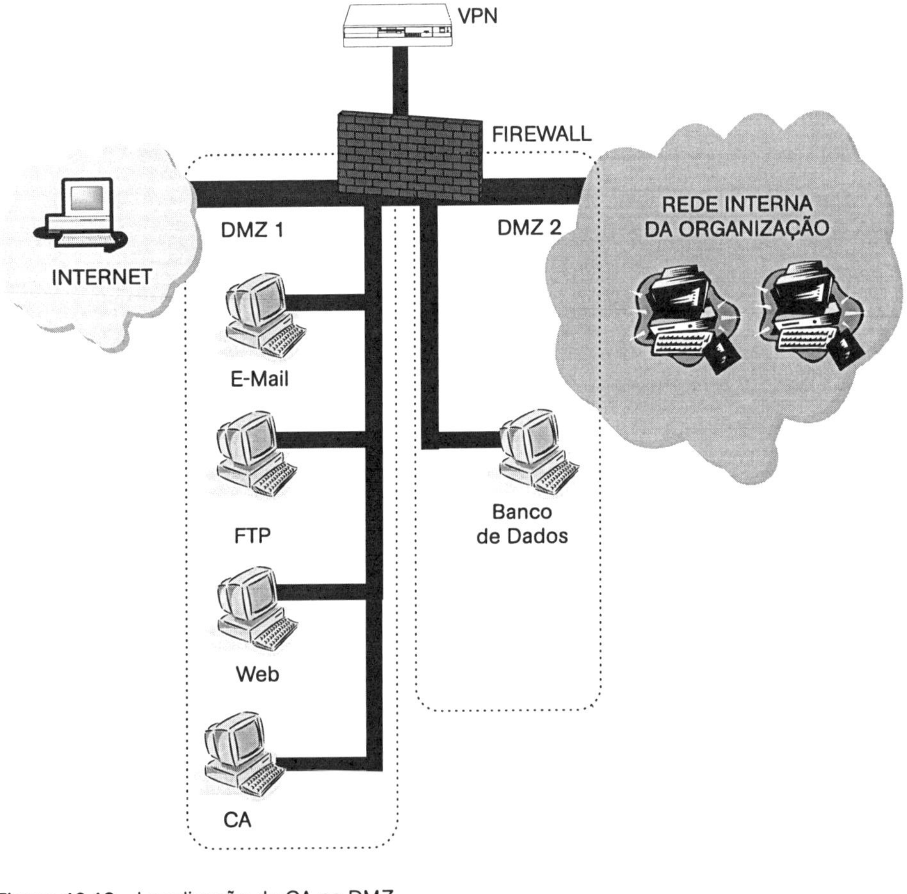

Figura 12.19 Localização da CA na DMZ.

Assim, a localização da autoridade certificadora deve ser na segunda DMZ (DMZ 2), do mesmo modo que o banco de dados foi posicionado (somente o servidor Web se comunica com o banco de dados). Nesse posicionamento, somente a VPN ou o servidor Web pode comunicar-se com a CA. Essa arquitetura pode ser observada na Figura 12.20, a qual elimina a possibilidade de a CA sofrer o acesso externo direto, pois o usuário deve usar a VPN ou a aplicação no servidor Web para que ele possa utilizar seu certificado digital para a autenticação. Dessa maneira, o usuário somente teria a permissão de acessar os recursos da rede interna da organização após a CA confirmar sua identidade.

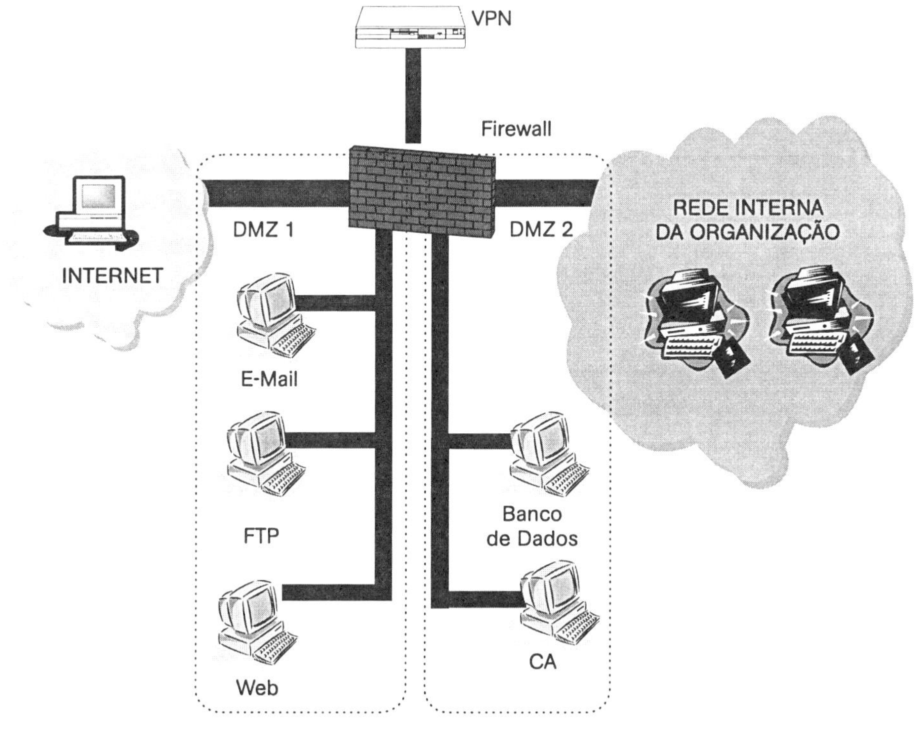

Figura 12.20 Localização da CA na segunda DMZ.

Apesar de ainda estar em processo de padronização, como foi verificado na Seção 9.6, a funcionalidade da certificação cruzada é fundamental em um ambiente cooperativo. Ela permite que, por exemplo, os usuários de uma fornecedora acessem os recursos da matriz e das filiais, sem a necessidade de que certificados específicos para cada um deles sejam criados em cada uma das partes envolvidas nessa comunicação.

12.1.11 Detecção de ataques com IDS

Outro importante componente de segurança, principalmente no nível interno das organizações, são os sistemas de detecção de intrusão (IDS), que foram discutidos no Capítulo 8. Esses sistemas monitoram todas as atividades dos usuários, tanto externa como internamente, sendo possível detectar anormalidades que podem ser prenúncios de ataques. A arquitetura de segurança contendo o IDS pode ser implementada de acordo com o posicionamento que pode ser visto na Figura 12.21:

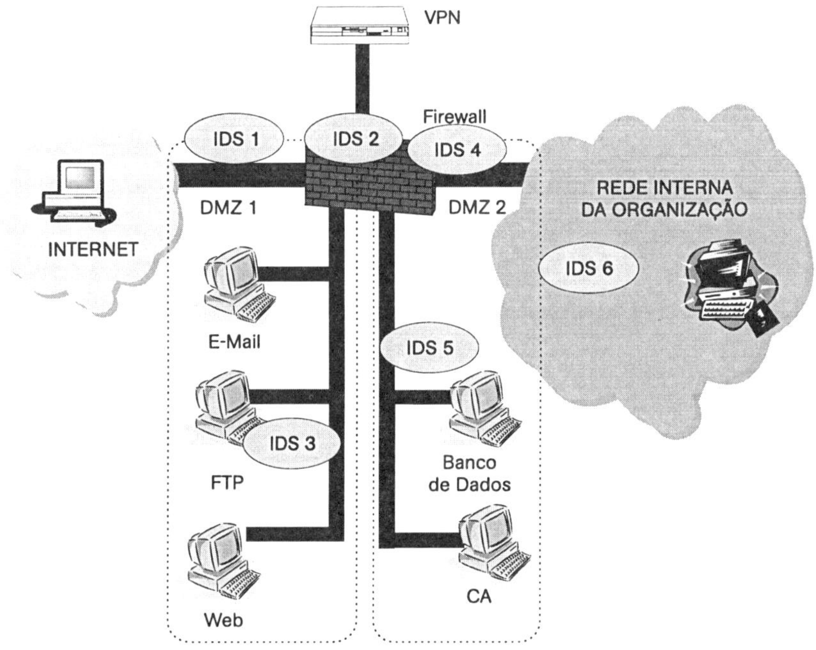

Figura 12.21 A arquitetura de segurança com o IDS.

- IDS 1: detecta todas as tentativas de ataque contra a rede da organização, até mesmo as tentativas que não teriam efeito nenhum, como os ataques a servidores Web inexistentes. Essa localização oferece uma rica fonte de informações sobre os tipos de tentativas de ataques que a organização estaria sofrendo.
- IDS 2: funcionando no próprio *firewall*, o IDS pode detectar tentativas de ataque contra o *firewall*.
- IDS 3: detecta tentativas de ataque contra servidores localizados na DMZ, que são capazes de passar pelo *firewall*. Assim, ataques contra serviços legítimos situados na DMZ podem ser detectados por esse IDS.
- IDS 4: detecta tentativas de ataque contra recursos internos que passaram pelo *firewall*, e que podem acontecer via VPN.
- IDS 5: detecta tentativas de ataque contra servidores localizados na DMZ 2, que passaram pelo *firewall*, pela VPN ou por algum outro serviço da DMZ 1, como o servidor Web. Isso ocorre porque os recursos da DMZ 2 não podem ser acessados diretamente pelo usuário, a não ser via algum servidor da DMZ 1 ou via VPN.

- IDS 6: detecta tentativas de ataques internos na organização. Esse posicionamento passa a ser importante em ambientes cooperativos, devido ao aumento dos bolsões de segurança característicos. O provimento de acesso cada vez maior a recursos internos faz com que a vigilância interna seja um fator de sucesso para o ambiente cooperativo.

Uma consideração importante com relação ao posicionamento do IDS é que, quando este aparece antes do *firewall*, como o IDS 1, a detecção é considerada simultânea aos ataques (detecção de ataques). Já quando o IDS aparece após o *firewall*, como os IDSs 3, 4, 5 e 6, a detecção passa a ser de intrusões, uma vez que o *hacker* já passou pelo *firewall* (detecção de intrusões) [NOR 01], ou de erros cometidos por usuários internos (*misuse*) [BEC 99].

12.1.12 Firewall cooperativo

As arquiteturas discutidas até aqui possuem algumas diferenças se comparadas com as arquiteturas clássicas definidas para o *firewall*, que foram discutidas no Capítulo 7. Usando técnicas como as zonas desmilitarizadas (DMZ) e *bastion hosts*, e acrescentando novas funcionalidades como banco de dados, VPN, PKI e IDS, por exemplo, o *firewall* cooperativo é característico de um ambiente cooperativo e será discutido com mais detalhes no próximo capítulo.

12.2 Configuração VPN/*firewall*

A localização da VPN na arquitetura de segurança é um ponto que deixa margem a diversas interpretações. Nesta seção serão analisadas e discutidas as diferentes possibilidades dessas localizações. As cinco possíveis localizações da VPN, com relação ao *firewall*, são [KIN 99]:

- Em frente ao *firewall*.
- Atrás do *firewall*.
- No *firewall*.
- Paralelamente ao *firewall*.
- Na interface dedicada do *firewall*.

12.2.1 Em frente ao *firewall*

A configuração em que a VPN é colocada em frente ao *firewall*, como pode ser observado na Figura 12.22, pode funcionar corretamente, porém ela representa um único ponto de falha que pode ser explorado pelos *hackers*. Em uma época na qual a disponibilidade representa uma grande importância para o andamento dos negócios, esse ponto único de falha deve ser considerado seriamente. A implementação da VPN pode conter erros passíveis de serem explorados, especialmente em ataques do tipo negação de serviço (*Denial-of-Service* — DoS).

Além disso, não se pode esquecer de que um dos pontos a serem considerados, em termos de segurança, é que o que não é conhecido deve ser considerado como um risco. De fato, a implementação da VPN pode ser considerada complexa o suficiente para que seja passível de erros. E, com erros, ataques podem ser realizados para explorá-los.

Outro problema que surge com esse posicionamento é que não é possível verificar se um *gateway* VPN foi ou não comprometido. O *firewall* aceita os pacotes vindos do dispositivo, e eles são direcionados para o controle de acesso aplicado pela implementação das regras de filtragem.

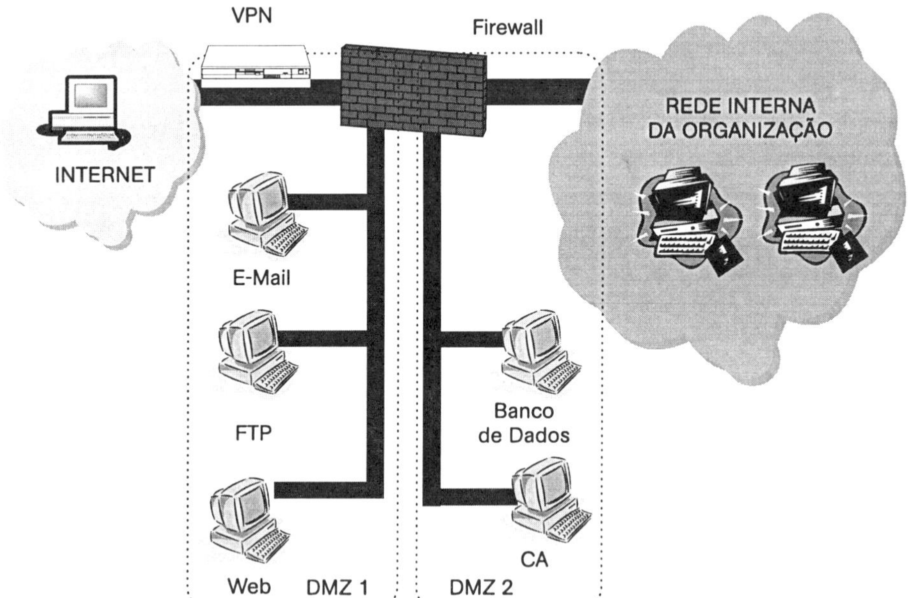

Figura 12.22 A VPN na frente do *firewall*.

Outra característica importante desse posicionamento é que ele requer que a VPN seja capaz de aceitar todo tipo de tráfego, seja ele cifrado ou não, pois todos os pacotes devem passar por esse ponto. Isso significa que o dispositivo deve, além de atuar como ponto terminal de um túnel de VPN, agir também como um *gateway*, repassando todos os pacotes para o *firewall*.

12.2.2 Atrás do *firewall*

A configuração em que a VPN é posicionada atrás do *firewall*, como pode ser visto na Figura 12.23, apresenta os mesmos problemas identificados quando é colocada na frente do *firewall*, como foi demonstrado na seção anterior.

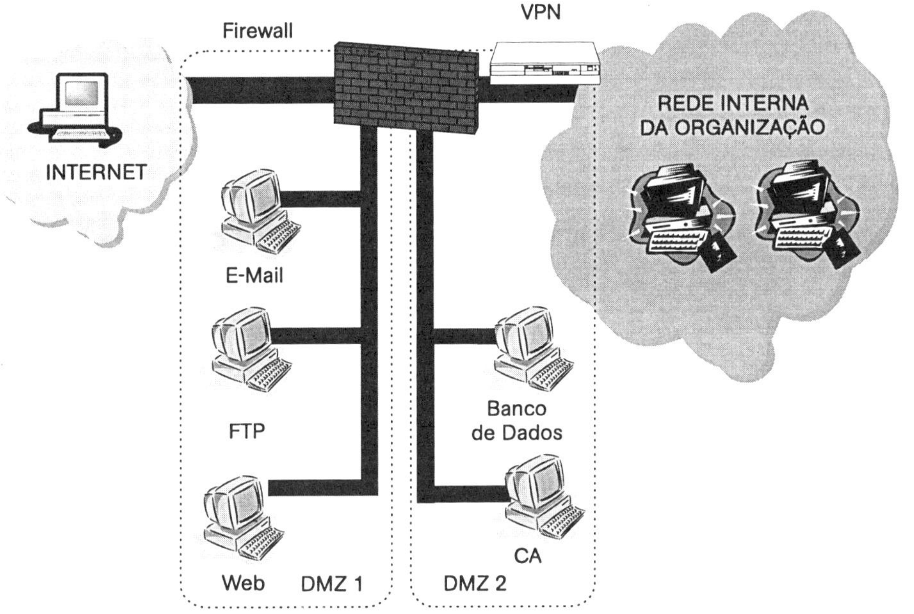

Figura 12.23 A VPN atrás do *firewall*.

O maior agravante que pode ser encontrado nessa configuração é que o *firewall* deve deixar passar todo tipo de tráfego cifrado para a VPN, de forma que a política de segurança implementada no *firewall* não é, de fato, executada nesses pacotes cifrados. Assim, um *hacker* pode enviar pacotes 'maliciosos' cifrados, que poderiam passar sem problemas pelas regras de filtragem do *firewall*, chegando ao dispositivo de VPN. A partir desse dispositivo, os pacotes seriam decifrados e enviados diretamente ao seu destino, que é geralmente um *host* na rede interna da organização. Para que essa configuração funcione, o *firewall* deve ser configurado de modo a deixar passar os pacotes IP com opções dos tipos 50 e 51 (AH e ESP), além de deixar aberta a porta 500 para o IKE (*Internet Key Exchange*).

12.2.3 No *firewall*

A localização da VPN no *firewall* (Figura 12.24) faz com que a administração e o gerenciamento sejam simplificados, porém ainda traz o risco de ele se tornar um único ponto de falha na rede. Além disso, essa configuração não é a mais eficiente em um ambiente cooperativo, por exigir que todo o processo de cifragem/decifragem das informações, além do gerenciamento de todas as sessões de IPSec, seja realizado nesse único ponto. Essa ineficiência torna-se presente, porque esse mesmo ponto deve ainda executar a função do *firewall*, que é a de controlar o acesso e registrar todos as tentativas de conexões.

Outro problema é que a existência de falhas na implementação da VPN possibilita ataques que podem dar o controle do equipamento ao *hacker*, que pode, assim, alterar as regras do *firewall* ou ter o controle de todas as conexões, sem muitas dificuldades.

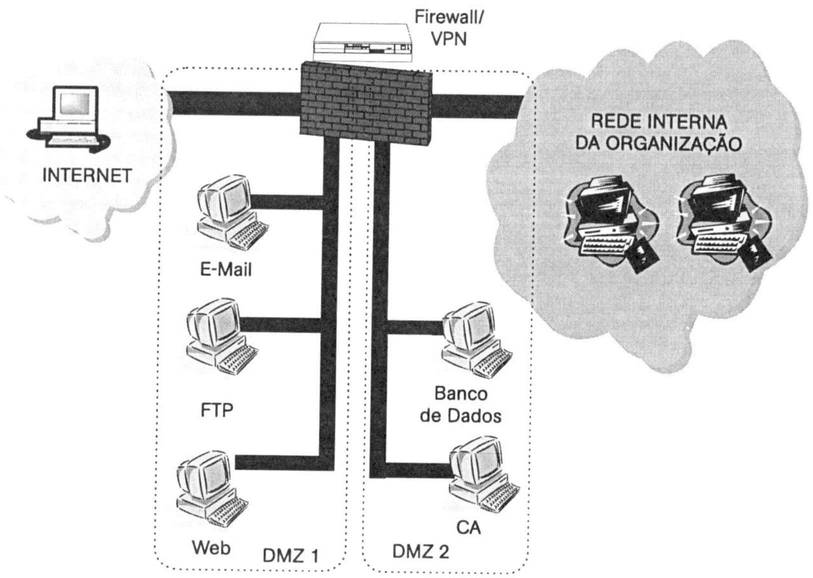

Figura 12.24 A VPN no *firewall*.

12.2.4 Paralelamente ao *firewall*

Essa configuração em que a VPN é posicionada em paralelo com o *firewall* (Figura 12.25) elimina o problema de a VPN constituir um único ponto de falha, porém faz com que ela esteja à mercê de possíveis ataques vindos da Internet. Além disso, essa arquitetura oferece ao *hacker* um caminho alternativo até a rede interna, que pode ser explorado, sem que, para isso, ele tenha de passar necessariamente pelo *firewall*. O *hacker*, então, não precisaria comprometer o *firewall* para chegar à rede interna da organização, mas apenas explorar a VPN, driblando, assim, a política de segurança implementada no *firewall*.

Assim, o mais importante a ser considerado nessa configuração é que a política de segurança implementada no *firewall* não será aplicada às conexões de VPN. Isso cria a possibilidade de que pacotes que normalmente seriam barrados pelo *firewall* cheguem até a rede interna, por meio do túnel de VPN, podendo causar, assim, sérios danos à organização.

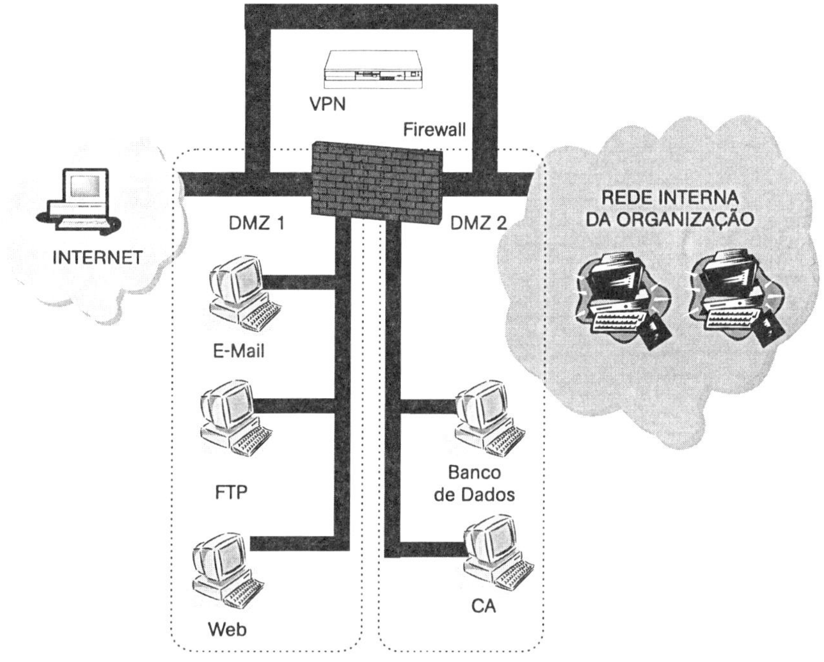

Figura 12.25 A VPN paralela ao *firewall*.

12.2.5 Na interface dedicada do *firewall*

A utilização da VPN em uma interface dedicada do *firewall* (Figura 12.26) é a configuração mais indicada, pois o dispositivo VPN é protegido pelo *firewall* contra possíveis ataques vindos da rede pública. O único ponto de falha desaparece e, o mais importante, todos os pacotes são filtrados de acordo com a política de segurança implementada no *firewall*. O funcionamento dessa arquitetura seria da seguinte maneira:

- Os pacotes IPSec são enviados ao dispositivo de VPN, que realiza a decifragem dos pacotes e os entrega de volta ao *firewall*. No *firewall*, os pacotes são filtrados de acordo com a política de segurança implementada.
- Os pacotes diferentes de IPSec são filtrados diretamente de acordo com a política de segurança implementada no *firewall*.

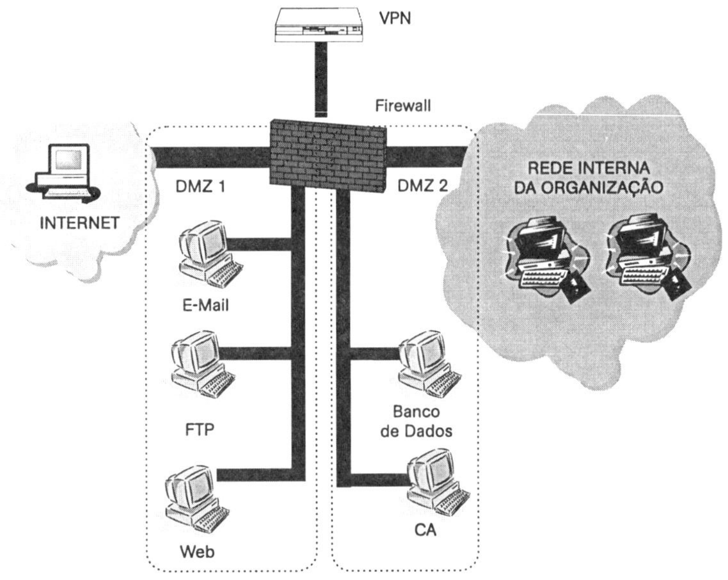

Figura 12.26 A VPN na interface dedicada do *firewall*.

12.3 Conclusão

Este capítulo teve como objetivo demonstrar a formação de um ambiente cooperativo e toda a complexidade envolvida, discutindo e analisando as possíveis configurações quanto aos diversos sistemas de segurança disponíveis, tais como *firewall*, redes privadas virtuais (*Virtual Private Networks* — VPNs), sistemas de detecção de intrusão (*Intrusion Detection System* — IDS) e infra-estrutura de chave pública (*Public Key Infrastructure* — PKI). O que pode ser observado pela análise da evolução que pode ocorrer na rede de uma organização (formação do ambiente cooperativo) é um aumento da complexidade dos níveis de conexões. Isso pode ser explicado pelo fato de os usuários terem uma necessidade cada vez maior de acessar os recursos internos da organização, aumentando, assim, os bolsões de segurança, que devem ser protegidos. A própria diferenciação entre usuários internos, usuários externos e usuários remotos parece estar desaparecendo, como pode ser visto no Capítulo 13.

Isso faz com que a proteção da rede interna torne-se mais difícil de ser definida e implementada. Uma divisão em níveis de defesa torna a compreensão das necessidades de segurança mais objetiva e mais simplificada, como será discutido no próximo capítulo, que também discutirá com mais detalhes o *firewall* cooperativo, que já ficou caracterizado neste capítulo. Este capítulo discutiu também o melhor posicionamento da VPN dentro da rede da organização.

C
a
p
í
t
u
l
o
13

Modelo de segurança para ambientes cooperativos

Este capítulo tem como objetivo apresentar um modelo de segurança para o ambiente cooperativo. Os aspectos envolvidos com o ambiente cooperativo são discutidos e, em seguida, são demonstradas as dificuldades existentes na definição e implementação das regras de filtragem. A seguir, será apresentada uma abordagem para a manipulação da complexidade das regras de filtragem, utilizando-se o *iptables*. A arquitetura do *firewall* cooperativo também é apresentada, culminando na definição de cinco níveis hierárquicos de defesa, que visam minimizar a complexidade e tornar mais simples a administração da segurança em um ambiente cooperativo. Uma discussão sobre o gerenciamento da complexidade da segurança também é realizada, com a apresentação do Modelo de Teias.

13.1 Os aspectos envolvidos no ambiente cooperativo

Um ambiente cooperativo apresenta uma enorme complexidade, de tal modo que a administração de sua segurança se torna difícil e passível de erros, que acabam por comprometer a segurança da organização como um todo. Alguns dos aspectos que influem nessa complexidade são: diferenciação entre os diversos usuários existentes, desafios a serem enfrentados em um ambiente cooperativo e heterogeneidade das conexões desse ambiente, que serão analisados a seguir.

13.1.1 Usuários internos *versus* usuários externos *versus* usuários remotos

No ambiente cooperativo resultante da globalização e dos novos negócios, das fusões, das aquisições, das parcerias e das reestruturações, será que faz sentido pensar em diferenciar os usuários internos dos usuários externos? Em caso positivo, como diferenciar esses usuários? Por meio do nome de acesso e de uma senha? Utilizando-se uma identificação baseada em endereços IP? E os usuários móveis, como controlá-los? Diversos profissionais sustentam que não existe mais a distinção entre usuários internos e usuários externos, o que de fato pode ser considerado uma realidade.

Foi mostrado que, em um ambiente cooperativo, diferentes tipos de usuários acessam diferentes bolsões de segurança e, por meio da rede privada virtual (VPN), os funcionários acessam os recursos da organização, como se estivessem, de fato, fisicamente no local. Com os bolsões de segurança e o acesso externo aos recursos internos, a diferenciação entre usuários internos, usuários externos e usuários remotos (via cliente VPN ou pelo acesso *dial-up*) passa a sofrer alguns questionamentos. De fato, uma vez que esses diferentes tipos de usuários acessam cada vez mais recursos internos da organização, o mais prudente é não fazer essa diferenciação, mas, sim, tratar a segurança em seu nível interno. Isso deve ser feito também porque os bolsões de segurança estão cada vez maiores, atingindo cada vez mais recursos antes considerados internos, exigindo, assim, maior controle e proteção contra os ataques e acessos indevidos.

A segurança interna passa, dessa forma, a ser essencial nos ambientes cooperativos, para garantir que os recursos sejam acessados somente por usuários autorizados. De fato, essa abordagem está de acordo com o que foi discutido na Seção 6.11, na qual foi verificado que, em um ambiente cooperativo, cada organização deve tomar as devidas medidas de segurança, de acordo com sua própria política de segurança. E, como os bolsões de segurança são formados, em parte, pela rede interna da organização, então, a rede interna deve ser protegida adequadamente, usando-se mecanismos de proteção condizentes com cada situação. Além disso, não se pode esquecer que os incidentes de segurança que envolvem os *insiders* também justificam o fortalecimento da segurança interna (Seção 4.1.3) .

Assim, a evolução mostra claramente que a segurança interna da organização passa a ser imprescindível em ambientes cooperativos, principalmente porque cada vez mais recursos são acessados tanto interna como externamente. Com essa necessidade de maior proteção, o controle do universo de usuários e a definição dos recursos que cada um deles pode acessar devem ser realizados com extremo cuidado, e para isso foi visto que a infra-estrutura de chaves públicas (PKI) e os sistemas de detecção de intrusão (IDS) são importantes. As próximas seções discutem os desafios e a complexidade envolvidos com o ambiente cooperativo. Além disso, as propostas para facilitar o gerenciamento dessa complexidade também são tratadas neste capítulo.

13.1.2 O desafio do ambiente cooperativo

Pôde-se observar, com os cenários apresentados no Capítulo 12, a formação de um ambiente cooperativo. O maior desafio a ser enfrentado em um ambiente cooperativo é o modo de lidar com a complexidade resultante dos diferentes níveis de acesso existentes, sem comprometer a própria segurança e também a de seus integrantes. O desafio é grande porque, quando diversas conexões passam a se 'misturar', o risco de interferências e da possibilidade de acesso a conexões de outros usuários torna-se maior, se não existirem regras e proteções específicas. Esse tipo de risco pode ser observado, por exemplo, em provedores de acesso, principalmente nos provedores de acesso via cabo, nos quais um usuário pode acessar sem restrições o computador de outro usuário do mesmo provedor. Se for considerado que uma organização é o provedor de serviços e do acesso em um ambiente cooperativo, deve-se tomar cuidado com relação a esse risco.

Além dos riscos de acesso não autorizado entre os usuários da rede, é preciso lidar com uma idéia que, em princípio, é paradoxal: a necessidade de abrir a rede para o acesso externo, pois antes o objetivo era não permitir que nenhum acesso externo atingisse essa rede. Isso significa que, se antes o objetivo era isolar a rede interna da rede pública, agora o ambiente cooperativo requer que o acesso aos recursos via rede pública torne-se mais constante, sendo, portanto, essencial o controle sobre todas essas conexões.

Assim, o enfoque, agora, muda de 'impedir o acesso' para 'controlar os usuários que acessam a rede'. Dessa maneira, ter o controle dos recursos que cada usuário pode acessar passa a ser essencial, e ter a certeza de que eles estão fazendo exatamente aquilo para o qual têm permissão explícita é uma questão vital para o sucesso do sistema de segurança. Para isso, não basta apenas controlar, sendo necessário também monitorar as atividades dos usuários. Assim, o próprio conceito de diferenciar usuários internos de usuários externos, e também de usuários remotos, sofre algumas modificações e questionamentos, como foi visto na seção anterior, pois anteriormente apenas os usuários externos eram controlados e monitorados.

13.1.3 A complexidade das conexões

Os níveis de acesso e, conseqüentemente, seus métodos de controle, atingem rapidamente um grau de complexidade muito elevado em um ambiente cooperativo, tornando seu gerenciamento muito trabalhoso e passível de erros. Isso pode ser observado, por exemplo, em um ambiente no qual a organização precisa controlar o acesso de 30 conexões diferentes, as quais utilizam serviços diferentes entre si. Tomando-se como exemplo um ambiente cooperativo, a filial A tem acesso a serviços como intranet, banco de dados financeiros, sistema de logística de peças e o servidor de e-mails. O fornecedor A tem acesso a serviços como sistema de logística de peças, bem como servidor FTP. Já o fornecedor B tem acesso somente ao sistema de controle de estoques, para poder agilizar o processo de reposição de peças. Um representante comercial tem acesso ao sistema de estoques, ao sistema de logística e ao sistema de preços. Os clientes da organização têm acesso aos sistemas de estoques e de preços, para poder verificar a disponibilidade e os preços dos produtos.

Nesse exemplo, foram vistos somente cinco tipos diferentes de conexões, que já mostram a necessidade de ser criado um modelo de segurança eficiente para o melhor gerenciamento das conexões. Se for levado em consideração que em cada elemento do ambiente cooperativo ainda existem diferentes níveis de usuários, a complexidade do ambiente passa a ser ainda maior.

Assim, pode-se verificar que a conjuntura dentro de um ambiente cooperativo, com sua enorme complexidade, faz com que o modelo de segurança desse ambiente deva ser bem planejado. Dois tópicos principais merecem destaque dentro desse modelo de segurança: as regras de filtragem e a arquitetura de segurança, que resulta no *firewall* cooperativo. As próximas seções abordam esses dois elementos e, por meio dessa análise, será apresentado um modelo de segurança dividido em níveis hierárquicos de defesa. O Modelo de Teias, importante para visualizar os diferentes níveis de segurança de uma organização, também será apresentado, na Seção 13.6.

13.2 AS REGRAS DE FILTRAGEM

Diferentemente da abordagem recente, na qual os *firewalls* eram utilizados para isolar a rede interna do mundo externo, no ambiente cooperativo essa idéia é modificada. A abordagem recente permitia que as regras de filtragem fossem extremamente simples e a organização geralmente utilizava uma das duas opções seguintes: 'o padrão é liberar todos os serviços e negar acesso aos serviços explicitamente proibidos' ou 'o padrão é proibir todos os serviços e liberar somente aqueles que são explicitamente permitidos'. A segunda opção possibilita um maior grau de segurança, pois serviços novos e desconhecidos sempre trazem dúvidas quanto à sua importância e à sua segurança, sendo recomendável evitar sua utilização ou analisá-lo cuidadosamente antes de liberar o seu acesso. Alguns exemplos das implicações que a liberação impensada de qualquer serviço pode trazer podem ser vistos, principalmente, em serviços de Internet como ICQ (diversas vulnerabilidades) e Real Audio (torna o ambiente improdutivo, além de consumir demasiada largura de banda).

Essa abordagem recente tem uma característica, que é a simplicidade de suas regras de filtragem, resultantes justamente da simplicidade das conexões, como pôde ser visto no Capítulo 12. Como poucos serviços eram oferecidos, eram necessárias poucas regras, e estas praticamente se resumiam em liberar os serviços oferecidos para os usuários externos, tais como HTTP, FTP e SMTP, e criar as regras para os serviços que os usuários internos poderiam acessar.

Já a complexidade em um ambiente cooperativo pode trazer grandes problemas de segurança e de desempenho para a organização. Os problemas de segurança podem surgir devido a dois fatores: erro na definição e criação dessas regras ou erro na implementação dessas regras. De fato, em um ambiente com 30 diferentes níveis de conexões, erros humanos tornam-se prováveis, além de serem praticamente impossíveis de gerenciar.

Os problemas de desempenho também tornam-se evidentes, quando as regras de filtragem atingem um número estratosférico. Em geral, o *firewall* analisa e toma decisões de acordo com uma análise contínua e seqüencial das regras de filtragem. A Cisco (filtro de pacotes), por exemplo, faz a análise de todos os pacotes, um por um, em busca de uma regra de filtragem compatível. Essa análise das regras é feita seqüencialmente, ou seja, a Cisco capta as informações do pacote a ser analisado e passa a compará-las com a primeira regra de filtragem. Caso elas não estejam de acordo, as informações do pacote são analisadas de acordo com a segunda regra de filtragem, e assim por diante, até que seja encontrada uma regra compatível com o pacote. Quando isso ocorre, a decisão de liberar, descartar ou bloquear o pacote é tomada de acordo com a política de segurança definida. Se for considerado que cada pacote precisa passar por essa análise por meio de um imenso conjunto de regras, é fácil deduzir que uma perda de desempenho poderá ocorrer no *firewall*, que conseqüentemente, poderá rapidamente se tornar o 'gargalo' de toda a comunicação da organização.

O poder de processamento dos equipamentos tecnológicos vem acompanhando a Lei de Moore, dobrando sua capacidade de processamento a cada 18 meses. Porém, a demanda por velocidade na análise das regras de um ambiente cooperativo mostra-se ainda maior, de modo que uma nova abordagem deve ser tomada. Depender do aumento do poder de processamento tornou-se inadequado, e uma nova maneira de criar e analisar filtros traz grandes benefícios à organização. Uma das abordagens úteis existentes pode ser vista no modo de funcionamento do *netfilter*, que será discutido na Seção 13.3. Um exemplo de criação de regras de filtragem é demonstrado na seção a seguir, em que o Laboratório de Administração e Segurança (LAS) da Unicamp serviu de cenário para seu desenvolvimento.

13.2.1 Exemplos de filtragem – Laboratório de Administração e Segurança (LAS)

Um exemplo do trabalho envolvido na criação das regras de filtragem pôde ser observado na implementação das regras do Laboratório de Administração e Segurança do Instituto de Computação da Unicamp (LAS-IC-Unicamp). Apesar de não constituir um ambiente cooperativo, o exemplo ilustra as diferentes variáveis envolvidas na definição e implementação da política de segurança no *firewall*. A arquitetura definida para o *firewall* do LAS-IC-Unicamp é muito simples, e pode ser vista na Figura 13.1.

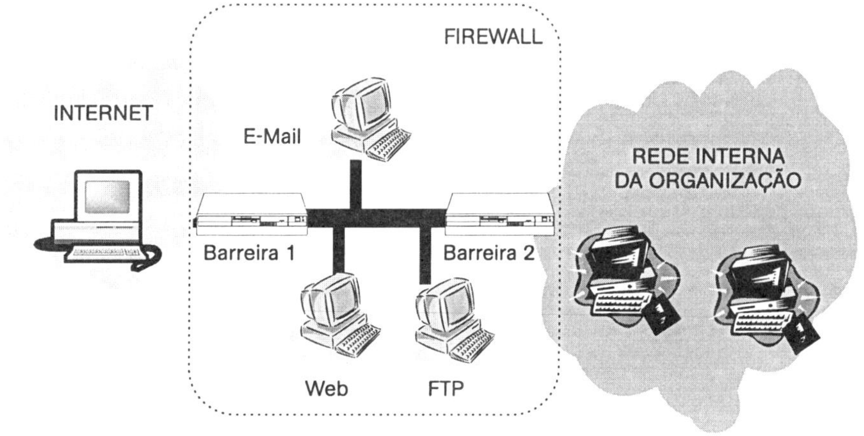

Figura 13.1 A arquitetura utilizada pelo LAS.

Optou-se pela utilização de dois componentes, em que a Barreira 1 funciona como filtro de pacotes, enquanto a Barreira 2 trabalha como *proxy d*os serviços a serem acessados pelos usuários da rede interna. O *proxy* protege a rede interna contra as tentativas de conexões indevidas e as regras de filtragem definidas foram aplicadas na Barreira 1.

O primeiro passo foi a definição dos serviços da rede, levando-se em consideração dois aspectos:

- Os serviços oferecidos pelo LAS-IC-Unicamp para usuários externos da Internet: HTTP, FTP, SSL, DNS, SSH, SMTP.

- Os serviços utilizados pelos usuários do LAS: HTTP, FTP, SSL, DNS, SSH, SMTP.

Os serviços externos são acessados pelos usuários do LAS por meio de *proxies*, sendo um diferente para cada serviço. A rede DMZ, que aloca os serviços oferecidos pelo LAS, ficou posicionada entre o filtro de pacotes (Barreira 1) e os *proxies* (Barreira 2).

A política de segurança geral definida para as regras de filtragem foi liberar o acesso somente aos serviços explicitamente permitidos e negar todos os outros serviços.

Essa abordagem é o que garante o maior nível de segurança, ainda mais atualmente, pois, com a complexidade dos serviços e o seu número cada vez maior, torna-se extremamente difícil e inviável negar todos os serviços que não são permitidos. De fato, essa é a abordagem-padrão da maioria dos *firewalls* para a filtragem dos pacotes, que também foram empregados para realizar a filtragem de pacotes do LAS.

Diversas complicações surgiram durante o desenvolvimento das regras de filtragem, que serão relatadas a seguir. Algumas delas foram com relação à criação das regras de filtragem que permitiriam o acesso de equipamentos específicos a serviços específicos, principalmente com relação a um equipamento para a simulação de ataques que seriam utilizados para a auditoria de segurança na Internet. Outra dificuldade foi encontrar uma maneira de criar as regras de modo que, caso um novo equipamento fosse adicionado na rede, não fosse necessário modificar as regras ou criar regras específicas para esse equipamento em especial.

Como a tecnologia utilizada foi o filtro de pacotes, tornou-se necessário definir regras para quatro canais de conexões, que podem ser vistas nas figuras 13.2 e 13.3. As duas figuras foram divididas em duas para melhor visualização, mas poderiam ser mescladas em uma só:

- Canal de requisição a partir dos usuários internos.
- Canal de resposta das requisições dos usuários internos.
- Canal de requisição de serviços providos pelo LAS a partir da Internet.
- Canal de resposta dos serviços requisitados pelos usuários da Internet.

Caso um filtro de estados fosse utilizado, não seria necessário definir esses quatro canais, pois as respostas seriam aceitas de acordo com as conexões já abertas, comparando-as com as conexões existentes na tabela de estados. As conexões da tabela de estados seriam correspondentes àquelas estabelecidas de acordo com as regras definidas nas regras de filtragem (Seção 7.3.2).

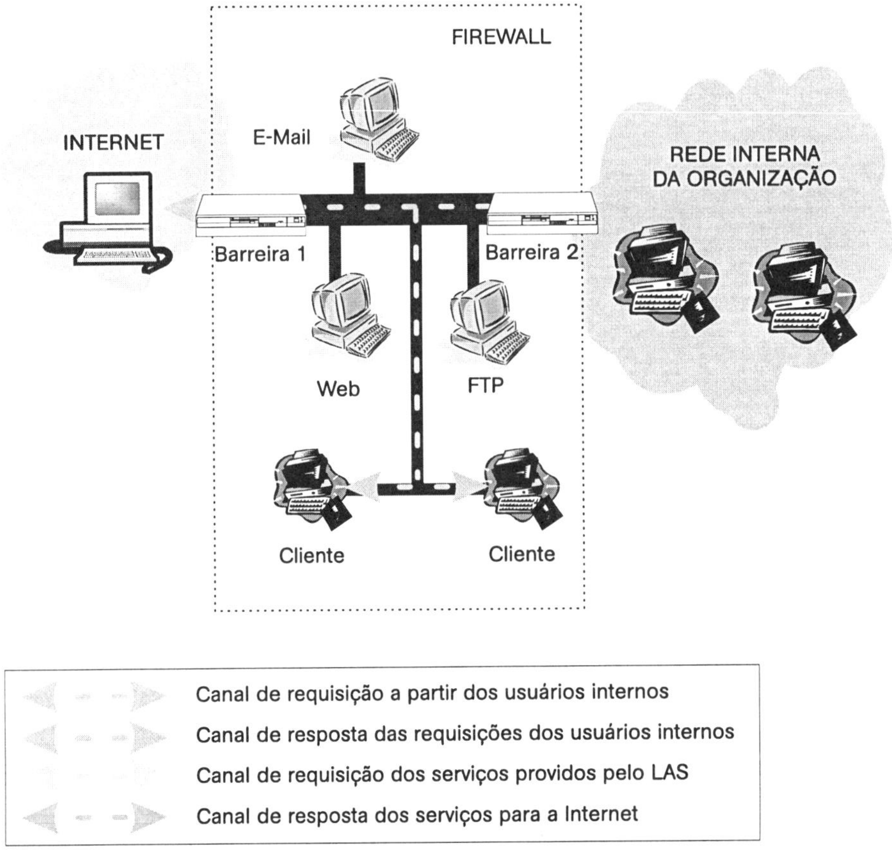

Figura 13.2 Os canais utilizados pelos usuários internos.

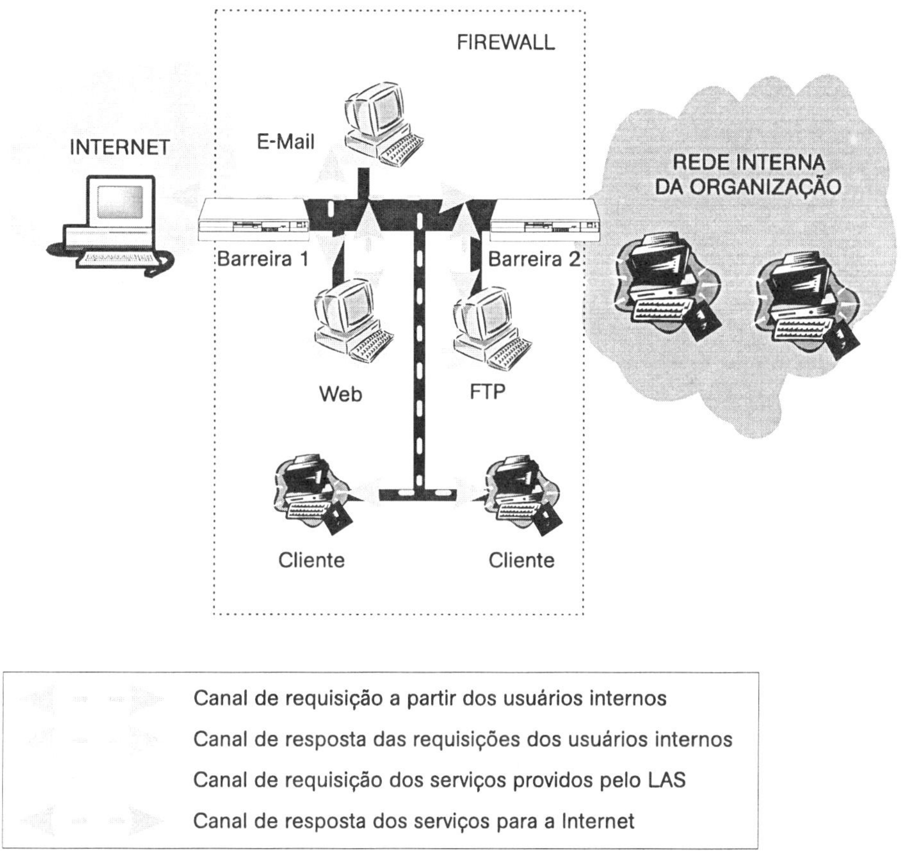

Figura 13.3 Os canais utilizados pelos usuários vindos da Internet.

Pode-se verificar que os canais de comunicação são bem definidos, ou seja, o caminho que cada canal tem que tomar, bem como sua direção e os serviços que passam por eles, estão bem determinados. As regras, assim, devem ser estabelecidas de acordo com esses canais.

Foi visto, na Seção 13.2, que a ordem das regras de filtragem é importante, pois sua verificação se dá em uma ordem seqüencial. Assim, deve-se lembrar que as regras mais específicas devem sempre ser criadas antes das regras mais generalizadas, pois, se uma das regras estiver no contexto do pacote, essa será a regra utilizada. As regras mais específicas são as que eliminam as possibilidades de ataque comuns ao protocolo TCP/IP, tais como *IP Spoofing* ou *Smurf*. As regras a seguir evitam o *IP Spoofing* e a utilização de endereços de *broadcast* e *multicast*, que, de fato, não devem entrar na rede da organização se tiverem origem na Internet. O canal que tem a direção da Internet para a rede da organização é chamado de 112.

```
!! Descarta os endereços do rfc 1918 (10.0.0.0-10.255.255.255;
172.16.0.0-172.31.255.255); 192.168.0.0-192.168.255.255)
access-list              112      deny     ip        10.0.0.0
0.255.255.255            any
access-list              112      deny     ip        172.16.0.0
0.15.255.255             any
access-list              112      deny     ip        192.168.0
0.0.255.255              any
!
!! Impede IP Spoofing de endereços da rede DMZ (143.106.60.0-
143.106.60.255)
access-list              112      deny     ip        143.106.60.0
0.0.0.255                any
!
!! Impede IP Spoofing de endereços loopback (127.0.0.0-
127.255.255.255)
access-list              112      deny     ip        127.0.0.0
0.255.255.255            any
!
!! Impede Smurf, Teardrop, que utilizam endereço de broadcast
(255.0.0.0-255.255.255.255)
access-list              112      deny     ip        255.0.0.0
0.255.255.255            any
!
!! Impede endereço de multicast (224.0.0.0-231.255.255.255)
access-list              112      deny     ip        224.0.0.0
7.255.255.255            any
```

Essas regras devem estar no início do conjunto de regras, para que, caso alguma das regras esteja sendo utilizada, o que provavelmente é um indicativo de um ataque, o pacote seja prontamente descartado. As regras a seguir dizem respeito aos serviços fornecidos pela Internet pelo LAS. O canal 112 é utilizado para as requisições vindas da Internet e o canal 111 é utilizado para as respostas dessas requisições, ou seja, tem a direção da rede da organização para a Internet.

Foram definidos quatro canais para a arquitetura, mas o canal 112 é utilizado também para as respostas das requisições dos usuários internos e o canal 111 é utilizado também para as requisições dos usuários internos.

Assim, a estratégia utilizada foi a de definir, primeiramente, os serviços que os usuários externos podem acessar (canal 112 para as requisições e canal 111 para as respostas) e depois os serviços que os usuários internos podem acessar (canal 111 para as requisições e canal 112 para as respostas).

Desse modo, as regras para os usuários externos acessarem os serviços fornecidos na DMZ foram definidas, primeiramente, estabelecendo-se as regras para o canal de requisição, da seguinte maneira:

```
!! Permite tráfego HTTP (porta 80) para o Bastion (143.106.60.15)
access-list              112      permit   tcp any gt 1023 host
143.106.60.15 eq 80
!
```

```
!! Permite o tráfego FTP (porta 21) para o Bastion (143.106.60.15)
access-list                 112      permit tcp any gt 1023
host 143.106.60.15 eq 21
access-list                 112      permit tcp any eq 20
host 143.106.60.15 gt 1023
access-list                 112      permit tcp any gt 1023
host 143.106.60.15 gt 1023
!
!! Permite o tráfego SSL (porta TCP 443) para o Bastion
(143.106.60.15)
access-list                 112      permit tcp any gt 1023
host 143.106.60.15 eq 443
!
!! Permite o tráfego SMTP (porta 25) para o proxy (143.106.60.2)
access-list                 112      permit tcp any gt 1023
host 143.106.60.2 eq 25
!
!! Permite o tráfego SSH (porta 22) para máquinas da DMZ
(143.106.60.2-60.254)
access-list                 112      permit tcp any gt 1023
143.106.60.2 0.0.0.252 eq 22
!
!! Permite o tráfego DNS (porta UDP 53) para o proxy (143.106.60.2)
access-list                 112      permit udp any gt 1023
host 143.106.60.2 eq 53
!
!! Bastion (143.106.60.15) nega o restante
access-list                 112      deny ip any
host 143.106.60.15
!
```

Assim, as regras de filtragem para que os usuários da Internet iniciassem as requisições de conexões para os serviços oferecidos pelo LAS foram criados, utilizando-se o canal 112. O canal de resposta para as requisições vindas da Internet foi definido de acordo com as seguintes regras, que usam o canal 111:

```
!! Permite o tráfego HTTP (porta 80) para o Bastion (143.106.60.15)
access-list                 111      permit tcp host 143.106.60.15 eq
80                                   any gt 1023
!
!! Permite o tráfego FTP (porta 21) para o Bastion (143.106.60.15)
access-list                 111      permit tcp host 143.106.60.15 eq
21                                   any gt 1023
access-list                 111      permit tcp host 143.106.60.15 gt
1023                        any eq 20
access-list                 111      permit tcp host 143.106.60.15 gt
1023                        any gt 1023
!
!! Permite o tráfego SSL (porta TCP 443) para o Bastion
(143.106.60.15)
access-list                 111      permit tcp host 143.106.60.15 eq
443                                  any gt 1023
!
!! Permite o tráfego SMTP (porta 25) para o proxy (143.106.60.2)
access-list                 111      permit tcp host 143.106.60.2 eq
```

```
25                          any gt 1023
!
!! Permite o tráfego SSH (porta 22) para máquinas da DMZ
(143.106.60.2-60.254)
access-list                 111      permit tcp 143.106.60.2
0.0.0.252 eq 22             any gt 1023
!
!! Permite o tráfego DNS (porta UDP 53) para o proxy (143.106.60.2)
access-list                 111      permit udp host 143.106.60.2 eq
53                                   any gt 1023
!
```

Uma vez definidas as regras de filtragem dos dois canais utilizados pelos usuários da Internet para acessarem serviços oferecidos pelo LAS (canal 112 para requisição e canal 111 para a resposta), a segunda parte da estratégia consistiu em definir os canais dos serviços a serem acessados pelos usuários internos. Primeiramente, foi definido o canal de requisição (canal 111), lembrando que as regras mais específicas têm de vir antes das regras mais generalizadas. Neste caso, as regras mais específicas significam que as regras para determinados equipamentos devem vir antes:

```
!! BlackHole (143.106.60.14) (portas 6000-6010) pode requisitar
serviços X
access-list                 111      permit tcp host 143.106.60.14 gt
1022                                 any
access-list                 111      permit tcp host 143.106.60.14
range 6000 6010             any gt 1022
!
! Permite a requisição de serviços HTTP (porta 80)
access-list                 111      permit tcp 143.106.60.2 0.0.0.29
gt 1023                              any eq 80
!
!! Permite a requisição de serviços SMTP (porta 25)
access-list                 111      permit tcp 143.106.60.2 0.0.0.29
gt 1023                              any eq 25
!
!! Permite a requisição de serviços SSH (porta 22)
access-list                 111      permit tcp 143.106.60.2 0.0.0.29
gt 1023                              any eq 22
!
!! Permite a requisição de serviços FTP (porta 21)
!! SOMENTE MODO PASSIVO - Canal de requisições
access-list                 111      permit tcp 143.106.60.2 0.0.0.29
gt 1023                              any eq 21
!
!! Permite a requisição de serviços FTP (porta > 1023)
!! SOMENTE MODO PASSIVO
!! Canal de dados
access-list                 111      permit tcp 143.106.60.2 0.0.0.29
gt 1023                              any gt 1023
!
!! Liberando FTP no modo ativo somente para o proxy (143.106.60.2)
access-list                 111      permit tcp host 143.106.60.2 gt
1023                                           any eq 20
!
```

```
!! Permite a requisição de serviços DNS (porta UDP 53)
access-list              111      permit udp 143.106.60.2 0.0.0.29
gt 1023                           any eq 53
!
!! Permite a requisição de serviços SSL (porta TCP 443)
access-list              111      permit tcp 143.106.60.2 0.0.0.29
gt 1023                           any eq 443
!
```

Assim, o canal de requisição de serviços da Internet utilizados pelos usuários internos do LAS foi definido de acordo com as regras do canal 111. O canal de resposta das requisições dos usuários da rede interna foi assim definido, utilizando-se o canal 112:

```
!! Canal de resposta X para o BlackHole (143.106.60.14) (portas
6000-6010)
access-list              112      permit tcp any host
143.106.60.14 gt 1022
access-list              112      permit tcp any gt 1022 host
143.106.60.14 range 6000 6010
!
!! Permite aos clientes utilizarem o HTTP (porta 80)
access-list              112      permit tcp any eq 80
143.106.60.2 0.0.0.29 gt 1023
!
!! Permite aos clientes utilizarem o SMTP (porta 25)
access-list              112      permit tcp any eq 25
143.106.60.2 0.0.0.29 gt 1023
!
!! Permite aos clientes utilizarem o SSH (porta 22)
access-list              112      permit tcp any eq 22
143.106.60.2 0.0.0.29 gt 1023
!
!! Permite aos clientes utilizarem o FTP (porta 21)
!! SOMENTE MODO PASSIVO - Canal de requisição
access-list              112      permit tcp any eq 21
143.106.60.2 0.0.0.29 gt 1023
!
!! Permite aos clientes utilizarem o FTP (porta 21)
!! SOMENTE MODO PASSIVO - Canal de dados
access-list              112      permit tcp any gt 1023
143.106.60.2 0.0.0.29 gt 1023
!
!! Liberando FTP no modo ativo somente para o proxy (143.106.60.2)
access-list              112      permit tcp any eq 20
host 143.106.60.2 gt 1023
!
!! Permite aos clientes utilizarem o DNS (porta UDP 53)
access-list              112      permit udp any eq 53
143.106.60.2 0.0.0.29 gt 1023
!
!! Permite aos clientes utilizarem o SSL (porta TCP 443)
access-list              112      permit tcp any eq 443
143.106.60.2 0.0.0.29 gt 1023
!
```

Assim, as regras de filtragem para as requisições dos usuários internos foram definidas no canal 111, enquanto as respostas para essas requisições foram definidas no canal 112. Para finalizar a implementação das regras de filtragem, todo o restante é negado. Apesar dessa abordagem ser um padrão, definir explicitamente essas regras não deixa margem a dúvidas sobre o que acontecerá com os pacotes que passam pelo processo de filtragem.

```
!! ****************************************
!! NEGA TODO O RESTO
!! ***********************************************
access-list                 111     deny ip any         any
access-list                 112     deny ip any         any
!
```

Uma das dificuldades encontradas foi para estabelecer as regras de filtragem para o equipamento de auditoria, localizado na rede DMZ. Esse equipamento é o responsável pela realização de simulações de ataque em redes que devem ter sua segurança avaliada.

Embora não esteja diretamente mapeada para o caso de um ambiente cooperativo, essa situação oferece um bom estudo de caso. Como poderá ser observado, esse caso demonstra o antagonismo existente entre tráfegos diferentes e a dificuldade em definir regras de filtragem que satisfaçam tais disparidades.

Pelo motivo de que todos os tipos de pacotes devem ser permitidos, esse equipamento deve ter um conjunto específico de regras, como por exemplo:

```
access-list                 111     permit ip host 143.106.60.30 any
access-list                 112     permit ip any
host 143.106.60.30
```

Essas regras permitem que qualquer tipo de pacote trafegue entre a Internet e o *host* de ataque. Mas isso limita a abrangência das simulações de ataque, pois a maioria deles utiliza o *IP Spoofing* para mascarar sua origem. Essas regras não permitem que essa técnica seja empregada, resultando na necessidade de mudança nas regras de filtragem. Porém, outra questão surge com a possibilidade de utilização do *IP Spoofing*, no que se refere ao fato de que, geralmente, os pacotes de resposta não são requeridos quando se recorre a essa técnica de ataque. De fato, receber respostas quando o *IP Spoofing* é utilizado é uma tarefa complicada, pois a rota para o endereço falsificado não aponta para o equipamento que realizou o ataque, mas sim para o equipamento real, que teve seu endereço utilizado indevidamente. Então, para que as respostas sejam recebidas, é necessário empregar outras técnicas, como ataques a roteadores para a alteração da tabela de rotas, ou então, o *source routing*. Assim, existem duas possibilidades quando se trata do *IP Spoofing*:

- Existe a necessidade de receber os pacotes de resposta da vítima.
- Não existe a necessidade de receber as respostas da vítima.

Caso a resposta não seja necessária, a regra de filtragem, única, poderia ser:

```
access-list            111     permit ip any     any
```

As regras para o canal de respostas vindas da Internet não seriam necessárias, pois não existiriam respostas. Valeriam, portanto, as regras já determinadas anteriormente, de acordo com a política de segurança da organização. A conseqüência prática dessa nova regra é que qualquer pacote saindo da rede da organização é permitido, tornando possível que qualquer *host* da organização seja a base para a realização de ataques.

Além disso, os usuários podem, agora, fazer as requisições que desejarem, de quaisquer serviços. Porém, a segurança da rede da organização ainda está no mesmo nível anterior, pois somente os pacotes dos serviços permitidos passam pelo filtro. Em outras palavras, são bloqueados os pacotes estranhos e as respostas de requisições inválidas, vindos da Internet.

O novo perigo seria com relação a algum *backdoor*, que poderia contaminar um usuário interno e iniciar uma conexão com um *host* externo para enviar informações confidenciais. Porém, mesmo essa possibilidade já existia com as regras anteriores, pois o *backdoor* poderia enviar as informações utilizando portas válidas, como o HTTP ou o FTP, por exemplo.

Quanto à outra possibilidade de uso do *IP spoofing*, na qual as respostas são necessárias, as únicas regras que possibilitam a comunicação são:

```
access-list            111     permit ip any     any
access-list            112     permit ip any     any
```

Com essas regras, o *host* específico pode utilizar a técnica de *IP Spoofing* para realizar um ataque, e tem condições de receber uma resposta (usando outras técnicas para redirecionamento de pacotes). Como conseqüência dessas regras, a rede da organização também pode fazer requisições e receber respostas e requisições de qualquer tipo, ou seja, a situação criada é a mesma em que o acesso é totalmente transparente, ou seja, sem nenhum filtro.

A conclusão obtida com essa experiência é que um ambiente de produção não combina com um ambiente de testes de segurança, ou seja, ambos são opostos. Se for possível, o uso de outra interface de rede para a criação de uma sub-rede somente para o *host* de segurança (Figura 13.4) passa a ser imprescindível. Caso contrário, os ataques mais sofisticados, que exigem respostas, ficam comprometidos. O ponto mais importante é que a segurança da organização deve receber a máxima prioridade.

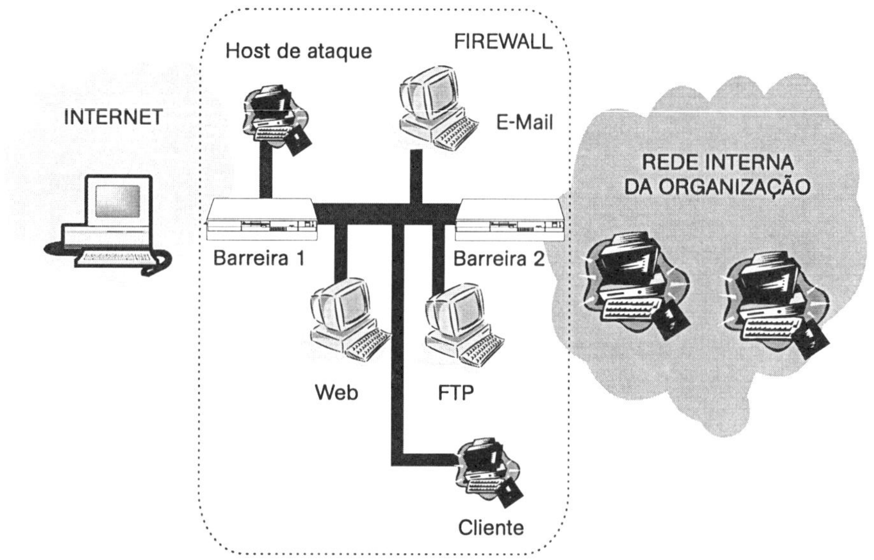

Figura 13.4 A arquitetura e os equipamentos utilizados pelo LAS.

O ambiente do LAS é um caso típico de uma rede simples, como foi visto no Capítulo 12, e mesmo assim algumas variáveis fazem com que as regras de filtragem atinjam um alto nível de complexidade. O exemplo do LAS ilustra a dificuldade que pode surgir no desenvolvimento da política de segurança para ambientes cooperativos, que envolve inúmeras conexões diferentes. Foram vistos que as dificuldades na definição do conjunto de regras são grandes, principalmente quando os objetivos são antagônicos.

É muito provável que uma situação semelhante seja encontrada em um ambiente cooperativo. Provavelmente, a dificuldade surge da estrutura plana dos mecanismos comuns de filtragem, ou seja, da ausência de mecanismos hierárquicos de filtragem ou de blocos, como os utilizados em linguagens de programação estruturada. Uma característica do *netfilter* pode ser utilizada para facilitar o desenvolvimento das regras de filtragem, como será visto na seção a seguir. Além disso, a arquitetura do *firewall cooperativo* e a divisão em níveis hierárquicos de defesa também auxiliam na definição de um conjunto de regras complexo, como o que é encontrado em um ambiente cooperativo.

A arquitetura do *firewall* cooperativo será vista na Seção 13.4 e os níveis hierárquicos, na Seção 13.5. O Modelo de Teias, que auxilia na visão de segurança da organização, será visto na Seção 13.6.

13.3 Manipulação da complexidade das regras de filtragem

Como foi mostrado nas seções anteriores, a complexidade das regras de filtragem cresce cada vez mais em ambientes cooperativos, de forma que o seu gerenciamento se torna um fator importante para que erros na criação e na implementação dessas regras sejam minimizados. Além do fator complexidade, existe ainda o fator desempenho, que também é prejudicado quando o número de regras de filtragem que deve ser verificado por cada pacote é muito grande, o que é uma característica dos ambientes cooperativos. Um dos sistemas de filtragem que tenta resolver os problemas levantados até agora é o *iptables*, que faz parte do Linux. O *kernel* do Linux tem um *firewall* do tipo filtro de pacotes desde a versão 1.1. A primeira geração teve como base o *ipfw* do BSD, e foi implementado por Alan Cox, em 1994. Ele foi aperfeiçoado por Jos Vos, no Linux 2.0, quando passou a se chamar *ipfwadm*. Em meados de 1998, o *ipchains* foi desenvolvido no Linux 2.2. A quarta geração é o *iptables*, que começou a ser desenvolvido em meados de 1999 e faz parte do *kernel* 2.4 do Linux. O *netfilter* é um *framework* para a manipulação de pacotes, no qual diversos ganchos (*hooks*) são criados na pilha do protocolo IPv4. O *iptables* utiliza os *hooks* definidos no *netfilter* para a realização da filtragem de pacotes. As próximas seções mostram o funcionamento do *iptables* e do *netfilter*.

13.3.1 Iptables

Em sistemas que utilizam o *iptables*, o *kernel* é inicializado com três listas de regras-padrão, que são também chamadas de *firewall chains* ou apenas *chains* (cadeias), que são:

- INPUT
- OUTPUT
- FORWARD

Cada cadeia possui seu próprio conjunto de regras de filtragem e o funcionamento do *iptables* acontece de acordo com o diagrama da Figura 13.5.

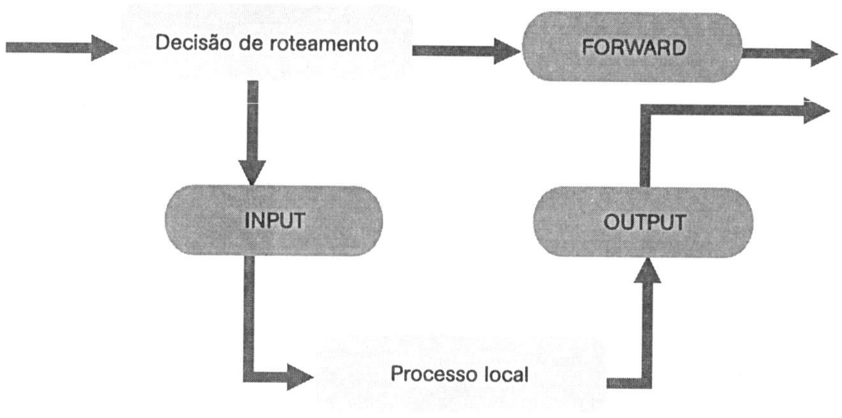

Figura 13.5 O funcionamento do *iptables*.

Quando o pacote atinge uma das cadeias (INPUT, OUTPUT ou FORWARD) é examinado pelas regras dessa cadeia. Se a cadeia tiver uma regra que define que o pacote deve ser descartado, ele será descartado nesse ponto. Caso a cadeia tenha uma regra que aceite o pacote, ele continua percorrendo o diagrama da Figura 13.5 até chegar à próxima cadeia ou ao destino final.

Cada uma dessas cadeias é constituída de um conjunto de regras que são examinadas uma a uma, seqüencialmente. Caso nenhuma regra da cadeia seja utilizada, a próxima cadeia será verificada. Se não houver regras em nenhuma cadeia, então a política-padrão será utilizada, o que geralmente significa descartar o pacote.

O modo de funcionamento do *iptables* pode ser resumido da seguinte maneira:

- Quando um pacote é recebido pela placa de rede, o *kernel* primeiramente verifica qual é o seu destino (decisão de roteamento).
- Se o destino for o próprio equipamento, o pacote é passado para a cadeia INPUT. Se ele passar pelas regras dessa cadeia, ele será repassado para o processo de destino local, que está esperando pelo pacote.
- Se o *kernel* não tiver o *forwarding* habilitado ou se não souber como encaminhar esse pacote, este será descartado. Se o *forwarding* estiver habilitado para outra interface de rede, o pacote irá para a cadeia FORWARD. Se o pacote passar pelas regras dessa cadeia, ele será aceito e repassado adiante. Normalmente, essa é a cadeia utilizada quando o Linux funciona como um *firewall*.
- Um programa sendo executado no equipamento pode enviar pacotes à rede, que são enviados à cadeia OUTPUT. Se esses pacotes forem aceitos pelas regras existentes nessa cadeia, serão enviados por meio da interface.

Essas três cadeias não podem ser removidas do *kernel*, pois são padrões e o *iptables* tem as seguintes opções: criar uma nova cadeia, remover uma cadeia vazia, alterar a política da cadeia, relacionar as regras da cadeia, eliminar as regras de uma cadeia, 'zerar' o contador de pacotes e bytes das regras da cadeia, adicionar uma nova regra na cadeia, inserir uma nova regra em alguma posição na cadeia, remover uma regra de alguma posição na cadeia e remover a primeira regra encontrada na cadeia.

As filtragens do *iptables* podem ser baseadas em endereços IP de origem e destino, protocolos e interfaces. O *iptables* pode ser expandido, pois novas características podem ser adicionadas às regras. Algumas das extensões são as do TCP, quando o protocolo TCP está selecionado. Por meio delas, é possível criar regras utilizando-se *flags* TCP como *syn*, *ack*, *fin*, *rst*, *urg*, *psh*, portas de origem ou portas de destino. Extensões UDP incluem as portas de origem ou de destino e as extensões ICMP permitem criar regras com tipos específicos de ICMP. Outras extensões são referentes aos endereços MAC e aos limites de pacotes a serem registrados.

Um módulo que pode ser utilizado pelo *iptables* é o de filtro de pacotes baseado em estados, que permite o controle das conexões novas, estabelecidas, relacionadas ou inválidas. A fragmentação também pode ser controlada, para que a filtragem seja realizada não apenas no primeiro pacote da conexão, mas também nos pacotes subseqüentes.

Até mesmo quando o NAT é utilizado, os fragmentos são desfragmentados antes de chegarem ao código de filtragem do *kernel*. Uma característica importante é que o *iptables* insere e exclui regras na tabela de filtragem de pacotes no próprio *kernel*, de modo que esse conjunto de regras é perdido quando o sistema operacional é reinicializado. Assim, é necessário armazenar o conjunto de regras em um local seguro e carregá-lo na memória sempre que for necessário.

Uma das principais diferenças entre o *ipchains* e o *iptables* é que as referências ao *redirect* e ao *masquerade*, existentes no *ipchains*, foram removidas do *iptables*. Com isso, o *iptables* não pode alterar pacotes, apenas filtrá-los, simplificando assim seu funcionamento. Como conseqüência dessa simplificação, pode-se obter melhor desempenho e segurança.

13.3.2 Netfilter

O *netfilter* é um *framework* para a manipulação de pacotes, no qual diversos ganchos (*hooks*) são criados na pilha do protocolo IPv4, e pode ser visto na Figura 13.6. O *iptables* se baseia no *netfilter*, como foi visto na seção anterior.

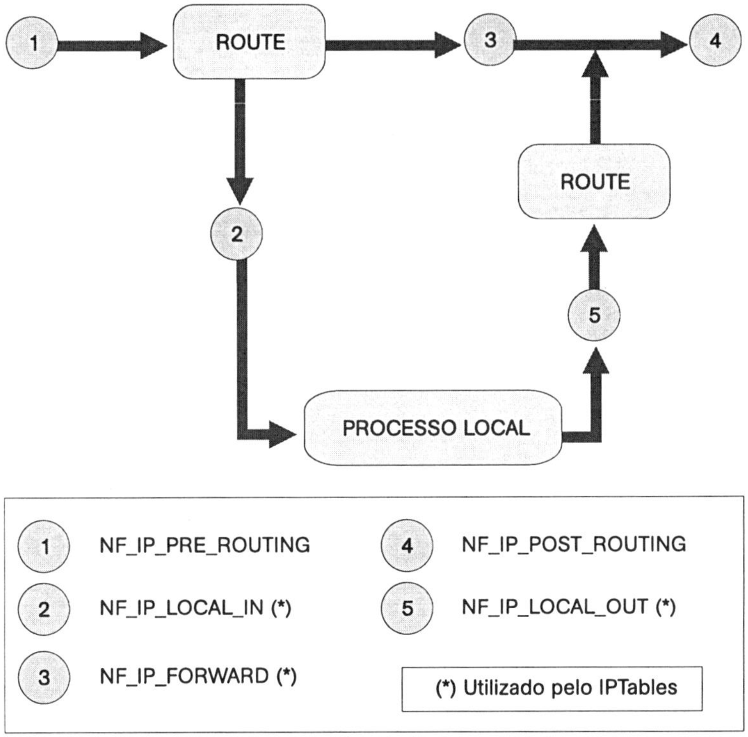

Figura 13.6 O funcionamento do *netfilter*.

Antes de os pacotes entrarem no *netfilter*, eles passam por algumas checagens simples, como as que são feitas para descartar pacotes truncados ou com o *checksum* do IP errado, além de evitarem também recebimentos 'promíscuos'. Os pacotes que passam por essa checagem entram no *netfilter* (Figura 13.6), vão para o *hook* NF_IP_PRE_ROUTING (1) e depois para o código de roteamento, no qual é decidido se o pacote será destinado a outra interface de rede ou para um processo local. O código de roteamento pode descartar pacotes que não têm rotas. Se o destino for o próprio equipamento, o *netfilter* envia os pacotes ao *hook* NF_IP_LOCAL_IN (2), antes de eles chegarem ao processo local. Se o pacote tiver como destino outra interface de rede, o *netfilter* o envia ao *hook* NF_IP_FORWARD (3) e depois ao *hook* NF_IP_POST_ROUTING (4), antes de ele chegar ao cabo novamente. O *hook* NF_IP_LOCAL_OUT (5) é utilizado para os pacotes criados localmente. O roteamento é realizado após a chamada do *hook* (5), de modo que o código de roteamento é ativado, primeiramente para descobrir o endereço de IP origem e algumas opções IP, sendo chamado novamente, caso o pacote seja alterado.

Novos módulos do *kernel* podem ser registrados para atuar nos *hooks*, de maneira que, quando os *hooks* são chamados, os módulos registrados estão prontos para manipular os pacotes. O módulo pode, então, fazer com que o *netfilter* realize uma das seguintes funções:

- NF_ACCEPT: continua normalmente.
- NF_DROP: descarta o pacote.
- NF_STOLEN: não continua a manipulação do pacote.
- NF_QUEUE: coloca o pacote na fila.

O *iptables* (Seção 13.3.2) utiliza os *hooks* do *netfilter* NF_IP_LOCAL_IN, NF_IP_FORWARD e o NF_IP_LOCAL_OUT, de modo que qualquer pacote passa por um único *hook* para a filtragem.

13.3.3 O iptables no ambiente cooperativo

Foi visto na seção anterior que o *netfilter* oferece o *framework* utilizado pelo *iptables*, que, por meio da sua abordagem com base em cadeias, faz com que a filtragem dos pacotes seja realizada de maneira mais controlada e mais fácil de ser gerenciada (porém, não mais fácil de ser desenvolvida), resultando também em maior desempenho. Isso é alcançado porque não é necessário que todas as regras sejam examinadas seqüencialmente, mas, sim, apenas as regras de cada cadeia.

Essa abordagem, baseada em cadeias, pode ser aproveitada em ambientes cooperativos, nos quais uma nova cadeia específica pode ser criada para cada elemento do ambiente. Assim, as regras de filtragem podem ser desenvolvidas separadamente para cada elemento, em vez de criar um único conjunto imenso de regras para o ambiente em sua totalidade.

Essa abordagem resulta em um melhor gerenciamento e maior desempenho do *firewall*, diminuindo as chances de que erros sejam cometidos no desenvolvimento e na implementação das regras. A Figura 13.7 mostra o *iptables* sendo utilizado no ambiente cooperativo, com as diferentes cadeias criadas para cada organização que faz parte do ambiente.

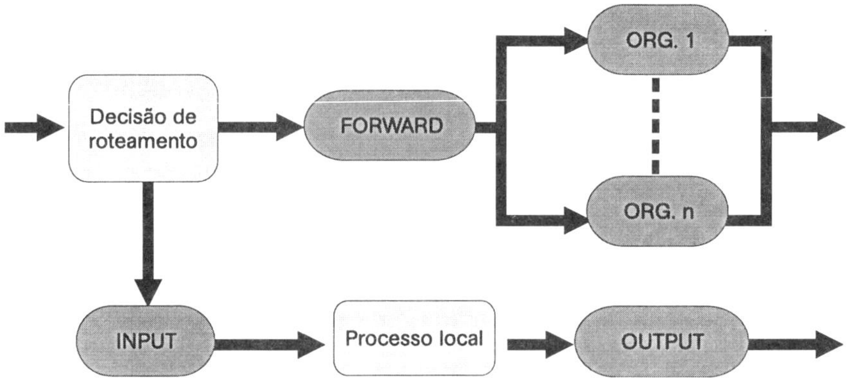

Figura 13.7 O *iptables* no ambiente cooperativo.

No ambiente cooperativo, a cadeia FORWARD trabalha para realizar as filtragens mais genéricas (como a proteção contra o *IP Spoofing* ou o Smurf), aplicáveis a todos os elementos do ambiente cooperativo, e principalmente para direcionar a filtragem para a cadeia correspondente a cada organização. A cadeia INPUT deve conter regras para a defesa do próprio *firewall*. O grande problema aqui é a definição do critério que servirá de base para o direcionamento à cadeia correspondente.

Supõe-se que utilizar o endereço IP do usuário como base de decisão pode ser perigoso, é possível de ser, facilmente, falsificado, de modo a 'driblar' um conjunto de regras mais restritivo. Porém, essa suposição pode ser considerada incorreta, pois as regras existentes no *firewall* são as mesmas que existiriam no conjunto único de regras (também com base em endereços IP). A diferença entre as duas abordagens é que, com o uso de cadeias específicas criadas para cada organização, não é mais necessário que todas as regras de todas as organizações sejam verificadas seqüencialmente. Como o objetivo é facilitar o gerenciamento e maximizar o desempenho do *firewall*, o *iptables* pode atender plenamente às necessidades.

Um ponto importante a ser lembrado é que, em um ambiente cooperativo, as regras de filtragem são apenas um dos elementos do *firewall* cooperativo, ou seja, a segurança da organização não pode depender apenas dessas regras de filtragem.

Sistemas de detecção de intrusão (Capítulo 8) e um bom mecanismo de autenticação (Capítulo 11), preferencialmente com base em certificados digitais (Seção 9.5), também são essenciais em ambientes complexos. O *firewall* cooperativo, que será visto na próxima seção, e o modo como o *iptables* trata as regras de filtragem (Seção 13.3), servem de base para o modelo hierárquico a ser apresentado na Seção 13.5.

13.4 Integrando tecnologias – *firewall* cooperativo

Como foi visto no decorrer deste livro, a evolução das necessidades de segurança indica que diversos outros elementos, além do *firewall*, são cada vez mais imprescindíveis para a proteção dos recursos da organização. Foi verificado também que diversas arquiteturas clássicas de *firewall* já foram propostas, mas que ainda não contemplam tecnologias de segurança como, por exemplo, a VPN, o IDS e a PKI. O *firewall* cooperativo tem como objetivo apresentar uma arquitetura que inclui essas tecnologias de segurança, que são tão importantes em um ambiente cooperativo.

Partindo dessa premissa, como seria constituído e como seria o 'muro' das organizações em um ambiente cooperativo (Figura 13.8)?

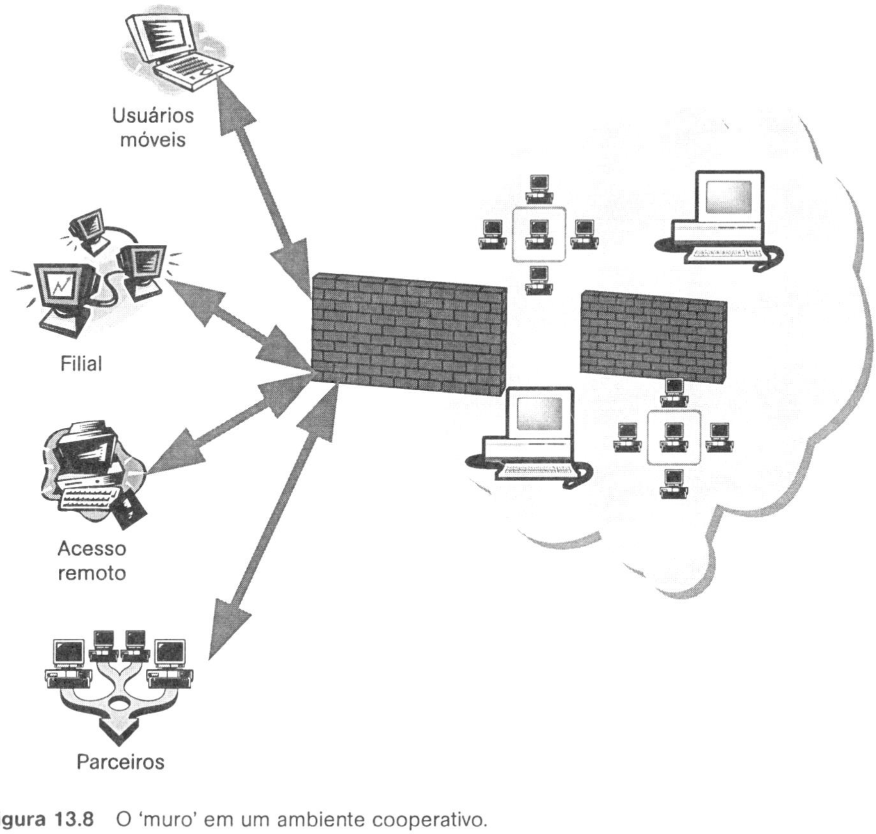

Figura 13.8 O 'muro' em um ambiente cooperativo.

Integrar conceitos e tecnologias como *firewall*, DMZ, VPN, PKI, SSO, IPSec, IDS, NAT e criptografia de dados, cada um com sua função específica, é uma tarefa que requer um intenso planejamento, que depende diretamente das necessidades e dos recursos financeiros da organização. Entender os conceitos, as técnicas e as tecnologias de segurança é essencial para o sucesso na estratégia de segurança definida, pois a função de cada um desses componentes e o seu posicionamento dentro da arquitetura influem diretamente no resultado final esperado.

Já vimos no Capítulo 12 que a evolução pode ocorrer em uma rede, a qual, por meio da necessidade de fornecer recursos para os diversos tipos de usuários, integra conceitos, técnicas e tecnologias, até chegar à arquitetura do *firewall* cooperativo (Figura 13.9).

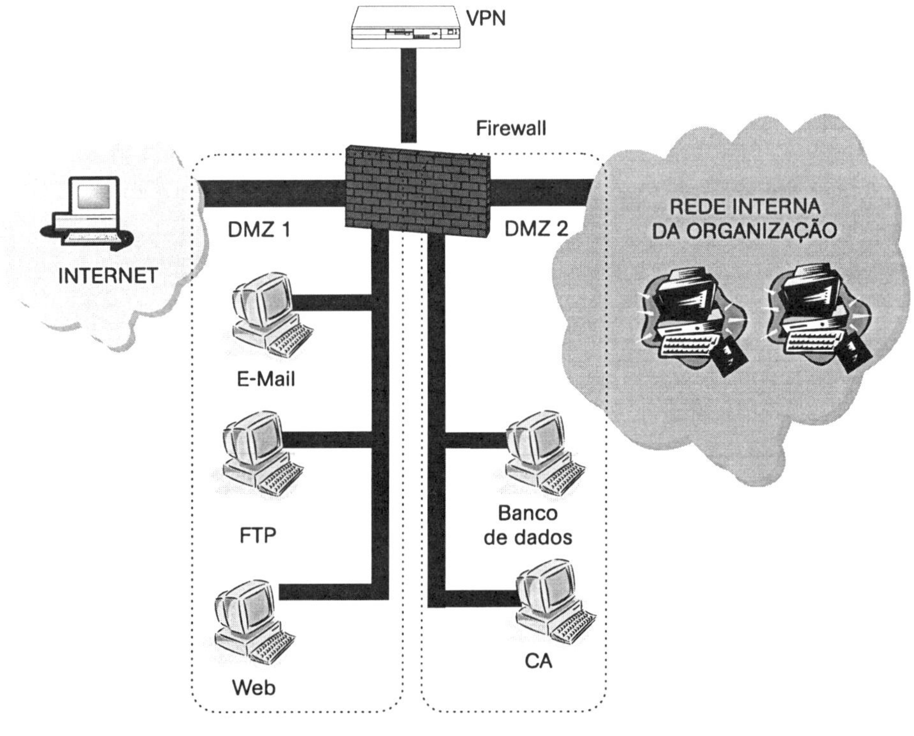

Figura 13.9 A arquitetura do *firewall* cooperativo.

O *firewall* cooperativo tem como objetivo tornar mais simples a administração da segurança do ambiente cooperativo, ao integrar e posicionar tecnologias específicas para a proteção do ambiente. A grande dificuldade existente é a de inserir cada um dos conceitos e tecnologias dentro do contexto da organização, e o *firewall* cooperativo ajuda nessa tarefa. Porém, se, por um lado, a arquitetura do *firewall* cooperativo auxilia na definição da estratégia de defesa da organização, os administradores não devem deixar de lado a importância de compreender as funções de cada um desses elementos.

Em um *firewall* cooperativo, a VPN deve atuar em conjunto com a CA, para que trabalhem juntos na autenticação dos usuários que podem acessar recursos da rede interna, bem como para garantir o sigilo das informações que são trocadas com outros elementos do ambiente cooperativo. Em um paralelo com os bolsões de segurança definidos no Capítulo 6, o *firewall* cooperativo sugere que a VPN e a PKI sejam utilizadas para a autenticação dos usuários que acessam bolsões maiores da organização (mais recursos internos). O *firewall* cooperativo mostra também que recursos disponibilizados para o acesso realizado exclusivamente por meio da Internet devem ser disponibilizados na DMZ.

Uma segunda DMZ deve ser utilizada para os recursos que necessitam de um maior grau de segurança, e que não têm o acesso direto por parte dos usuários da Internet. Esse é o caso dos bancos de dados, que são acessados pelos usuários por meio do servidor Web, que está localizado na primeira DMZ, ou seja, o usuário acessa o servidor Web que geralmente contém uma aplicação que acessa o banco de dados. A autenticação entre essa aplicação e o servidor Web também pode ser utilizada, bem como uma nova autenticação do usuário, que pode ser mais forte pelo uso da biometria, por exemplo.

O *firewall* cooperativo trata também dos recursos localizados na rede interna da organização, que devem estar sob monitoração constante, o que é realizado pelo IDS. Essa monitoração deve coibir ações 'maliciosas', tanto dos usuários que acessam os recursos via VPN, quanto dos usuários que estão fisicamente 'dentro' da rede interna da organização.

Assim, o *firewall* cooperativo realiza a integração de diversos conceitos e tecnologias de segurança e acaba criando uma divisão em três partes das localizações dos recursos:

- Recursos públicos disponibilizados para o acesso via Internet: localização na DMZ.
- Recursos privados disponibilizados para o acesso via Internet: localização na DMZ 2.
- Recursos internos acessados via VPN: localização na rede interna.

As proteções referentes a cada um dos tipos de recursos são mais bem compreendidas quando uma divisão em diversos níveis de defesa é realizada, como será visto na próxima seção.

13.5 Níveis hierárquicos de defesa

Além do *firewall* cooperativo e do modo como o *iptables* trabalha com as regras de filtragem, uma abordagem com base em diferentes níveis hierárquicos de defesa também pode facilitar a compreensão do esquema de segurança. A divisão em níveis hierárquicos facilita o desenvolvimento, a implementação e o gerenciamento de segurança de todas as conexões em um ambiente cooperativo. Essa divisão auxilia também na definição das proteções necessárias para os três tipos de recursos identificados na seção anterior (públicos, privados e internos).

A segmentação da defesa pode ser feita em cinco níveis hierárquicos, de acordo com os conceitos e as tecnologias apresentados durante o livro, e que devem fazer parte de um ambiente cooperativo. O *firewall* cooperativo, apresentado na seção anterior, é uma arquitetura de segurança que, em conjunto com os cinco níveis hierárquicos propostos, ajuda a facilitar a definição e a implementação das medidas de segurança necessárias.

Os níveis hierárquicos de defesa definidos compreendem as regras de filtragem e também as autenticações que devem ser realizadas para o acesso aos recursos da organização. Os cinco níveis formam uma barreira gradual, na qual o nível inferior representa uma barreira contra ataques mais genéricos. A filtragem atinge uma maior granularidade de acordo com o aumento hierárquico do nível de defesa, que vai cada vez mais se posicionando em direção à rede interna da organização. Isso pode ser observado na Figura 13.10.

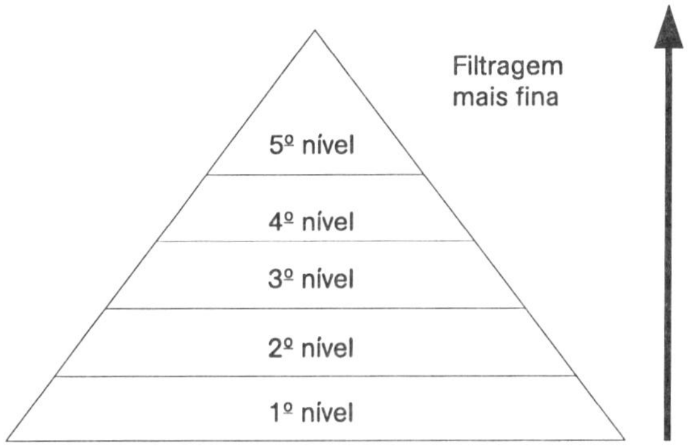

Figura 13.10 A granularidade dos níveis hierárquicos de defesa.

Na Figura 13.11, pode-se observar as ações que são tomadas em cada um desses níveis hierárquicos. As filtragens são realizadas nos níveis 1, 3 e 5 e os níveis 2 e 4 são referentes às autenticações dos usuários.

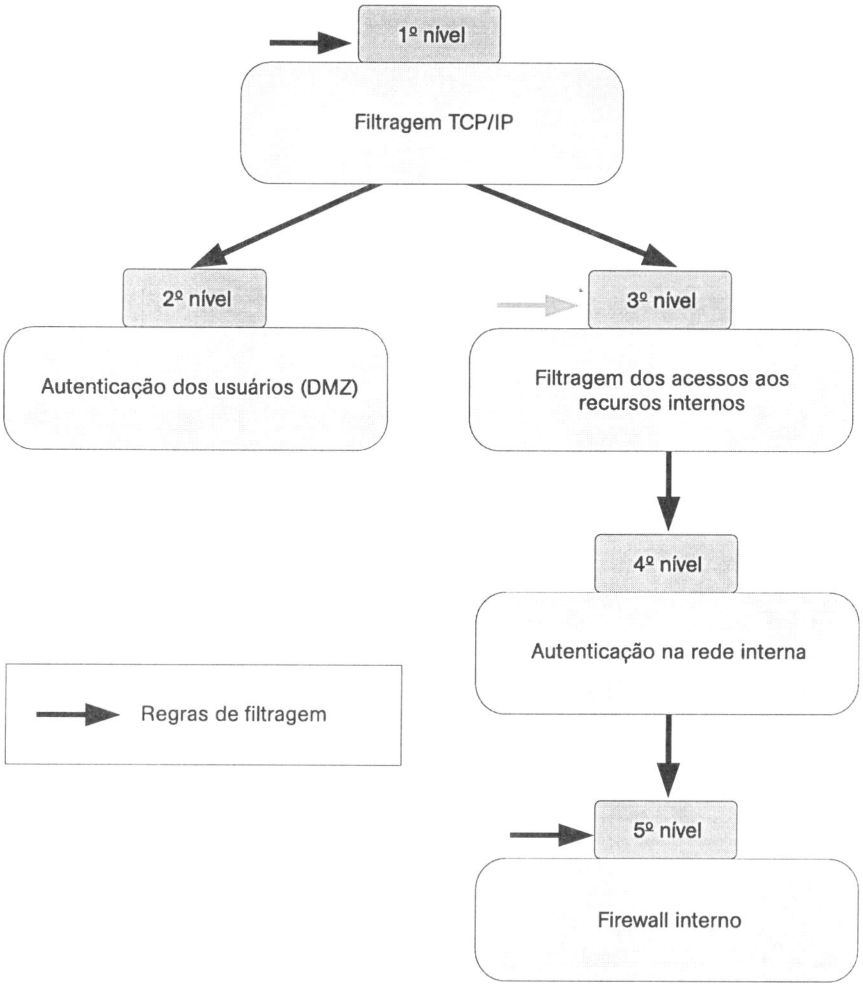

Figura 13.11 As ações em cada nível hierárquico de defesa.

Pode-se notar, neste exemplo, que o 2º nível hierárquico é o ponto em que os recursos externos considerados públicos são acessados, ou seja, o acesso público passa por esse nível hierárquico, além de passar também pelo primeiro nível hierárquico de defesa, que é inerente a todos os tipos de conexões. O acesso aos recursos internos precisam passar, necessariamente, pelos níveis hierárquicos 1, 3, 4 e 5.

Essa diferenciação faz com que as confusões sejam minimizadas, como a dúvida sobre onde e em que ordem devem ser definidas e implementadas as regras de filtragem. Nas seções a seguir, estão descritas as ações realizadas em cada um dos níveis de defesa.

13.5.1 Primeiro nível hierárquico de defesa

Essa primeira linha de defesa é a responsável pela filtragem dos pacotes TCP/IP, antes de serem encaminhados aos níveis hierárquicos 2 ou 3. Todos os tipos de conexões passam, necessariamente, por essa linha de defesa, sendo permitidos somente os pacotes referentes a serviços públicos disponíveis na DMZ e a canais de respostas dos serviços disponíveis para os usuários internos, bem como pacotes IPSec dos túneis de VPN. Um ponto a ser considerado é que o 'muro' das figuras que serão vistas a seguir pode ser constituído por filtros de pacotes, filtro de pacotes baseado em estados ou também pelos *proxies*.

Esse primeiro nível hierárquico (Figura 13.12) é destinado a descartar pacotes de serviços que não são permitidos e não são fornecidos. Com isso, as implicações de segurança são minimizadas e a utilização da largura de banda da rede da organização é otimizada. Esse também é o nível responsável pela proteção contra ataques ao protocolo TCP/IP, tais como *IP Spoofing* e *SYN Flooding*. A proteção contra o *Smurf* também é realizada neste nível.

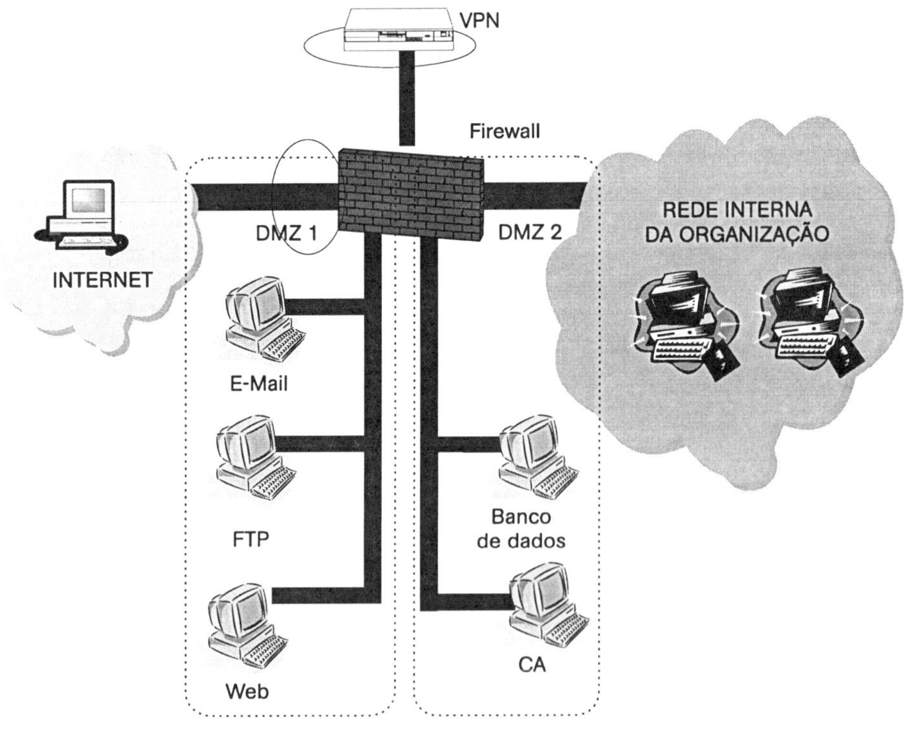

Figura 13.12 O primeiro nível hierárquico de defesa.

13.5.2 Segundo nível hierárquico de defesa

O segundo nível hierárquico de defesa é o responsável pela autenticação dos usuários que acessam os serviços públicos localizados na DMZ, como pode ser visto na Figura 13.13. Não existem regras de filtragem nesse nível. A utilização da autenticação não é sempre obrigatória, como acontece nos casos de serviços públicos como a Web e o FTP anônimo. Alguns dos serviços que necessitam desse segundo nível de defesa são o FTP 'não anônimo' e o acesso pela Web a informações particulares, que exigem uma autenticação do usuário para que o acesso seja liberado.

Esse servidor Web pode também se comunicar com o banco de dados residente na segunda DMZ, no qual as informações estão localizadas efetivamente. As regras de filtragem que controlam esse acesso entre o servidor Web e o banco de dados são definidas pelo terceiro nível de defesa.

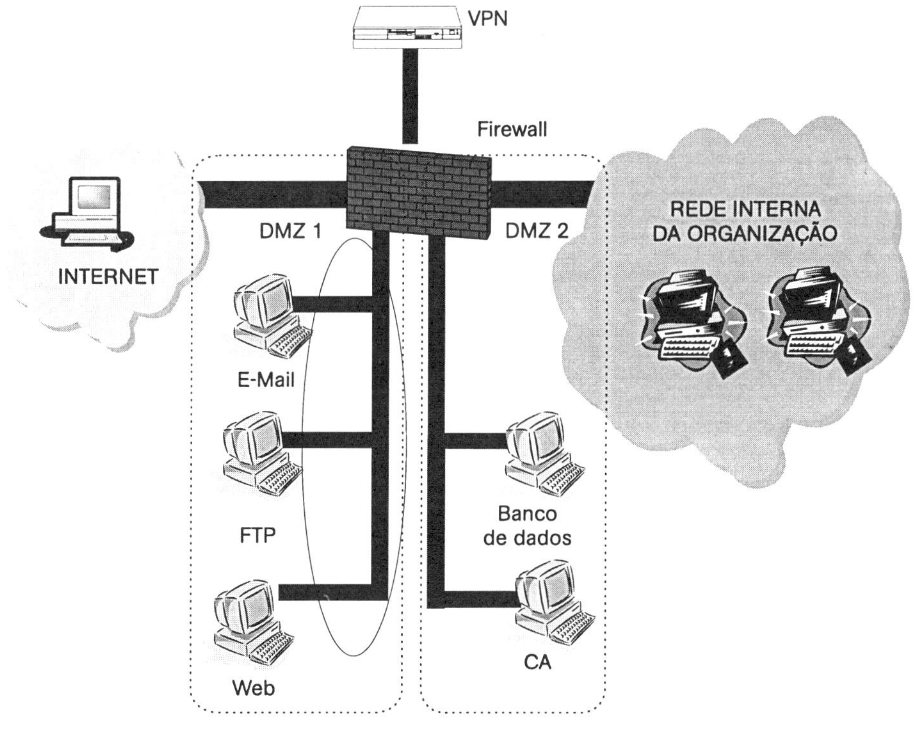

Figura 13.13 O segundo nível hierárquico de defesa.

13.5.3 Terceiro nível hierárquico de defesa

A complexidade das regras de filtragem reside no terceiro nível hierárquico de defesa. É por meio do conjunto de regras desse nível que os usuários terão acesso apenas às informações e aos serviços pertinentes a ele. Esse nível cuida da porta de entrada da rede interna da organização e pode ser dividido em duas partes: as regras de filtragem para a segunda DMZ e as regras para o acesso à rede interna da organização (Figura 13.14).

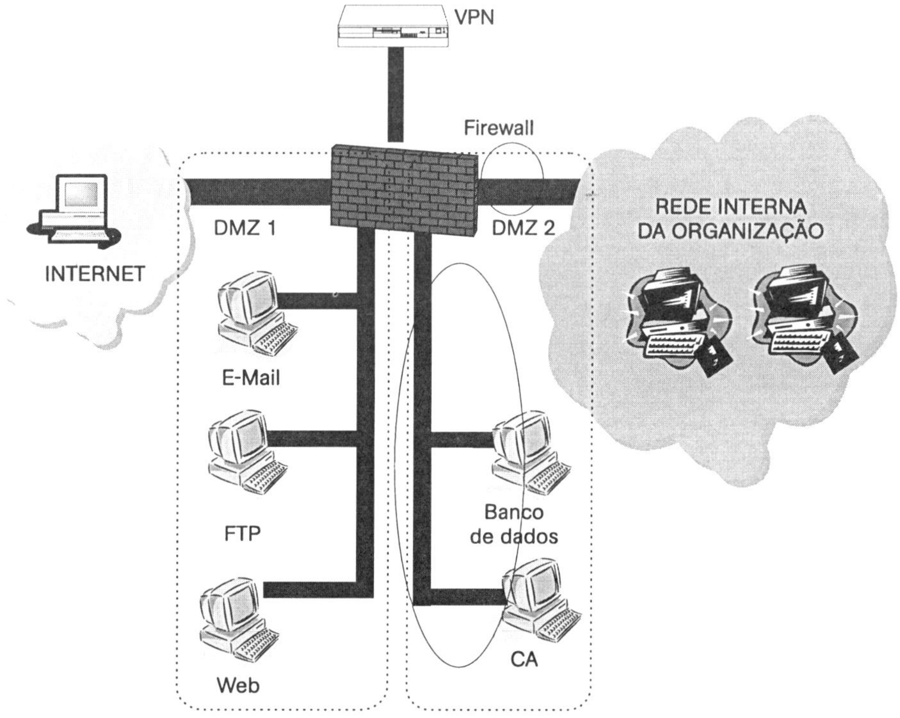

Figura 13.14 O terceiro nível hierárquico de defesa.

As regras de filtragem para a segunda DMZ são definidas de modo que, nesse exemplo, o banco de dados pode ser acessado somente pelo servidor Web da primeira DMZ, e a autoridade certificadora (CA) pode ser acessada apenas pelo dispositivo de VPN. Isso faz com que as informações e os recursos importantes, localizados nessa segunda DMZ, sejam bem protegidos, e ao mesmo tempo possam ser acessados pelos usuários externos.

As regras para o acesso à rede interna devem ser definidas de modo que somente os usuários autenticados passem por esse nível de defesa, bem como para garantir que esses usuários autenticados acessem somente os recursos a que são explicitamente permitidos. Com isso, pode-se perceber que grande parte da complexidade da segurança reside nesse nível, e é importante uma abordagem em cadeias, como a que é utilizada pelo *iptables* (Seção 13.3.3). Como foi visto, a abordagem refere-se à divisão das regras de filtragem em diversas cadeias, cada uma correspondendo a uma organização integrante do ambiente cooperativo.

13.5.4 Quarto nível hierárquico de defesa

A quarta linha de defesa refere-se à autenticação dos usuários para o acesso aos serviços e às informações internas da organização. Esse nível de defesa trata da autenticação, como se ela estivesse sendo realizada pelos usuários que estão fisicamente na organização (Figura 13.15). A partir desse nível hierárquico, portanto, a segurança se baseia na proteção existente internamente à organização, como as senhas para o acesso a sistemas internos. Nenhuma filtragem é realizada nesse nível e toda a autenticação pode ser feita em conjunto com a autoridade certificadora, de modo que os recursos sejam acessados de acordo com os certificados digitais de cada usuário.

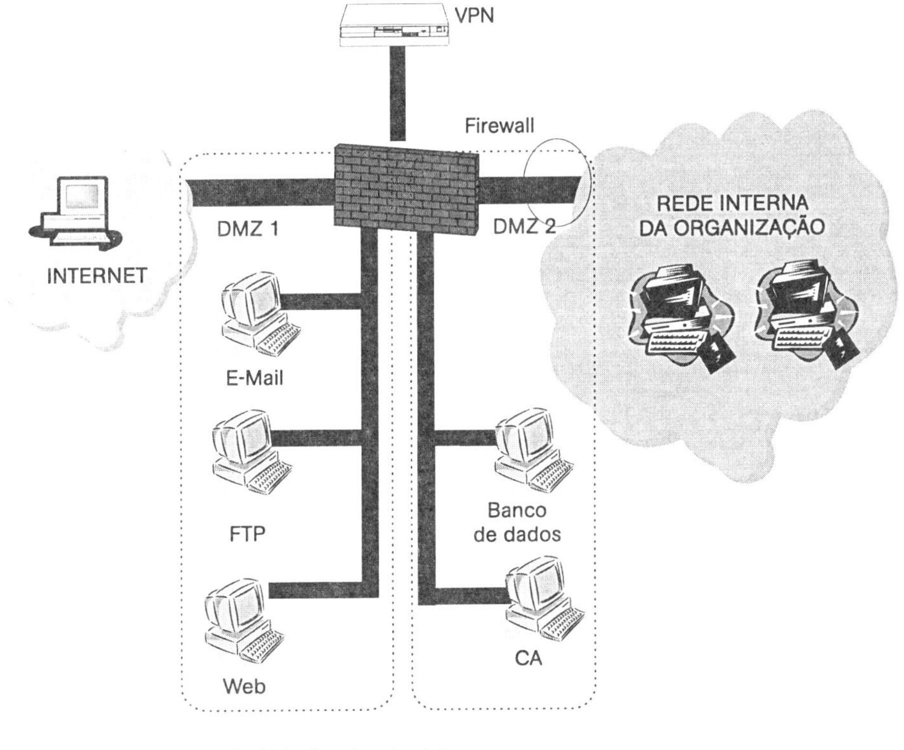

Figura 13.15 O quarto nível hierárquico de defesa.

13.5.5 Quinto nível hierárquico de defesa

O quinto nível hierárquico de defesa refere-se ao acesso e ao controle dos usuários que estão acessando a rede interna da organização, como pode ser visto na

Figura 13.16. Esse nível pode ser considerado como um *firewall* interno, com a adição de sistemas de detecção de intrusão (IDS) para o monitoramento das atividades dos usuários. Um funcionário do departamento de manufatura, por exemplo, não pode ter acesso às informações do setor financeiro, de modo que esse acesso deve ser bloqueado.

Assim, o controle é realizado internamente, e pode ser realizado também em conjunto com a autoridade certificadora nos casos em que os usuários necessitam de autenticação.

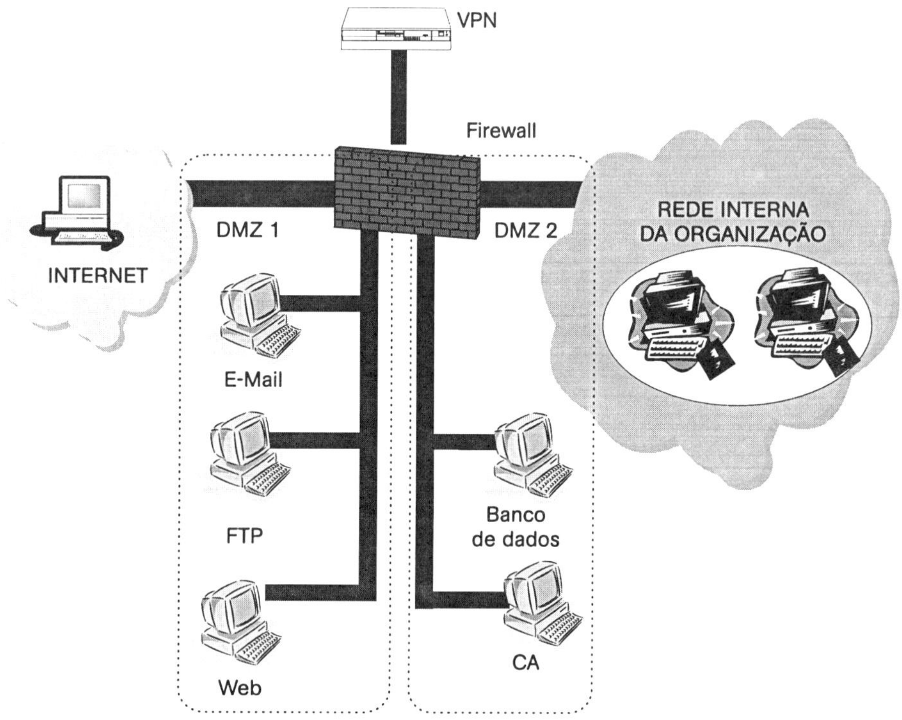

Figura 13.16 O quinto nível hierárquico de defesa.

13.5.6 Os níveis hierárquicos de defesa na proteção dos recursos

De acordo com a divisão dos tipos de recursos, vista na Seção 13.4, os seguintes níveis hierárquicos de defesa podem ser utilizados para a proteção dos três tipos de recursos definidos (públicos, privados e internos):

- Recursos públicos: primeiro nível hierárquico de defesa.
- Recursos privados: primeiro e segundo níveis hierárquicos de defesa.

- Recursos internos: primeiro, terceiro, quarto e quinto níveis hierárquicos de defesa.

Com essa relação entre os recursos a serem protegidos e os níveis hierárquicos de defesa responsáveis pela proteção, vê-se que a definição das medidas de segurança e das regras de filtragem é mais fácil de ser compreendida. Assim, as regras de filtragem podem ser planejadas e criadas com mais controle, pois a visualização em níveis também auxilia na diminuição de possíveis confusões que porventura possam vir a acontecer. Além disso, utilizar uma abordagem semelhante à utilizada pelo *iptables*, que pode utilizar uma cadeia específica para cada elemento do ambiente, também ajuda a diminuir a complexidade envolvida nas regras de filtragem.

Além das regras de filtragem, os demais componentes de segurança também devem ser bem entendidos para que possam ser utilizados de uma forma mais eficiente. Isso envolve a compreensão dos riscos envolvidos com cada aspecto de segurança, para que o mecanismo de defesa condizente com cada situação encontrada possa ser implementado. A próxima seção trata dessa importante questão, que é o gerenciamento da complexidade de segurança.

13.6 Modelo de teias

O próximo passo, depois de definir a estratégia de defesa, implementar a política de segurança e tornar a organização parte de um ambiente cooperativo é o gerenciamento da complexidade da segurança. Durante a leitura deste livro, foi possível verificar que a segurança constitui um processo contínuo, no qual é importante mensurar quantitativamente e qualitativamente todos os aspectos relacionados à proteção dos recursos da organização.

Um dos maiores desafios envolvidos com a segurança é a identificação de todos os pontos que devem ser tratados, e a definição dos níveis de segurança de cada um deles. O desafio surge, justamente, devido à complexidade da segurança, que envolve aspectos humanos, culturais, sociais, tecnológicos, legislativos, de processos e de negócios, que devem ser tratados com o mais absoluto cuidado. O gerenciamento da segurança, então, torna-se difícil, principalmente porque não se pode gerenciar o que não se conhece.

Assim, após conhecer os conceitos, as técnicas e as tecnologias de segurança, é necessário saber entender e mensurar os aspectos de segurança da organização, a fim de que a segurança se torne gerenciável.

O gerenciamento da segurança proverá condições para que a organização obtenha um grande diferencial competitivo, seja pelas medidas de segurança que podem ser definidas ou pelo completo entendimento da situação de segurança da organização por todos. Para que isso seja possível de ser alcançado, é importante ter uma metodologia segundo a qual seja possível identificar todas as entidades que influem no nível de segurança da organização. A metodologia deve não apenas identificar, mas também ser capaz de mensurar o nível de segurança de cada entidade identificada. Além disso, deve ser capaz de propor soluções e, o mais importante, fazer com que todos da organização, desde o mais comum dos usuários até o diretor, possam entender e visualizar a situação da organização. Afinal de contas, a busca por um ambiente cada vez mais seguro requer a participação de todos, e não apenas dos profissionais de segurança e dos executivos.

O desenvolvimento dessa metodologia faz parte do futuro, porém, o Modelo de Teias já apresenta alguns dos elementos necessários para que a segurança se torne de fato gerenciável. O modelo é parte do resultado de diversas experiências nas quais, principalmente em grandes ambientes, os aspectos de segurança relevantes não são tratados com sua devida importância. Ele procura facilitar a compreensão dos problemas envolvidos e também da implementação da segurança. Ainda há muito a ser desenvolvido, mas é possível verificar a idéia geral do conceito, que espera, por meio desse modelo, contribuir para o desenvolvimento dos assuntos relacionados ao gerenciamento da complexidade da segurança.

13.6.1 Os elementos

O modelo proposto é constituído por sete fases e uma figura, tendo cada uma das fases um papel fundamental no modo como a segurança deve ser trabalhada. As sete fases definidas ajudam na elaboração da estratégia de segurança (se o próprio modelo não for a estratégia de segurança), minimizando as chances de algum aspecto ser esquecido.

A finalização das sete fases gera, como resultado, uma relação de medidas de segurança que devem ser implementadas em cada recurso, para que o nível ideal seja alcançado. Além disso, é possível obter uma visualização clara, pela figura do modelo, do nível de segurança de diferentes entidades (por exemplo, organização, departamentos, seções, áreas, salas) e de diferentes recursos (por exemplo, *firewall*, roteador, servidor *extranet*, servidor de e-mail).

Esse nível de segurança definido pelo modelo tem como base a relação existente entre os diferentes elementos de segurança (Seção 13.6.3.1) relacionados com cada recurso. Já o nível de segurança de cada entidade pode ser estabelecido de acordo com o nível de segurança de cada recurso que compõe essa entidade, assegurando, assim, uma visão hierárquica do nível de segurança da organização. Em outras palavras, uma entidade pode dispor de diversos recursos, que têm seus níveis de segurança medidos de acordo com os elementos de segurança relacionados. Esses conceitos serão apresentados nas próximas seções, nas quais a figura gerada pelo modelo é apresentada na Seção 13.6.2. As sete fases definidas serão apresentadas na Seção 13.6.3, e a maneira de interpretar a figura será discutida na Seção 13.6.4.

Assim, o Modelo de Teias é composto pelos seguintes elementos:

- Figura do Modelo de Teias, que indica os níveis de segurança atual, a desejada e a diferença entre as duas situações (a real e a desejada).
- Elementos de segurança (um *framework*, Seção 13.6.3.1).
- *Roadmap* de medidas de segurança para diminuir a diferença entre os níveis de segurança atual e a desejada.
- Sete fases que criam a figura.

13.6.2 A figura do modelo de teias

A figura tem como objetivo tornar as considerações de segurança mais compreensíveis para todos os envolvidos, independentemente de seu nível técnico e hierárquico. Ela será a base do Modelo de Teias. Uma instância dessa figura pode ser vista na Figura 13.17 e detalhes da visão hierárquica oferecida pelas figuras do modelo podem ser observados na Seção 13.6.5.

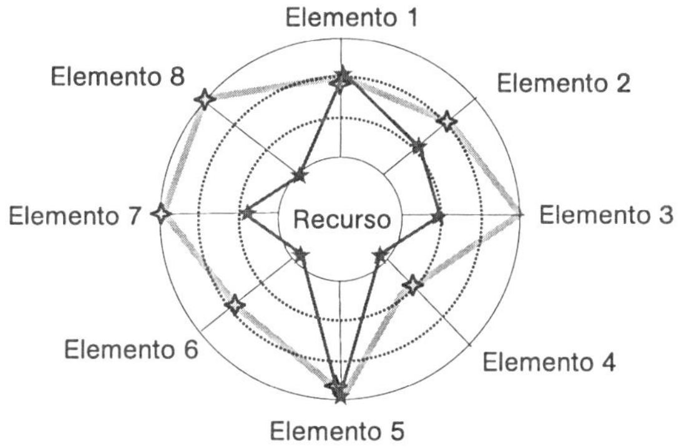

Figura 13.17 A figura do Modelo de Teias.

É possível ver, nessa figura, os elementos que compõem o modelo:

- **A figura:** representa o próprio Modelo de Teias e é a base para os outros elementos do modelo.
- **Os elementos de segurança:** são os elementos analisados para a definição do nível de segurança do recurso. Na Figura 13.17, existem oito elementos de segurança.

- **A situação atual:** significa o nível de segurança atual do recurso, representado pelo traço preto da Figura 13.17.
- **A situação desejada:** faz referência ao nível de segurança ideal e que deve ser alcançado pelo recurso, representado pelo traço cinza da Figura 13.17.
- **O espaço entre o traço preto e o cinza:** representa as medidas de segurança que devem ser implementadas para que seja alcançado o nível de segurança desejado.

É possível ver, no centro da Figura 13.17, o recurso que está sendo analisado e alguns dos elementos de segurança que devem ser avaliados. O traço preto representa a situação atual, enquanto o traço cinza representa a situação desejada para o recurso. No exemplo, quatro níveis de segurança foram definidos, número esse que pode ser diferente, de acordo com o recurso envolvido ou com a política da organização. A Seção 13.6.3.8 apresenta uma discussão sobre esses diferentes níveis de segurança que podem ser utilizados.

O espaço entre os dois traços (preto e cinza) representa os riscos do recurso. Quanto maior for esse espaço, mais eficientes são as medidas de segurança que devem ser implementadas, e, conseqüentemente, maiores serão os esforços necessários para a proteção adequada desse recurso. Por exemplo, na Figura 13.17 pode-se verificar que o Elemento 8 tem o nível de segurança 1 (traço preto), e o nível de segurança desejado (traço cinza) é o nível 4. As medidas de segurança para a elevação do nível de segurança de 1 para 4 têm como base o espaço existente entre os dois traços.

13.6.3 As sete fases do modelo

As sete fases que determinam as tarefas a serem realizadas para que o modelo seja criado são:

- Fase 1: definição dos elementos de segurança.
- Fase 2: definição dos recursos da organização.
- Fase 3: análise da segurança.
- Fase 4: classificação dos recursos.
- Fase 5: avaliação dos riscos.
- Fase 6: definição do nível de segurança desejado.
- Fase 7: definição das medidas de segurança a serem implementadas.

É interessante notar que essas fases resumem bem o modo como devemos trabalhar com a segurança, constituindo até mesmo uma estratégia de trabalho. Algumas dessas fases englobam uma série de subfases, ou seja, elas representam um capítulo à parte na área de segurança, e não serão discutidas com detalhes. As análises de segurança e as avaliações de riscos, por exemplo, merecem um livro à parte, que mostre os diversos aspectos e fatores que devem ser levados em consideração, quando se busca um resultado suficientemente condizente com a realidade.

As seções a seguir discutem cada fase do Modelo de Teias.

13.6.3.1 Fase 1 – Definição dos elementos de segurança

A primeira fase do Modelo de Teias tem como objetivo definir um *framework* de elementos de segurança, que será utilizado pelas fases posteriores. Pode-se considerar que um elemento de segurança pode ser definido quando há condições de que seja avaliado, analisado e quando exerce influência direta no nível de segurança de um determinado recurso. A análise de segurança (Fase 3) de cada recurso (definido na Fase 2) será realizada de acordo com os elementos de segurança relacionados, definidos nessa primeira fase.

Um exemplo de *framework* de elementos de segurança pode ser visto na Tabela 13.1.

Tabela 13.1 Framework de elementos de segurança.

Senha
Controle de acesso
Status dos patches de segurança
Segurança física
Portas abertas do sistema
Arquitetura
Procedimentos de segurança
Resposta a ataques
Vulnerabilidades
Versões do sistema operacional/serviços

13.6.3.2 Fase 2 – Definição dos recursos

A segunda fase do Modelo de Teias é responsável pela definição dos recursos. Tudo que faz parte dos ativos da organização, e que deve ser analisado, precisa ser determinado nesta fase. No exemplo da Figura 13.18, pode-se ver o Recurso 5 especificado. Alguns exemplos de recursos são: *firewall*, roteador, servidor *extranet*, servidor de e-mail, banco de dados.

Como será visto na Seção 13.6.5, é possível obter, por meio do conjunto de recursos, uma visão hierárquica da situação da organização quanto à segurança, o que resulta em grandes benefícios.

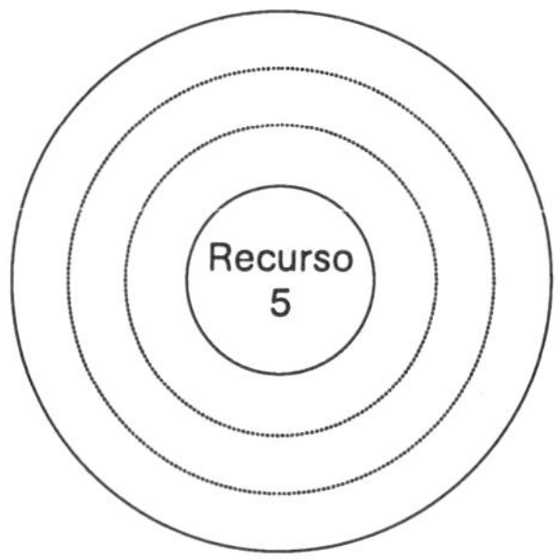

Figura 13.18 O Recurso 5 definido pela Fase 2 do Modelo de Teias.

13.6.3.3 Fase 3 – Análise de segurança

Essa fase compreende a parte técnica do Modelo de Teias. A análise de segurança é realizada em cada um dos elementos de segurança definidos na Fase 1, que são relacionados com cada um dos recursos, que, por sua vez, foram especificados na Fase 2.

Considerando como exemplo a Figura 13.19, a análise de segurança deve ser realizada no recurso, levando em consideração todos os elementos aplicáveis nesse recurso (elementos de 1 a 8). Ferramentas de segurança, conhecimentos técnicos e entrevistas são algumas das tarefas envolvidas nesta fase.

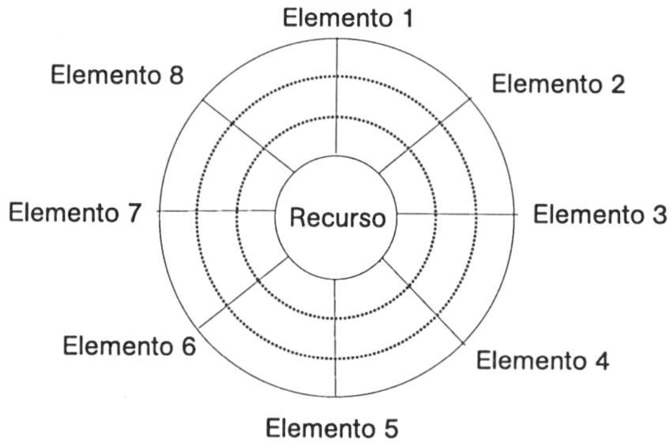

Figura 13.19 Os oito elementos do recurso que devem ser analisados no Modelo de Teias.

A experiência e o conhecimento do profissional são essenciais nesta fase, porque sem isso falhas e vulnerabilidades podem ser esquecidas, subestimadas ou superestimadas. Uma análise contendo erros compromete seriamente as fases posteriores, por não fornecer uma visão real da situação do recurso.

13.6.3.4 Fase 4 – Classificação dos recursos

A quarta fase retrata na figura do Modelo de Teias, em preto, o nível de segurança de cada elemento do recurso. Esse traço preto pode ser visto na Figura 13.20. Pode-se observar, no exemplo, que o Elemento 1 tem nível de segurança 3, enquanto o Elemento 4 tem nível 1. Considerações sobre a definição dos níveis de segurança podem ser vistas na Seção 13.6.3.8.

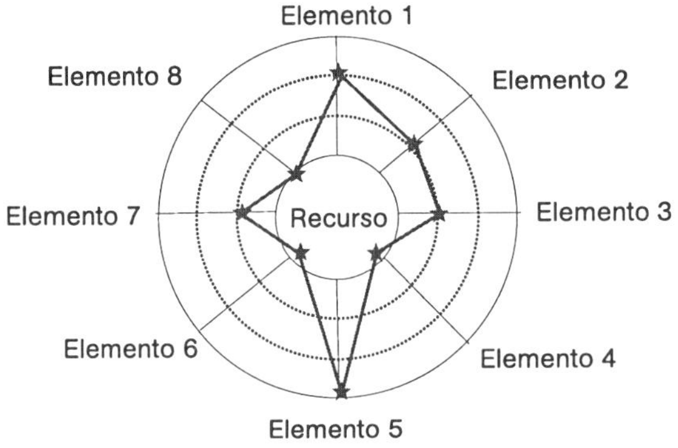

Figura 13.20 O nível de segurança tracejado em preto no Modelo de Teias.

Essa fase é crucial, pois, em caso de erro, uma falsa sensação de segurança pode ser gerada. E quando a situação é superestimada, como resultado de uma análise mal feita (Fase 3), esforços desnecessários serão gastos na definição e implementação das medidas de segurança (definidas na Fase 7).

Essa classificação da situação atual deve ser sempre revista, pois uma nova vulnerabilidade pode ser descoberta, ou uma nova técnica de ataque pode ser desenvolvida a qualquer momento. Isso significa que, o que é considerado seguro hoje, pode não ser seguro amanhã, exigindo, portanto, uma vigilância constante.

13.6.3.5 Fase 5 – Avaliação dos riscos

O objetivo desta fase é mensurar os riscos envolvidos com cada recurso analisado. A experiência e o conhecimento da cultura da organização consistem em um ponto-chave nesta fase, pois sem isso não é possível avaliar os riscos adequadamente.

Quando um grande risco é considerado pequeno, e vice-versa, o resultado pode ser riscos e desperdício de esforços.

13.6.3.6 Fase 6 – Definição do nível de segurança desejado

Essa fase é representada pelo traço em cinza da figura do Modelo de Teias (Figura 13.21), que é tracejado de acordo com a avaliação de riscos (Fase 5), combinado com a importância do recurso para a continuidade dos negócios da organização. Se, por exemplo, a indisponibilidade do recurso representa um impacto nos negócios, então, o nível de segurança desejado para esse recurso deve ser grande. É interessante notar que, mais do que uma segurança eficiente, um elevado nível de segurança significa que a disponibilidade do recurso é fundamental para a organização.

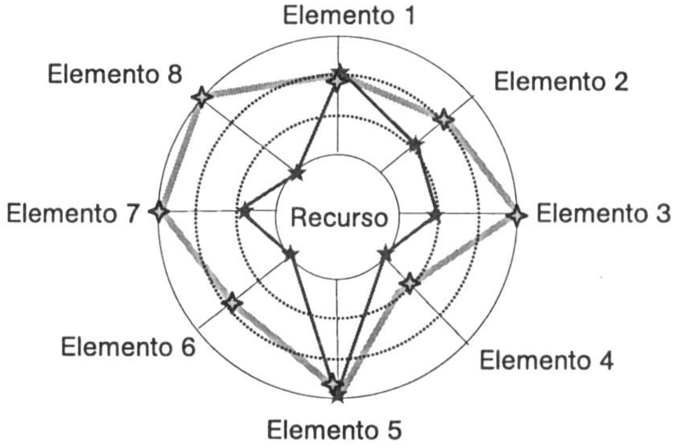

Figura 13.21 O nível de segurança desejado está em cinza no Modelo de Teias.

Outro aspecto que deve ser analisado antes de o nível de segurança desejado ser definido diz respeito aos custos envolvidos para que o recurso fique protegido adequadamente. Se os custos para elevar o nível de segurança do recurso forem muito altos, talvez seja melhor manter o atual nível de segurança do recurso. Porém, isso deve ser avaliado cuidadosamente, considerando a implicação que poderá acarretar no ambiente como um todo. Não se pode esquecer de que uma parte ineficiente pode comprometer toda uma organização, caso ela seja afetada, porém os riscos devem ser assumidos eventualmente.

13.6.3.7 Fase 7 – Definição das medidas de segurança a serem implementadas

Após a figura do Modelo de Teias estar completa, é possível verificar qual é a distância que pode existir entre o traço preto (nível de segurança atual) e o traço cinza (nível desejado).

Nesta fase, são especificadas as medidas de segurança que devem ser tomadas para que essa distância seja eliminada. E, nesse ponto, um bom conhecimento e entendimento das técnicas e tecnologias de segurança disponíveis são fundamentais.

Com isso, será possível definir a melhor solução que contemple a necessidade da organização. Serão essas medidas que irão ditar os próximos passos rumo a um ambiente mais seguro, mais confiável e com mais disponibilidade. Na Figura 13.22, é possível ver o Modelo de Teias após a finalização das sete fases, na qual são definidas as dez medidas de segurança do Elemento 8.

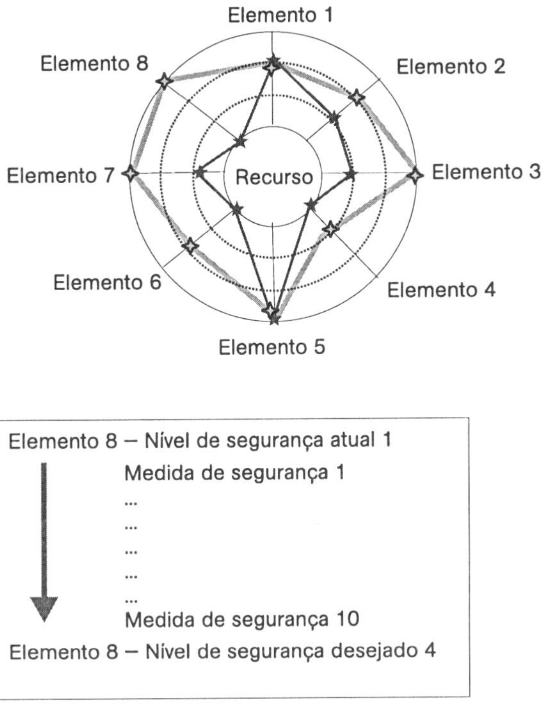

Figura 13.22 As medidas de segurança definidas para melhorar o nível do Elemento 8.

13.6.3.8 Os níveis de segurança do Modelo de Teias

Os níveis de segurança do Modelo de Teias podem ser definidos de acordo com a capacidade e a necessidade da organização. Algumas organizações podem estabelecer um modelo com quatro ou cinco níveis de segurança, enquanto outras podem utilizar um método mais avançado de definição dos níveis, como, por exemplo, tendo como base níveis tridimensionais ou níveis sem um ponto fixo, contínuo ou bem determinado.

O fator primordial na especificação desses níveis é que eles dependem essencialmente da experiência e do conhecimento do profissional. Isso acontece porque um profissional pode considerar que um recurso tem um nível adequado de proteção, enquanto, na realidade, ele não conhece as vulnerabilidades do recurso. E mesmo essa definição inicial pode sofrer alterações durante o ciclo de segurança do recurso, de acordo com o grau de familiaridade que o profissional for adquirindo.

Outro fator importante é que a classificação dos níveis de segurança de cada recurso não é sempre a mesma, ou seja, ela sofre alterações constantes, à medida que a experiência do profissional aumenta e novas vulnerabilidades vão sendo encontradas ou novas técnicas de ataques são desenvolvidas. E pode-se dizer que esse é um fato corriqueiro no mundo da segurança.

13.6.4 Interpretando o Modelo de Teias

Foi observado, até agora, que a análise de segurança é realizada em diversos elementos de segurança relacionados com cada recurso. Porém, pode-se perceber que alguns elementos podem ter um menor nível de segurança, enquanto outros apresentam um nível mais alto. Isso dificulta a classificação do recurso como um todo, quanto à sua segurança. Se um recurso tiver diversos elementos com um nível elevado de segurança e um único elemento com um nível inferior, ainda assim, o recurso deve ser considerado desprotegido, pois ele precisa ser classificado de acordo com o seu menor nível de segurança, que é onde existe a maior possibilidade de um ataque. Analisando esse fato de maneira mais consistente, outro recurso pode ter dois elementos com um baixo nível de segurança. Será que ele deve ser considerado mais inseguro do que o recurso anterior, que possui apenas um único elemento com baixo nível?

Essa questão pode ser resolvida facilmente pelo Modelo de Teias, no qual, como é demonstrado em sua figura, o nível de segurança de cada recurso pode ser classificado, considerando-se dois aspectos:

- Concavidade/convexidade da figura.
- Área da figura.

É possível ver, na Figura 13.23, que o traço preto tem pontos de concavidade e convexidade. A concavidade é importante, porque mostra a equivalência entre os níveis de segurança dos elementos que compõem o recurso. A convexidade pode ser interpretada como um sinal não muito bom, porque significa que um dos elementos tem um nível de segurança menor que os outros elementos. Se ele tiver um nível menor, pode ser atacado com maior facilidade, significando, portanto, que o recurso em si não tem um nível adequado de segurança. Porém, uma figura na qual o traço preto apresenta concavidade não pode ser automaticamente considerada segura, pois essa concavidade pode ser característica também de recursos nos quais todos os seus elementos têm um baixo nível de segurança.

É por isso que outro aspecto deve ser considerado, que é a área da figura. Quanto maior for a área da figura, maior será o nível de segurança do recurso. Obtendo-se informações sobre a concavidade e a área do traço da figura, é possível classificar o recurso como seguro ou não.

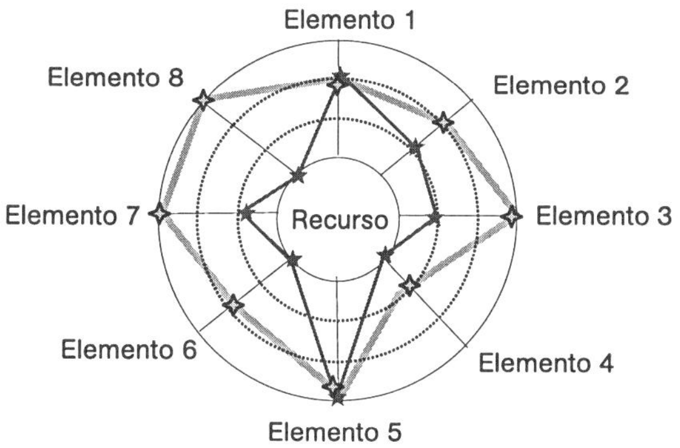

Figura 13.23 A concavidade, a convexidade e a área do traço preto representam o nível de segurança do recurso.

13.6.5 Abstraindo o Modelo de Teias

O modelo pode ser abstraído em diversos planos, pois cada um deles pode representar uma camada hierárquica da organização. Essa possibilidade do modelo permite que, por exemplo, o nível de segurança da organização seja classificado de acordo com os níveis de cada departamento, que por sua vez é classificado de acordo com o nível de cada recurso existente no departamento, que por sua vez é classificado de acordo com a análise de cada um dos elementos de segurança relacionado.

Os benefícios gerados por essa visão hierárquica são muitos, pois faz com que todos da organização possam entender facilmente a situação de segurança de seu departamento, por exemplo. Já o administrador de banco de dados pode saber sobre o nível de segurança do recurso que ele administra, enquanto o diretor passa a ter uma visão sobre a situação da organização. Sem essa visão, a dificuldade em trabalhar nos aspectos de segurança é sempre maior.

Essa visão hierárquica gerada pelo Modelo de Teias, que torna o gerenciamento da segurança mais compreensível, pode ser observada nas figuras 13.24, 13.25 e 13.26. É possível verificar que a organização é constituída por diversos setores (Figura 13.24). Uma abstração maior pode ser vista na Figura 13.25, na qual o nível de segurança do setor é classificado de acordo com os recursos nele existentes. Já a Figura 13.26 mostra o nível de segurança do recurso, que depende da análise de todos os elementos de segurança relacionados.

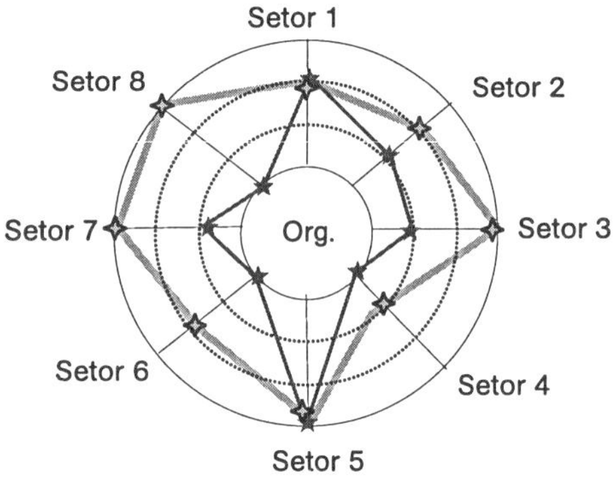

Figura 13.24 A organização tem diversos setores.

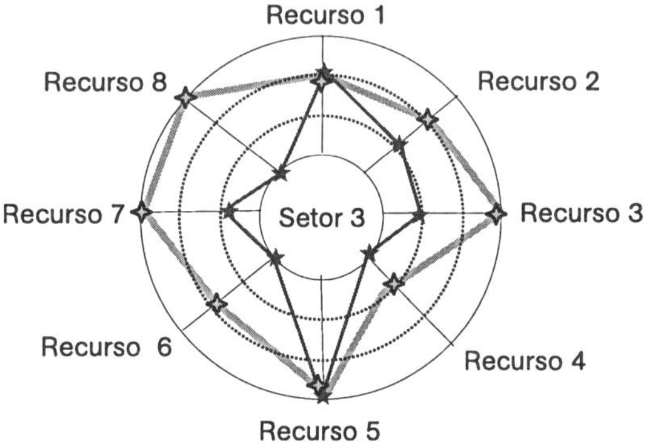

Figura 13.25 O Setor 3 tem diversos recursos.

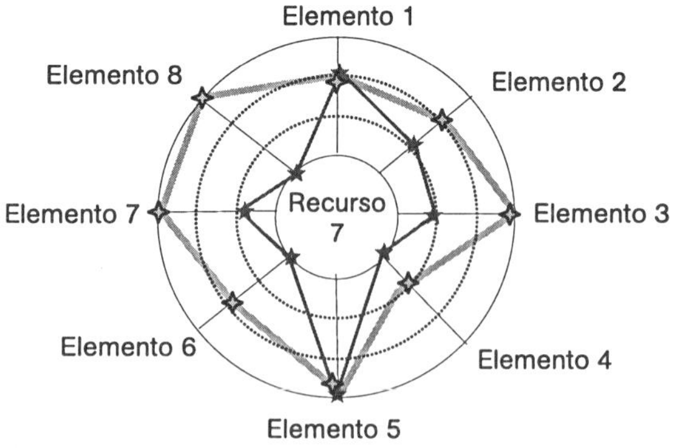

Figura 13.26 O Recurso 7 tem diversos elementos de segurança.

13.6.6 Como gerenciar a segurança utilizando o Modelo de Teias

O principal ponto a ser considerado é que não se pode gerenciar o que não se conhece, e isso faz com que seja essencial que o profissional tenha uma visão e conhecimento do que a organização tem, de todos os aspectos envolvidos e de tudo o que deve ser analisado.

O Modelo de Teias oferece a visualização e as informações primordiais para um gerenciamento adequado da segurança da organização. Por meio desse modelo, não apenas o profissional de segurança, mas também todos os tipos de profissionais da organização, dos executivos aos técnicos, podem ter uma visão do nível de segurança da organização.

A partir dessa visão é possível identificar os pontos de falha, que merecem toda a atenção para serem eliminados.

No exemplo mostrado a seguir, a organização fictícia COO é constituída pelos departamentos que podem ser vistos na Figura 13.27. Essa figura pode ser apresentada para os executivos da organização, pois mostra, de maneira macro, a situação de segurança de toda a organização e também de cada departamento. Pelo exemplo, o departamento de Engenharia tem o nível de segurança 2, que deve ser melhorado até que o Nível 4 seja alcançado.

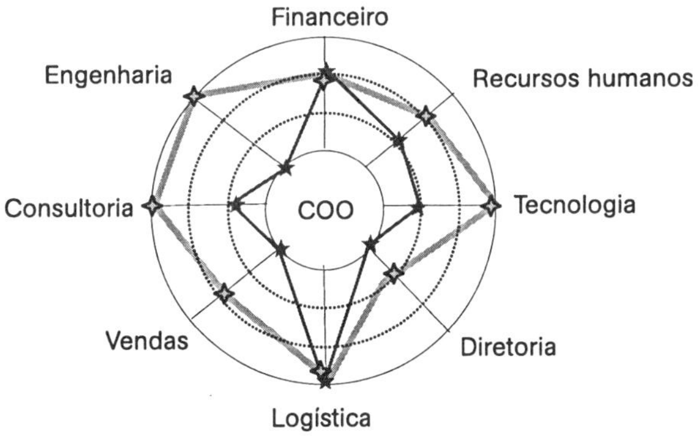

Figura 13.27 Os departamentos da organização COO.

Os departamentos, por sua vez, são constituídos por diversos setores. No exemplo da Figura 13.28, o setor de banco de dados do departamento de Tecnologia está no nível de segurança 2, e deve melhorar até chegar ao Nível 4. Essa figura pode ser utilizada pelos gerentes de cada departamento, para demonstrar os níveis de segurança de cada setor que está sob sua responsabilidade.

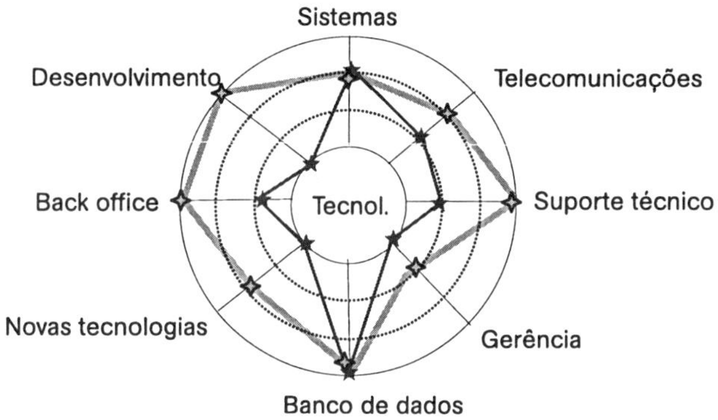

Figura 13.28 Os níveis de segurança dos setores do departamento de tecnologia.

A próxima figura (Figura 13.29) mostra o nível de segurança de cada recurso do setor de Banco de Dados, que fez com que o setor fosse classificado no Nível 2 de segurança. O Servidor 3, por exemplo, está bem protegido, enquanto o Servidor 2 precisa ter segurança melhor. Essa figura é importante para os chefes de cada setor, por exemplo, que podem identificar os níveis de segurança dos recursos sob sua responsabilidade. Essa figura ainda não mostra os aspectos técnicos relacionados com cada recurso.

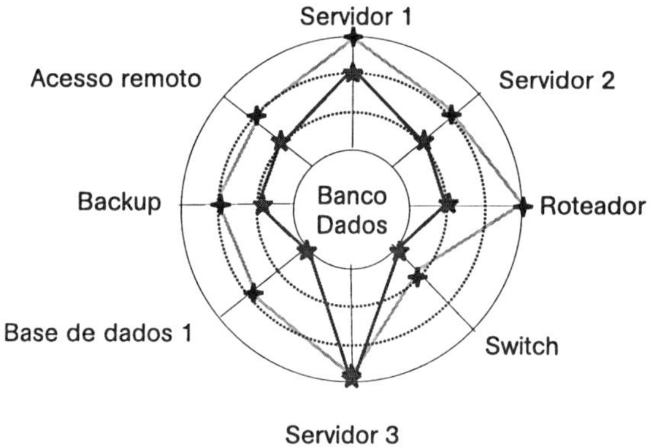

Figura 13.29 Os recursos do setor de banco de dados no Modelo de Teias.

A Figura 12.30 pode ser utilizada pelos profissionais de nível técnico, que a utilizarão para melhorar o nível de segurança de cada recurso. No exemplo, todos os elementos de segurança relacionados com o Servidor 2 foram analisados, de modo que o Modelo de Teias pode ser desenhado. A avaliação de risco também foi realizada para a definição do nível de segurança desejado para o servidor. As medidas de segurança necessárias também podem ser visualizadas pelo modelo. No exemplo, as medidas de segurança para melhorar o nível da senha de 1 para 4 foram definidas. Para cada um dos elementos de segurança, as medidas de segurança necessárias são definidas.

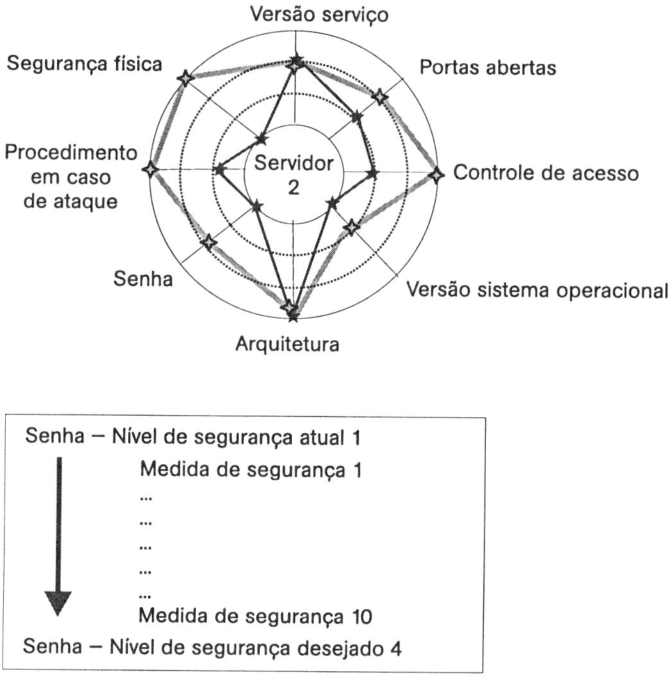

Figura 13.30 Os elementos de segurança definem o nível do servidor.

O gerenciamento da segurança por meio do uso do Modelo de Teias constitui um processo constante, como é o caso da própria segurança. Os níveis de segurança mudam freqüentemente, e as medidas a serem adotadas em busca de um avanço podem ser definidas com mais exatidão e mais eficiência, após a execução das sete fases definidas pelo modelo.

É possível verificar na Figura 13.31 que, com o Modelo de Teias, passam a existir todos os elementos para um gerenciamento adequado. O nível de segurança atual e o nível de segurança adequado desejados estão claramente indicados, e as medidas de segurança para que esse nível seja alcançado podem facilmente ser visualizadas em uma única figura. Com isso, as chances de falhas ou esquecimentos são minimizadas, o que é essencial quando se trabalha com a segurança dos recursos da organização.

Com todas essas informações oferecidas pelo Modelo, pode-se perceber que o que era difícil de gerenciar, se torna, pelo menos, gerenciável. Sem essas informações, a falha em reconhecer como a organização está exposta a 'brechas' de segurança em seus recursos pode provocar ações criminais e civis, além da divulgação de notícias perigosas e embaraçosas para o público e os investidores. Além disso, a visualização hierárquica resultante da aplicação do modelo faz com que todos passem a entender e trabalhar em prol de uma organização cada vez mais segura.

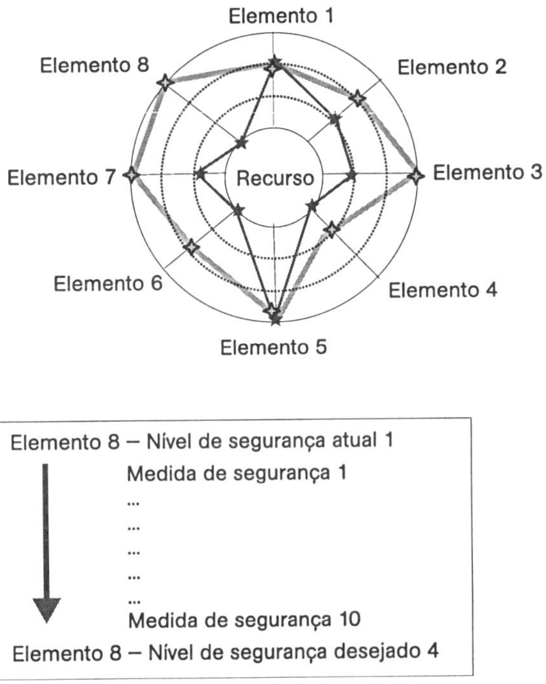

Figura 13.31 O Modelo de Teias completo.

13.7 CONCLUSÃO

Este capítulo apresentou um modelo de segurança para ambientes cooperativos. Por intermédio do exemplo do conjunto de regras de filtragem definido para o LAS-IC-Unicamp, foi possível verificar que a complexidade que envolve as conexões é muito grande, tornando sua definição e implementação passíveis de erros. Três elementos principais formam o modelo de segurança: o *firewall* cooperativo, que é a arquitetura que integra os conceitos e as tecnologias de segurança necessários; o modo de manipulação das regras de filtragem utilizado pelo *iptables*, com base em cadeias; os cinco níveis hierárquicos de defesa, que facilitam a compreensão das medidas de segurança a serem adotadas.

Pela combinação desses três elementos, a definição da estratégia de segurança em um ambiente cooperativo torna-se mais clara e compreensível, minimizando assim a possibilidade de erros de análise, a definição e implementação das medidas de segurança necessárias. Um futuro modelo para o gerenciamento da complexidade de segurança também foi discutido neste capítulo: o Modelo de Teias.

## Capítulo 14

Conclusão

O mundo em que vivemos evolui constantemente, com novas tecnologias trazendo diversos benefícios para as pessoas, como pode ser observado com as tecnologias sem fio, por exemplo. As pessoas ganham em produtividade, acessibilidade e desfrutam das facilidades obtidas com a mobilidade. Porém, como ocorre com tudo o que é novo, seja uma tecnologia, um negócio ou um relacionamento, os riscos devem ser avaliados e minimizados.

Quando um ambiente cooperativo é analisado (capítulos 2 e 12), toda sua complexidade de conexões e os níveis diferentes de acessos que devem ser gerenciados fazem com que os riscos sejam multiplicados, pois cada componente possui seus riscos. Com isso, a interação entre diferentes componentes invariavelmente altera o nível de segurança do ambiente como um todo, de modo que um ambiente considerado seguro hoje não pode mais ser considerado seguro caso exista uma alteração em seus componentes (modificação, inclusão, remoção).

Além dos problemas envolvidos com novas interações, novas vulnerabilidades de componentes do ambiente também constituem um sério problema. *Bugs*, erros de configuração e de implementação, seja de sistemas operacionais, de protocolos, de serviços ou de aplicações, podem ser exploradas para a realização de ataques que podem resultar em acessos indevidos aos sistemas, com perda de sigilo, integridade e autenticidade das informações. A conseqüência pode ser tão simples como alguém saber quais *sites* Web o usuário está acessando, como também pode ser extremamente perigosa e custosa, como a captura de senha de Internet Banking de um usuário ou o roubo de projetos de uma organização, por exemplo.

O livro abordou a importância da segurança para as organizações, discutindo as necessidades (Capítulo 3) e os riscos mais comuns. As técnicas de ataques mais conhecidas foram apresentadas (Capítulo 4), bem como os riscos que novas funcionalidades trazem ao ambiente, como é o caso das redes sem fio (Capítulo 5).

A abrangência dos tipos de proteção e dos níveis que podem ser utilizados para a defesa da organização faz com que um modelo de segurança tenha um papel decisivo para que nenhum ponto seja esquecido, subestimado ou deixado de lado. O Modelo de Teias foi criado para auxiliar o profissional a estabelecer as diretivas quanto à situação da organização no que se refere ao nível de segurança (Capítulo 13). A grande vantagem obtida pelo Modelo de Teias é que as informações de segurança podem ser disseminadas pela organização, contendo informações relevantes tanto para os profissionais técnicos quanto para os executivos. Além disso, o modelo possibilita uma organização dos assuntos relacionados à segurança, o que auxilia na definição de uma estratégia de segurança mais efetiva, pois todos os riscos envolvidos podem ser mapeados pelo modelo. Os benefícios são grandes, pois não é possível proteger a organização contra riscos dos quais não se conhece, e o modelo auxilia nessa tarefa de mapear os riscos e disseminar essas informações, tudo baseado no conhecimento e na experiência do profissional.

A grande variedade de técnicas e tecnologias que podem compor o arsenal de defesa da organização também depende do seu correto entendimento e implementação. Um *firewall* (Capítulo 7), por exemplo, é essencial em uma rede que possui conexões com a rede pública. Porém, ele não é capaz de defender os recursos que podem ser acessados diretamente, através de uma rede pública. Esse é o caso de servidores Web, por exemplo, nos quais um *firewall* não pode oferecer uma proteção adequada. Isso acontece porque o firewall controla as conexões permitidas pelas regras de filtragem (que atua nos protocolos mais baixos, de rede e de transporte), e a conexão ao servidor Web é sempre permitida, até mesmo as referentes a ataques. De fato, como explicar o fato de 89% das organizações usarem *firewall* e 60% usarem sistemas de detecção de intrusão (*Intrusion Detection System* — IDS), porém 40% deles sofrerem ataques vindos de uma rede pública [CSI 02]? A explicação imediata é a de que os ataques atualmente se concentram no nível superior, da aplicação Web, portanto fora do alcance da proteção que *firewalls* normalmente podem oferecer.

Assim, um *firewall* é importante, porém não é o único componente necessário. Um sistema de detecção de intrusão (Capítulo 8) também possui um papel fundamental, assim como a autenticação (Capítulo 11), a criptografia (Capítulo 9), as redes privadas virtuais (*Virtual Private Network* — VPN, Capítulo 10), a infra-estrutura de chaves públicas (Capítulo 9) e a política de segurança (Capítulo 6). Diversos níveis hierárquicos de defesa (Capítulo 13) podem ser definidos, tirando proveito das técnicas e tecnologias mais adequadas para cada caso.

O fato é que a segurança é complexa, sendo difícil ter que lidar com diferentes aspectos, que vão além da tecnologia, e incluem aspectos de negócios, processos, humanos, jurídicos, físicos e culturais. É interessante notar que a percepção quanto ao nível de segurança muda de profissional para profissional. Isso ocorre porque, se os riscos não são conhecidos, não existe a preocupação para minimizar esses riscos, e logo uma técnica ou tecnologia de proteção não é adotada, uma vez que o profissional tem a percepção de que tudo está em ordem. De fato, achar que tudo está bem é uma das grandes falácias, o que é reforçado pela própria natureza que envolve a segurança, que é cíclica e deve ser constante.

Todos esses fatores fazem com que, quanto maior o entendimento sobre os diferentes aspectos da segurança, melhor seja a proteção que pode ser provida pela organização. O livro buscou auxiliá-lo nessa missão, discutindo as necessidades, as principais técnicas de ataque que colocam em risco os negócios das organizações, as principais técnicas e tecnologias de defesa, e apresentando um modelo de segurança que pode ser adotado como um verdadeiro guia na busca da segurança ideal para a sua organização.

Entendendo os aspectos que envolvem a segurança da informação, o bom andamento dos negócios e o conseqüente sucesso da sua organização podem ser alcançados. E, além de entender tudo isso, ter uma visão crítica e uma atitude coerente com relação à segurança é a melhor forma de obter o sucesso na preservação de sua organização. Por isso, tenha sempre a segurança em mente!

Bibliografia

[ABO 01] ABOBA, Bernard. Microsoft. *WEP2 Security Analysis.* May 2001. 29/01/03.

[ABE 97] ABELSON, Hal; ANDERSON, Ross; BELLOVIN, Steven M.; BENALOH, Josh; BLAZE, Matt; DIFFIE, Whitfield; GILMORE, John; NEUMANN, Peter G.; RIVEST, Ronald L.; SHILLER, Jeffrey I.; SCHNEIER, Bruce. *The Risks of Key Recovery, Key Escrow, and Trusted Third-Party Encryption.* Final Report: May 27, 1997.

[ADA 99] ADAMS, Carlisle; Lloyd, Steve. *Understanding Public-Key Infrastructure – Concepts, Standards, and Deployment Considerations.* New Riders. 1999.

[AES 01] Advanced Encryption Standard Home Page. http://www.nist.gov/aes.

[AES 03] National Institute of Standards and Technology (NIST). *Advanced Encryption Standard (AES) – Questions and Answers.* http://csrc.nist.gov/encryption/aes/aesfact.html. January 28, 2002. 27/02/03.

[AGE 03] Agência Estado. *Ponto Frio Vende Mais Pela Internet e Telefone.* http://www.estadao.com.br/tecnologia/Internet/2003/jan/07/153.htm. 7 de janeiro de 2003. 19/01/03.

[AGE 03-2] Agência Estado. *Loja na Internet Movimentou 1,3% dos Pacotes dos Correios em 2002.* http://www.estadao.com.br/tecnologia/Internet/2003/jan/03/54.htm. 3 de janeiro de 2003. 19/01/03.

[ALE 98] ALEXANDER, Steve. *Going Above and Beyond the Firewall.* July 1998. 14/01/99. http://www.computerworld.com/home/features.nsf/All/980727intra_proj

[ALE 99] ALEXANDER, Steve. Star Tribune. *Modem Security Breach Lets Neighbor learn a Little too Much.* July 10, 1999. 13/07/99. http://www.startribune.com/stOnLine/cgi- bin/article?thisSlug=cabl10

[ANA 01] ANAND, Nikhil. Sans Institute Information Security Reading Room. *An Overview of Bluetooth Security.* February 22, 2001. http://rr.sans.org/wireless/bluetooth.php. 26/12/02.

[ARB 01] ARBAUGH, William A. Department of Computer Science, University of Maryland. *Your 802.11 Wireless Network has No Clothes.* March 30, 2001.

[ARE 02] ARENSMAN, Russ. Electronic Business Online. Avant! / Cadence Battle Is Finally Over. http://www.e-insite.net/eb-mag/index.asp?layout=article&articleid=CA260904. December 1, 2002. 21/02/03.

[ARK 99] ARKIN, Ofir. *Network Scanning Techniques – Understanding How It Is Done.* Publicom Communications Solutions. November, 1999.

[ARM 01] ARMSTRONG, Illena. Security Computing Magazine. *VPNs Overcoming Remaining Hurdles.* http://www.scmagazine.com/scmagazine/2001_07/special.html. July, 2001. 17/07/2001.

[ARM 01-2] ARMSTRONG, Illena. Security Computing Magazine. *Biometrics – Is It Making a Splash Yet?*. http://www.scmagazine.com/scmagazine/2001_10/cover/cover.html. October, 2001. 24/10/2001.

[ARM 01-3] ARMSTRONG, Illena. Secure Computing Magazine. *Public Key Infrastructure From Pilot to Production*. http://www.scmagazine.com/scmagazine/2001_07/cover/cover.html. July, 2001. 17/07/01.

[ARS 99] ARSENAULT A.; TURNER, S. PKIX Working Group. Internet Draft. *Internet X.509 Public Key Infrastructure – PKIX Roadmap*. October 22, 1999. http:// www.pca.dfn.de/eng/team/kelm/drafts/draft-ietf-pkix-roadmap-04.txt

[AVO 94] AVOLIO, F. M.; RANUM, M. J. *A Network Perimeter With Secure External Access*. Glenwood, MD: Trusted Information Systems, Incorporated, January, 1994.

[AVO 98] AVOLIO; BLASK. *Application Gateways and Stateful Inspection: A Brief Note Comparing and Contrasting*. January 22, 1998. 16/04/99. http://www.avolio.com/ apgw+spf.html.

[AVO 99] AVOLIO, Frederick M. Information Security. Cover Story. *Firewalls: Are We Asking Too Much?* May 1999. 16/06/99. http://www.infosecuritymag.com/may99/ cover.htm

[AXE 00] AXELSSON, Stefan. Department of Computer Engineering. Chalmers University of Technology. *Intrusion Detection Systems: A Survey and Taxonomy*. March 14, 2000.

[B2B 02] B2B Magazine. *Tecnologias de Internet Ganham Força na América Latina*. http:// www.b2bmagazine.com.br/internas_mat.asp?IMG_ID=0&MAT_ID=5136&SEC_ID=2&SSE_ID=32. 17 de dezembro de 2002. 20/01/03.

[BAC 99] BACE, REBECCA. *An Introduction to Intrusion Detection and Assessment*. ICSA, Inc. 1999.

[BAR 99] BARRETT, Randy. ZDNet Tech News. *Major Unix Flaw Emerges*. March 1, 1999. 10/03/99. http://www.zdnet.com/zdnn/stories/news/0,4586,2217922,00.html

[BAY 98] Bay Networks. *Understanding and Implementing Virtual Private Networking (VPN) Services*. http://www.baynetworks.com/products/Papers/2746.html. 29/01/99.

[BEL 97] BELLOVIN, Steven M. *Probable Plaintext Cryptanalysis of the IP Security Protocols*. AT&T Labs Research. Florham Park, NJ, USA: 1997.

[BEL 97-2] BELLOVIN, Steven M. *Probable Plaintext Cryptanalysis of the IP Security Protocols*. AT&T Labs Research. Florham Park, NJ, USA: 1997.

[BEL 98] BELLOVIN, Steven M. *Cryptography and the Internet*. CRYPTO '98. AT&T Labs Research. Florham Park, NJ, USA: August 1998.

[BEL 89] BELLOVIN, Steven M. AT&T Bell Laboratories. *Security Problems in the TCP/IP Protocol Suite*. April 1989.

[BEM 01] BENNETT, Larry D. SANS Info Sec Reading Room. *Cryptographic Services – A Brief Overview*. http://www.sans.org/rr/encryption/crypto_services.php. October 10, 2001. 25/02/03.

[BHI 98] BHIMANI, Anish. Information Security. *All Eyes on PKI*. 25/01/99. October 1998. http://www.infosecuritymag.com/oct/pki.htm

[BIT 98] BITAN, Sarah. Chief Technology Officer. RADGUARD. *Hardware Implementation of IPSec: Performance Implications*. 18/09/98. http://www.radguard.com/VPN_hardware_IPSec.html.

[BLA 96] BLAZE, Matt; DIFFIE, Whitfield; RIVEST, Ronald L.; SCHNEIER, Bruce; SHIMOMURA, Tsutomu; THOMPSON, Eric; WIENER, Michael. *Minimal Key Lengths For Symmetric Ciphers To Provide Adequate Commercial Security*. A Report By An Ad Hoc Group Of Cryptographers And Computer Scientists. January 1996. 24/02/99. http:// www.bsa.org/policy/encryption/cryptographers_c.html.

[BLU 01] Bluetooth SIG. *Specification of The Bluetooth System - Profiles*. Version 1.1. Specification Volume 2. February 22 2001.

[BLU 02] Bluetooth SIG Security Expert Group. *Bluetooth Security White Paper*. April 19, 2002.

[BLU 03] Bluetooth. The Official Bluetooth Website. http://www.bluetooth.com. 16/12/02.

[BOR 01] BORISOV, Nikita; GOLDBERG, Ian; WAGNER, David. *Intercepting Mobile Communications: The Insecurity of 802.11*. July 2001.

[BOR 02] BORISOV, Nikita; GOLDBERG, Ian; WAGNER, David. *Security of the WEP Algorithm.* http://www.isaac.cs.berkeley.edu/isaac/wep-faq.html 18/07/02.

[BRE 02] BREWIN, Bob. Computerworld. *War Flying: Wireless LAN Sniffing Goes Airbone.* August 30, 2002. 05/09/02.

[BRE 02-2] BREWIN, Bob; VERTON, Dan; DISABATINO, Jennifer. Computerworld. *Wireless LANs: Trouble in the Air.* http://www.computerworld.com/securitytopics/security/story/0,10801,67344,00.html. Jan 14, 2002. 18/07/02.

[BOB 02] BOBBITT, Mike. Information Security Magazine. *Inhospitable Hosts.* http://www.infosecuritymag.com/2002/oct/cover.shtml. October 2002. 05/02/03.

[BRA 97] BRANCHAUD Marc. *A Survey of Public-Key Infrastructures.* Master of Science in Computer Science Thesis. McGill University, Montreal: 1997, Department of Computer Science.

[BRE 98] BREZINSKI, Dominique; KAPLAN, Ray. Information Security. *(R)evolutionary IDS.* November 1998. 25/01/99. http://www.inforsecuritymag.com/nov/ids.htm

[BRE 99] BREED, Charles. Infosecurity Magazine. *PKI: The Myth, the Magic and the Reality.* June, 1999. 16/06/99. http://www.infosecuritymag.com/jun99/PKI.htm

[BRI 98] BRINEY, Andy. Information Security. *1998 Annual Industry Survey.* June 1998. 25/01/99. http://www.inforsecuritymag.com/industry.htm

[BRI 99] BRINEY, Andy. Information Security. *Inforsecurity: A View From the Frontlines.* Febryary 1999. 25/02/99. http://www.inforsecuritymag.com/feb99/rndtable.htm

[BRI 99B] BRINEY, Andy. Information Security. *´99 Survey.* July 1999. 07/07/99. http://www.infosecuritymag.com/july99/cover.htm

[BRI 99C] BRINEY, Andy. Information Security. *Secure Remote Access. Remote Security: Sink or Swim?.* July 1999. 07/07/99. http://www.inforsecuritymag.com/july99/ secure_remote.htm

[BRU 98] BRUSSIN, David. Information Security. *All for One, and One for All.* June 1998. 25/ 01/99. http://www.inforsecuritymag.com/all-for-one.htm

[BUG 99] BugTraq List. *VLAN Security.* http://www.securityfocus.com/archive/1/26008. September 1, 1999. 17/02/03.

[BUG 03] BugTraq List. SecurityFocus. http://www.securityfocus.com/archive/1. 13/02/03.

[BUO 01] BUONOCORE, Kathleen. *Selecting an Intrusion Detection System.* SANS Institute. August 19, 2001. 30/10/01.

[CAI 01] CAIDA.org. *CAIDA Analysis of Code-Red.* http://www.caida.org/analysis/security/code-red. October 09, 2001. 28/10/01.

[CAM 98] CAMPBELL, Robert P. Information Security. *Planning for Success; Preparing for Failure.* July 1998. 25/01/99. http://www.inforsecuritymag.com/campb.htm

[CAR 99] CARDEN, Phillip. Network Computing. *The New Face of Single Sign-On.* March 22, 1999. 24/03/99. http://www.techweb.com/se/directlink.cgi?NWC19990322S0013

[CAR 99-2] CARDEN, Phillip. Network Computing. *Border Control: Na Antivirus Gateway Guide.* May 31, 1999. 01/06/99. http://www.techweb.com/se/ directlink.cgi?NWC19990531S0026.

[CER 00] CERT Coordination Center. Carnegie Mellon. *Microsoft IIS 4.0/5.0 Vulnerable to Directory Traversal via Extended Unicode in URL (MS00-078).* http://www.kb.cert.org/vuls/id/111677. December 4, 2000. 17/02/03.

[CER 01] CERT Coordination Center. *CERT Advisory CA-2001-25 Buffer Overflow in Gauntlet Firewall Allows Intruders To Execute Arbitrary Code.* http://www.cert.org/advisories/CA-2001-25.html. September 6. 2001. 28/10/01.

[CER 01-2] CERT Coordination Center. *CERT Advisory CA-2001-18 Multiple Vulnerabilities in Several Implementations of The Lightweight Directory Access Protocol (LDAP).* http://www.cert.org/advisories/CA-2001-18.html. July 16, 2001. 28/10/01.

[CER 01-3] CERT Coordination Center. *CERT Advisory CA-2001-26 Nimda Worm.* http://www.cert.org/advisories/CA-2001-26.html. September 18, 2001. 28/10/01.

[CER 01-4] CERT Coordination Center. *CERT Advisory CA-2001-17 Check Point RDP Bypass Vulnerability.* http://www.cert.org/advisories/CA-2001-17.html. July 12, 2001. 28/10/01.

[CER 02] CERT Coordination Center. Carnegie Mellon. *CERT Advisory CA-2002-03 Multiple Vulnerabilities in Many Implementations of the Simple Network Management Protocol*

(SNMP). http://www.cert.org/advisories/CA-2002-03.html. February 12, 2002. 22/03/03.

[CER 03] CERT Coordination Center. Carnegie Mellon - Software Engineering Institute. *CERT/CC Statistics 1988-2002*. http://www.cert.org/stats/cert_stats.html. 13/02/03.

[CER 99-1] CERT Coordination Center. CERT Incident Note IN-99-07. *Distributed Denial of Service Tools*. November 18, 1999. 30/01/2000. http://www.cert.org/incident_notes/IN- 99-07.html.

[CER 99-2] CERT Coordination Center. *CERT Advisory CA-99-17 Denial-of-Service Tools*. December 28, 1999. 30/01/2000. http://www.cert.org/incident_notes/IN-99-07.html.

[CER 99-3] CERT Coordination Center. *Results of the Distributed-Systems Intruder Tools Workshop*. Pittsburgh, Pennsylvania USA. November 2-4, 1999.

[CHA 95] CHAPMAN, D. Brent. AWICHY, Elizabeth D. *Building Internet Firewalls*. O'Reilly & Associates, Inc. 1995.

[CHE 94] CHESWICK, William R.; BELLOVIN, Steven M. *Repelling the Wily Hacker. Addison- Wesley. 1994, April.*

[CHE 97] Check Point Software Technologies Ltd. *Privacy in Public Networks Using Check Point FireWall-1*. January 1997.

[CHE 98] Check Point Software Technologies Ltd. *Stateful Inspection Firewall Technology*. 08/ 03/ 99. http://www.checkpoint.com/products/technology/stateful1.html

[CHE 98-1] Check Point Software Technologies Ltd. *Redefining the Virtual Private Network*. March 4, 1998.

[CHE 98-2] Check Point Software Technologies Ltd. *Virtual Private Network – Security Components – A Technical White Paper*. March 23, 1998.

[CHE 98-3] Check Point Software Technologies Ltd. http://www.checkpoint.com. 04/01/99.

[CHE 98-4] Check Point Software Technologies Ltd. *Redefining the Virtual Private Network*. March 4, 1998.

[CHE 98-5] Check Point Software Technologies Ltd. *Virtual Private Network – Security Components – A Technical White Paper*. March 23, 1998.

[CHR 99] CHRISTENSEN, John. CNN Interactive. *Bracing for Guerrila Warfare in Cyberspace*. March 29, 1999. 06/04/99. http://www.cnn.com/TECH/specials/hackers/cyberterror

[CHUN 01] CHUN, Marilyn. Sans Info Sec Reading Room. *Authentication Mechanisms – Which Is Best?* April 5, 2001. 06/03/03.

[CIA 98-19] CIAC. Computer Incident Advisory Capability. U.S. Department of Energy. *I-031a: Malformed UDP Packets in Denial of Service Attacks*. March 6, 1998. http:// ciac.llnl.gov/ciac/bulletins/ i-031a.shtml. 29/12/99.

[CIA 98-31] CIAC. Computer Incident Advisory Capability. U.S. Department of Energy. *I-019: Tools Generating IP Denial-of-Service Attacks*. December 19, 1997. http:// ciac.llnl.gov/ciac/ bulletins/i-019.shtml. 29/12/99.

[CID 99] *Common Intrusion Detection Framework*. http://gost.isi.edu/cidf. 30/10/01.

[CIS 96] Cysco Systems Inc. *Defining Strategies to Protect Against TCP SYN Denial of Service Attacks*. 1996. 08/04/99. http://cio.cisco.com/warp/public/707/4.html

[CIS 98] Cisco Systems, Inc. *Field Notice: Cisco PIX and CBAC Fragmentation Attack*. September 11, 1998. http://www.cisco.com/warp/public/770/nifrag.shtml. 29/12/99.

[CIS 98-2] Cisco Systems, Inc. *Building a Perimeter Security Solution with the Cisco IOS Firewall Feature Set*. 1998.

[CIS 99] Cysco Systems Inc. *Defining Strategies to Protect Against UDP Diagnostic Port Denial of Service Attacks*. 1999. 08/04/99. http://cio.cisco.com/warp/public/707/3.html

[CIS 01] Cisco Systems, Inc. *Increasing Security on IP Networks*.

[COA 00] COAST. *Intrusion Detection Systems*. http://www.cerias.purdue.edu/coast/intrusion-detection/ids.html. 02/02/00.

[COH 99] COHEN, Frederick B. *TCP Packet Fragment Attacks Against Firewalls and Filters*. http:// packetstorm.securify.com/docs/hack/frag.txt. 29/12/99;

[COM 95] COMER, Douglas E. Department of Computer Sciences, Purdue University, West Lafayette, IN 47907. *Internetworking With TCP/IP Vol I: Principles, Protocols, and Architecture*. 3. Edition. 1995: Prentice-Hall, Inc.

[CON 01] CONRY-MURRAY, Andrew. Network Magazine. *Special Report: Firewalls For All.* June 5, 2001. 20/02/03.

[COP 99] COPELAND John A. *Macintosh DoS Flood Attack.* December 29, 1999. Georgia Institute of Technology. http://www.csc.gatech.edu/~copeland/macattack/ index.htm.

[CRA 02] CRAIGER, J. Philip. SANS Info Sec Reading Room. *802.11, 802.1x, and Wireless Security.* http://www.sans.org/rr/wireless/80211.php. June 23, 2002. 29/01/03.

[CSI 01] Computer Security Institute. *2001 CSI/FBI Computer Crime and Security Survey.* Computer Security Issues & Trends. Vol. VII, nº 1, Spring 2001.

[CSI 02] POWER, Richard. Computer Security Institute (CSI). *2002 CSI/FBI Computer Crime and Security Survey.* Computer Security Issues & Trends. Vol. VIII, nº. 1. Spring 2002.

[CUM 02] CUMMINGS, Joanne. Network World. *From Intrusion Detection to Intrusion Prevention.* September 23, 2002. 05/02/03.

[DAMI 00] D'AMICO, Anita D. Secure Decisions. *What Does a Computer Security Breach Really Cost?* September 7, 2000.

[DAS 02] DAS, Kumar. SANS Info Sec Reading Room. *Protocol Anomaly Detection for Network-Based Intrusion Detection.* January 15, 2002. 17/02/03.

[DAS 02-1] DASGUPTA, Korak. *Bluetooth Protocol and Security Architecture Review.* http://www.cs.utk.edu/~dasgupta/bluetooth/. 18/12/02.

[DAV 97] DAVIS, Don. *Compliance Defects in Public-Key Cryptography.* March 10, 1997.

[DEJ 99] DEJESUS, Edmund. Infosecurity Magazine. *No Anxiety at the ANX.* April, 1999. 16/ 04/99. http://www.infosecuritymag.com/apr99/ANX%20SIDEBAR.htm

[DEL 02] Delta Farce. Ars Technica, LLC. *War Flying.* http://www.arstechnica.com/wankerdesk/3q02/warflying-1.html. August 28, 2002. 22/01/03.

[DEL 02-2] Delta Farce. Ars Technica, LLC. *War Flying.* http://www.arstechnica.com/wankerdesk/3q02/warflying-3.html. September 05, 2002. 22/01/03.

[DEN 99] DENNING, Dorothy E. Infosecurity Magazine. *Who's Stealing Your Information?.* April, 1999. 16/04/99. http://www.infosecuritymag.com/apr99/cover.htm

[DID 98] DIDIO, Laura. ComputerWorld. *Halt, Hackers !.* July 1998. 14/01/99. http://www.computerworld.com/home/features.nsf/all/980727intra_main

[DID 98-2] DIDIO, Laura. ComputerWorld. *From Bad to Worse.* July 1998. 14/01/99. http://www.computerworld.com/home/features.nsf/All/980727intra_side2

[DIS 02] DISMUKES, Trey. *Wireless Security Blackpaper.* http://arstechnica.com/paedia/w/wireless/security-1.html. 19/07/02.

[DIT 99-01] DITTRICH, David. *The DoS Project's "trinoo" Distributed Denial of Service Attack Tool.* University of Washington. October 21, 1999. 02/02/2000. http://staff.washington.edu/dittrich/misc/trinoo.analysis.

[DIT 99-02] DITTRICH, David. *The "Tribe Flood Network" Distributed Denial of Service Attack Tool.* University of Washington. October 21, 1999. 02/02/2000. http://staff.washington.edu/dittrich/misc/tfn.analysis.

[DIT 99-03] DITTRICH, David. *The "Stacheldraht" Distributed Denial of Service Attack Tool.* University of Washington. December 31, 1999. 02/02/2000. http://staff.washington.edu/dittrich/misc/stacheldraht.analysis.

[DoD 85] Department of Defense. Computer Security Center. *Password Management Guideline.* CSC-STD-002-85. April 12, 1985.

[DOJ 01] United States Department of Justice. Lucent Scientists Arrested, Charged with Stealing Tech Secrets for Joint Venture with China-controlled Company. http://www.cybercrime.gov/ComTriadarrest.htm. May 3, 2001. 21/02/03.

[DOJ 02] United States Department of Justice. Disgruntled UBS PaineWebber Employee Charged with Allegedly Unleashing "Logic Bomb" on Company Computers. http://www.cybercrime.gov/duronioIndict.htm. December 17, 2002. 21/02/03.

[DOJ 02-2] United States Department of Justice. Former Computer Network Administrator at New Jersey High-Tech Firm Sentenced to 41 Months for Unleashing $10 Million Computer "Time Bomb". http://www.cybercrime.gov/lloydSent.htm. February 26, 2002. 21/02/03.

[DOJ 03] United States Department of Justice. Ohio Man Attacked NASA Computer System Shutting Down Email Server. http://www.cybercrime.gov/amatoCharged.htm. February 13, 2003. 21/02/03.

[DOR 02] DORNAN, Andy. Network Magazine. *The Most Damaging E-mail Virus of All.* December 4, 2002. http://www.networkmagazine.com/article/NMG20021203S0015. 11/12/02.

[DUV 98] DUVAL, Mel. Interactive Week Online. *Group Working On VPN Product Standard.* October 5, 1998. http://www.zdnet.com/intweek/stories/news/ 0,4164,2145301,00.html. 29/01/99.

[DYK 98] DYKE, Gary Van. Information Security. *Expect Thunderstorms.* September 1998. 25/01/99. http://www.infosecuritymag.com/sept/edgewise.htm

[ENT 99] Entrust Technologies. *Summary of Protocols for PKI Interoperability.* 1999. 11/03/ 99. http://www.entrust.com/products/library/protocols_pki.htm

[ENT 00] Enterasys Networks. *IP Security (IPSec).* 11/07/00. http://www.enterasys.com/vpn/VPNipsec.htm

[EXA 02] Revista Exame. Eduardo Vieira. *A Capital dos Negócios.* http://portalexame.abril.com.br/pgMain.jhtml?ch=ch04&sc=sc0401&pg=pgart_0401_050802_33957.html. 5 de agosto de 2002. 19/01/03.

[EXA 03] Revista Exame. Roberta Paduan. *Vesti Azul ...* Pag. 66 a 69. Edição 785. Ano 37, nº 3. 12 de fevereiro de 2003.

[EXA 03-2] Portal Exame. Tecnologia. *Saiba Como Anda o Comércio Eletrônico no Mundo.* http://portalexame.abril.com.br/pgMain.jhtml?ch=ch04&sc=sc0401&pg=pgart_0401_100203_46171.html. 13/02/03.

[EXA 03-3] Revista Exame. *Os Números da Telefonia no Brasil.* http://www2.uol.com.br/exame/edatual/pgart_0401_111202_42756.html. 02/01/03.

[FEL 97] FELTEN, Edward W.; BALFANZ, Dirk; DEAN, Drew; WALLACH, Dan S. *Web Spoofing: An Internet Con Game.* February 1998. Departiment of Computer Science, Princeton University.

[FER 98] FERGUSON, P. Network Working Group. Request for Comments 2267. *Network Ingress Filtering: Defeating Denial of Service Attacks wich Employ IP Source Address Spoofing.* January 1998. 08/04/99. ftp://ftp.isi.edu/in-notes/rfc2267.txt

[FIST 98] Front-line Information Security Team (FIST). Network Security Solutions Ltd. *Techniques Adopted By 'System Crackers' When Attempting to Break Into Corporate or Sensitive Private Networks'.* December 1998. 15/01/99. http://www.ns2.co.uk/ archive/FIST/papers/NSS-cracker.txt

[FIST 99] Front-line Information Security Team (FIST). Network Security Solutions Ltd. *Understanding Concepts In Enterprise Network Security And Risks In Networked Systems - Part 1 of 3: Understanding Riscks In Networked Systems.* January 1999. 15/01/99. http://www.ns2.co.uk/archive/FIST/papers/NSS-risk-pt1.txt

[FLE 01] FLECK, Bob; DIMOV, Jordan. Cigital, Inc. *Wireless Access Points and ARP Poisoning: Wireless Vulnerabilities That Expose The Wired Network.* 2001.

[FLU 01] FLUHRER, Scott; MANTIN, Itsik; SHAMIR, Adi. *Weaknesses In The Key Scheduling Algorithm of RC4.* 2001.

[FOO 98] FOOTE, Steven. Information Security. *19 Infosecurity Predictions For ´99.* November 1998. 25/01/99. http://www.inforsecuritymag.com/nov/cover.htm

[FOR 98] Forrester Research Inc. http://www.forrester.com. 04/01/99.

[FYO 97] FYODOR. *The Art of Port Scanning.* Phrack Magazine. Volume 7, Issue 51. September 01, 1997. 29/01/00. http://www.insecure.org/nmap/p51-11.txt

[FYO 98] FYODOR. *Remote OS Detection via TCP/IP Stack FingerPrinting.* October 18, 1998. Last Modified: April 10, 1999. 29/01/00. http://www.insecure.org/nmap/nmap-fingerprinting-article.html

[FYO 99] FYODOR. *Nmap Network Security Scanner Man Page.* 29/01/00. http://www.insecure.org/nmap/nmap_manpage.html.

[GAR 96] GARFINKEL Simson L; SPAFFORD, Gene. *Practical UNIX and Internet Security, Second Edition.* O'Reilly & Associates, Inc. 1996.

[GAR 98] GARFINKEL Simson L. *Advanced Telephone Auditing with PhoneSweep: A Better Alternative to Underground "War Dialers".* 1999. 27/08/99. http://www.mids.org/ mn/812/sim.html

[GAR 03] Gartner, Inc. http://www.gartner.com. 27/01/03.

[GAS 02] GAST, Matthew. *Wireless LAN Security: A Short History.* http://www.oreillynet.com/pub/a/wireless/2002/04/19/security.html. April 19, 2002. 19/07/02.

[GEU 00] GEUS, Paulo Lício. *Curso de Segurança de Redes.* 2000: Unicamp.

[GOL 98] GOLDSMITH, David; SCHIFFMAN, Michael. Cambridge Technology Partners, Enterprise Security Services. *Firewalking – A Traceroute-Like Analysis of IP Packet Responses to Determine Gateway Access Control Lists.* 1998.

[GON 03] GONG, Fengmin. IntruVert Networks, Inc. *Next Generation Intrusion Detection Systems* (IDS). http://www.intruvert.com. March 2002.

[GRA 99] GRAHAM, Robert. *Network Intrusion Detection System FAQ.* Version 0.6.1, August 5, 1999. 01/02/00. http://www.shake.net/network-intrusion-detection.htm

[GUN 02] GUNN, Michael. SANS Info Sec Reading Room. *War Dialing.* October 5, 2002. 14/03/02.

[HAC 01] HACKER, Eric. SecurityFocus Online. *IDS Evasion With Unicode.* http://online.securityfocus.com/infocus/1232. January 3, 2001. 13/02/03.

[HAI 02] HAILE, Jed. Black Hat USA 2002. *An Introdution to Gateway Intrusion Detection Systems – Hogwash GIDS.*

[HAL 02] HALME, Lawrence R. Sans Institute. *Intrusion Detection FAQ: AINT Misbehaving: A Taxonomy of Anti-Intrusion Techniques.* http://www.sans.org/resources/idfaq/aint.php. 13/02/03.

[HAL 98] HAL, Ron. Information Security. *Intrusion Crack Down.* August 1998. 25/01/99. http://www.infosecuritymag.com/august/cover.htm

[HER 98] HERSCOVITZ, Eli. President and CEO of RADGUARD Ltd. *Secure Virtual Private Networks: The Future of Data Communications.* 18/09/98. http://www.radguard.com/VPNmrkt.html.

[HIG 98] HIGGINS, Kelly Jackson. Network Computing. *A Moving VPN Target.* June 15, 1998. http://www.techweb.com/se/directlink.cgi?NWC19980615S0013. 29/01/99.

[HO 01] HO, George. *Intrusion Detection – System for Today and Tomorrow.* SANS Institute. September 5, 2001.

[HOG 03] Hogwash. http://hogwash.sourceforge.net. 05/02/03.

[HOL 02] HOLSTEIN, Michael. Sans Institute. *Intrusion Detection FAQ: How Does Fragroute Evade NIDS Detection?* http://www.sans.org/resources/idfaq/fragroute.php. 12/02/03.

[HON 01] Honeynet Project. http://project.honeynet.org. 30/10/01.

[HOU 01] HOULE, Kevin J.; WEAVER, George M. CERT Coordination Center. *Trends in Denial of Service Attack Technology.* October 2001.

[HOV 01] HOVAR, Virgil L. Sans Institute Information Security Reading Room. *Personal Area Networks – How Personal Are They?* July 19, 2001. http://rr.sans.org/wireless/PAN.php. 26/12/02.

[HTTP 01] http://www.ncs.gov/n5_hp/n5_ia_hp/html/eitr/thra2_1.htm

[HTTP 02] http://www.wired.com/news/news/technology/story/15673.html

[HTTP 03] http://www.sdl.sri.com/projects/nides/. 30/10/01.

[HTTP 04] http://www.sdl.sri.com/projects/emerald/. 30/10/01.

[HUE 98] HUEGEN, Craig A. *The Latest in Denial of Service Attacks: "Smurfing" - Description and Information to Minimize Effects.* Dec 30, 1998. 08/04/99. http://users.quadrunner.com/chuegen/smurf.cgi

[HUR 99] HURLEY, Jim. Information Security. *Survival of the Fittest.* January 1999. 25/02/99. http://www.infosecuritymag.com/jan99/cover2.htm

[ICS 98] ICSA Releases. *ICSA Announces First IPSec Certified Products.* 23/09/98. http://www.ncsa.com/news_alerts/press_room/IPSEC2.html.

[IDC 03] IDC. http://www.idc.com. 27/01/03.

[IDG 01] IDG Now! *Lojas Perdem US$ 3,4 bi Anuais Devido à Privacidade Online.* http://idgnow.terra.com.br/idgnow/ecommerce/2001/11/0006. 13 de novembro de 2001. 05/01/03.

[IEEE 03] Institute of Electrical and Electronics Engineers, Inc. IETF. *The Wireless Standards Zone.* http://standards.ieee.org/wireless/. 28/01/03.

[IET 01] Internet Engineering Task Force. *Intrusion Detection Exchange Format (IDWF).* http://www.ietf.org/html.charters/idwg-charter.html. October, 16, 2001.

[INF 01] Info Exame. *Pesquisa Info: Comércio Eletrônico.* Ano 16, Nº 182. Maio, 2001. Pag. 70-87. Editora Abril.

[INF 01-2] Information Security. *2001 Industry Survey.* http://www.infosecuritymag.com. October, 2001. 27/10/01.

[INF 98] Infonetics Research Inc. http://www.infonetics.com. 04/01/99.

[INF 99] Information Security. *Down With Hacktivism !.* February 1999. 25/02/99. http://www.infosecuritymag.com/feb99/underground.htm

[INF 99-2] Info World. Test Center. *Sniffing out Network Holes.* February 8, 1999. 14/04/99. http://www.infoworld.com/cgi-bin/display/TC.pl?/990208comp.htm

[INT 00] InternetNews. *Circle Tightens Around Online Credit Card Thief.* http://www.Internetnews.com/ec-news/article/0,,4_281801,00.html. January 12, 2000. 27/10/01.

[ISS 99] ISS - Internet Security Systems. *ISS X-Force White Paper – Back Orifice 2000 Backdoor Program.* September 1999.b

[ITW 02] IT Web. *Apesar dos Pesares, Houve Crescimento.* http://www.itweb.com.br/solutions/negocios/numeros/artigo.asp?id=33245. 18 de dezembro de 2002. 20/01/03.

[JAC 01] JACKOB, Melis. SANS Info Sec Reading Room. *History of Encryption.* August 8, 2001. 25/02/03.

[JAK 02] JAKOBSSON, Markus; WETZEL, Susanne. Information Sciences Research Center. Lucent Technologies - Bell Labs. *Security Weaknesses in Bluetooth.*

[JOH 02] JOHNSON, Howard. Sans Institute Information Security Reading Room. *Bluetooth: The Global Technology?* April 24, 2002. http://rr.sans.org/wireless/bluetooth2.php. 26/12/02.

[JOH 98] JOHNSON, Anna. Shake Security Journal. *Companies Losing Millions over Rising Computer Crime.* March 1998. 15/01/99. http://www.shake.net/solutions/ssj/ march98/crime_march98.htm

[JON 95] JONCHERAY, Laurent. *A Simple Active Attack Against TCP.* Merit Network, Inc. April 24, 1995.

[JT 03] Jornal da Tarde. *Hacker Põe em Mão Milhões de Cartões MasterCard e Visa.* http://www.jt.estadao.com.br/editorias/2003/02/19/eco022.html. 19 de fevereiro de 2003. 22/03/03.

[JUD 02] JUDGE, Peter. ZDNet UK Tech Update. *Bluetooth May Leave PDAs Wide Open.* http://news.zdnet.co.uk/story/0,,t460-s2123677,00.html. October 10, 2002. 09/01/02.

[KAR 02] KARYGIANNIS, Tom; OWENS, Les. National Institute of Standards and Technology (NIST). Computer Security Division. Information Technology Laboratory. Special Publication 800-48. *Wireless Network Security – 802.11, Bluetooth and Handheld Devices.* November, 2002.

[KAU 02] KAUS, Christopher W. Internet Security Systems. *Wireless LAN Security FAQ.* http://www.iss.net/wireless/WLAN_FAQ.php. April 21, 2002. 18/07/02.

[KEN 01] KENNEDY, Tim. *Aligning PKI Technology and Business Goals.* Sans Institute. http://www.sans.org/infosecFAQ/encryption/PKI_tech.htm. May 22, 2001. 29/10/01.

[KEN 01-2] KENNEDY, Ellen. *Public Key Infrastructure (PK) - 101.* Sans Institute. http://www.sans.org/infosecFAQ/encryption/PKI_101.htm. Mar 15, 2001. 29/10/01.

[KEN 97] KENNEY, Malachi. *Ping of Death.* http://www.insecure.org/sploits/ping-o- death.html. 29/12/99.

[KES 96] KESSLER, Gary C. *Passwords – Strengths and Weaknesses.* January 1996. 11/03/99. http://www.www.hill.com/library/password.html

[KHA 01] KHAIRA, Manpreet S.; ZEHAVI, Ephi. EE Times. *Wireless Infrastructure: Bluetooth Can Coexist With 802.11.* http://www.eetimes.com/story/OEG20010227S0020. February 27, 2001. 16/12/02.

[KIM 99] KIMBER, Lee. CMP Net. *New Attacks Point Up Web Pages' Vulnerability*. www.techweb.com/wire/story/TWB19991209S0007. December 9, 1999. 02/01/2000.

[KIN 98] KING, Christopher M. Information Security. *Keys to the Kingdom*. 25/01/99. April 1998. http://www.infosecuritymag.com/keys.htm

[KIN 99] KING, Christopher M. Information Security. *The 8 Hurdles to VPN Deployment*. March, 1999. http://www.infosecuritymag.com/mar99/cover.htm.

[KIN 00] Kingpin. @Stake, Inc. *War Dialingbrief*. http://www.atstake.com/research/reports/acrobat/wardialing_brief.pdf. 17/03/03.

[KNO 03] Knowledge Keepers, Ltda. *Real Life Cases* .http://www.knowledgekeepers.com/caseStudies.asp. 17/03/03.

[KRA 99] KRANE, Jim. Crime Tech. *Computer Crime Tops $100 Million – Hackers Steal Secrets, Wreak Havoc, Report Says*. March, 15 1999. 17/03/99. http://www.apbonline.com/safestreets/1999/03/15/hacker0315_01.html

[KRO 99] KROCHMAL, Mo. TechWeb. *Report Emphasizes Managing Security To Minimize Damage*. April 16, 1999. 20/04/99. http://www.techweb.com/wire/story/ TWB19990416S0003

[LOP 99] LOpht Security Advisory. *Any Local User Can Gain Administrator Privileges and/or Take Full Control over the System*. February 18, 1999. 26/02/99. http:// www.l0pht.com/advisories/dll_advisory.txt

[LAI 03] LAI, Kyle. KLS Consulting, Inc. *DeLoder Worm/Trojan Analysis (DeLoder-A)*. http://www.klcconsulting.net/deloder_worm.htm. March 15, 2003. 21/03/03.

[LC4 03] @stake, Inc. *LC4*. http://www.atstake.com/research/lc/index.html. 15/02/03.

[LEM 01] LEMONNIER, Erwan. Defcom 2001. *Protocol Anomaly Detection in Network-based IDSs*. June 28, 2001.

[LEM 03] LEMOS, Robert. ZDNet. *Counting The Cost of Slammer*. http://www.zdnet.com.au/newstech/security/story/0,2000024985,20271709,00.htm. February 3, 2003. 11/02/03.

[LOA 00] LOANNIDIS, Sotiris; KEROMYTIS, Angelos D.; BELLOVIN, Steve M.; SMITH, Jonathan M. *Implement a Distributed Firewall*. 2000.

[LOB 97] LOBEL, Mark. PricewaterhouseCoopers. Security Dymanics Technologies Inc. *The Case for Strong User Authentication*. 1997. 11/03/99. http://www.securid.com/ products/whitepapers/casestrong-wp.html

[MAC 99] McGARVEY, Joe. Inter@tive Week. ZDNet. *Protocol Promoted to Beef Up IP Security*. September 24, 1999. 24/09/99. http://www.zdnet.com/intweek/stories/news/0,4164,2340243,00.html

[MAC 02] MACVITTIE, Lori. Network Computing. *Employee Provisioning*. August 19, 2002.

[MAI 99] MAIER, Timothy W. Insight Magazine Online. *Is U.S. Ready for Cyberwarfare?*. Vo. 15, N. 13, April 5-12, 1999. 17/03/99. http://www.insightmag.com/articles/ story4.html

[MAN 99] MANSFIELD, Nick. Secure Computing. *A Practical Look at Information Security Management*. June, 1999. 16/06/99. http://www.wetcoast.com/securecomputing/ 1999_06/feature/article.html.

[MCC 98] McCLURE, Stuart. Info World. *PKI Tames Network Security*. 11/03/99. September 14, 1998. http://www.infowold.com/cgi-bin/displayArchive.pl?/98/37/pkia.dat.htm

[MCC 99] McCLURE, Stuart; SCAMBRAY, Joel. *Beware of the obvious: Ubiquitous SNMP provides a back door to your network secrets*. February 1, 1999. 01/01/99. http://www.infoworld.com/cgi-bin/displayNew.pl?/security/990201sw.htm

[MCC 00] McCLURE, Stuart; SCAMBRAY, Joel; KURTZ, George. *Hacking Exposded: Network Security Secrets & Solutions*. Osborne. 2000.

[McW 97] McWilliams, Brian. *Did You Forget to Lock the Back Door?*. PC World News Radio. September 19, 1997. 27/08/99. http://www.pcworld.com/news/daily/data/0997/970919181153.html

[McC 00] McClure, Stuartç SCAMBRAY, Joel. InfoWorld Magazine. *Switched Networks Lose Their Security Advantage Due to Packet-Capturing Tool*. http://archive.infoworld.com/articles/op/xml/00/05/29/000529opswatch.xml. May 29, 2000. 17/03/00.

[MER 01] MERRITT, Rick. EE Times. *Conflicts Between Bluetooth and Wireless LANs Called Minor.* http://www.eetimes.com/story/OEG20010220S0040. February 20, 2001. 16/12/02.

[MES 03] MessageLabs Web Site. http://www.messagelabs.com. 21/03/03.

[mi2g 03] mi2g Limited. http://www.mi2g.com. 12/02/03.

[MIC 99-1] Microsoft Corporation. *TCP/IP Source Routing Feature Cannot Be Disabled.* 18/08/99. http://support.microsoft.com/support/kb/articles/q217/3/36.asp

[MIC 99-2] Microsoft Corporation. *Microsoft Security Bulletin (MS99-038) – Patch Available for "Spoofed Route Pointer" Vulnerability.* September 20, 1999. 22/09/99. http://securityportal.com/topnews/ms99-038.html

[MIC 99-3] Microsoft Corporation. *Data in Route Pointer Field Can Bypass Source Routing Disable.* September 20, 1999. 22/09/99. http://support.microsoft.com/support/kb/articles/q238/4/53.asp

[MIC 99-4] Microsoft Corporation. *Microsoft Security Bulletin (MS99-038): Frequently Asked Questions.* September 20, 1999. 22/09/99. http://www.microsoft.com/security/bulletins/ms99-038faq.asp

[MIC 02] Microsoft Corporation. Microsoft Knowledge Base 238453. *Data In Route Pointer Field Can Bypass Source Routing Disable.* http://support.microsoft.com/default.aspx?scid=KB;en-us;q238453. Última revisão em 25 de outubro de 2002. 18/03/03.

[MIN 97] MINES, Christopher; GOODTREE, David; GOLDBERG, Mark L.; MacDONALD, Megan K. Forrester Research, Inc. Volume Two, Number Six, November 1997. http://www.forrester.com

[MIO 98] MIORA, Michael; COBB, Stephen. Information Security. *Springing Into Action.* May, 1998. 25/01/99. http://www.infosecuritymag.com/cirtified.htm

[MIS 02] MISHRA, Arunesh. Department of Computer Science. University of Maryland. *An Initial Security Analysis of the IEEE 802.1X Standard.* February 6, 2002.

[MOD 02] Módulo e-Security. *8ª. Pesquisa Nacional de Segurança da Informação.* Setembro de 2002.

[MOD 99] Módulo Security Solutions. Mailing Lists. March, 12 1999. http://www.modulo.com.br

[MOH 01] MOHAN, Poteri. *Need for Pure Integration Between Intrusion Detection and Vulnerability Assessment.* Sans Institute. June 14, 2001. 30/10/01.

[MOL 02] MOLTA, Dave. Network Computing. *Mobile & Wireless Technology.* December 15, 2002.

[MOR 85] MORRIS, Robert T. AT&T Bell Laboratories. *A Weakness In The 4.2BSD Unix TCP/IP Software.* February 25, 1985.

[MOR 03] MOORE, David; PAXSON, Vern; SAVAGE, Stefan; SHANNON, Colleen; STANIFORD, Stuart; WEAVER, Nicholas. *The Spread of the Sapphire/Slammer Worm.* http://www.caida.org/outreach/papers/2003/sapphire/sapphire.html. 20/03/03.

[MOS 99] MOSKOWITZ, Robert. Network Computing. *DES Is Dead. Long Live ... Well, Um, What ?* 24/03/99. March 22, 1999. http://www.techweb.com/se/ directlink.cgi?NWC19990322S0017

[MUL 02] MULLANY, Darby. NewsFactor Network. *IT Security Market To Double.* http://www.newsfactor.com/perl/story/19809.html. October 29, 2002. 10/01/03.

[MUR 99] MURRAY, William. Infosecurity Magazine. *You Can't Buy PKI.* June, 1999. 16/06/ 99. http://www.infosecuritymag.com/jun99/buy_pki.htm

[NAI 97] Network Associates, Inc. Advisories. *NAI-0007: TCP Spoofing Attack.* http://www.securityfocus.com/advisories/302. February 10, 1997. 18/03/03.

[NAI 99] Network Associates, Inc. *Security Advisory – Windows IP Source Routing Vulnerability.* September 20, 1999. 22/09/99. http://securityportal.com/topnews/nai19990920.html

[NAK 00] NAKAMURA, Emilio T. Artigo submetido ao SSI-2000 – Simpósio sobre Segurança em Informática 2000. *Segurança no Acesso Remoto VPN.* Agosto, 2000.

[NAR 02] NARAINE, Ryan. Internetnews.com. *Massive DdoS Attack Hit DNS Root Servers.* http://www.Internetnews.com/dev-news/article.php/1486981. October 23, 2002. 21/03/03.

[NBSO 03] NBSO. Grupo de Resposta a Incidentes para a Internet Brasileira. Comitê Gestor da Internet no Brasil. http://www.nbso.nic.br. 13/02/03.

[NCIX 01] National Counterintelligence Executive. Annual Report to Congress on Foreign Economic Collection and Industrial Espionage 2001. October 2001.

[NEC 01] NECHVATAL, James; BARKER Elaine; BASSHAM Lawrence; et al. *Report on the Development of The Advanced Encryption Standard (AES)*. National Institute of Standards and Technology, Computer Security Division. October 2, 2001.

[NEL 02] NELISSEN, Josef. SANS Info Sec Reading Room. *Buffer Overflows for Dummies*. http://www.sans.org/rr/threats/dummies.php. May 1, 2002. 18/03/03.

[NET 99] Netscape. Netscape Netcenter. *Understanding PKI* 13/11/99. http://verisign.netscape.com/security/pki/understanding.html

[NET 01] Netcraft. *Netcraft Web Server Survey*. http://www.netcraft.com/survey. 28/10/01.

[NET 02] NetScreen Technologies, Inc. *Intrusion Detection and Prevention – Protecting Your Network From Attacks*. 2002.

[NET 03] Netstumbler.com. http://www.netstumbler.com. 29/01/03.

[NET 03-2] NetworkWorld. Special Report. *A Guide To Wireless LANs*.

[NEW 98] NEWMAN, David; GIORGIS, Tadesse; YAVARI-ISSALOU, Farhad. Data Communications. *VPNs: Safety First, But What About Speed?*. July 1.998. Acesso Web: 23/09/98. http://www.data.com/lab_tests/first.html.

[NEW 99] NEWMAN, David. Data Communications. *Super Firewalls!*. May 21, 1999. http://www.data.com/issue/990521/firewalls.html.

[NEW 02] NEWMAN, David; SNYDER, Joel; THAYER, Rodney. Network World. *Crying Wolf: False Alarms Hide Attacks*. June 24, 2002. 05/02/03.

[NIC 02] NICHOLS, Randall K.; LEKKAS, Panos C. *Wireless Security – Models, Threats, and Solutions*. McGraw-Hill. 2002.

[NIS 00] National Institute of Standards and Technology. *An Introdution to Computer Security: The NIST Handbook*. Technology Administration. U.S. Department of Commerce. Special Publication 800-12.

[NOP 01] NOP World – Technology. Cisco Systems. *Wireless LAN Benefits Study*. Fall 2001.

[NOR 01] NORTHCUTT, Stephen; NOVAK, Judy. *Network Intrusion Detection – An Analyst's Handbook, Second Edition*. New Riders, September 2000.

[NTT 02] NTT Docomo. http://www.nttdocomo.com. 12/12/02.

[NUT 99] NUTTALL, Chris. BBC News. *Sci/Tech Virtual 'Nuked' on Net*. January 26, 1999. 24/03/99. http://www.news.bbc.co.uk/hi/english/sci/tech/newsid_263000/ 263169.stm

[ODS 99] ODS Networks. *Advancing the Art of Intrusion Detection*. 04/02/2000. http://www.ods.com/security/info/behavorial.shtml.

[ODW 97] O'DWYER, Frank. Rainbow Diamond Limited. *Hiperlink Spoofing: An Attack on SSL Server Authentication*. January 3, 1997. http://www.iol.ie/~fod/sslpaper/sslpaper.htm

[PEC 01] PECKHAM, Leslie. http://www.sans.org/infosecFAQ/encryption/business_PKI.htm. SANS Institute. August 2, 2001. 29/10/01.

[PES 02] PESCATORE, John. Gartner, Inc. *Wireless Networks: Can Security Catch Up With Business?*

[PIN 98] PINCINCE, Tom. Network World. *Are VPNs ready for prime time? Yes, for remote access*. May 25, 1998. http://www.nwfusion.com/forum/0525vpnyes.html. 29/01/ 99.

[PSY 99] PSYNCH. *Case Study: Password Synchronization vs Single Sign On*. 1999.

[PTA 98] PTACEK, Thomas H.; NEWSHAM, Timothy N. Secure Networks, Inc. *Insertion, Evasion, and Denial of Service: Eluding Network Intrusion Detection*. January, 1998.

[PUP 99] PUPPY, Rain Forest. *A Look at Whisker's Anti-IDS Tactics*. http://www.wiretrip.net/rfp/pages/whitepapers/whiskerids.html. December 24, 1999. 13/02/03.

[PYO 01] PYON, Roger. *Interoperability in PKI*. SANS Institute. July 25, 2001. 30/10/01.

[POR 99] Security Portal. *ISS Helps to Deliver Practical, Integrated Security Management Solutions With Availability of First ANSA Software Development Kit*. Mar, 1999. 10/03/99. http://www.securityportal.com/topnews/19990301isspr.html

[PHR 99] PHRACK MAGAZINE. *Perl CGI Problems*. Vol. 9, Issue 55, Article 07. September 9, 1999. http://www.phrack.com/search.phtml?view&article=p55-7. 02/01/1999.

[RAD 99] RADCLIFF, Deborah. *Hacker For Hire*. January 14, 1999. 27/08/99. http://www.infowar.com/hacker/99/hack_011999b_j.shtml

[RAE 97] RAENY, Reto E. *Firewall Penetration Testing*. The George Washington University. Cyberspace Policy Institute. January, 1997.

[RAN 01] RANUM, Marcus J. *Thinking About Firewalls*. Glenwood, Maryland: Trusted Information Systems, Inc.

[RAN 01-1] RANUM, Marcus J. *Coverage in Intrusion Detection Systems*. NFR Security, Inc. August 26, 2001.

[RAN 95] RANUM, Marcus J. *On the Topic of Firewall Testing*. 1995. http://www.clark.net/ pub/mjr/pubs/fwtest/index.htm. 12/01/2000.

[RAN 99] RANUM, Marcus J. Network Flight Recorder, Inc. *Intrusion Detection: Challenges and Myths*. 20/04/99. http://www.nfr.net/forum/publications/id-myths.html

[REC 02] Recourse Technologies. Sans Institute. *The Evolution of Deception Technologies as a Means for Network Defense*. http://www.sans.org/rr/intrusion/recourse_deception.php. 2002. 12/02/03.

[REU 03] Reuters. *Vendas Online de Fim de Ano Sobem 24% nos EUA*. http://portalexame.abril.com.br/pgMain.jhtml?ch=ch04&sc=sc0401&pg=pgart_0401_060103_44075.html. 6 de janeiro de 2003. 19/01/03.

[REV 03] Revista Época. *A Volta de Melzinha*. Edição 252, 17 de março de 2003. http://revistaepoca.globo.com/Epoca/0,6993,EPT503033-1664,00.html. 22/03/03.

[RFC 97] FRASER, B. Network Working Group. Request for Comment 2196. *Site Security Handbook*. http://www.ietf.org/rfc/rfc2196.txt?number=2196. September 1997. 14/02/03.

[ROT 98] ROTHKE, Ben. Information Security. *New Authority Figures*. January 1998. 25/01/ 99. http://www.infosecuritymag.com/rothke_art.htm

[ROT 98-2] ROTHKE, Ben. Information Security. *Crypto: RSA vc. ECC*. 25/01/99. August 1998. http://www.infosecuritymag.com/august/crypto.htm

[ROT 98-3] ROTHKE, Ben. Information Security. *Crypto: Plain & Elegant*. 25/01/99. July 1998. http://www.infosecuritymag.com/crypto.htm

[ROT 99] ROTHSTEIN, Philip Jan. Information Security. *Now What?*. May 1999. 15/06/99. http://www.infosecuritymag.com/may99/feature.htm

[ROT 99-B] ROTHKE, Ben. Information Security. *The .38 Special of Cracking*. May 1999. 15/ 06/99. http://www.infosecuritymag.com/may99/news.htm

[RSA 99] RSA Security. *Understanding Public Key Infrastructure (PKI)*. Technology White Paper. 1999.

[SAN 00] SANDOVAL, Greg. ZDNet. *Extortionist Targets Creditcards.com*. http://www.zdnet.com/filters/printerfriendly/0,66061,2664008-2,00.html. December 12, 2000. 27/10/2001.

[SAN 01] SANDOVAL, Greg. ZDNet. *Online Blackmailer Leaks Hacked Data*. http://www.zdnet.com/filters/printerfriendly/0,66061,5098177-2,00.html. October 11, 2001. 23/10/2001.

[SAN 03] SANS Institute. *SANS/FBI Top 20 List – The Twenty Most Critical Internet Security Vulnerabilities (Updated) ~ The Experts' Consensus*. Version 3.22. March 3, 2003. 19/03/03.

[SAL 99] SALAMONE, Salvatore. Internet Week. *IT Managers Seek Answers To VPN Performance Queries*. January 25, 1999. http://www.techweb.com/se/ directlink.cgi?INW19990125S0006. 29/01/99.

[SAN 01] Sans Institute. *The Twenty Most Critical Internet Security Vulnerabilities – The Experts' Consensus*. Version 2.100. http://66.129.1.101/top20.htm. October 2, 2001. 27/10/01.

[SAN 99] Sandia National Laboratories. *Sandia Researchers Develop World's Fastest Encryptor*. 07/07/99. http://www.sandia.gov/media/NewsRel/NR1999/encrypt.htm

[SAN 99-2] Sans Institute. *Intrusion Detection FAQ [Version 1.03]*. 01/02/00. http:// www.sans.org/newlook/resources/IDFAQ/ID_FAQ.htm

[SCH 00] SCHMIDT, Charles; DARBY, Tom. *To What, Why and How of the 1988 Internet Worm*. http://www.software.com.pl/newarchive/misc/Worm/darbyt/pages/worm.html. 30/10/01.

[SCH 00-1] SCHUPP, Steve. *Limitations of Network Intrusion Detection*. SANS Institute. December 1, 2000.

[SCH 96] SCHNEIER, Bruce. *Applied Cryptography*. Second Edition. John Wiley & Sons, Inc, 1996.

[SCH 98] SCHNEIER, Bruce. *Security Pitfalls in Cryptography*. Counterpane Systems, 1998.

[SCH 98-2] SCHNEIER, Bruce. Information Security. *Scrambled Message*. October, 1998. 25/ 01/99. http://www.infosecuritymag.com/oct/edgewise.htm

[SCH 99] SCHWARTAU, Winn. Information Security. *Infrastructure Is Us*. June 1999. 06/06/ 99. http://www.infosecuritymag.com/lun99/Infrastruc.htm

[SCH 95] SCHNEIER, Bruce. *Applied Cryptography, Second Edition*. John Wiley & Sons, Inc. 1995.

[SCH 99-1] SCHNEIER, Bruce. Counterpane Systems. *The Future of Crypto-Hacking*. Crypto- Gram. July 15, 1999. http://www.counterpane.com.

[SCH 99-2] SCHNEIER, Bruce. Information Security. *The 1998 Crypto Year-in-Review*. January 1999. 25/02/99. http://www.infosecuritymag.com/jan99/crypto.htm

[SCH 00] SCHNEIER, Bruce; ELLISON, Carl M. *Tem Risks of PKI: What You're Not Being Told About Public Key Infrastructure*. Computer Security Journal. Volume XVI, Number 1, 2000.

[SCH 03] SCHUBA, Marko; WRONA, Konrad. Ericsson Research. Mobility Applications Lab. *Security for Mobile Commerce Applications*. [ANA 03] Analysys Group. http:// www.analysys.com. 27/01/03.

[SEQ 02] SEQUEIRA, Dinesh. Sans Institute. *Intrusion Prevention Systems – Security´s Seilver Bullet?* http://www.sans.org/rr/intrusion/silver_bulet.php. November 14, 2002. 12/02/03.

[SEC 97] Secure Computing. *Cyber Terrorism*. July, 1997.

[SEC 97-2] Secure Computing. *Security in the Internet Age*. September, 1997. 29/09/98. http:/ / www.wetcoast.com/securecomputing/september/article/article.html.

[SEC 98] Secure Computing. *Corporate Security: The Way Ahead*. November 1998. 01/03/99. http:/ /www.wetcoast.com/securecomputing/1998_11/cover/cover.html

[SEC 98-1] Secure Computing. *The New Cold War – Industrial Espionage*. April, 1998. 29/09/ 98. http://www.wetcoast.com/securecomputing/1998_04/cover/cover.html.

[SEC 98-2] Secure Computing. *Access Control*. Dezembro 1998. 01/03/99. http://www.wetcoast.com/ securecomputing/1998_11/buyers/buyers.html

[SEC 98-3] SecureXpert Labs Advisory SX-98.12.23-01. *Widespread DoS Vulnerabilityh can Crash Systems or Disable Critical Services*. 03/01/2000. http://packetstorm.securify.com/new-exploits/ nmap-DoS-2.txt.

[SEC 98-4] Security Magazine. June 1.998. *Virtual Private Network*. 23/09/98. http:// www.westcoast.com/securecomputing/1998_06/buyers/buyers.html.

[SEC 99] Secure Computing. *Border Control*. January 1999. 02/03/99. http://www.wetcoast.com/ securecomputing/1999_01/cover/cover.html

[SEC 99-2] Secure Computing. *Secure Computing*. February 1999. 02/03/99. http://www.wet-coast.com/securecomputing/1999_02/editor/editor.html

[SEC 99-3] Secure Computing. *Security Suites*. February 1999. 02/03/99. http://www.wetcoast.com/ securecomputing/1999_02/testc/products.html

[SEC 99-4] Secure Computing. *Digital Certificates: Proven Technology, Upcoming Challenges*. February 1999. 04/03/99. http://www.wetcoast.com/securecomputing/1999_02/ feature/ feature.html

[SEC 99-5] Secure Computing. *Biometrics*. March 1999. 04/03/99. http://www.wetcoast.com/ securecomputing/1999_03/cover/cover.html

[SEC 99-6] Secure Computing. *PKI – Public Key Infrastructure*. March 1999. 04/03/99. http:// www.wetcoast.com/securecomputing/1999_03/survey/survey.html

[SEC 99-7] Secure Computing. *Firewalls*. April 1999. 16/04/99. http://www.wetcoast.com/ securecomputing/1999_04/survey/survey.html

[SEC 99-10] Secure Computing. *Policy Management*. April, 1999. 16/04/99. http://www.wetcoast.com/ securecomputing/1999_04/cover/cover.html.

[SEI 00] SEIFRIED, Kurt. *Network Intrusion Detection Systems and Virus Scanners – Are They the Answer?*. January 5, 2000. http://www.securityportal.com/direct.cgi?/closet/ closet20000105.html.

[SHA 01] SHAH, Baiju. *How to Choose Instrusion Detection Solution*. SANS Institute. July 24, 2001.

[SHA 02] SHANKAR, Umesh; PAXSON, Vern. University of California at Berkeley. *Active Mapping: Resisting NIDS Evasion Without Altering Traffic*. November 6, 2002.

[SHA 98] Shake Communications. *How to Develop a Simple yet Secure Password System*. March 1998. 15/01/99. http://www.shake.net/solutions/ssj/march98/ password_march98.html

[SHA 98-B] Shake Communications. *Security News in Brief 1997 to 1998*. March 1998. 15/01/ 99. http://www.shake.net/solutions/ssj/march98/briefs_march98.html

[SHA 98-C] Shake Communications. *The Password Cracker that Eats Windows NT for Breakfast*. March 1998. 15/01/99. http://www.shake.net/solutions/ssj/march98/ l0pht_march98.html

[SHA 98-4] SHAMIR, Adi; SOMEREN, Nicko van. *Playing Hide and Seek With Stored Keys*. September 22, 1998.

[SHI 97] SHIMOMURA, Tsutomu. *Technical Details of the attack Described by Markoff in NYT*. http://www.gulker.com/ra/hack/tsattack.html. October 12, 1997. 20/03/03.

[SHO 98] SHOK, Glen. LAN Times. May, 1998. *Secure your WAN with ease*. 23/09/98. http:/ / www.lantimes.com/testing/98may/805b050a.html.

[SIG 99] SIGNAL 9 SOLUTIONS. *ConSeal PC Firewall*. 10/08/99. http://www.signal9.com.

[SIN 01] SINK, Michael. *The Use of Honeypots and Packet Sniffers for Intrusion Detection*. SANS Institute. April 15, 2001. 30/10/01.

[SKO 98] SKOUDIS, Edward. Information Security. *Fire in the Hole*. July 1998. 25/01/99. http:// www.infosecuritymag.com/fire.htm

[SLI 03] SLIGHTER, Tim. Snort. The Open Source Intrusion Detection System. *Configuring IPTables For Snort-Inline*. http://www.snort.org. January 23, 2003. 05/02/03.

[SMI 99] SMITH, Richard. Information Security. *Encryption Across the Enterprise*. January 1999. 25/02/99. http://www.infosecuritymag.com/jan99/feature.htm

[SNY 01] SNYDER Joel. Network World. *Pushing Firewall Performance*. http://www.nwfusion.com/ reviews/2001/0312rev.html. March 12, 2001. 28/10/01.

[SON 97] SOMMER, Peter. Secure Computing. *Cyber Extortion. Part 3: Preventative Measures and Managing the Crisis*. April, 1997.

[SOP 03] Sophos Web Site. http://www.sophos.com. 21/03/03.

[SPA 00] SPAFFORD, Gene. *Morris Worm*. http://www.goldinc.com/html/maloy/SECURITY/ morris_worm.html. 30/10/01.

[SPI 99] SPITZNER, Lance. *How Stateful is Stateful Inspection? Understanding the FW-1 State Table*. June 11, 1999. 14/07/99. http://www.enteract.com/~lspitz/fwtable.html

[SPI 99-2] SPITZNER, Lance. *To Build a Honeypot*. October 25, 1999. 02/01/00. http:// www.enteract.com/~lspitz/honeypot.html

[SPO 99] Security Portal. *United States Encryption Export Policies*. 19/07/99. http:// www.securityportal.com/coverstory19990719.html

[STA 98] STALLINGS, William. Information Security. *A Secure Foundation for VPNs*. http:// www.infosecuritymag.com/vpn.htm. March 1998. 25/01/99.

[STA 98-2] STALLINGS, William. *SNMPv3: A Security Enhancemenet for SNMP*. http://www.comsoc.org/ livepubs/surveys/public/4q98issue/stallings.html. 1998. 28/10/01.

[STA 99] STALLINGS, William. Information Security. *SNMPv3: Simple & Secure*. January 1999. 25/ 02/99. http://www.infosecuritymag.com/jan99/feature2.htm

[STA 01] STARK, Thom. *It Came Out of the Sky – WEP2, Credibility Zero*. http://users.rcn.com/ thomst/wireless003.html. 2001. 29/01/03.

[STU 01] STUBBLEFIELD, Adam; IOANNIDIS, John; RUBIN, Aviel D. AT&T Labs Technical Report TD-4ZCPZZ. *Using the Fluhrer, Mantin, and Shamir Attack to Break WEP*. August 21, 2001.

[STU 98] STUTZ, Michael. *Wardialer Goes Corporate*. October 7, 1998. 27/08/99. http:// www.jammed.com/Lists/ISN/1998-Oct/ISN-774

[SUL 00] SULLIVAN, Bob. MSNBC. *Credit Card Hacker Has Struck Before*. http://www.msnbc.com/ news/502356.asp. December 19, 2000. 27/10/01.

[SWI 03] *Switching and VLAN Security FAQ*. http://www.fefe.de/switch/. 17/03/02.

[TAK 95] Takedown Web Site. http://www.takedown.com. 1995. 17/03/03.

[TAN 03] TANASE, Matt. SecurityFocus Online. *The Great IDS Debate: Signature Análisis Versus Protocol Analysis*. http://online.securityfocus.com/infocus/1663. February 5, 2003. 12/02/03.

[TER 00] TERADA, Routo. *Segurança de Dados*. São Paulo: Editora E. Blücher, 2000.

[TER 02] Terra Notícias. *Golpe de Hacker de Campo Grande Atinge Cinco Bancos*. http://www.terra.com.br/informatica/2002/07/04/016.htm. 4 de julho de 2002. 28/11/02.

[TIM 98] TimeStep Corporation. *Understanding the IPSec Protocol Suite*. December 1998. http://www.timestep.com

[TIM 02] TIMM, Kevin. SecurityFocus Online. *IDS Evasion Techniques and Tactics*. http://online.securityfocus.com/infocus/1577. May 7, 2002. 12/02/03.

[TRA 98] *Transparent Proxying*. http://packetstorm.securify.com/UNIX/firewall/ipfwadm/ipfwadm-paper/node5.html#SECTION00050000000000000000. 25/01/00.

[TRI 98] TRICKEY, Fred L. Information Security. *Secure SSO: Dream On?*. September 1998. 25/01/99. http://www.infosecuritymag.com/sept/feature.htm

[TRU 99] TRUSTe. Proposed by Ernest & Young LLP. *Building a Web You Can Believe In*. 1999. 12/03/99. http://www.truste.org/webpublishers/pub_verification.html

[TUR 00-1] TURNER, Aaron. SANS Info Sec Reading Room. *Network Insecurity With Switches*. http://www.sans.org/rr/switchednet/switch_security.php. August 29, 2000. 17/02/03.

[TUR 00] TURRELL, Timothy. *IDS*. SANS Institute. September 13, 2000.

[TWI 99] TWINKLE. http://jya.com/twinkle.eps

[ULS 98] ULSCH, MacDonnell. Information Security. *Hold Your Fire*. July 1998. 25/01/99. http://www.infosecuritymag.com/hold.htm

[ULS 99] ULSCH, MacDonnell; JUDGE, Joseph. Information Security. *Bitter-Suite Security*. January 1999. 25/02/99. http://www.infosecuritymag.com/jan99/cover.htm

[UNI 03] Unicode, Inc. *Corrigendum #1: UTF-8 Shortest Form*. http://www.unicode.org/versions/corrigendum1.html. 17/02/03.

[USH 99] United States House of Representatives. *Statement of The Honorable John J. Hamre. Deputy Secretary of Defense*. Washington, D.C.: February 1999. 15/03/99. http:// www.house.gov/hasc/testimony/106thcongress/99-02-23hamre.htm

[VAI 00] VAINIO, Juha T. Department of Computer Science and Engineering. Helsinki University of Technology. *Bluetooth Security*. May 25, 2000. http://www.niksula.cs.hut.fi/~jiitv/bluesec.html. 26/12/02.

[VAL 01] VALIS, Michael A. *Cyber Attacks During The War On Terrorism: A Predictive Analysis*. Institute for Security Technology Studies at Dartmouth College. September 22, 2001.

[VAL 02] VALLE, Ana Maria Gomes do. Universidade Federal de Pernambuco. Dissertação de Mestrado. Centro de Informática. *Análise Crítica e Comparativa de Taxonomias de Sistemas de Detecção de Intrusão*. 17 de outubro de 2002.

[XYD 02] XYDIS, Thomas G. Bluetooth Security Experts Group. *Security Comparison: Bluethoth Communications vs. 802.11*. January 2, 2002.

[WAL 00] WALKER, Jesse R. Intel Corporation. *Unsafe at Any Key Size; An Analysis of the WEP Encapsulation*. October, 2000.

[WAL 02] WALTON, Marsha. CNN Sci-Tech. *Wireless "Cloud" May Offer Silver Lining*. http://www.cnn.com/2002/TECH/science/07/31/coolsc.wireless.cloud/index.html. July 31, 2002. 01/08/02.

[WAR 01] WAZIR, Burhan. *Hacker Cries Foul Over FBI Snooping*. http://guardian.co.uk/Internetnews/story/0,7369,578081,00.html. October 21, 2001. 23/10/01.

[WAR 03] WARE, Lorraine Cosgrove. CSO Online. CSO Research Reports. *CSOs Prioritize Security Spending for 2003*. http://www.csoonline.com/csoresearch/report50.html. 2003. 11/02/03.

[WAR 03-1] WARE, Lorraine Cosgrove. CSO Online. CSO Research Reports. *CSOs Security Spending: How Much Is Enough?* http://www.csoonline.com/csoresearch/report50.html. 2003. 11/02/03.

[WAR 03-2] WARE, Lorraine Cosgrove. CSO Online. CSO Research Reports. *The Evolution of The Chief Security Officer*. http://www.csoonline.com/csoresearch/report35.html. 2003. 11/02/03.

[WAR 03-3] Warchalking Site. http://www.warchalking.org. 22/01/03.

[WES 98] West Coast Publishing Ltd. Secure Computing. *Active Security Solution – The Network Associates Active Security*. 1998. 24/09/99. http://www.wetcoast.com/review/ net_assoc/ index.htm.

[WIFI 01] Wireless Fidelity Alliance. Wireless Ethernet Compatibility Alliance. *Wireless LAN Research Study*. October, 2001.

[WIFI 02] Wi-Fi Alliance. *Wi-Fi Protected Access Overview*. `http://www.weca.net`. October 31, 2002. 14/01/03.

[WIFI 03] Wi-Fi Alliance Web Site. `http://www.weca.net`.

[WIL 01] WILLIAMS, Lorraine C. SANS Info Sec Reading Room. *A Discussion of the Importance of Key Length in Symmetric and Asymmetric Cryptography*. January 11, 2001. 25/02/03.

[WIR 99] Wired News. *Did Sun Inflate Mitnick Damages?* `http://www.wired.com/news/politics/0,1283,19820,00.html`. May 22, 1999. 20/03/03.

[WOO 98] WOODWARD, John D. Information Security. *Believing in Biometrics*. February 1998. 25/01/99. http://www.infosecuritymag.com/biometrics.htm

[WOO 99] WOOD, Charles Cresson. Infosecurity Magazine. *Policies: The Path to Less Pain ... & More Gain*. August, 1999. 24/09/99. http://www.infosecuritymag.com/aug99/ cover.htm.

[WRI 03] WRIGHT, Joshua. *Detecting Wireless LAN MAC Address Spoofing*. `http://home.jwu.edu/jwright`. January 21, 2003.

[WU 98] WU, David; WONG, Frederick. *Remote Sniffer Detection*. Computer Science Division. University of California, Berkeley. December 14, 1998.

[YAS 02] YASIN, Rutrell. Information Security Magazine. *Password Pain Relief*. April 2002. 06/03/02.

[YAH 99] Yahoo! Finance. Business Wire. *GTE Joins Security Research Alliance*. March 15, 1999. 19/03/99. http://biz.yahoo.com/bw/990315/ma_gte_1.html

[ZDN 98] ZDNet. *Signing and Trus*. September, 30 1998. 11/03/99. http://www.zdnet.com/ devhead/filters/homepage

[ZIE 02] ZIEGLER, Peter-Michael. C't. *Body Check*. `http://www.heise.de/ct/english/02/11/114/`. May 22, 2002. 07/03/03.

Índice remissivo

Símbolos

A

B

C

S

T

U

V

W

X

Y

Z

Sobre os autores

Emilio Tissato Nakamura (emilio@securitybase.net)

É CISSP e mestre em Ciência da Computação na área de segurança de redes pela Unicamp. Atua como especialista em segurança da informação no planejamento, projeto e implementação de soluções para proteção de informações e recursos computacionais, tendo participado de projetos de diversas áreas de segurança em empresas do setor financeiro, da indústria e do governo. Atua também em pesquisa e desenvolvimento, buscando novas soluções e contribuindo para a evolução da área.

Desenvolveu um projeto conjunto em Stuttgart, Alemanha, sobre sistemas de segurança corporativa e Internet Billing. Ministrou palestra sobre gerenciamento da segurança da informação na Alemanha, pela Robert Bosch Ltda. Além das consultorias, também atuou em empresas como CPqD Telecom & IT Solutions, Open Communications Security, Sun Microsystems, Unicamp, entre outros.

Paulo Lício de Geus (paulo@securitybase.net)

É Ph.D da University of Manchester, UK (1990); engenheiro elétrico pela FEEC-Unicamp (1979) e professor do Instituto de Computação da Unicamp desde 1984. É também autor de vários artigos em eventos científicos nacionais e internacionais nas áreas de Administração e Segurança de Redes de Computadores e Processamento de Imagens e também coordenador do LAS, Laboratório de Administração e Segurança de Sistemas do IC-Unicamp.

Elaborou e ministrou mais de dez cursos nas áreas de programação, administração e segurança de redes UNIX e Internet, arquitetura e desempenho de sistemas, Linux e firewalls, de graduação, pós-graduação e especialização. Já prestou consultorias em análise e projeto de segurança de redes, firewalls, análise forense computacional e certificação de segurança de software.

A Editora Futura está cadastrando os seus leitores. Em nossos livros você encontra um formulário para preencher e nos enviar e receber **gratuitamente** informativos sobre nossos lançamentos. Aproveite para dar a sua opinião sobre os nossos livros. Obrigado.

Nome: ______________________________

Endereço: ______________________________

Cidade: ______________ UF: ______________

Bairro: ______________ CEP: ______________

RG: ______________ Tel.: ______________

Data de nascimento: _____/_____/_____ CPF: ______________

Sexo: ☐ M ☐ F Estado Civil: ☐ Casado ☐ Solteiro ☐ Outros

Possui filhos? ☐ Sim ☐ Não

Qual a faixa etária ☐ 0 a 5 ☐ 6 a 10 ☐ acima de 10

Endereço comercial ☐ Sim ☐ Não

Empresa: ______________________________

Profissão: ______________________________

Ramo de atividade: ______________________________

Quais são as áreas, dentro de nossa linha de publicação, que mais interessam a você?

- ❍ Negócios
- ❍ Culinária
- ❍ Direito
- ❍ Psicologia
- ❍ Informática
- ❍ Religiões e Crenças
- ❍ Artes, Esportes e Lazer
- ❍ Medicina
- ❍ Literatura
- ❍ Dicionários
- ❍ Biografias
- ❍ Auto-Ajuda
- ❍ Pocket Books
- ❍ Infantis
- ❍ Ciências Exatas
- ❍ Ciências Biológicas
- ❍ Ciências Humanas e Sociais
- ❍ Turismo
- ❍ Importados

Use este espaço para dar sua opinião e/ou sugestões sobre as nossas publicações.

____

____

____

____

____

____

Livro: Segurança de redes em ambientes cooperativos
Autor: Emilio Tissato Nakamura e Paulo Lício de Geus, Ph.D
2ª edição, Outubro/2003

Futura